최남선·근대시가·네이션

저자

최현식(崔賢植 Choi, Hyun-sik)_ 충남 당진에서 출생했다. 연세대 국어국문학과 및 동대학원을 졸업했다. 도쿄외국어대 대학원 총합문화연구과에서 수학했다. 경상대 국어국문학과 교수를 거쳐 현재 인하대 국어교육과 교수로 재직 중이다. 1997년『조선일보』신춘문예로 등단하였다. 대산창작기금을 수혜했으며, 소천비평문학상 및 김달진문학상(비평 부문)을 수상했다. 저서로『서정주 시의 근대와 반근대』,『한국 근대시의 풍경과 내면』,『신화의 저편－한국 현대시와 내셔널리즘』,『새로 쓰는 현대시 교육론』(공저)이, 평론집으로『말 속의 침묵』,『시를 넘어가는 시의 즐거움』,『시는 매일매일』,『감응의 시학』이 있다.

최남선 · 근대시가 · 네이션

초판인쇄 2016년 1월 10일 **초판발행** 2016년 1월 20일
지은이 최현식 **펴낸이** 박성모 **펴낸곳** 소명출판 **출판등록** 제13-522호
주소 서울시 서초구 서초중앙로6길 15, 1층
전화 02-585-7840 **팩스** 02-585-7848 **전자우편** somyungbooks@daum.net **홈페이지** www.somyong.co.kr

값 38,000원
ISBN 979-11-5905-038-1 93810

최남선 · 근대시가 · 네이션

Choi Nam-sun · Modern Poetry · Nation

최현식

소명출판

책머리에

1908년 19살의 조숙한 청년 최남선은 『소년』과 『경부텰도노래』, 『한양노래』에 실을 사진을 고르면서 무슨 생각을 떠올렸을까? 경복궁·창덕궁, 각종 사찰을 위시한 조선 전통의 건축물, 성난 노도처럼 우뚝 솟는 근대식 빌딩, 기차와 전차, 전화와 우편 등 각종 근대 기물, 국외서 박래한 선진 제국의 세련되고 웅장한 문명도시의 이미지, 그리고 어쩌다 등장하는 식민지나 오지(奧地)의 전근대적인 의식주 풍경. 아마도 육당은 기쁨과 위용의 조선을, 그것의 앞선 모본으로서 서양과 일본을, 또 조선보다 뒤처진 야만과 원시를 동시에 감각하고 응시하며 문명개화를 향한 계몽의 상상력과 수사학을 머릿속 환등기에 바지런히 비추느라 바빴을 것이다.

그 문자적 기록과 성찰이 『소년』과 이후 『청춘』의 각종 글쓰기였으며, 조선의 기차 및 문화·문명을 노래한 장편창가들이었다. 거기서 피어난 문화민족주의의 이념형 혹은 네이션의 상상력이 '신대한'이었고 또 '대조선'이었다. 물론 육당 발 사진의 이미지와 미학적 글쓰기는 조선의 문화·문명을 가장 빛나며 오래인 성좌로 새구성·재가치화하고자 했다는 점에서, 또한 서양과 일본의 음습한 오리엔탈리즘을 민족 주체의 각성과 갱신, 성숙을 통해 뛰어넘고자 했다는 점에서 문화적이었으며 정치적이었다. 육당은 그런 점에서 근대적 '문인'이기 전에 전통의 '문사'였고 또 근대와 전근대를 넘나드는 계몽적 지식인이었다.

그렇다면 왜 육당의 '조선적인 것'을 향한 미적 · 이념적 선택과 배치가 문화민족주의를 외면에 두른 문화정치학이지 않으면 안 되었는가? 육당은 글쓰기에서는 수구적 전통에 대한 통렬한 비판과 문명(인)에 미달한 생활 및 규율에 대한 거친 불만과 날선 비판을 마다하지 않았다. 그럼으로써 '바다'와 '태백'의 주인공으로 거듭날 조선 청년과 그 토대로서 '해상(海上) 대한'과 '대황조(단군)'의 역사, 그리고 근대적 '무실역행'의 실천을 더욱 자랑스럽게 기억하고 격려하고자 했다. 하지만 육당은 사진 이미지만큼은 가난과 후진의 부끄러운 조선을 고르지도 싣지도 않았다. 제국주의적 시선과 태도에 꿰뚫린 조선의 역사와 현실은 오리엔탈리즘의 온상이었겠지만, 그러나 이것들은 외국어를 배워 일부러 찾아 읽지 않는 한 자연스럽게 은폐될 반쪽짜리 기호들에 가까웠다. 이에 반해 제국의 팔루스를 닮은 신기술 카메라에 찍힌 조선 사진들은 내외국인을 막론하고 문자를 몰라도 신문지와 책장을 넘기면 저절로 눈에 박힐 '박래품으로서의 조선적인 것'이었다.

그랬다, 조선의 이미지는 자랑과 위용의 것이기에 앞서, 후진적 생업과 가사노동에 시달리며 더러운 복색으로 논밭과 좁은 길, 5일장을 휘적대는 농군, 장사꾼, 뱃사공, 아낙네, 나이 어린 아이들이거나, 섹슈얼리티와 비애를 함께 사는 이국적 대상으로 즐겨 호명되던 기생들이었다. 육당은 당연히도 조선의 야만성과 후진성을 저도 모르게 노출하는 이들 하위주체들의 이미지를 애써 외면했다. 또한 이렇게 슬퍼진 조선인을 근대식 건물과 도로 귀퉁이에 슬쩍 얹어두는 폭력적이고 야비한 제국주의자들의 '만들어진 사진' 편집 역시 거절했다. 대신 옥시

덴트(occident)의 눈들마저 동의하고 또 바랄 만한 조선의 당당한 역사적 정통성과 심미적 전통성, 신기원의 근대성 들이 우쭐우쭐 펼쳐지는 의젓한 풍경을 선택하고 배치했다.

이런 과정은 이국의 힘센 타자에 의해 '쓰이다'에서 아직은 미약한 조선 주체에 의한 '쓰다'로, 또 제국주의적인 시선과 기계에 의해 '찍히다'에서 '조선적인 것'을 전략적으로 선택하여 전유하다, 곧 '찍다'로 정리될 수 있을 것이다. 이와 같은 주어와 동사의 도치 및 역전은 제국주의 변방의 지식인 육당이 취할 수 있었던 거의 최상의 문화정치학이자 예술적 실천이었다. 청년 육당은 그렇게 조선의 '네이션'과 '미학'의 새로운 발명자로, 또 가치의 구성자로 스스로를 궁리하고 고안하며 성장시켜 나갔다. 그 과정에서 육당은 '기차'를 하늘의 별까지 대이겠다는 꿈과 야망이 망상으로 조롱될지언정, 하지만 그래서 더욱 현실화될 가능성을 높여가야 할 시대적·개인적 소명이자 과제라는 사실을 매일매일 되뇌었을 것이다. 이처럼 19살의 육당은 이르게 조숙해서 명랑했지만, 또 그 때문에 앞으로 몰아칠 비애의 숙명을 더더욱 피할 수 없게 된 것이리라.

그러니 이 지점에서 육당의 조선을 향한 '네이션'(민족∽국민)이 그 창조와 긴장을 더욱 풍요롭게 살지 못한 채 일제의 '네이션'을 향해 휘청여 걸어간 슬픈 발걸음을 먼저 떠올리지는 말 일이다. '신대한'과 '대조선' 이후의 일제 협력의 삶은 이들 네이션의 상상력에 녹아 있는 이상적인 문화민족주의와 문화정치학을 조심스럽고 세밀하게 통과한 뒤에 더욱 차갑고 날카롭게 조망해도 늦지 않다.

최남선의 『소년』과 『청춘』의 시와 산문, 번역, 그리고 세 편의 장편창가를 동료 연구자들과 본격적으로 읽기 시작한 때는 대략 2005년 즈음이었다. 그러니 꼭 10년 만에 육당의 글쓰기와 문화정치학을 『최남선 · 근대시가 · 네이션』에 담게 된 세음인가. 처음에는 근대성 호출의 글쓰기에 대한 관심에서 출발했지만, 현재는 육당 시대의 슬픈 풍경과 풍상(風霜)을 서로 다른 시선과 태도로 드러내고 숨기는 사진 이미지까지 그 대상이 넓어졌다. 그러나 나의 연구는 아쉽게도 육당의 조선 사진을 향한 문화정치학의 분석과 의미 해명에까지 이르지는 못했다. 몇 년 뒤 출간될 책을 준비하며 매일매일 접선 중인 19세기 말~해방에 이르는 시기 서양 혹은 일제에 의해 촬영 · 인쇄 · 유통된 사진 및 사진엽서들 가운데 관련 풍경과 물품을 몇 장 골라 싣는 것으로 게으름의 변명을 슬그머니 눅여둔다.

수록 논문들에 대한 간단한 소개로 『최남선 · 근대시가 · 네이션』의 걸어온 길을 따스하게 다독이는 한편 독자들을 향한 조심스러운 출발을 가만히 알려둔다.

제1부는 '최남선 · 근대시가 · 네이션의 상상력'이라는 이름 아래 7편의 글을 묶었다. 육당의 미학적 · 이념적 근대성을 대표하는 『경부텰도노래』(제1장)와 『한양노래』(제2장), 「세계일주가」(제3장)를 따로따로 나누어 다뤘다. 세 편의 창가들에 스민 개성과 영향, 전통과 박래, 가능성과 한계를 함께 살펴보기 위해, 육당이 때로는 혐오의 심정으로, 때로는 질시의 눈초리로 경험했던 일본 근대성의 미학적 산물 『만한철도창가』와 러일전쟁 당시의 군가, 그즈음의 『세계일주창가』를 비교와 대조의 대상으로 삼았다. 물론 도쿄의 근대적 경험 서술은 능력 밖의 일인지라, 『한양노래』는 『대한매일신보』에 포착된 몰락 위기의

'한양'과 일제 시대의 어떤 시편에 묘사된바 근대문물의 과잉으로 피로한 '경성'을 앞뒤의 짝패로 삼았다.

여기까지는 '신대한'의 네이션이 우세하나, 육당의 시조(론)와 영사시(詠史詩) 형식의 장편창가 『조선유람가』는 '대조선'의 네이션이 우세하다. 『조선유람가』(제4장)는 국토순례의 결과물이자 불함문화론의 결정체라 할 『백두산근참기』, 『심춘순례』, 『금강예찬』 등을 노래로 압축, 리듬화한 결과물이다. '신대한'의 바람 같은 기차가 '대조선'의 느릿한 순유(巡遊)로 변성된 까닭이 기원으로서의 '대황조'와 향토 곳곳의 '조선심'에 대한 숭고 및 복종에서 투명하게 드러난다. 육당은 조선의 음률과 정신의 기원으로서 시조(제5장)를 유달리 강조했는데, 그것의 계몽성과 심미성의 연관과 갈등, 가치와 한계를 함께 살펴보기 위해 육당의 민요론 및 가람 이병기의 시조론을 함께 읽었다. 워낙은 가람 이병기 문학제에 제출된 글인데, 육당 주제의 글방에서 뜻밖의 자리를 얻은 셈이다.

제1부에는 이외에도 두 편의 '보론'을 실었다. 두 편 모두 자료 찾기의 기쁨과 고통, 그 분석 및 가치화의 즐거움과 어려움을 함께 느끼게 한 작업이었다.

육당의 철도창가 이외에 조선 철도창가는 단 한 편도 존재하지 않는가. 육당을 공부하며 줄곧 가져온 의문이었는데, 가끔 심심풀이로 찾아들던 코레일 홈페이지에서 그 의문을 해소시키는 조선 철도창가 6편(보론 1)을 만났다. 「경인철도가」, 「경의철도가」, 「경원철도가」, 「호남철도가」, 「경주행진곡」, 「마산행신곡」이 그것이다. 연구의 가장 큰 어려움인 동시에 가치 있는 작업의 하나가 미궁에 빠져 있는 원전(原典)

의 확보일 것이다. 아니나 다를까 여기저기 저 작품들의 원전에 대한 문의와 실사를 꽤 오랫동안 수행했지만, 결국 어디선가 떠돌고 있을—아예 사라졌다고는 믿고 싶지 않다—6편의 철도창가를 토대로 작성된 2차 생산물들 이외에는 그 어떤 인쇄물과 노래도 확인하지 못했다. 하지만 주어진 자료를 토대로나마 근사치에 가까운 원전 확정의 노력과 함께 육당 철도창가와의 유사성 및 차이성, 식민지 시대 투어리즘과 철도창가와의 관계 등을 찬찬히 해명해 보았다. 이후 조선 철도창가의 연구에서 유의미한 자료와 참조할만한 논문으로 자리하기를 바랄 따름이다.

또 한 편은 『경부텰도노래』의 짝패 『만한철도창가』와 러일전쟁 시기 군가를 대상으로 일제의 한만(韓滿) 지배 책략과 영토 확장 기술을 검토한 글(보론 2)이다. 일본 신민들의 투어리즘과 창가에서 일제의 식민 정책, 이를테면 내선융합에서 내선일체로 거침없이 틀어져간 식민화의 길을 미리 엿볼 수 있는 불안하고 우울한 체험을 여러 곳에서 경험했다. '만한' 혹은 '한만'이라는, 두 지역과 종족의 서슴없는 통칭이 암시하듯이, 조선과 만주는 일제의 자기 확장과 세계 진출을 향한 교두보이자 병참기지에 소용되는 잇속의 이토(異土) 가운데 하나였던 것이다.

제2부는 '청년 최남선 시대의 근대 매체와 문학적 글쓰기'라는 제목 아래 6편의 글을 묶었다. 발행 시기가 겹치지 않는 『대한매일신보』와 『창조』 사이에 양쪽에 서로 가까운 『소년』과 『청춘』을 배치한 형식이다. 1905년~1920년경 사이의 글쓰기 형식과 종류를, 또 그것들의 연속성과 단절성을 신문과 종합잡지, 문예지의 삼각 구도 속에서 살펴보

려는 작업임이 어렵잖게 드러난다. 문학사적 감각과 논리를 은연 중 모색하면서도 『최남선 · 근대시가 · 네이션』에 대한 합리적 안착을 위해 6편의 논문을 '청년 최남선 시대'와 개개의 '네이션' 추구라는 시공간적 구도 속에 배치한 결과라는 사실 역시 확인할 수 있을 것이다.

『대한매일신보』의 계몽가사(제1장)와 독자투고시(제2장)를 주의 깊게 읽다보면, 채 몇 년에 불과한 소소한 시간 속에서도 근대 조선어와 근대시의 어렵고도 열렬한 맹아가 눈에 또렷하게 밟힌다. 하지만 『대한매일신보』의 머뭇거리는 근대어와 냉소적인 글쓰기는 『소년』과 『청춘』의 시가와 산문, 번역에 구조화된 계몽적 · 미학적 조선주의(제3장, 제4장, 제5장)에 비한다면 여전히 완고하며 폐쇄적이다. 개성의 창조와 신솔한 생을 꿈꾸며 집단의 공리성에 집착하는 계몽주의를 경원시하는 『창조』의 과격한, 그래서 더더욱 심미성을 염원하는 글쓰기 앞이라면(제6장), 『대한매일신보』상의 언어적 · 예술적 미성숙은 『소년』과 『청춘』의 것이기도 하다. 물론 나의 입장은 세 매체와 해당 글쓰기를 사회진화론이나 진보의 서사를 통해 그 차이성을 구축하거나 후진성을 밝히는 데 있지 않았다. 오히려 세 매체는 자신들에게 주어진 바의 계몽적 · 예술적 소명과 그에 합당한 근대어의 실험 및 성취에서 자신들의 의의와 가치를 찾았음을 그것들 고유의 글쓰기들을 가로지름으로써 구체화하고자 했다.

이 자리서 밝혀둘 사실 하나는 『소년』과 『청춘』의 글쓰기를 다룬 「'신대한'과 '대조선' 사이 — 『소년』지 시(가)의 근대성」 (1)과 (2), 「1910년대 번역 · 번안 서사물과 국민국가의 상상력 — 『소년』과 『청춘』을 중심으로」는 『신화의 저편 — 한국 현대시와 내셔널리즘』(소명출판, 2007)에 수록되었던 것이다. 최남선 관련 연구를 한 곳에 모았으면 하는 원망(願望)의 실현과 논문 발행에 그쳐 있던 『대한매일신보』 및 『창조』 연구에 제 위치를 부여하기 위해 궁리와 고민 끝에 재수록을 결정했다. 나의 뜻을 충분히 이해하고 존중해준 소명출판에 고마운 마음을 거듭 전해둔다.

제 집을 가져본 기존의 세 편도 그랬지만, 『최남선・근대시가・네이션』에서 새 식구가 된 10편의 글들은 거의가 '문학과사상연구회'의 월례 세미나에서 날카로운 토론과 유의미한 조언을 거친 후에야 학술지에 투고, 게재되는 수순을 밟았다. 그 열띠고 풍요로운 세미나 현장을 새삼 기억하며, 허점투성이 논리와 표현을 읽느라 고생하신 이선영, 김영민, 양문규, 김재용, 한수영, 김재영, 유성호, 이현식, 김신정 선생님께 도타운 식구의 다정과 우애를 함께 올린다. 이렇듯 고마움을 전하다보니, 올해 초여름 문득 현실 저편으로 삶의 궤적을 옮겨간 고(故) 하정일 선생님의 빈자리가 더욱 크게 느껴진다. 그곳에서도 이 미욱한 책을 한번쯤은 읽어볼 것이라는 기대를 품게 할 만큼 선생님은 나의 소중한 응원자였고 조력자였다. 우리 '문학과사상연구회' 식구들의 정중한 애도와 기억 속에서 부디 따스하고 더욱 평안하시라.

문과대 국문학 전공자가 사범대 국어교육과 교수로 일한 지 4년을 훌쩍 넘겼지만 이제야 겨우 낯설음을 면해가는 처지다. 늘 애정어린 관심과 주의 깊은 배려로 지식인의 길과 연구자의 책임, 그리고 둘 다의 자랑을 늘 잊지 않게 해주시는 인하대 국어교육과의 김영, 김명인, 김석회 선생님께도 그간 제대로 표현하지 못했던 은혜의 마음을 더욱 분발하리라는 다짐과 함께 올린다.

앞서 밝힌 대로, 비록 소소하지만 육당의 저작과 그것 관련 텍스트에 대한 이미지 및 거기 수록된 사진들을 여러 편 다시 찾아 실었다. 『사진엽서로 보는 근대 풍경』(민속원, 2008)을 참조하거나 일본 야후 옥션의 사진엽서 코너에서 직접 구매하고 채취한 것들도 있지만, 수 편은 내 연구를 응원해준 여러분들의 도움을 입었다. 일본 체류 시 어려움을 무릅쓰고 『만한철도창가』를 복사하여 보내준 인천문화재단 함태영 박사, 『경부텰도노래』와 『한양노래』의 표지 컷을 제공해준 연세대 학술정보관 김명주 선생, 청년 육당 시대의 사진엽서(이미지)를 여러 차례 보내준 부산박물관 이성훈 학예사, 6편의 조선 철도창가를 담은 『철도 100년 가요집』을 흔쾌히 제공해준 전(前) 철도청 철도박물관장 김기억 선생, 희귀한 철도 사진의 사용에 편의를 제공해준 코레일 사진DB 담당자 배은선 선생께 이 자리를 빌려 거듭 감사의 말씀을 전한다.

2014년 여름 대련~하얼빈 경로의 만주 답사를 같이 하며, 그 광막한 땅에 켜켜이 묻혀 되살아나는 우리와 타자들의 문학과 역사를 함께 읽고 기록한 소명출판의 박성모 사장님, 문자와 사진이 뒤범벅된 께까드러운 원고를 맵씨 있게 정리하고 꾸며준 편집부의 채현아 선생의 정성과 수고에도 각별한 연대의 정을 보낸다.

2015년 12월 세모의 밤들을 지나며

최현식 적음

차례

책머리에 3

제1부 최남선 · 근대시가 · 네이션의 상상력

제1장 철도창가와 문명의 향방—『경부텰도노래』와 『만한철도창가』의 경우 19

1. 창가가 철도를 노래한 사연 19
2. 철도여행과 국가의식의 결속 27
3. 철도창가의 역사 기억과 현실 재현의 문제 37
4. 이미지의 선택과 배치, 그리고 계몽의 효과 47
5. 철도창가에 대한 기억과 향유의 전망 53

보론 1 조선 철도창가의 기억과 향유를 위하여 56
—6편의 철도창가 소개와 개관

1. 조선 철도창가의 역사와 현재 56
2. 경향(京鄕)의 기적 소리—'조선'의 횡단과 종단 63
3. 철도 여행의 양가성—'조선적인 것'의 빛과 그림자 78
4. 일제 조선철도의 자랑이 뜻하는 것—결어를 대신하여 100

보론 2 일제 창가와 군가에 표상된 만주 제패의 의미 110
—러일전쟁을 중심으로

1. 러일전쟁기 일본 창가와 군가의 문제성 110
2. 승전과 미개의 땅 만주, 투어리즘과 계몽의 책략 117
3. 전쟁의 만주와 군가의 일본, 그 총력전의 정체 133
4. 만주의 부상, 만주의 실종—결론을 대신하여 149

제2장 근대계몽기 '한양-경성'의 이중 표상과 시적 번역 152

1. '한양-경성', 식민지 근대의 표상 공간 152
2. '한양-경성', 문명에 병들다—『대한매일신보』의 경우 158
3. '한양-경성', 문명의 기차에 올라타다—최남선 시(가)의 경우 167
4. 한일합방 후 '경성' 체험의 분화와 내면화 경로 179

제3장 제국 · 문명 · 투어리즘—최남선의 「세계일주가」(1914)를 읽는 한 방법 184

1. 투어리즘의 근대성 또는 양면성 184
2. 최남선의 장편창가와 네이션의 상상력 186
3. 최남선의 「세계일주가」와 이케베 요시다카의 『세계일주창가』 190
4. 「세계일주가」의 투어리즘과 근대 문명의 전유 197

제4장 도래하는 '대조선', 귀환하는 '영지(靈地)' 201
—최남선 『조선유람가』의 문화정치학

1. 장편창가 『조선유람가』의 문제성 201
2. 「조선유람가」의 탄생과 확장, 그 차이화의 의미 214
3. 조선 '유람', 숭고 대 폭력 관전기(觀戰記) 227
4. 「조선유람별곡」을 덧붙인 까닭—결어를 대신하여 252

제5장 노래하는 민족, 읽는 서정—최남선과 이병기의 시조론 재고(再考) 258

1. '조선주의'의 미학 '시조', 계몽성과 심미성의 사이 258
2. 시조의 기원점 또는 시조의 반면체로서 '민요' 265
3. 정형률(整形律)의 근대성과 그 파장—결어를 대신하여 283

제2부 청년 최남선 시대의 근대 매체와 문학적 글쓰기

제1장 『대한매일신보』의 이중판본 정책과 근대어 형성 295
—계몽가사(歌辭)를 중심으로

1. 근대계몽기 '글쓰기'의 상황과 조건 295
2. 『대한매일신보』의 언어이념과 의식 301
3. 계몽가사 쓰기—창조와 번역 또는 경합과 연대 310
4. 『대한매일신보』 파국의 어떤 의미 326

제2장 근대매체의 탄생과 시 언어의 분화 329
—『대한매일신보』 독자투고시의 경우

1. 대중매체와 독자투고시의 탄생 329
2. 『대한매일신보』 독자투고시의 현황과 특질 334
3. 관습의 반복과 갱신의 사이—국한문 투고시 341
4. 투명한 언어의 안과 밖—국문 투고시 355
5. 독자투고시의 위계화 현상, 그 이해의 실마리 363

제3장 '신대한'과 '대조선'의 사이(1)—『소년』지 시(가)의 근대성 368

1. 『소년』지 시(가)의 근대성을 읽는 하나의 방식 368
2. '신대한 소년'과 '조선 남아' 되기—그 사행(思行)의 덕목 375
3. 민족 보편성에 과잉 투자된 『소년』 발 덕목들의 운명 402

제4장 '신대한'과 '대조선'의 사이(2)—『소년』지 시(가)의 근대성 406

1. 『소년』의 시(가)를 다시 읽다 406
2. 국민국가 '신대한'의 욕망과 '소년'의 호출 409
3. 서사시적 과거 '대조선'의 현재화와 미래화 423
4. 『소년』지 시(가)를 덮으며 436

제5장 1910년대 번역·번안 서사물과 국민국가의 상상력 438
—『소년』과 『청춘』을 중심으로

1. 『소년』과 『청춘』을 다시 읽는다는 것 438
2. '소년'과 '신대한', '우리들' 혹은 '국민'이라는 감각 441
3. 번역이 창출하는 '우리들'(1)—'용소년(勇少年)'들의 바다와 국가 456
4. 번역이 창출하는 '우리들'(2)—자기와 국민 구원술로서의 '노동역작' 473
5. 번역과 내면화의 길—결론을 대신하여 489

제6장 유학생 문예잡지에서 비평 담론의 형성과 분화 492
—『창조』를 중심으로

1. 근대 문학비평의 성립과 분화를 바라보는 관점 492
2. 『창조』 비평의 기원과 전개의 저변 498
3. 『창조』 비평의 성격과 근대성의 문제 507
4. '비평'의 학습과 내면화의 길 523

초출일람 527
간행사 529

제1부
최남선 · 근대시가 · 네이션의 상상력

제1장 철도창가와 문명의 향방
보론 1 조선 철도창가의 기억과 향유를 위하여
보론 2 일제 창가와 군가에 표상된 만주 제패의 의미
제2장 근대계몽기 '한양-경성'의 이중 표상과 시적 번역
제3장 제국 · 문명 · 투어리즘
제4장 도래하는 '대조선', 귀환하는 '영지(靈地)'
제5장 노래하는 민족, 읽는 서정

/ 제1장 /

철도창가와 문명의 향방

『경부텰도노래』와 『만한철도창가』의 경우

1. 창가가 철도를 노래한 사연

1_ 저자가 아는 한, 철도의 연선(沿線)을 따라가면서 그곳의 풍물과 역사, 그리고 문명화를 노래하는 철도창가는 동아시아 고유의 양식이다. 게다가 그것은 일본의 『地理教育 鐵道唱歌』(1900, 이하 『철도창가』)를 기점으로, 조선의 『경부텰도노래』(1908)[1]와 대만의 『臺灣周遊唱歌(대만주유창가)』(1910) 따위로 퍼져나가고 있어 흥미롭다. 이것이 의미하는 바

---

1 우리에게도 육당의 『경부텰도노래』와 「세계일주가」 이외에 수편의 철도창가가 더 존재한다. 『철도 100년 가요집』(철도청 공보담당관실, 1995), 이를 디지털화한 코레일 홈페이지 역사관 '철도가'(현재는 폐쇄) 코너의 「경인철도가」, 「경의철도가」, 「경원철도가」, 「호남철도가」, 「마산행진곡」, 「경주행진곡」이 그것이다. 이 자료의 소개와 연구는 이 책 제1부 보론 1 「조선 철도창가의 기억과 향유를 위하여 ―6편의 철도창가 소개와 개관」 참조.

는 무엇인가? 철도창가에는 노래를 빌린 역사와 지리의 교육, 문명의 필요성과 절대성의 각성, 이를 통한 국가(민족)정체성의 확립이라는 국민국가의 기획이 선연하다. 철도창가의 미학적 여행이 취미의 지평보다는 정치적 지평의 개척 및 확장에 연관되어 있음은 내용 이전에 형식의 추이 변화에서 벌써 뚜렷하다.

〈그림 1〉『지리교육 철도창가』

〈그림 2〉『경부텰도노래』

첫째, 철도창가는 식민본국 내지에서 반도와 섬으로 전파되고 있다. 물론 조선과 대만의 철도창가는 최남선이 예시하듯이 자국의 문명과 문화에 대한 자부심의 전파와 심화를 목적했을 것이다. 하지만 양국의 철도의 지배자는 일제였다. 철도는 따라서 식민지배에 합당한 체제와 형식으로 그 역할이 끊임없이 조정될 수밖에 없는 식민성의 대표적 기제였다. 기차(철도)가 조선인의 삶의 합리성보다는 피폐화와 식민화를 더욱 강제하는 무서운 기계임을 일찌감치 줄곧 보고한 『대한매일신보』의 예리함은 그래서 더욱 빛난다.[2]

둘째, 철도창가의 범위는 각국 고유의 땅, 곧 국토예찬에서 벗어나 영토 확장의 정당성과 필연성을 주장하는 일종의 진군가로 확장된다. 그러므로 세계유람의 형식을 띠고 있는 육당의 「세계일주가」(1914)를 천진난만한 여행 노래로만 평가하는 것은, '불함문화론'이 시사하듯이 그의 문화민족주의에 내장된 민족의 팽창 욕망을 슬그머니 지나치는 처사라 할만하다. 이런 점에서 육당의 철도창가들은 오오와다 다케키[大和田建樹]의 『滿韓鐵道唱歌』(1906, 이하 『만한철도창가』)[3]와 뜻밖에 닮아 있다. 창가 제목이 암시하듯이, 이것은 경부선—경의선—만수철도 연변의 풍속과 문화, 문명화 양상, 그리고 임진왜란에서 러일전쟁에 이르기까지 일본의 대륙 진출사를 서사화하고 있다. 한 연구자의 적절한 지적처럼, 『만한철도창가』는 제국의 판도와 경계의 실제적인 확장만이 아니라, 식민지에 대한 심상지리와 상상된 공동체로서의 제국 일본의 상(像)까지도 제공했던 것이다.[4]

---

2 이에 대해서는 이 책 제1부 제2장 「근대계몽기 '한양-경성'의 이중 표상과 시적 번역」 및 김동식, 「철도의 근대성—『경부철도노래』와 「세계일주가」를 중심으로」, 『돈암어문학』 15, 돈암어문학회, 2002 참조.

3 이 글은 大和田建樹, 『滿韓鐵道唱歌』, 金港堂書籍, 1906.8(1906.12, 6판, 총40면)을 텍스트로 취한다(본문에 게시되는 이미지의 경우 원본 수재 『滿韓鐵道唱歌』를 사용한다. 성가신 사진 촬영을 기꺼이 맡아준 인천문화재단의 함태영 박사에게 다시 한 번 고마움을 전한다). 총 60연으로 구성된 장편창가가 출간 넉 달 만에 6판을 찍고 있는 것으로 보아 그 인기가 상당했음을 알 수 있다. 여기에는 두 가지 요인이 있을 수 있다. 첫째, 오오와다가 인기가 드높았던 『철도창가』(1900)와 각종 군대창가의 뛰어난 작사자였다는 것, 둘째, 탈아입구(脫亜入歐) 정책을 확실하게 실현한 일대사건으로서 러일전쟁에서의 승리와 그에 따른 애국심의 고취를 들어야 할 것이다.

셋째, 찬미가(讚美歌)를 별도로 치면, 철도창가의 발달은 의외로 군가(軍歌)의 발달과 밀접하게 연관되어 있다. 가령 철도창가의 창시자 오오와다가 일본 신체시(新體詩)에서는 이류였으나 창가와 군가(軍歌)만큼은 일인자였다는 일본 학계의 평가를 보라.[5] 식민지에 서둘러 편입된 조선에서 창가와 군가의 연계는 거의 경험 불가능한 것이었다.[6] 하지만, 특히 대륙진출의 욕망을 담은 『만한철도창가』는 그 서사 체계부터가 전투에 대한 기억과 재현을 통한 기념비의 구축에 집중되어 있다.

이 점, 철도창가는 내셔널리즘의 전파와 확장, 그리고 내면화를 위해 바쳐진 위험한 고안물일 수 있다는 평가의 근거가 된다. 예컨대 『만한철도창가』의 광고란(〈그림 3〉)은 이것을 하나의 물질성으로 표상하고 있다. 『鎭守祭(진수제)』, 『野遊び(들놀이)』 등의 풍년(豊年)창가와 『修身唱歌(수신창가)』를 제외하면, 『奉天占領唱歌(봉천점령창가)』, 『旅順陷落軍歌(여순함락군가)』, 『大捷軍歌(대첩군가)』 등 거개가 러일전쟁의 보고와 승리를 다룬 군대창가 일색이다. 군인을 포함한 청년과 국민들이 군대창

4 구인모, 「일본의 식민지 철도여행과 창가―『만한철도창가』(1906)를 중심으로」, 『정신문화연구』 116, 한국학중앙연구원, 2009, 196면. 일본의 『철도창가』와 『만한철도창가』, 대만의 『대만주유창가』가 대상이다.

5 小川和佑, 『唱歌・讚美歌・軍歌の始源』, アーツアンドクラフツ, 2005, 144면. 한국과 일본 창가의 원류와 상호 영향 관계 등을 처음 연구한 安田寬, 『日韓唱歌の源流』(音樂之友社, 1999) 역시 창가의 원류와 확산의 원동력으로 학교 창가나 찬미가보다는 군대창가를 들고 있다. 일례로 그는 "청산 속에 묻친 옥도～"로 시작되는 「학도가(學徒歌)」의 원곡(原曲)이 일본 『철도창가』임을, "산곡 간에 흐르는 맑은 물가에～"로 시작되는 「표모가(漂母歌)」의 원곡이 일본의 군가조(軍歌調) 창가와 거의 방불함을 두 노래의 악곡 제시를 통해 밝히고 있다(같은 책, 144～146면).

6 1905년 무렵 새로운 양식의 창가는, "창가는 군악(軍樂) 음조로 신제(新製) 교육함"이란 각급 학교 입학생 모집 광고에서 보듯이, 일본의 군대 창가의 영향 아래 놓이게 된다(일본 군대 창가가 조선 창가에 미친 영향에 대해서는 김병선, 『창가와 신시의 형성 연구』, 소명출판, 2007, 131～139면 참조). 1907년 군대 해산 이후 조선의 군가는 공식적으로 사라지는 셈이니, 조선에서 군가와 창가의 동시적 발전은 아주 짧은 시기에 국한된 것으로 보아 무방하다.

가를 통해 제국주의의 욕망을 노골화한다면, 아동들은 교육과 취미의 구색을 갖춘 『만한철도창가』를 통해 미래의 황군(皇軍)으로 육성되어가는 형국인 것이다.[7]

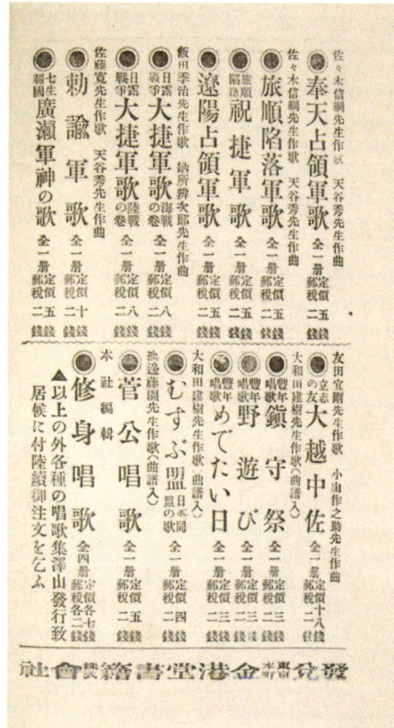

〈그림 3〉『만한철도창가』 광고

이와 같은 철도창가의 판세 변화는 특히 이후 한일 양국의 철도창가의 유행과 사적 경로의 변화에도 많은 영향을 끼쳐 온 듯하다. 일본에서는 현재에도 철도창가가 각종 매체를 통해 향유, 소비되는 대중적 흥행물로서의 성가가 높다. 이에 반해 한국은 시와 소설, 각종 노래를 막론하고 철도는 여전히 실향과 귀향, 이별의 환유체로 전유되는 경우가 허다하다. 철도의 기억과 재현에 대한 상반된 시각은 아마도 철도가 인도하는 문명 자체보다는 철도의 국적과 작동 방식, 즉 제국주의와 식민지의 경험에 의해 결정되고 적층되었을 가능성이 크다. 이를 고려하면, 문명의 향방을 지시하고 계몽하는 근대전환기의 각종 철도창가는 장르의 미학성 못지않게 근대적 미디어의 정치로 해석될 여지가 농후하다.

7 『만한철도창가』의 속표지에는 "명치39년 12월 4일 고등소학교 창가과 아동용 문부성검정제"라는 문구가 선명히 인쇄되어 있다. 또한 와타나베 칸쇼(渡邊官造)는 편자 서문에서 일로전쟁은 일본 제국의 신기원이며 만한(滿韓)의 경영은 신일본이 오로지 좇는 국시(國是)라고 주장하면서, 아동들에게 만한의 지리를 훤히 알게 하기 위해 오오와다에게 부탁해 『만한철도창가』를 발행한다고 밝히고 있다.

2_ 제국과 국가 팽창의 욕망이라는 점에서 상동성을 형성하며 적어도 조선 내에서는 동일한 연선을 달리는 『만한철도창가』와 『경부텰도노래』[8]는 재래의 인쇄물과는 현격히 다른 편집의 미학성과 정치성을 동시에 담고 있다. 무엇보다 가사의 내용에 신뢰감을 더함은 물론 제국과 야만의 경계를 명시적으로 확증하는 사진과 그것의 배치 기술은 매우 놀랄만한 것이다. 당시를 휩쓸던 저널리즘적 양식에 충실한 이 단행본 창가들은 제국의식 혹은 국가의식을 상품화하면서 그것을 대중의 일상생활 속으로 침투시키는 계몽과 오락의 렌즈를 동시에 작동시키고 있었던 것이다.[9]

하지만 그간의 철도창가 연구는 주로 소년과 아동을 향한 문명 계몽의 기획물 정도로 주목받아와, 그것이 지닌 풍부한 미적 계기와 감각의 측면을 충분히 조명받지 못했다. 『경부텰도노래』는 그래도 최근 『소년』 소재 「경부철도가」와의 언어상황적 차이성 및 출간 상황 등에 대한 다양한 접근이[10] 이루어지고 있으나, 『만한철도창가』는 단순한 연구 구도에 갇혀 있는 형편이다. 물론 이런 사정은 『만한철도창가』가 국내와 일본 모두에서 거의 잊혀져버렸다가 최근 다시 발굴되다시피 한 텍스트의 물질적 · 역사적 상황과 연관된다. 그래도 『만한철도창가』가 편찬자의 주석에 따라 아동문화교육의 관점에서만 해석된다든가

8 『만한철도창가』와 동일한 노선을 구성하기 위해 육당의 경우는 『소년』 소재의 「평양행」, 『청춘』 소재의 「세계일주가」에 나타나는 경의선에 대한 이해와 감상도 시의적절하게 활용할 것이다.

9 러일전쟁과 저널리즘의 결합 양상은 임성모, 「팽창하는 경계와 제국의 시선」, 『일본역사연구』 23, 일본사학회, 2006, 92~98면 참조.

10 대표적인 연구로 권두연, 「『소년』, 문체 실험의 장」, 『민족문학사연구』 36, 민족문학사연구소, 2008 및 박진영, 「창립 무렵의 신문관」, 『사이間SAI』 7, 국제한국문학문화학회, 2009 참조.

아니면 『경부텰도노래』를 『만한철도창가』에 맞선 일종의 독립운동으로 적극화하는 태도는 자못 문제적이다.[11] 우리는 두 철도창가의 이해와 향유뿐만 아니라 그것이 지닌 문학교육의 효과를 더욱 풍부히 하기 위해 다음의 방법에 주목할 필요가 있다.

두 철도창가는 경부선과 경의선 연선에 대한 실질적 여행의 기록물이기 전에 국가의 심상지리와 공동체 의식의 확장을 기도하는 상상적 경험의 표현물이다. 따라서 그것의 계몽성과 심미성을 올바로 이해하고 또 교육하기 위해서는 인문학적 상상력이 적극 수반될 필요가 있다. 사실 두 창가집 자체가 대중매체적 성격과 대중문화적 감각을 풍부히 내장한 만큼 사회문화적 상상력과의 교감이 요구된다. 또한 철도창가가 적극 창작되고 유행한 당대의 문화사적·정치사적 맥락에 대한 고려는 현재의 관점에서 철도창가를 객관적으로 역사화하고 심미적으로 풍요화하는 토대가 될 것이다. 이 과정에서 필연적으로 제기되는 『만한철도창가』와 『경부텰도노래』의 상호텍스트성에 대한 고려는 문화의 영향과 이입의 복잡한 국면은 물론 텍스트를 해석하는 새로운 관점과 상상력의 형성에 여러 도움이 될 것이다.[12]

물론 이런 다양한 차원의 상호텍스트적 방법과 시각은 무엇보다 제

---

11 아동문학 및 아동교육의 관점으로 철도창가를 다룬 연구로는 『만한철도창가』를 한국 국립중앙도서관에서 찾아내어 그 존재를 처음 알린 오오다케 키요미[大竹聖美], 「근대 한일 『철도창가』」, 『연구논문집』 38, 성신여대, 2003과 신현득, 「『경부텰도노래』는 일본의 전쟁문학 『만한철도창가』의 대응작이다」, 『어린이책 이야기』 창간호, 2008.2. 신현득의 이 글은 육당을 반일운동가로 규정하는 것에서 보듯이 철저하게 반일 민족주의적 관점에서 집필되고 있다.

12 여기서 검토한 문학·문화교육과 인문학적 상상력의 연관 관계에 대해서는 박인기, 「국어교육과 인문학적 상상력」, 윤영천·정과리 외, 『문학의 교육, 문학을 통한 교육』, 문학과지성사, 2009 참조.

국의 렌즈 혹은 그것을 전유한 식민지의 렌즈가 비추는 현실이해와 국가기획의 상동성과 차이성, 그것을 심미적으로 전유하는 방법의 차이 등을 세목화할 것이다. 이 렌즈의 양면성이 기묘하게 구축하고 선전하는 문명의 향방과 국가기획, 그리고 미래화의 방식을 비판적으로 성찰하기 위해 본고는 아래의 관점과 방법을 취한다.

첫째, 두 작가의 영향과 교섭, 그리고 정신의 지향을 구체화하기 위해, 헤럴드 블룸의 이론을 약간 변형시켜 말한다면, 영향의 불안과 인정에 주목한다. 육당은 오오와다의 『철도창가』를 모방하여 『경부텰도노래』를 제작한 것을 당당하게 고백했지만, 그 내용으로 보면, 『만한철도창가』와 『경부텰도노래』가 보다 근친적이다. 이런 의외의 상동성은 집단의 계몽과 문명화에 대한 욕망이 육당의 철도창가의 핵심이었음을 새삼 예증한다. 이 상동성과 또 거기에 은밀히 작동하는 민족적 시각의 차이를 통해 두 창가의 정치성 혹은 작가들의 정치적 무의식을 엿볼 수 있지 않을까.

둘째, 두 작품은 동일한 대상을 글쓰기의 제재로 선택했지만, 철도와 기차를 바라보는 태도와 시각, 노선을 따라 차례로 거치게 되는 역사(驛舍)와 주변 공간을 의미화하고 기록하는 방식은 전혀 달랐다. 오오와다는 주로 전쟁, 그것도 승전에 대한 기억과 기록을 서사구성 방법으로 취했다면, 육당은 문명화의 열망과 공간의 식민화 현상, 그리고 의미 있는 유적과 풍경의 제시 등 다양한 관심을 동원하고 있다. 철도와 기차, 나아가 그것에 연동된 문명과 세계사를 구별 짓는 의식과 방법, 기억과 취향 등의 고찰은 두 철도창가의 궁극적 지향, 제국주의와 식민지가 문명을 전유하는 방식을 해석하는 데 보다 효과적일 것이다.

셋째, 두 작품의 성가는 제국과 민족의 열정, 여행이라는 취미의 만족에서만 유래하지 않는다. 육당과 오오와다는 사진과 주석을 적극 활용하여, 여행과 지식, 주장의 사실성을 극대화하는 한편, 자민족의 우월함과 미래성을 적극적으로 선전했다. 이른바 미디어 정치의 기능과 효과를 날카롭게 인식하고 활용한, 심미적 결과물이 단행본 철도창가인 셈이다.[13] 따라서 두 작품은 노래(창가)와 이미지(사진)가 잘 짜인 지리교과서이자 여행용 지도인 동시에, 자민족을 찬양하고 이상적 국가상을 구성하는 정치 팜플렛이었다. 철도창가에 합본된 기술의 근대성을 짚어봄으로써 계몽과 정치의 미학화 현상이 보다 뚜렷이 드러나기를 기대한다.

2. 철도여행과 국가의식의 결속

철도의 근대적 의의는 무엇보다 문명의 성취와 확산에 크게 기여했다는 점일 것이다. 철도의 속도와 직선적 이동에 따른 대중들의 세계인식과 시각, 태도의 변화 역시 주목할 지점이다. 그러나 철도의 소유 및 운영 주체가 누구인가에 따라 철도의 의미는 확연히 달라진다. 제국의

13 이런 관점에서 오오와다와 육당은 주요 창작 능력의 하나로 "언어적일 뿐만 아니라 (사진술과 인쇄술, 편집술을 통한—인용자) 시각적인 묘사, 이미지 표현을 활용한 매체 제작 능력"을 지녔던 첨단의 작가로 인정될 수 있다. 문학 능력의 일종으로서 '만들어 보여주는 능력'에 대해서는 김신정, 「다매체 문화 환경과 문학 능력」, 위의 책, 174~176면을 참조했다.

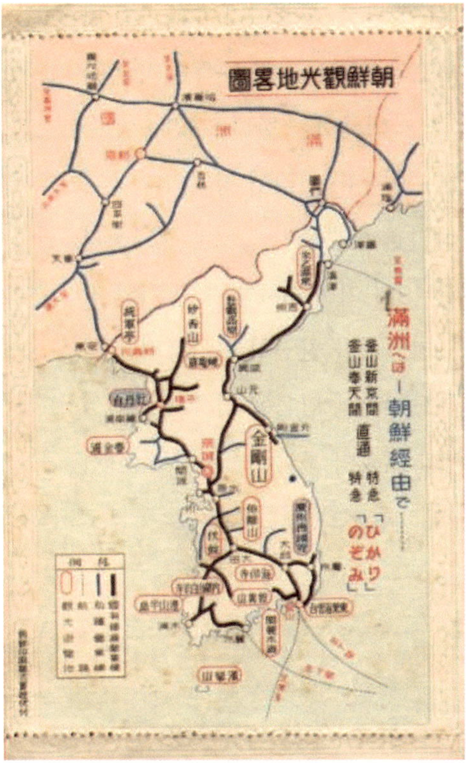

〈그림 4〉 조선관광 : 만주는 조선을 거쳐

경우 철도는 팽창과 지배의 도구로 기능하지만, 식민지의 경우 그것은 대개 문명성을 압도하는 식민성의 도구로 기능했다. 하지만 식민지에서 철도는 주체적 문명화에 필수불가결한 제도로 끊임없이 호출되었다는 점에서 매우 이율배반적인 존재였다.

『만한철도창가』[14]와 『경부텰도노래』[15]는 철도의 이런 이중성, 다시 말해 제국과 식민지의 '철도' 인식과 궁극적 지향점의 차이를 선명하게 드러내는 텍스트로서 모자람이 없다. 엄밀한 의미에서, 두 철도창가 공히 철도 여행이 일반적으로 환기하는 풍경과 새로운 문물의 즐거움, 이런저런 여수(旅愁)의 정취를 고백하는 시와는 거리가 멀다. 이런 개인적 정서

14 이 창가에 등장하는 지명과 여정, 당시 조선과 만주의 철도노선 등에 대한 정보는 구인모, 앞의 글, 199~200면 참조.

15 『京釜鐵道歌』(실제 서명은 『경부텰도노래』)는 『소년』 창간호(1908.11)의 뒤표지에서 다음과 같이 소개・선전된다. "차서(此書)는 아국의 대동영(大動脈)인 경부연로의 명승고적을 영가(詠歌)하야 써 남반부의 지리상 형편과 역사상 사실을 교시코자 함이니 그 조(調)는 신(新)하고도 아(雅)하며 그 미(味)는 요(饒)하고도 농(濃)한지라 불구(不久)에 출현할 『경의철도가』와 공히 소년 제자(諸子)의 완송(玩誦)치 아니치 못할 호서(好書)라 아 반도의 인물 재산의 총수(叢藪)인 남중(南中)의 사정을 가장 취미잇게 경묘(輕妙)하게 지(知)하랴면 차서를 사(捨)하고는 갱무(更無)하리라."

는 대부분 국가의 팽창과 발전을 기원하거나 민족의 위대성을 자랑하는 국가 혹은 민족의식에 철저히 잠식당해 있다. 그러니까 열차는 근대 특유의 풍경의 파노라마를 제작하는 신기관이기에 앞서 작가를 포함한 탑승객의 국가의식을 실어 나르고 진작하는 네이션 발(發) 웅변기관(機關)이었던 셈이다.

1_ 국가를 향한 육당과 오오와다의 핵심적 의식과 목표는 이를테면 두 창가의 서두와 말미를 참조할 때 확연히 드러난다. 육당은 남대문 정거장(현 서울역)을 출발하면서 바람보다 빠르게 느껴지는 철도의 속도성과 남녀노소, 외국인과 내국인이 뒤섞여 앉아 있는 기차간의 놀라운 풍경에 주목한다. 유럽 진보주의자들이 그랬듯이, 육당도 철도에서 "민주주의, 국제적인 이해와 합의, 평화와 진보를 기술적으로 보장해주는" 놀라운 힘을 발견했던 것이다.[16]

> 一. 우렁탸게토하난, 긔뎍소리에
> 남대문을등디고, ᄯᅥ나나가서
> ᄲᆞᆯ니부난바람의, 형세갓ᄒᆞ니
> 날개가딘새라도, 못ᄯᅡ르겟네
>
> 二. 늘근이와졂은이, 셕겨안졋고
> 우리네와외국인, 갓티탓스나
> 내외틘소다갓티, 익히디너니
> 됴고마한ᄯᅡᆫ세상, 뎔노일웟네
>
> —『경부텰도노래』, 1면

남대문을 관통하는 철로와 그것을 피해서 대로(大路)의 가장자리로 걷는 조선인들을 포착한 사진이 위의 가사 아래 배치되어 있다.[17] 이

16 볼프강 쉬벨부쉬, 박진희 역, 『철도여행의 역사』, 궁리, 1999, 93면.

사진은 기계와 문명이 재래의 세계를 점유하고 다시 구획하는 방법을 상징적으로 표상한다. 그러나 식민과 소외의 신개지에 '기술에 의해 보장되는 평등의 승리'가 만화경처럼 피어나고 있으니,[18] 인류의 염원 사해동포주의가 좁은 객차 안에서 완미하게 실현되는 장면이 그것이다. 저 장면이 단순한 사실의 적시를 넘어, 육당이 염원하던 문명국 '신대한'의 이상적 형식을 암암리에 드러낸 미적 장치임은 물론이다.[19] 대중들의 집단적 노래는 문명인의 자세와 '신대한'의 심상지리를 충실히 내면화할 것이며, 그들을 '국민국가' 내부로 차근차근 수렴해갈 것이었다. 요컨대 육당의 열차는 야만과 폭력, 죽음의 흔적을 지우며 문명과 화평, 번영을 견인하는 국가 대체의 계몽의 기관(機關)으로 상상되었던 것이다.

하지만 이 우아한 계몽의 기획은, 객차가 자본과 국가의 유무 혹은 강약에 따라 불평등이 조장되고 제도화되는 차이와 차별의 공간임을 알지 못했거나 그냥 지나쳤다. 10년 뒤의 내지(內地) 유학생 이인화의 경험이 예증하듯이, 근대적 평등과 박애는 어디까지나 제국의 권리였을 뿐 식민지의 이상조차 되지 못했다. 최남선이 조선 곳곳에 부설된 철도들의 노래를 더 이상 제작하지 못하고[20] '대조선' 중심의 문화민족주의로 서둘러 환승해야 했던 이유 역시 이와 관련될 것이다. 눈앞의

---

17 이 글 〈그림 9〉의 하단 왼쪽 사진이 그것이다.

18 볼프강 쉬벨부쉬, 앞의 책, 95면.

19 육당이 『한양노래』(1908)에서 여전히 전근대적 기제와 생활양식이 압도하는 한양을 전차와 자동차, 전화와 전보, 수도와 가스, 연통(煙筒), 각종 회사와 은행 등을 갖춘 문명의 도시로 예찬했음 역시 기억하라.

20 육당은 『소년』에 지속적으로 『경의철도가』의 출간을 예고했으나 끝내 실현하지 못했다. 코레일 소재의 「경의철도가」는 그 내용과 형식상 육당의 소작으로 보이지는 않는다.

물질성보다는 오랜 정신의 현전, 보편적 국가보다는 시원적 민족이 인민의 자주성과 동일성 확보에 한결 유리하며, 또 민족의 서사와 전통이 없고서는 독자적인 문화 건설과 참된 문명의 습득 역시 불가능할 것이라는 육당의 직감과 논리.[21] 그러나 어쩌면 이것 역시 육당 고유의 것이기 전에 기차가 실어온 박래품의 일종이었는지도 모른다. 이는 육당의 유학 경험이나 『소년』에 충만한 근대지(知)를 두고 하는 말이 아니다. 그가 타고 온 경부선, 아니 그를 실어 나른 일본의 케이후센[京釜線] 자체가 문명을 전유한 문화의 믿음직한 전령이었음을 고려한 결과의 말이다.

일본 『만한철도창가』의 첫 구절은 이를 명쾌하게 보여주는데, 보다 풍부한 논의를 위해 두 가지 이미지까지 함께 읽어보는 것도 괜찮을 듯싶다. 여기서도 여지없이 철도는 기적 소리 일성(一聲)을 먼저 울리며 조선으로, 만주로 쉼 없이 달려가기 시작한다.

1. 기적 소리 울리며
시모노세키 뒤로 하고 저어 나와
박차고 나아간 거친 파도 백해리
계림 팔도가 어디더냐

2. 일본해 해전에서
대첩을 거둔 쓰시마해
저기라고 가리킬 틈도 없이
배는 부산에 도착했구나

—『만한철도창가』, 1~2면

21 문명과 문화 개념의 형성 및 갈등, 상호교섭에 대해서는 니시카와 나가오[西川長夫], 윤해동·방기헌 역, 『국민을 그만두는 방법』, 역사비평사, 2009 '제1부 국가이데올로기로서의 문명과 문화' 참조.

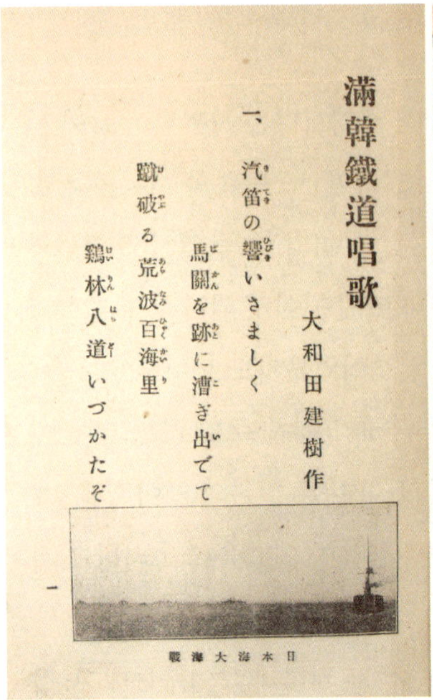

滿韓鐵道唱歌

大和田建樹作

一、汽笛の響いさましく
馬關を跡に漕ぎ出でて
蹴破る荒波百海里
鷄林八道いづかたぞ

日本海大海戰

一

〈그림 5〉 일본해 대해전

〈그림 6〉 진구황후 삼한정벌도

관부연락선을 타고 조선을 향해 나아가는 감개와 기대를 토로하는 장면이다. 이 서정적 감각 뒤에는 그러나 오랜 정한론(征韓論)의 서사가 잠복해 있지는 않을까. 실마리는 창가의 '계림'과 러일전쟁 관련 '일본해 대해전' 사진(〈그림 5〉)에 있다. 과거와 현재로 격절된 두 기호를 연결하면, 일본의 정한론과 대륙진출사가 자연스럽게 영사된다. '계림'은 신라를 뜻하니 조선을 예스럽게 부른 말일지도 모른다. 하지만 여기서 그것은 조선의 원시성(야만성)과 식민성을 확증하는 약호에 불과하다는 것이 보다 진실에 가까울 것이다.

진위가 의심되는 『일본서기』 소재 진구(神功)황후의 삼한정벌이 무엇보다 신라의 복속을 목적했으며, 임진왜란과 청일・러일전쟁에 결부된 대륙진출 야욕 역시 조선의 복속을 1차 목표로 삼았다는 점은 별 연관성 없는 '계림'과 '일본해 대해전'이 사실은 하나의 가족임을 암암리에 시사한다. 서로 다른 시공간에서 뿜어대는 국가의 팽창 욕망을 하나로 통합한 메이지 시대의 빼어난 정치미술 「진구황후 삼한 정벌도」(〈그림 6〉)류[22]는 이에 대한 지울 수 없는 증례이다. 병사와 말과 배는 황군과 기차, 전함과 정확히 일치하며, 이 동일성은 이후에도 끊임없이 복제, 증식되어 결국은 '대동아 성전'에 부려지게 된다. 또한 이 우키요에[浮世畵]는 천황의 만세일계와 평화적 통치로 요약되는 오랜 문화적 전통이 근대 문명의 실질적 창출자이자 그것을 동양에 전파하는 원동력임을 격렬하고 섬세하게 선전하고 있기도 하다.

『만한철도창가』를 두고 제국의 역사와 심상지리를 교육하는 아동용 교과서를 훨씬 초과하는 일종의 식민주의적 전쟁 서사로 다시 규정할 수 있는 까닭이 여기에 있다. 이 노래를 부르고 들으면서, 일본인들은 조선과 만주를 야만의 지대로 끊임없이 타자화하는 한편 그곳에 아로새겨진 일본의 전적(戰績)과 문명을 재빨리 복기하며 선민의식을 거침없이 부추겼을 것이다. 이런 과거와 현재의 도발적 전유는 미래의 선취, 다시 말해 제국의 드넓은 경계와 정체성 확대에 대한 무한한 상상을 제공했다는 점에서 일제의 계몽기획과 정확히 일치했다.

2_ 동일한 경부선의 객차를 두고 육당은 사해동포주의를 꿈꾸었음

22 〈그림 6〉 우키요에의 원제는 〈진구황후 삼한 벌수 취급도〉이며 우측 1/3을 가져온 것이다. 정한론과 대륙진출 욕망을 선전하기 위해 제작된 진구황후 삼한정벌도의 사례와 의미에 대해서는 강덕상 편, 김광렬·박순애 역, 『우키요에 속의 조선과 중국』, 일조각, 2010, 32~42면 참조. 같은 종류의 우키요에 주인공으로는 임진왜란 당시의 가토 기요마사[加藤清正]도 주목된다(같은 책, 44~51면). 아니나 다를까 『만한철도창가』에서도 그는 고니시 유키나가(小西行長, 5연)와 함께 부산을 정벌한 사적의 주인공('불굴의 공성(攻城)', 7연)으로 등장하고 있다. 제국주의의 건설과 팽창을 위해 매체 및 예술의 정치학이 상호 연동된 대표적 사례라 할 만하다.

에 반해 오오와다는 조선과 만주라는 고토의 정벌 혹은 회복을 상상했다. 이처럼 이질동형(異質同形)의 얼굴로 경부선 철로를 달리는 기차가 다다를 곳은 그러므로 너무 달랐고 또 달라야했다. 그들이 다다른 종착역의 풍경과 여행자의 표정은 과연 어떠했는가. 여기에 육당과 오오와다가 상상했던 서로 다른 국민국가의 현재와 미래가 담겨 있음은 물론이다.

六六. 식뎐부터밤까디, 타고온긔챠 내것갓텨안뎌도, 실상남의것 어늬때나우리힘, 굿세게되야 내팔뚝을가디고, 구을녀보나	六七. 이런생각뎌생각, 하랴고보면 한이업시뒤대여, 연속나오니 텬리길을하루에, 다다른것만 긔이하게생각코, 그만둡시다

—『경부텰도노래』, 33~34면

육당이 국적에 상관없이 문명에 환호작약했으리라는 추측은 일종의 편견이다. 한양이든 부산이든 제국 일본의 기술과 자본, 군사력이 점령한 상황에서의 문명의 성장(成長 / 盛裝)은 "실상남의것"의 범주를 뛰어넘기 어렵다. 식민지 근대화가 성취한 어떤 삶의 합리성은 식민성의 그늘, 즉 공동체의 근원성과 본래성, 개별적 삶의 자존과 자유, 미래기획의 자율성과 자주성의 우울한 파탄을 결코 넘어서거나 치유할 수 없다. 조선의 기차가 대양의 배와 육지 없는 신개지에서 갑작스럽게 멈춘 때문일까, 아니면 식민지 개척에 신바람 난 문명의 폭력성과 야비함에 주눅 든 탓일까. 최후로 선연한 육당의 피로감(67연)은 아마도 이 움쭉달싹할 수 없는 시공간 폐쇄의 감각에서 연원한 것일지도 모른다.

이런 의미에서 하루 사이의 천릿길 여행을 문득 대견해 하는 육당의 시선을 파국적 현실에 대한 낭만적 인식이나 무책임한 도피로 백안시할 필요는 없다. 분명한 것은 이 피로감과 함께 육당의 국민국가 '신대한'의 기획 역시 급속도로 활력을 잃어갔다는 사실이다. 온전히 상상과 정보 집적의 산물인 「세계일주가」 말고는 조선 땅을 달리던 철도들에 대한 노래가 더 이상 제작될 수 없었던 이유 역시 이 피로감과 밀접히 관련되어 있는 것은 아닐까.

57. 떠난 지 오래된 고향의
하늘 어딘가를 바라보면
아득한 수만리 바다 위
해는 저물며 달은 높이 떠오르고

60. 아아 청국도 한국도
다 같이 친한 이웃나라
서로 가까이 지내며
풀어야 할 문제 숱하네

—『만한철도창가』, 34면[23]

육당의 피로감에 비한다면, 향수의 정을 담아 새삼 동양평화론을 제창하는 오오와다의 목소리는 사뭇 오만방자한 느낌이다. 조선과 만주를 야만과 원시의 공간으로 균질화하는 한편 그들의 전적지 겸 문명 전파의 공간으로 산뜻하게 식민화해간 것이 그의 여정이 아니었던가.

---

23 이 가사 아래에는 거대한 상선들이 정박해 있는 대련(大連)항 사진이 놓여 있다. 대련은 남만주철도의 종점 여순(旅順) 관광을 마친 후 들르는 마지막 행선지였다. 이 코스가 의미심장한 것은 러시아의 조차지였던 대련이 러일전쟁 후 일본의 손아귀에 떨어졌으며, 이를 계기로 일본이 남만주철도의 본사를 대련에 두어 만주 경략의 거점으로 삼았기 때문이다. 흥미롭게도 『만한철도창가』의 이미지 선택은 러일전쟁 항목으로 시종하고 있는데, 처음에는 군함을, 최후에는 상선을 배치함으로써 군사력과 자본을 한 손에 거머쥔 제국주의 일본의 위용을 한껏 자랑한다.

그러나 당시 일제의 '동양평화론'이 서 있던 자리를 생각하면, 오오와다의 근린 교류의 감각은 전혀 모순적이지 않다. 문명국 일본이 자신을 제외한 아시아 국가를 문명권 밖에 정체된 '동양'으로 규정하면서 탈아입구(脫亞入歐)의 실현에 고군분투했음은 주지의 사실이다. 러일전쟁의 승리는 그것을 세계사적으로 공인받은 일대 사건이었다. 일본이 '아시아 동쪽의 신영국(新英國)'으로 올라선 이상, 만지(蠻地) 청국과 한국은 문명의 '친밀한 적'(?)이 새롭게 구상하는 이른바 '대동아'의 일원 혹은 속국으로 편입되어 마땅했다. 서양이 규정한 '전제적 성격의 동양'에 항거하면서 그들 나름의 동양 혹은 일본의 독자성을 재발견하고 재구성하는 근대적 버전의 아시아주의. 이 거꾸로 된 오리엔탈리즘의 희생양적 구성분자로 한국과 청국이 제일 먼저 호명된 것은 너무나 당연했다. 그들의 전근대적 정체성, 곧 헤겔이 말한바 정신적 내면성의 자유가 결여된 중국과 그 속국 조선만큼 일본의 위대성과 선진성을 입증하고 부각시킬 이웃은 어디에도 없었기 때문이다.[24]

오오와다의 친선 감각은 그러므로 근대문명의 적장자 일본—반(半)문명 중국과 조선이라는 서열관계를 근사하게 감추는 포장술에 지나지 않는다. 하지만 『만한철도창가』의 서사적 완결성은 이 포장술을 통해 결정적으로 완성되고야 만다. 서양문명에 대한 식민지적 (무)의식을 용의주도하게 은폐하는 한편 일본문화와 문명의 우수성을 만천하에 시위하는 방법으로서의 근린(近隣)의 미학적 지배와 복속. 『만한철도창가』는 이런 식민주의적 (무)의식을 조선과 만주 곳곳에 토해내며

24 이 부분에 언급된 '동양'과 '탈아(脫亞)'의 논리는 고야스 노부쿠니[子安宣邦], 이승연 역, 『동아·대동아·동아시아』, 역사비평사, 2004의 '제2장 헤겔 '동양' 개념의 주술적 속박'을 참조했다.

바람처럼 달려갔고 종국에는 이 근린들을 교류라는 명분으로 불러들여 그들만의 객차에, 아니 곁에 달린 짐칸에 가두어 버렸다.[25] 이런 상황에서 여행의 피로감은 경계되어 마땅한 소국주의적 감각에 지나지 않는다. 향수의 토로가 동양평화론의 주창으로 급변하는 것도 식민주의적 (무)의식, 바꿔 말해 제국주의적 의식의 속도전 때문이라는 판단은 그래서 가능하다.

3. 철도창가의 역사 기억과 현실 재현의 문제

철도의 노선은 공간을 가로지르면서 시간을 축적해가는 형식, 다시 말해 일종의 서사체계로 부를 수 있다. 양국의 철도창가는 이런 사실을 적극 활용하여 하나의 이야기를 구성하면서 세계를 재편하는 데 열중했다고 해도 과언이 아니다. 이야기의 내용과 그것의 구성 원리는 여행의 주체이자 또 다른 기관사이기도 한 작가들의 세계관과 철도에 대한 태도에 따라 전혀 달라질 수밖에 없다. 사실 철도는 인간과 자연의 분리, 속도성을 통한 자연의 파노라마적 풍경으로의 대체, 개성적 시공간의 균질화 따위로 대표되는 기하학적 추상성과 감각의 균일화

25 이 간교한 지배와 피지배의 현장을 임화는 「해협의 로맨티시즘」에서 "'반자이!' '반자이!' '다이닛 ……' / 이등 캐빈이 떠나갈 듯한 아우성"과 "어머니를 부르는, 어린애를 부르는, / 남도 사투리"라는 대조적이며 비극적인 언어상황 속에 압축하여 묘사한 바 있다.

를 근대 특유의 경험으로 입안했다. 이것은 객차 내부의 시선만으로는 기차가 통과하는 특정 지역의 역사와 지리, 풍물과 관습 같은 구체적 삶의 고유성과 현재성의 획득이 거의 불가능함을 암시한다. 따라서 여행의 풍요성과 의미성은, 직접 현지를 답사한다 해도, 각종 기억과 정보에 의해 결정적으로 구축될 수밖에 없다. 그런 의미에서 모든 철도 여행은 텍스트의 여행이기도 했는데, 이 텍스트는 항시 고정된 것이 아니라 그것을 편찬하는 여행자의 시선과 의도, 이념에 따라 수정・보완되기 마련이었다.

『만한철도창가』와 『경부텰도노래』의 편찬 역시 시공간을 망라한 각종 기억과 정보에 의존해 있기는 마찬가지이다.[26] 두 창가는 공히 '소년'을 제일의 가창자요 독자대중(=청취자)으로 상정했다. 하지만 국민국가의 건설과 팽창, 국민의식과 정체성의 확보에 목표를 둔만큼, 그 내용과 형식들은 국민 전체를 향해 발화되기 마련이었다. 두 창가에서 노선, 곧 서사의 핵심은 단연 전쟁과 근대문명이었다. 국민의식의 고취와 새로운 국가의 심상지리 확장에 전쟁, 특히 승전의 서사만한 것이 없음은 물론이려니와, 근대 이후 전쟁이 문명기술의 발전에 크게 힘입고 또 기여했음은 주지의 사실이다.

---

26 두 창가집의 가사와 사진 정보는 국가주의를 선전, 선양하는 계몽가의 시선을 뚜렷이 보여준다. 『만한철도창가』의 경의선 연선이 더욱 그렇다. 오오와다는 경성역에서 바로 평양역으로 옮겨가는데, 이는 경의선의 완전 개통 및 러일전쟁과 모두 연관된 것으로 이해된다. 경의선은 1904년 군사철도로 부설되기 시작해 1906년 4월 완전 개통되었다. 이를 참조하면 같은 해 8월 『만한철도창가』를 출간한 오오와다나 일반인의 경의선 여행은 여러모로 불충분한 것이었을 가능성이 크다. 결국 일본에도 러일전쟁의 현장으로 널리 알려진 평양의 선택은 필수불가결한 것이었다. 이런 경험의 불충분은 종군기자의 보고를 따라가는 것과 같은 형식으로, 곧 전쟁과 타자의 경험에 의존해 의미화의 범주와 내용이 결정되는 가상경험으로서의 『만한철도창가』가 작성된 이유이기도 할 것이다.

1_ 전쟁사에의 집중을 과연 문화의 수월성으로 언표할 수 있는가 하는 의문은 필연적이다. 하지만 일상의 신체를 변용시키는 전장이 존재의 의미세계를 변화시키는 것만큼은 틀림없다.[27] 전쟁의 승패는 기술의 물리력뿐만 아니라 문화의 심급에 의해서 달라질 수 있으며, 종전(終戰)의 열망은 죽음의 공포 못지않게 안정과 행복에의 열망에 의한 것이기도 하다. 따라서 이른바 제국들의 전장에 가까웠던 조선과, '정체된 동양'을 전장으로 징발하는 한편 속속 점령해간 일본의 전쟁관 혹은 그것을 역사화하는 시선은 여러모로 다를 수밖에 없다. 물론 우리는 전쟁, 특히 승전의 내면화 방식 못지않게 전쟁의 광기와 망상을 교묘히 은폐하는 자기구제의 수사학 역시 각별히 주의해야 한다.

> ① 삼백척의 산 위에 / 축성된 채 버려진 잔루(殘壘)는 / 코니시 유키나가(小西行長) 천년의 / 웅대한 계획을 나타내는 훌륭한 기념물 (5연)
> 저기 보이는 아산 / 넘어 일청전쟁의 옛 모습 보이네 / 고전의 땅 생각하면 / 꿈이런가 꿈이 아니런가 (17연)
>
> —『만한철도창가』 중

> ② 게서떠나성환역, 다다라서는 / (…중략…) / 그때일이쾌하다, 서로일커러 / 얼골마다깃분빗, 가득하야서 / 일본남자대화혼(大和魂), 다량하는듸 (15~16연)
> 수백년뎐에부터, 인인사던곳 / 풍신수길군사가, 드러올때에 / 부산으로파견한, 소서행댱의 / 혈뎐하던옛뎐댱, 여긔잇더라 (53연)
>
> —『경부텰도노래』 중

---

27 도미야마 이치로[富山一郎], 임성모 역, 『전장의 기억』, 이산, 2002, 38면.

"전장 동원은 '외계인'의 말을 봉쇄하고 '자기 나라 속의 난민'을 내부의 적으로 죽임으로써만 수행되는 것이다"[28]라는 말은 전쟁의 내외부를 간명하게 드러낸다. '외계인', 곧 타국의 적과 내부의 '난민', 곧 자국 안의 적을 동시에 제압할 때야 승전은 비로소 가능해진다. ①은 오오와다의 시각이, ②는 육당의 시각이 반영된 임진왜란과 청일전쟁의 기억 및 현재화의 양태이다. 이것도 『만한철도창가』와 『경부텰도노래』의 영향 관계를 보여주는 한 사례일 텐데, 그들은 경부선 연선의 부산(부산진, 물금)과 왜관, 성환과 아산 등지를 통과하면서 공히 임진왜란과 청일전쟁을 위와 같이 의미화하고 있다.

대륙진출의 전쟁사에 각별히 공을 들이는 오오와다의 발화는 '외계인'의 봉쇄와 동족 일본인의 교화를 위한 이중적 책략으로 충만하다. 타자의 땅 안에 자기의 역사를 한 땀 한 땀 기입함으로써 타자의 공간을 자기화함과 동시에 식민화하는 이중의 효과가 발생한다. 이 효과는 기차가 오가는 대로 지속적으로 발생하기 때문에 일본인의 식민주의적 (무)의식을 진작하는 만큼 식민지적 (무)의식을 감쇄하거나 식민지 지배에 대한 성찰적 사유를 가로막을 공산이 매우 크다. 말하자면 『만한철도창가』는 전장의 기억을 항시 활성화함으로써 바람직한 일본인 되기와 그들에 굴복하는 피지배자 만들기라는 끔찍한 여행을 즐거운 일상(취미)으로 스스럼없이 제도화해버리는 것이다.

구체적 시공간의 탈역사화와 탈맥락화에 의해 수행되는 동일화와 식민화의 전략은 식민지 지식인의 시선을 또 다른 방법으로 간섭 혹은 교란한다는 점에서 문제적이다. ②에서 보듯이, 육당이 임진왜란과 청

28 위의 책, 40면.

일전쟁을 기억하고 진술하는 방식은 일본인의 시각과 이래저래 연동되어 있다. 그러니까 그는 조선의 전쟁을 기억하고 말하는 대신 일본의 그것으로 우회함으로써 부국강병의 필요성이나 약소국으로서 조선의 비참한 현실을 되비추는 것이다. 물론 이미 온갖 서적과 잡지의 출판이 통감부의 검열을 통과하고서야 가능해진 현실에서, 그리 많지도 않은 경부선 연선 내의 대(對) 일본 승전사를 노골적으로 불러내기는 꽤나 어려웠을 것이다.[29] 그러나 군사권마저 빼앗긴 조선의 현실을 두고 읊조리는 "잇난것은외국긔, 날린배로다"(52연)라는 자조 섞인 한탄은 불온한 '외계인'의 목소리로 그다지 어울리지 않는다.

육당의 이런 수세적이며 소극적 태도의 연원은 어디일까. 그가 국민국가(nation)의 핵심으로 지목한 '소년' 혹은 '대한남아'의 주체화 혹은 계몽의 방법과 연관될 지도 모른다. 가령 육당은 한 산문에서 객차 안에서 청일전쟁의 승리를 두고 '대화혼' 운운하는 자들을 "반(半)개화 일본인"이라 일갈해버린다.[30] 일상의 신체를 바꿔버리는 전쟁의 주술과 제국주의로 파행하는 일본문명의 그늘에 대한 인식을 비교적 충실히 보여주는 대목이라 할 만하다. 문명의 선두에 진입한 일본의 상대화는 "문화의 전도와 조화와 집대성과 개척"이 "반도의 천직"이라는 소명의

---

29 유일한 예외가 부산의 범어사를 설명할 때 등장한다. "범어사란대탈이, 예서오십리 / 신라흥덕왕때에, 왜구십만을 / 의상이란승당이, 물니팀으로 / 그덩성을갑흐려, 세움이라네"(54연). 흥덕왕 재위 시 의상은 이미 사망한 상태였으므로, 왜구와의 대적은 몰라도, 범어사의 창건 시기는 논란의 여지가 없잖다.

30 육당(최남선), 「교남홍조(嶠南鴻爪)」, 『소년』 제2년 8권, 1909.9, 55면. 다음 호에 1회 더 연재되는 이 산문은 『경부텰도노래』의 산문판이라 할 만하다. 창가에 담아내지 못한 육당의 내면과 현실인식, 일본과 조선의 이해 방식 등을 비교적 소상히 확인할 수 있다. 조선인들의 게으름과 무지 등 노동역작에 장애가 되는 관습과 태도 등에 대한 강력한 비판이 여전하며, 특정 일본인들을 '반개화인'으로 규정하는 비판적 시선도 인상적이다.

식과 문화적 자긍심 덕분이다.[31]

그러나 문제는 이 원대한 의식을 실천할 방법과 대상 비교적 불분명했다는 것이다. 육당 식으로 박애와 평등, 근면과 노동 등 근대적 가치를 '대조선'에 벌써 충만했던 것으로 전유한다고 해서 주인과 노예의 변증법이 실현되는 것은 아니다. 목표만 있고 방법 없는, 가치와 의식들의 계몽은 한편으로는 서구문명을 절대화하고 다른 한편으로는 조선인을 문명의 결여자로 저평가하는 이중의 소외를 육당의 글쓰기 안으로 지속적으로 불러들인다. 긍정적 주체성에 대한 신뢰와 선양 없는 (집단적) 자아의 기획은 필연적으로 외부의 거울에 자아를 비추고 수선해야한다는 강박, 이를테면 춘원 이광수 식의 '민족개조론'의 함정에 빠져들 위험성이 농후하다. 물론 육당은 민족문화의 깊은 연원과 독창성, 수월성을 되비칠 거울로 '대조선'을 거듭 호명했지만, 일제의 식민주의적 의식은 그것을 '정체된 동양'으로 함부로 규정하는 한편 계몽과 식민화의 대상으로 신속히 점령해갔다. 전장의 기억을 재현하는 조선과 일본의 저 유사하면서도 판이한 언술과 감각은 이를 확증하는 증례의 일부로 모자람 없다.

2_ 10여 년 앞선 청일전쟁을 과거로 귀속시킬 수 있다면, 그것은 러일전쟁이 획득한 현대성과 현재성 때문이다. 러일전쟁은 함선과 대포, 총 등 근대적 무기체계가 총동원된 기술 경합의 장인 동시에 제국주의적 국가를 목표하는 러시아(서구)와 일본(동양)의 목숨을 건 일합이기도 했다. 일본은 러일전쟁의 승리를 계기로 탈아(脫亞)를 실현한 동양의

31 최남선, 「해상대한사 10」, 『소년』 제2년 10권, 1909.11, 42면.

맹주로 급속히 부상했으며, 문명 못지않은 문화의 전승국으로 제국의 면모를 일신하게 된다. 러일전쟁을 기념하고 기억하는 당대의 태도는 제국 일본을 문화의 전승국으로 재편하고 의미화하는 한 방식을 흥미롭게 예시한다. 이를테면 전장의 체험과 전쟁의 기념이 공적인 제도와 의식(儀式)뿐만 아니라 신문과 잡지를 포함한 저널리즘, 엽서와 사진집 등의 전쟁기념품을 통해서도 주도면밀하게 이뤄졌음이 그것이다.[32] 전쟁기념의 상품화와 대중화는 전쟁의 비인간성과 폭력을 은폐하는 동시에, 전 국민을 '전선총후'의 병사형 인간으로 개량해가는 데도 효과적인 장치였다.

당대 인기절정을 구가하던 『철도창가』를 전선(戰線)의 연선에 투입한 『만한철도창가』 역시 전쟁기념의 상품화와 대중화를 대표하는 미학적 책략이라 할 만하다. 물론 이것의 상품화와 대중화의 최종 목적은 식민지 경영과 제국의 심상지리 확장, 민족적 정체성의 심화에 있었다는 점에서 그 자체가 제국주의적 국가기획의 일부를 이룬다. 분량으로 따진다면 러일전쟁의 기억과 기록, 기념의 공간은 만주가 조선을 훨씬 압도한다.[33] 조선에서 러일전쟁이 언급되는 곳은 인천과 평양 등 두, 세 곳에 지나지 않는다. 이는 만주를 주무대로 펼쳐진 러일전쟁의 사실에 부합하는 것인 만큼 오히려 적절한 처사이다. 그러나 조선의 시공간을 점유하는 제국의 시선만큼은 여전히 문제적이다.

32 보다 자세한 내용은 박진한, 「일본의 러일전쟁 100주년 기념과 내오내셔널리즘」, 권진성・이재원 편, 『기억과 전쟁』, 휴머니스트, 2009 참조.

33 『만한철도창가』에서 러일전쟁의 현장이 다뤄지는 분량은 28연에서 58연까지 30연에 이른다. 전쟁 현장, 만주인의 풍습과 문화 등을 포착한 사진 이미지도 보다 풍부하고 생동감 있게 제시된다.

20. 인천항에 머물고 있는
우리 국민은 일만삼천여
일러전쟁 초기에
적함을 침몰시킨 포구라네

21. 항구의 홍성함 볼 만하니
업무 마치고 여유 있으면
일본공원 월미도
내친 김에 거기도 가 볼까

—『만한철도창가』, 11~12면

인천은 경인선의 영역이니, 그것이 경부선의 여정에 살짝 끼어든 형국이다. 물론 이 가사의 초점은 인천 전체의 풍물과 산업이 아니라 이미 식민화된 인천항과 월미도의 그것에 국한된다. 이 문명의 공간은 주변의 후진적 공간들과 크게 대척을 이룸으로써 일본문명의 뛰어남을 효과적으로 환기한다. 러일전쟁은 제국들의 통로이자 경연장이었던 인천이 일본의 식민지로 귀속되었음을, 따라서 인천이 "가족의 화기애애한 생활"이 가능한 공간으로 탈바꿈되었음을 선언하는 역사적 · 물질적 장치이다. 위 장면은 "'일본인'이 된다는 것은 그저 마음속으로 상상하는 데 그치는 것이 아니라 일상생활과 전장 동원이 하나로 연출되어 가는 과정, 바로 그것"[34]임을 적절히 암시하고 있는 것이다.

그러므로 철교 가설 전의 목제 부교를 건너 진군하는 일본군 모습을 담은 〈그림 7〉이 무엇을 환기할 지는 비교적 뚜렷하다. 일제의 지배 아래 조선과 만주가 월미도의 홍성함으로 거듭날 것이며, 따라서 전쟁은 식민지에 수준 높은 문명과 문화를 건설하는 동양평화의 척후병임을 암암리에 시사한다고나 할까. 이 왜곡된 이상을 기차와 철로, 병사와 행군로가 앞서거니 뒤서거니 실어 나르고 있는 것이다.

34 도미야마 이치로, 앞의 책, 30면.

〈그림 7〉 압록강 가교의 진군(일로전쟁)

그러나 의아한 것은, 『소년』이나 여타 육당의 글쓰기에서 러일전쟁에 대한 이해와 언급이 거의 보이지 않는다는 것이다. 그가 러일전쟁 와중인 1904년과 1906년 비록 짧게나마 일본에 유학하며 각종 저널리즘과 전쟁기념품 따위에 어지간히 노출되었을 것임을 고려하면, 무관심 혹은 의도적 무시는 매우 뜻밖이다. 어쩌면 지속적으로 출간이 예고된 「경의철도가」에 사건 이해와 감각의 일단이 실려 있을지 모르겠으나 이것은 어디까지나 추측에 불과한 것이다. 과연 경의선 연선의 풍경과 그에 대한 여행객의 감상과 품평을 담은 「평양행」[35] 역시 문명의 관점에서 조선 사회의 후진적 습속을 비판하기는 「교남홍조(嶠南鴻爪)」와 마찬가지였다. 당연히 그 대척점에 일본문명이 서 있으니, 육당에게 기차여행은 동일한 공간 속의 일본과 조선의 문명적 차이를 더욱 확대하고 각인하는 장치로 늘 작동했던 셈이다.

35 N. S(최남선), 「평양행」, 『소년』, 제2년 10권, 1909.11. 서울-부산의 여행 「교남홍조(嶠南鴻爪)」와 서울-평양의 「평양행」이 이어지면 경부선과 경의선의 서사가 하나의 완결점을 획득하는 셈이 된다.

원래는 군사철도로 가설된 경의선 연선의 문명화는 감히 러일전쟁의 부산물이라 할 만하다. 하지만 문명에의 관심과 집중은 식민지 근대화의 부정성을 기껏 재조 일본인이나 일본여행객들의 반(半)문명적 태도와 행위 정도에서 적발하는 데 그치게 한다. 문명화의 길이 식민화의 길이고, 그것을 개척하는 민군 겸용의 철로가 만주까지 뻗고 있었음을 육당은 몰랐던 것일까. 평양에서 민족문화의 정수를 맛보기를 기대했던 육당의 심미안이라면, 전쟁의 문명이 개축한 도시의 환부를 그냥 지날 칠 수 없고 또 지나쳐서는 안 되었다.[36]

그러나 러일전쟁은 문명과 문화의 성장(盛粧) 뒤로 숨겨짐으로써 조선과 만주 경영의 식민주의를 산뜻하게 탈각해버린 느낌이다. 이런 사실은 육당에게는 세계사를 뒤흔든 러일전쟁이 제국주의와 기술문명에 대한 성찰의 기제보다는 오히려 문명과 문화에의 욕망을 더욱 재촉하는 기폭제로 작용했음을 암암리에 시사한다. 그러니까 조선 인민은 야만의 피해자(내부)였지 제국주의나 전쟁의 희생자(외부)는 아니었던 것이다. 하지만 육당의 착각과 달리 그 야만은 약간 비틀어 말한다면 독점적 · 폭력적 문명의 내일을 지고 나른 제국주의 전쟁에 의해 잔인하게 구제되기 시작할 운명이었다.

---

36 육당은 그 환부를 끝내 들여다보지 않고 문명의 신개지로서 평양을 주목했을 따름이었다. 『소년』에서 『경부철도가』와 『한양가』의 출간 광고 시 '부인중(付印中)'이란 팻말을 달고 있던 「세계일주가」(『청춘』 창간호, 1914.10)의 평양 소개 장면을 보라. "근래 와서 조선의 종관(縱貫)철도가 세계의 대교통로가 되어 여객화물이 갈수록 이 길로 모여드니 이 노정이 경의선으로 북서향하여 경부선으로 남동귀(南東歸)함은 또한 세계적 대로에 처함을 얼마큼 자극코자 함이라. (…중략…) 평양은 경의선 중 역사가 최구(最久)하고 경승(景勝)이 최호(最好)할 뿐 아니라 장래에 유수한 세계적 대도회가 될지니라."(같은 책, 39면. 띄어쓰기 및 맞춤법 교정—인용자)

4. 이미지의 선택과 배치, 그리고 계몽의 효과

근대적 감각과 사유의 확장과 혁신에 사진술과 인쇄술, 출판술이 기여한 공로는 대단한 것이었다. 맥루한에 따르면, 활판 인쇄술은 개인적 내적 경험의 외적인 분출 혹은 표출과 집단적 국민의식의 응집에 밀접한 상호관련성을 부여했으며, 또한 개별 지방어를 하나의 국민적 언어로 통합하고 가시화함으로써 국민의식의 심화에 결정적 기여를 했다.[37] 일본이 전쟁과 문명의 상품화와 대중화를 위해 사진술과 인쇄술을 적극 활용했듯이, 육당도 근대지(知)와 민족지(知)의 상호결합 및 확장을 위해 저 기술들을 망라, 조직하는 신문관을 서둘러 차렸다. 그의 기술과 실력은 당대 최고를 자랑하는 『소년』의 현란한 편집술과 인쇄술, 정보감각을 떠올려보는 것으로 벌써 충분하다.

물론 우리의 관심은 근대적 기술의 수용과 발전이기보다는 대중용 신문과 잡지, 각종 서적의 출판인쇄술에 배어 있는 정치성과 계몽성, 심미성의 상호연관 혹은 갈등에 관한 것이다. 한국과 일본의 철도창가는 지리와 역사 교육을 통한 국민의식의 통합을 앞세웠지만, 이 교육은 궁극적으로 외지의 개척과 지배를 승인하고 열망하는 식민주의적 국가 기획으로 수렴되어 갔다. 그렇다면 우리는 철도창가의 사진술과 인쇄술에서 그 심미성이 계몽성과 정치성을 어떻게 포장하고 또 배포하는가를 묻지 않을 수 없다. 이를 통해서 '상상의 공동체'가 어떻게 성격화되고 현실화되는 지도 엿볼 수 있을 것이다.

37 마샬 맥루한, 임상원 역, 『구텐베르크 은하계』, 커뮤니케이션북스, 2001, 384~386면 참조.

『만한철도창가』의 편집술은 겉으로 보기에 의외로 단순하다. 역사와 현실 상황에 맞는 사진을 창가 가사의 앞과 뒤, 중간 정도에 배치하는 한편, 한자어에 히라가나로 루비를 달아 문해력(文解力)을 제고하는 정도이다. 그러나 이미지의 선택과 배치법은 '제국의 렌즈'의 특유의 시선, 즉 식민지 개척과 지배의 정당성 및 '정체된 동양'인 조선과 만주에 대한 과학적이며 실증적인 재현에 철저하다.[38] 이 과정에서 조선과 만주의 구체적인 삶과 역사는 탈맥락화되어 제국의 관음증을 만족시키는 취미적 대상으로 소외된다.

다음 면의 사진들은 한국과 만주의 풍속을 찍은 것들이다. 이 사진들이 생산하는 식민담론은 과연 무엇인가? 한 나라의 풍속을 녹취한다면 다양한 계급과 계층의 실생활, 의식주 및 정신문화, 경제활동과 문명의 양태 등이 종합적으로 포착되어 마땅하다. 그러나 『만주철도창가』는 가난과 게으름, 문명과 문화의 미숙함을 표상하는 〈그림 8〉 류의 사진 제시로 일관할 뿐, 조선과 만주 재래의 고급문화와 문명현상은 스쳐 지나거나 의도적으로 배제한다. 더군다나 그것을 일본발 문명과 전쟁 기술의 현장과 대비시킴으로써 그들의 인종적 우월성과 문명적 탁월성을 효과적으로 선전한다.[39] 전쟁은 피의 공포로 식민지를 취득하지만 사진인쇄술은 패배와 좌절 혹은 동경과 질시의 감각을 전염시킴으로써 식민지를 세련되게 정복하는 것이다.

---

38 이경민, 『제국의 렌즈』, 산책자, 2010, 11～112면.

39 대표적인 예로 '짚신을 파는 장사치'(韓國의 風俗(其三))와 일본 소유의 '경부선 열차' 사진이 같은 지면(10면)에 실린 것을 들 수 있다.

40 각각 '韓國의 風俗(其一)' '韓國의 風俗(其三)' '滿洲의 風俗(其二)'로 명명된 『만한철도창가』 소재 사진들이다.

〈그림 8〉 한국과 만주의 풍속[40]

사진의 시선과 배치술은 일본의 문명성과 조선의 야만 혹은 반(半)문명성을 재현하는 일차적 행위에서 벗어나 특히 저급의 현실(야만)이 고급의 사진(문명)을 모방하도록 유인하는 이차적 행위를 수반한다는 점에서 더욱 문제적이다. 우리는 육당이 '제국의 렌즈' 효과에 충분히, 그러나 또 다른 문화민족주의의 시선으로 감염되어 있음을 동시에 확인한다.

그들의 철도창가에서 오오와다가 일본 군함을 제일 먼저 등장시켰다면, 육당은 아예 수원 관찰부 삼문과 대구 남문을 표지 바로 다음 면에 배치했다. 이후 남대문에 전차가 달리는 장면과, 철로의 장쾌함과

〈그림 9〉 수원 관찰부 삼문과 남대문 그리고 남대문 정거장

속도감이 절로 느껴지는 남대문 정거장을 제시했음은 물론이다(〈그림 9〉). 요컨대 문명화에 돌입한 한양, 경부선 주변의 아름다운 풍경과 건물, 성곽, 유명한 공원 등의 적절한 배치를 통해 야만과 반개(半開)로 지목될만한 풍경과 역사를 숨기거나 지워버린 것이다. 『만한철도창가』보다는 일본 내지의 풍물과 역사를 찬양한 『철도창가』의 전략을 참조한 셈인데, 이것은 문명과 전통문화의 독자성 고양과 재가치화에 근거한 일종의 탈식민주의의 전략이라 할만하다. 물론 이때의 탈식민주의란 일종의 물리적 저항이 아니라 민족혼과 공동체적 가치를 되살리고 함양하는 어떤 모본(模本)의 발굴과 생산에 가까운 것이다.[41]

---

41 『경부텰도노래』의 언어적 · 편집적 특성 가운데 하나는 국문과 한문, 혹은 국한문을 혼용한다는 점이다. 우선 창가의 가사는 국문체 전용인데 다만 한자어의 경우 국문 우측에 작은 한자를 병기한다. 다음으로 모든 사진에는 〈그림 9〉의 위쪽 사진처럼 국문과 한문을 병용하거나 괄호 안에 한자를 적고 그 아래 국문을 쓰고 있다. 마지막으로 가장 이색적인 것은 지명이나 건물, 정원 등을 설명하는 주석 체계인데, 이것은 한주국종(漢主國從)의 국한문체로 일관

아마도 저 사진들은 서구와 일본의 사진작가들이 조선의 객관적 소개나 오리엔탈리즘적 굴절을 위해 촬영한 것이리라. 하지만 육당은 그것을 조선의 관점과 삶의 양식으로 전유함으로써 『만한철도창가』의 식민주의를 폭로하는 동시에 조선의 문명 발전에 대한 기대치를 한껏 고양시킨다. 동일한 사진에도 민족과 국가가 복수(複數)의 형태로 존재한다고나 할까.

흥미롭게도 『만한철도창가』와 『경부텰도노래』에는 동일한 장면을 포착한 사진이 두 장 존재한다. 노량진 쇠다리(현재의 한강철교)와 부산 범어사 사진이 그것이다. 사진은 동일하지만 그러나 그것은 조선(어)과 일본(어) 사이에 놓임으로써 전혀 이질적인 맥락을 생산한다.

〈그림 10〉 노량진 쇠다리와 동래 범어사[42]

하고 있다. 이런 언어혼용 전략은 계급과 성별, 지식의 유무를 뛰어넘어 다수의 독자를 획득하기 위해 취해진 것일 테이다. 그러니까 조선 인민들은 각자의 처지에 맞는 문자와 창가 향유 방식, 즉 노래와 낭송, 혹은 묵독을 통해 '상상의 공동체'를 구성하고 그것에 참여하기를 기대 받은 셈이다.

42 『한양노래』(1908)에서 '노량진 철교'는 '아국(我國)에 초유한 강교(江橋)'로, 앞서의 '남대문 정거장'은 '전국철도의 대중심'으로 동일 지면(7면)에 배치되어 있다. 또한 『만한철도창가』에서 '한국 경성 경복궁 문전'으로 소개된 광화문 사진이 『한양노래』에서는 '경복궁 광화문과 석사(石獅)'로 소개되고 있다. 두 사진의 경우, 전자는 우측 하단에 갓 쓴 노인과 헐벗은 소년이 도드라지는 방식으로, 후자는 사진의 우측 상단에 해태 상(像)을 겹쳐 놓는 방식으로 각

육당의 관점에서 말한다면, 이 사진의 전용은 이미 타자의 관심과 흥미에 지배된 사물을 피지배자의 시선으로 바꾸어 재배치하는 행위이다.[43] 육당이 자랑한 '노량진 쇠다리'는 먼저 발간된 오오와다의 책에서 '한강의 철교'로 소개되고 있다. 한강철교에서 일본인은 제국의 위대성을 읽겠지만, 조선인은 문명화에 진입한 조선의 진보를 발견할 것이다. 양국의 소년과 소녀, 그리고 국민들은 동일한 사진을 자신의 처지에 합당하게 내면화하며 자신과 국가의 미래를 상상할 것임 또한 분명한 사실이다.

이런 의미에서 양국의 창가집에 실린 사진은 단순히 사실의 전달체가 아니라 이후 문명의 노선과 함께 국가의 미래를 기획하는 정치학의 일종으로 해석될 수 있다. 인쇄술에 의한 문자의 획일성과 반복성의 대량 복제와 전파. 이에 대한 사진술, 즉 "인쇄술이 전파하고자 했던 근대적 이념의 특이한 강조점들을 시각적인 차원에서 순간적으로 극대화시키는 효과"의 결합.[44] 이런 방식의 기술복제의 발명과 유행이 식민지에 공헌한 것이 있다면, 제국이 대량 유포시킨 자국의 이미지들을 자국의 국민의식과 공동감각을 진작하는 한편 제국의 문명을 자기화하려는 욕망과 열정을 활성화시킨 점일 것이다. 물론 국가주의적 팽

자의 의도와 시선을 표현하고 있다.

43 마찬가지로 '범어사' 사진 역시 서로 다른 기억이 제시되고 있다. 육당이 왜구 10만과의 싸움에서 거둔 승리를 떠올리는 반면 오오와다는 예전 한국 수군의 관영이 있던 동래부에 소속된 절로 범어사를 소개한다. 신화성이 가미된 서사와 객관적 역사의 서술이 맞서고 있는 셈이다. 근대합리주의는 당연히도 후자의 사실성에 손을 들어줄 것이다. 제국주의가 인류학과 고고학, 민속학을 선점한 이유, 즉 객관성과 지식을 먼저 선점함으로써 그들의 우월성을 자랑하는 한편 식민지배의 필연성을 확증하는 전략이 여기에도 잘 드러나 있다.

44 권용선, 「국토 지리의 발견과 철도여행의 일상성」, 권보드래 외, 『『소년』과 『청춘』의 창』, 이화여대 출판부, 2007, 84~85면. 같은 책에 실린 길진숙의 「문명 체험과 문명의 이미지」는 『소년』과 『청춘』 소재의 각종 화보에 담긴 계몽적・정치적・문화적 시선과 의미를 요령 있게 서술하고 있다.

창 욕망에 대한 성찰 행위의 부족은 마땅히 경계해야겠지만, 타자의 영향을 수용하고 극복하는 태도의 진지함과 기술의 세련성만큼은 『경부텰도노래』의 공로로 충분히 인정되어야 할 것이다.

5. 철도창가에 대한 기억과 향유의 전망

철도창가와 그것의 대상 철도는 구체적 역사현실이 배제된 중립적 노래이거나 대상이 아니다. 여기에는 문명의 향방을 둘러싼 양국의 현실이해와 미래기획이 거의 노골적으로 담겨 있다. 그런 점에서 철도창가는 단순히 노래로 소비된 것이 아니라 제국 혹은 국민국가의 건설을 욕망하는 계몽기획과 그것을 실현하는 대표적 원동력인 정치의 미학화로 주어진 것이기도 하다. 요컨대 철도창가는 문명의 계몽과 국가기획의 욕망을 대중성과 상품성으로 담아내는 데 성공한, 근대계몽기의 보기 드문 형식이었다 하겠다.

이제 여전히 미진한 조선 철도창가에 대한 이해와 연구, 기억과 향유를 위해 몇 가지 과제를 제시하는 것으로 결론을 대신하고자 한다.

첫째, 무엇보다 근대계몽기에서 현대에 이르는 철도 혹은 기차와 연관된 문학의 계보학을 작성해야 한다. 근대계몽기 혹은 식민지 시대 작성된 6편의 철도창가의 궁색한 사정에 대해서는 이미 서론에서 일렀다. 이 자료의 복원을 포함, 시대현실과 미래의 징후를 예리하게 간파했던 텍스트의 실재와 역사를 계열화해야 할 것이다.[45] 식민지 시대만 해도, 육당 이외에 이광수, 염상섭, 현진건, 이태준, 임화, 박태원, 김남천 등등 기차 혹은 철도를 통해 자신의 이념과 사상, 현실이해와 미래의 모색을 펼친 문인은 부지기수이다. 이들의 서로 다른 감각과 철도 형상화 방식을 드러내는 것 자체가 한국인들이 가졌을 법한 철도에 대한 다양한 이해와 태도를 어느 정도 대표할 수 있을 것으로 기대된다.

둘째, 철도창가의 풍성한 연구와 교육, 기억과 향유를 위해서는 창가 자체 안에 내장된 매체와 매체환경의 변화에 대한 이해 역시 필수적이다. 따라서 단순히 창가 가사의 해석에 그치지 말고, 사진술과 인쇄술, 편집법 등 대중매체 혹은 서적의 효과를 극대화하는 방법과 전략까지 파고들어야 한다. 최근 문학-문화 연구와 교육의 장에서는 전자문명이 초래한 매체의 혁신적 변화에 대응하기 위해 다매체적 지각 경험, 경계 초월의 사유와 상상력과 같은 노마드적 태도가 적극 요구된다. 철도창가집은 근대계몽기 당시 전래의 매체 형식과 표현기술, 독해의 감각과 방법 등에 총체적 전환을 요구하는 최첨단의 교육매체이자 상품이었다.[46] 이런 미디어 문화의 기원과 시대적 혁신에 대한 관심 없이는 철도창가의 역사화와 현재화를 올바로 수행할 수 없을 것이다.

셋째, 철도창가는 그 자체로 융·복합적인 장르 형식이다. 노래이며

45 이 작업에 대해서는 다음에 이어지는 보론 1 「조선 철도창가의 기억과 향유를 위하여—6편의 철도창가 소개와 개관」 참조.

46 이것을 근대 이후 특화된 미학 내지 문학의 산업적 종속성으로 절하할 필요는 없다. 철도창가는 대중매체 전략을 적극화함으로써 독자(청자)대중의 유의미한 획득으로 나아갔으며, 철도창가 제작자들의 계몽의식과 국가관, 문화의식을 전달하는 작업에도 적잖은 성공을 거둔다.

시이고, 서정이자 서사이고, 개인의 발화이자 집단의 목소리이며, 책이자 음반이고 역사이자 현실이다. 이런 현실은 철도창가의 풍부한 이해와 향수, 연구·교육의 활성화를 위해 그 안에 수렴 혹은 연결되어 있는 학문과 기술 영역에 대한 관심 및 접속이 절실하게 요구됨을 의미한다. 이런 노력들을 통해 우리는 철도창가를 낳은 개인과 시대를 보다 총체적으로 이해하는 한편, 철도창가의 시대적 역할과 한계에 대한 보다 객관적인 평가를 내릴 수 있게 될 것이다.

넷째, 조선의 철도와 철도창가는 박래품이었으며, 따라서 서구와 일본의 기술문명, 자본, 문화, 글쓰기 역시 압도적 영향과 수동적 수용의 모습을 띨 수밖에 없었다. 외래적 '사실'에 즉하면서도 그러나 그것을 초과하거나 새로 구성하는 '조선적인 것'의 문화적·미학적 특수성들을 되묻고 현재화할 필요가 있다. 그럴 때 세계사적 차원의 '철도, 역사를 바꾸다'라는 보편적 경험은 우리의 것으로 다시 개성화된다. 이러한 고유성 없이는 우리 철도와 철도창가는 그것들의 보편적 근대성과 역사성을 향해 열린 개찰구를 명랑하고도 당당하게 통과하기 매우 어렵다.

/ 보론 1 /

조선 철도창가의 기억과 향유를 위하여*

6편의 철도창가 소개와 개관

1. 조선 철도창가의 역사와 현재

근대문명의 총아로 보기 좋게 등장했지만 이후 식민의 현실을 무섭게 관통해갈 조선 철도를 명랑한 목소리로 예찬한 창가로는 최남선의 『경부텰도노래』(1908)가 단연 손꼽힌다. 물론 멋진 신세계에 갓 접속한 한양의 전차와 전등 따위를 찬양하는 『한양노래』(1908), 약간의 야만지대를 곁들인 채 서구와 북미, 일본 중심의 근대성을 기차와 선박의 연선에 맞춰 주유하는 「세계일주가」(1914)도 있다. 역시 육당의 소작인

* 이 글을 '보론'으로 상정한 까닭은 다음과 같다. 첫째, 독서대중 및 연구자에게 생소한 조선 철도창가 6편을 소개하고, 그것들의 역사적 의미와 문학적 가치를 살펴본다. 둘째, 그것들에 대한 최남선 『경부텰도노래』의 영향과 수용 양상을 살펴봄으로써 조선 철도창가와 '조선적인 것'이 어떻게 결속되고 또 갈등하는지를 짚어본다.

두 텍스트는 근대적 계몽의식과 문명관을 『경부텰도노래』와 한 치의 어김없이 공유한다. 물론 전자는 역사와 문명의 한양을, 후자는 근대성의 모델로 우뚝 선 세계 대도시를 노래하는지라, 『경부텰도노래』에 울울한 조선 철도의 특색 소개, 철로 연변의 풍경과 유적 감상, 기차 여행의 흥취를 함께 나누지는 못한다. 그렇다 해도 한양—조선—세계를 향한 사실 제시와 욕망 확장의 음률들이 위기의 조선을 향해 풍성한 민족지(知)와 새로운 근대지(知)를 널리 전파했으며, 그럼으로써 근대문명에 대한 기대와 공포를 점차 일상화해 갔다는 엄연한 사실을 어느 누가 부정하겠는가.

하지만 우리는 그 때문에라도 이렇게 물어야 한다. 세 작품을 제외하고는 조선인의 삶과 앎, 현재와 미래를 새롭게 조망하는 철도 노래가 거의 부재한 까닭은 무엇인가? 언뜻 보기에 서구 및 일본과 마찬가지로 조선 철도는 전통적 억압과 삶의 습속에 속박된 조선인들을 해방시킨 문명-기계가 아니었던가. 그런데 왜 기차를 뒤엎고 철로를 부수는 몽매한 폭력이 조선인에 의해 때때로 자행되었으며 그것을 처벌하는 일제의 칼날은 더욱 날카로워졌는가.

가장 간명한 답변은 "식민과 제국의 모순을 구현한 제도적 폭력의 상징"[1]으로서의 철도에서 찾아질 것이다. 초기에는 화차(火車)에 의한 인명 상해(傷害), 철도 건설을 위한 토지 수탈과 노동력 착취 등 민중의 기초적 삶을 방해하는 부분적 폭력성이 부정적 국면을 대표했다. 하지만 철도의 근대적 신기(神技)는, 이인화(『만세전』)의 '조신은 묘지다'라는 환멸에 찬 비탄이 보여주듯이, 조선의 빠짐없는 식민화와 그에 따른

1 박천홍, 『매혹의 질주, 근대의 횡단』, 산처럼, 2003, 54면.

〈그림 1〉 조선철도약도

'조선적인 것'의 전반적인 가치하락을 더욱 강화해갔다. 화려한 문명의 속도성이 오히려 끔찍한 저개발의 후진성을 강화하는 형국, 여기에 식민화된 조선 철도가 걸어간 아이러니한 운명이 존재한다.[2]

조선의 식민화가 철도창가의 저조와 깊이 연관됨은 동시대 일제의 철도 문화를 짚어볼 때 더욱 뚜렷해진다. 철도의 전국화에 앞장섰던 일본은 철도창가 발명과 식민지 전파를 주도하고 완성한 주체이기도 했다. 그들은 철도창가를 대내외 양면에서 '일본적인 것'을 강화하고 확산하는 예술 장치로 적극 활용했다. 일본의 자연과 전통, 삶의 습속과 문화 유적, 역사의 계승과 근대적 개선을 하나하나 짚어간 『鐵道唱歌(철도창가)』(1900)는 대내적 장치였다. 이와 달리 제국의 힘과 우수성을 바탕으로 만한(滿韓)의 경영과 세계 진출을 독려하는 『滿韓鐵道唱歌(만한철도창가)』(1906)는 대외적 장치였다. 일본은 양자를 통해 혈통과 문화에서 '일본적인 것'의 동일성과 우수성을, 식민지 경영과 세계 개척에서 문명 제국의 힘과 진취성을 동시에 강화해갔다.[3]

이를 염두에 둔다면, 최남선의 철도창가들이 일본 철도창가의 대내

---

2 이후의 사례 역시 한국 철도가 강토 곳곳에 대한 탐방과 수학여행 등을 빼고는 정치・경제・문화 제반 영역에서 한국인의 계급적・이념적 분할과 고착을 매개하는 기계-장치의 일종이었음을 잘 보여준다. 이를테면 만주와 일본으로의 궁핍한 이주, 피난민의 절규와 분단의 고착화, 산업화에 따른 이촌향도(移村向都)의 심화 같은 현상들에 예외 없이 철도가 등장한다.

3 이를테면 일본 철도창가 100년을 기념하는 高取武, 『歌でつづる鐵道百年』(鐵道圖書刊行會, 1981)에는 메이지 초기부터 태평양전쟁 패배(1945)시까지 일본 본토와 조선, 만주, 대만에서 일본인들이 창작, 향유한 수십 편의 철도노래가 실려 있다. 패전 후 제국의 확장이나 식민지 개척과 연관된 철도노래들은 정지, 은폐되어 갔지만, 일본 본토에 대한 『철도창가』들은 향토의 지리와 역사의 교육 및 향유를 위해 널리 불렸다. 참고로 이 책에는 조선총독부 산하의 철도국에서 불린 「朝鮮鐵道局局歌(조선철도국국가)」가 수록되어 있다. 이 노래에 대해서는 이후 4장에서 상술하기로 한다.

외를 향한 국가주의적·문화주의적 욕망과 전략을 조선의 정황에 적합하게 변개·보충한 작업의 산물임이 거의 분명해진다.[4] 그는 세 편 공히 본문과 사진, 주석의 삼각 구성을 통해 '조선적인 것'의 사실성과 역사성, 우수성과 잠재성을 더욱 배가시켰다. 육당의 철도창가를 제국주의의 지배와 억압에 맞선 탈식민주의 예술로 가치화할 수 있다면 이 때문일 것이다. 하지만 당대의 민중현실이나 식민지 상황을 도외시한 채 조선의 문화적 우수성과 문명개화의 성취만을 강조하는 태도에서 문화민족주의와 결합된 사회진화론의 그림자가 짙게 느껴진다. 물론 이곳의 진화론은 공세적이기보다는 수세적이며, 세계 개척보다는 조선 강화를 위한 내향적 전략의 일종이라는 점에서 제국주의 그것과 일정한 선을 긋는다.[5]

그런데 어쩌랴. 육당 발(發) 철도창가의 탈식민성과 사회진화론의 불안한 동거는 이후 '조선적인 것'의 일본화에 대한 승인과 추구를 통해 급격히 해소되었으니. 비유컨대 더욱 권력화·직선화된 일제 철도(창

---

4 15세의 화자 최건일(崔健一)이 동년배(청년)에게 국력 쇠퇴의 원인을 말하면서, 중요한 까닭으로 민족정체성 확보와 세계 진출의 확장을 도모하는 여행성(旅行誠)의 부족을 거론하는 다음 장면을 보라. "고대에 우리 민족은 흥국민(興國民)이 아니오닛가 (…중략…) 이러튼 민족이 오늘날에 이르러 왜 이러케 나약하야뎟슴니가 왜 이러체 원기가 소침하야뎟슴닛가 다른 것이 아니라 여행성(旅行誠)이 감퇴하야 모험과 경난(經難)을 시려하게 된 까닭이 아니오니가." 최남선, 「쾌소년세계주유시보」, 『소년』 창간호, 1908.11, 74~75면.

5 『소년』 1년 2권(1908.12) 〈표 4〉에는 그즈음 간행된 『한양가』(실제 책명은 『한양노래』)와 『경부철도가』(실제 책명은 『경부텰도노래』) 광고가 실려 있다. 전자는 "부(府 : 한양—인용자)의 현세를 알니고 믿 향토적 사념(思念)을 주는" 것에, 후자는 "아국(我國)의 대동영(大動脥)인 경부연로와 명승고적을 영가(詠歌)하야 써 남반부의 지리상 형편과 역사상 사실을 교시코자 함"에 제일의 목적을 두었다. 일본과 조선의 『철도창가』류가 본래 '지리교육'을 간판으로 내세우며 민족의 동일성과 세계로의 진출을 동시에 욕망했던 것을 생각하면, 『한양가』와 『경부철도가』의 민족-내향성에도 세계-외향성이 은폐되어 있다고 봐야 할 것이다. 식민화로 내몰리던 당대 현실과 통감부의 검열 등을 고려한 조치로 주로 조선에 대한 지리와 역사 교육을 앞세운 것으로 판단된다.

가)의 폭력적 질주에 대한 기이한 공포와 서글픈 매혹이 육당의 결정적인 패배 요인의 하나가 아닐까. 육당은 1920년대 요리점과 유흥가에서 불리는 속류 '아리랑'류의 민요를 민중의 불건전성과 민족문화의 타락을 유인하는 저속한 노랫가락으로 간주, 매섭게 비판했다.[6] 일본 철도창가의 일부로 편입된 조선 철도창가는 민요를 비판한 그의 말을 약간 비틀건대 '황도(皇道)와 무사도의 조선화' 같은 후안무치의 형편에 빠져든 것인지도 모른다. 이런 사정을 조선 철도창가에 대한 창조와 향유의 저조를 넘어 기억의 삭제와 역사적 추방으로 몰고 간 유력한 까닭의 하나로 간주한다면 지나친 억측일 것인가.

그렇다면 다른 관점으로 이렇게 질문해보자. 만약 조선을 울린 여타의 철도창가가 여럿 존재한다면 육당의 자랑은 훌쩍 커지고 굴욕은 대폭 감해질 수 있을까. 이 질문을 감당해야할 노래 6편이 있으니, 「京仁鐵道歌(경인철도가)」, 「京義鐵道歌(경의철도가)」, 「京元鐵道歌(경원철도가)」, 「湖南鐵道歌(호남철도가)」, 「慶州行進曲(경주행진곡)」, 「馬山行進曲(마산행진곡)」이 그것이다.[7]

어디서도 발견되지 않던 텍스트들의 출처는 어디인가. 조선 철도창가 6편은 철도 부설 100주년 기념 『철도 100년 가요집』[8]에 실려 있다.

---

6 최남선, 「조선민요의 개관」, 『신진(眞人)』 5권 1호, 1927.1. 가령 "기생도와 유흥도의 민중화"라는 비판을 보라.

7 '철도박물관' 홈페이지 '철도 박물관장에게 듣는 철도 이야기'의 「철도노래의 변천」(http://railroadmuseum.co.kr/xe/ca/1978)에서는 이 노래들을 다음과 같이 평가한다. "이들은 곡(曲)이 있는 것도 아니고 사람들에게 노래로 불려진 것도 아니며, 장문(長文)의 '시조(時調)'로 분류함이 적합하리라 생각된다." 가창되지는 않았을지라도 장문의 시조로 파악하는 것은 문제가 있다. 이후 보겠지만, 최남선 이래의 '철도창가' 형식과 내용에서 거의 벗어나지 않기 때문이다.

8 김인호, 『철도 100년 가요집』, 철도청 공보담당관실, 1995.

하지만 안타깝게도 원본의 기원과 현재 상황은 거의 파악되지 않는다. 뜻밖의 성과를 기대하면서 가요집 관련의 구(舊) 철도청 실무자[9]에게 연락한 결과, 원본은 고사하고 제작에 사용된 텍스트의 행방조차 알 수 없다는 전언이었다. 다른 2종류의 자료가 또 존재하나 그것들은 『철도 100년 가요집』의 파생물로 여겨진다. 철도박물관에 전시 중인 4편의 철도창가 서예 작품(「경주행진곡」, 「마산행진곡」 제외)과 코레일 홈페이지 역사관의 '철도가' 코너에 올려진 디지털 텍스트가 해당 자료들이기 때문이다.[10]

3종의 철도창가들은 기록과 전시 형태가 다를 뿐 동일한 내용과 형식을 지닌다는 점에서 변별되는 자료적 가치를 지니지는 못한다. 하지만 조선 철도창가의 실질과 한계를 구체적으로 확인할 수 있다는 의미만큼은 간단치 않다. 새삼 강조컨대 독자들은 그간 접해온 지식이나 글쓰기와 일정하게 구별되는, 새로운 시선과 태도에 즉한 조선 철도를 만날 수 있을 것이다. 물론 원전의 부재(미확인)에 따른 원전 비평의 제약, 3종의 자료에서 발견되는 비상식적 오류, 예컨대 두 작품 사이의 잘못된 이기(移記) 따위의 약점들은 철도창가들의 가치 해명과 연구의

9 저자가 접촉한 실무자는 철도청 박물관장을 역임한 바 있는 김기억 선생이었다. 선생은 가요집 제작에 쓰인 철도창가의 출처도, 현재 상황도 알 수 없다고 했다. 선생은 그러나 당신 소장의 『철도 100년 가요집』(비매품)을 저자의 연구를 위해 기꺼이 기증해 주었다. 이 자리를 빌려 다시 한 번 감사의 말씀을 드린다.

10 코레일 홈페이지 역사관과 사진DB관을 담당하는 배은선 선생께서는 서예 작품으로 전시 중인 '철도창가' 4편을 촬영한 사진 자료 및 철도 초기의 사진 자료들을 흔쾌히 제공해 주셨다. 자료 대비를 통한 텍스트의 수정・보완 및 당시 상황의 인식에 큰 도움이 되었다. 이 과정에서 몹시 아쉬운 사실을 하나 알게 되었다. 코레일이 홈페이지를 개편하면서 한국철도의 성립과 변천 등을 여러 자료를 통해 알려주던 역사관을 폐쇄한 듯하다는 것이다. 이제 조선 철도창가는 비매품의 『철도 100년 가요집』에, 그리고 이 글의 '자료 소개'로 대중과 연구자를 만날 수밖에 없게 된 셈이다.

정확성에 일정한 한계로 작용할 것이다. 하지만 철도창가 6편의 형식 복원,[11] 장르적 · 내용적 성격의 해명, 조선 철도 발달과 투어리즘의 상관성 분석, 철도의 제도적 · 자본적 주체 일제와의 관계 양상 등을 짚어볼 수 있다면, 최남선 홀로 감당해온 조선 철도창가의 역사적 내포와 현실적 외연을 더욱 넓히고 깊이 할 수 있을 것이다.

2. 경향(京鄕)의 기적 소리–'조선'의 횡단과 종단

정치 · 경제 · 군사적 목적을 괄호 친다면, 철도의 탄생과 확장이 우리 삶에 끼친 결정적인 영향과 매혹은 무엇일까. 무엇보다 철도의 유무에 따라 생활환경의 근대성 여부가 결정되었다. 역사적 경험상 철도는 한 지역의 전통적 생활방식을 근대화하지만, 그것의 부재는 한 지역의 저개발과 퇴락을 지속적으로 심화시켰다. 철도는 사람과 물량의 이동을 풍성하게 또 신속하게 수행함으로써 시공간을 압축하는 동시에 인간의 활동 범위를 대폭 신장시켰다. 철도가 우리 삶에 끼친 영향의 맨 앞에 "풍경과 여행의 모습을 바꿔놓다"[12]라는 명제를 내놓을 수

---

11 최남선의 『경부텰도노래』는 전형적인 7 · 5조 형식이다. 1행이 거의 예외 없이 음수율 7조와 5조로 구성된다는 뜻이다. 이후 소개될 철도창가 6편은 현대어법에 맞춰 띄어쓰기가 되어 있으나, 원래는 7 · 5조를 준수했을 것으로 짐작한다. 소개 자료는 최남선의 형식을 따른다면 1장을 7 · 5조 2구로 구성하는 것이 원칙이겠다. 여기서는 호흡과 읽기를 고려하여 3구로 나누었다.

12 빌 로스, 이지민 역, 『철도, 역사를 바꾸다』, 예경, 2014, 6면.

있는 기반이 여기 있다. 물론 식민지 철도를 그것을 설치하고 지배하는 제국의 철도와 동등한 위치와 시선으로 해석하고 가치화할 수는 없는 노릇이다. 철도가 매개하는 식민지 근대성의 심화를 통해 제국 내부의 발달과 세계 개척이 더욱 가속되기 때문이다.

하지만 철도의 식민성이 몰아오는 탄식과 비애의 멜랑콜리 저편에는 전혀 신세계와 같은 민족지(知)와 풍물지(知), 세계 확장의 감탄과 이동의 환희, 오늘의 여수(旅愁)와 내일의 기대가 울울했다. 철도 여행이 머나먼 타지로의 편리하고 빠른 이동에 그치지 않고, 자아와 세계에 대한 새로운 심상지리의 획득, 미래를 향한 시공간 기획으로 넓어지는 소이연이다.

만약 '조선'의 횡단과 종단으로 제(題)한 이곳의 대상인 경인, 경의, 마산 철도창가에 이 말을 견준다면, 특히 『경부텰도노래』와 비교할 때, 여행의 욕심은 두드러지지만 자아 및 세계 확장의 욕망은 미약하다는 것이 객관적인 판단이겠다. 또한 서기재의 지적처럼, 식민지 조선의 철도 여행은, 또 철도창가는 "타국의 언어로 타국의 사상을 덧입은 형태로 출발했고 진행되었다"[13]는 한계를 처음부터 내장한 형식이었다. 하지만 바로 그곳에서 근대와 식민지를 통과하는 '조선' 땅의 현상과 실질이 새로 건축되고 구성된다는 것, 조선 철도창가는 이것을 철도 연선(沿線)의 지명과 풍경, 문명과 물자를 빼곡히 기입하는 방식으로 보여주고 있다.

13 서기재, 『조선 여행에 떠도는 제국』, 소명출판, 2011, 7면.

1) 경인선 – 식민지 군대와 일상적 휴식의 연선

경인선은 1897년 미국이 기공, 1899년 일본이 인천역~노량진역, 1900년 경성역까지 완공하였다. 대한제국 최초라는 영광은 건설 주체의 변화에 의해 상당히 훼손될 수밖에 없었다. 실제로 인천역(제물포)은 조계지가 들어찬 제국주의의 각축장, 정치적 · 경제적 · 군사적 승리를 목적하는 조선 식민화의 전초기지였다. 하지만 경인선의 개통은 특히 월미도 일대를 유원지로 번성시킴으로써 근대적 일상의 변모와 개선을 촉진하기에 이른다.[14] 이를테면 일본인들은 일찌감치 그곳을 "항구의 홍성함 볼 만하니 / 업무 마치고 여유 있으면 / 일본공원 월미도 / 내친 김에 거기도 가 볼까"[15]라고 노래했으며, 1923년 드디어는 '월미도 공원'을 신설, 그곳에서 온욕장과 수영장을 운영하기에 이른다.[16]

물론 「경인철도가」[17]는 근대적 일상으로의 변화와 개편보다 철도의 신속함에 따른 파노라마적 풍경의 경험과 이제는 주어진 사실로서의 역명(驛名)의 호명에 더욱 바쁘다. 하지만 철도를 통한 신기와 신속의 경험이 삶의 긍정적 변화와 조선의 발전에 대한 상상과 욕망을 강하게

---

14 경인선 철도와 관련된 다양한 형식의 문학 작품에 대해서는 조성면, 「철도와 문학－경인선 철도를 통해서 본 한국의 근대문학」, 『인천학연구』 4, 인천대 인천학연구원, 2005 참조.

15 大和田建樹, 『滿韓鐵道唱歌』, 金港堂書籍, 1906, 20면.

16 「신설되는 월미도공원」, 『동아일보』, 1923.3.23. '월미도 공원'의 신설이 식민지 조선의 일상 변화 및 휴게 문화와 밀접히 관련된다는 것은 같은 기사의 "늦어도 오는 오월 중순경부터는 경인간 궤도차가 개통되야 경인간에는 언제든지 삼십분 간마다 궤도차의 운전이 있게 됨으로 좇아 인천은 매우 번영하게 될 듯하나니라"에서 충분히 확인된다.

17 『철도 100년 가요집』과 코레일 홈페이지 역사관의 「경인철도가」는 6연이 빠진 5연으로 되어 있다. 그에 반해 서에 작품은 6연의 온전한 형태를 갖추고 있다. 전자에서 유실된 6연은 「마산행진곡」의 6연으로 둔갑하고 있는데, "어언듯 종점의 마산역이라"(5연)와 "어느덧 제물포에 다달았도다"(6연)의 연속적 등장은 편집의 오류를 명백히 한다.

〈그림 2〉 인천역(제물포역)(출처 : 코레일 사진 DB)

환기했을 것임은 어렵잖게 짐작된다. 철도 이름이 '경인선'이듯이 해당 창가의 시점과 종점은 경성역과 제물포역으로 상정되는데, 그 일단을 엿보면 다음과 같다.

3. 京元線과 京釜線을 서로나누어
한마디 汽笛으로 告別을하고
雄壯한 南漢江의 鐵橋를지나
鐵道搖籃 鷺梁津驛에 다다랐도다

4. 살같이 나타나는 莊嚴한汽車
어언듯 永登浦 잠간거치어
釜山行 急行을 멀리보내고
梧柳洞 停車場 지내였고나

5. 넓고넓은 素砂벌을 갈라나가면

6. 遠山을 우구려 가깝게하고

素砂驛과 富平驛도 차례로거쳐　　近山에 뻗치여 멀게하면서
山넘고 물건너 急히達하니　　우렁찬 汽笛을 울리는鐵馬
速하다 朱安驛도 지내였고나　　어언듯 濟物浦에 다다랐도다

경인선에 처음 설치된 역은 인천역(당시 제물포역으로도 부름), 축현역(현재의 동인천역), 우각동역(쇠뿔역, 1906년 폐지), 부평역, 소사역, 오류동역, 노량진역 등 7개 역이었으며, 이후 용산역과 경성역이 추가되었다.[18] 이에 반해 「경인철도가」에는 경성역, 용산역, 노량진역, 영등포역, 오류역, 소사역, 부평역, 주안역, 제물포역(인천역)이 등장한다. 두 노선 사이에 약간의 차이점이 보이는데, 주안역은 1910년에, 영등포역은 1899년에 설치되었다고 한다.[19] 이를 감안하면, 「경인철도가」는 「경부텰도노래」보다 늦게 창작, 향유되었음이 분명해진다. 게다가 새로운 앎의 요소가 많지 않은지라 왠지 대중적 호소력도 미약했을 듯싶다.

「경인철도가」는 7·5조 1행에 4행 1연, 총 6연 구성의 짧은 형식을 취한다. 인천과 서울을 달리는 경인선의 짧은 거리에 따른 태생적 한계라 하겠다. 하지만 각 역에 대한 단순한 수식과 표현이 지시하듯이 경인선 연선을 대표하거나 자랑할 만한 풍경과 유적 따위가 소소한 까닭에도 그 원인이 있을 것이다. 누군가는 「경인철도가」를 "각 연이 4행

18 '경인간 철도 규칙'에는 다음과 같은 항목이 보이는데, 근대적 삶에의 규약과 통제 요소가 공시적인 법제로 고지되고 있다. "○제3됴 돌님 병 알ᄂᆞᆫ 사ᄅᆞᆷ은 ᄎᆞ 타는 것을 거절ᄒᆞ며, ○제4됴 밋치고 취한 쟈와 란잡ᄒᆞᆫ 쟈는 ᄎᆞ 타는 것을 거절ᄒᆞ며, ○제5됴 엇던 사ᄅᆞᆷ이던지 뎡거쟝과 다른 철도소 안에 잇는 각종 표와 고시등물과 각공 긔계와 집×××의 목침과 담을 피상하는 쟈는 회샤에서 뎍당ᄒᆞᆫ 배상을 밧으며." 총 15소의 규칙에 대해서는 『독립신문』, 1899년 9월 16일자 참조.

19 두 역사의 설치 및 영업 개시에 대해서는 인터넷 판 『위키백과』(https://ko.wikipedia.org/wiki/) 참조. 이후의 조선 철도에 대한 정보도 이곳의 도움을 받았다.

으로 이루어진 전통적 가사의 형식을 취한 노래이다. 육당 최남선의 『경부철도가』(1908)를 모방한 듯 보이나 그 형식은 최남선이 취한 7・5조의 창가와는 다른 전통적 형식을 취한다"고 평했다.[20]

풍경과 여수의 표현보다 역명과 속도의 제시에 중심을 둔 서사 구조는 지식과 사실의 제시 및 여수의 서정을 균형감 있게 표현한 『경부텰도노래』와 확실히 구분된다. 특히 근대성을 향한 욕망과 결핍된 현실에의 아쉬움을 솔직히 드러내는 육당의 태도와는 여러모로 구별되는 절제의 시편에 가깝다는 느낌이다. 그럼에도 한・일 철도창가 모두가 공유하는 속도성에 대한 반응과 감각만큼은 탁월하다. 하지만 발화자는 그 속도의 신기가 제국과 도시의 식민지와 지역의 수탈을, 그에 따른 삶 전반에의 혼란과 고통을 야만적으로 초래하고 있다는 사실에는 비교적 둔감해 보인다.[21] 덧붙이건대, 만약 조선어 표기를 앞세운 육당에 비해 한자 노출이 현저한 창작자, 곧 한문 교양에 익숙한 인물의 모습에서 당대의 현실모순과 동떨어진 고루한 상위계층민이나 지식분자의 모습을 읽는다면 지나친 폄하일 것인가?

20 이 언급은 한국학중앙연구원 제공의 『한국향토문화』 인터넷 판에 소개된 「경인철도가」 항목에서 가져왔다.

21 다음과 같은 상황은 벌써 「경인철도가」 유통기의 현실이었을 것이다. "이처럼 조선인들의 삶을 위협하면서 외세의 이권 침탈을 위해 개방되었던 인천 개항장은 결국 청일전쟁과 러일전쟁에서 승리한 일본이 조선을 식민지화함으로써 1913년 그 역사적 운명을 다 하였다." 이희환, 『인천아, 너는 엇더한 도시?—근대도시 인천의 역사・문화・공간』, 역락, 2008, 123면.

2) **경의선** - 만주 통로이자 광공업의 연선

『철도 100년 가요집』 「경의철도가」 말미[22]에는 일본군이 경의철도를 부설하는 4장의 사진과 함께 "일본이 대륙침략의 발판으로 군대를 동원, 경의선을 속성으로 부설하는 장면"이라는 설명이 첨부되어 있다. 실제로 경의선이 부설된 1904년~1906년은 일제의 만주 개척[23] 및 세계 강국으로의 도약을 확인한 러일전쟁이 치러진 때였다. 이후의 만주사변과 중일전쟁, 대동아전쟁으로 이어지는 일제의 대륙침략은 경의철도가 만한(滿韓) 경영 및 세계 진출에 필요한 인력과 물자, 군사력의 실질적 운송체였음을 여지없이 증빙한다. 만약 경의선을 전쟁철도 내지 그 첨병[24]으로 명명할 수 있다면 이런 연유겠으나, 조선 내부의 시선은 이와는 상당히 달랐음을 우선 강조해둔다.

「경의철도가」에 접근하려면 먼저 『소년』 창간호부터 『경부텰도노래』 광고에 계속 등장하는 "불구(不久)에 출현할 『경의철도가』"라는 구절에 주의함직하다. 애석하게도 실물과 광고의 부재는 그것의 미출간을 거의 확실시한다. 하지만 육당의 글쓰기와 강연 등을 생각하면, 신문의 공식기사와 구분되는 대중적인 경의철도 담론의 전파와 유행이

22 김인호, 앞의 책, 20면.

23 자동개폐식 장치를 통해 철교 아래로 선박들의 통행을 가능케 한 압록강철교는 1911년 완공되었다. 이 철교는 일제의 용이한 대륙진출을 보장하고 뛰어난 기술문명을 자랑하는 장치로 우뚝 서게 되는데, 일제 시기 발행된 사진엽서의 압록강 정경은 대체로 이것을 배경으로 하고 있다.

24 만주 곳곳의 러일전쟁 승전지는 일제의 세계적 권위와 우수성을 내면화하는 데 없어서는 안 될 요충지였는데, 중고생의 수학여행 및 일반인의 집단관광이 주요 매개체였다. 이에 대해서는 임성모, 「1930년대 일본인의 만주 수학여행」, 『동북아역사논총』 21, 동북아역사재단, 2011 참조.

오히려 자연스럽다. 『소년』 수록문인 개성 중심의 『쾌소년주유시보』와 평양 가는 길의 「평양행」은 그래서 종요롭다. 만약 하나를 고른다면, 고려 쇠망의 회한과 우수를 고백하는 전자보다는 경의선 연선의 풍경과 물자를 비교적 소상히 기술하는 후자가 참조에 적합할 듯싶다.

> ① 사리원은 봉산군 북(北) 이십리 되난 사원방(沙院坊)에 잇스니 유명한 철산지(鐵山地) 재령의 군치(郡治)가 여귀서 사십리오 또 사위(四圍)에 풍요한 농산지를 끼고 잇서 미곡(米穀)의 집산이 성대할 뿐 아니라 서남북에는 대야(大野)가 망망하야 한계가 궁진(窮盡)함이 업고 서북에는 수이하(水易河)가 흘너가서 수륙 양방으로 사통팔달한 한 시장인데 근년에 이르러 철도까지 개통된 고로 한층 더 시황(市況)이 번창하엿으니[25]

> ② 이 근읍(近邑 : 석교역 부근—인용자) 아모 곳에 유명한 철광이 잇난데 소산이 풍부하야 한 큰 재원이어늘 생기장기(生期長期)한 한인(韓人)들은 밤낫 보면서도 내바려두어 하날이 주신 금혈(金穴)을 열지 아니하다가 이경(異竟) 광산법에 의거하야 허가엇은 모(某) 외국인에게 빼앗겻다난 외국인 갑을의 이약이라[26]

「평양행」이 작성된 1909년 후반이라면 조선 식민화가 눈앞의 현실이었으며 만주 전역을 횡단하는 만철(滿鐵) 건설이 본격화되던 때다. “될뻔문명과 얼개화의 보기 실흔것”(138) 정도가 일제를 향한 육당의 반응이었는데, 과연 그는 주로 물산의 풍요와 철도의 기여, 외국인의

25 최남선, 「평양행」, 『소년』 제2년 10권, 1909.11, 147면.

26 위의 글, 150면.

이권 획득과 조선인의 무능함 정도를 화제에 올릴 따름이다. 물론 '평양행'의 여로에서, 그것도 검열이 작동하는 문화 현실에서 일제를 향한 날선 비판은 만만찮은 작업에 해당한다. 게다가 철도의 주체로서 조선 문명의 가능성을 엿보는 입장이니만큼 경제적·문화적 단상의 발화가 중심을 이룰 수밖에 없다.

그러니 육당은 조선 철도가 일제의 만한(滿韓) 경영에 복속된 형태로 행로가 구성·조립되는 종속변수에 불과하다는 사실에 일부러 서툴러 당연했다. 그 현실의 빈 곳을 대황조(大皇朝)의 영광, 이를테면 "단기(檀箕) 이래 사천년의 영광잇난 북한의 역사"(151) 같은 것들이 조선 전역을 빼곡히 채워갔음은 머잖아 굴기할 '불함문화론'이 입증한다. 그러므로 이렇게 말해두어 괜찮겠다. '붉'의 '평양'과 '태백(백두)'은 『소년』의 문화민족주의를 대표하는 시공간이다. 그 내외부를 달리고 노래하는 육당의 「경의철도가」 내용과 서정이 「평양행」을 크게 벗어나지 않았을 것이다, 라고 말이다.

이상의 서술은 육당의 「경의철도가」와 무명(無名)의 「경의철도가」가 별개임을 냉정하게 암시한다. 함께 읽게 될 후자의 상황을 간단히 짚어본다. 대체로 7·5조 1행에 그 4행이 1연을 이루며, 총 25연 구성이다. 시작과 끝 "남대문을 떠나는 기적 일성은" "반갑게 부딪치니 의주성이라"를 더해보면 전형적인 철도창가다. 다행스럽게도 서예 작품에 원본 소장자가 "경기도 양주군 회천읍 천보국민학교 강인희 선생"으로, 그것은 발굴한 이가 "철도유물관리실상 심기억" 선생임이 아래쪽에 적혀 있다. 하지만 『철도 100년 가요집』의 「경의철도가」 말미에 "지은이와 지은 연대 미상"으로 적혀 있어, 원본의 작성자와 출처는 역시 불분명하다.

4. 獨逸의 藥材가 世界를덮고
독일의 醫術이 天術같으나
天然적 藥品의 自然銅만은
同位된 特産이 없을지로다

8. 善竹橋 忠烈魂은 血跡을두고
滿月臺 옛宮闕은 빈터뿐이라
公園의 紅白桃花 무르녹았고
蔘浦의 春葉들은 새로푸르다

11. 物開新幕 瑞興驛을 次例로거쳐
멀리뵈는 亞鉛鑛을 바라다보며
歸津寺의 遠景을 잠깐살피니
어언듯 興水驛도 지내였고나

12. 淸溪와 馬洞驛도 次例로넘고
沙里院의 넓은들을 꿰여뚫으니
農産物의 풍부한 所作地로서
一望無際 有名한 載寧벌이라

16. 力浦驛 거치고 平壤이르니
華麗한 錦繡江山 本線의 第一
牧丹峰 浮碧樓를 멀리바라고
洋角島 鐵橋를 두번건넜네

23. 빨리닿는 汽車도 白馬驛이르러
林將軍의 忠魂을 嚴拜하노나
白馬의 城地도 現存하였고
城內의 顯忠祠도 現存하고나

「경의철도가」는 서울과 부산의 문명을 축약, 제시한 『경부텰도노래』를 제외하고는 조선의 역사와 산업 발전, 특히 북선(北鮮)의 풍부한 농산물과 광물, 하루가 다르게 변화하는 상업도시(개성, 평양), 심지어 조선에의 자긍과 향수(이성계, 임경업)를 가장 알차게 담고 있다. 4연은 고양군 녹번리(현재 서울 은평구 녹번동) 특산의 세계적인 자연동(自然銅)을, 11연은 황해도 서흥역 부근의 아연광을, 12연은 사리원과 김소월도 노래했던 재령벌 일대의 풍요로운 농산물을, 8연과 16연은 고도(古都) 평양과 개성[27]의 문명화 양상을, 23연은 임경업의 충혼을 기린 현충사를

〈그림 3〉 신의주 정거장

노래한다. 그러니까 경의선 연선은 역사와 근대, 문화와 문명, 농업과 광공업, 고도(古都)와 근대도시의 조화와 균형을 통해 '조선적인 것', 특히 전통적 충혼의 가치와 근대 조선의 가능성을 명랑하게 알렸던 것이다.

이런 요소들, 특히 화자의 문화와 문명에 대한 지식 및 관계 조율의 능숙함은 육당의 「평양행」에 근접하는 솜씨와 태도처럼 느껴진다. 만약 육당의 영향이 없었다면, 당시의 신문과 잡지, 유무형의 알림에 밝았던 지식분자의 열정과 노력이 더더욱 가치 있고 의미 깊겠다. 하지만 차이점 역시 분명하다. 이때의 차이를 향한 관심은 육당의 시문 「평

27 개성의 근대적 상업화 과정은 7연의 "開城이르니 / 市街의 繁華함과 物貨의繁昌함이 / 京城을 떠난後로 第一이로다"에 더욱 뚜렷하다. 8연은 고려 개성의 충절과 쇠망, 근대적 일상(공원)과 농・상업 전통을 동시에 담고 있어 주목된다.

양행」과 『경부텰도노래』를 종합한 결과에 기초한다. 특히 제국과 봉건에 함께 둘러싸인 조선 현실의 위기적·부정적 국면을 인식하고 이해하는 시각과 깊이 관련된다.

「경의철도가」에서 서정의 굴곡이 가장 분연(紛然)한 곳은 고려와 조선, 이성계와 임경업에 대한 자랑과 회한을 표현한 지점들이다. 이 노래는, 조선의 식민화 이후 창작·향유된 탓이겠지만, 옛 왕조를 향한 비판적 접근과 해석이 전무하며, 육당의 '태백'처럼 보다 심도 깊은 문화민족주의에의 열망과 탐구 역시 매우 희미하다. 또한 조선 광공업은 근대 이후 조선의 문명화보다 제국 열강의 전리품으로 개발, 착취되는 형국이었음에도 이에 대한 침통한 항의와 반성도 거의 찾아볼 수 없다.

그것이 표면화되어야만 가치 있는 것인가, 곧 고려와 조선의 쇠망, 영웅 이성계와 임경업의 충혼이 일제에의 저항과 싸움을 내장하는 것 아니겠는가 하는 비판이 있을 수 있다. 육당 역시 『경부텰도노래』에서 노골적인 일제 비판과 부정을 수행하지 않았다. 그렇지만 임진왜란과 청일전쟁 관련 승·패의 기억이나, 다양한 사진과 주석의 힘을 문화 유적의 제시를 통해 '조선적인 것'의 빛과 그늘을 함께 드러낼 줄 알았다. 이런 균형 감각은 「평양행」에서 서구 아류(亞流)의 뻔뻔한 희극(喜劇)을 조롱할 줄 알았던 육당의 기개와 명민함이 출발하는 자리일 것이다.

이곳의 「경의철도가」는 어쩌면 역사와 근대, 특히 그것의 식민화된 상황에 대한 표피적 접근과 발달 일변의 향토에 대한 기대 때문에 육당의 균형 감각에 훨씬 미달하는 것인지도 모른다. 전쟁과 침략의 철로 경의선이 조심성 없는 식민지 근대화의 연선으로 태연하게 위치 및 성질 변경하여 이상할 것 없다면, 이와 같은 식민지 현실과 동떨어진

'조선적인 것'을 향한 문명과 문화에의 접속 및 긍정적 시선 때문일 것이다. 이에 대한 기대가 클수록, 또 속도가 빠를수록 아이러니하게도 '조선(적인 것)'의 고유성과 미래성은 빠르게 휘발될 수밖에 없었다. 이것이야말로 경의철도의 식민성[28]이 다른 어떤 노선보다 강팍하게 강화되어간 까닭 가운데 하나일 것이다.

3) 마산행진곡 – 마산선, 부산(경제) · 진해(군사)의 배후선

경남 지방에서 흔히 듣게 되는 '마・창・진'은 마산, 창원, 진해를 이른다. 창원이 1970년대 산업화의 수혜지라면, 마산과 진해는 개항의 수혜지이다. 두 도시는 식민화 이후 조선 제2도시로 성장한 부산의 경제적・군사적 배후지이기도 했다. 이를 감안해도 다른 노선에 비해 현저히 짧고 지명도도 약한 「마산행진곡」의 발견은 뜻밖의 소득임에 분명하다. 그러나 부산(정확히는 삼랑진)과 광주를 잇는 '경전선'의 일부인 '마산선'(삼랑진~마산)[29]이 벌써 1905년 개통, 운행되었음을 환기하면 「마산행진곡」의 출현은 예정된 수순에 가까웠겠다.

---

28 그렇다고 항일투쟁의 은밀한 통로로 식민지 기간 내내 주어졌던 경의철도의 기여를 부인하는 것은 아니다. 하지만 경의선 건설 당시 노동자와 우마(牛馬)의 대대적 동원과 착취, 북선(北鮮)에 대한 지속적인 공업화와 병참기지화, 만주국 성립 이후 이등국민으로서 대륙 진출과 개척 따위에서 보듯이 경의선의 식민성은 나날이 확대되었다.

29 경부선 최초의 지선으로 기록되는 '마산선'은 박기종이 출원, 부설특허를 받은 노선이다. 1902년 부설을 시작했으나 자금난으로 일본은행의 자본을 빌렸으며, 결국 1904년 10월 러일전쟁에 사활을 건 일제에 의해 군용철도로 전환되기에 이른다. 종착역인 마산역은 경제적・군사적 요충지답게 1927년 21명의 역 직원과 연간 170,234명의 승하차 인원과 18,731톤의 착발화물을 취급할 정도로 번성했다. 보다 자세한 내용은 철도박물관 홈페이지 '철도박물관장에 듣는 철도 이야기'의 「경부선의 최초의 지선 마산선」 참조.

「마산행진곡」[30] 역시 제목은 달라도 7·5조 1행에 4행 1연, 총5연으로 구성되는 창가 형식을 취한다. 또한 철도창가의 속성에 걸맞게 기차의 속도성과 번창한 화물, 튼튼한 철교, 발전 도상의 신도시를 노래한다. 이 노래에서도 『만세전』(염상섭)이나 「고향」(현진건)에서 식민 권력에 의해 곤욕을 치르던 조선 하위주체들의 궁핍과 비참은 문명의 휘황한 빛 아래 잘 은폐되어 있는 것이다. 핵심부인 4연과 5연을 함께 읽는 것으로 이를 구체화해보기로 한다.

4. 昌原驛의 繁華함을 잠시살피고
舊馬山 停車場에 당도하여서
往去의 遺跡을 듣고도보며
광천의 浴場도 멀리뵈도다

5. 汽笛이 海水를 놀래일듯이
鎭海灣 鋪聲을 같이하는듯
山岳을 무늘듯 크게울리니
어언듯 終点의 馬山驛이라

창원역의 번화함과 구(舊)마산의 유적을 병치시키는 태도는 양자의 균형과 가치 부여에 사뭇 공정한 듯하다. 그러나 위의 「마산철도가」를 취하고 있는 한 기록[31]에 따르면 개항 당시 마산은 일본 조계지역인 '신마산'과 조선 전통의 '마산포'로 철저하게 양분되었다고 한다. 이에 따라 신마산은 일본인 중심의 근대적 제도와 생활양식의 창출, 도시적

30 『철도 100년 가요집』에는 「마산행진가」로, 코레일 역사관에는 「마산행진곡」으로 되어 있다(「경주행진곡」 역시 가요집에는 「경주행진가」로 되어 있다). 그러나 일제 시대에는 「경성행진곡」, 「종로행진곡」, 「대륙행진곡」에서 보듯이 경쾌한 리듬과 명랑한 선율을 드러내기 위해 주로 '행진곡'을 사용했다. 여기서는 당대의 시대적 분위기를 따르기로 한다. 한편 앞서도 밝혔듯이 『철도 100년 가요집』 「마산행진곡」의 6연은 「경인철도가」의 6연이므로 삭제되어야 한다.

31 이은진, 「마산의 일본인과 한국인」, '은은하고 진지한 이야기'(http://eunjinlee.tistory.com/134).

〈그림 4〉 마산역

편의성과 소비문화의 구축의 장으로, 마산포는 일본 자본에 예속된 형태의 어업 운용과 조선인의 낙후한 삶이 지배하는 저개발 지역으로 서로 분리되고 타자화될 수밖에 없었다. 근대 행진곡풍의 경쾌한 「마산행진곡」이 신마산의 번화한 거리를 더욱 힘차게 울렸을 것이라는 추측은 그래서 자연스럽다.

이때 더더욱 주의할 점은 '진해만 포성'과 종착을 알리는 마산역의 '기적'이 동시에 울려 퍼지고 있다는 사실이다. 포성(鋪聲)은 일제 건설의 해군기지 진해항을 떠올리면 함포(艦砲) 소리로 간주하여 마땅하다. 진해(鎭海)는 본래 웅천군 소속이었으나 1912년 주위 지역과 합쳐져 진해면으로 개편되었는데, 이것은 일제의 군사지배와 밀접하게 관련된다. 일제는 한국을 병합한 직후 과거 웅천 지역에 일본 해군의 군항을 설치하고 '바다를 진압한다'는 의미로 '진해'[32]라는 이름을 붙였다는 역사적 사실이 그것이다.

만약 「마산행진곡」이 철도의 신기성과 문명의 현란함에 포박된 조선 철도창가의 식민성과 주변성을 대표한다면, 또 제국의 철도에 결부된 폭력성과 침략성에 무감각한 식민지 지식인의 타락과 퇴폐를 예각화한다면, 무엇보다 5연의 문제성 때문일 것이다. 경제적 · 군사적 지배의 포성과 기적을 천연덕스럽게 '해수'와 '산악'을 압도하는 것으로 묘사하는 ― 노래를 위한 무의적인 발화이자 큰 기적소리에 대한 비유라 해도 ― 파시즘적 감각에의 철없는 동의는 과연 어떠한가. 철도여행의 즐거움을 위해 소리 높여 부를만한 행진곡의 일절에 지나지 않는 비유적 가사일 따름인가.

3. 철도 여행의 양가성 – '조선적인 것'의 빛과 그림자

근대의 투어리즘은 자본의 축적 및 문화적 욕구의 팽창에 따라 더욱 난숙해간다. 그것은 국민국가 내외부를 동시에 관통함으로써 첫째, 낯

32 본래 '진해'라는 지명은 현재 경상남도 창원시 마산합포구의 진동면 · 진전면 · 진북면 지역에 있었던 '진해현(鎭海縣)'에서 찾을 수 있다. 하지만 이것은 1908년 웅천군과 함께 창원부에 편입되면서 폐지되었다가, 1912년 군항 설치 후 새로운 의미와 가치를 지닌 지역명으로 거듭나게 된다. 보다 자세한 내용은 인터넷 『디지털창원문화대전』(http://changwon.grandculture.net)의 「진해의 유래」 참조.

선 곳에 대한 문화적 호기심을 충족시키며, 둘째, '우리'가 공유하는 국민정체성과 국가의식을 향한 내면 서사를 유쾌하게 구축한다.[33] 하지만 이것은 제국과 식민지의 구분 없는 투어리즘의 보편적 문법이자 효과일 따름이다. 모방되는 제국과 모방하는 식민지의 투어리즘은 그 전략과 방법, 영향과 효과가 꽤나 다를 수밖에 없다. 제국은 지배와 우월을 향한 국민 서사의 구축을, 식민지는 해방과 자긍을 향한 독립 서사의 배양을 우선시 한다.

물론 제국은 식민지의 저항과 해방 서사를 끊임없이 감시, 통제, 변형함으로써 조절 가능한 지역 내지 향토의 이야기로 약화시키는 전략에 능수능란하다. 식민지의 가장 이상적인 여행은 당연하게도 "제국주의가 구속한 지식과 상상의 영역으로부터 벗어나는 것이자 세상을 더 잘 이해하고 삶을 더 잘 살아내기 위해 제국주의의 구속에서 벗어난 빈터를 창안"[34]하는 서사로 녹아드는 일이다. 예컨대 1920년대 『개벽』이 기획하고 주창한 '남북선 삼천리의 답파'[35]는 그간 어느 누구도 몰랐고 숨겨졌던 '빼앗긴 들'을 빠짐없이 밟아봄으로써 조선의 고유성과 독립성을 새삼 확인·구축하기 위한 문화민족주의의 실천이었다.

그러나 일제는 조선인의 여행을 제도와 이념에 의거해 통제·억압하기보다 식민지의 문화적 감수성을 변형·조작하여 '일본적인 것'에로 수렴·확산하는 방식으로 재구성하여 갔다. 일례로 여행의 편의성과 신속성을 보장하는 철도 장치, 각종 안내서와 지도, 사진엽서 따위

33 닝 왕, 이진형 외역, 『관광과 근대성』, 일신사, 2004, 205면.
34 메리 프랫, 김남혁 역, 『제국의 시선』, 현실문화, 2015, 13면.
35 『개벽』이 주도한 조선 답파의 의미와 가치, 한계에 대해서는 홍순애, 『여행과 식민주의』, 서강대 출판부, 2014, 177~208면 참조.

의 생산 및 운영은 조선총독부와 일제 문화자본에 의해 대부분 독점된 상태였다.

따라서 의식 있는 식민지 여행객이라면, 일제의 정책과 심상지리에 포섭된 조선 여행을 상대화하는 한편 사실적이며 심미적인 '조선적인 것'의 발견(발명)과 현재화를 모색하지 않으면 안 되었다. 최첨단의 철도와 전차를 통해 조선의 문명화를 설파한 끝에 결국은 백두산, 금강산, 지리산 등 신성한 강토의 답파를 통해 '밝' 사상의 전통성과 현재성을 동시에 거머쥔 육당이 그런 실천을 대표한다.[36] 우리는 그러나 일제가 '조선(적인 것)' 전반을 '일본(적인 것)'의 하위 영역 아래 배치하고 그 위상과 효과를 변방화하는 방식으로 조선의 문화민족주의를 매끄럽게 제압, 지도해 갔던 경험을 식민주의적 문화정치학의 비근한 사례로 곧잘 마주친다.

식민지 투어리즘의 관점에서 살펴볼 「경원철도가」, 「호남철도가」, 「경주행진곡」은 저런 제국과 조선의 갈등과 길항, 혹은 협조와 수렴에서 어떤 위치와 역할을 감당하는가. 앞의 3편을 떠올리면, 조선 여행객의 시선과 태도는 아마도 썩 만족스럽지 않을 것이다. 어쩌면 어떤 책의 제목처럼 "조선 여행에 떠도는 제국"[37]을 먼저 만날지도 모르며, 조선의 현실과 미래를 삭제한 구경꾼의 환희에 낯이 굳어질지도 모른다. 하지만 서로 친화하는 듯한 제국과 식민지 여행의 어떤 이면을 엿볼 수 있다면, 서로 겹치거나 결속될 수 없는 어떤 균열의 지점을 문득 만

---

36 이 책 제1부 제4장 「도래하는 '대조선', 귀환하는 '영지(靈地)' — 최남선 『조선유람가』의 문화정치학」 이곳저곳 참조.

37 서기재, 앞의 책.

나게 될 지도 모른다. 그곳은 답습과 모방의 조선 투어리즘이 폭로되는 자리이기도 하지만 오히려 그래서 새 투어리즘의 신중한 기획이 절실해지는 자리이기도 하다.

1) **경원선** – 조선 탐승과 산악 개척의 연선

1910년 기공, 1914년 완전 개통된 경성~원산 노선의 경원선은 경부, 경인, 경의선들과 달리 순전히 일본 자본과 기술로 건설되었다는 특징을 갖는다. 이런 사정은 경원선에 일제의 경제·문화·군사 정책이 충실하게 반영, 집행되었음을 뜻한다. 과연 경원선은 금강산, 석왕사, 원산 대상의 투어리즘, 함경선과의 연결을 통한 두만강 및 만주로의 진출이 지시하듯이 서로 대립될듯한 군사 부분과 문화 영역의 시너지 효과를 극대화하기에 이른다. 반면에 조선인의 경원선은, 대륙과 반도를 포괄하는 일제와 달리 금강산 중심의 투어리즘과 문명의 경성 입성이라는 내부적 이동에 선로의 중심이 놓였다. 여행은 잠시 미뤄두고 「경원철도가」의 내용과 무관한 듯이 보이는 문명의 노선을 일별해보자.

> ᄂᆡ집은 지금 금셩(金城)일셰, 나ᄂᆞᆫ 진셰(塵世)의 인연을 ᄭᅳᆫ코 한번 협즁(峽中) 백셩이 된 후, 쵸동목수(樵童牧竪)로 벗을 삼아, 산수의 취미를 삼공(三公)으로써 부러와ᄒᆞ지 아니ᄒᆞᆫ 지가 어언간 이십여년이러니, 근사에 드른즉 인민은 강위연월(康衞煙月)을 노ᄅᆡ하고, 시가ᄂᆞᆫ 파기점두(波斯店頭)를 사양치 아니ᄒᆞ야, 경성은, 일폭의 별건곤을 이루엇다 ᄒᆞ기에, 지식업ᄂᆞᆫ 야노(野老)도, 한번, 문명

> 풍조에 목욕ᄒᆞ야 볼가 ᄒᆞ고, 방금 서울 구경을 가는 길일세, 그러나, 자네는 닉가 시골로 갈 씩에, 져 학생과 갓흔 어릴 아해러니, 그 사이 성인이 되야, 학문이 풍부홈을 가히 알겟스니, 닉 심중에 감사히 역이는 바일세[38]

벽종거사의 소설 「경성유람기」의 일부다. 이 문장을 취한 까닭은 경원선의 이중적 기능, 벽촌과 번화한 도시를 잇는 기차의 우수성 및 문명개화의 절대성이 동시에 선전되는 곳이기 때문이다. 게다가 노인과 청년 공히 문명화의 의지가 뜨겁다. 발표 시점이 1917년임을 감안하면 조선인 화자의 계몽의식이 조선총독부의 그것과 고스란히 겹친다는 사실이 직감된다. 그런데 다른 철도를 놔두고 하필이면 왜 경원선인가. 그 까닭으로는 첫째, 경원선이 일제 단독의 부설이며 X자형 조선철로를 완성한 선로라는 사실, 둘째, 산악 주변 소도시의 급속한 발전과 금강산 일대의 개발을 촉진했다는 사실, 셋째, 궁벽한 강원・함경 거주자의 경성 진출과 왕래가 활성화되었다는 사실 등이 꼽힌다.[39] 경원선 연변이 일제와 조선의 동시적 발전과 풍요를 몰고 오는 식민지 근대화의 모범적 현장이었음이 뚜렷해지는 이유들이다.

역시 7・5조 1행에 4행 1연, 총15연 구성을 취하는 「경원철도가」는 경성 출발, 원산 도착의 여정, 그 가운데서도 이곳저곳 관광의 즐거움을 노래한다. 게다가 청춘의 명랑보다 중년의 감개가 철도가의 서정을

38 벽종거사(碧鍾居士), 「경성유람기(京城遊覽記)」, 『신문계(新文界)』 5권 2호, 1917.2. 여기서는 권보드래 해설, 「경성유람기(京城遊覽記)」, 『민족문학사연구』 16, 민족문학사연구소, 2000, 329면.

39 권보드래, 「1910년대 '新文'의 구성과 「경성유람기」」, 『서울학연구』 18, 서울시립대 서울학연구소, 2002, 119～120면.

〈그림 5〉 원산역(출처 : 부산박물관)

장악중이다. 이런 요소에 초점을 맞추면 「경원철도가」는 「경성유람기」의 계몽의식에 꽤나 미달하는 관광용 유행 창가로 물러앉게 된다. 문화사의 유의미한 기록과 평가를 거의 얻지 못한 채 잠깐의 등장과 오랜 퇴장의 죽은 노래로 남겨진 까닭이 이와 밀접하게 관련될 지도 모른다.

그러나 이 지점에서 주의할 사항은 당시 조선 투어리즘의 핵심 주체가 몇몇 유한계급을 제외한다면 문명의 긍·부정성 모두에 밝은 지식분자거나 국민의식을 단련 중인 학생들이었다는 사실이다. 이들은 「경원철도가」 문면 너머의 어떤 것들, 철도와 기차, 각종 여행서와 지도, 해당 지역 사진과 카메라, 심지어 여관 투숙과 식음(食飮)마저 근대적 제도와 자본의 논리, 이른바 문명화를 통한 일상생활의 합리화의 곳임을 벌써 꿰뚫고 있다. 그들에 의해 「경원철도가」의 빈 곳이 말끔히게 메워지며 그 연선에 대한 지식과 정보가 더욱 풍부해진다. 다시 말해

「경성유람기」에서는 노인이 청년을 격려・응원하지만 「경원철도가」에서는 청년이 노인을 인도・교화하는 형국인 것이다. 마치 문명의 파고가 그랬듯이, 근대 투어리즘의 핵심이 신구(新舊) 주체와 시공간의 전도 혹은 양자의 동시적 성장과 결속에 있음을 재차 기억해둘 일이다.

7. 京元線의 新作路는 嶺을끊었고	13. 山도뚫고 물도뛰는 汽車바퀴는
水落山의 瀑布는 달빛에비춰	다섯곳의 터어널도 뚫어버렸고
거울같은 그속으로 山이비치고	여나문개 다리도 뛰어넘으니
西方一隅 밤나무는 들을덮혔네	나는듯이 高山驛이 이에當했네

7연과 13연은 산과 강, 곧 자연적 장애물을 에두르는 법 없는 철도의 직진성과 속도성을 쾌활하게 재현 중이다. 문명의 충실한 내삽 때문에 열차는 바람이나 총알로 곧잘 비유되며, 철도 여행은 풍광을 관통하여 발사된 어떤 것처럼 체험되며, 끝내는 보고 듣는 것들을 지나쳐버린다.[40] 인간의 이동력은 현격히 높이고 시간의 소비는 현저히 줄인 기차의 긍부정성이 동시에 드러나는 장면이라 하겠다.

사실 철도창가야말로 그 양면성이 적절히 조합 또는 벌충되는 장르이자 형식일 것이다. 출발역~종착역 사이의 역(사)을 주마간산(走馬看山)격으로 호명하는 일이 노선명과 속도성의 반영이라면, 연선의 풍경과 지리, 역사와 유적, 사람과 우마에 대한 극히 축약된 정보 제공 및 묘사는 걷는 기행의 흔적(기억)이자 존중(현재)이다. 요컨대 철도의 속도성은 훨씬 느릿한 문자와 리듬의 개입과 보충을 통해 단조로움을 탈

40 볼프강 쉬벨부쉬, 박진희 역, 『철도여행의 역사』, 궁리, 1999, 73~74면.

피하는 한편 승하차역의 규칙적인 배치에 따라 어디서나 동일한 시간대로 달린다는 인상을 덧입게 되는 것이다.

이를 통해 '바람처럼 빠른 여행'은 걸을 때의 풍경의 경험을 상실하는 대신 차창 안에서 차창 밖의 물질성을 지시하는 희한한 체험으로 변환된다. 물론 그것이 또 다른 억압과 통제, 곧 변함없는 규칙성과 수정・보충 없는 지시체로 타락하는 사태를 막기 위해서는 여행객이 자신의 영혼과 육체에 맞게끔 철도의 움직임을 선택하고 시공간을 배치하는 느린 주체로 다시 귀환하는 수밖에 없다. 이동보다 관광을 목적하는 철도의 창안 및 출현이 느린 주체의 귀환과 얼마간 맞물릴 텐데, 식민지의 투어리즘 역시 이런 국면에서 예외는 아니다.

8. 德亭里의 숲속을 헤치고나와
속시원히 東豆川驛 當到해보니
逍遼山의 먼폭포는 뵈지않으나
골을메운 남녀노소 人山人海라

10. 月井里를 잠간거쳐 平康이르니
金剛山의 深勝客은 끄치지않아
길을덮고 골을메어 오고가니
自動車는 乘客運搬 奔走하구나

14. 龍池院驛 잠간거쳐 釋王驛이라
樹林속에 우뚝솟은 저기저寺刹
李太祖의 創建하신 大刹이되니
奇岩怪石 絶景으로 大刹이로나

15. 南山驛과 安邊驛을 次例로거쳐
葛馬驛에 잠간쉬어 元山이르니
京元線의 終點이 이에미치니
東海中의 春色이 佳麗하도다

소요산과 금강산, 석왕사와 원산의 명사십리는 경원선 구간의 명승지들이다. "춘색이 가려하다"(15)와 "남녀노소가 인산인해라"(8연)는 말로 보아 4월 하순~5월 초순을 전후한 여행 또는 놀이 풍경일 듯싶다. 석왕사와 원산반도도 관광안내서와 사진엽서에 곧잘 등장하나, 역시 당대 조선 최고의 여행지는 금강산과 경주였다. 당시 총독부의 『조선어독본』에서 백두산이 위치와 형태 소개에 그치는데 반해, 금강산은 일본 후지산과 함께 세계 제일의 풍경으로 찬양된다.[41] 세계 명산들을 제 아래 거느리는 위대하고 아름다운 자웅(雌雄)인 셈이다. 중국 송(宋)의 소동파와 영국 비숍 여사의 예찬에 보이듯이, 금강산은 예전부터 국내외 인구(人口)에 널리 회자되던 동아시아의 대표적 명산이었다. 일제의 식민지 정책과 문자·의식을 향한 통제의 기술이 어지럽게 저류하고 있긴 해도, 국가의식과 향토애를 함양하는 『조선어독본』에서 금강산이 후지산과 짝을 이루는 일이 지극히 당연할 법한 까닭이 여기 존재한다.

그러나 이 짝패에는 일본과 조선의 현실적 위상, 그러니까 지배와 종속, 문명과 야만, 남성과 여성, 강과 약, 앞섬과 뒤따름 등 제국과 식민지간에 환기되는 각종 서열과 차이가 내재 혹은 은폐되어 있다. 사실 일제의 입장에서 보면 금강산 관광을 위한 제반 기술과 문화, 자본과 소비의 주체와 대상은 단연 일본 관광객들이다. 조선인은 총독부 정책을 충실히 따르고 그 혜택을 잘 수렴하는 보조적 집단이면 충분했다. 이즈음 금강산과 경주 투어리즘이 조선인에게는 고된 일상생활에 휴식을 주는 신문화의 창안이기 전에 식민지에 대한 일본 경험의 오리

41 "후지산[富士山]은 그 산용(山容)의 웅장수려(雄壯秀麗)함으로, 금강산은 그 산자(山姿)의 우미유수(優美幽邃)함으로 공히 세계의 굴지(屈指)하는 명산(名山)"이 그것이다. 보다 자세한 내용은 조선총독부 편, 『보통학교 조선어독본』 권5, 조선총독부, 1924, 57~63면 참조.

엔탈리즘을 다시 번안하는 모방적 체험으로 종종 드러나는 것도 이 때문이다.

일례로 경원선에 연결된 순 관광 목적의 금강선을 타고 내외금강 지역[42]을 10여 일 여정으로 순유(巡遊)할 수 있는 조선 관광객이 얼마나 되었겠는가? 「경원철도가」의 실질적 주체는 일본 관광객이었으며, 그럴수록 내외금강의 빈 곳은 '일본적인 것'들로 계획성 있게 채워졌을 것[43]이라는 판단이 가능해진다. 가령 금강산의 자연미와 숭고미가 경외의 대상이기도 했지만, 여성적 쾌미와 에로스를 식민주의적 시선과 태도로 전유하는 성적 대상으로 이미지화되기도 했다는 사실은 금강산 사진과 더불어 그 배경을 기생들의 화관무나 다소곳한 태도로 묘사하고 있는 사진엽서의 족출에서 어렵지 않게 실감, 확인된다.

물론 조선의 금강산 행로가 「경원철도가」류의 태평한 여정으로만 채워진 것은 아니다. 이를테면 '만물상'의 변화무쌍한 절대미에서 "그 현재의 순간순간이 모두 완성이면서도 무궁한 개조와 변화와 또한 순간순간으로 끊임없이 행하여 무궁한 이상을 향하고 오르고 나아가는"[44] 삶의 행로를 읽은 이는 춘원이었다. 또 정지용은 '내금강'의 낙조

---

42 내금강 코스는 철원역에서 하차, 금강선으로 환승하여 창도역에서 내린 다음 자동차로 장안사까지 이동하는 순서를, 외금강 코스는 원산역에서 하차, 뱃길로 장전까지 이동하거나 자동차로 온정리까지 이동하는 순서를 밟았다(성주현, 「철도의 부설과 근대관광의 형성」, 조성운 외, 『시선의 탄생—식민지 조선의 근대관광』, 선인, 2011, 229면). 10연에 보이는 '자동차'들은 이처럼 기차가 가닿을 수 없는 금강산 심부까지 관광객을 실어 나르는 용도였을 것이다.

43 가령 오카모토 교수이[岡本曉翠]는 『京城と金剛山』(京城眞美會, 1932)에서 금강산 소개와 관광은 "조선반도의 발전을 촉진하는 것"이자 "개인의 수양단련에 적지 않게 기여"(서기재, 「금강산, 기이한 세계로의 초대」, 앞의 책, 253면 재인용)하는 일로 보았다. 영도와 관광의 주체로서 조선인에 대한 인식과 고려를 거의 인지할 수 없는 발언이라 하겠다.

44 이광수, 『금강산유기』(1924), 실천문학사, 1998, 138면.

를 향해 "현란한 색채의 신출귀몰한 변화에 차라리 음악적 쾌감이 몸을 저리게 한다"[45]는 황홀한 감탄을 잊지 않았다. 제국의 명산으로 등기 이전된 금강산의 식민성에 대한 뼈아픈 통찰은 보이지 않지만, 민족적 명산의 자연미와 인간미, 풍경의 순간적 포착이 시가 되는 예술미에 대한 감탄과 감복, 감사는 깊고도 강렬하다. 「경원철도가」의 고루한 정형미는 또 이렇게 '조선화'됨으로써 '일본적인 것'에 포섭되지 않는 '조선미'의 가능성을 조금씩이나마 열어갔던 것이다. 식민화된 경원선의 역설적 전도와 조선에의 기여가 뚜렷이 드러나는 지점의 하나다.

2) 호남선 – 곡창 지대의 풍경 또는 저개발의 연선

남선(南鮮)의 곡창지대를 달리던 대전~목포간의 호남선은 1910년 착공, 1914년 완전 개통되었다. 개항장 목포와 군산, 그리고 채만식 『탁류』의 정주사와 초봉[46]의 비극적 삶이 암시하듯이, 호남선이 관통

45 정지용, 「수수어(愁誰語) Ⅱ-3(내금강 소묘 1)」, 『정지용전집 2-산문』, 민음사, 1993, 35면.
46 고태수와 장형보에 의해 크게 망가진 초봉은 서울로 가기 위해 군산선을 타고 이리에 도착, "호남선 본선을 대전(大田)으로 갈아 타느라고 일단 차를 내"린다. 거기서 제약회사를 운영하는 유한계급 '박제호'를 만나 황등, 함열, 강경, 논산, 두계(팔거리) 역들을 지나 대전역에 당도한다. 그러나 초봉은 박제호의 꼬임에 빠져 서울로 직행치 못하고 당대의 유명한 '유성온천'으로 버스를 타고 밀회의 길을 달린다(채만식, 『탁류』 중 '12. 만만자의 성명은 ……', 창작사, 1987, 249~276면). 식민지 여성의 어쩔 수 없는 이향과 경성에의 희망이 뻔뻔한 식민 자본의 욕망과 회유, 제압에 의해 일거에 무너지는 장면인데, 거기에 철도와 버스, 온천이라는 '투어리즘'의 장치들이 예외 없이 등장하고 있다. 상경 후 박제호는 첩실 정초봉의 환심을 사기 위해 경원선의 삼방(三防)과 석왕사 여행도 꿈꾸지만, 바쁜 회사일 때문에 본정(本町)과 종로의 산보에 그치고 만다.

〈그림 6〉 군산역(출처 : 코레일 사진 DB)

하는 전남북 일대는 일본 내지로의 미곡 반출을 책임진 식민지 수탈과 착취의 곡창지대였다. 이곳에 악랄한 갈퀴손을 더불어 들이미는 기생 자본 형태의 은행과 미두장, 투기와 고리대는 총독부 운영의 조선철도를 통해 성황과 안전을 보장받았다.

「호남철도가」는 다른 텍스트와 다른 두 가지 사실을 갖추었다. 하나, 창작자와 창작시기가 유일하게 확인된다. 1926년 구영서(具榮書)[47]

---

47 수필가 오덕렬에 따르면 '구영서'는 『광신교지』(1981.12.30 발행)에 다음처럼 소개되고 있다. "서울 출생으로 3·1운동 사건에 관련, 임제의 추적을 피해 본군 본량면 덕림리에 숨어 살면서 항일과 강학에 힘쓰다가 1950년 10월, 72세를 일기로 타계했다."(오덕렬, 「호남철도가」, 오덕렬 블로그 http://blog.daum.net/ohdl/98 참조) 이 기록을 신뢰한다면 '구영서'는 1878년 무렵의 출생자인 셈인데, 신채호가 1880년생이고 최남선이 1890년생임을 감안하면, 전통적인 한학 및 충효사상에 밝은 개신유학자였지 싶으며, 『소년』과 『경부텰도노래』 등을 접했을 가능성이 비교적 높겠다.

가 지었다. 어려운 한자 중심에 고색(古色)한 어투, 4・4・5조(8・5조의 3음보) 1행에, 2행 1연 총 22연의 유장한 가락, 영사(詠史)・지리・풍물 중심의 서술과 여정은 전통적인 가사에 방불한 형태다.[48] 개명된 도회의 소개와 그 문물에 대한 감탄이 거의 존재하지 않는지라 기차역의 등장과 열차의 속도감 정도가 「호남철도가」 근대성의 핵심을 이룬다는 판단이 저 전통성과 짝을 이뤄 더욱 강조되는 형국이라고나 할까.

① 五日一風 十日雨는 農民의咸悅　　錦城山을 바라보며 三里만가면
四野심는 黃金五穀 黃登이로다(6)　　簾商木物 名山名所 羅州驛이라(16)

② 王宮塔을 돌아보며 裡里에오니　　十字路가 四通하니 四街里인데
저有名한 群山港이 咫尺이로다(7)　　없던村落 생겼으니 新興里인가(11)

③ 山川景槪 剛瞭하고 百姓이順해　　儒達山의 松島公園 경치도좋고
與民同樂 天下泰平 新泰仁이라(5)　　三鶴島가 멀리뵈는 木浦에왔네(22)

48 오덕렬은 「호남철도가」를 직접 노래했던 덕림리의 촌로들을 만나 가사 채록 과정을 거침으로써 『광산군지』본 「호남철도가」를 수정・보완했음을 위의 블로그에서 밝히고 있다. 『광산군지』의 「호남철도가」를 채 확인하지 못한 관계로 해당 텍스트가 『철도 100년 가요집』본과 일치하지는 아직 알 수 없다. 하지만 가요집에 '구영서 작(1926년)'이 기입되어 있으므로 동일한 텍스트일 가능성이 높다. 가요집본과 오덕렬본은 그 내용과 서사가 대동소이하나 다음 부분의 있고 없음으로 전자는 22연 44행, 후자는 21연 42행으로 구성되어 있다. 먼저 오덕렬본에는 가요집본의 18연 "神仙道師 傳說깃든 똑다리두고", 19연 "羅山白龍 合流하는 古幕江 넘어", 20연 "榮山江에 빗긴月出 바라보면서"이 없다. 대신 가요집에 없는 "大興寺 三將穴 기묘도 하다"를 종결행(42행)으로 취하고 있다. 가요집본의 서정성이 탁월한 부분을 삭제하고 여정의 끝자락으로 '대흥사 삼장혈'을 취한 셈이다. 대흥사는 해남에 있는 절이며 그곳의 '삼장혈'이 검색되지 않는다는 사실이 「호남철도가」의 서사와 특히 어울리지 않는다고나 할까.

「호남철도가」를 ① 전통 산업(농업, 수공업), ② 철도, 항만, 도로 개설과 촌락 개량, ③ 저항사와 식민사 세 영역으로 나눠본 것이다.[49] 그런데 공간의 성격에 따라 서로를 교차시킨다면, ①의 '황등'과 '나주', ③의 '신태인'이, ②의 '이리'와 '군산', ③의 '목포'가 하나의 계열을 구성할 것이다. 전통과 근대, 저개발과 개발, 촌락과 도회, 농업(수공업)과 상공업, 조선인과 일본인으로의 분할과 대비를 통해 제국과 식민지의 우열 및 서열 관계가 여지없이 환기된다. 물론 창작자 구영서는 일제와 조선의 대립, 갈등보다는 조선 내부의 신구(新舊) 문화와 문명을 균형감 있게 제시하고 있다. 최남선이 철도를 힘센 박래품 또는 식민의 도구로 간주하기보다 근대문명의 실질적 전달자이자 구현자로 간주했듯이, 구영서 역시 유사한 태도와 시각을 견지하고 있다. 그럼에도 육당도 회피하지 않았던 철도, 나아가 식민 주체 일제에 대한 인식과 통찰이 뚜렷하지 않다는 사실에 대한 안타까움과 비판을 면할 수는 없겠다.

하지만 이런 한계를 역사와 현실 인식의 부재로 비판하는 것은 그리 적절하지 않을 태도일 듯싶다. 전통의 향토애 못지않게 문명의 조선을 열망하는, 그래서 독립과 해방은 아닐지라도 자강과 부국으로 발전하는 민족에의 행로를 엿보는 일이 보다 생산적인 독해일 듯하다. 이를 위해 ③의 '신태인'과 '목포'를 생활의 장소를 넘어 역사적 공간으로 확장시켜본다면 어떨까. 먼저 "여민동락 태평천하"는 동학의 "보국안민(保國安民) 광제창생(廣濟蒼生)"과 그 뜻과 목적을 같이하는 더 나은 삶이한 형식인데, '신태인'이 동학운동의 수요 지대였음은 주지의 사실이다. 이에 반해 근대적인 '송노공원'의 경치가 빛나는 '목포'는 번성한 개

49 텍스트 뒤의 괄호 내 숫자는 해당 연을 표시한 것이다.

향지, 다시 말해 식민주의적 문명의 표정이 다분하다. 하지만 동일한 지대의 유달산 노적봉은 임진왜란의 영웅 이순신 장군의 전설이 깃든 곳이며, 삼학도는 망망대해를 삶의 터전삼은 목포 사람들의 희로애락이 너울대는 곳이다. 이런 사실을 표면화하지 않는다고 해서 목포의 근대가 목포의 사적(史蹟)과 궁핍한 삶을 압도할 수는 없다. 오히려 조선인들에게는, 이난영의 대중가요 〈목포의 눈물〉(1935)이 시사하듯이, 유달산과 삼학도(의 옛날)는 끊임없이 일제의 식민주의를 거리화·객체화하는 서사와 서정의 공간으로 더더욱 내면화되었을 가능성이 크다.

이런 균열지점을 읽어냄으로써 일본 발 조선철도의 독자성과 가능성을 새로 확인하는 일은 적잖은 의미를 가진다. 무엇보다 농민에서 노동자로, 또 일본 밀항자와 만주 개척자로 이향할 수밖에 없었던, 또 해방과 더불어 한국 농촌으로, 도회의 빈민과 노동자로 다시 귀환할 수밖에 없었던 삼등칸 식민지인들의 크나큰 애환과 여린 희망을 다시 살아보는 경험이자 작업이기 때문이다. 그러니 다시 이렇게 적어두자. 물론 구영서의 은밀한 저항과 강학의 열정을 고려한 판단이기도 하지만, 유장한 양반 미학의 「호남철도가」 곳곳에 그들의 대부분의 지배와 착취, 얼마간의 관용과 나눔을 지탱한 호남 민중의 애달픈 삶과 영혼이 떠돈다는 말은 저 균열지점의 나지막하되 강렬한 드러남 때문에 가능한 것이다.

3) 경주선 – 고예술 또는 폐허미의 연선

경주선이라는 노선명은 따로 없다. 「경주행진곡」 경주역은 대구~포항의 대구선에 설치된 일개 역일 따름인데 편의상 그렇게 부른 듯하다. 협궤열차가 달렸다는 경주선 부설은 조선 최고의 관광지로 떠오른 고도(古都) 경주 덕택이었다.[50] 어떤 측면에서는 경주선이 있어 신라의 오랜 역사와 고문화에 대한 관광, 아니 견학과 학습이 대중화되었다 하겠다.

찬란한 유적과 미에 대한 기대 때문일까. 「경주행진곡」 역시 경쾌한 리듬으로 대구~경주간의 역들을 빠짐없이 호명하며 경주에 대한 환영(幻影)과 대화 가능성을 더더욱 키워간다. 산과 하천, 벌판을 아무런 장애 없이 속도감 있게 달려가는 모습 또한 다른 철도창가와 동일하다. 7・5조 1행, 4행 1연의 구성이 여지없이 출현하는 이유일 텐데, 「경주철도가」는 총 8연에 거쳐 대구~경주 연선의 각 역들을 순서대로 관통한다. 하지만 해당 연선, 곧 경주로 수렴될 연선들을 바라보고 묘사하는 시선과 태도만큼은 여타의 창가와 뚜렷하게 구분된다.

---

50 경주의 개발과 보존은 한양(경성)의 그것과 또 다른 방식으로 진행되었다. 경성은 경복궁과 창덕궁의 예에 보이듯이 궁궐로 대표되는 권위적 공간과 건축물을 축소・보존하는 한편 그 내부에 조선총독부나 대중공원(창경원)을 설치하는 방식으로 일제의 권위는 높이고 조선의 전통은 격하시켜 나갔다. 이에 반해 경주는 퇴락한 도시에 도로와 철도 등을 부설하면서 유적지에 대한 많은 훼손이 가해졌다. 일제는 경주의 유적을 보존하는 한편 관광 명소로 개발하기 위해 경주의 유력자들과 함께 '경주고적보존회'를 결성, 현지보존 사업과 수집보존 사업을 동시에 진행했다. 물론 경주 개발과 유적 보존사업은 신라문화를 현창하기 위한 것이 아니라 일제의 식민 지배를 정당화하고 일본인들의 문화적 취향을 충족하기 위한 식민주의적 정책의 일환이었다. 일제의 경주 개발과 보존의 양면성에 대한 전반적인 검토는 김신재, 「1910년대 경주의 도시변화 문화유적」(조성운 외, 『시선의 탄생』, 선인, 2011)에 잘 정리되어 있다.

〈그림 7〉 경주역

1. 大邱에서 京釜線을 離別하고
이로부터 慶州行을 바꾸어타니
慶州行의 우렁찬 汽笛소리는
넓고넓은 達成天地 울리었고나

2. 한바퀴 두바퀴가 차례로굴러
水蒸氣와 검은煙氣 한데합하여
하늘가의 한뭉치 구름도되고
들과산을 덮여서 雲霧도되네

7. 近山을 돌아갈제 遠景을보고
벌판을 가를때는 山이맴도니
어언듯 乾川驛도 마저넘었고
慶州線 西岳驛에 당도하였네

8. 汽車는 여기서 잠시머무니
車타는 乘客은 모두나리니
東西洋 深勝의 藝術大家로
慶州의 古藝術을 視察함이라

「경주철도가」는 엄청난 속도로 직진하는 기차의 물질성을 입체화하기 위해 노선 와중의 하늘과 땅, 산과 강, 벌판과 역사를 파편화・복속시키기기를 마다하지 않는다. 철도문명의 호기(呼氣)에 대한 감탄과 승인이 우선이겠지만, 보기에 따라서는 경주 시찰과 답사의 기대와 즐거움을 미리 담아내는 방법의 일종—선경험자가 후경험자를 '경주'라는 문화현상으로 이끌기 위한 시간의 전도 현상이겠지만—일 수도 있겠다. 이를테면 8연에서 그 숱한 승객들을 "동서양 탐승의 예술대가"로, 또 경주를 "고예술"로 서슴없이 가치화하는 화자의 시각과 태도에서 그런 느낌을 받는다면 지나친 해석일까.

이런 방식의 신라의 천년 문화, 그 중심으로서 경주에 대한 현창(顯彰)은 특히 학생과 지식인들의 수학여행 과정에서 두드러진다. 그들 대개는, 잠시 후 최남선의 창가에서 보게 되겠지만, 특히 종교예술에 뚜렷한 기이할 정도의 구성력과 정교하며 우아한 조각 솜씨를 신라문화의 정수로 꼽았다. 하지만 그들은 자랑과 감탄 못지않게 조선미를 상실하고 빼앗긴 약소국의 한과 식민지적 비애를 아프게 드러냈다.[51] 이런 식민지 조선인의 자랑과 비애는 아이러니하고 당연하고도 일제가 경주를 공적 식민성과 그들의 사적 취향을 동시에 충족하는 일본식 오리엔탈리즘의 근거와 전략이 된다는 점에서 슬픈 모순의 일종이었다.

51 일례로 「보성고등보통학교경주수학여행기 (5)」(『동아일보』, 1920.6.24)에 표현된 식민지 청년 신경수 학생의 착잡한 고백과 우울한 희망을 보라. "우리 일동은 예술, 종교 여러 방면으로 동경하는 역사적 고지(故地 : 경주—인용자)를 장연한 일장(一場)에 고별사로 떠나(…중략…) 행인의 수심(愁心)을 더하는 듯 토함산 높은 봉우리 웃둑한 그 방면으로서 울어오는 산조성(山鳥聲) 고국의 원한을 하소거리는듯 만장화염(萬丈火焰)이 나의 가슴에 붓혀 옴은다. 아 계림고도(鷄林古都)야 너 잘 잇거라 어우러젓던 천년고화(千年古花) 다시 피난 날 그날 다시."

다시 강조하거니와, 경주 여행은 현대의 철도문명을 빌려 조선의 입장에서는 찬란한 과거를, 일제의 입장에서는 폐허의 미를 찾아 떠나는 과거로의 여정이었다는 점에 그 본질과 특색이 모아진다. 내지의 도쿄[東京]가 제도(帝都)의 지위를 굳히면서 고래의 왕도 교토[京都]와 조선의 왕도 한양(경성)이 정치・경제・문화적 위상과 영향에서 차례로 지방화・과거화 되었지만, 그래도 두 도시는 중후한 전통과 날렵한 현대가 공존하는 살아 있는 삶의 공간이었다. 이에 반해, '찬란한 과거' 운운했지만 당시 경주는 일본인은 물론 조선인에게도 과거에 시간이 멈춘 고적(古蹟)의 영토로 이해될 정도로 폐쇄되고 정체된 공간이었다.[52]

이렇듯 왕도(王都)의 제의성과 권위성을 박탈당한 채 궁핍한 생존의 공간으로 후퇴한 경주를 구제한 것은 아이러니하게도 버려진 왕도의 버려진 유물들이었다. 이 유물들은 현재의 생활과 거의 무관한 쓸모없음의 물상(物像)들로, 하지만 그래서 가치가 더욱 상승하는 전시성(展示性)을 부여받는 고대문화의 총아이자 조선미의 보고로 불현듯 떠올랐던 것이다. 이런 문화현상은 그러나 일제가 경주의 유적과 역사, 미와 종교를 그들의 식민주의적 미의식과 이념 아래 박물관의 소장품이자 전시품으로 변질・조작하는 폭력적인 문화지배 과정의 일부였다는 점에 그 비극적 성격이 존재한다.[53]

---

52 일본에서 '고도(古都)의 유허지(遺墟地)'로 흔히 간주되는 곳은 7세기까지의 일본 수도 나라[奈良]다. 이곳 역시 헤이안 시대의 교토에 의해 변방의 고도로 밀려 났다는 점에서 잃어진 왕도 경주에 비견된다. 일본인들이 생각하는 '나라'와 연동된 '경주' 표상에 대해서는 나카네 다카유키, 「제국 일본의 '만선(滿鮮)' 관광지와 고도 경주의 표상」, 『한국문학연구』 36, 동국대 한국문학연구소, 2009, 67~72면 참조.

53 황종연의 '일본 역사학과 고고학이 발견한 신라'라는 말에 일제의 경주 재구성 및 가치화 원리가 압축되어 있다. 황종연, 「신라의 발견－근대 한국의 민족적 상상물의 식민지적 기원」, 황종연 편, 『신라의 발견』, 동국대 출판부, 2008, 21면.

이를테면 일본에게 경주는 단순히 신라문화의 고도가 아니라 그곳을 정벌, 수중에 거머쥐었던 진구(神功)황후의 고토였다. 상실된 고토로의 귀환인 셈인데, 따라서 그들의 경주 여행(답사)은 '일본적인 것'의 원류와 영향을 새삼 확인하고 각인하는 식민주의적 시선과 태도를 벗어날 수 없었다.[54] 일제는 고토에의 향수와 더불어, 경주의 과거와 현실을 양가화하는 방식으로 식민주의적 문화정치학을 발동시킨다. '일본적인 것'의 지배와 영향에서 일탈해간 경주를 찬란한 문명의 공간으로 아낌없이 상찬하는 태도가 하나라면, 위대한 미의 성소를 더욱 숭고화하기는 커녕 계승 · 보존하지도 못한 현재의 조선의 미개한 수준을 신랄하게 비판하는 태도가 다른 하나이다.

이를 정리하면 경주를 폐허와 결여, 유물의 공간으로 규정하되, 비할 데 없는 정신적 · 미적 공간으로 재가치화하기 정도가 될 것이다. 그럼으로써 얻어지는 효과는 경주가 "'지금-여기'의 의미 있는 장소가 아니라, '과거-저편'의 차원에서만 의미를 지닌 공간으로 창조되고 대상화된"[55]다는 것이다. 이것은 조선과 경주를 철저히 타자화 · 과거화시키는 방법의 일환이다. 하지만 동시에 그것은 제국 일본을 고토 경주를 지배한 천황의 후계자로 다시 호명함과 동시에 우월한 '일본적인 것'의 지도 아래서야 풀 욱어진 지금 · 여기의 경주를 생기발랄하며 숭고한 '폐허의 미'로 재탄생시킬 수 있다는 자신감의 표현이기도 하다. 과거의 제의적 · 생활적 가치는 그대로 묻어둔 채 그 깨어진 시공간에

---

54 일제 시대를 풍미한, 정한론의 대상이자 진구황후의 고토로서 경주 회복의 상상력과 욕망에 대해서는 윤소영, 「식민통치 표상 공간 경주와 투어리즘—1910~20년대 일본인의 여행기를 중심으로」, 박찬승 편, 『여행의 발견 타자의 표상』, 민속원, 2010, 249~268면 참조.

55 허병식, 「식민지 조선과 '신라'의 심상지리」, 황종연 편, 앞의 책, 123~124면.

식민 자본의 지배가 울울한 전시적·심미적 기능만을 덧씌우기. 여기에 일제가 신라와 경주를 발명하고 가치화하는 한편 재구성하고 식민화하는 전형적인 전략과 방법이 존재한다.

이런 식민주의적 문화정치학에 맞서, 조선인은 철저하게 버려진 왕도에서 멸망한 조선의 비운을 함께 맛보는 한편 어디에도 비교할 수 없는 종교와 미를 재발견하고 가치화함으로써 '조선적인 것'의 부활과 미래를 꿈꾸었다. 그러므로 몸을 같이 실은 열차일지라도 일본인과 조선인에게 들려오는 기적소리의 내용과 감각은 전혀 이질적이며 때로는 상반되기조차 했을 것이다. 그 예로 전문 지식인으로 성장해 가는 와중의 연희전문 재학생 유근석의 기행문을 함께 읽어보자.

> 이 모든 이야기를 생각하고 신라전성시대의 문화 등을 미루어본 나에게는 "아마 찬란한 문화를 가젓든 고도(古都)의 유허(遺墟)로서 사방에 고적(古蹟)이 산재하며 인심이 순박하고 고읍(古邑)이 창연한 고읍(古邑)으로 지금은 철도도 통하야 잇기 때문에 어울리지 안는 건물도 잇서 시대착오의 현상이 더러 잇고 한 것이 경주이겟거니"하는 추측을 하게 되엇다.[56]

경주를 효용성 부족한 땅이나 폐허의 고토로 인식하는 태도는 이권을 중시하는 작금의 현실을 고려하면 크게 문제시될 수 없다. 고민의 핵심은 그것을 어떻게 '조선적인 것'의 기원과 미래로 동시에 현재화할 수 있는가에 오히려 존재한다. 연희전문 학생 유근석의 입장은 민족주의자 정인보 등의 수업을 듣고 있음에도 경주를 "찬란한 문화를 가젓

56 유근석, 「경주고적탐방기 (1)」, 『동아일보』, 1931.9.6.

든 고도의 유허"로 과거화하는 데 멈춰서 있다. 이것은 조선 학계와 청년학생들 자체의 사상적·지성적 한계로만 설명할 수 없는 복잡한 문제를 내포한다. 잘 아는 대로 일제는 자신의 우월한 지식과 기술로 식민지 조선의 언어와 문화, 역사를 선점한 후 그것의 본질과 성격, 구조와 논리, 장점과 단점 등을 치밀하게 파악했다. 조선총독부는 새로 얻은 지식과 정보를 식민지 문화 및 교육 정책에 적극 반영했는바, 일선 학교에 그 영향과 효과가 일정하게 미쳤음은 물론이다.

이런 악조건을 고려하면, 당시에는 현진건의 다음과 같은 태도가 오히려 적절했고 절실했는지도 모른다. "아무런 준비지식과 선입관념이 업시 온전한 힌 조히가튼 맘으로 녯 서울을 대하기, 속임업는 산하의 모양을 보아 우리 조상의 포부를 내 멋대로 상상해보고 뚜렷이 나타난 유적을 어루만지며 내 가슴에 뛰는 피소리를 고요히 들어보자"[57]는 태도 말이다. 이와 비슷한 시기 최남선은 "슬긔의 첨성대에"서 조선의 영광을, "솜씨의 불국사"에서 세계적 예술성을 발견하며, "황룡사 녯터"와 '분황사 폐탑'에서는 종교적 보편성과 숭고미를 읽는다.[58] 이것이 조선유람, 아니 국토순례의 결과이자 불함문화론의 구체적 적용임은 물론이다.

하지만 이런 추상성의 민족애와 종교성이 경주의 찬란한 과거를 오늘의 현실로 불러들일 수 있다면 무엇이 문제겠는가. 「경주행진곡」이 노래한 조선 관광객의 일반적 목표 "경주의 고예술을 시찰"한다는 말은 그 지향점은 다를지라도 여러모로 최남선은 물론이요 일제의 입장과도 상통한다. 그들은 감격의 눈물과 회희의 간탄으로 경주 이곳저곳

57 현진건, 「고도순례(古都巡禮)—경주 (1)」, 『동아일보』, 1929.7.18.
58 최남선, 『조선유람가(朝鮮遊覽歌)』, 한성도서, 1928, 33면.

을 탐방했지만, 어쩌면 '고예술', 아니 '폐허의 미'에 사로잡혔기 때문에 오랜 시대의 영광과 고통으로 주름진 경주의 민낯을 제대로 보아내지 못한 것인지도 모른다.

이런 문제점을 생각하면, 현진건이 고백한바 어떤 편중된 지식과 선입관을 배제한 채 '지금 · 여기'의 경주를 신중하게 응시하고 자율적으로 해석 · 평가한 글쓰기의 경험이 더욱 소중해진다. 어쩌면 그의 『무영탑』(『동아일보』, 1938.7.20~1939.2.7)이 경주를 "흰 조히 가튼 맘으로", 또 옛 경주인의 삶과 문화를 "내 가슴에 뛰는 피소리"로 다시 살며 창조한 결과물일지도 모른다. 그러나 주인공 백제사람 아사달과 그를 초빙한 신라사람들은 현진건 자신의 민족주의 이념과 예술관을 표현하고 전파하기 위한 '잘 만들어진 인물'들이라는 점에서 그곳의 경주 역시 살아있는 삶과 문화의 장소로 거듭나지는 못한 것으로 보인다.

4. 일제 조선철도의 자랑이 뜻하는 것—결어를 대신하여

조선 철도창가를 생각할 때 매우 현실적인 문제가 있다. 당시 일제가 주관한 바의 철도창가 2편이 그것인데, 함께 읽어보는 것으로 결론을 대신한다. 2편 가운데 하나는 철도국가(鐵道局歌)이고 또 하나는 소학교『창가』의「조선철도창가」다. 모두 공적인 제도의 산물인 만큼 일제의 정책과 지침, 목표가 뚜렷하며, 그러므로 일제의 식민주의적 사유와 발화 역시 더욱 또렷하게 드러난다. 철도국의 노래는 가창자가 규모 있게 제한되며 그 집단 내부의 가창물로 그친다. 따라서 그즈음의 조선인들이 함께 노래하고 들어봤을 가능성은 매우 희박하다. 그 일부를 잠깐 살펴보면 아래와 같다.

> 하늘은 맑고 계림의 산야를 달리는 우리의 철도
> 조국의 힘은 아시아에 뻗쳐 사명을 다하는 우리들의 조선철도
>
> 대지에 가득한 팔도의 자원을 개발하는 우리의 철도
> 문화의 혜택을 온 땅에 펼쳐 사명을 다하는 우리들의 조선철도
>
> —「朝鮮鐵道局局歌」 부분[59]

총4연 구성이며, '사또 에이시[佐藤榮枝]' 작사, '동경(東京)음악학교' 작곡의 노래다. 인용 부분은 1절~2절이다.[60] 철도원의 사명과 철도 애호

59 「조선철도국국가」 전문은 高取武, 『歌でつづる鐵道百年』, 鐵道圖書刊行會, 1981, 247~249면. 앞서도 참조한 '철도 박물관장에게 듣는 철도이야기'의 「철도노래의 변천」에도 악보와 가사, 창작 과정 및 목적이 소개되고 있다. 다소 길지만 해당 부분을 인용해보자. "기관에서 채택한 공식적인 '철도의 노래' 제1호는 일제 치하에서 만들어진 '철도국가(鐵道局歌)'이다. 일제는 1917년 7월31일부터 한국철도 경영을 남만주철도주식회사에 위탁했다가 1925년 4월 1일 위탁경영을 해제하고 조선총독부에서 직영을 시작한 후 1935년 조선철도 직영 10주년 기념사업으로 철도박물관 개관과 함께 철도국 국가(局歌) 가사를 공개모집 하였다. 총 응모작 1,037편 중 철도국 서무과에 근무하던 사또 에이시[佐藤榮枝] 작품을 선정하였으며 당시 선정 기준은 ① 조선에 있는 국유철도종사원의 사명의 중대성을 자각할 수 있도록 하고, ② 철도애호 정신을 함양하며, ③ 단체정신의 앙양에 중점을 두었다. 선정된 작품을 약간 수정하여 작곡은 동경음악학교에 의뢰하여 이듬해 3월에 최종 완성되었다. 일제는 이 노래를 철도국의 공식적인 행사와 종사원의 공적모임 또는 사석모임에서 까지 즐겨 부르도록 하여 철도정신의 앙양에 크게 기여하였다고 스스로 평하고 있다. 헌데 당시의 4절에 이르는 가사 내용을 보면 그들은 한국을 자기들의 나라로 생각하고 한국철도 또한 그들의 것으로 확신하고 있었음이 느껴진다."

〈그림 8〉 일본 국유철도이정(哩程)

정신, 단체정신의 앙양을 목적하는 노래라는데, 과연 일제의 세계 개척과 조선 개발, 문명화의 증진이 계속 노래되고 있다. 박물관장의 지적대로, 식민 지배를 넘어 조선을 일본과 동일시하는 영토적 주체의식이 뚜렷하다. 주석에도 엿보이지만, 거류(居留) 의식의 소거와 주인 의식의 강화는 천황에의 충성, 바꿔 말해 천황의 이상적 통치를 뜻하는 '팔굉일우(八紘一宇)'에 대한 깊은 신뢰와 내면화 때문이 아닐까 한다. 이들은 조선 철도창가 6편의 명랑과 기쁨 또한 천황의 은덕으로 알뜰하게 수렴해 갔을 것이다. 제국이 공여하는 식민주의적 (무)의식 아래 폭주하는 일개 국원들의 가공할 만한 지배 및 확장 욕망을 새삼 확인하는 장면인 것이다.

① 흥아(興亞) 일본의 새벽녘에 대륙을 향하네 쏜살같이
희망을 싣고 질주하는 광채도 찬란한 경부선

② 지선을 동쪽으로 경주는 신라의 구도(舊都) 풀이 깊구나
금관총과 첨성대 영화롭던 흔적이 사무치구나

③ 은빛날개 비행기 우러르면서 쿠르르르 건너는 한강교
용산역을 바로 지나니 아— 동경하던 대경성

—「朝鮮鐵道唱歌」 부분[61]

---

60 3절 : "아침햇빛 찬란한 동해의 금강산은 우리들의 의기구나 // 난설의 싯빌 높이 울려라 사명을 다하는 우리들의 조선철도", 4절 : "영원히 번영하는 황국의 초석이 되는 우리 철도 // 천황의 위광 세계를 비춘다 사명을 다하는 우리들의 조선철도."

61 「조선철도창가」 전문은 김순전 외, 『초등학교 창가 교과서 대조 번역』(중), 제이앤씨, 2013,

조선총독부에서 편찬한 소학교 『창가』 소재 「조선철도창가」는 총 12연으로 구성된다. 『경부텰도노래』와 는 반대로 도쿄서 출발, 경성에 도착하는 여정이다. 경부 연선의 풍경과 유적, 새 역사와 근대도시의 소개가 주된 내용인데, 철도창가의 본래 목적인 '지리교육'에 비교적 충실한 듯 보인다. 그러나 '대경성'에 도착한 열차는 쉴 새도 없이 '만주'로 길을 열 것이다. 인용한 세 연에 보이듯, 철도창가의 핵심은 '조선적인 것'에 대한 깊은 이해와 공감이 아니다. '경주'는 조선 여행에서 반드시 들려야할 '폐허의 미'로 우뚝하며, 근대도시 '경성'은 도쿄를 빼닮은 식민지의 수부일 따름이다. 주석에 보인대로,[62] 조선에서 행할 가장 중요한 일은 '조선신궁'[63]을 참배하는 것이다. 또 '경성'은 조선을 상징하는 권위와 자족의 도시가 아니라 "동아시아 연결의 요충"에 불과하다. 만한(滿韓)을 포괄하는 '대륙문화'라는 관점에서 보면 '경성'의 도구성은 피할 수 없는 속성이자 기능이며 한계이다.

「조선철도창가」의 궁극적 문제는 일제 식민주의적 의식의 전시품이라는 사실에 있지 않다. 조선 아동들이 일제(총독부)의 시점과 목소리로, 또 조선 영토와 풍경, 도시를 빙자하여, '일본적인 것'의 위엄과 탁월함, 오늘의 풍요로움과 미래의 가능성을 함께 노래한다는 사실.

432～439면.

62 11연 : "조선신궁 참배하네 천황의 위광을 높이는 신궁의 기둥 창경원과 덕수궁 돌계단, 담쟁이넝쿨 푸르구나", 12연 : "동아 연쇄(連鎖)의 요충이라 지금이야말로 자랑하세 (인구―인용자) 백만의 대도시 자태 찬란하게 비약의 힘 넘치네"

63 최근 조선신궁 건립 10주년을 기념하여 1937년 '조선신궁봉찬회'에서 편찬한 사진집 『은뢰(恩頼)』(소명출판, 2015)가 출간되었다. 여기서도 조선의 열등성과 도구성은 뚜렷하다. 근대화된 경성이나 전근대적 풍경 그대로의 조선 각지는 '은뢰(恩頼 : '흘러내리는 천황의 위엄 있는 자태')'가 지시하는 대로 천황의 은혜에 힘입어 풍요롭고 안정된 삶을 영위하는 것으로 선전된다.

대개의 조선 아동은 최남선의 『경부텰도노래』보다 「조선철도창가」를 먼저 접했을 것이다. 이후 운 좋게 육당을 읽게 될 지도 모르겠지만, 그래도 「조선철도창가」 속 경부 연선의 이미지와 잔상이 계속 너울대는 내면 간섭과 충돌 현상을 피해가지 못했을 것이다.

이제껏 함께 읽은 6편의 철도창가가 일제 시대 내내 널리 읽히고 불렸다면 이 불행한 사태를 보란 듯이 면할 수 있었을까? 대답은 역시 부정적이다. 단순히 식민 통치의 강제성과 억압성 때문에 조선의 후진성과 타율성이 강화되는 것은 아니다. 어쩌면 그것을 순화하고 정당화하는 교육과 문화의 기술적 배치와 구조화, 곧 식민주의적 문화정치학의 세련성과 정교함이 조선의 영토와 조선인의 내면을 장악해가는 최후의 권력 장치였을지도 모른다.

이 점, 일제 철도창가의 표면 장력에 이끌려 조선 철도창가의 식민성과 변방성만을 서둘러 읽는 태도와 시각의 문제성을 신중히 반성케 하는 핵심 요인 가운데 하나다. 조선 철도창가의 낭만성과 명랑성 아래 점점이 박혀 있는 비극성과 그 반대의 희망의 원리를 예리하게 짚어내는 작업은 그래서 중요하다. 이로부터 조선 철도창가 6편의 궁극적 귀환이 시작될 것이며, 잃어진 오래 전의 기억도, 향유도 '원전'의 발굴과 재평가로 다시 되살아날 것이다.

京仁鐵道歌

1. 漢陽을 作別하는 汽笛소리는
蓮花峰을 震動하며 作別을하고
한바퀴 두바퀴는 次例로굴러
從南山의 翠色은 등에멀었네

2. 繁華한 左右市街 다투어비키고
轟轟한 바퀴소리는 땅을가르는데
天地를 울리는 汽笛一聲은
壯麗한 龍山驛을 부수는구나

3. 京元線과 京釜線을 서로나누어
한마디 汽笛으로 告別을하고
雄壯한 南漢江의 鐵橋를지나
鐵道搖籃 鷺梁津驛에 다다랐도다

4. 살같이 나타나는 莊嚴한汽車
어언듯 永登浦 잠간거치어
釜山行 急行을 멀리보내고
梧柳洞 停車場 지내였고나

5. 넓고넓은 素砂벌을 갈라나가면
素砂驛과 富平驛도 차례로거쳐
山넘고 물건너 急히達하니
速하다 朱安驛도 지내였고나

6. 遠山을 우구려 가깝게하고
近山에 뻗치여 멀게하면서
우렁찬 汽笛을 울리는鐵馬
어언듯 濟物浦에 다다랐도다

京義鐵道歌

1. 南大門을 떠나는 汽笛一聲은
三千萬口 京城天地 震動을하고
한바퀴 두바퀴 次例로굴러
天餘里 義州를 달리려하네

2. 어언듯 天地를 震動하드니
泰山을 뚫으고 橋岳을넘어
京城의 繁華함은 뒤에버렸고
義州의 앞길이 次次로가까워

3. 터어널과 터어널을 차례로지나
新村의 停車場을 잠간거치니
보이다가 안보이는 저碌磻里엔
天然的의 自然銅 產出地로다

4. 獨逸의 藥材가 世界를덮고
독일의 醫術이 天術같으나
天然적 藥品의 自然銅만은
同位된 特産이 없을지로다

5. 구르는 바퀴는 쉬임이없이
어언듯 水色驛 當到하니
江流의 물빛은 새로이빛나
一面의 水色이 佳麗하도다

6. 一山의 古陵을 멀리拜觀코
坡平山 竹葉石 金村서보아
순식간에 汶山驛 當到해보니
商船의 돛대가 浦口에가득

7. 臨津江 鐵橋越便 華石亭거쳐
長端驛 잠간쉬어 開城이르니
市街의 繁華함과 物貨의繁昌함이
京城을 떠난後로 第一이로다

8. 善竹橋 忠烈魂은 血跡을두고
滿月臺 옛宮闕은 빈터뿐이라
公園의 紅白桃花 무르녹았고
蔘浦의 春葉들은 새로푸르다

9. 泰山을 움직이는 汽笛一聲은
開城을 發하여 山을뚫으고
어언듯 土城驛 得達해보니
王朝의 城址는 稀微하도다

10. 鷄井과 金郊驛역 次例로거쳐
禮成江 鐵橋를 얼른건느고
汗浦와 南川驛 거쳐넘으니
滅岳山 雄壯함이 하늘을괴인듯

11. 物開新幕 瑞興驛을 次例로거쳐
멀리뵈는 亞鉛鑛을 바라다보며
歸津寺의 遠景을 잠깐살피니
어언듯 興水驛도 지내였고나

12. 淸溪와 馬洞驛도 次例로넘고
沙里院의 넓은들을 꿰여뚫으니
農産物의 풍부한 所作地로서
一望無際 有名한 載寧벌이라

13. 深村驛 잠간거쳐 黃州이르니
黃海道의 第一큰 停車場이라

14. 별안간 汽笛은 天地울리고
또다시 汽笛이 幷唱하드니

有名한 兼二浦의 黑鐵材料도
이곳의 採掘坑이 中心이로다

하나는 兼二浦로 하나는義州로
갈리어 가는것도 汽車景이라

15. 黑橋를 얼른건너 中和이르니
棉花의 産地로 著名한데오
東北의 길메운 많은사람들
淸凉山 꽃求景 가는길이라

16. 力浦驛 거치고 平壤이르니
華麗한 錦繡江山 本線의 第一
牧丹峰 浮碧樓를 멀리바라고
洋角島 鐵橋를 두번건넜네

17. 삽시간 기차는 驛에머무니
窓門을 열고서 두루살피매
朝鮮의 有名한 無煉炭鑛이
本地의 所産으로 山같이쌓였네

18. 平壤과 西浦를 차례로거쳐
汽笛一聲 順安驛에 당도해보니
櫛比한 邑戶는 驛을둘렀고
沙金黑鉛 雲母의 産山地로다

19. 漁波와 肅川을 차례로거쳐
萬城을 넘으니 新安州로다
高名한 安州城과 百祥樓는
李太祖 建國初 築造함이라

20. 春風은 窓틈으로 香氣전하고
柳葉은 速力에 나풀거리네
孟中里 嶺美驛도 벌써넘었고
雲田驛과 古邑驛도 지내였고나

21. 굴고구는 車바퀴 形勢더하여
어언듯 定州驛에 當하였고나
南門內 聖跡碑는 홀로섰으니
李太祖 戰功하신 紀念碑로다

22. 郭山을 거치고 路下를지나
宣川의 市街를 잠시살핀후
東林과 車輦館을 얼른지나고
南市良策 枇峴驛 다거치였네

23. 빨리닿는 汽車도 白馬驛이르러
林將軍의 忠魂을 嚴拜하노나
白馬의 城地도 現存하였고
城內의 顯忠祠도 現存하고나

24. 形勢에 形勢를 더하는汽車
급함이 빈개같고 바람같아서
泰山과 長江을 뚫고건느며
都會와 村落을 넘고닿도다

25. 어언듯 石下驛도 마저지났고
따라오든 까마귀도 뒤떨어지며
千里밖의 漢陽城은 아득했으나
반갑게 부딪치니 義州城이라

京元鐵道歌

1. 떠남을 고하는 汽笛一聲에
從南山의 翠色을 등에다두고
南大門을 下直하여 들들굴르니
繁華한 左右市街 비켜서도다

2. 빨리구는 汽車는 形勢더하여
날개가진 새라도 밋지못하니
蓮花峰과 關王廟 멀리볼사이
어언간 龍山驛을 當到하였네

3. 이리저리 얼크러진 汽車線路는
京仁京釜 京元線의 길을나눴고
京仁京釜 갈라가는 汽車鐵橋는
이편저편 양언덕을 이끌어왔네

4. 다시구는 汽車는 驛을떠났고
漢江물의 쪽빛을 끼고돌으니
노들江의 人道橋는 멀어져있고
西氷庫의 景色이 佳麗하도다

5. 西氷庫와 往十里를 잠간거치어
淸凉里에 잠간쉬고 다시動하니
往十里에 늘어섰는 버느나무는
제멋대로 興에겨워 처느러졌다

6. 三角山의 山城을 우럴어보고
牛耳洞의 春景을 바라보면서
김시동인 蒼洞驛을 거쳐가지고
京元要塞 議政府를 當到하였네

7. 京元線의 新作路는 嶺을끊었고
水落山의 瀑布는 달빛에비춰
거울같은 그속으로 山이비치고
西方一隅 밤나무는 들을덮혔네

8. 德亭里의 숲속을 헤치고나와
속시원히 東豆川驛 當到해보니
逍遙山의 번폭포는 뵈지않으니
골을메운 남녀노소 人山人海라

9. 한여울의 鐵橋를 얼른건느니
全谷里의 停車場도 등에버렸고
連川大光 두정거장 잠간거치니
鐵原色의 繁華함이 눈을흐리네

10. 月井里를 잠간거쳐 平康이르니
金剛山의 深勝客은 끄치지않아
길을덮고 골을메어 오고가니
自動車는 乘客運搬 奔走하구나

11. 福溪驛과 劒佛浪을 잠간거치어
洗浦驛을 當到하여 얼른살피니
山에길든 羊의떼는 이리로저리
牧者들을 이리저리 따라다니네

12. 닥치이는 터어널은 車를삼키고
멀리뵈는 三防驛은 車를이끄니
봄동산의 奇花瑤草 무르녹았고
三防瀑布 奇岩瀑은 雌雄이로다

13. 山도뚫고 물도뛰는 汽車바퀴는
다섯곳의 터어널도 뚫어버렸고
여나문개 다리도 뛰어넘으니
나는듯이 高山驛이 이에當했네

14. 龍池院驛 잠간거쳐 釋王驛이라
樹林속에 우뚝솟은 저기저寺刹
李太祖의 創建하신 大刹이되니
奇岩怪石 絶景으로 大刹이로다

15. 南山驛과 安邊驛을 次例로거쳐
葛馬驛에 잠간쉬어 元山이르니
京元線의 終點이 이에미치니
東海中의 春色이 佳麗하도다

湖南鐵道歌

1. 畿湖南端 뚝떨어진 尾湖川邊에
山田水田 끝없으니 大田이로다

2. 清玉流를 俯瞰하며 松林헤치고
水村山廊 清淨하니 佳水院이라

3. 速力더해 가는汽車 豆溪를지나
山에山이 이어지는 連山이로다

4. 五重塔의 大鐵釜를 구경하면서
扶餘八景 眺望하니 論山이로다

5. 이다음볼 停車場은 어느곳일까
遠浦歸帆 夕陽天의 江景이로다

6. 五日一風 十日雨는 農民의咸悅
四野심는 黃金五穀 黃登이로다

7. 王宮塔을 돌아보며 裡里에오니
저有名한 群山港이 咫尺이로다

8. 群山港을 뒤에두고 芙蓉을지나
金山寺의 碧骨堤터 金堤에왔네

9. 山川景概 閒瞭하고 百姓이順해
與民同樂 天下泰平 新泰仁이라

10. 內藏寺의 清泉瀑布 구경하면서
鑿井飮에 耕田食의 井邑에왔네

11. 十字路가 四通하니 四街里인데
없던村落 생겼으니 新興里인가

12. 梧桐冷泉 보려하고 갈재를넘어
秦始王의 헛된事業 長城에왔네

13. 이다음볼 停車場은 어느곳인가
萬樹長林 울울창창 林谷이로다

14. 魚登山을 바라보는 廣漠한平野
澗畔松에 岸汀蘭의 松汀里왔네

15. 우뢰같이 나는汽笛 길게울면서
長蛇陳을 이루고서 老安에왔네

16. 錦城山을 바라보며 三里만가면
簾商木物 名山名所 羅州驛이라

17. 興龍寺의 遺墟地를 돌아보면서
納爽亭을 찾으려고 榮山浦왔네

18. 神仙道師 傳說깃든 똑다리두고
鐵道沿邊 旅幕들의 古幕院이라

19. 羅山白龍 合流하는 古幕江넘어
鶴을타고 楊州가는 鶴다리인가

20. 榮山江에 빗긴月出 바라보면서
穿魚煥燈 저漁夫는 夢灘에왔네

21. 離鄕他鄕 思鄕하니 三鄕里인데
百里分의 수영목에 任城里라오

22. 儒達山의 松島公園 경치도좋고
三鶴島가 멀리뵈는 木浦에왔네

慶州行進曲

1. 大邱에서 京釜線을 離別하고

2. 한바퀴 두바퀴가 차례로굴러

이로부터 慶州行을 바꾸어타니
慶州行의 우렁찬 汽笛소리는
넓고넓은 達成天地 울리었고나

水蒸氣와 검은煙氣 한데합하여
하늘가의 한뭉치 구름도되고
들과산을 덮여서 雲霧도되네

3. 편편한 彩雲을 헤쳐버리며
얼크러진 樹林도 갈라버리고
거치른 벌판도 헤치고나가
東村과 半夜月을 次例로넘었네

4. 한모퉁이 돌으니 河川이있고
河川을 건느니 벌판이로다
汽車는 소리를 자주지르니
淸泉驛과 河陽驛도 이미지났네

5. 벌판을 건느면 산이닥치고
山脈을 넘으면 江이달리네
넘고넘고 건느고 달아나는車
琴湖驛 永川驛도 지내였고나

6. 汽車가 이리로 따라오면은
河川은 저리로 쫓기어가고
쫓기고 달아나고 하는동안에
林浦와 阿火를 또넘었고나

7. 近山을 돌아갈제 遠景을보고
벌판을 가를때는 山이맴도니
어언듯 乾川驛도 마저넘었고
慶州線 西岳驛에 당도하였네

8. 汽車는 여기서 잠시머무니
車타는 乘客은 모두나리니
東西洋 深勝의 藝術大家로
慶州의 古藝術을 視察함이라

馬山行進曲

1. 三浪津을 갈려오는 汽笛소리는
山岳이 울리는듯 강물이搖動
次例로 바퀴를 굴리울때에
黑煙은 滿空하여 구름을편듯

2. 바람같은 形勢의 번개와같이
洛東江 停車場에 得達하니
無數한 돛대는 江을덮었고
繁昌한 物貨는 水陸을잇네

3. 넓고넓은 鐵橋를 얼른건너서
어언간에 翰林亭을 지내였고나
빨리닿는 汽車는 速力을더해
進永驛도 어언듯 넘어섰고나

4. 昌原驛의 繁華함을 잠시살피고
舊馬山 停車場에 당도하여서
往去의 遺跡을 듣고도보며
광천의 浴場도 멀리뵈도다

5. 汽笛이 海水를 놀래일듯이
鎭海灣 鋪聲을 같이하는듯
山岳을 무늘듯 크게울리니
어언듯 終点의 馬山驛이라

／ 보론 2 ／

일제 창가와 군가에 표상된 만주 제패의 의미*

러일전쟁을 중심으로

1. 러일전쟁기 일본 창가와 군가의 문제성

1_ 식민 상황에 처한 만한(滿韓)을 판돈으로 내걸고 국운을 경합했던 러시아와 일본 간의 전쟁(1904)은 그 관점에 따라 다양한 의미를 입는다. 후발 자본주의 국가에 속했던 러시아와 일본은 제국 확장의 길로서 서로의 전쟁을 마다하지 않았다. 러시아는 만주 점령을 통해 아시아로 진격할 꿈으로, 일본은 서양 번역과 이입의 탈아입구(脫亞入歐)

---

* 이 글을 '보론'으로 상정한 까닭은 이 책 제1부 제1장 「철도창가와 문명의 향방－『경부텰도노래』와 『만한철도창가』의 경우」에서 미처 못 다룬 『만한철도창가』의 '만주' 부분과, 거기서 핵심을 차지하는 '러일전쟁', 곧 일제의 세계사적 등장과 동아시아에서의 패권 승인이 결정된 제국주의 전쟁의 예술화 과정을 함께 살펴보는 한편, 두 요소가 어떤 식으로든 육당의 『경부텰도노래』에 반영되었을 것이라는 나름의 가설 때문이다.

전략을 넘어 아시아의 맹주로 급전(急轉)할 희망으로 부풀었다.[1] 또한 영국과 프랑스, 독일과 미국 등은 자국의 이익과 관심, 그리고 힘의 우열에 따라 양 교전국과 동맹으로 연계되거나 적국으로 파약(破約)되었다.[2] 물론 작게는 대리 전장으로 크게는 식민지로 할양될 위기에 처한 만한(滿韓)의 목소리는 거의 예외 없이 은폐되거나 억압되었다. 이토(異土)를 두고 남의 땅에서 벌인 그들끼리의 전투, 러일전쟁은 이것이 문명의 원리와 규약으로 승인되던 당대 만국공법의 근본임을 총탄과 핏물의 아수라장으로 증례했던 것이다.

'힘의 정치'는 전쟁과 직접 관련되는 기술문명과 군사력에 의해서만 작동되지는 않았다. 그것은 국민들의 일상적 편의와 미학적 취향의 문제를 전쟁의 기술과 서사로 입안, 제어할 줄 안다는 점에서 가공할만한 기제였다. 러일전쟁은 동서양의 합전(合戰)이기 전에, 선진 문명을 뒤늦게 학습한 '늦된 아이들'이 그 수용과 변용 정도를 자랑하는 일종의 박람회이기도 했던 것이다. 특히 일본은 흉내쟁이 원숭이나 기모노

---

1 러일전쟁에 대한 일본의 입장은 1945년 8월 패전을 분기점으로 크게 양분되는 것으로 보인다. 패전 이전에는 청일전쟁과 러일전쟁 공히 불패의 국사(國事), 곧 더욱 힘센 국가들과 싸워 승리한 전쟁으로 기억되고 찬양되었다. 그러나 패전 후 그것은 서세동점(西勢東漸)의 위기에서 국난을 극복한 방어전쟁으로 새롭게 의미화 되기도 했다. 후자의 입장은 시바 료타로[司馬遼太郎]의 소설『언덕 위의 구름(坂の上の雲)』에 의해 대표된다. 자세한 내용은, 나리타 류이치[成田龍一], 김경자 역,「일본 : '기억의 장'으로서 러일전쟁」,『역사비평』, 2004 겨울, 328~333면 참조.

2 러일전쟁기 제국주의 각국의 입장과 관심을 보여주는 풍자화들은 '힘의 정치'에 따라 그 세력이 모아지고 분열되는 원리를 흥미롭게 암시한다. 이를테면 일본 여성이 끄는 유모차에 딸랑이를 들고 탄, 또는 맹인용 안경을 쓴 채 열강의 꼭두각시로 놀아나는 조선 선비의 모습, 영국과 미국을 등에 업고 거인 형상의 러시아를 향해 거침없이 다가서는 왜소한 일본군의 모습, 군복 입은 원숭이(일본)가 팔 부러진 곰(러시아)의 코에 코뚜레를 꿰고 돌아다니며 손님(구미)들에게 사례비를 받는 서커스 공연장의 모습 등을 보라. 자세한 내용은 석화정,『풍자화로 보는 러일전쟁』, 지식산업사, 2007, 여기저기 참조.

입은 여성으로 표상되곤 했는데, 그 용렬한 타자성 속에서 만한(滿韓) 경영이나 서양과의 동등성 확보라는 '황국'의 목표는 꽤나 요원한 것이었다. 따라서 일본의 경우, 비록 그것이 전쟁에 의존되었다 해도, 일상적 기술의 박람회는 제국의 팔루스를 신민에게 기입하고 그 발기를 도울 수 있는 흔치 않은 기회였다.

러일전쟁이 기술의 총력전이자 총동원 체계였음은 인력 및 장비 수송과 관련된 각종 철도와 기선, 그리고 전함과 포대의 위용에서 뚜렷하다.[3] 이 기술의 힘과 유용성은 전쟁 당사자(前線)는 물론 그것을 떠받치는 후방의 신민(銃後)에게 내면화되어 마땅한 것이었다. 기술문명의 정도는 승리와 패배의 필요조건은 될지언정 충분조건은 되지 못한다. 전쟁에서 국민의 병사화가 강조되는 것도 방아쇠가 당겨지고 총열이 내려지는 까닭의 시종이 그들 손에 달려 있기 때문이겠다.

'전선총후'의 총력전에서 다른 공간에 위치한 국민들을 하나로 묶는 유력한 방법은 선전과 감염의 효과가 뛰어난 대중매체를 전략적으로 활용하는 것이었다. 이를테면 전투 현장을 시시각각 전달하는 각종 호외와 신문, 그리고 격절된 양자의 친밀감과 애국심을 동시에 고취하는 그림엽서(여기 인쇄된 전쟁 관련 사진과 그림) 등은 러일전쟁기 매체 활용을 대표한다. 당시 나날이 진화하던 복제예술, 특히 사진술과 인쇄술, 출판술의 발달은 전쟁의 실상을 생생하게 전달하고 부감함으로써 '전선'의 현장성과 그를 향한 '총후'의 동일성을 결정적으로 배가시켰다. 사

---

3 일례로 『만한철도창가』는 표지로 노란색 바탕을 배경으로 검은 연기를 내뿜는 기관차(본고 2장 〈그림 1〉 참조)를, 창가 서두의 사진으로 '일본해 대해전(大海戰)'에 투입된 전투함(기선)을 취하고 있다.

실을 말하건대, 이를 통한 전쟁(공간)의 동시성 확보는 국민의 단결과 전쟁 동원, 그에 의지한 죽음의 비극과 죽임의 원죄를 괄호 치는 전쟁의 합리화를 가속한다는 점에서 국가 정의의 실천이 아니라 절대폭력의 구조화에 가까웠다.

물론 전쟁의 승리자 쪽이라면 대중매체의 역할은 전쟁 당시의 활황으로만 종결되지 않는다. 각종 기념비와 기념일, 기념식의 제도화와 내면화에서 대중매체의 계몽과 선전은 절대적 위치를 차지한다. 과거와 현재 할 것 없이 여전히 각종 기념식에 동원되는 국민, 특히 아동들의 실상은 기억의 역사화와 현재화가 국민의 통합과 그 징발에 어떤 역할을 하는가를 유감없이 보여준다. 실제로 일제는 러일전쟁 후 각종 기념 장치의 제도화와 일상화에 박차를 가하며,[4] 이를 통해 승리의 서사와 희생의 윤리를 전쟁 담론의 핵심으로 전범(典範)화 하기에 이른다.

2_ 하지만 이 지점까지의 '전쟁의 국민화'는 국가 주도의 계몽서사와 직접 연결된다는 점에서 비자발적이며 강제적인 성격이 짙다. 따라서 개인의 자발성이나 취향과 연관된 기제의 개발과 확장, 즉 '전쟁의 심미화' 사업과 전략이 더없이 중요해진다. 이를 통해 살육의 현장은 명랑하게 조망해 볼만한 추억의 공간으로 전유되며, 전사자의 몸값은 우러러볼만한 애국자의 그것으로 등가화 된다. 기술문명과 대중매체가 세련되게 결합되고 연동된 실례로 러일전쟁을 전후한 일본 창가(唱

4 봉천전투의 날을 육군기념일(3월 10일)로, 일본해 해전의 날을 해군기념일(5월 2일)로 정하고, 여순항 기습 때 전사한 히로세 다케오[廣瀨武夫]를 군신(軍神)으로 추앙하여 군가 『軍神廣瀨中佐(군신히로세중좌)』를 제작・유통시키고 동상을 건립한 일들이 그 예를 대표한다.

歌)와 군가(軍歌)[5]를 주목하는 까닭이 여기 있다. 공히 시가(詩歌) 형식에 해당하는 양자는 전쟁의 대중화 및 상품화[6]와 연동되어 있어, 벤야민이 말했던 파시즘의 예술화와도 깊이 상관된다.

먼저 군가의 경우다. 군가는 군인의 전투력 강화, 이를테면 애국심과 집단성 강화나 사기 진작을 위해 우선 생산되고 소비된다. 『日露戰爭期軍歌集(일로전쟁기군가집)』의 군가들, 이를테면 『征露軍歌(정로군가)』, 『日本陸軍(일본육군)』, 『日本海軍(일본해군)』 따위는 이 과제를 충실히 수행하는 데 모자람 없다. 하지만 이를 포함한 각종 군가들은 군영(軍營)를 넘어 일상에서도 널리 가창되거나 부지런한 독서가 권유되었다. 『일본육군』, 『일본해군』 표지에서 "국민창가(國民唱歌)" 명시, 러일전쟁 전반을 다룬 장편창가 『大捷軍歌(대첩군가)』와 총후에서 불렀을 법한 『女子軍歌(여자군가)』의 군가집 게재가 뚜렷한 물증에 해당한다. 요컨대 각종 군가들은 총후의 국민을 (간접 체험의) 전장으로 소환하는 한편 그럼으로써 천황 중심의 국가주의와 역사관, 심지어는 그것의 일상에의 투사와 내면화를 강화하는 기제로 작동했던 것이다.[7]

이상의 전쟁 서사와 감각화가 가장 세련된 형태로 대중화되고 상품화 된 것이 『만한철도창가』(1906)다. 이 작품은 시모노세키에서 출발,

---

5 창가로는 『만한철도창가』를, 군가집으로는 『일로전쟁기군가집』을 주목한다. 자세한 서지와 내용은 본문에서 언급될 것이므로 이 지점에서는 따로 언급하지 않는다.

6 "기념엽서 · 기념비 · 광고문건 · 영화 · 문학 등의 다양한 매체에서 드러나는 전쟁의 서술구조"를 중심으로 전쟁기념의 상품화와 대중화 전반의 논리를 검토한 글로는 박진한, 「일본의 러일전쟁 100주년 기념과 네오내셔널리즘」(『역사교육』 98, 역사교육연구회, 2006)이 유익하다. 앞서의 인용은 같은 글, 266면에서 가져온 것이다. 이후 서술의 몇몇 지점은 박진한의 논의를 참조했거나 거기서 계발 받은바 컸음을 밝혀둔다.

7 이 글에서 거론하는 창가 및 군가 제목들은 일본어 발음으로 적는 것이 원칙이겠다. 하지만 여기서는 한자 독음과 이해 등 독자의 편의를 고려하여, 텍스트가 처음 등장할 때 제목 옆에 한국어 읽기를 병기하며, 이후에는 한글 제목으로 약칭한다.

부산과 경성, 평양을 거쳐, 만주의 남만철도 노선을 빠짐없이 경유한 후 여순(旅順)과 대련(大連)에 도착하는 여정을 노래한다. 제국의 여행자가 가질 법한 식민지의 원시적 풍경과 후진적 관습도 관찰의 대상이지만, 역시 핵심은 임진왜란과 청일전쟁, 러일전쟁에 관련된 전사(戰史) 및 전적(戰跡)의 확인과 회고, 그에 관한 복합적 정감의 표출이다. 전쟁의 기억과 기념이 투어리즘과 어떻게 결합될 수 있으며, 그것이 국민의 심상지리 확장에 어떻게 기여하는가를 엿보게 하는 서사적 구성이 아닐 수 없다. 이 부분은 그 창작과 향유에서 별 관계가 없어 보이는 일본 창가와 군가가 발생론적 기원과 형성의 역사를 공유하고 있음을 암시하는 미학적 대목과도 접속된다는 점에서 꽤나 문제적이다.[8]

더군다나 이 작품은 문부성 검정을 완료한 "고등소학교 창가과 아동용" 교재로 널리 향유되고 소비되었다. 『만한철도창가』 소재 각종 전쟁사의 교육과 전달, 가치화에 교사와 부모가 개입하기 마련임을 감안하면, 이 텍스트는 아동용 노래와 교과이기 전에 예비 황군 교육을 위한 일종의 군가이자 정치 팜플렛에 오히려 가깝다. 표면에서는 아동용 지리교육 도서로, 투어리즘의 문학적 표현으로 소비되고 있지만, 심층에서는 기억과 기념을 통한 전쟁의 숭고화, 그 효과로 국가정체성과 국민의식을 제고하는 침략적 내셔널리즘의 온상으로 작동하고 있는 『만한철도창가』의 양가성. 여기에 계급과 지역, 이념과 정서를 초월한

8 이에 대해서는 『鐵道唱歌(철도창가)』, 『만한철도창가』, 『일본육군』, 『일본해군』을 작사한 오오와다 다케키[大和田建樹]를 소개할 때 상술한다. 다만 여기서는 『만한철도창가』 뒤표지에 러일전쟁의 보고와 승리를 다룬 군대창가 『奉天占領唱歌(봉천점령창가)』, 『旅順陷落軍歌(여순함락군가)』, 『대첩군가』 등이 광고되어 있음을 알려두는 정도로 그친다. 해당 광고 사진은 이 책 제1부 제1장 「철도창가와 문명의 향방―『경부텰도노래』와 『만한철도창가』의 경우」 소재 '〈그림 1〉 『만한철도창가』 광고' 참조.

신민의 일민(一民)화를 수행하는 한편, 자국 병사의 죽음은 영웅적 희생으로, 적병의 그것은 패전의 물증으로 사물화하는[9] 전쟁예술로서 『만한철도창가』의 간교한 본질과 전략이 숨어 있다.

3_ 이 글은 이상의 관심과 내용을 '만주'를 중심으로 다룬다. 『만한철도창가』가 통과한 조선 여행의 사정과 식민화 미학의 원리에 대해서는 육당의 『경부텰도노래』와의 비교·분석을 통해 이미 서술한바 있다.[10] '만주'가 그 잔여분인 셈인데, 물론 『만한철도창가』, 『대첩군가』, 『征露軍歌集(정로군가집)』,[11] 『平壤包圍攻擊(평양포위공격)』 들에 러일전쟁의 또 다른 현장으로 인천과 평양이 등장한다. 『만한철도창가』를 제외한 작품들은 전쟁 자체를 중심에 둔 까닭에, 인천과 평양의 풍광 및 풍물, 문화 유적과 생활 관습에는 거의 무관심하다.[12] 이에 비한다면, 러일전쟁의 주전장 '만주'는 전쟁 서사와 현장의 제시, 그 기억과 역사화에서는 물론, 식민화에 처한 '만주' 일대를 투사하고 타자화하는 일

9 이렇듯 타락한 사생관은 전쟁의 폭력성을 은폐하는 한편 전쟁의 윤리성을 제고함으로써 국민들의 공포심과 무력감을 가뭇없이 증발시킨다. 이는 국민들이 죽음에 대한 애도와 연민은 차치하고라도 만세의 외침과 더불어 침묵이 생의 원리일 수 있음을 승인하는 '트라우마의 물화'의 전제조건이기도 하다. 전쟁 관련 '트라우마의 물화'에 대해서는 전진성, 「서론—트라우마의 귀환」, 전진성 외, 『기억과 전쟁—미화와 추모 사이에서』, 휴머니스트, 2009, 30~40면을 참조했다.

10 이 책 제1부 제1장 「철도창가와 문명의 향방—『경부텰도노래』와 『만한철도창가』의 경우」 참조.

11 『만한철도창가』에서 러일전쟁의 회상과 감격은 인천해전과 평양 점령을 간단히 언급하는 방식으로 처리된다. 이에 비해 『日露戰爭 大捷軍歌(일로전쟁 대첩군가)』의 「仁川海戰(인천해전)」과 『정로군가집』의 「仁川旅順大海戰(인천여순대해전)」에서는 해전 자체가 서사와 감격의 핵심을 이룬다.

12 『만한철도창가』에서 '인천'은 일본 국민 13,000명 체류, 러일전쟁 초기 적함을 침몰시킨 포구, 업무 마친 뒤 놀러가는 '일본공원 월미도'가 존재하는 곳(19~21연)으로, '평양'은 청일전쟁 승리의 장소로 호명, 기념되고 있다.

제의 시선과 태도를 파악하고 이해하는 작업에 꽤나 풍요롭고 흥미로운 공간 정보를 제공한다. 이런 지배자의 시선에 대한 검토와 평가는 당시 만주와 유사한 처지였던 조선 현실을 객관화하는 어떤 계기와 방법의 획득에 적잖이 기여할 것이다.

여기에 더해 본고는 조선과 만주의 전쟁 경험과 식민화 와중을 압도적 환호와 소수의 회의로 응시하던 내지 일본인들의 시선과 담론을 추적하는 작업에도 글쓰기의 일부를 할애할 것이다. 이후 '만한 투어리즘'의 실질적 주체로 등장할 그들에게서 우리는 '만한'의 토인과 문명한 일본을 차이화하는 분리의 기술을 미리 엿보게 될 것이다. 여기서 승전 속에 은폐된 개별 전사자의 망각과 추방, 바꿔 말해 천황의 공동체를 위한 숭고한 희생으로 역전된 죽음의 기념이 전쟁의 폭력성과 그 책임성을 회피하는 수단으로 변질되어가는 단초를 발견할 수 있다면, 또 '만한'의 정복과 경영이 동아시아의 공영과 해방의 출발이라는 전도된 오리엔탈리즘의 심리적 토대를 읽을 수 있다면, 과연 무리한 가설의 설정일 것인가.

2. 승전과 미개의 땅 만주, 투어리즘과 계몽의 책략

1_ 『만한철도창가』는 창가 · 군가 전문 출판사 금항당서적(金港堂書籍)에서 1906년 8월 24일 출간되었다. 같은 해 12월 6판이 발행될 정도

니 러일전쟁의 후광이 대단했다. 노란색 표지와 예서체의 한자 제목, 붉은 침목과 연두색 레일을 달리는 푸른 색 테두리의 검은 기차, 연통에서 뿜어지는 오선지 위 음표, 곧 음악화된 연기가 고급스러움을 더한다. 총 60연(1~34면)으로 구성된 7·5조 창가 본문 앞에 만한철도 노선,[13] 아동용 창가라는 문부성 검인정 사항, 편자(編者) 와타나베 칸죠[渡邊管造]의 발간사, 창가 악곡(2/4박자, 天谷秀 작곡)이 놓여 있고, 창가 말미에 서지가, 뒤표지에 러일전쟁과 풍년 기원 관련 창가와 군가 광고가 실려 있다. 서책의 형식과 디자인, 구성만 보면, 일본 철도 연선의 풍경과 산물, 정취를 노래했던 『철도창가』(1900)의 후속편쯤으로 여겨진다. 양자는 국민, 특히 아동의 지리교육을 목표로 오오와다 다케키(1857~1910)가 작사했으며, 서사와 정서의 구성 및 표출이 여행기, 곧 투어리즘의 형식을 띠고 있다는 점에서 근친성이 두드러진다.

그러나 표면의 지리교육과 여행의 안내와 권유, 그것의 대리충족만으로 발간 4개월 만에 6판 돌파라는 인기의 비결을 대뜸 설명하고 이해하기는 어렵다. 『만한철도창가』의 성황을 얼마간 밝히려면 작사가 오오와다의 이력과 러일전쟁 승리 후 일본의 국민 정서, 제국의 심상지리 확장에 연동된 투어리즘의 대유행, 그것을 '만한(滿韓)경영'의 의지와 욕망으로 번역한 제국의 내셔널리즘 전략을 함께 살펴보아 마땅하다.

---

13 한국 국립중앙도서관 소장본에 누락된 철도여행 노선은 일본 국회도서관 소장본에서 확인 가능하다. 이에 대해서는 다음 면의 '〈그림 2〉 만한철도노선' 참조. 그리고 『만한철도창가』 상의 부산에서 대련에 이르는 철도 연선과 각 역명에 대해서는 구인모, 「일본의 식민지 철도 여행과 창가—『만한철도창가』(1906)를 중심으로」, 『정신문화연구』 116, 한국학중앙연구원, 2009, 200면 주석 9) 참조.

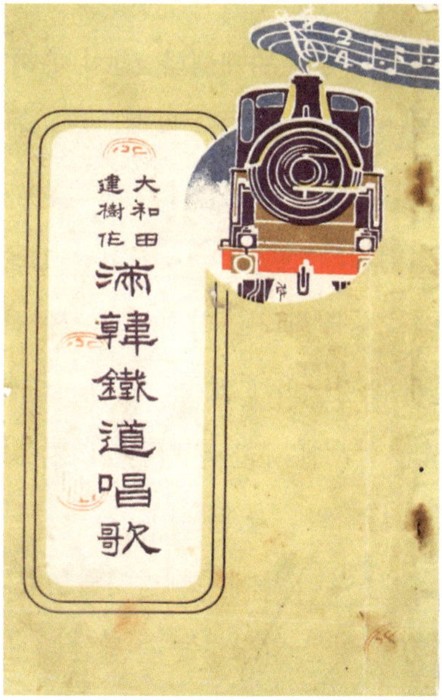

〈그림 1〉『만한철도창가』 표지

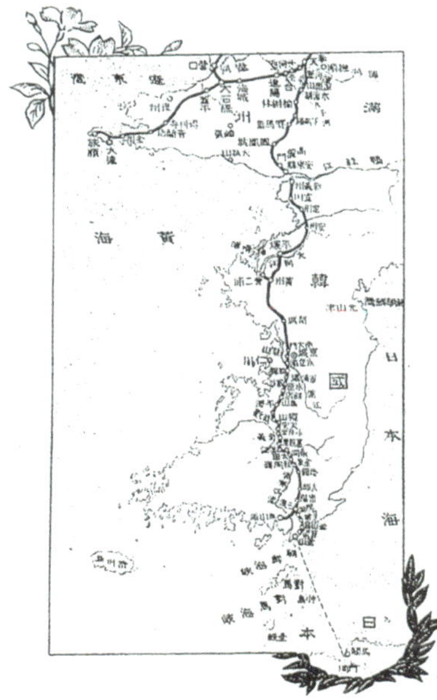

〈그림 2〉 만한철도 노선

먼저 작사가 오오와다다. 그는 개인의 시적 이력이나 일본 창가의 기원과 전개에서 매우 문제적인 인물이다. 그 핵심은 "신체시인으로서는 이류였으나 메이지[明治] 창가에서는 재능을 충분히 발휘한 일인자였다"는 문학사적 평가에 집약되어 있다. 일례로 그는 찰스 디킨즈의 『크리스마스 캐럴』 번역 과정에서 애절한 감상(感傷) 충만의 「가여운 소녀」를 작사하는 등 근대 전환의 시대상황과 분위기에 예민하게 반응했다.[14] 하지만 그의 재능은 『철도창가』, 『散歩唱歌(산보창가)』, 『故鄕の空(고향 하늘)』 등의 창가와 『일본육군』, 『일본해군』, 『黃海海軍(황해해

14 小川和佑, 『唱歌・讃美歌・軍歌の始源』, アーツアンドクラフツ, 2005, 142~144면. 이 대목은 일본 및 조선 창가의 기원과 전개가 찬미가 못지않게 군가의 유행과 소비에 빚지고 있음을 암시하는바, 일본에서는 창가와 군가의 친연성이 대체로 인정된다. 일본 창가에 빗진 조선의 계몽창가와 이후 항일유격대의 군가가 이런 친연성을 공유하는 것 또한 하나의 사실로 인정된다.

군)』,『日本海海戰(일본해 해전)』 등의 군가에서 만개했다. 양자 공히 개인의 감성보다는 민족정체성과 국민의식의 집단적 심화와 발현에 적합한 노래의 형식들이다. 전자가 민족적 내포의 심화와 관련된다면, 후자는 제국 외연의 확장과 보다 밀접하게 접속된다. 그러나 그 운동의 방향과 상관없이, 양자는 자민족을 동일화하고 타자와의 차이화를 예민하게 계상하는 자기규정의 잣대로 명랑하게 작동되었다. 그 계몽과 감염의 효과는 제국주의로의 진입 문제에서 결정적 위기이자 기회였던 러일전쟁의 현실에서 가장 극대화되었음을 물론이다.

러일전쟁은 '제국에의 행보'라는 어떤 책의 부제[15]가 암시하듯이, 일본의 서민에게 상실과 공포, 비애의 정서를 압도하는 충성심과 애국심, 승리의식 확장의 장이자 계기였다. 물론 전후의 실업 심화, 전몰자 문제 등과 같은 승리의 비애가 아주 없지는 않았으나, 제국의 승리와 확장을 고려하면 은폐되고 무시될만한 성질의 것이었다. 저 익찬(翼贊)의 정서는 따라서 당대에 기념되고 소비되기보다 후대의 유산과 교육장치[16]로, 다시 말해 제국의 심상지리 확장의 장치로 더없이 적합했던 것이다.

이것이 서둘러 창가와 군가의 대가 오오와다가 『만한철도창가』 창작에 나선 근본적 이유다. 그 핵심은 편자의 "일로전쟁은 우리 제국의 신기원", "만한의 경영은 신일본의 유일한 국시", "오늘의 소년들에게

15 부제와 아래 내용 일부는 大浜徹也,『庶民のみた日清・日露戰爭ー帝國への歩み』, 刀水書房, 2003 여기저기 참조.

16 당시 일본은 수신과 국어, 창가 교과 등을 통해 러일전쟁의 영웅 히로세 다케오와 노기 마레스케[乃木希典]의 공적, 러일전쟁에 참가한 일반 병사의 미담 등을 지속적으로 게재, 교육했다. 보다 자세한 내용은 나리타 류이치, 앞의 글, 330면.

만한의 지리에 정통하게", "대붕의 큰 뜻을 세우게 하"려는 말[17] 따위에 고스란히 담겨 있다. 이 점, 저 창가를 아동용 지리교과와 투어리즘, 창가의 형식[18]이 승리에 도취된 국민의 내면과 취향을 만족시키는 한편, 제국 확장과 미래 약속을 위한 신민의 병사화와 만한 정복의 정당성을 널리 선전, 계몽하기 위한 '잘 표현된(노래와 사진술 모두에서) 군사술'로 판정해도 괜찮은 핵심 요인이다. 편자 와타나베의 말대로 그것을 "평이하고 명쾌하여 풀벌레 소리와 화창"하는 노래로 제작할 수 있는 거의 유일한 작사자가 오오와다 다케키였음을 우리는 그의 시적 이력에서 벌써 확인한바 있다.

2_ 『만한철도창가』는 제국(의식)의 확장과 내셔널리즘의 심화로 구성된 철로와 그 연선을 거침없이 또 주도면밀하게 질주했다. 그 핵심 여정을 구성하는 '만한'의 지위와 존재를 묻는 일은 당시 '일본적인 것'의 실질과 의미를 재구성하는 일과 밀접히 관련된다. '만한'은 러일전쟁 당시 완전히 식민화된 상황도 그렇다고 '일본적인 것'과 완연히 분리 / 구별된 현실도 아니었다. '만한'은 타자 / 이토이되 점차 '일본적인 것' 내부로 수렴, 흡착될 이웃 / 지방으로 변두리화되는 반(半) 동일성의 대상이었다. 제국의 '만한' 경영(정복)은 그러니 우월한 존재감과 따

17 일본은 1906년 러일전쟁 직후 문부성과 육군성 공동 주최로 '만한'수학여행을 기획, 실현하여 일본 전국의 학생들에게 대반향을 불러일으켰다고 한다(임성모, 「팽창하는 경계와 제국의 시선－근대 일본의 만주 여행과 제국의식」, 『일본역사연구』 23, 일본사학회, 2006, 96면). 여행하는 아동(나아가 학생과 국민)에 보다 적합한, 여정의 기억과 '만한'의 정보, 풍물의 감상을 모범적으로 예시하는 『만한철도창가』의 제작과 유통은 그런 점에서 필연적이었다.

18 직진하는 기차와 세세한 지지(地誌), 합창용 창가와 후퇴 없는 진격, 정확한 작전지도, 충성과 전쟁 격려의 군가는 그 이미지에서 한 치의 어긋남도 없는 가족관계를 형성한다.

뜻한 시혜의식을 기관차 앞머리의 선전 구호로 내세울 수밖에 없었다. 『만한철도창가』에서 전자는 '만한'에 대한 우월한 군사력과 기술문명의 자랑으로, 후자는 '만한'의 미개 문화에 대한 멸시와 동정, 계몽에의 의욕으로 표상되었다. 특히 후자는 이국적인 것을 향한 흥분과 설레임, 두근거림 역시 동반함으로써 '만한'을 향한 새로운 감정과 생명력 발견의 토대로 진화하기도 한다.[19]

그러나 역시 '신일본' 유일의 국시로서 '만한경영'의 선포와 아동(국민)에의 선전을 목적한다면, 제국의 확대와 그것을 가능케 한 힘의 논리를 내면화시키는 전략이 우선일 수밖에 없다. 제국과 식민지의 (과거)문화는 선택과 배제의 교묘한 술책을 통해 서열화가 수행되지만, 기술문명과 힘의 논리는 제국 유일의 것, 다시 말해 도시문명과 군사(기술)력에 의해 주장될 수 있을 따름이다. 『만한철도창가』에서 인간의 기초적 삶과 관련된 문화의 기표보다 그것을 억압하고 통제하는 문명의 기표가 훨씬 승한 이유도 이와 밀접하게 관련된다. 특히 중국·일본과 지속적 협력 및 갈등의 역사를 살아온 조선과 달리, 그 변방에 놓였던 만주족은 청(淸)조의 건설과 한(漢)족에의 동화, 그에 따른 귀환 불능의 사태에 빠져듦으로써 옛 강토 만주를 '주인 없는 토지'[20]로 세계만방에 개방하고야 말았다. '만주'의 텅 빈 기표로의 확산이야말로 러일전쟁 발발의 실질적 토대이자 일제 발 심상지리 확대의 주요인이었다 하겠다.

---

19 서기재, 『조선 여행에 떠도는 제국』, 소명출판, 2011, 162면.

20 고미네 가즈오[小峰和夫], 「만주라는 땅을 둘러싼 역사」, 나카미 다사오[中見立夫] 외, 박선영 역, 『만주란 무엇이었는가』, 소명출판, 2013, 44~46면.

만주 문화를 향한 제국의 시선은 3_의 몫이므로, 여기서는 문명의 정점으로서 군사력과 그 전적의 기념 및 기억의 서사와 이미지를 먼저 읽는다. 천황과 제국을 향한 충성의 념(念)과 그 실천 기술로서의 전쟁, 그것은 특히 1930년대 후반 전면화 되는, 아동 대상의 '소국민' 육성을 호출한다. 아동들의 '만한' 경영 예비와 앎의 습득은 최후에는 천황의 충량한 병사로의 성장과 봉공(奉公)으로 나아가게끔 결정되어 있는 것이었다. 따라서 천황의 권위와 나라의 자랑을 드높이고 삶의 모범으로 내면화하기 위해서는 승리와 고투, 전몰의 영웅과 병사들을 골고루 기억하고 기념하며 숭고화할 필요가 있다. 과연 '불패의 국사'로서 러일전쟁은 만주 일대를 영웅, 그 최고 형태로서 '군신(軍神)'의 지략 및 희생의 장(場)으로 새롭게 가치화 했다. 이를테면 러일전쟁 영웅들이 거의 망라되어 있는 다음 장면을 보라.

40. 오카자키여단이 고전하여
그 이름을 남긴 오카자키산 보며
건너는 태자하의 물소리도
승전가거나 우리 노래겠지

41. 오쿠, 노즈, 쿠로키 삼군이
힘을 모아 빼앗은
요양 시가 여기저기에
남은 것은 적의 보루

—『만한철도창가』, 23면

40~41번 상의 영웅들은 '압록강'을 "열풍파죽(熱風破竹)의 기세"로 건너가, 구련성(九連城), 합마당(蛤蟆塘), 사하(沙河), 요양(遼陽), 본천 등에서 획기적 승리를 서둔 자들이다. 산문적 기술이 아닌 만큼 이들 하나하나에 대한 구체적 소개나 정보 제공은 없다. 그러나 〈그림 3〉과 같

〈그림 3〉 합마당(蛤蟆堂)에서의 일·러 격전(17면)

은 생생한 전투현장을 사진으로 제시하는 한편 "수십의 적포 노획하여[21] / 대부분 전멸시켜버린 / 혈전(血戰) 저명한 합마당(蛤蟆堂) / 그곳도 여기서 멀지 않으리"라고 노래함으로써 '백승불패'의 전투를 영웅화하는 것이다.

이와 같은 승전의 서사는 아동과 청년을 전선(前線)의 미래로 자랑스럽게 파견하는 직립의 기찻길이자 그들 가족과 이웃을 총후의 장으로 떳떳하게 불러내는 호루라기 소리 같은 것이다. 『만한철도창가』를 높이 부르며 조선과 만주의 전장을 기쁘게 통과하는 과정을 통해 수학여행단 학생들은 미래의 자신들에게 요구되는 '만한 경영'의 포부를 군인의 길과 자연스럽게 합치시켜 갔다고 추측한다면 과연 과장일 것인가.

그러나 전쟁 영웅은 승전만이 아니라 희생과 패배, 곧 죽음과 상실

21 '합마당 전투'를 촬영한 〈그림 3〉 위로 '구련성'과 '합마당'을 노래하는 창가가, 그 위로 '구련성'에 나란히 정렬되어 있는, 러시아군에게서 빼앗은 수십문의 전리포(戰利砲) 사진이 배치되어 있다. 이상의 설명에 대해서는 『만한철도창가』 17면 참조.

에 의해서도 탄생할 수 있으니, 노기[乃木] 장군의 전투와 히로세 중좌의 전사(55연)가 그 예이다.

55. 노기장군이 고전(苦戰)한
명예의 땅은 여기
히로세 중좌가 전사한
명예의 바다는 여기

56. 항구를 봉쇄하여
공을 세운 결사의 용사
썩지 않을 영예는 세세토록
노철산과 함께

—『만한철도창가』, 32면

메이지 시대 군인정신을 표상하는 노기는 2만여 명의 희생자를 낸 여순 203고지 전투의 승전자보다는 같은 싸움에서 전사한 두 아들의 아버지라는 비극적 사태[22]로 인해 울컥한 연민과 열렬한 환호의 주인공이 되었다. 히로세 역시 여순항의 러시아 함대 공격에서 적의 총탄을 맞아 전사한 인물이다. 그럼에도 사후 그가 '군신'으로 추앙된 까닭은 임전무퇴와 희생정신, 그러니까 침몰하는 함선에서 죽음을 무릅쓰고 부하를 구하려다 총탄에 쓰러진 무모한(?) 전우애 때문이었다.[23] 이 무용담, 아니 희생담은 부하 이전에 천황의 병사를 구하려는 숭고한 상징행위로 기록되고 승화될만한 요소들로 가득했던 것이다. 현인신

22 『東京朝日新聞』, 1906년 1월 15일. 여기서는 박진한, 앞의 글, 279면 참조.

23 고모리 요이치에 따르면, 히로세의 군신 추앙은 여순항 봉쇄작전 실패를 진화(鎮火)하는 한편 국민과 병사들에게 전쟁 의지를 다시 불어넣기 위한 술책과 관련된다. 직진 실패에 따른 전사였음에도 불구하고 "고도의 이야기 수법을 사용하여" 죽음을 무릅쓴 부하 구조행위로 가치화함으로써 그 실패를 만회하고 역전시키기 위해 고안된 '만들어진 서사', 곧 신화(神話)의 일종이라는 것이다. 小森陽一, 「日露戰争の記憶, 記憶の中の日露戰争」, 小森陽一 外, 『日露戰争スタディーズ』, 紀伊國屋書店, 2004, 201~211면.

〈그림 4〉 203고지(31면)

천황의 그늘 아래 위대한 군신(軍神)으로 영생케 된 까닭이 여기 있다.

승전의 기념 못지않게 상실과 죽음의 기억이 전쟁에서 중요한 까닭은 과연 무엇이겠는가? 적어도 승전 아래의 죽음은 희생을 넘어 승전의 토대로 승인되고 가치화될 만한 성질의 것이다. 승전비에 전몰자 성명의 각인이 더 우세한 것도, 그들의 피가 일종의 생명수로 널리 인정받는 것도 이 때문이다.[24] 고전(苦戰)의 여러 기억과 전몰자의 추모(“세키야[關谷], 다치바나[橘] 두 용사가 / 눈이 부시도록 명예롭게 전사한”)[25]가 승전

24 일본의 한 연구자는 러일전쟁기 전사자 처리와 묘지 조성 문제, 각종 위령탑과 충혼비 건립 문제 등을 ‘위령의 정치학’으로 명명함으로써 국가 주도의 정략성과 이념성을 적절히 드러낸다(原田敬一, 「慰靈の政治學」, 小森陽一 外, 앞의 책).

25 비록 전사자가 문자 형식으로 거론될지라도 『만한철도창가』나 전쟁기념엽서에서는 전사자와 부상자, 패전 상황과 같은 비극적 장면은 거의 피로(披露)되지 않는다. 이것은 충격에 휩싸일 내지인들의 심리 상태를 고려한 조치일 것이다. 그럴 개연성은 종군기자의 사진집이나 화보에 아군과 적군, 스파이를 막론하고 참혹하게 죽은 자들의 사진이 적잖다는 점에서 충분히 확인된다(井上祐子, 『日清・日露戦争と寫眞報道』, 吉川弘文館, 2012 여기저기 참조). 『만한철도창가』의 경우, 승전 기억과 기념을 위한 조치겠지만, 각종 전리품과 승전 후의 풍경(‘〈그림4〉 203고지’ 참조), 진군 과정 및 공격준비상황 따위를 포착한 사진들이 다수 게재되었다. 이런 방식의 사진 촬영과 배치는 박진한(앞의 글, 270~271면)의 지적처럼 전쟁의 고통과 아픔을 은폐하며 그럼으로써 전쟁에 대한 공포심과 거부감을 약화시키는 역할

의 노래 『만한철도창가』 곳곳에 박혀 있는 이유 역시 이와 무관치 않다. 그렇다면 병사, 곧 젊은 국민들이 전사한 '만주'는 승전의 기억과 기념이 존재하는 한 결코 이토(異土)나 '빼앗긴 땅'으로 분리될 수 없다.

오히려 '만주' 곳곳, 이를테면 '부두산(歪頭山)'이 "무훈의 명예"(38연)로, '태자하(太子河)'의 물소리가 "개선가"(40연)로 명명되는 현상에서 보듯이, '만주'는 일본의 영원한 승전지로, 따라서 충성과 감격이 충만한 영토로 자연화・심미화 되는 경우가 허다하다.[26] 4반세기 뒤 왕도낙토를 내세운 '만주국'이 그것의 정치적 현현태라면, 현재 흔히 '만주의 추억'으로 불리는 회고의 감각은 그것의 심리적 반영물이라 할 만하다. '만주'가 일본 내지로 수렴되는 외지로 여전히 살아 있으며 또 그들의 시좌가 여순 203고지 점령 직후('〈그림 4〉 203고지')의 높이에 아직도 고정되어 있다는 가정이 가능하다면 이런 연유 때문일 것이다.[27]

을 한다. 이를 통해 자국에 대한 긍지와 충성심이 더욱 배가됨은 물론이다.

26 이를 함축하는 명명이 "'전적(戰跡)'이라는 테마파크"이다. 일제는 "일로전쟁, 대승리"라는 명분을 확장 심화하기 위해 대중매체, 교과서, 대중예술을 전적의 전파자로 끊임없이 소환했다. 또한 러일의 격전이 벌어진 만주 곳곳에 승전탑과 더불어 위령비, 충령탑 등을 건립했다. 먼 땅에 존재하는 승전의 기억과 기념, 전몰자의 애도를 위한 각종 장치들은 군・관 주도의 '만한'수학여행과 관광을 통해 '일본적인 것'의 절대성과 가능성을 확인시키고 내부화하는 계몽의 기획으로 성공리에 안착했다. 이상의 상황에 대해서는 川村湊, 「「戰跡」というテーマ・パーク」, 小森陽一 外, 앞의 책, 217~218면 참조.

27 흥미롭게도 러일전쟁의 승전과 노기장군, 히로세 중좌, 다치바나(橘) 중좌(요양전투에서 전사) 등 영웅적 군인에 대한 찬양과 기억은 식민지 조선 아동들을 향해서도 끊임없이 발화되었다. 『普通學校唱歌書(보통학교창가서)』(4학년, 조선총독부, 1920)에는 「水師營の會見(수사영 회견)」(노기장군과 러시아 스테셀 장군의 회담 러시아의 항복과 패전이 최종 결정됨), 「일본해해전」이, 『初等唱歌(초등창가)』(조선총독부, 1939~1941)에는 「廣瀨中佐(히로세중좌)」(4학년), 「일본해해전」(5학년), 「水師營の會見」(6학년)이, 『初等音樂(초등음악)』(조선총독부, 1943~1944)에는 「廣瀨中佐」(4학년), 「橘中佐(다치바나중좌)」(5학년), 「日本海海戰」, 「水師營の會見」(6학년)이 수록되었다. 식민지의 아동 역시 '소국민'과 미래의 황군(皇軍)으로 암암리에 소환되고 있음을 보여주는 대목이라 하겠다. 이상의 창가는 김순전 외, 『초등학교 창가교과서 대조번역』 (상)・(중)・(하), 제이앤씨, 2013 참조.

3_ 우리가 보아온 것은 엄밀히 말해 전장 '만주'이지, 그곳 전통의 자연풍광과 문화적 풍물, 삶의 습속과 일상생활을 엿볼 수 있는 민낯의 공간 '만주'가 아니다. 만약 함선과 대포, 육군의 장총과 수병의 구명복만으로 가득한 '만주'라면, 그곳에 관한 경영지식과 지리 · 문화정보의 획득에서 궁핍함을 면치 못할 것이다. '여행'의 흥취와 이토에 대한 호기심을 채우고 제국(신민)의 우월성을 확증하기 위해서는 내지(內地) 철도여행에서 경험한 풍속 · 문화 관광의 변형적 반복과 재현이 필수적이다. 대체로 강대국의 식민지나 약소국 관광은 그것들 고유의 원시성과 자연성을 발견하고 호흡하려는 욕망에서 기획되고 실현된다. 이런 이국정서에의 지향과 충족은 그러나 언제나 저들을 야만과 무지의 토인(土人)들로 타자화하고 서열화하는, 간교하며 폭력적인 문명의 책략을 동반하기 마련이다.

〈그림 5〉 요양의 높은 탑(24면)

〈그림 6〉 대련시 (30면)

이와 같은 투어리즘의 이상한 역설을 꿰뚫기 위해 '토인'을 분석하고 지배하는 데 유용한 지식 장치 인종학 · 풍속학과는 비교적 무관한 두 사진을 주목해 보자. 『만한철도창가』 소재 풍경 사진들은 그와 관련된 공간 / 장소를 간단히 소개하는 노랫말과 함께 배치되곤 한다. 여행자에게 해당 공간에 대한 지식과 정보를 인상 깊게 제공하려는 의도겠다.[28] ‘〈그림 5〉 요양의 높은 탑’ 사진이 배치된 요양(遼陽) 관련 가사는 앞서 제시한 41연 “오쿠, 노즈, 쿠로키 삼군이 (…중략…) 요양 시가 여기저기에”에 담겼다.[29] 〈그림 6〉의 대련(大連) 관련 지식과 정보는 잠시 뒤에 인용하는 노랫말 51연과 52연에 자세하다.

두 사진은 언뜻 보아 만주족 제 국가의 위상과 영화를 요양의 고탑(高塔)과 번화한 대련시를 통해 객관화하는 듯하다. 하지만 이런 인상은 노랫말을 함께 읽는 순간 일종의 착시였음이 여지없이 드러난다. 우리에게는 요동(遼東)으로 익숙한 요양(遼陽) 광우사(廣佑寺) 백탑(白塔, 〈그림 5〉의 탑)은 물경 800년 전 금나라 때 건축된 전탑(塼塔)으로 높이가 71미터에 이르는 8각 13층탑이다. 수차례 중국과 한반도를 위협에 빠뜨린 만주족의 수준 높은 불교문화와 건축술을 보기 좋게 반영하는 유적인 것이다. 그러나 전쟁 후 여기저기 “적의 보루”만 남았다는 감개는 러시아와 일본에 정복된 요양의 굴욕을 충실히 환기한다. 그러니 요양 고탑은 여러 차례에 거친 만주족의 패배와 몰락은 물론, 시나브로 중국에 습합되어간 청(淸)의 영화와 굴욕을 함께 상징하는 잔여적 건축물인 것이다.

51. 나아가기도 빨리 나아가는
기차의 창문 왼쪽에 보이는

52. 대련만 머리에
러시아 손으로 만들어진

28 이에 반해 인물 사진은 그 장소 연관성이 상당히 떨어지는 편인데, ‘토인’의 후진적 풍속과 삶을 일반화・전체화하기 위한 방편으로 이해된다.

29 요양 등장 가사는 23면에, 요양 백탑 사진은 24면에 배치되었다.

매우 빼어난 풍경의 화상도 　　　　규모 장대한 다루니(青泥窪)는
무역 번화한 대련만 　　　　　　　지금은 대련 시가지

—『만한철도창가』, 29～30면

이런 관점과 해석은 번화한 대련 시가지(〈그림 6〉)에도 동일하게 적용된다. 러시아 조차지로 개방되어 근대문명의 성취에 한층 다가섰으나, 이제는 일본의 군사기지이자 휴양지로 식민화된 굴욕의 땅이 대련인 것이다. 더군다나 저 번화한 시가와 건축물은 문명의 러시아인에 의해 개발된 것이고 이후 일본에 의해 더욱 개량되고 확장될 운명의 것이었다. 이렇게 보면, 두 사진과 해당 가사는 '만주'의 호화로운 영화가 텅 빈 기표로 빠르게 점멸(漸滅)되어갈 것이며 그 몰락과 굴욕이 실질적 기의로 신속히 기입될 것임을 암시하는, 식민주의적 문자와 이미지의 조합으로 얼마든지 해석될 수 있다.

조선인과 마찬가지로 '토인'으로 곧잘 멸시된 만주족을 향한 일제의 식민주의적 시선은 그들의 일상을 포착한 사진들에 뚜렷하다. 사진술과 그 복제술은 제국주의의 지배를 받아야만 하는 식민지의 야만성과 미개함을 사실로 포착하고 널리 선전하는 데 지나칠 정도로 효과적이었다. 연출 혐의마저 짙은 제국의 대(對) 식민지 만화경들, 이를테면 낙후한 식민지인의 인종적・풍속적・문화적 특질을 부감하는 사진들은 그 자체가 서구문명의 우월성과 권력성, 인종-민족차별과 식민 지배를 승인하고 강화하는 비극적 기제였다. 러일전쟁을 통해 서구의 말미에서 동양의 맹주로 올라선 일제의 사진술도 여기서 멀지 않았다.

이를테면 〈그림 7〉과 〈그림 8〉 속의 만주인을 보라. 그들의 달콤한

〈그림 7〉 만주의 가을(27면)

〈그림 8〉 만주풍속(1)(21면)

휴식이나 재미난 놀이 모습은 어디에도 존재하지 않는다. 후줄근한 치파오(旗袍)를 걸치고 변발한 채 가을걷이를 하거나 물통을 나르는 쿨리[苦力]들로 인지되고 포착될 뿐이다.[30] 근대식 '하이칼라(high collar)'에 위생품을 제대로 갖춘 수학여행단이나 관광객에게 이들은 인종적 야만성과 문화적 낙후성, 그로 인한 경멸감과 공포감을 동시에 던져주는 충격적 군상(群像)들이었을 것이다. 원인 모를 무서움을 감쇄하며 그들을 향한 멸시감과 자신의 우월함을 더욱 상승시키는 방법은 의외로 간단할 수 있다. 제 땅의 주인들을 끊임없이 타자화시키며 변두리로 내

30 만주인이 전면에 등장하는 또 다른 사진 '만주 풍속(2)'(26면)에도 치파오 차림으로 변발한 채 서 있는 일가족(?)이 등장한다. 사진 중앙에 어른 셋, 아이 둘이 함께 서 있는 이들은 그 복색이 꽤 부유해 보인다(해당 이미지는 이 책 제1부 제1장 「철도창가와 문명의 향방―『경부철도노래』와 『만한철도창가』의 경우」 소재 '〈그림 8〉 한국과 만주의 풍속'의 아래 그림 참조). 조선인 역시 만주인의 처지를 벗어나지 못했음은 물론이다. 무질서한 전봇시상, 남루한 한복을 입고 촬영에 임한 후미진 촌락의 조선인들, 소가 끄는 달구지, 어떤 상자를 지게에 지고 나선 장사꾼. 이것이 『만한철도창가』가 제시한 조선인의 전부다. 물론 그들은 범어사(부산)니 광화문이니 선령당(평양)이니 하는 전통 건축물의 소개도 잊지 않았다. 하지만 그것은 일제의 자본과 기술을 통해 발전을 거듭하던 부산항과 인천항, 경부선 열차와 노량진 철교(현재의 한강대교)에 비하면, 전통으로 가장된 후진성 폭로 기제의 하나였을 따름이다.

모는 전략이 그것이다.

과연 오오와다는 방문자가 아니라 내지(內地) 여행자의 시선과 감각으로 만주를 관통하고 있다. 예컨대 "오른쪽으로 갈라져 영구를 / 지나가면 요하 나루터 있어 / 북경으로 향하는 여행객은 / 여기서 타면 매우 편리하겠네"(44연)나 "고전(苦戰)했던 여순도 우리는 보네 / 평화로운 여순도 우리는 보네 / 이것을 여행 선물로 / 가져가 말하리 미처 보지 못한 사람들에게"(57연)와 같은 구절을 보라. 이역(異域)을 유랑·관람하는 여행자의 감각과 동선을 전제한다 해도, 만주인의 구체는커녕 그림자조차 소거되어 있다. 만주인은 만주에 존재하되 타자에 의해 그 실체가 부인되는 헛헛한 유령에 지나지 않는 것이다. 여행객이 오히려 정주자를 만주에서 내쫓고 그곳을 제국의 내지로 아무렇잖게 재영토화하고 내면화하는 전도된 오리엔탈리즘이 차갑게 꿈틀대는 장면인 것이다.

이후 일제는 '만주국'이 증명하듯이 '토인'들을 추방한 자리에 그들이 상상하고 조립해낸 허상의 새 국민들, 바꿔 말해 신체제 익찬을 삶의 목표로 재정위하고 실천하는 열혈 신민들을 채워 넣을 것이었다. 따라서 『만한철도창가』의 결구 "아아 청나라도 한국도 / 다 같이 친한 이웃나라 / 서로 가까이 지내며 / 풀어야 할 문제 무척 많네"(60연)라는 연대의 정서는, 그들의 '동양평화'라는 구호와 달리, 조선과 만주를 식민주의의 연찬에 올리기 위한 잘 꾸며진 말의 미끼에 불과한 것이었다.

3. 전쟁의 만주와 군가의 일본, 그 총력전의 정체

1_ 군가는 군인들이 영내와 전장에서 충성·애국의 다짐과 전우애·전투력의 고양을 위해 가창함을 원칙으로 한다. 따라서 군가는 병사의 정서와 감각에 예민하며, 건전·용감한 군인상(像)창조에 초점을 맞춘다. 그러나 군가는 언필칭 '사이'의 형식이기도 하다. 일과나 전투의 사이, 다시 말해 그 시작 전과 종결 후, 아니면 그 막간에 노래 불림을 떠올려보라. 그렇다면 전선총후의 총력전 상황에서 군가의 창출과 소비는 오히려 '총후'의 몫일 수 있다. 병사의 생탄과 훈육, 전쟁물자의 생산과 지원, 이른바 근로보국(勤勞報國)의 책임과 윤리를 강조하기 위해서는 후방의 국민은 어떤 방식으로든 전장으로 호출, 소환되어야 한다.

총력전에의 선동과 전투의식의 고취는 각종 매체를 동원한 전쟁의 일상화와 승리의 필연성 강조에 의해 결정적으로 강화되기 마련이다. '전쟁'예술의 집중적 생산과 유통에 근거한 참전의 정당성 선전과 애국심의 앙양은 국민들의 (위장된) 자발성 격발에 가장 효과적인 방법 가운데 하나다. 사실 러일전쟁과 관련시킨다면, 1906년 발 『만한철도창가』는 전적(戰跡)의 기억과 기념을 핵심에 두지만, '만한경영'을 위한 지리정보 제공과 이국 여행의 흥취 충족 또한 염두에 둔 2차 기록물에 해당한다. 이에 비해 식공 군가는 창작과 유통 시기, 그 내용과 형식에서 훨씬 직접적이며 전장의 현실에 충실하다.[31] 군가란 본디 군인의 노래

31 본장에서 다루는 『일로전쟁기군가집』 소재 15편의 군가는 1904년 12편, 1905년 2편(『旅順陷落祝捷歌(여순함락축첩가)』, 『弔祭唱歌(조제창가)』), 1906년 1편(『凱旋第九聯隊(개선제9

일 때 국민의 노래로 전유되는 법이니, 이 흐름을 충실히 포함하는 1차 텍스트의 성격이 필연적이다. 러일전쟁 당시의 군가가 보다 직접적인 감정 호소와 행동의 격발장치이며, 따라서 더욱 폭력적이며 무반성적 형식으로 소비되어간 연유 역시 이런 사실들과 관련된다.

본장의 테마를 "전쟁의 만주와 군가의 일본"으로 압축한 것은 러일전쟁 시기의 군가가 전선 '만주' 못지않게, 아니 그 이상으로 총후의 내지에서 활발하게 생산·유통·소비되었다는 판단 때문이다.[32] 이런 현실은 병사는 전쟁의 실상을 얼마간이나마 객관화할 수 있지만, 각종 보도매체나 서신을 통해 전장 소식을 접하는 국민은 정보 조작과 왜곡에 활용되기 마련이며 또한 그런 현실에 거의 무감한 채 전쟁을 맞대면하게 된다는 공공연한 비밀을 환기한다.

여기 러일전쟁 때 널리 애창된 군가들을 모은 『일로전쟁기군가집』[33]이 있다. 이들 군가는 형식상 장편과 단편, 서사 중심과 정서 중심으로, 내용상 전선과 총후, 병사와 국민(여성), 기념(승리)과 애도(죽음)를 다룬 것으로 분류할 수 있다. 때로는 서로 대립적인 양 항목을 관통하는 핵심어는 '러시아 정벌(征露)'의 의지와 충군애국의 정서인바, 이를 통해 '전선'과 '총후'는 표면상 매끄럽게 통합된다. 따라서 『정로군가』, 『일로전쟁대첩군가』, 『일본육군』, 『일본해군』들과 『군신히로세중좌』, 『조

연대)』)이 발행, 유통되었다. 1904~06년은 러일전쟁 기간과 대체로 일치한다.

32 이런 전제는 토엔 슈진[藤園主人] 外, 『일로전쟁기군가집』(국문학연구자료관, 2009)에 수록된 수편의 군가를 바탕으로 한 것이다. 이 군가집은 병사와 군대의 보편적 상황과 정서보다 러일전쟁의 사후적 보고와 기록, 그것의 전파와 내면화에 방점을 찍고 있다.

33 이 책에 실린 군가들은 일본 고치[高知]현 소재 고치시민도서관 '치카모리분코[近森文庫]'에 소장되어 있는 것으로, 가집 말미에 수록본 15편에 대한 간단한 해제(285~292면)가 첨부되어 있다.

제창가』, 『여자군가』들을 따로 분별하는 일은 이들 군가의 성격 이해와 영향 분석에 그다지 효과적이지 못하다. 이런 사정을 감안하여 본고는 군가들의 대 사회적 영향력과 효용성, 그 안에서 꿈틀거리는 파시즘의 예술화 문제를 '읽는 군가'와 작사자 오오와 다케키, 애도 및 여성 호출과 국민화의 틀로 함께 읽어본다.

2_ 창가는 '唱歌'가 지시하듯이 노래, 특히 다수의 가창을 목적한다. 그 원류의 하나로 '찬미가(讚美歌)'가 지목되는 것처럼 창가의 형식과 내용은 서구 근대음악의 영향이 지대했다. 다른 악보는 차치하고라도 『만한철도창가』의 기차가 내뿜는 연기가 오선지를 흐르는 음표로 형상화되어 있지 않은가. 조선에서의 창가와 찬미가 역시 그 사이에 일본이 개입되어 있다는 것 빼고는 동일한 기원과 영향을 공유한다.

그렇다면 우리의 경우 대한제국의 멸망과 함께 희귀한 가창 형식으로 남게 되는 군가는 제국 일본에서는 어떤 기원을 갖는가. 한 연구에 따르면, 일본군가의 실질적 기원은 『新體詞選(신체사선)』(1886)의 편집자이자 일본소설의 문체 개량을 주장한 「言文一致論概略(언문일치론개략)」의 필자 야마다 비묘[山田美妙]의 「敵は幾万(적은 몇 만)」이다. 해당 창가는 청일전쟁 당시 출정 병사를 환송하기 위해 활발히 불린 노래로 무엇보다 전의(戰意) 고양을 목표했다. 한데 흥미롭게도 「敵は幾万」은 야마다의 장편 무훈시(신체시) 「戰景大和魂(전경대화혼)」(6행 7연)의 일부를 발췌, 창가로 작곡한 것으로, 『國民唱歌集(국민창가집)』(1891)에 수록되면서 널리 가창·애송되기에 이른다.[34]

---

34 小川和佑, 앞의 책, 81~84면.

이런 일본 군가의 기원과 유행은 다음과 같은 종요로운 시사점을 던진다. 첫째, 신체시에서 발원한 만큼 그것은 노래뿐만 아니라 일종의 독물(讀物)로 읽혔을 가능성이 크다는 점이다. 군가집 앞의 악보는 노래의 양식에, 7·5조의 정형률은 노래를 포함한 율격적 낭송에 적합했을 것이다. 그 내용의 계몽성과 그 효과로서 애국심·충성심의 발현은 개인의 묵독(默讀)보다는 집단적 가창이나 낭송에 의해 훨씬 고조되었을 것이다.[35] 둘째, 일본의 대표적 창가를 모은 『국민창가집』의 제명(題名)은 단연코 이중적이다. 하나는 창가의 향유층은 귀족이나 식자층에 국한되지 않으며 노래에 흥미를 가진 이라면 누구나 즐길 수 있음을 지시한다. 다른 하나는 욱일승천의 제국[36] 일본을 구성하는 근대적 인민, 아니 천황의 신민들이 불러 마땅한 노래임을 고지한다. 뒤늦은 근대문명의 성취, 탈아입구(脫亞入歐)에의 야욕, 그 가운데서의 청일·러일전쟁은 국민의 각성과 일체화를 필연적으로 요구했을 것임을 감안하면, 이런 해석은 크게 지나치지 않다. 신체시에서 군가로의 전유가 보여주듯이, 새로운 국민(신민)의 형성과 그 제국적 확장은 개인 정서의 표출과 향유(신체시)를 집단적 열망의 발화와 확산(창가)으로 거리낌 없이 진화, 아니 퇴보시켜 나갔던 것이다.

일로전쟁 군가의 낭송 내지 독물(讀物)로서의 가능성은 어디서 어떻

---

35 이즈음은 유성기나 축음기가 부재한 시대였으므로, 가창과 낭송은 눈앞의 발화자와 청취자를 전제로 이뤄졌음을 기억하라. 그 시공간적 제약을 극복하는 유력한 수단이 서책이나 신문 등 활자매체에 실린 창가였음은 물론이다. 이를 통해 창가와 군가의 가창과 낭송, 나아가 개인적 독물로서의 가능성이 놀랄 만큼 확대되었을 것임은 미루어 짐작할 만하다.

36 『일로전쟁기군가집』은 그 표지를 토엔 슈진[藤園主人]의 「정로군가」에서 취했다. 거기에는 태양이 사방으로 널리 뻗는 배경(旭日) 아래 먹잇감을 날카롭게 노려보며 하강하는 독수리가 그려져 있다.

게 확인 가능할 것인가. 전쟁의 심미화와 신민의 병사화, 그를 통한 일본적 동일성과 제국의식의 확장을 보여주는 일례로서 아래의 군가집은 그 대표적인 경우로서 어떨까. 나리타 류이치[成田龍一]의 말을 빌리면, 이 군가집들에서 "국가를 위해 죽는 병사들이 출현하며 그 병사들의 심정과 일체화되는 사람들의 모습"을 엿볼 수 있다. 해당 군가집을 통해 우리는 "그들(전몰자와 국민 -인용자)은 함께 소리 높여 '만세'를 부르면서 신체와 소리, 감정을 공유하고 있는"[37] 것이란 사실을 새삼 확인하게 될 지도 모른다.

〈그림 9〉『일본해군』

먼저 『일본해군』이다. '국민창가'라는 노래의 성격은 그 대상과 향유의 주체를 병사 및 총후의 신민으로 함께 묶는다. 바다를 힘차게 가로지르는 함선의 위용은 전의(戰意)와 애국심 고취, 승전의 필연성을 널리 감염시키기에 충분하다. '만한' 철도가 그랬듯이, 함선은 단지 전투에서 멈추지 않고 제국 일본의 세계만방으로의 확장 가능성을 적극적으로 내면화한다. 뒤쪽에 "용장활발(勇壯活潑)하게" 부를 것을 지시하는 2/4박자의 악보가 첨부되어 있지만 과연 집단의 가창으로만 그쳤을 것

37 成田龍一, 「「國民」の跛行的形成－日露戰爭と民衆運動」, 小森陽一 外, 앞의 책, 120면.

인가?[38] 군가의 처음부터 '산에는 포대 바다에는 함선'하는 식으로 제국의 위용을 과시하며 온갖 함선과 수병, 장성을 호명하고 그 전적(戰跡)을 서사화하는 방법은 잘 짜여진 이야기[39]의 면모가 약여하다.

게다가 함포 사격과 어뢰 폭발 등 한창 전투 중인 거친 바다를 욱일승천기를 휘날리며 가로지르는 함선을 묘사한 전쟁화(2편)[40]의 배치는 어떤가. 가창만을 목적한다면, 굳이 끔찍한 전투 장면을 호쾌하고 웅장한 진격 장면으로 변조・왜곡하여 제시할 필요는 없었을 것이다. 가창을 전제하되, 낭송하며 전쟁화를 감상하게끔 함으로써 천황제 중심의 국가주의를 마음껏 선전하고 구가하게 하는 전략이 엿보인다는 판

38 일본의 연구에서 창가의 향유방식을 말할 때 흔히 애창(愛唱)되었다고 서술한다. 이것은 악곡에 따라 불렸음을 전제하는 것이지만, 정형율격에 따라 읽기, 곧 낭송 역시 포함될 것이다. 특히 전쟁의 시종(始終)이나 참전병사의 종군기를 총체적으로 다룬 '서사군가'들이 그럴 가능성이 크다. 군가 상의 장편서사는 승전의 감격과 비극적 정경에 관한 정서의 공유 못지않게, 전쟁 상황과 제국의 위대함, 병사들의 충정을 재현하고 전달하는 정보 공유를 주목적으로 했기 때문이다. 그에 따른 작가와 독자, 병사와 국민 사이의 거리 좁힘과 일체감 형성은 한국 계몽창가의 향유 방식을 다음과 같이 정의한 홍정선의 지적에 방불하지 않을까 한다. "1900년대 시가들은 이처럼 한편으로는 낭송적 측면 때문에 독자와 작가의 거리를 없앴고, 다른 한편으로는 시가를 써낸 사람들과 시가를 '듣는 독자' 모두의 자세가 텍스트 밖을 향해 있음으로써 양자의 거리를 없앴다. 이들은 낭송의 기능을 통해 독자들에게 다가감으로써 텍스트의 밖에 있었을 뿐만 아니라 전달하려고 하는 정보의 확인을 텍스트 밖의 자명한 현실에서 받도록 유도하고 있었다는 점에서도 텍스트의 밖에 서 있었다." 홍정선, 「근대시 형성과정에 있어서의 독자층의 역할 연구」, 서울대 박사논문, 1991, 79면.

39 오오와다 다케키가 함께 지은, 『일본해군』의 쌍둥이 작품 『일본육군』은 아예 군가 가사를 '출진－척후－공병－포병－보병－기병(騎兵)－치중병(輜重兵)－위생병－개선－평화'라는 일련의 전투 과정으로 서사화하고 있다. 또한 제반 병사들의 역할과 임무를 적시하고 서술함으로써 그들의 자긍심 고취와 국민을 향한 정보 제공에도 만전을 기하고 있다. 역시 치열한 전투 장면을 그린 전쟁화 2편이 수록되어 있는바 죽음을 무릅쓰고 적진을 돌파하는 병사들의 고투가 인상적으로 묘사되고 있다.

40 러일전쟁 시기 전쟁화는, 그 조작 가능성을 전제하더라도 사실성의 적시가 우세한 사진과 달리, 국가주의와 천황제 이데올로기를 강조하는 한편 전쟁의 참상을 은폐하고 승전의 영광을 부감하는 상상화의 성격이 다분했던 것으로 평가된다. 이에 대해서는 김용철, 「러일전쟁기 일본 전쟁화의 몇 가지 유형」, 『일본학연구』 29, 단국대 일본연구소, 2010 이곳저곳 참조.

단은 그래서 가능하다.[41] 예컨대 『일본해군』의 결사(結詞) "빛나는 국기를 꽂고서 / 해외만리 저편까지 / 진격하라 친보쿠[鎭北] 친츄[鎭中]함 / 진격하라 친벤[鎭邊] 소코[操江]함"이 어디 해군만의 전망이자 목표이겠는가. 이것을 함께 노래하고 읽는 과정을 통해 일본인들은 천황에 열과 성을 다하는 충실한 '신민'으로, 국가의 사업과 발전 같은 공적 사업에 주체적으로 참여하는 새로운 '국민'으로 거듭나게 되는 것이다.[42] 그것이 제국 확장과 지속의 굳건한 토대가 되었고, 러일전쟁 후 만한

〈그림 10〉 군신 히로세 중좌

정복과 경영의 원동력으로 작용했음은 또 다른 설명을 필요치 않는다.

다음으로 『군신 히로세 중좌』는 군가인 동시에 추모가다. 9연에 거쳐 여순항 봉쇄작전 중 전사한 히로세 중좌의 멸사봉공 과정을 노래한 군가의 좌표와 목적은 다음 첫 소절에 뚜렷하다. "살아서는 적을 두려

41 15편의 군가집 말미에는 인쇄와 발행일, 저작자와 작곡자, 발매처(또는 출판사)와 발매자, 인지를 붙이는 판권 소유란이 빠짐없이 제공되고 있다. 군가 창작의 사적 성격을 보여주는 부분으로 그 향유와 소비 주체를 강조하는 '국민창가'와 흥미롭게 대조된다.

42 이런 관점에 설 때 가장 흥미로운 군가는 『征露の歌(정로가)』(大阪新報社編)다. 이 군가집은 '대판신보사'가 독자에게 현상 모집한 와카[和歌], 한시, 군가, 속요 따위를 모아 편찬한 것이다. 정부와 대중매체 발 위로부터의 계몽과 선전에 더해, 국민들은 애국심과 배외주의를 핵심으로 하는 내셔널리즘의 자발적 내면화와 발화, 그리고 대외적 발표를 스스로 수행해 갔던 것이다.

움에 떨게 하고 죽어서는 군신이 된 히로세 중좌의 공명(功名)은 무인(武人) 귀감의 꽃." 이렇듯 숭고화된 히로세의 군인상(像)을 인상적으로 재현한 것이 〈그림 10〉의 좌상이다. 이 사진은 구도와 인물 형상 모두에서 각종 관공서와 학교에 내걸릴 법한 공적 초상 내지 추모시설에 봉안되었음직한 영정의 이미지를 풍부하게 담고 있다. 따라서 히로세의 영웅적 삶과 죽음을 아는 국민들은 그 누구라도 이 사진을 접하는 순간 정중한 애도와 존경심을 표하는 한편 그 멸사봉공의 정신을 새로운 제국 탄생에의 의지와 자발적 참여의 다짐으로 내면화하게 되었을 것이다.[43]

가령 "쏟아지는 탄환 개의치 않고 / 침몰해가는 선교(船橋)로 / 잃어버린 칼 가지러 가는 / 중좌의 우뚝한 몸"은 이른바 '국민전쟁론'의 입장에서 보면 전선의 병사와 총후의 국민 모두에게 절실히 요청되는 군국(軍國)의 육체가 아닐 수 없다. 그런 점에서 군가집 『군신히로세중좌』는 노래와 이미지, 율격과 문자, 서사와 감동을 모두 포괄하는 전체성의 형식으로 죽은 자와 산 자, 병사와 국민 모두를 하나로 통합하는 전쟁예술의 핵심목표를 어김없이 성취하고 있다. 여기에 날로 강화될 군국주의를 집단적으로 예술화하는 폭력적 내셔널리즘과 동아시아, 특히

---

43 전몰자 일반을 위해 헌사된 창가 역시 창작되었는데, 오오와다 다케키가 지은 『조제창가』가 그것이다. 책 표지에는 청일・러일전쟁 전몰자를 봉안한 야스쿠니[靖國]신사의 도리이[鳥居]와 '靖國神社'를 새긴 석탑, 일본육군의 창설자 오오무라 마스시로우[大村益次郎]의 동상을 찍은 사진 석 장을, 본문에는 봉안 및 추모 장면이 담긴 사진 넉 장을 싣고 있다. 해당 군가는 "9. 주검은 땅에 묻혔어도 / 머무른 영령은 아국(我國)을 / 지키는 신으로 추앙되어 / 하늘과 땅, 그리고 번성하는 천황의 세상으로" "10. 살아서는 명예 죽어서는 영광 / 넓어가는 국위를 기념하여 / 지하에 영면하시라 용사여 / 산은 푸르고 물은 희구나"로 종결되고 있다. 서책 『조제창가』 한 권만으로도 러일전쟁 관련 전몰자들이 국가적 기억과 기념의 장으로 공식 편입되고 제도화되는 과정을 어렵잖게 엿볼 수 있다.

만한의 제패와 지배를 향한 식민주의적 의식이 울울하게 꿈틀거리고 있음은 물론이다.

우리는 아직 이들 군가와 오오와다 다케키의 연관성을 말하지 않았다. 독자의 짐작대로, 『일본해군』, 『일본육군』, 『군신히로세중좌』, 『조제창가』는 모두 오오와다가 작사한 군가다. 『조제창가』의 말미에는 "소년 제군이 가장 좋아하는 독물(讀み物)"이란 광고 제호 아래 『군신히로세중좌』, 『조제창가』와 함께 『旅順大海戰(여순대해전)』, 『決死隊(결사대)』, 『地理教育 東京電車唱歌(지리교육 도쿄전차창가)』가 나열되어 있다. 이 군가들과 철도창가의 집합과 결속이 얼마 뒤의 『만한철도창가』(1906)의 창작으로 자연스럽게 연결되었음을 알게 하는 대목이다. 과연 일본적 정체성과 제국 의식의 강화, 식민주의적 의식의 심화와 아동교육을 통한 그것의 미래화를 위해 창가와 군가를 국민 공유의 노래로 통합, 제공할 줄 아는 창가의 일인자다운 행보가 아닐 수 없다.

그러나 문제는 창가의 병사화, 바꿔 말해 창가와 신체시로 대표되는 근대시가의 전쟁예술화 혹은 군가화가 오오와다에 의해서만 수행된 것이 아니라는 사실이다. 조중환의 번안소설 『장한몽』의 원본 『금색야차(金色夜叉)』의 저자 오자키 코요[尾崎紅葉]와 더불어 겐유샤[硯友社] 핵심 멤버로 활약한 야마다 비묘가 신체시에서 군가로의 변화를 개척한 인물이었음은 이미 지적했다. 겐유샤가 서구문화의 맹목적 추구에 반대하여 일본 고전문학의 전통을 새롭게 가치화한 국수주의적 경향의 문학 결사였음을 감안하면, 그들이 주요 저자였던 창가와 신체시, 군가의 파행적 결합은 예정된 수순이었는지도 모른다.

근대시가의 파행적 행보는 그러나 성년의 국민을 넘어, 『만한철도창가』와 『조제창가』 광고 군가들이 예시하듯이, 아동용 지리 교재 및 음악 소비재로 공식 채택되었다는 점에서 훨씬 문제적이었다. 과연 미래의 황군 육성은 아동문학가의 과제이기도 했으니, 일본 아동문학의 선구자 이와야 사자나미[嚴谷小波]의 군가 작사자로의 등장은 어쩌면 필연적이었다. 메이지 37년(1904) 기원절 아침에 작사했음을 표 나게 강조한 『征露軍歌 其一 旅順の海戰(정로군가 1 : 여순해전)』의 존재가 그것이다. 이 작품에는 벌써 가미가제[神風]의 상상력과 그 믿음이 약여한바, 서두 "신께서 지키시는 일본의 / 적은 누구인가? 저 러시아! / 참으로 러시아의 무례에는 / 신도 분노를 금치 못하는구나"라는 가사를 보라. 물론 이 한 편의 작품을 두고 이와야를 전쟁예술에 대한 적극적 참여자로 크게 비난할 일은 못될 것이다.

하지만 그가 편집한 아동잡지 『少年世界(소년세계)』(1895년 창간)를 읽으면서 그가 아동을 위해 새로 개척한 '오토기바나시(お伽噺 : 옛이야기)'나 구연동화[44]를 듣고 자라온 아이들에게 이와야의 군가는 교육적이기에 앞서 위험한 노래이자 문자였다. 그의 군가는 전쟁의 비극성과 폭력성을 은폐하고 맹목적 승전의식과 배타적 내셔널리티만을 고취시키는 편향된 노래가 아닐 수 없다. 그의 강력한 영향 아래 놓인 아동들과 부모들은 군가에 새겨진 침략주의적 · 식민주의적 의식에 관한 성찰의 겨를도 없이 그것을 미래의 세계관으로 아낌없이 내면화해 갔

---

44 이와야 사자나미의 『소년세계』는 육당 최남선의 『少年(소년)』에, 그 동화들은 방정환의 아동문학에 깊은 영향을 끼친 것으로 인정된다. 그는 『소년세계』와 『세계오토기문고』(1912) 등에 조선의 옛이야기를 소개하는 한편 1910년대 조선과 만주로 구연(口演) 여행을 떠나기도 했다는 점에서도 유의할만한 인물이다. 보다 자세한 내용은 오오타케 키요미[大竹聖美], 「두 사람의 소파(小波) : 이와야 사자나미[嚴谷小波]와 方定煥」, 『아동문학평론』 26권 1호, 한국아동문학연구원, 2001 참조.

을 것이다. 대동아전쟁기 가미가제의 망령은 메이지 시대 아동, 다시 말해 '소국민'의 핏줄과 영혼을 타고 서서히 확산된 저 신국(神國) 의식이 통제 불가능할 정도로 괴물화된 결과일지도 모른다는 판단은 이런 사정에서 말미암는다.

3_ 국가를 수호하고 나라에 목숨을 바치는 총력전 아래의 '국민' 서사, 그러니까 '총후'의 표면과 심층을 파고들 때 아동 / 소년 이외의 문제적 대상을 꼽으라면 여성을 빼놓을 수 없다. 미해결의 장(場)에서 떠도는 종군위안부 문제라든가 점령된 국가 / 지역의 여성에 대해 가해지는 야수적 폭력은 우뚝 발기한 팔루스에 포획된 여성의 비극과 무력함을 표상하고도 남는다. 그렇다면 어떤 면에서는 그 팔루스를 공유하고 있는 제국의 여성들은 어떤가? 그들 역시 제국의 '아동'과 마찬가지로 승리의 함성과 보국적 육체로의 지향이 기대되는 순응적 실존에 걸려 있는가? 이런 질문을 던질 때 『여자군가』의 존재는 여러모로 유의미한 논의와 담론의 생산지로 귀착된다는 느낌을 준다.

〈그림 11〉『여자군가』

〈그림 11〉은 『여자군가』의 표지인데, 그 가외(可畏)의 표제와 달리, 각종 이미지와 문자의 모양 및 배치가 꽤나 낭만적이다. 철선이 전투를 벌이는 마당에 범선은 무엇이며 또 '군가'에 단아한 꽃들의 장식은 무엇

이란 말인가. 여성용 노래임을 강조하기 위한 디자인이겠으나, 우리는 표지에서 벌써 여성의 어떤 역할과 처지가 심미화・낭만화될 것임을 언뜻 짐작한다.

『여자군가』는 그 편집과 내용에서 다른 군가와 확연히 구분되는 면모가 있다. 첫째, 권두언의 내용. "군국의 숙녀와 영양(令孃)"에 주는 글로, "충군애국의 정(情)"과 "정의무용(武勇)의 열혈"을 그녀들 역시 드높여야한다는 주장이다. 둘째, 『여자군가』는 장편 창가의 양식을 취하는 바, 「집은 우리가 지킨다」, 「우리도 나라를 위해」, 「간호부」,[45] 「오늘의 국기(일장기)」, 「상부련(想父戀)」의 순서로 그 내용이 전개된다. 그 정서와 서사가 서로 다른 각 장마다 독립적인 악보 5장을 따로 배치하여 색다른 효과를 자아내는 방법은 『여자군가』에만 보이는 미학적 특징이다. 어떤 군가들처럼 전쟁 사진과 전쟁화를 싣는 대신 가집 중간 중간에 종류별 전함 세 척을 자그맣게 점묘한 것도 돋보이는 미감이다.

각 장의 제목으로도 얼추 짐작이 가지만, 앞의 4편은 '가정'에서 '보국'으로 확장되는 여성의 의식과 역할을, 나머지 1편은 전장의 남편 혹은 아버지를 여읜 여성이 취할 자세를 노래하고 있다. 요컨대 일상의 현모양처(賢母良妻)에서 군국(軍國)의 아내—딸로의 용감하고 지혜로운 변모가 서사의 핵심인 것이다. 이와 관련된 가사 세 꼭지를 선택하여 그 실상과 의미를 함께 분석해보는 것은 어떨까.

45 '여자군가'류는 러일전쟁 때 처음 등장하지 않았다. 이미 청일전쟁 때 「婦人從軍歌(부인종군가)」(加藤義淸 작사, 奧好義 작곡)가 제작되어 널리 불렸던 것이다. 이 군가에 청일전쟁 당시 전투현장의 야전병원에 파견되었던 일본적십자사 간호부의 활동을 찬양하는 내용이 담겨 있다. 小川和佑, 앞의 책, 90~91면.

① 몽매 야만의, 러시아를,
천하를 위해, 징벌하라는,
천황의, 분부 말씀
나가세, 전진하세, 대장부여
집 지키는 일은, 우리들이라네

—「집은 우리가 지킨다」 부분

② 자자, 우리 자매끼리,
어머니 도움 받지 말고,
실을 잣고, 직물을 짜서,
만든 붕대와 방한포(防寒布),
황군(皇軍)의 신승을,
알아차려, 우리도 나라를 위해.

—「우리도 나라를 위해」 부분

앞 절에서는 '가정은 부인이, 바깥일은 남편이'라는 역할 구분이 분명하다. 러시아를 악의 축으로 몰며 그들과의 전쟁이 천황의 분부임을 뚜렷이 하는바, 이로써 전쟁의 명분과 윤리성은 그 타당성을 확보한다. 총후의 일차적 목표는 병사와 남자들을 대신하여 가정의 평화와 안전을 지키는 것이다. 가정의 안정과 평화가 국가의 그것이며 전장의 병사를 보위하는 기본이기 때문이다. 하지만 전쟁의 확대와 급박성은 가정 지키기만을 여성의 책무로 한정시키지 못한다. 전선을 지원하는 '근로보국'이 여성의 몫으로 선언되었음을 「우리도 나라를 위해」는 또렷이 보여준다.

이것이 단순히 독려의 목소리가 아니었음은 '애국부인회' '일본적십자사'(「간호부」가 이와 관련된다)의 적극적 활동에 의해 충분히 입증된다. 여성들은 근로지원 외에도 부상병 간호와 지원, 전몰자 가족을 위한 모금과 위문을 적극 수행함으로써 총력전, 다시 말해 '국민전쟁'의 일익을 명랑하게 담당했던 것이다.[46] 자국의 병사와 그 가족을 위한 다양한 형태의 지원은 민족 감정의 지평에서나 일반적 박애의 관점에서 크게 문제될 것 없다. 진정한 문제는 군국주의("천황의, 분부")의 확장 속에서 '현모양처'라는 범속한 풍속과 이념이 변질되어 그녀들을 병사화·전체화하는 파행적 국민화의 회로 속에 가둬버렸다는 엄혹한 사실에 있다.

> 진작부터
> 천황께 바친 이 목숨,
> 돌아오길 기다리지 말라시던,
> 아버지 말씀 잊을 수 없건만,
> 섬멸하여, 러시아를,
> 황군(皇軍)의 비단옷 입고,
> 돌아올 봄은, 아버지의,
> 기다릴 길 없는 귀환에 애석함만이.
>
> —「상부련」 부분

46 飯田祐子, 「婆の力－奥村五百子と愛國婦人會」, 小森陽一 外, 앞의 책, 133～135면.

화자는 아내여도, 딸이어도 상관없겠다. 상황을 미루어 보건대 가장(家長)은 전장에서 목숨을 잃은 듯하다. 천황을 위해 바친 목숨이니 오히려 명예이자 영광의 죽음인 셈이다. "황군의 비단옷"이 그것을 뜻하는바, 그러나 그것이 돌아올 수 없는 아비의 영혼과 육체를 대체할 수는 없다. 물론 저 애석함은 죽음에 대한 원망이기보다 승전의 명예를 함께 나눌 수 없는 안타까움으로 해석해야 옳겠다. 당연히도 「상부련」은 가장 친밀한 가족의 목소리를 빌려 전사자에 대한 숭배를 올리는 한편 그들의 희생이 제국의 승리와 총후 안전의 토대가 되고 있음을 널리 알리는 노래인 것이다. 그러니 딸과 어미는 아마도 아비의 죽음을 슬퍼하기보다, 거기 바쳐진 국가의 정중한 애도와 이웃의 존경에 힘입어, 애국부인회나 적십자회의 단원으로 자기 삶을 새롭게 개척해 나갔을 것이다. 우리는 여기서 군국의 아내와 딸의 이상적 지향점과 전후 현실에서 적극 권장되던 '현모양처'의 새로운 모델을 발견한다.[47]

〈그림 12〉 러일전쟁 당시 그림엽서

47 〈그림 12〉는 러일전쟁 당시 일본에서 발행된 그림엽서이다. 일본 여성이 승리를 기원하는 여러 깃발을 달고 있는데, 우측 상단의 일장기, 유니언 잭, 성조기는 러일전쟁기 영국과 미

그러나 이것만이 전몰자 가족의 현실이었는가? 내지(內地) 어딘가에 은밀하게 나돌던 반전(反戰)이나 비전(非戰)의 목소리는 차치하고라도, 전몰자 가족의 슬픔과 고통, 이른바 "과부의 눈물"은 과연 어디에도 존재하지 않았는가. 그 누구도 부인할 수 없는 사실은 "전쟁은 부부의 은애(恩愛)를 끊고 가정을 파괴했다"는 것이다. 전쟁의 참화에 의한 가족의 파탄은 어떤 방식으로든 전후 국가의 안정과 회복, 번영에 장애를 가져오기 마련이다. 이들의 희생을 향한 국가의 애도와 각종 단체의 지원은 "애국의 하중"이 촉발한 현실의 불안과 고통, 미래를 향한 전망 부재를 완화하기 위한 방법적 구원의 일종이 아닐 수 없다.[48]

그렇다면 우리는 이렇게 물어야 한다. 가족의 파탄과 비극은 패전국 러시아에서 더욱 심각했을 것이라고. 하지만 그들 역시 슬라브주의를 내세운 제국주의의 일환이었다는 점에서 일제 군군주의와 죽음과 비판의 몫을 나눠가질 수밖에 없다. 러일 양국 누구도 기억하지도 애도하지도 않았던, 조선과 만주의 '옥련'(청일전쟁 시 평양에서 졸지에 고아가 되었던!)을 지속적으로 환기해야 하는 까닭이 여기 있다. 러・일에게 삶을 저당 잡힌 식민지의 '토인'들은 국가의 공식적 애도와 위령탑의 건립 하나 없이, 러・일의 병사들이 밟고 지나간 '버려진-빼앗긴 땅'에 묻혔을 따름이다. 이들의 비탄과 눈물, 죽음에 대한 통렬한 반성과 애도 없이는, 다시 인용컨대, "아아 청나라도 한국도 / 다 같이 친한 이웃나

국, 일본의 삼각동맹을 상징한다. 좌측 백색 부분의 글씨는 병사가 쓴 편지글이다. 엽서 뒷면을 보면 오오다[太田]라는 성씨를 지닌 병사가 '한국(韓國)(함경북도—인용자) 경성(鏡城)'의 군부대에서 일본 '나가노[長野]현 히가시치쿠마[東筑摩]군'으로 발송한 편지임을 알 수 있다. 승전 장면 등보다는 아리따운 여인이 담긴 엽서를 보낸 것으로 보아, 이 병사는 가족을 몹시 그리워하며 그들의 무궁한 안녕을 기원하고 있는 듯하다.

48 이상의 직접 인용은 大浜徹也, 앞의 책, 212면.

라 / 서로 가까이 지내며 / 풀어야 할 문제 무척 많네"라는 제국의 목소리는 채울 길 없는 텅 빈 기표로 '만한'을 어슬렁거리는 허언(虛言)으로 남을 수밖에 없는 것이다.

4. 만주의 부상, 만주의 실종—결론을 대신하여

이 글은 지금까지 러일전쟁을 둘러싼 『만한철도창가』와 각종 군가에 대해 그것이 끼친 만주 및 일본에의 영향을 주목해왔다. 만주로의 원심력은 제국주의적 팽창과 식민주의 시선의 노골적 과시를 전경화해 갔다. 일본 내지로의 구심력은 '일본적인 것'의 정체성 강화와 그 표상으로 천황제 가족국가의 출현과 안착을 가속시켰다. 양자의 강화는 전쟁의 참상과 국민의 일상 파괴, 타자 억압의 침략주의 같은 폭력구조를 은폐하는 한편 그 자리에 애국주의와 자민족의 우월성을 파종함으로써 인류의 보편적 윤리성을 제국주의 독단의 만국공법으로 대체하기에 이른다. 그럴수록 '만주경영'의 욕망과 미래상이 급속도로 부상했지만, 만주의 역사와 삶, 그리고 미래는 저 폭력적·군사적 모더니티의 뒤안으로 어김없이 실종되어 갔다. 폭력의 시대에 착종된 당대의 한계를 감안해도, 전쟁 뒤의 그림자, 이를테면 전몰자와 부상자 및 그 가족, 실업률의 증대, 진보적 사상의 억압 등만 포착되고 '만한'의 타자화와 식민화로 대표되는 이토(異土)의 소외 문제는 거의 무시되었다는 사실은 일제의 전쟁책임론을 더욱 강화시키는 바 있다.

물론 이 말은 이 당시 일본 내의 반전(反戰)론 내지 전쟁회의론의 가치와 의미를 전혀 계상할 필요가 없다는 것과 크게 구분된다. 잘 아는 대로 우치무라 간조[內村鑑三]의 반전론, 러일전쟁 와중부터 성장하기 시작해 전쟁 후 본격화되는 사회주의운동과 간혹의 민중소요, 노동운동, 그 결과로써 다이쇼 데모크라시로의 행보는 또 다른 의미의 일본 '국민'을 상정하는 계기가 된다. 이것은 당대 일본에 제국의식에 기반한 '국민'의 탄생과 병행하여, 특정 집단의 권력과 이익에 대항하는 개혁적・저항적 국민이 형성되고 있음을 뜻한다. 군국주의의 강화 속에서도 일본 사회가 시민권의 확보와 확장의 노력을 경주할 수 있었다면 후자의 존재와 행보가 결정적인 역할을 했기 때문일 것이다.

그러나 일본 '국민'의 형성은 균형적이기보다 파행적일 수밖에 없었다. 저런 갸우뚱한 균형의 대내적 형편과 달리, 이토(異土)의 타자를 향한 시선은 배외주의적 '국민' 의식을 배경으로 더욱 억압적이며 폭력적인 성격을 강화해 갔기 때문이다.[49] 본고는 구체적인 문자 기록이나 서사의 도움 없이도 『만한철도창가』와 각종 군가의 전쟁 사진 및 그림만으로도 이런 사실을 즉물적으로 확인할 수 있었다. 물론 러시아, 곧 서구와의 전쟁이 동양의 수호와 평화 유지를 위한 대담한 희생전략이었다는 '만한'을 향한 대외 담론이 일제의 침략적 배외주의를 얼마간 은폐하였다. 하지만 '동양평화론'은 결국 식민지로 전락한 '만한'의 뒤늦은 주체 각성과 식민주의에 대한 비판 및 저항에 의해 그 허구성의

49 앞 단락과 현 단락의 러일전쟁 시기 일본 국민의 양가성과 파행성에 대해서는 成田龍一, 「「國民」の跛行的形成－日露戰爭と民衆運動」, 小森陽一 外, 앞의 책, 128면 참조.

폭로를 면치 못하였다.

물론 엄밀히 말하건대, 적어도 1945년 일본의 패전 전까지 침략주의와 동양협화(協和)의 배리적 정책이 '만한'의 영토에 더욱 구조화되었다는 게 역사적 사실에 보다 부합한다. 그럴지라도 제국에의 협력에 때로는 강제로 또 때로는 순순히 참여한 『만한철도창가』 속 '만한'의 토인들이 자기 영토의 가장 낮은 지대에서 그 침략의 폭력성과 동양평화의 허구성을 동시에 살아내고 또 실증했다는 것에는 어떤 이견도 있을 수 없다. 이것은 간혹의 저항과 소요를 불러일으키며, 일제의 지배와 정책에 골치 아픈 균열과 파행을 야기하곤 했다. 그 집단적 싸움은 거의 언제나 실패로 귀결되었지만, 거기서 다양한 형태의 민족주의와 서로 다른 이념에 기반한 국민(↔인민)국가에의 열망이 서서히 그러나 힘차게 성장해갔음을 한국의 근대사는 가감없이 보여준다. 러일전쟁기 『만한철도창가』와 각종 군가에 표상된 만주(조선도 포함)의 부상과 실종이라는 모순된 사태의 가장 종요로운 의미는 이런 진실과 미래의 징후적 제시에 존재할 것이다.

제2장

근대계몽기 '한양-경성'의 이중 표상과 시적 번역

1. '한양-경성', 식민지 근대의 표상 공간

"긔뎍소리" "우렁탸게 토하"며[1] 조선에 뒤늦게 도착한 경인선(1899)과 경부선(1904)은 근대문명의 총아로 각광받는 한편, 때로는 느린 걸음을 사정없이 짓밟는 공포의 괴물로 각인되기도 했다. 철도의 실체를 암유하는 이 경이와 공포는 과감히 말해 노선명 경부선과 경인선에도 선명히 표상되어 있다. 시발점과 종착점이 속한 도시의 앞 글자를 따 붙여 노선명을 정하는 관례를 따른다면, 저것들은 한인선(漢仁線)과 한부선(漢釜線)이 되었어야 옳으리라. 하지만 대한제국은 문명으로 성장(盛裝)

1 최남선, 『경부텰도노래』, 신문관, 1908, 1면.

한 제도(帝都)의 위용을 한껏 자랑하기 위해 어딘가 중국 냄새가 풍기는 '漢' 대신 서울, 곧 왕도(王都)를 상징하는 '京'을 낙점한 것은 아닐까.

이것은 그러나 대한제국의 후예인 우리의 낭만적 기대와 해석에 불과한 것일지도 모른다. 일제가 경인선과 경부선의 부설권과 운영권을 동시에 장악했던 사정을 감안하면, '京'의 의미는 전혀 달라질 수 있다. 일제가 한일합방 후 서둘러 진행한 일 가운데 하나가 왕조도시 '한양'[2]을 식민도시 '경성'[3]으로 개칭, 개조하는 사업이었음은 주지의 사실이다. '한양'은 '경성'–'京城'–'ケイジョウ(케이죠)'가 되면서 경기도에 속한 일개 지방도시(도청 소재지)로 전락했고 그 면적도 1/8로 축소되었다.[4]

조선의 '한양'에서 일본의 '경성'으로의 등기이전이 의미하는 바는 분명하다. 겉으로 보자면 '경성'은 근대의 신개지로 설정되었으나, 실상 그것은 선진문명에 의해 계도되어야할 '야만'의 다른 이름이었던 것이다. 그런데 이런 현실은 러일전쟁(1904)을 전후한 즈음의 '한양'의 현

---

2 대한제국기 '한양'의 공식 지명은 '한성(漢城)'이었다. 1395년 한양부(漢陽府)가 한성부(漢城府)로 개칭되면서 시작된 '한성'의 역사는 한일합방 직후(1910년 10월) '경성'으로 개칭되면서 그 막을 내린다. 물론 당시 세간에서는 '서울'이란 명칭도 널리 쓰였다. 실례로, 17~18세기에 서양인이 그린 지도 대부분에 '한성'은 'Seoul'로 표기되고 있다고 하는데, 서울의 쓰임이 오래 되었음을 알려준다. 본고에서는 '한성'의 연원과 여기서 다룰 텍스트 『한양노래』 등을 고려하여 '한양'으로 통칭하기로 한다.

3 일본인들이 한양을 '경성'으로 부른 것은 한일합방 이전부터이다. 가령 계몽주의자 유길준은 1908년 『노동야학독본』을 경성일보사(京城日報社)에서 출간한다. 『경성일보』는 1906년 이토 히로부미[伊藤博文]의 지시 아래 창간되어, 처음에는 국한문판과 일어판으로 제작되다가 1907년 4월 21일부터 일어판만 간행하였다. 한일합방 후 『대한매일신보』를 강제 개편한 『매일신보』를 자매지로 거느리게 되는 것에서 보듯이, 일제 시대의 실질적인 신문권력이었다. 교토[京都]나 도쿄[東京]가 지시하듯이, 일제도 최초에는 '경성'을 조선 수도의 의미로 썼을 것이다. 그러나 1905년 무렵 식민화의 가(假) 비준과 함께 '경성'은 이미 도쿄[東京] 아래로 계열화·지방화되고 있었다는 점에서 그 이름의 정치적·문화적 의미는 처음부터 축소되고 굴절될 수밖에 없었다.

4 김영근, 「일제하 식민지적 근대성의 한 특징」, 『사회와역사』 57, 한국사회사학회, 2000, 11면.

실이기도 했다. 일제는 을사보호조약(1905)을 통해 식민지 조선으로 가는 예매권을 구입했는바, 그것을 일찌감치 예감했던 일본인 주재 철도 회사들은 '京'에 식민성의 표지를 서둘러 기입함으로써 제국의 승리를 자축했는지도 모른다.[5] 그러니까 '京'은 만국공법의 예에 정중했던 제국주의 발(發) 문명이 반개(半開)와 야만 사이에 놓여 있던 대한제국[6]을 향해 가한 뼈아픈 탄핵이기도 했던 것이다.[7]

그렇다면 우리는 '京'의 이중성에 기대어, 근대성의 교묘한 이중성, 즉 식민성의 현저한 우위 속에 그것을 실현하는 문명성이 접합되는 대한제국기의 '한양'을 '경성으로서의 한양'[8]이라고 새롭게 표상해도 크

---

5 비록 한일합방 후의 것이긴 하나, 다음과 같은 발언은 일본인들의 제국주의적 시각을 전형적으로 보여준다. "'조선'의 경성은 식민지의 경성이 되었고 곧 결국은 '일본'의 경성이 되었다. 국가를 위해 기뻐할 일이나 나처럼 항상 '불가사의'와 '수수께끼'를 좋아하는 자에게는 거듭 말하건대, 재미없어졌다."(山地白雨, 「京城から」, 『朝鮮』 47, 1912.1. 여기서는 윤소영, 「일본어잡지 『朝鮮及滿洲』에 나타난 1910년대 경성」, 『지방사와 지방문화』 9권1호, 역사문화학회, 2006, 177면 재인용) 내지인에게 '경성'은 삶의 현장보다는 호기심과 자만감을 충족시키는 유희공간으로 요구되는 경우가 흔했음이 잘 드러난 대목이다.

6 문명과 야만의 경계에 서 있던 대한제국의 이미지를 상상하는 일에 다음 면의 〈그림 1〉은 꽤나 유용한 관점을 제공한다. 각종 관청이 즐비한 광화문 거리에는 전봇대가 나란하며 아직은 한적한 길을 남녀노소 양민들이 걷고 있다. 하지만 1920년대 광화문은 철폐되고 그 안쪽에 조선총독부 건물(1926)이 들어섰다. 일제의 승리와 조선 왕조의 패배를 이 건물 교체처럼 상징적으로 보여주는 예가 달리 없다. 한편 이 사진은 육당의 『한양노래』를 펼치면 바로 등장하는 이미지로, '경복궁 광화문과 석사(石獅)'라는 제목을 가진다. 육당은 사진 위쪽 오른편에 광화문 앞을 지키던 석사(石獅), 곧 '해태'상을 배치함으로써 사진 구성을 제목과 일치시키고 있다.

7 이 글에서 제시하는 〈그림 1〉(광화문), 〈그림 3〉(경회루), 〈그림 4〉(보신각)는 『한양노래』에 실린 이미지들이다. 이 책 제1부 제1장 「철도창가와 문명의 향방―『경부텰도노래』와 『만한철도창가』의 경우」에서 다룬 『경부텰도노래』는 거기 실린 이미지를 직접 복사하여 제시했다. 하지만 『한양노래』의 것들은 일부러 여러 서적과 인터넷 등을 검색하여 찾아낸 이미지들이다. 이는 육당이 자료의 질과 양, 광학과 인쇄・출판 기술이 훨씬 앞선 일본에 의존하기보다 당시 조선에서 촬영・(출판)・유통되던 사진 자료를 수집하거나 구입하여 장편창가의 편집과 구성에 적극적으로 활용했음을 알게 한다.

8 이 글에서는 이를 표상하는 약호로 '한양-경성'을 시의적절하게 사용할 것이다.

〈그림 1〉 대한제국 말의 광화문 거리

게 틀리지 않으리라.[9] 물론 아직 존재하지 않던 '경성'을 빌미로 아직은 사실로 존재하는 왕조도시 '한양'에서 식민도시의 징후를 읽는 것은 그다지 바람직하지 않을 수도 있다. 하지만 우리는 이런 징후의 분석을 통해 대한제국이 기대하던 바의 문명성이 어떻게 식민성에 의해 폭력적으로 잠식되는가를 엿볼 수 있다.

이미 대한제국기에 현실화된 '한양'에서 '경성'으로의 변복(變服) 과정, 그 시공간에서 벌어지는 다양한 문명론의 접합과 충돌, 그것을 바라보는 조선인과 내지인(內地人)의 관점과 시각의 편차들은 '한양'과 '경성'의 유사성과 차이성을 구축하는 유의미한 기제들을 제공할 것이다.

---

9 김영근은 이것을 식민지성과 근대성의 중첩적 관철로 의미화했고(앞의 글, 14면), 김백영은 '역사도시와 군사기지의 병립'으로 체계화했다(김백영, 「일제하 서울에서의 식민권력의 지배전략과 도시공간의 정치학」, 서울대 박사논문, 2005의 '제3장 역사도시와 군사기지의 병립, 1904~1914').

물론 이 작업에서 주가 되는 것은 문명도시 '한양'에 대한 조선인의 기대와 좌절, 공감과 비판일 것이며, 일본인의 그것은[10] '한양-경성'을 조감하기 위한 보충자료 정도로 소용될 것이다.

'한양-경성'의 현실과 그곳에 터 잡은 혹은 거기를 바라보는 사람들의 내면풍경을 엿보는 일에, 철도(전차 포함)와 더불어 조선을 신속히 내습한 신문과 잡지들만큼 유용한 자료는 없을 것이다.[11] 식민성이 급속히 착근하는 위기의 시대를 같이 건너갔던, 이상적 문명에 대한 계몽의지와 태도에서 유의미한 동질성과 차이성을 동시에 제공했던 『대한매일신보』(1904.7.18~1910.8.28, 이하 『신보』)와 『소년』(1908.11~1911.5)[12]은 그래서 중요하다. 이들의 문명관과 그것이 실현, 표상되는 '한양'에 대한 태도는 문명 일반의 '번역'을 둘러싼 경합과 쟁투를 대표한다. 이를 위해 담당자들은 서사와 시(가)를 필요한 만큼 새롭게 개변하고 조직했으며, 민족어 실험이 인상적인 각종 인쇄물을 통해 계몽의 전열을 가다듬었다. 이 과정에서 '한양'은 「한양가」(1844)에서[13] 읊어진 바의 웅장하고 위압적인 왕도의 이미지에서 차츰 이탈하여, 삶과 정치가 긴밀히 엮이는 현실의 장(場)으로 등장하게 된다. 물론 계몽의 열기가 승한

10 한일합방을 전후한 일본인들의 '경성' 체험을 풍부하게 수록한 『조선(朝鮮)』(1908년 3월 창간, 1911년 『조선급만주(朝鮮及滿洲)』로 개편)과 합방 후 식민지 조선의 발전상을 집중적으로 선전한 『신문계(新文界)』(1913년 4월 창간)가 주목된다.

11 전국을 단일한 의사소통망으로 통합한 근대매체, 곧 신문과 잡지의 출현 및 발흥, 나아가 국민국가 혹은 근대 민족의 창출에 혁혁한 공헌을 한 유력한 기제 가운데 하나가 '철도'였음은 이제 하나의 상식이 되었다.

12 여기에는 같은 시기 발행된 『경부텰도노래』와 『한양노래』(1908), 그리고 『청춘』(1914년 10월 창간) 및 거기 실린 「세계일주가」도 포함시킨다.

13 헌종 때 한산거사가 지은 풍물 장편가사. 조선의 문물을 찬양한 노래인데, 한양의 뛰어난 지세(地勢), 웅대한 궁궐, 찬란한 관아(官衙), 번화한 거리, 유희(遊戲)의 모습, 임금의 엄숙한 거둥, 과거(科擧)의 광경 등을 읊었다.

탓에, 추상적 가치와 관념, 즉 정치의 은유가 구체적 일상을 늘 압도하고 있지만.

가령 이들은 근대화의 초입에 들어선 '한양'의 양태를 끊임없이 관찰하면서, 문명의 긍·부정성을 따져 묻는다. 하지만 그것을 바라보는 『신보』(신채호)와 『소년』(최남선)의 시각과 태도는 꽤 대립적이었다. 전자에게 '한양'은 '대한제국'을 타락시키고 억압하는 야만적 문명이 횡행하는 부정적 공간으로 의미화되는 경우가 적잖다. 이에 반해 후자에게 '한양'은 문명화가 모범적으로 수행되는 긍정적 공간이었다. 이처럼 '경성' 변복을 눈앞에 둔 '한양'은 복잡다단한 일상의 장이기에 앞서 계몽 담론이 경합하고 갈등하는 정치의 장이었다. 바꿔 말해 '한양-경성'은 주어진 실체이기에 앞서 정치의 은유였고 또 민족과 국가를 대체하는 가치체계였으며, 두 매체의 '문명' 번역과 내면화의 차이가 확연하게 드러나는 복합적 언어공간이었다. 우리가 이와 연관된 두 계열의 시(가)를 '차이'와 '아이러니' 대 '동화'와 '유사성'의 정치학이 복합적으로 얽히고설키는 표상 공간 '한양-경성' 읽기로 세목화할 수 있다면 이런 연유 때문이다.[14]

---

14 이 글 제목의 '시적 번역'은 '시적 표현'이란 말이 환기하는 의미의 제한을 고려하는 한편, '한양-경성'을 바라보는 두 가지 시선의 차이와 복합성을 보다 직접화하기 위해 사용되었다.

2. '한양-경성', 문명에 병들다-『대한매일신보』의 경우

『신보』의 역동적 활동이 가장 두드러졌던 3기 편집은 신채호, 박은식 등 개신유학파들에 의해 주도되었다. 이들은 자주독립과 동도서기(東道西器)에 바탕한 문명론의 옹호자였으며, 국가정신과 민족정체성 확보에 최고의 목적을 두었다. 그런 만큼 제국주의와 밀착된 근대문명은 반발과 회의의 대상이 되며, 제국주의를 초극하는 민족 / 국가 담론이 절대적인 가치를 획득하게 된다.

그런 만큼 『신보』 담당자들에게 '한양-경성'은 문명의 신개지로만 비춰지지 않았다. '한양-경성'은 문명을 빌미삼은 제국주의자들의 식민 공간이었고, 거기에 빌붙어 일신의 안위를 도모하는 매판세력의 활개지였다. 하여 그들은 낯선 문화와 선진 문명이 가하는 충격이나 호기심조차 함부로 드러내지 않는다. '한양-경성'을 바라보는 심정은 불편하고 불쾌할 따름이며, '한양'의 근대화가 이끌 실제적 효과와 변화에도 비교적 무관심하다. 그런 의미에서 이미 '경성'에 돌입된 '한양'은 부정적 함의가 가득한 식민지 근대의 은유이다. '한양-경성'을 비판하는 것은 '한양'의 새 주인 일제와 서구제국주의, 그들의 힘의 기원인 물질문명을 비판하는 것이며, 또한 문명의 그늘은 젖혀둔 채 그 빛을 쐬느라 바쁜 '일그러진 조선'을 비판하는 것이다.

『신보』에서 '한양-경성'의 문학화, 특히 풍자와 반어 등의 차가운 언어를 적극 활용한 시(가)는 '계몽가사'였다. '계몽가사'는 가사의 4음보 정형률과 산문적 확장능력을 계승했기 때문에, 『신보』의 계몽의식과 문명비판 의식을 자유롭게 풀어놓는 데 상당히 효율적이었다. 그들은 자체 창작은 물론 독자의 투고까지 아우르면서, 위기에 처한 현실을 성찰하고 또 그것을 극복할 선한 문명을 갈구하는 양단(兩端)의 글쓰기를 감행했다. 거기에 주어진 자리가 '시사평론'과 '사회등(社會燈)'이라는 잡보의 고정란이었다.[15]

『신보』에서 '한양–경성'의 지경(地境 : '한강슈'와 '븍악산')이 직접 노출된 '시사평론'은 1908년 1월에 처음 등장한다. 국한문판 제목이 「아양구첩(峨洋九疊)」인 이 작품은[16] '한양–경성'이 앞으로 어떻게 은유화되며, 어떤 비판의 대상이 될지를 비교적 정확히 보여준다. 작자는 먼저 '한강수'와 '북악산'을 등장시켜 이들의 우국지정을 토로한다. 이것들은 단순한 자연사물이 아니라 조선의 심부 '한양'의 순결성과 영원성을 보지한 애국의 표상이다. 이들의 우국지정은 이후 등장하는 아수라장과 같은 식민지 근대의 실상, 이를테면 화륜선의 활개, 광산조계의 피탈, 전쟁터로 돌변한 조선 땅 등과 정확히 대척된다. 요컨대 '한양–경성'은 근대문명의 가능성과 활기보다 그것의 야만성과 폭력성, 그리고 퇴폐성이 횡행하는 하등도시에 불과하다는 것이 『신보』의 기본입장인 것이다.

이처럼 '한양–경성'은 이른바 문명국과 그 추종자들이 자기 이익을

15 『신보』의 국한문판과 국문판 소재 '계몽가사'를 매체와의 상관성, 언어(국한문과 국문)와 번역어의 문체, 신문 간기의 독자의 문제 등을 중심으로 연구한 글로는 강명관, 「해제」, 강명관 외 편, 『근대계몽기시가자료집』 3, 성균관대 출판부, 2000 및 이 책 제2부 제1장 「『대한매일신보』의 이중판본 정책과 근대어 형성 – 계몽가사(歌辭)를 중심으로」 참조.

16 같은 내용의 계몽가사일지라도 국한문판은 게재란의 명칭 없이 작품별로 제목을 달아 수록한 반면, 국문판은 '시사평론'란에 제목 없이 게재하였다. 각 판본(문체)에 적합한 독자를 유인하는 한편, 독해의 편의를 제공하기 위한 조치였을 것이다. 본고에서는 작품의 성격과 의도를 뚜렷이 드러내기 위해 국한문판의 제목을 앞세우되, 내용은 국문판에서 취한다.

둘러싸고 첨예하게 대립하거나 치졸하게 야합하는 야만의 공간이다. 『신보』는 이에 대한 비판에 적합한 언술을 재치있게 구사하여, 저들의 야만성을 견딜 수없는 것으로 확정하는 것이다. 가령 「의산일말(疑山壹抹)」(1908.5.10)은 척식회사와 학교, 경찰, 사회단체에서 자국의 실력양성보다는 일제의 이익을 위해 봉공하는 조선인들을 통렬히 공박한다.[17] 「문명야만」(1909.8.10)은 동양 제일의 문명을 자칭하는 일본인들이 한양과 조선 각지에서 벌이는 음행(淫行)을 취재, 보고하는 형식을 통해 문명의 허구성과 폭력성을 거침없이 야유한다.[18] 이처럼 제국과 식민지가 공모한 문명의 불합리성과 폭력성, 다시 말해 식민성은 「원중생활(怨中生活)」에서 인민들의 "원망소릐 챵텬"하는 제일 요소로 지목되기에 이른다. 문명을 빙자한 야만이 생활세계를 드러내놓고 흡착하며 황폐화시키는 그 장면은 이렇다.

> ▲닉외국인 물론ᄒᆞ고 공ᄉᆞ시무 일반인ᄃᆡ 엇던사ᄅᆞᆷ 권리됴와 슈당금과 가옥세를 월봉외에 더먹으니 공번되지 못ᄒᆞᆫ거슬 일ᄎᆞ호원 ᄒᆞ겟지만 그나마도 ᄯᅥ러질ᄯᅳᆺ 각관리의 원망이오
>
> ▲인지양셩 ᄒᆞ엿다가 후일슈용 ᄒᆞᆫ다기로 젼문과에 슈학ᄒᆞ야 법률줄업 ᄒᆞ엿더니 벼슬셔임 ᄒᆞᄂᆞᆫ날은 일통병만 갓다쓴다 압집처녀 뎡혼쳐로 뒤ㅅ집처녀 츌가인가 법률학싱 원망이오

---

17 예를 들면, "ᄯᅩᄒᆞᆫ편을 ᄇᆞ라보니 외인교ᄉᆞ 고빙ᄒᆞ야 각학교에 비치ᄒᆞ고 일어(日語－인용자)에만 젼력ᄒᆞᆯ졔 다른학문 치지ᄒᆞᆫ다 다수경비 쇼용ᄒᆞ며 교육방침 이ᄲᅮᆫ인가 구의산이 놉혓고나."

18 예를 들면, "법부쳥직 뎌야만인은 젹치금에 욕심내여 ᄉᆞ빅환을 도적후에 인쳔ᄭᅡ지 도주힛네 대관으로 잇던쟈는 옥탑셔칙 ᄲᆡ셔가고 하인으로 잇던쟈는 금젼ᄭᆞ지 가져가니 그문명도 알수업고"

▲일부죵ᄉᆞ 못ᄒᆞ고셔 힝음ᄒᆞ기 일반인ᄃᆡ 고루거각 신ᄃᆡ즁에 슈치업시 왕ᄅᆡ ᄒᆞ며 골육통간 ᄃᆡ음녀ᄂᆞᆫ 감불싱의 검사안코 만만홀식 우리들만 위협공갈 ᄌᆞ심 인가 챵기빅의 원망이오

—「원중생활」 부분(1908.12.22)

삶의 합리화에 필요한 근대적 제도들, 이를테면 신작로, 위생학, 법률, 공공기관 등은 오히려 질서를 문란시키고 개인의 이익착복에 기여하는 부조리의 온상일 따름이다. "계몽이란 이성을 보편적으로 사용하는 것, 자유롭게 사용하는 것, 공적으로 사용하는 것이 서로 겹치게 될 때 존재하게" 된다는 푸코의 말[19]은 '한양-경성'에서 수행되는 계몽작업, 즉 문명화가 사적 세계에 결박된 광기의 다른 형태임을 착실히 드러낸다. 그렇다면 과연 『신보』의 편집자들이 광기에 휩싸인 문명의 통박과 비판에 더 매진할 수 있을 만큼 '한양-경성'의 생활환경은 비교적 건전했는가, 아니 덜 위험했는가. 대표적인 예로 위생 환경을 살펴본다.

개화기의 한양을 일본인들은 주저없이 '똥의 도시'로 불렀으며 서양인들 역시 악취와 불결함이 가득한, 세계 최고의 비위생적 도시쯤으로 여겼다는 기록은 여기저기서 많이 보인다.[20] 이것들은 단지 보기에 불쾌해서가 아니라 각종 질병과 전염병의 온상, 즉 생명을 위협하는 가장 위험한 야만이기 때문에 문제인 것이다. 물론 저들의 발언에는 제국주의 특유의 편견과 오리엔탈리즘이 얼마간 숨어 있을 것이다. 하지

19 미셸 푸코, 장은수 역, 「계몽이란 무엇인가」, 김성기 편, 『모더니티란 무엇인가』, 민음사, 1994, 346면.

20 일본인의 말은 윤소영, 앞의 글, 173~175면을, 서양인의 말은 박천홍, 『매혹의 질주, 근대의 횡단』, 산처럼, 2003, 165~170면 참조.

만 최근 들어 빈번히 출간되는 개화 무렵의 사진과 그림들을 수록한 저작들은 저 주장의 사실성에 얼마간 동의케 한다. 또한 대한제국과 일제 통감부가 비위생과 질병의 위험을 줄이기 위해 위생국과 치도국(治道局)을 설치하여 도로와 가옥을 개량하고 위생법을 강제했다는 사실 역시 기억해 둘 일이다.

그러나 문제는 이 위생 사업들이 생활의 합리성을 불러오기 전에 감시와 처벌의 기제로 먼저 작동했다는 것이다. 개화 이후 문명의 선결 조건으로 위생 문제가 전면에 부각되었던 점을 생각하면,[21] 『신보』가 '위생'의 중요성을 간과했을 리 만무하다. 실제로 그들은 '위생'에 무관심하기는커녕, 그것의 중요성 때문에 위생 사업과 관련된 각종 부조리와 강압적 피탈의 수집과 폭로에 적극 나섰던 것이다.

> ▲원슈로다 원슈로다 위싱국이 셜시되면 가가호호 청결ᄒᆞ야 무병ᄒᆞᆯ줄 알앗더니 푼젼난득 이내산업 일본슌사 뎌등쌀에 식당ᄭᅡ지 뎐당잡혀 ᄯᅩᆼ통셜시 ᄒᆞ엿ᄂᆞᆫ디 놀보집이 아니여든 ᄯᅩᆼ텬디가 무슴일고 그즁에도 청결비를 ᄆᆡ호ᄆᆡ간 이젼식에 제ᄯᅩᆼ주고 갑을내니 긔화ᄉ법은 이러ᄒᆞᆫ가 쟝릐위싱 고샤ᄒᆞ고 금일당쟝 못살겟네 ᄂᆞᆷ의틋을 ᄒᆞᆯ것잇나 ᄯᅩᆼ구멍이 원슈로다
>
> —「격창습원(隔窓拾寃)」 부분(1908.10.23)[22]

---

21 김옥균의 「치도약론」과 『독립신문』으로 대표되는 당대 주장들에 대해서는 고미숙, 『한국의 근대성, 그 기원을 찾아서』, 책세상, 2001, 133~138면 참조.

22 도로와 교량을 수축(修築)하는 치도국(治道局)은 오히려 생활의 불편을 초래한다고, 또 대중유희의 공간 연희장(演戲場)은 특별한 기예 연구 없이 중국산 망국의 노래나 춘향가 따위를 공연함으로써 풍속을 괴란시킨다고 비판당한다. 인용문의 방점 강조—인용자.

생명과 삶의 안전을 위한 위생 사업이 되레 그 안전을 위협하고 강탈하는 흑마술로 기승을 부린다. 사업집행의 효율성을 의도하는 감시와 처벌은 대상자의 자발적 동의 없이는 폭력을 벗어나기 힘들며, 삶의 안전판을 제거하는 만큼의 일탈과 저항을 불러오기 마련이다. 당대 인민들의 대응방법은 알 길 없으나, 『신보』는 똥을 강탈한 권력들을 가장 더러운 '오예물(汚穢物)'로 악마화함으로써, 육체의 주권 피탈, 곧 삶의 식민화에 강하게 맞선다. 가령 '한양-경성'을 "ᄂᆞᆷ의물건 욕샘내여 경계업시 탈취ᄒᆞᄂᆞᆫ 뎌 오예물" "권고이니 동의이니 운동 비만 토식ᄒᆞᄂᆞᆫ 뎌 오예물" "문명ᄒᆞ다 ᄌᆞ칭ᄒᆞ나 힝ᄉᆞ에ᄂᆞᆫ 야만되ᄂᆞᆫ 뎌 오예물" "동죵인류 압제ᄒᆞ야 노례ᄀᆞᆺ치 ᄃᆡ접ᄒᆞᄂᆞᆫ 뎌 오예물"[23]이 판치는 최악의 불결한 도시로 은유하는 장면이 그렇다. 이런 '오예물'에 의한 질병과 불결로부터 해방되는 최상의 위생법은 "인천항에 군함ᄃᆡ고 가득가득 실어다가 태평양 넓은바다에 풍덩실풍덩실" 하는 것이다. 물론 현실성 없는 감정 배설과 위로의 멘트이기는 해도, 그 뒷면에 어룽거리는 문명의 폭력성과 식민성에 대한 깊은 회의와 원한이 일거에 드러나는 표현이 아닐 수 없다.

현실적 제도이자 은유 장치인 '위생'을 예로 들었지만, 『신보』의 문명비판이 인사, 제도, 물질 등 전방위를 겨누고 있음은 두말할 나위 없다. '한양-경성'은 이것들이 파생하는 부조리가 날마다 증폭되고 완강하게 결합하는 병리적 공간이었다. 이즈음 병자(病者)는 대개 문명개화에 뒤떨어진 사람들이나 시대착오적인 전근대 의식에 물들어 있는 구

23 「청결신법(淸潔神法)」, 『대한매일신보』, 1908.1.8. '오예물'의 일례로 일본의 구습(舊習) "ᄉᆞ촌ᄭᅵ리 혼인ᄒᆞ고 형슈ᄒᆞ고 ᄀᆞᆺ치사ᄂᆞᆫ" 풍속도 거론되고 있어 흥미를 끈다.

세대를 향해 붙여지는 은유적 기호였다. 헌데 '한양-경성'은, 비록 근대화의 초입에 들어섰다 해도, 이상적 문명의 길을 거의 거세당한 채 편의적 물질문명과 그에 편승한 불법, 즉 '오예물'에 심각하게 더럽혀진 터라, 저들 구세대보다 더욱 위급한 병자였다.

이런 이유로 『신보』에는 악한 문명이란 질환의 퇴치와 병자의 치유를 위한 이런저런 처방전이 넘쳐날 수밖에 없었다. 그 가운데 '철도'가 매우 유력한 처방전으로 제시되고 있음은 매우 흥미롭고도 아이러니한 사태가 아닐 수 없다.

> ▲긔챠고동 ᄒᆞᆫ소릐에 완고꿈을 깨엿스니 젼진ᄒᆞᄂᆞᆫ ᄉᆞ샹으로 비루심쟝 다ᄇᆞ리고 실디ᄉᆞ업 힘을써셔 ᄀᆡ명샹에 진보키를 속히가ᄂᆞᆫ 긔챠ᄀᆞᆺ치
>
> ▲긔챠고동 ᄒᆞᆫ소릐에 우리동포 분발ᄒᆞ야 국민ᄌᆞ격 일치말고 ᄌᆞ치제도 셩립ᄒᆞ야 사ᄅᆞᆷ마다 활동ᄒᆞᄂᆞᆫ 규구즁에 나가기를 속히가ᄂᆞᆫ 긔챠ᄀᆞᆺ치
>
> ▲긔챠고동 ᄒᆞᆫ소릐에 샹공업이 발달되니 금은동텰 ᄀᆡ광ᄒᆞ야 각식물품 졔조ᄒᆞᆫ후 외국ᄭᆞ지 슈출ᄒᆞ면 부강긔초 이아닌가 속히가ᄂᆞᆫ 긔챠ᄀᆞᆺ치
>
> —「기적일성(汽笛一聲)」 부분(1908.8.16)

육당이 기차를 탄 별자리 여행을 꿈꾸었듯이,[24] 저자 역시 선한 문명의 관념과 실행을 기차에 담고 있다. 기적소리는 의미 없는 음향이기에 앞서 문명을 욕망하고 현실의 변화를 촉구하는 '초월적인 목소리'인 것이다.[25] 기차는 진취적이고 긍정적인 면만 본다면, 국민을 통합

24 "하난수만잇스면 電話도매고 / 空中으로鐵道도 길게노아서 / 네곳까디이르러 親히보리라." 최남선, 「성신(星辰)」, 『소년』 창간호, 1908.11, 58면.

하고 문명의 신세계로 이끄는 결속의 원리로 모자람이 없을 듯하다.

그러나 '위생'이 그랬듯이, 식민 공간의 철도 역시 '식민성'의 이동과 확산 장치로 기능하기는 마찬가지였다. 철도가 지나가는 길을 따라 문명성과 식민성의 경계는 더욱 뚜렷해졌으며, 주권자의 추방과 제국 신민의 이주는 가파르게 상승해 갔다. 대개의 조선인들에게 이런 파행성이 인식, 비판되고 있었음은 독자가 투고한 가사에 잘 드러나 있다.

> ▲남문밧글 ᄇᆞ라보니 경인경부 경의텰도 이리뎌리 련락ᄒᆞ여 가고오ᄂᆞᆫ 긔챠소릐 쥬야부절 ᄒᆞᄂᆞᆫ터에 경원호남 두텰도를 련히부셜 되ᄂᆞᆫ도다 텰도션이 증가ᄒᆞ여 교통편리 ᄒᆞᆫ듯ᄒᆞ나 쥬간쟈가 누구런고 뎌정황도 ᄆᆞ음상코
>
> — 탐춘생(探春生), 「종남행(終南行)」 부분(1910.3.20)

"이층삼층 놉흔집은 외국인의 가옥이요 동퇴셔븨 적은집은 본국인의 집이로다"(「종남행」)에서 보듯이, 앞으로도 '한양-경성'은 '교통편리'와 주변화의 가속을, 시골은 농토와 선산, 즉 생활터전과 영혼의 안식처를 지속적으로 부등가 교환하게 된다. 이 우울한 풍경을 문명의 이점을 도외시한 수탈론적 시각으로 전형화할 필요는 없다. '주 : 식민성—종 : 문명성'이란 구도가 제국주의로서는 결코 놓칠 수 없는 이익의 원천이었다는 사실은 비교적 명백하다. 기차는 이 원리를 가장 충실하게 수행한 착한 일꾼인[26] 동시에 악한 마름이었으며, 그 시발점에 '한

25 김동식, 「철도의 근대성—『경부철도노래』와 「세계일주가」를 중심으로」, 『돈암어문학』 15, 돈암어문학회, 2002, 50면.

26 일본은 조선 경영의 골자 가운데 하나로 조선철도를 주목하면서 그것을 어떻게 장악, 운영할 것인가를 1904년 발표된 「대한방침 및 대한시설강령」에 명기해 놓았다. 이후 만주국의

양–경성'이 놓여 있었던 것이다. 그래서 '한양–경성'은 식민지 기간 내내 가장 비극적인 '공간 정치'의 장으로 매김될 수밖에 없었고, 이런 사정은 대한민국의 수도로 변복한 '서울'에서도 거의 변함없이 관철되고 있는 중이다.

『신보』를 읽다 보면, 담당자들의 문명화를 향한 구체적 전략과 방법은 상당히 허술하다는 느낌을 받는다. 그들이 문명 유입과 경영의 타자로 강제된 사실을 감안하면, 이것은 당연한 현실로 이해될 법하다. 타자의 운명은 물질문명에의 접속이 일으킬 과부하, 다시 말해 민족의 쇠약을 염려하고 제국주의에의 종속을 비판하는 언술의 생산을 더욱 정당화했던 것이다. 과연 '한양–경성'은 거의 예외 없이 국가의 침탈과 족수(族粹)의 공백이 일상화되는 위기의 공간으로 인식되었을 따름이다. 이에 따라 식민도시가 증폭시키는 삶의 저하와 파탄의 위험성은 충분히 관찰되지도 또 그려지지도 못했다. 그 곡절 많은 사연들이 구체성을 획득하지 못한 채 주장과 비판의 소재로 정형화되어 간 것은, '가사'라는 장르의 한계보다는 이런 인식의 추상성과 간접성 때문일 것이다. 이즈음 '한양–경성'이 사실과 삶의 공간보다는 상징과 정치의 공간으로 작동, 표상되고 있다는 느낌은 이로 말미암은 것이다.

성립과 중국 침탈이 보여주듯이, 조선철도는 제국 팽창의 초석이기도 했다. 강령의 내용은 박천홍, 앞의 책, 83~84면 참조.

3. '한양-경성', 문명의 기차에 올라타다

—최남선 시(가)의 경우

최남선은 근대문명에 개방적이었으며, 문명진보만이 몰락한 조선을 대체할 국민국가 '신대한'을 건설할 수 있다고 보았다. 물론 '신대한'은 머릿속에 구상된 '상상의 공동체'였지만, 그것은 단순한 문명국이 아니라 사회진화론과 우승열패의 국가관을 충실히 이행하는 제국주의적 국가로 욕망되었다. 요컨대 『신보』의 논자들과 달리, 최남선은 근대문명을 오히려 근대국가를 설립하고 민족정체성을 확고히 할 수 있는 유일한 길로 인식했던 것이다.

그의 이런 관점과 사유는 유일하게 탈아입구(脫亞入歐)에 성공했던 일본유학 경험에 힘입은 바 크다. 그는 일본의 문예잡지와 소년 잡지 구독 경험을 한국 최초의 근대잡지 『소년』의 창간으로 연결시켰고, 국민의 지리교육을 위한 일본의 『철도창가』[27]를 모방하여 『경부텰도노래』를 제작하기도 했다. 말하자면 그는 일본에서 단지 물질문명을 본 것이 아니라 그것이 가져올 삶의 혁신적 변화와 지식 체계의 변동, 그리고 근대국가의 설립 가능성을 예민하게 인식한 것이다. 조선침략을 공식화한 일제는 철저한 경계의 대상이었지만, 그들의 근대문명은 조

27 최남선은 유학 당시 일본에서 한창 유행 중이던 오오와다 다케키[大和田建樹]가 지은 『철도창가』(1899)를 보면서, 1904년 개통한 경부선에도 '경부철도창가'를 지어주고 싶었다고 회상한 바 있다(조연현, 『한국 현대문학사』, 성문각, 1980, 45~46면). 실제로 『철도창가』는 "汽笛一聲新橋を / はや我汽車は離れたり"(기적소리 도하며 신바시를 / 벌써 우리 기차는 떠나고)로 시작되며, 『경부텰도노래』는 "우렁탸게토하난, 긔뎍소리에 / 남대문을등디고, 떠나나가서"로 시작한다.

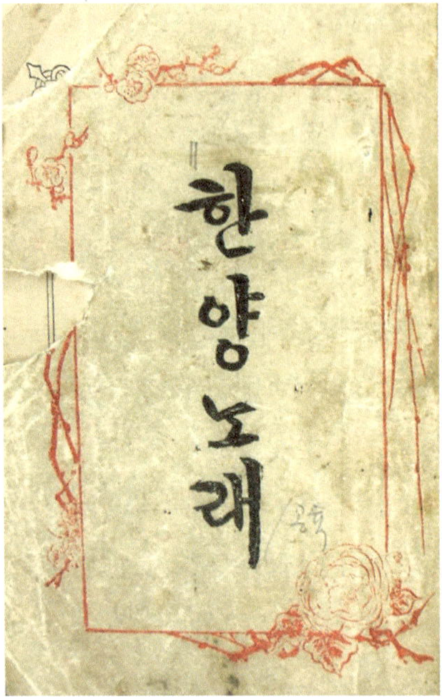

〈그림 2〉『한양노래』 표지

선의 문명개화와 부국강병을 위해 배우지 않으면 안 될 선행텍스트였던 것이다.

육당의 문명에 대한 신뢰와 열정은 당연히도 그것이 처음 모이고 갈라지는 원점 '한양-경성'에 대한 시각에도 결정적인 영향을 미친다. 그에게도 '한양-경성'은 생활공간이 아니라 문명의 위대성을 확증하는 근대적 표상공간이었다. 이것을 상징적으로 드러내는 것이 '기차'에 대한 시선이다. '기차'는 단지 빠른 탈 것이 아니라 감각과 삶, 세계의 근본적 변화를 상징하는 혁명이다. '기차'는 전근대의 불균질한 시공간 경험을 균질한 동시적 경험으로 신속히 대체했다. 또한 문명을 집중시키고 배분하는 첨단 매체였으며, 세계를 하나로 묶어주는 동시에 타국과 자국의 차이를 명확히 드러내는 인식의 표지였다.

최남선은 한일합방 이전인 1908년 무렵 장형(長型) 창가 세 편을 창작했다. 『경부텰도노래』와 『한양노래』, 「세계일주가」가 그것이다.[28] 이

28 『소년』 창간호 광고에서 처음에는 『경부철도가』와 『한양가』로 소개되었다. 하지만 단행본은 이미 『경부텰도노래』와 『한양노래』(공히 신문관, 1908)로 출간되어 판매 중이었다. 이런 제목은 대중성에 대한 고려 이외에도, 최남선 특유의 자국어에 대한 근대적 감각으로 이해할 수 있을 것이다. 한편 『한양노래』 말미의 광고란에는 '차서(此書)의 형제'라는 이름 아래 『경의철도가(京義鐵道歌)』의 근간을 예고했으나, 이것의 출간 여부는 지금껏 확인되지 않는다. 저 광고의 왼편에 「세계일주가」를 인쇄 중이라 밝히고 있지만 그 발간은 『청춘』 창간

것들은 공통적으로 '기차'의 문명성과 편리성에 대한 매혹을 드러냈는 바, '한양-경성'은 그 경험을 표상하는 토포스(topos)였다. 가령『경부텰도노래』는 '남대문뎡거장'을 출발하여 부산역에 이르기까지 경부선이 거쳐 가는 역사(驛舍)의 과거와 현재를 소개한다. 그 내용을 보면 근대 문명은 역사를 통해 전파될 것이며, 역사 소재 도시는 문명공간으로 성큼 올라설 것이란 주장이 확연하다.「세계일주가」[29]는 '경성'을 출발, 세계에 부설된 철도를 따라 문명국의 수도와 주요도시를 유람하는 내용을 담았다. 이 여행은 그러나 실제 유람과는 거의 무관한 앎의 주유(周遊), 즉 세계지(知)의 확충과 근대문명의 위대함을 확인하는 '근대적 앎'의 획득 여정에 가깝다. 비록 지(知)의 상상적 편력이기는 해도, 조선은 기차(철도)를 통해 세계로 나아가고 세계는 조선으로 모여든다. 이런 통합 체험은 중국에 편향된 기존의 세계지(知)와, 거기에 긴박된 민족과 자아의 정체성을 뒤흔드는 위험하고도 매혹적인 것일 수밖에 없다. 존재하지 않던 세계가 '한양-경성'의 철도로부터 갑자기 탄생한다는 비유는 이 때문에 가능하다.

호에 가서야 실현되었다.

29 최남선은「세계일주가」머리말에서 "세계지리역사상의 요긴한 지식"과 "조선의 세계교통상 추요(樞要)한 부분임을 인식케 할" 목적으로 지었다고 밝혔다. 두 가지 목적을 잘 요해하면,「세계일주가」가『한양노래』와『경부텰도노래』의 확장형이자 제국주의에 견인된 팽창욕의 소산임을 어렵지 않게 짐작할 수 있다. '경성'에서 '조선'으로, '조선'에서 '세계'로 넓혀가는 과정은 '기차'가 연상시키는 바의 무한진보와 팽창을 떠올리게 한다. 그 과정에서 제시되는 세계 각국, 특히 문명국의 모습은 이미『소년』에 사진과 그림 등으로 충분히 드러난 바 있다. 말하자면『소년』 수재 도상(圖上)의 시적 실물화가「세계일주가」인 셈이다. 이를 증명이라도 하듯이, 육당은「세계일주가」의 노랫말 아래에 각 도시를 대표하는 풍경과 건축물, 인물 등의 사진과 그림을 세심하게 배치하는 한편, 그것들의 이해에 필요한 각종 개념과 지명, 인명 따위에 대한 주석을 부기하고 있다. 한편『소년』과『청춘』에 실린 화보의 전략과 의미, 효과를 논한 글로는 길진숙,「문명 체험과 문명의 이미지」, 권보드래 외,『『소년』과『청춘』의 창』, 이화여대 출판부, 2007 참조.

『한양노래』[30]는 '한양-경성'의 문명개화의 상징으로서 '남대문 정거장'과[31] 조선 유일의 '노량진철교'(현 한강철교)를 화보로 싣고 있다. 이것의 힘과 절대성은 한양의 정통성과 권위를 상징하는 경복궁의 몇몇 건물과 나란히 제시되고 있다는 점에서 짐작 가능하다. 즉 도입된 지 10여 년에 불과한 기차와 그것의 부속물이 어느 사이엔가 절대왕조의 권위와 맞먹는 문명의 권력으로 인식되고 있는 것이다.

이처럼 최남선은『소년』과『청춘』에 세 편의 창가를 꾸준히, 그리고 열정적으로 선전했다.『소년』은 창간호부터『경부텰도노래』와『한양노래』광고를 게재했음은 물론 두 노래의 일부를 직접 실었다.[32]『청춘』창간호(1914.10)는 부록으로「세계일주가」를 전재했는데, 여행의 출발점은 물론 경성역이다.『소년』~『청춘』시대는 '한양'이 '경성'으로 개칭된 시점(1910.10)을 포함한다. 그런 점에서 이 창가들에 표현된 '한양'에 대한 인식과 감각은 '경성'에 대한 그것과 크게 다르지 않다. '한양-경성'은 식민공간이기 전에 문명의 신개지였고, 고대문명국 '대조선'이

30 『한양노래』(광고는『漢陽歌』)는『소년』창간호(1908.11)의 뒤표지에서 다음과 같이 소개·선전된다. "한수(漢水)의 유(流)가 기원(基源)이 장(長)하고 화산(華山)의 봉이 기기(其基)가 고(固)한데 낙산(駱山) 모악(母岳) 사이에 오운(五雲)이 장유(長留)하니 이는 오(吾) 황(皇)의 정거(定居)로 아(我) 민중이 공앙구담(共仰俱膽)하난 지(地)라 차(此)에 대하야 가송(歌頌)이 유(有)하니 왈(曰)『한양노래』라 청신한 조(調)와 강건한 사(辭)로써 장춘(長春)의 이화(李花)를 송(頌)하고 써 항소(恒少)한 부민(府民)의 지기(志氣)를 격려하니 부(府 : 한양-인용자)의 현세(現勢)를 알니고 믿 향토적 사념(思念)을 듀는데 무이(無二)한 양사(良師)라 이십만 부민이 인개회지(人皆懷持)하야 시상영가(時常詠歌)할 호서(好書)니라."

31 여기 실린 '남대문정거장' 사진은『경부텰도노래』와「쾌소년세계주유시보」(『소년』창간호, 1908.11, 77면)에도 등장한다.

32 『소년』제1년 2권(1908.12)에 실린「경부철도가 일절(一節)」(72면)은 미륵역(彌勒驛)과 황간역(黃澗驛)을 지나 막 '추풍령의 이마'에 올라탄 경부선을 그렸고,「漢陽歌一節」(79면)은 대한제국의 독립정신과 저항의식을 상징하는 '독립문'과 '장충단'을 그렸다. 단행본상으로는 전자가 33~34연, 후자가 10~11연에 해당한다.

현재화되는 전통계승의 공간이었다. 육당에게도 '한양-경성'은 현실의 삶보다는 문화정치의 경연장이었던 셈이다.

문명에 대한 개방적 태도는 『신보』에서 보지 못한 근대체험과 그에 따른 세계와 삶에 대한 인식 변화를 이끄는 주요 원인이다. 가령 『경부텰도노래』 1, 2연에는 '남대문 정거장'을 떠나 바람처럼 달리는(그래봐야 시속 20km정도였지만) 기차의 모습과 평범한 조선인들이라면 기겁할 만한 기차간 내부가 그려져 있다.[33]

一, 우렁탸게토하난, 긔뎍소리에
남대문을등디고, 떠나나가서
빨니부난바람의, 형세갓흐니
날개가딘새라도, 못따르겠네

二, 늘근이와뎖은이, 석겨안졋고
우리네와외국인, 갓티탓스나
내외틴소다갓티, 익히디너니
됴고마한딴세상, 뎔노일웟네

—『경부텰도노래』 1면[34]

---

33 『경부텰도노래』에서 '한양' 일대와 여타의 지역들을 표상하는 방식의 차이는 매우 흥미롭다. '남대문뎡거장'(현 서울역)과 용산역, 영등포역(당시 경기도 관할)을 서술할 때는 주로 철도와 관련된 풍경과 사물들을 다룬다. 더욱이 육당은 전차로가 놓인 '남대문'과 '남대문뎡거장', '로량딘쇠다리(鐵橋)'를 찍은 사진들을 노랫말 아래 배치함으로써 문명성의 사실성을 확연히 표상한다. 이에 반해 각 지역들은, 대구, 마산, 부산항 등을 제외하고는, 전래의 유명 사찰과 성루, 누각 등의 건축물 사진이 제시되거나, 그 특성과 풍물이 노랫말 아래 주석의 형식으로 소개되고 있다. 이 주석들은 국문 옆에 작은 한자를 병기한 노랫말의 국문체와 달리 현토체에 가까운 국한문체로 일관되어 있다. 요컨대 '한양-경성'(문명)이 눈앞의 '사실'이라면 지방(비문명)은 여전히 오래된 '지식'과 '안내'의 대상이다.

34 원문(세로쓰기)에는 '긔뎍' 옆에 '汽笛'이, '남대문' 옆에 '南大門'이 '내외틴소' 옆에 '內外親疎'가 병기되어 있으나 여기서는 편의상 생략했다. 참고로 단행본 『경부텰도노래』 및 『한양노래』와 『소년』에 일부가 소개된 그것들의 표기체계가 달랐다는 점은 꽤 주목할 만하다. 단행본에서는 국문체를, 『소년』에서는 국한문체를 사용했다. 물론 국한문체라 해도, 국문을 한자어로 교체한 정도라 문장의 변형은 거의 일어나지 않는다. 단행본과 『소년』의 독자를 어느 정도 구분한, 다시 말해 문해력(文解力)의 차이와 편이를 고려한 결과로 생각된다. 이들 단행본과 『소년』지 수록분 표기체계의 차이와 동일성에 대해서는 권두연, 「『소년』, 문체 실험의 장」, 『민족문학사연구』 36, 민족문학사연구소, 2008, 122~125면 참조.

기차간에 "늘근이와 덞은이" "우리네와 외국인"이 같이 섞여 앉아 있다. 최남선은 이 희안한 광경을 보면서 "됴고마한싼세상, 뎔노일웟네"라며 경탄할 수밖에 없다. 사람들이 계급과 인종, 성별, 나이에 관계없이 섞여 앉아 있다는 것은 중세적 질서관에 여전히 침윤되어 있던 조선인들에게는 가히 공포스런 경험이었을 것이다. 하지만 기차간은 근대가 가져온 관계의 수평화와 삶의 합리화를 유감없이 발휘하고 선포함으로써 새 시대의 도래를 못박는다. 이런 경험을 통해 근대적 개인은 탄생되며, 또한 그 고유성이 다른 여러 인종과 외국인들을 정중히 수용하고 배려하는 세계인의 감각이 내면화된다.[35]

'한양-경성'은 그런 의미에서 확장된 '기차간'이랄 수 있다. 이 놀라운 경험은 제국주의 열강이 각축하던 '한양-경성'에서 시작되고 확장된 것이었으며, 또 '한양-경성'을 떠날 때나 도착할 때 보다 뚜렷하게 체험 가능한 사건이었다. 최남선이 낯선 광경에 대한 호기심이나 이질감 때문에 이 장면을 묘사한 것은 물론 아닐 것이다. 궁극적으로는 거기에는 문명에 의해 일궈질 국민국가의 가능성, 그러니까 사해동포주의와 자유, 평등의 윤리를 풍부히 획득한 '신대한'의 미래가 담겨 있을 것이다.[36]

---

35 이런 경험은 철도의 문명성을 칭송하는 육당과 춘원의 『무정』에서나 벌어질 수 있었던 희귀한 사건이었다. 식민지 근대성은 이른바 무국(無國)과 무전(無錢)은 유죄라는 세간의 속설을 차별과 배제의 원리로 새롭게 출현시켰다. 문명성에 대한 식민성의 압도적 우위. 조선의 그 슬픈 자화상은 염상섭의 『만세전』과 현진건의 「고향」, 이태준의 「고향」과 임화의 「현해탄」 연작 등에서 뚜렷이 부감된 바 있다.

36 조선 내부에 대한 기차 여행기라 할 「쾌소년세계주유시보」(『소년』 창간호~제2년 3권, 제목은 거창했지만 결국 '개성' 여행기로 종료되었다), 「교남홍조」(제2년 8권 및 10권), 「평양행」(제2년 10권)에는 이런 의지와 주장이 역연하다. 하지만 동시에 저 퇴락한 왕조도시들이 상징하듯이 조선의 전근대적 실상을 실감하는 여행이기도 했다. 기차는 경이와 한탄, 도시와 지방에게 불편부당하면서도 차갑게 정중했던 것이다.

〈그림 3〉 경회루(경복궁)

그러나 육당은 이미 그 '기차간'에 "신분차별 대신 제국민과 식민지민을 가르는 민족차별, 화폐소유에 따른 계급차별이 얼굴을 내밀"[37]고 있음을 미처 간파하지 못했거나, 아니면 의도적으로 무시했음을 우리는 잘 알고 있다.[38] 그는 오래지 않아 근대문명을 실어 나르고 퍼뜨리는 철도의 연선(沿線)과 철선(鐵船)의 항해도를 벗어나, 대황조(단군)가 주재하는 '대조선'으로 서둘러 문명과 삶의 지표를 옮아갔다. 왜냐하면 식민화에 빠져든 국가와 민족의 구성원들의 구원이 그들을 오래전 문명국의 '선민'으로 귀환시킴으로써 가능하다고 상상했기 때문이다.[39]

---

37 박천홍, 앞의 책, 10면.

38 『경부텰도노래』의 "우리들도어늬때, 새긔운나서 / 곳곳마다일흔것, 탸댜들이여 / 우리당사우리가, 듀당해보고 / 내나라짱내것과, 갓티보일가"(64연)와 "식뎐(食前)부터밤까디, 타고온거리 / 내짓짓더안더도, 신산난이겨 / 어늬때나우리힘, 굿세게되야 / 내팔뚝을가디고, 구울너보나"(66연) 등은 육당이 문명의 식민성에 대해 결코 둔감하지 않았음을 보여준다. 그러나 "이런생각뎌생각, 하랴고보면 / 한이업시뉘내여, 연속니오니 / 텬리(千里)길을하루(一日)에, 다다른것(抵達)만 / 긔이하게생각코, 그만눕시나"(67연)에서 보듯이, 오히려 문명성을 재차 동일화함으로써 삶의 불안과 식민성을 은폐, 삭제해버린다.

39 육당의 『소년』지 시(가)를 대상으로 이 문제를 논한 글로는 이 책 제2부 제3장과 제4장인 「'신대한'과 '대조선'의 사이－『소년』지 시(가)의 근대성」(1)과 (2) 참조.

하지만 '기차'의 차디찬 합리주의는 시간이 갈수록 더욱 사나운 위세를 떨치면서 조선의 선민의식을 무참히 능욕해 갔는바, 육당 자신도 예외일 수 없었다. 과연 육당의 선민 의지는, 아니 허황된 내면은 1920년대 들어 일제와 야합함으로써 타자에의 동화를 선민의 구제로 치환하는 비극적 전환을 몸소 실현해갔던 것이다.

"제도(帝都)의 영광을 찬미"[40]할 목적으로 지어진 『한양노래』는, '한양'의 정통성과 권위를 주장하는 한편, 거기서 "탼란하게꼳피일 새문화", 곧 근대문명의 현재와 가능성을 주로 알린다. 말하자면 '기차간'의 경험을 전면화하고 일상화하는 공간인 것이다. 고도(古都)로서 '한양'은 주로 경복궁과 덕수궁, 그리고 장충단 사당에 의해 표상된다. 즉 충군애국과 국태민안의 논리가 수행되는 숭엄한 공간인 것이다.

八, 인왕산을등디고 일난경복궁
우리황실五百년 옛딥이로다
넓고넓은광화문 압길엽헤는
가디런타각마을 느러읻고나

一一, 남산밑헤디여논 댱튱단뎌딥
나라위해몸바틴 신령뫼신데
태산간흔의리엔 목숨보기를
터럭간티하도다 댱한그분네

—『한양노래』 4면 및 6면

---

40 이를 위해 육당은 『한양노래』에 경복궁의 근정전과 경회루(〈그림 3〉), 창덕궁의 인정전 사진을 배치했다. '경회루'는 그 용도가 국왕의 각종 축하연이나 유흥에 있었음은 주지의 사실이다. 일제는 이를 활용, 따로따로인 '경회루'와 '조선 기생'을 하나로 결합함으로써 조선의 퇴락과 퇴폐를 교묘히 환기시키는 사진엽서를 여러 편 제작·유통시켰다. 그럴 경우 애달프고 우수에 찬 '조선 민요'를 함께 배치하는 법을 잊지 않았다. 육당의 문화민족주의와 일제의 식민지 문화정치학은 이렇게 서로 엇나가며 갈등을 거듭했지만, 승리는 결국 일제의 몫이었다.

경복궁과 장충단은 왕조도시로서 '한양'의 위용과 '조선'의 치세를 떠받쳐온 충군의 정신을 대변하는 곳이다. 이들은 왕조의 무능과는 관계없이, 내외국인에게 '조선'을 대표 / 대체하는 상징적 공간이란 점에서 의미화의 가치가 충분하다.[41] 사실 『한양노래』가 지어질 즈음 황궁의 지위는 '덕수궁'[42]에 있었고 '장충단'은 일개의 시민공원으로 변질되었음을 고려하면 그 신성성은 이미 현저히 약화되어 있었다.[43] 하지만 시간의 내력과 '국체'의 전통은 여전히 '경복궁'과 '장충단'을 특권적 기억의 장소로 승인했던 것이다.

육당이 조선왕조에 대해 공공연한 적의를 드러냈다는 통설이 일반화되어 있지만, 경복궁과 덕수궁에 대한 정중한 예의와 물질문명의 착실한 유입에 대한 경탄을 보면 대한제국이 시행한 '한양' 개조사업에 대해 상당히 기대한 듯하다. 육당이 거기서 문명의 주체성을 읽었을지라도, 하지만 그것은 냉철히 말해 '결여'의 시선이었다. 김수영은 이 시기 한양거리를 활보했던 비숍의 여행기를 읽은 끝에, 어느 날 문득 '가장 아름다운 우리말 열 개'를 감격스럽게 조우한다. "요강, 망건 (…중

41 과연 육당은 '경복궁'을 "상서긔운어리운 굉댱한뎌딥 / 인민들은굽으려 경배하여라 / 우리 성상 계신 곧 / 뎌곧이니라"(7연)며 숭고화하고 있다. '경복궁'은 왕의 주거 여부와 상관없이 '국체'가 실현되고 계승되는 상징정치의 공간인 것이다.

42 고종이 거주하던 '덕수궁' 주변은 다음과 같이 묘사된다. "굽으렷던머리를 다시드러서 / 엄숙하게경배해 덕수궁압해 / 그뒤에느러읻난 여러뾰뾱딥 / 태서각국령사관 그것이로다"(9연)

43 경복궁과 남산 일대를 둘러싼 조선과 일본의 쟁투는 공간의 정치화를 극명하게 보여준다. 조선에게 이것들은 왕조의 권위와 인민의 정신을 대변하는 절대공간에 해당된다. 일제는 경복궁 내에 조선총독부 청사를 1916.7~1926.10에 걸쳐 건축하였으며, 남산의 한양공원(현재 남산식물원) 자리에 조선신궁을 1920.5~1925.6에 걸쳐 조성하였다. 또한 을미사변과 임오군란 때 죽은 신하와 장병들, 이른바 항일과 배일의 상징성을 가진 인물들을 제향하던 장충단 일대를 1908년 공원화했으며, 그 주변(북성동)에 사창(私娼), 즉 유곽을 설치하였다. 따라서 세 공간은 조선의 식민화가 가장 끔찍하고도 용의주도하게 진행된 곳이라 할 만하다.

략…) 애 못 낳는 여자, 무식쟁이."[44] 하지만 육당에게 이것들은 근대문명 속에 은폐되거나 새롭게 변혁되어야 할 야만과 궁핍의 습속에 지나지 않았을 것이다.

『한양노래』에는 왕조와 문명은 존재하되, 그것들에 의해 생명과 안전을 위협당하던 인민들의 삶은 존재하지 않는다. 이것은 육당이 기존권력과 식민권력이 침투해 들어오지 못한 사적인 공간, 다시 말해 자신의 정체성을 회복할 수 있는 장소를[45] 비문명이란 명분 아래 의도적으로 삭제했음을 의미할 수도 있다. 그런 의미에서 '한양-경성'은 더욱 끔찍해진 타자들의 공간인 동시에, 인민들에 대한 식민성의 주권자가 기존권력에서 식민권력으로 어떻게 대체되는지를 보여주는 정치적 습벽의 장소일 따름이다.

〈그림 4〉 종로 보신각

44 「거대한 뿌리」의 일절이다. 이 시를 중심으로 '진정한 아름다운 우리말'에 대한 사유를 깊이 있게 펼친 글이 「가장 아름다운 우리말 열 개」(『김수영전집 2-산문』, 민음사, 1981)이다.

'한양-경성'의 근대를 표상하는 것으로는 태서(泰西) 각국의 영사관과 독립문 같은 건축물, 화보로 제시된 '남대문 정거장'과 '노량진철교',[46] 회사와 은행 따위의 자본주의 기관, 그리고 전차[47]와 자동차, 전기, 전화, 전보, 수도, 가스, 공장 연통 등과 같은 편의시설이다. 이것들은 아직은 조선 전반의 삶을 뒤바꿀 정도의 위력은 아니었지만, '한양-경성'의 일상만큼은 농가본위의 제도로부터 신속히 이탈시키는 시스템의 전환을 가져오는 '무섭고도 멋진 신세계'의 주역들이었다. 다음에서 보듯이 문화생활은 꿈이 아니라 이미 현실이었던 것이다.

> 十五, 이리뎌리다니난 뎐탸댜동탸
> 우아래로매여논 뎐화뎐보듈
> 새새틈틈달니난 마탸구루마
> 교통긔관탸림도 갇툐아가네
>
> 十六, 한강물을대여온 수도로서는
> 맑고단물우리게 기러다듀고
> 머디안해「까스」도 맨드러내여
> 우리들의싸움을 대답하갰네
>
> —『한양노래』 8면

어찌 보면 『한양노래』는 조만간 스러져갈 대한제국의 안타까운 성세(盛世)에 바쳐진 뒤늦은 송가(頌歌)에 가깝다. 대한제국이 '한양' 개조사업을 진행하며 의도했던 목표들, 이를테면 조선왕조를 계승한 대한

45 김백영, 앞의 글, 78면.

46 『한양노래』에 실린 '남대문 정거장'과 '노량진철교' 사진은 이 책 제1부 제1장 「철도창가와 문명의 향방—『경부텰도노래』와 『만한철도창가』의 경우」 소재 〈그림 9〉의 '남대문정거장' 및 〈그림 10〉의 '노량진 쇠다리'와 동일하나.

47 〈그림 4〉는 『한양노래』 7~8면에 실린 사진과 동일하며, 이를 고려하여 최남선이 붙인 제목 '종로 보신각'을 그대로 취했다. 인용한 『한양노래』 15연에서 보듯이, 유당은 아직도 지저분한 한복의 짐꾼들이 우마(牛馬)를 이끌며 짐을 나르는 후진적 운송법을 그 앞을 빠르고 편리하게 달리는 전차의 운송법이 대체하기를 바라고 또 바랐을 것이다.

제국의 '국체' 개혁과 부국강병, 일상의 합리화를 향한 문명개화가 빠짐없이 들어있기 때문이다.[48] 그런 까닭에 문명의 선한 측면은 부각되지만 악한 측면은 말끔히 거세된다. '한양-경성'은 이 순간 식민성이 문명성에 완전히 포획되어 길들여진, 허구적이기 짝이 없는 "세계상에 일등"도시로 변신하는 기이한 착시가 발생한다.

그간 『한양노래』가 거의 연구되지 않은 까닭도 어쩌면 문명을 향한 일방적 구애와 그에 따른 '한양'의 도구화, 그러니까 복잡다단한 생활의 실상과 실감이 거의 무시되어 있기 때문인지도 모른다. 내밀한 맥락을 허락하지 않는 대상과 글쓰기는 스스로를 단성화하며 타자와의 대화와 소통 역시 크게 제약하기 마련이다. 『한양노래』는 문명의 식민성을 애써 숨겨도 그래서 낯설고 뼈아프다. 이런 느낌은 말미의 문명의 주체성에 대한 누차의 강조를 충분히 감안해도 크게 달라지지 않는다.[49] 그것 역시 문명을 향해 앞만 보고 달리도록 안대 채워진 경주마에 가해지는 채찍질의 일종임은 변함이 없기 때문이다.[50]

---

48 이즈음의 대한제국의 한양 개조 전략과 그에 맞선 일제의 식민도시화 전략에 대해서는 김백영, 앞의 글, 113~148면 참조.

49 가령 "그러나뼈에삭여 읻디마러라 / 우리들이듀당해 경영할걷이 / 남의손에드러서 편티몯함을 / 깨다라서힘쓰라 내가하도록"(『한양노래』, 18연)을 보라. 육당은 문명의 자주적 경영을 위한 원리를 특히 '오날식힌교육'에서 찾는다. 정치성은 되도록 탈각하면서 실력양성에 매진하던 『소년』의 노선이 뚜렷하게 드러나는 장면이다.

50 육당식 '구보씨의 일일'에 해당하는 「반순성기(半巡城記)」(『소년』 제2년 7권~9권)는 『한양노래』에 담았던 꿈, "우리한성부"가 "세계상에일등이 되고야마"는 일이 요원한 일일 수도 있음을 '한양'의 지리학적, 건축학적, 문화학적 제약(8권, 24면) 등을 통해 염려하고 있다. 『소년』 시기 육당의 내면 토로가 시(가)보다는 산문에서 더 우세하다는 사실 역시 흥미롭다.

4. 한일합방 후 '경성' 체험의 분화와 내면화 경로

'한양-경성'은 하나의 '사실'로 존재했지만, 서로 다른 문명관을 지닌 지식인들에게 매우 상반되는 도시로 경험되었다. 당시 일반인들이 체험한 '한양-경성'의 근대성의 실상은 아마도 『신보』와 최남선이 표상한 '경성' 사이에 무수히 산포되어 있을 것이다. 하지만 두 매체를 제외하면, 문명성을 압도하는 식민성의 파고에 전격 노출된 '한양-경성'의 일상적 경험을 기록한 유의미한 문학적 기록은 드문 편이다. 이것은 계몽주의에 경사된 당대 문학의 미숙성과 병립하고 있던 원근법의 부재, 곧 문명화의 열기와 식민화의 냉기가 착종된 당대 현실을 객관적으로 응시하는 시좌(視座)의 미성숙에서 기인한 것일지도 모른다.

이에 비해 1910년대 이후 '경성'에 대한 관찰과 감상의 소회는 간간히 엿볼 수 있을 정도는 된다. 대체로 이즈음 지식인들에게 '경성'은 여전히 문명의 세례가 더욱 요구되는 낙후된 도시로 인식되거나, 아니면 총독부의 시선이 깊숙이 개입된, 개발의 활기로 넘쳐나는 근대도시로 과장된다.[51] 전자의 예로는 소성 현상윤과 춘원 이광수가 주목된다. 주지하다시피, 이들은 『청춘』의 주요멤버이자 도쿄의 조선유학생기관지 『학지광』의 주요 필진이었다. 그런 만큼 이들의 문명 의지는 육

51 벽종거사(碧鍾居士), 「경성유람기」, 『신문계』 5권 2호, 1917.2. 이 작품은 구한말 시류에 떠밀려 낙향했던 이승지가 경원선을 타고 오다가 자기 집의 하인에서 어엿한 금융인으로 성장한 김종성(金鐘聲)과 대발명가를 꿈꾸는 소년 어성룡(魚成龍)을 만나 '경성'의 근대적 풍물을 함께 구경한 후 일제의 통치에 감사하게 된다는 내용을 담은 전형적인 정책소설이다. 작품 연구로는 권보드래, 「1910년대 '新文'의 구상과 「경성유람기」」, 『서울학연구』 18, 서울시립대 서울학연구소, 2002 참조.

당에 거의 방불했으며, '경성'의 개조에 필요한 유효한 모델로 도쿄를 참조하곤 했다.

모방자요 뒤쳐진 자로서 이들의 내면은 이중적일 수밖에 없었다. 이들에게 '경성'은 "아니되랴는 경성가치만 보이고 물러가랴는 경성가치만 보이"는[52] 우울한 공간이었다. 달리는 "교육으로 보던지 경제로 보던지 문학 언론으로 보던지 모든 문명ᄉ상의 보급으로 보던지 장족의 진보를 ᄒ얏스며" "상공업의 발달"이 급속히 진행되는 '대도회'였다.[53] 하지만 '경성'의 우울과 명랑은 '식민성'과 생활현실에는 눈감은 채 결여든 충족이든 '문명성'을 기준으로 발현되고 있다는 점에서 편협함을 면치 못한다. 이럴 경우 '경성'은 도쿄의 타자이자 일그러진 거울 '케이죠'로 더욱 고착될 수밖에 없다.

그런 점에서, 합방 후 '경성'을 얼치기 개화꾼의 후예 '신사'들의 부패한 돈놀이와 가당찮은 협잡이 횡행하는 부랑(浮浪) 공간으로 비판한 「냉매열평(冷罵熱評)」의 존재는 소중하다.[54] 물론 『소년』부터 주창해온

52 소성(小星), 「경성소감(京城小感)」, 『청춘』 11, 1917.11, 124면. 현상윤은 그 이유를 '경성'이 '경쟁의 미(味)'를 감축할 수 없는 정체된 도시, 학문과 거리가 먼, 도서관 하나 학회 하나 없는 '독갑이' 도시, '튼튼하고 근검한 평민적 냄새'는 없고 '아양잇고 화사한 귀공자풍'만 난무하는 '허영'의 도시라는 점에서 찾았다.

53 이광수, 김철 교주, 『바로잡은 『무정』』, 문학동네, 2003, 719~720면. 『무정』(1917)의 결말 일부로, 형식과 선형, 영채가 미국유학을 떠난 뒤 벌어진 조선의 발전을 보고한 것이다. 조선의 '장족의 진보'는 사실이기 전에 춘원의 문명에 대한 욕망이 투사된 결과물일 것이다. 과연 춘원은 「東京에서 경성까지」(『청춘』 9, 1917.7)에서 "해가 쓰니 초라한 조선의 쏠아군이가 분명히 눈에 띄운다"라고 한 후, "네가 지금 이러한 새 누리의 도안을 그리는 중이 아니냐. 그러타. 그러나 밧바할것업다. 쳔쳔히 쳔쳔히 굉장하고 영원한 것을 그려다오"(80면)라고 쓰고 있다. '새 누리의 도안'의 문학적 표현이 『무정』임은 두말 할 나위 없다.

54 열돌음빙객(熱突飮冰客), 「냉매열평」, 『청춘』 3~7, 1915. '경성' 신사들의 허구성은 자기계발과 실력양성 없이 유행을 뒤쫓고 황금숭배와 저급한 유희에 몰두하는 무능함에서 적나라하게 드러난다. 이들의 '레디메이드 인생'은 그러나 식민성이 압도하는 파행적 문명화의 결과이기도 하다.

'무실역행'의 실력양성론을 여전히 대안의 논리로 삼았다는 점에서 그 한계는 분명하다. 그러나 이 논리가 1920년대 사회주의를 포함한 진보적 이념과 사상이 등장하기 전까지 식민지 조선의 실상과 허상을 나름대로 비춰보는 유효한 틀로 작용했음을 아예 부인할 수는 없다.

'경성'이 원근법에 의해 조망되는 내면화의 대상이 된 것은 1920년대 이후의 일이다. 단적인 예로, 염상섭의 『만세전』은 조선과 경성의 낙후성과 식민성을 '묘지'로 표상함으로써 문명성의 허상을 걸출하게 점묘했다. 이에 비한다면, '경성'을 겨냥한 시의 성과는 여전히 미약했다.[55] 자유시의 도출에 바빴던 탓일까, 아니면 '경성'이 아직도 유의미한 통찰과 정서의 대상이 되지 못했던 탓일까.

> 文明機關의 總神經이 이곳에 집중되어
> 오오! 현대문명이 이곳에 있어,
> 경찰서, 사법대서소, 재판소, 감옥소, 교수대,
> 학교, 교회, 회사, 은행, 사교구락부, 정거장,
> 실험실, 연구소, 운동장, 극장, 음모단의 소굴,
> 아아 정신이 얼떨떨하다.
>
> 아침에는 수없는 사람의 무리가 머리를 동이고
> 일터로! 일터로! 밥벅을 사러도
> 저녁에는 맥이 풀려 몰려나오는 사람의 무리가

55 식민지 시기 '경성' 시편을 연구한 글로는 권오만, 『서울의 시, 서울의 시인들 — 일제 강점기편』(혜안, 2004)을 들 수 있다.

위안을 구하려, 향락장으로 향락장으로!

연극장과 도박장과 유곽과 기생집은

한 집도 빼놓지 않고 만원이다.

—박팔양, 「도회정조(都會情調)」 부분(1926)[56]

박팔양과 함께 '카프'에 참여했던 이상화에게도 「가상(街相)」(1926) 등 속의 '경성' 시편이 있지만 거기에는 민족상실의 울분이 다분하다. 그런가하면 이상화와 짝을 이룬 시선집[57]의 주인공 이장희의 「겨울의 모경(暮景)」(1926)도 있지만, '경성'의 저물녘을 "환등의 영사막이며 침울한 뎃상을 보는 듯하다"로 표현함으로써 삶의 구체성을 잠재우는 대신 정처 불명의 우울을 편재하는 데 그친다.

이에 비해 「도회정조」는 굳이 '식민성'을 들먹이지 않더라도 도시문명이 도회인들을 어떻게 포섭하고 지배하며, 또 어떻게 억압하고 타자화하는지를 실감나게 묘사하고 있다. 문명의 톱니바퀴는 삶의 해방보다는 삶의 분열과 소외를 먼저 일상화하며, 따라서 대중들은 "위안을 구하려, 향락장으로 향락장으로" 달려갈 수밖에 없다. 삶의 보존과 휴식, 재편 행위로서의 '놀이'가 아니라 삶의 소비와 유기(遺棄)로서의 '향락'. 황금숭배에 미쳤던 '신사'와 '신여성'들은 '모갸루'(모던 걸)와 '모뽀'(모던 보이)로, 자본의 서기와 노동자로, 카페여급과 기생, 여학생으로 분화하며, 식민도시 '경성'의 우울과 명랑을 끊임없이 확대 재생산해 갔던 것이다. 오늘날의 서울 풍경에 훨씬 가까워 보이는 「도회정조」의

56 박팔양, 『태양을 등진 거리』, 미래사, 1991, 35면.

57 백기만 편, 『상화(尙火)와 고월(古月)』, 청구출판사, 1951.

'경성'은 과연 '한양-경성'에서 얼마나 멀리 달려온 것인가, 아니면 여전히 그 주변을 맴돌고 있는 것인가. 이에 대한 답은 일제의 지배와 개발이 훨씬 촘촘해지는 1930년대의 '경성' 시편을 검토해보면 보다 분명해질 것이다.

／제3장／

제국 · 문명 · 투어리즘

최남선의 「세계일주가」(1914)*를 읽는 한 방법

1. 투어리즘의 근대성 또는 양면성

여행과 관광을 포괄하는 투어리즘(tourism)은 우리에게 어떤 것일까? 대개는 정신적 여유와 물질적 풍요를 바탕으로 타지나 이국, 그곳 사람들과 문물 / 문명에 대한 호기심을 만족하기 위한 긍정적 휴식 또는 탈출 행위로 여겨진다. 사적 취향과 감각의 충족을 우선하는 낭만성은 투어리즘을 역사현실의 내면화나 성찰보다 그것의 회피나 초월로 일

* 최남선의 「세계일주가」는 『청춘』 창간호(1914.10)에 전작(全作)이 게재되었다. 그러나 『한양가』와 『경부철도가』 발간 광고를 싣고 있는 『소년』 창간호(1908.11) 뒤표지를 보면 "世界一周歌 符印中", 곧 인쇄 중이라는 표지(標識)가 보인다. 실제로 「세계일주가」상의 각종 자연, 유물, 인물, 세계 경관과 도시 화보들은 『소년』에 지속적으로 실린 그것들과 일치하는 경우가 많다. 하지만 모종의 이유나 사건으로 인해 「세계일주가」의 인쇄 및 유통은 『청춘』의 부속품 자격으로 실현되는 굴욕을 피하지 못한 것으로 보인다.

반화해 왔다. 기껏해야 지배계급의 자연유람이나 성지순례 정도에 지나지 않던 투어리즘은 근대에 들어서며 그 대중적 성장과 향유의 기틀을 갖추게 된다. 자본과 기술의 발달, 기차와 도로 등 교통체계의 급속한 성장, 도시의 발달과 향토의 상실, 문명 혹은 문화적 욕망의 일상화, 여행의 안전성과 편의성을 보장하는 권력(보호) 장치로서 국민국가와 자본주의, 그 통합체 제국주의의 성장.[1] 이런 역사적 배경을 참조하면, 투어리즘은 사적 욕망과 그 발현이 수립한 자율적 제도기는커녕, 제국주의로 표상되는 전체-권력에 의해 견인되고 성장한 일종의 의사-국가장치라 할 만하다. 과연 투어리즘의 어떤 대중화 과정이 그 사적 특수성을 국가적 보편성 아래 종속시킨 것일까.

투어리즘은 구심력과 원심력의 동시적 작용을 그 원리로 삼는다. 구심력은 타지와 타인을 향한 자아의 호기심과 취향을 충족시킴으로써 자기고양을 실현하는 내포의 심화와 관련된다. 이를 통해 자아정체성은 보다 확고해지며 친밀한 것들을 향한 동일성의 감각 역시 더욱 강화된다. 원심력은 그 동일성을 넘어, 이질적인 것에 대한 차이의 인식과 지배로 나아가는 외연의 확장과 연결된다. 도시의 향토 소비와 심미화, 제국주의의 식민지 지배, 다시 말해 문명화와 만지(蠻地)화의 이중적 전략 따위는 근대 투어리즘이 기여한바 외방을 향한 자기고양과 영역 확대의 실질적 매개체들이다.[2]

---

1 이런 현상을 포괄적으로 다룬 대표적 저작으로는 철도 여행의 발전 과정과 시공간의 변화, 그에 따른 근대인의 세계 이해 및 취향·취미의 변화 등에 주목한 볼프강 쉬벨부쉬, 박진희 역, 『철도 여행의 역사』, 궁리, 1999 및 빌 로스, 이지민 역, 『철도, 역사를 바꾸다』, 예경, 2014 참조.

2 근대 전환기 일제와 서구의 (식민지) 조선에 대한 여행의 발견과 영향, 문화적 지배와 억압의 문제 따위를 제국·식민·타자의 관점에서 살펴본 저작으로는 서기재, 『조선 여행에 떠

이런 투어리즘의 양면성을 두고 닝 왕(Ning Wang)은 근대성 아래의 국민국가화 및 세계화의 한 형식[3]으로 통칭한 바 있다. 투어리즘의 문화적 관심이 국민 / 국가 정체성의 형성과 발전으로 전유되어 갔음을 밝히는 언술인 것이다. 가령 투어리즘의 개인들은 기차에 함께 탄 동료들, 다시 말해 같은 언어, 역사, 영토, 문화, 혈통을 공유한다고 상상(≒신뢰)되는 다른 '나'들과 결속됨으로써 열혈 국민으로 거듭난다. 나아가 국가애에 단련된 국민의식은 특히 문명에 뒤처진 '붉은 땅'들을 가로지르면서 자신들의 물질적 · 정신적 우월성을 새삼 확인했다. 식민지의 문명과 전통을 향해 집행된 제국주의의 계몽과 착취는 식민지배의 정당성과 윤리성을 더욱 자연화 하는 한편, 제국=문명, 식민지=야만이라는 문화적 · 인종적 도식을 결정적으로 심화시켰다.

2. 최남선의 장편창가와 네이션의 상상력

우리 근대문학에서 투어리즘이 발휘할 국민국가화와 세계화의 효과, 아니 그 이전에 그것을 조선의 식민화를 돌파할 심미적 전략의 하나로 사유한 이가 있다면 그는 과연 누구일까. 아무래도 첫 자리에는

도는 제국』, 소명출판, 2011; 박찬승 편, 『여행의 발견, 타자의 표상』, 민속원, 2010; 조성운 외, 『시선의 탄생 – 식민지 조선의 근대관광』, 선인, 2011; 홍순애, 『여행과 식민주의 – 근대 기행문의 식민 · 제국의 역학』, 서강대 출판부, 2014 참조.

3 닝 왕, 이진형 · 최석호 역, 『관광과 근대성 – 사회학적 분석』, 일신사, 2004, 197면.

장편창가 『경부텰도노래』(신문관, 1908)와 「世界一周歌」(1914, 이하 「세계일주가」)[4]의 저자 최남선을 올려야 할 것이다. 두 편의 창가는 근대 동양에서 발생, 소비된 '철도창가'의 일종으로, 육당이 신문명의 통로로 활용한 일본에서 그 형식과 내용이 유래했다. 7·5조의 율격과 수십 편의 연속체 가사로 구성된 철도창가는 철도의 연선을 따라 새로 개척된 역사(驛舍) 주변의 경관과 풍취, 과거와 현재 들을 노래하되, 그 중심을 문명화된 국민국가의 수립과 찬양에 맞추었다. 특히 육당의 철도창가는 가사와 더불어 현장성과 물질성을 담보하는 사진, 대상과 개념에 관한 보충설명을 수행하는 주석을 함께 갖춤으로써 해당 지리를 향한 앎의 틀과 문명의 서사를 확실히 제시했다.

과연 철도창가들은 여행안내서와 마찬가지로 실제 여행의 충동, 객관적 지리의식과 주관적 심상지리의 확충, 국내외 사정에 대한 새로운 앎의 획득과 향유를 향한 독서시장의 창출에 적잖이 기여했다. 더욱이 철도창가는 집단의 소비와 정서적 감염에 유능한 노래로 불리고 서책으로도 출간됨으로써 신문과 소설 못지않은 편의성과 확실성으로 '상상의 공동체', 바꿔 말해 국민국가의 창출과 국민의식의 각인에 제 역할을 다했던 것이다. 일본 와세다 대학에서 잠시나마 역사지리학을 학습했던 육당은 일본의 경험을 참조, 활용하는 가운데 조선 현실에 맞는 문명전환의 논리와 국민국가 수립 열망을 『경부텰도노래』와 『한양노래』(신문관, 1908)에 풍요롭게 담아내었다.

이 지점에서 기억해 둘만한 사실은 육당의 철도창가와 일본 철도창가 사이의 어떤 차이점이다. 철도창가의 비조 오오와다 다케키[大和田

4 『청춘』 창간호, 1914.10, 37~101면.

建樹]는 일본 여행의 즐거움을 노래한 『철도창가』(1899)와 조선・만주 여행의 참뜻과 웅지를 담은 『만한철도창가』(1906)를 차례로 제작하여 공전의 히트를 기록했다.[5] 전자는 『한양노래』처럼 국내의 전통과 문명화에 초점을 맞춘 국민국가화와 특히 관련된다. 후자는 만한의 역사와 현실에 충실한 여행기이기 전에 제국의 승리와 확장의 중요성을 진지하게 계몽하는 일종의 세계화 책략이라 할 만하다. 부산에서 만주 대련(大連)에 이르는 철도여행의 핵심적 서사는 신라와 조선, 청과 러시아와의 전투에서 거둔 혁혁한 승전과 처절한 고투의 경험들이다. 그 사이 사이에 동양 지배를 결과한 야마토[大和] 민족-근대 일본의 우월성과 조선・만주의 결핍과 후진성을 노골적으로 대조하는 사진들이 특히 러일전쟁 때의 전투 장면과 엇갈리게 배치되었음은 물론이다.

『만한철도창가』는 게다가 일본 문부성의 공인을 획득한 아동용 도서였다. 이것은 해당 도서가 해외여행의 이색풍취와 애잔한 향수 자극을 국민의식 함양의 주요방법으로 삼지 않았음을 뜻한다. 그보다는 식민지와 그곳의 토인들을 향한 지배와 시혜, 거기 내재된 수탈과 착취의 기술적 실천, 요컨대 제국주의 실현에 대한 자부심을 국가정체성 강화의 핵심전략으로 삼았다. 실제로 오오와다는 『만한철도창가』가 제국의 아동들에게 '만한 경영'의 포부와 영토 확장 의지를 심어주기 위해 편찬되었음을 권두언에서 공공연하게 밝히고 있다. 제국의 영토에 대한 심상지리 확장과 간교한 지배를 향해 치달리는 『만한철도창

5 『만한철도창가』에 대한 나의 견해와 입장은 이 책 제1부 제1장 「철도창가와 문명의 향방-『경부텰도노래』와 『만한철도창가』의 경우」와 보론 2 「일제 창가와 군가에 표상된 만주 제패의 의미-러일전쟁을 중심으로」 참조.

가』는 그런 면에서 아동용 노래로 위장된, 미래 어디선가 더욱 벅차게 울려 퍼질 개선가였다 하겠다.

이에 반해 『만한철도창가』와 부산에서 남대문까지의 노선을 공유하는 『경부텰도노래』는 국민국가화에서든 세계화에서든 자기영역의 공세적 확장보다 문명화의 시급한 달성이라는 현실적 목표에 초점을 맞추었을 따름이다. 『경부텰도노래』에서 국민의 집단적 결속보다 개인의 품성 개량이 더욱 강조되고 있다는 느낌은 이런 사정 때문이다. 그럼에도 우리는 『경부텰도노래』의 첫 장면을 기억해 둠직하다. “늘근이와졂은이, 셕겨안졋고 / 우리네와외국인, 갓티탓스나 / 내외틴소다갓티, 익히디너니 / 됴고마한짠세상, 뎔노일웟네.” 식민지 전락이 눈앞인 현실에서 만민평등 내지 사해동포주의의 이상을 노래하는 것은 꽤나 비현실적이다. 더군다나 이즈음의 기차간은, 『만세전』 이인화의 경험이 말해주듯이, 계급과 인종, 제국과 식민지, 빈부의 격차에 따라 철저하게 분리된 ‘설국열차’의 형태를 띠고 있었다. 하지만 이런 허구성을 감안해도, 육당이 소년(청년)들을 향해 문명인(국민)의 자세와 도리, 세계화의 비전과 방법이 특히 평등과 자유, 평화에 있음을 역설함으로써 시민적 품성과 윤리의 가치를 더욱 드높였다는 사실만큼은 아무런 변화가 없다.

『한양노래』가 500년 도읍 한양의 기억할만한 전통과 문명화의 현재에 초점을 맞추었다면, 『경부텰도노래』는 남대문역에서 부산역에 이르는 경부선 각역의 그것들에 주목하였다. 특히 조선의 문명화에 확실히 경사된 『한양노래』와 달리 『경부텰도노래』는 문명화의 저변에 그것을 주도하는 일제와의 관계, 다시 말해 식민화의 위험성을 이를테면

성환(청일전쟁)과 부산(임진왜란) 전투사의 고통스런 환기를 통해 인상 깊게 성찰하였다.[6] 이런 패배의 기억은 역사적 사실의 제시를 넘어 문명화의 주체와 방법, 곧 조선의, 조선에 의한, 조선을 위한 문명의 중요성을 날카롭게 제기했다는 점에서 의미 깊다. 물론 노래의 형식과 분량 상 문명화의 구체성은 빈약할 수밖에 없으나, 근대 투어리즘 본래의 국민의식의 창출과 국가정체성의 확립에서만큼은 매우 효율적이었다. 그 이상과 비전 속에서 지향된 국민국가의 구체가 '신대한'으로 호명되었음을 우리는 기억한다.

3. 최남선의 「세계일주가」와 이케베 요시다카의 『세계일주창가』

『청춘』 창간호에 전권 게재된 「세계일주가」는 세계화를 통한 국민의식의 고양과 특히 관련되는 철도창가다. 그것이 발표된 1914년 10월이라면 이미 식민지로 전락하여 일제의 지배책략에 속절없이 휘둘리던 시기였다. 요컨대 '신대한'이나 '대조선' 같은 국가-민족정체성 확립에의 선전이 불가능의 영역으로 재빠르게 밀려나던 시절이었던 것이

6 『경부텰도노래』와 『한양노래』에 대한 나의 견해와 입장은 이 책 제1부 제1장 「철도창가와 문명의 향방-『경부텰도노래』와 『만한철도창가』의 경우」 및 제2장 「근대계몽기 '한양-경성'의 이중 표상과 시적 번역」 참조.

다. 그렇기에 조선을 출발, 중국과 러시아, 발칸반도, 그리스를 경유하여 서유럽 제국들을 통과한 후 미국을 순례한 끝에 식민지 본국 일본에 도착, 주요 도시를 일별한 후 조선으로 귀환하는 철도여행의 서사는 문명의 편리성과 우월성을 중심에 두고 그 주변의 만지(蠻地)와 토인의 풍속을 점점이 배치하는 서열화의 방식으로 구성될 수밖에 없었다.

하나 더 기억해둘 일은 실제 체험의 소산인 『경부텰도노래』, 『한양노래』와 달리 「세계일주가」가 육당의 상상력과 지적 경험의 조합에 의해 창안된 허구적 여행담이라는 사실이다. 따라서 「세계일주가」에서는 여행 지대의 현실성과 그 탐방의 구체성을 생생하게 부감할 수 있는 사진자료 및 주석의 선택과 배치가 독서대중, 곧 미래의 국민들의 호응과 화답을 불러오는 핵심요인으로 작용할 수밖에 없었다. 「세계일주가」의 이런 특성은 그것의 원형을 이루는 몇몇 텍스트, 즉 『소년』(1908.11~1911.5, 통권 23호 발간) 소재의 기사들 및 일본의 『世界一週唱歌』(1901, 이하 『세계일주창가』)와 함께 비교될 때 보다 선명해진다.

먼저 『소년』의 경우. 육당은 연재물 「쾌소년세계주유시보」를 통해 세계여행의 중요성을 큰 목소리로 설파한다. 민족 쇠약의 원인을 "모험성 감퇴"로 인한 "모험과 경난(經難)"에서 찾는 그이고 보면, 여행은 낯선 것에 대한 호기심의 만족 이전에 민족의 강토 확인 및 영역 확장의 욕망과 크게 관련된다. 이를 위해 육당은, 국민국가화의 경우, 『경부텰도노래』, 『한양노래』, 「평양행」, 「교남홍조(嶠南鴻爪)」 등의 창가와 산문을 통해 '대조선'의 전통과 '신대한'의 미래를 열렬히 점묘해왔다. 이에 비해 투어리즘의 세계화는 몇몇 산문에서 욕망되었을 뿐 창가와 같은 대중적 형식을 얻지 못했다. 이런 제한은 세계여행이 제국주의의 전유물이던 당대의 국제 정세와 조선의 계몽과 문명화가 가장 시급했던 육당의 처지와 관련될 것이다.

하지만 육당은 제약된 세계여행을 선진국의 문명과 문화를 촬영한 사진을 집중 배치하는 한편 멸시의 시선이 투사된 야만의 화보를 간간이 배치하는 식으로 대체했다. 육당의 세계인식이 제국주의의 팽창의식에 직결되지 않았다 해도, 문명과 반개, 야만으로 서열화된 세계질서를 내면화하고 있었음이 드러나는 대목이다. 더군다나 육당은 문명과 야만을 가르는 이데올로기와 시선, 그것이 투사된 각종 화보들을 일본과 서구의 대중매체 및 서적을 통해 획득하고 있었다. 이것들이 「세계일주가」에 압축된 형식으로 제시, 재현되고 있음은 물론이다. 한 연구자의 "「세계일주가」는 사실 따지면 『소년』에 수록된 화보들의 총괄편이며, 동시에 세계의 풍경 및 풍속 화보의 집대성이라고 할 수 있다"[7]라는 지적은 이를 염두에 둔 발언인 것이다.

그렇다면 「세계일주가」를 통해 본다면, 육당은 식민화 이후에도 『소년』 시대의 문명화와 그를 통한 '신대한'의 건설 의지를 쉽게 버리지 못했음이 암암리에 드러난다. 이런 태도와 시좌는 그러나 육당이 당시 식민지 획득을 향한 무한경쟁, 곧 세계전쟁으로 치닫던 제국주의의 폭력성과 야만성에 무심했거나 일부러 외면했다는 혐의의 근거가 되기도 한다. 결국 육당은 이후 '불함문화론'을 통해 '대조선'을 숭고화하는 한편 그 문화의 아시아적 보편성을 창안함으로써 근대문명의 폭력적 메커니즘에서 얼마간 벗어나게 된다.

---

7 길진숙, 「문명 체험과 문명의 이미지」, 권보드래 외, 『『소년』과 『청춘』의 창－잡지를 통해 본 근대 초기의 일상성』, 이화여대 출판부, 2007, 60면.

그러나 '불함문화론' 역시 동조동근론(同祖同根論)으로 대표되는 일본의 문화적 파시즘과 결속함으로써 결국 국민국가화의 동력에서 탈락하게 된다. 이때의 투어리즘은 주지하다시피 조선의 영산들을 거쳐 중앙아시아로 나아가며 민족의 기원을 탐방하는 산행 형식으로 주어진다. 그럼으로써 그는 철도여행으로 일관된 문명화의 행보와도 얼마간의 거리를 유지하게 된다. 하지만 육당은 조선 문명의 기원과 절대성을 단군의 조선에서 발굴, 현재로 호출함으로써 근대 문명을 문화민족주의의 이상 아래 설정하기에 이른다. 이상의 사실들은 육당의 투어리즘이 '신대한'에서 '대조선'으로 최종 기착지를 변경해 가면서, 그것들을 국민국가화와 문명화, 그것 전체를 통합하는 문화 민족에 대한 탁월한 계몽장치로 적극 활용했음을 새삼 예증한다.

다음은 일본의 『세계일주창가』(1901).[8] 이 텍스트가 육당의 「세계일주가」[9]와 직접 관련된다는 역사적 기록이나 어떤 회고는 아직 보이지 않는다. 하지만 장편창가 형식으로 서구문명을 예찬하며, 몇몇 화보를 문명의 사실성과 모범성에 관한 재현 장치로 적절히 활용한 유사성은 분명히 확인된다. 파리 유학생 출신의 이케베 요시다카[池辺義象][10]가 짓고

8 발행자 '吉川半七', 발매원 '秀英舍'로 하여 메이지 34년(1901) 8월 발간. 표지 포함 총8면이며, 2면에 악곡이 실려 있다. 한편 서지란 왼편에 『軍艦唱歌(군함창가)』, 『陸軍唱歌(육군창가)』, 『勅語唱歌(칙어창가)』, 『養蠶唱歌(양잠창가)』에 대한 안내가 보인다. 『세계일주창가』의 발행 목적이 보다 뚜렷해지는 배치겠다. 본 텍스트(PDF본)는 일본국회국립도서관에서 내려받을 수 있다. 발행 번호는 '073264-000-8', '特48-630 世界一周唱歌', 바코드 위에 'M34 CFH-0842'가 부기되어 있다.

9 요시무라 나카키[由村尙樹]는 육당의 「세계일주가」를 일본 계몽사상가 후쿠자와 유키치의 「世界國盡(세계국진)」(1869)과 비교하면서 계몽의식의 성격과 세계 이해 및 표현의 방법 등을 비교하고 있다. 이 작품은 창가가 아닌 만큼 아시아, 유럽, 아프리카, 북미, 남미, 태평양 지역으로 나누어, 차례대로 각 지역의 특징과 사정 등을 소개했다고 한다. 요시무라 다카키[由村尙樹], 「육당 최남선 문학 연구」, 충남대 박사논문, 2004, 56~68면 참조.

다무라 도라조[田村虎藏][11]가 곡을 붙인 『세계일주창가』는 창해(滄海)를 가르는 기선을 배경으로 그 위쪽에 연기를 휘날리며 달리는 기차를 그린 그림을 책표지로 삼고 있다. 이때의 기선과 기차는 시공간을 가로지르며 압축하는 기술적 운송수단만으로 의미화 되지 않는다. 1904년의 러일전쟁이 조만간 닥쳐올 당대의 제국주의 현실을 고려하면, 그것들은 세계를 향한 호기심을 넘어, 세계정복의 욕망과 심상지리 확장에 어떤 식으로든 개입한 과학기구이자 전투 장비라 해도 거의 무방하다.

『세계일주창가』는 4행 1절의 형식 아래 총 20절에 거쳐 세계여행의 여로를 구성, 제시한다.[12] 그 행로에 조선이 없으며 중국에서 싱가포르, 인도, 아라비아를 거쳐 유럽으로 진입한다는 사실 정도가 육당의 「세계일주가」와 구분된다.[13] 중국을 거쳐 서구의 각 나라를 경유한 후 미국을 둘러본 후 일본과 조선으로 귀환하는 여로. 이것은 당대의 일본과 조선 사람들이 밟아간 세계여행의 전형적 코스일 법하다. 『세계일주창가』에서 가장 중요한 것은 물론 이런 코스 자체가 아니라 세계를 문명과 야만, 상승과 퇴락의 국가로 분절하여 이해하는 이케베의

---

10 일문학자이자 가인(歌人)으로, 『世界讀本(세계독본)』(1901), 『歐羅巴(구라파)』(1902), 『日本文學史(일본문학사)』(1902) 등 집필.

11 언문일치 창가의 창시자로 불리며, 「幼年唱歌(유년창가)」, 「青葉の笛(푸른 나비의 피리)」, 「電車唱歌(전차창가)」, 「山陰鐵道唱歌(산음철도창가)」 등 작곡.

12 1절은 "천지(天地)도 번영하는 크나큰 임금님의 시대는 / 사해(四海)의 파도도 잦게 하네 / 임금과 부모의 은혜 입어 / 세계 여행을 세워보네", 4절은 "낙타 우는 아리비아의 / 사막 달도 기울지 않는 / 넓은 땅 넘어서 가는 곳은 / 문명개화의 구라파", 18절은 "대서양을 출항하여 / 서쪽으로 향하면 합중국 / 농공상(農工商)의 발달은 / 세계에 유례가 없네", 20절은 "황통일계(皇統一系) 후지산 마루에 / 찬란한 일장기 / 머리 위로 번쩍 치켜드는 대세계 / 자 이젠 여행할만한 번화한 세상"이라는 내용을 가진다. 문명개화한 서구를 모델로 일본의 근대화를 달성하자는 계몽의식이 두드러지며, 그 주체로 천황을 상정하고 있다.

13 「세계일주가」는 본문 133절을 필두로 수백 개의 주석과 수십여 장의 사진을 배치했다는 점에서 본문 20절에 화보 3장뿐인 『세계일주창가』를 압도한다.

시각과 태도이다.

앞의 주석에서도 제시했지만, 이케베는 1절에서 세계여행을 임금과 부모의 은덕으로 돌리며, 종결의 20절에서는 황통일계(皇統一系)의 전통에서 솟아난 일장기가 나부끼는 대세계(大世界)를 찬양한다. 이런 황국(皇國)의 숭고화는 세계여행이 일제의 국민국가화와 세계화에 어떤 방식으로 개입하는지를 흥미롭게 시사한다. 예컨대 이케베는 중국과 서양을 퇴락과 상승의 땅으로 차별하면서 후자를 동일화의 대상으로 적극 전유한다. 중국은 과거에 아시아의 절반을 보유했으나 현재 그것은 과거의 흔적에 불과하다는 인식이 그렇다. 이에 반해 서구의 제 국가들은 정치 · 경제 · 문화 전반에 걸쳐 문명을 성취한 선진국으로 제시하는 태도는 어떤가. 우리는 중국과 서구의 대조에서 탈아입구(脫亞入歐)를 문명화의 종요로운 목표와 위상으로 설정했던 일제의 팽창정책을 어렵지 않게 목도한다.

이 지점에서 흥미로운 사실은, 육당의 「세계일주가」와 마찬가지로 『세계일주창가』가 중국과 유럽, 미국을 제외한 여타의 국가나 지역들을 다루지 않는다는 것이다. 아마도 이것은 아시아와 아프리카, 아메리카를 식민지로 경략하던 서구 제국주의와 달리, 기껏 동북아시아와 동남아시아 정도를 침략과 지배의 권역으로 상정했던 일본의 한계와 관련될 것이다. 물론 그것은 당시의 물리적 · 기술적 한계, 이를테면 철도와 기선, 나아가 비행기 노선을 세계 곳곳으로 촘촘히 연결한 후에라야 가능한 전지구의 관광시화가 아직 아닌 시대이기 때문이기도 했다.

그렇다고 서구와 일제가 야만의 땅들에 무심했을 리 없다. 그들은

「세계일주가」의 미국 의회 의사당

『세계일주창가』의 런던 빅벤

탐험과 침략의 방법을 골고루 섞어가며 토인들의 야만성과 후진성을 사진과 그림, 엽서 등 복제기술의 매체를 통해 향유했다. 이런 사실은 육당의 『소년』, 『청춘』을 여기저기 펴보는 것으로도 충분히 확인된다. 하지만 만지(蠻地)를 재현하는 복제기술은 문명인들의 이국취향 충족에 그치지 않고 야만에 대한 식민화 욕망과 기술을 더욱 부추기는 전쟁예술로 더욱 변질되어 갔다.

육당이 만약 『세계일주창가』를 읽었다면 그가 가장 부러워했을 대목은 어디였을까. 계몽적 지식인의 입장을 생각하면 이케베의 서구유학과 문명체험을 첫 손에 꼽을 수도 있겠다. 그러나 육당의 마지막 시선은 '황통일계'를 마음껏 자랑하는 국가의식과 그것을 가능케 한 일본의 문명화에 가닿았을 것이다. 물론 육당은 「세계일주가」의 궁극적 목표를 "취미로써 세계 지리 역사상 요긴한 지식을 득하며 아울러 조선의 세계 교통 상 추요(樞要)한 부분임을 인식케"[14] 하는 세계지의 획득과 국민의식의 고양에 두었다.

식민지 현실은 그러나 이런 목표를 불가능한 욕망의 지대로, 그러니

14 최남선, 「세계일주가」, 『청춘』 창간호, 1914.10, 37면.

까 허구의 일단으로 밀어내는 중이었다. 문명국가를 향한 열정은 뜨거웠으되 그것을 실현할 국가가 부재했다. 또한 그 꿈을 함께 추구해갈 인민의 존재도 아직은 불충분한 상황이었다. 「세계일주가」가 대중의 노래로 창안되었으나 끝내 불릴 수 없는 환상곡으로 남겨질 수밖에 없었던 까닭이 여기 있다. 과연 육당은, 천황을 기쁘게 압존(壓尊)한 『세계일주창가』와 달리, 최후의 133절을 "그립다남대문아 너잘잇더냐 / 아모래도볼스록 깃븐제고장 / 곤여(坤與)를두로돌제 만흔늣김은 / 말슴할날잇기로아즉은이만"[15] 으로 마감했을 따름이다.

4. 「세계일주가」의 투어리즘과 근대 문명의 전유

육당의 장편창가 「세계일주가」의 기원과 배경, 시대적 의미와 한계, 거기에 투사된 투어리즘의 성격을 논하다 보니 정작 텍스트의 구체를 살펴보지 못했다. 간단하게나마 육당이 문명국에서 취한 계몽 지표와 세계지(知)의 형태를 몇 가지 짚어보는 것으로 텍스트의 의미와 가치를 객관화해보는 이유다. 7·5조 율격으로 상공업의 발달과 학문의 진보를 노래한 육당의 달뜬 목소리 몇 구절을 들어보면 아래와 같다.[16]

15 위의 책, 101면.

16 아래 「세계일주가」 인용은 ①의 경우 위의 책, 79면, ②의 경우 위의 책, 96면.

① 天惠人工兼하야 發達된工業

빼밍감의鐵物과 리드의담뇨

만체스터木織과 쉐필드刀劍

各其世界最大中心 되어잇도다

② 그윽할사二重橋「호리」도깁고

繁榮하다「銀座通」 저자도크다

本鄕臺三田언덕 早稻田숩에

濟濟하다多士는 學問의權威

①은 영국의 공업지대를 다룬 구절이다. 산업혁명에 의한 기술 발전과 상업 발달, 부의 축적과 해외진출 등이 영국 소개의 핵심이다. 인용에서 보듯이, 육당은 발전 상황을 뭉뚱그려 제시하지 않고 해당 지역의 산물을 분명하게 제시함으로써 지식의 사실성과 앎의 구체성을 확보한다. 문명을 향한 독자의 계몽과 실천은 이로써 그 효용성을 더욱 배가하게 되는 것이다. 물론 문명이 함께 이끄는 빛나는 문화의 항목과 그 기저가 되는 인문과 예술에 대한 소개 역시 빼놓지 않는다. "옥스포드"와 "캠브릿지", 졸업생 "글냇스톤"과 "크럼웰, 늬유톤", 그리고 영국의 대문호 "시성(詩聖)쉐익쓰피어". 이것들은 사진("런돈 부탑교" "런돈 수정궁" "영국국회의사당")과 초상화("쉐익쓰피어")로, 또 대상들을 자세히 소개하는 주석으로 조선인을 급습하여, 육당의 표현을 빌리자면, '담배구럭'에 여전히 빠져 있는 그들을 충격에 빠뜨린다. 이 자리에서 다음과 같은 질문이 떠오르는 것은 매우 자연스럽다. 투어리즘의 선한

효과, 그러니까 자기고양의 문명의식과 국가의식 강화, 자기 발전의 의지와 구체적 진로 들이 철도창가와 같은 미학적 방식으로 진작되는 경우가 당시 문화현장에서 얼마나 존재했을까.

이런 판단은 ②의 일본 소개에서도 똑같이 적용된다. 예컨대 일본의 선진문명과 문화는 영국에 비해 매우 소략한 형태로 제시된다. 하지만 이것이 영국과 프랑스를 여전히 뒤쫓고 있는 일본의 후진성을 부풀리기 위한 처사가 아님은 분명하다. 일본 근대문명이 휘황하게 빛나는 니쥬바시("二重橋")와 긴자("銀座通"), 일본국의 미래를 건축해갈 도쿄대("本鄕臺"), 게이오대("三田언덕"), 와세다대("早稻田숍")는 육당의 감격과 부러움이 곳곳에 스며있는 장소들이다.[17] 그들은 조선의 침략자들이면서도 조선이 식민지를 벗어날 방법과 전략을 앞서 보여주는 양면거울인 것이다.[18] 실상 이것이 「세계일주가」 전면을 관통하는, 육당의 문명국을 향한 양가적 시선이자 감각이기도 했음을 새삼 강조하여 무엇하겠는가.

그러나 「세계일주가」의 문명화 책략은 조선 내 투어리즘의 발전적

---

17 다음은 '도쿄(東京)' 소개의 일부다. "문명의 설비가 구전(具全)한 동양 제일 대도회. 세계 제7위. 전(全)일본 정치 학문상의 중심. 북일본경제의 중심."(96면)

18 조선으로 귀국하는 과정에 마주치는 "구아연락차(歐亞連絡車)", 곧 세계철도에 대한 기대가 이를 적절히 반영한다. "조선은 구아(歐亞)교통상의 중요한 길의 일(一)이 된 고로 거년(去年) 러京(러시아와 도쿄를 뜻하는 듯하다 – 인용자)에 개설한 각 관계 운수업자 회의에서 협정한 일만(日滿)연락은 거년(去年) 5월 1일로부터 일로(日露)여객 연락은 금(今) 10월 1일로부터 실시되고 또 서구여객 교통도 전지(前誌) 일만(日滿), 일만로(日滿露)의 여객 교통들 협정하얏슨즉 곳 시작될지니라. 이즉동안은 매주 삼차식(三次式) 장춘(長春)과 조선에서 직접열차를 뢰자 운선하야 구아(歐亞) 맥락을 통하니라."(101면) 육당과 조선의 기대는 제국과 식민지의 서열 구조 속에서 성취될 수밖에 없는 것이라는 점에서 일제의 정책과 통제에 항상 긴박되는 종속변수에 지나지 않았다. 그러나 조선이 식민지로 전락한 연후임에도 청년 최남선의 철도와 서구 접촉으로 대표되는 문명개화의 욕망과 의지는 여전히 변함없었다.

형태로 더 이상 전유되지 못했다. 식민지 지배의 강화와 식민지 자본에 강제된 대중적 취향의 저속화는 자기고양과 성찰의 투어리즘을 끌어내리는 한편 개인의 일상적 욕망과 취미를 만족시키는 사적 유흥의 투어리즘을 더욱 유행시켰다. 더욱 결정적인 국면은, 조선인의 투어리즘이 일제와 그 문화자본이 제공하는 식민지 여행의 패턴과 속성을 고스란히 답습, 내면화하는 형태로 진행되었다는 사실이다.[19] 자기고양과 민족지(知)를 위한 조선의 투어리즘이 그것을 타자화하면서 자기형태로 개조해 가는 일본의 투어리즘에 지속적으로 포위되고 노출되어 갔다는 것. 육당의 「세계일주가」에 기록된 문명화의 비전이 허황된 미래로 냉소되기 전에 조선(인)이 처한 문화 현실을 되비추는 불편한 거울로 계속 주어졌어야 했다면, 무엇보다 저와 같은 소외의 투어리즘 때문이겠다.

19 이런 사정을 서기재는 "근대를 향한 욕망—일본으로 치자면 제국을 건설하기 위한 일환, 심상지리의 확대와 그것에 대한 실천일 것이고, 한국으로 본다면 구시대의 낡은 관습이나 생활을 버리고 새로운 문물과 문화 추구에 대한 욕망—이 '여행'이라는 형태"로 드러난 것으로 압축, 정리했다. 서기재, 「머리말—욕망의 이야기로서의 근대, 그리고 '여행'」, 앞의 책, 9면.

/ 제4장 /

도래하는 '대조선', 귀환하는 '영지(靈地)'

최남선 『조선유람가』의 문화정치학

1. 장편창가 『조선유람가』의 문제성

이렇게 말해보자. 최남선의 『조선유람가(朝鮮遊覽歌)』(1928)는 그의 문학적 글쓰기를 관통하면서도 전복하는 특이한 형식의 '노래'이자 '서사'라고. 짐작컨대 육당의 『조선유람가』는 대중과 연구자 모두에게 낯선 텍스트의 일종일 듯하다. 그 까닭으로 『조선유람가』의 소외적 성격, 이를테면 그 소비 · 유통 · 향유에 관한 기록과 보고의 불충분함, 그와 연동된 텍스트의 미적 성취와 문학사적 가치에 대한 판단 · 해석의 부재가 우선 눈에 띈다.[1] 그러나 보다 문제적인 소이연은 당내의 문화 지

1 『조선유람가』는 육당의 작품 연보에서, 또는 후학의 몇몇 교양서(대표적인 예로 송건호, 『송건호전집 12－빛을 남긴 사람들』, 한길사, 2002의 '최남선' 부분)에서 1920년대 육당의

〈그림 1〉『조선유람가』(한성도서)

형에 깊이 연루된, 동시에 그것을 배반하는 『조선유람가』의 창작과 형식의 예외성 때문이다. 물론 이런 예외성은 '조선심'으로 대표되는 '조선주의'의 확장과 심화를 목적하기 때문에 발생하므로 치밀한 미적 전략의 산물에 가깝다. 어떤 점에서 그러한가.

우선 외적 조건. 『조선유람가』는 텍스트의 형식과 구조, 서사의 진행과 정서의 분출에서 그 자신이 개척한 장편창가, 이를테면 『경부텰도노래』(1908), 『한양노래』(1908), 「세계일주가」(1914)의 그것과 다를 바 없다. ① 특정 시공간에 대한 여행(유람)의 기록과 보고인 본사(本辭), ② 본사의 인물, 지리, 자연, 유적, 사건 등에 대한 지식을 전달하는 주석, ③ 해당 공간의 풍경과 유적, 일상 따위를 포착한 사진, ④ 본사를 노래하기 위한 곡조(7・5조)의 제시로 구성, 편집된 텍스트의 체계가 그렇다.[2] 요컨대 읽기(문자)와 보기(사진), 사실과 예증, 지식과

'조선주의'에 대한 문학적 실례로 간간히 언급될 뿐이다. 데이터베이스가 가장 충실한 'RISS'(한국교육학술정보원 제공)의 검색 결과, 학술적 연구대상으로서 『조선유람가』의 등장은 요시무라 다카키[由村尙樹], 「육당 최남선 문학 연구」(충남대 박사논문, 2004)가 처음이자 마지막이었다. 그는 장편창가 『경부텰도노래』 「세계일주가」에 비견되는 독립 항목으로 「조선유람가」 및 부속체 「조선유람별곡」을 설정했다. '일본정신'과 구별되는 '조선심'의 표현체로서 『조선유람가』의 이념적 성격, 『경부텰도노래』와 같으면서도 다른 『조선유람가』의 율격(7・5조)적 특성 등에 대한 분석과 해명에 집중했다.

2 세 조건은 단행본 『조선유람가』(한성도서)에서 충족되는 것이다. 신문연재본 「조선유람가」에는 ②와 ③, 그리고 한자 독해를 위한 한글 병음 표기가 존재하지 않는다. 본고에서 주텍스트는 단행본(이하 '한성도서본')을 주로 취하되, 논의의 필요에 따라 신문연재본(이하 '『동

유희(노래)를 동시에 충족하는, 그럼으로써 텍스트의 이해와 내면화, 그에 따른 메시지 전달의 효율성을 도모하는 편집 전략이 전혀 동일한 것이다.

그러나 육당은 왜 여타의 장편창가와 그 형식과 율격을 공유하는 『조선유람가』에서 특히 "조선의 영가(咏歌)"를 강조하는가. 가령 서언의 "독사(讀史)의 소음(少陰)을 단연히 조선의 영가(咏歌)에 할배(割排)하기를 생각하고 자연과 인문을 교향합류(交響合流)한 조선유람가 일편을 강호에 공개하기로 하였"[3]다 운운을 보라. 물론 그 목적은 대중들의 '조선육(朝鮮育)', 곧 '조선교양'을 함양하는 데 '영가'가 적절하기 때문일 것이다.

사실 이 지점에서 곤혹스러운 문제가 발생하니, '영가(咏歌)'의 의미 해석이 그것이다. 과연 '영가'는 시가의 형식인가 아니면 말 그대로 '노래'를 지칭하는 것인가. "조선의 영가" 하면, 우선 단순하게는 "조선을 읊고 노래하다"로 번역될 테니 창가의 목적과 소용에 타당하다. 헌데 다음 단락에서 보겠지만, 육당은 자신의 장편창가를 "강토 예찬"에 기여한 바 없는 새 곡조의 속가(俗歌) 정도로 평가절하하고 있다. 이런 상황은 조선의 산하와 인물, 역사와 문화를 기록하고 예찬하는 『조선유람가』의 내용과 형식상 그 '영가'를 동양 전통의 '영사시(詠史詩, 보통 '영사'라 칭함)'와 겹쳐 읽을 것을 요청한다.

간단히 정리하면 '영사'란 역사를 시화하는 동시에 서사화한 노래로

아일보』본')을 참고한다.

3 최남선, 「조선유람가 (1)」, 『동아일보』, 1928년 6월 1일자. 육당은 "자연과 인문을 교향합류한" 것을 원문 그대로 쓰건대 "朝鮮育(朝鮮教養)"으로 적시하고 있다.

흔히 규정된다. 『조선유람가』는 조선 팔도 기행에서 자연 지리와 유적의 소개 말고도 '대조선'의 단군 이래 조국(肇國)과 보국(報國)에 종사한 영웅과 위인의 예찬에 주력한다. 이런 장면은 "역사의 보완 작업이요 이해수단"으로 인정되던 '영사'의 기능과 역할에서 『조선유람가』가 거의 벗어나지 않음을 확증한다.[4] 『조선유람가』를 '창가'의 틀을 빌린 '영사', 다시 말해 '문명'의 틀을 빌린 '전통'의 창안과 소환으로 부를 수 있는 까닭이 여기 있다.

그렇다면 왜 '장편창가' 자체가 아니고 '영사'를 차용한 형식의 '유람가'[5]가 요청될 수밖에 없었는가. 이 질문을 돌파하기 위해서는 이즈음의 장편창가에 대한 육당의 소회를 먼저 들어보는 것이 보다 효과적이겠다. 『동아일보』본 서언에서 그는 "속가신조(俗歌新調)로써 철도가 한양가 등을 술작(述作)"한 까닭을 "흠전(欠典)의 보비(補裨)", 그러니까 문명개화를 통한 '신대한'의 건설에 있었다고 고백한다. 그러나 연후의 식민지 전락 이후 그것의 목적성은 파편화되었으며, 이후 일상생활과

4 '영사'의 개념과 형식, 그 종류와 내용, 작품의 역사와 현황 등에 대해서는 최두식, 「한국 영사문학 연구」, 건국대 박사논문, 1987 및 김영숙, 「영사시(詠史詩)의 개념과 작품의 실상」, 『동방한문학』 37, 동방한문학회, 2008의 이곳저곳을 참조했다. 여기서 확인되는 한글 창작의 '영사' 작품들은 대개가 장편가사의 형식과 체재를 취하며, 한 구(句)의 율격 역시 3(4)・4・3(4)・4조로 구성된다. 작품은 일제 시대의 식민지 현실은 물론 한국전쟁과 4・19혁명을 다룬 것도 존재한다. 이 점, 육당 역시 '영사'의 가치와 효용을 십분 이해하고 이를 '조선주의'의 매개체로 충실히 활용코자 했음을 미루어 짐작케 하는 요소다.

5 '유람가' 형식의 '영사'는 전통적으로 역사와 풍물, 기행의 3요소를 모두 포함한다. 장편창가의 효시를 이루는 일본의 철도창가와 그 영향물 『경부텰도노래』 역시 이 점에서는 마찬가지다. 다만 기행(유람)의 형식이 기차 탑승인가 아니면 도보인가에 따라, 기행의 연선(沿線)과 세계의 경험, 정서와 소회의 표출 양상이 달라진다. 당연히 도보 유람은 유의미한 역사적 공간과 유적, 자연 풍취에 대한 도취와 찬탄이 중심이라면, 기차 여행은 새로 건설된 역사(驛舍) 주변과 기차가 통과하는 연선의 풍경과 인문지리에 대한 소개와 안내가 주가 된다. 이후 보겠지만, 조선 기행이기는 마찬가지인 육당의 『경부텰도노래』와 『조선유람가』는 문명과 전통을 향한 시좌의 전도 말고도 이런 시공간의 경험에서 뚜렷하게 이질화된다.

근대교육 현장에서 널리 불리던 노래들 역시 "조선정조의 함양과 조선 전통의 경성(警醒)에 관하야는 아모 보잘 만한" 것이 없다는 평가가 장편창가를 비롯한 당대 유행 가요에 대한 육당의 입장인 것이다. 여기서 그 득의만만했던 문명 계몽의 울림통 장편창가의 실패, 비유컨대 신세계를 향한 '기차'의 궤도 이탈과 전복에 대한 통탄과 부끄러움을 읽는다면 지나친 과장일까. 이것은 서구와 일본 제국주의 발(發) 근대 문명에 대한, 아니 보다 자세히는 그것의 조선 이입과 착근의 실패에 대한 아픔과 분노의 표출이기도 한 것이다.

물론 그 실패의 자인은 이른바 문명의 '속도전' 자체를 겨냥한 것이기보다는 그것이 놓쳐버린, 아니 은폐한 '느릿하게 걷기'의 장처(長處), 이를테면 조선 강토의 자연과 인문, 역사와 문화에 대한 앎과 즐김의 억압과 은폐를 계고하기 위한 것이겠다. 요컨대 "조선의 강토는 조선인의 영탄 찬송할 최대 제목(題目)"임에도, 일제의 조선 지배와 침탈은, 거기 편승된 조선 문화의 패퇴는 그 "자연한 욕구"를 억지로 "고폐(錮閉)"하여 "정당한 기능의 발휘를" 금지해버렸던 것이다. 육당이 '속도'의 장편창가를 그 자신의 말처럼 "폐절(廢絶)"의 유곡으로 밀어 넣고, 느릿한 '유람'의 '영사'체를 "조선의 민물(民物)에 관한 여러 속가(俗歌)의 신작" 형식으로 취택한 제일의 까닭이 이로써 해명된다. '영사'체의 차용은 따라서 복고주의적 전통으로의 섣부른 귀환과 구별되는 근대적 요명 전략, 그러니까 '조선유'의 성취와 확장, 그를 통한 이상적인 '대조선'의 발명과 선축을 향한 도래의 미학에 보다 가깝다.

다음으로 내적 조건. 1920년대 중반을 전후하여 육당의 글쓰기는 '조선심'의 고취를 위한 시조와 순례기 작성에 집중되었다. 시조집 『백팔번뇌』(1926) 및 국토 순례기 「풍악기유」(1924), 『심춘순례』(1926), 『백두산근참기』(1927), 『금강예찬』(1928)이 그것이다. 특히 육당은 산악 중심의 강토 예찬과 곳곳의 성소(聖所)화를 통해 '문화 조선'의 위대성과 독창성, 이를테면 "시외(詩外)의 시(詩), 외사(外史)의 사(史)와 학외(學外)의 학(學)을 가진 조선인"[6]을 새로이 호명했다. 신과 자연, 인문과 영웅, 민중이 일체화된 "의인화된 산천은 영원무궁한 생명체를 상징"[7]하고도 남음이 있다. 따라서 육당의 시조와 순례기는 과거의 찬연함에 대한 기억과 자랑을 넘어 민족의 영원을 향한 열렬한 축복이자 눈물겨운 기원이기도 했다. 이런 민족 예찬은 조선 문화를 왜곡, 배제하는 일제의 문화폭력(일제에 의해 문화정치로 명명된)에 맞선 날카로운 성찰과 대담한 저항의 목소리라는 점에서 용의주도하게 기획된 조선 발 '문화정치학'이 아닐 수 없겠다.

그런데 왜 육당은 노래와 서사, 정서와 기억, 감격과 찬탄을 따로따로 담은 『백팔번뇌』와 순례기 3종(『금강예찬』은 「풍악기유」의 대중적 판본에 가깝다)이 이미 저술된 상황에서 뒤늦게 『조선유람가』를 신문에 연재(1928년 6월)한 뒤 서둘러 단행본(같은 해 8월)으로 간행한 것일까. 출판과 독자의 입장에서 보자면 대동소이한 주제와 형식의 반복으로 비칠 수 있는 까닭에 『조선유람가』의 파급력과 효용성은 더딜 수밖에 없었을 것이다. 신문관(新文館) 운영으로 출판에 이력이 났을 법한 육당이 이런 문제점을 파악 못했을 리 없다. 이를 감안하면 육당의 비합리적 선택은 강토 예찬이 즐거운 유람의 소회이기는커녕 '문화 조선'에의 계

6 최남선, 『백두산근참기』, 한성도서, 1927, 307면.
7 류시현, 『최남선 평전』, 한겨레출판, 2011, 155면.

몽과 각성을 향한 힘겨운 미학적 쟁투였음을 암시한다.

그렇다면 『조선유람가』의 당위성과 필연성은 어디서 확보되는 것일까? 엄밀한 의미에서 『백팔번뇌』와 순례기들은 조선의 강토와 문화 예찬의 전체성을 미처 확보하지 못한 형식에 가깝다. 어떤 점에서 그런가. 우선 『백팔번뇌』의 경우. 육당에게 시조는 "조선 문학의 정화(精華)며 조선 시가의 본류"[8]였는바, 시조를 통한 국토 예찬은 이미 예정된 것이었다. 하지만 시조는 아무리 민족의 성소를 탐방, 그 위대성을 기록했을지라도 편편의 노래라는 한계와, 더구나 시조의 근대적 개량이라는 관점에서 보면, 개인적 내면의 토로라는 제약을 완전히 벗어날 수 없다.[9] 강토 예찬의 파편성은 시공간의 추이에 따라 서사가 구성되는 순례기 역시 벗어나기 어려운 한계였다. 저술을 기준으로 삼는다면, 육당의 순례지는 백두산과 금강산, 지리산 일대에 한정되었다. 따라서 이외의 공간들은 다른 방식의 호명을 통해서야 조선의 강토와 문화로 유의미하게 편입될 가련한 운명이었다. 또한 순례기 역시 직접 체험의 기록과 전달이라는 점에서 사적 감정의 방만한 피로(披露)가 숙고된 절제를 앞서기 마련이다. 이를테면 국토 순례를 "숭고한 종교적 충동"[10]에 따른 것으로 절대화하는 육당에게 그것이 빠질 수 있는 '황홀의 광기'와 자의적 주관성의 오류는 거의 문제되지 않는다. 아니 그

8 최남선, 「서문」, 『백팔번뇌』, 동광사, 1926.

9 제3부로 구성된 『백팔번뇌』는 제1부와 제3부는 자아의 소회와 서정이 중심이라면 제2부는 '단군굴'에서 '낙동강'까지 13곳의 명소를 다뤘다. 이 13곳은 육당의 의지에 의해 선택된 명소 같지만, 그곳들은 대체로 조선의 고도(古都) 평양, 개성, 경성, 경주, 부여, 그리고 대표적 명승지 백두산, 금강산, 지리산 권역과 일치한다. 이 지역들은 백두산과 지리산을 빼고는 일제에 의해 기획, 선전된 투어리즘의 대표적 공간들이었다.

10 최남선, 『심춘순례』, 백운사, 1926, 2면.

충동의 순도와 열도야말로 민족애의 함량을 저울질하는 첫째 기준이었을지도 모른다.

『백팔번뇌』와 순례기를 관통하는 파편적 경험성은 조선 강토와 문화 전반에 대한 객관적 정보와 총체적 지식의 제공에 매우 불리한 조건이었다. 사실 육당은 역사지리학의 전공자답게 조선 강토 여행 시 이전의 『동국여지승람』과 『택리지』, 현재의 일본인을 포함한 외국인의 답사보고서를 미리 챙겨 읽는 수고를 마다하지 않았다. 터무니없는 '대조선' 예찬이 아니라 학술적 근거와 현재성을 갖는, "자연과 인문"의 "교향합류"를 성취하기 위한 치밀한 조치였던 것이다. 하지만 그것이 도보든 기차 여행이든 직접적인 강토 순례는 시공간의 제약 상 필연적으로 파편화·고립화될 수밖에 없는 형식이었다. 이런 제약을 고려하면, 조선 전체를 숭고화·문화화하는 동시에 대중의 접근을 용이하게 보장하는 형식의 개발은 필연적이었다.

육당은 이 과제에 대해 전통의 '영사'와 『택리지』 등의 지리정보 서책류를 중심으로, 자신의 순례 체험과 근대적 지리정보를 더한 『조선유람가』를 창작하는 것으로 화답했다. 이런 까닭에 『조선유람가』는 체험과 지식, 현재와 전통, 노래와 서사, 객관과 주관의 기우뚱한 균형 아래 '민족 예찬'이라는 저자의 의도를 충실히 반영한 종합 지리지이자 노래책으로 정리될 수 있다. 과연 『조선유람가』는 이른바 '백두에서 한라'까지를, 즉 조선 팔도를 동(東)에서 서(西)로, 북(北)에서 남(南)으로 경략하는 시공간의 추이를 따라 풍요로운 자연과 뛰어난 인문, 조국(肇國)과 보국의 주인공들을 거의 빠짐없이 소개하고 찬(讚)하는 전체성의 양식을 취하고 있다.[11]

『조선유람가』 출현의 내외적 필연성에 더해 기억해둠직한 요소는 육당의 강토 기행이 근대 투어리즘(tourism)의 영향과 극복을 동시에 보여주는 텍스트라는 사실이다. 근대 투어리즘은 이미 알려진 역사·문화·지리 정보의 확인과 미지의 신세계 탐문 및 개척을 도모하는 산물로 흔히 이해된다. 거기 결부된 개인의 취향과 취미의 만족은 그러나 제국주의 확장의 집단적 욕망에 그 기원을 둔다는 점에서 한편으로는 폭력적이며 소외를 조장하는 종류의 것이었다. 물론 자국과 근린의 자연과 문화를 탐방하여 서로의 정체성을 확인하고 문화적 대화에 임하는 순기능을 배제하거나 폄하할 필요는 없을 것이다. 하지만 근대 투어리즘은 제국에서 식민지로, 도시에서 촌락과 산하로, 또 전자가 후자를 여성화·낭만화(이는 서열화·야만화의 다른 이름이다)하면서 자신들의 우월성과 권력성을 노골화하는 데서 출발된 양식임을 부인할 근거 역시 충분치 않다.

이것이 육당의 경험이자 현실이었음은 『소년』지의 기차간 서사 「평양행」과 「교남홍조」, 그즈음의 『경부텰도노래』에서 벌써 뚜렷하다. 게다가 그의 '백두산' 근참 역시 기차와 자동차, 그리고 일본인 관광단에 불편하게 얹힌 형편이었던지라 국토에 대한 타자적 기행에 가까웠다. 이런 비루한 식민지 현실에 대한 통탄과 얼치기 근대인에 불과했던 어떤 일본인들에 대한 맹렬한 비판은 육당의 저 글쓰기들 곳곳에 배어 있다. 그러나 엄밀히 말해 서사에 표현된 조선인상(像)과 후진적

11 유람기의 동선은 백두산→함경도→평안도→황해도→경기 북부→한양→인천→경기 남부→충청도→강원도→경상도→전라도→제주도(한라산)로 짜이고 있다. 등장 지명을 모두 기록하면 '유람'의 추이가 분명하겠으나 지나치게 번다해질 것이므로 생략하기로 한다.

현실은 그의 관찰과 각성 이전에, 오리엔탈리즘으로 무장된 근대의 시선과 정보에 의해 벌써 제공된 종류의 것이었다. '타자를 통하여 발견된 한국'[12]의 소비자이자 활용자이기는 육당도 마찬가지였던 것이다. 물론 육당의 기행 혹은 투어리즘은 점차 '오래된 미래' '문화 조선'의 탐문과 재구성을 향한 집단적 주체의 발견과 조직으로 그 성격을 바꿔갔다. 문학적 글쓰기에서 이 과정을 가장 전체적인 동시에 집약적으로 표상하는 텍스트가 '영사'를 수렴한 장편창가 『조선유람가』인 것이다.

『조선유람가』는 그러나 스스로의 자각 못지않게 당시 조선을 휩쓸던 일제의 투어리즘과 거기에 편승한 조선인의 투어리즘에 대한 부정적 인식과 반성의 소산이기도 했다. '기차'의 속도와 직진성이 상징하는 바이지만, 그에 탑승한 혹은 그것을 거점으로 한 기행은 특히 제국주의의 경우 그들의 영토 확장과 지배력, 인종적·문화적 우수성을 확인하는 심상지리의 확장체였다. 가령 최남선의 『경부텰도노래』에도 그 영향이 엿보이는 오오와다 다케키[大和田建樹]의 『만한철도창가』(1906)는 특히 임진왜란과 청일·러일전쟁의 기억과 찬사를 바탕으로, 조선과 만주를 횡단하며 자신들의 민족정체성 확인과 이후 세계를 경략할 천황의 충량한 신민으로의 성장을 거리낌 없이 기약한다. 그 식민주의적 폭력은 당연히도 조선(인)과 만주(인)를 자신들의 주권 아래서 계몽, 교육되어야할 예속과 소외의 '토인'들로 서열화하기에 바빴다.[13] 이것이 이후에도 지속되는 현실이었음은 염상섭의 『만세전』과 임화의 「현해탄」

---

12 서기재, 『조선 여행에 떠도는 제국』, 소명출판, 2011, 47면.

13 이에 대해서는 이 책 제1부 제1장 「철도창가와 문명의 향방—『경부텰도노래』와 『만한철도창가』의 경우」 및 보론 2 「일제 창가와 군가에 표상된 만주 제패의 의미—러일전쟁을 중심으로」 참조.

연작을 천천히 들춰보는 것으로도 충분하다. 내지(內地)와 식민지를 자유롭게 오가는 잇속 밝은 일본인들은 조선의 '요보'와 대만의 '생번(生蕃)', 중국의 '쿨리(苦力)' 들을 동등한 주체는커녕 제국의 이익과 신민의 탐욕을 충족시키는 '기계-신체'로 아낌없이 도구화했다고나 할까.

『조선유람가』가 작성된 1920년대 조선의 투어리즘은 정황상 조선 강토를 횡단하되 고유의 영토성과 식민화된 점령지를 동시에 경험하는 아이러니한 형식이었다. 한 연구에 따르면, 이런 모순을 타개하기 위해 『개벽』의 기행문은 개인의 취미를 충족하는 사적 여행을 뒤로 한 채 당시 현실에 근거한 민족지(知)의 제공과 설파에 주력하였다. 또 『신생』은 조선의 풍습과 감성을 중심으로, 숭고와 민족적 상징의 공간들을 개인적이고 일상적인 공간으로 전유하는 기행문 게재에 집중했다. 요컨대 『개벽』 기행문의 '리얼리티'와 『신생』 기행문의 '조선적인 것'의 제시는 조선의 '사실'과 '욕망'의 표상을 구축하는 작업에 능숙했던 것이다.[14]

그러나 그것을 둘러싼 근대지(知)와 일제의 문화 권력은 그들의 국토 기행을 "어허 조선아 내 사랑아! 하는 소리가 저절로 입밧그로 폭발하는"[15] 맹목적 감격과 숭고화를 함부로 허용하지 않았다. 보편의 '근대지'는 특수의 '민족지'를 일정 기준, 이를테면 문명과 야만, 진보와 정체, 건전과 퇴락으로 상대화하고 분류·구분하는 방식으로 개개의 민족과 인종을 서열화·차별화해갔다. '근대지'의 세례를 경험한 이후 조

14 보다 자세한 내용은 홍순애, 『여행과 식민주의―근대 기행문의 식민·제국의 역학』(서강대 출판부, 2014) '제3부 여행의 공적 전유와 정치적 동원'의 제1장과 제2장 참조.

15 최남선, 「조선유람가 (1)」, 『동아일보』, 1928년 6월 1일자.

선의 '민족지'는, 춘원의 '민족개조론'이 증례하듯이, 대개 자랑을 압도하는 창피였고 그러므로 당연히 계몽과 개조의 대상이기도 했다. 육당은 이런 식민지 현실을 "가장 만히 읊어져야할 우리의 생활무대가 가장 몹시 우리의 율동욕(律動慾)에서 이원(離遠)되는 결과를 보게 되"는 공간으로 파악했다. 또 이런 부정성을 극적으로 타파하기 위해서라도 "민중을 춤추게 하"고 "식자(識者)는 피리를 불"게 하는 "강토의 예찬"이 필수적이라고 주장했던 것이다.[16]

물론 '문화 조선'을 향한 내셔널리즘의 발동은, 당시 열렬히 구상되던 '불함문화론'이 예시하듯이, '조선-내'로의 충족을 넘어 '조선-외'로의 확장을 내포한 것이었다. 그 충족과 확장의 반(反) 과녁이 '일본정신'이었으며, 또 그 과녁의 위력과 가능성을 직간접적으로 제공한 것도 메이지 시대 이후의 '일본문화'였다. 육당의 문화민족주의가 그것 본래의 타자를 향한 폭력성과 억압성을 완전히 제거한, 민족의 순수한 도약과 확장 운동과는 일정한 거리를 가진다는 평가는 그래서 가능한 것이다. 하지만 제국주의의 문화폭력에 의해 자기정체성이 은폐·삭제·왜곡되는 식민지 현실에서는 '강토 예찬'이 환기하는 바의 어떤 '형이상학적 본질주의'가 필요불가결한 조건인 것 또한 부인할 수 없다. 그러니까 가치 절하된 민족의 정련과 부활에 유의미한 이상적 모델의 발명과 구조화에 기여하는 '전통'과 그것의 서사화·서정화는 탈식민의 첫걸음이자 민족 회복의 원동력에 해당된다는 사실 말이다.[17]

---

16 위의 글.

17 근대에 돌출된 민족주의 관련 '형이상학적 본질주의'에 대해서는 세이머스 딘, 「서문」, 테리 이글턴 외, 김준환 역, 『민족주의, 식민주의, 문학』, 인간사랑, 2011, 23~48면 참조.

그러니 이렇게 정리해보자. 조선 강토를 예찬하는 『조선유람가』는 그 형식과 내용상 육당의 글쓰기에서 가장 치밀하고 정략적으로 구상된 문화정치학의 산물이자 변형물이라고. 또 조선 외부에서 이입된 장편창가를 '대조선' 호명의 전략지로 향토화한 미적 모험의 결과라고. 육당은 이를 위해 전래의 '영사'와 박래(舶來)의 '창가'를 한편으로는 절삭하고 한편으로는 통합하며 『경부텰도노래』와 「세계일주가」의 역상(逆像)으로 『조선유람가』를 입안했다. 육당은 '대조선'으로 넓어지고 깊어짐으로써 민족정체성을 확보하는 한편 세계사를 향해 또 식민지 민중을 향해 '문화 조선'의 서사시적 형상과 미래적 잠재성을 널리 알리고자 했던 것이다. 그런 만큼 『조선유람가』는 개인의 정서와 표현보다는 집단적 가치와 욕망을, 쉽게 전달하고 향유할 수 있는 노래와 서사의 적절한 균형을, 기차의 점선이 아니라 도보의 실선이 실현하는 조선의 자연과 인문의 전체적 총합을 그 속성이자 전략으로 삼게 된 것이다.

이렇듯 『조선유람가』상의 '대조선' 호명과 강토의 영지(靈地)화는 무조건적인 전통으로의 복귀나 절대화와 일정한 거리를 갖는다. 그보다는 식민지 현실에 맞서 주어진 전통과 그것의 역사성을 새로이 가치화하고 현대화한 '반근대의 근대' 행위에 가깝다. 이 지점을 두고 우리는 『조선유람가』를 장편창가의 조선화를 넘어, 그것을 창안하고 이입한 일본과 자신의 계몽적 근대를 다시 계몽하고 내파하는 문화정치학이라고 과감하게 명명해 보는 것이다.

물론 이 대담한 기획은 '불함문화론'을 향한 보편적 욕망, 즉 '중심'에의 의지가 압도하면서 조선 중심의 동양문화를 과잉 상상하고 신뢰하는 아포리아에 빠져들고야 만다. 그 길목에는 '불함문화론'과 상동구조를 형성하는 일제의 일선동조론(日鮮同祖論)이 벌써 자리 잡고 있었고, 조선 중심주의는 자신보다 훨씬 힘센 그것을 또 다른 주체화의 문법으로 엿보는 순간 가뭇없이 스러져갈 수밖에 없었다.[18] 이 비극적 사태를 기억하며, 『조선유람가』 발 문화정치학의 출현 과정과 구체성을 짚어보는 한편 이상의 논의를 보다 풍요롭고 날카롭게 다듬어가는 글쓰기가 다음 장들의 몫이다.

2. 「조선유람가」의 탄생과 확장, 그 차이화의 의미

「조선유람가」는 세 가지 판본으로 독자 대중을 만나왔다. ①『동아일보』본, ② 한성도서본, ③ 동명사본이 그것이다. 허나 동명사본[19]은 해방 후 한성도서본을 그대로 가져와 재출간한 것이므로 유의미한 「조선유람가」는 실질적으로 두 종류다. 『동아일보』본과 한성도서본은 불과

---

18 이와 관련된 주요 사건이 1928년 12월 조선총독부가 구성한 '조선사편수회'에 촉탁위원으로 참여한 일이었다. 그가 참여한 까닭으로는 자신의 특장인 '일제의 단군 부정론에 대항하는 학술연구와 단군 중심의 조선 민족사 서술'을 한국사 편찬에 반영하기 위한 것으로 파악된다. 그러나 이 '보편'과 '중심'의 욕망은 불함문화권을 "민족 단위가 아니라 보편성에 입각한 '문화' 중심으로 사고하"는 순간 조선보다 문명・문화에서 앞선 일본의 '일선동조론'에 속절없이 포섭될 운명의 것이었다. 이상의 설명과 인용은 류시현, 앞의 책 '제4장 조선학 연구의 새로운 가설, 불함문화론' 참조.

19 육당 자신이 1922년 설립한 바의 동명사에서 1947년 8월 20일자로 다시 출간하였다. 한성도서본과의 유일한 차이점이라면, 전자의 광고 '육당 최남선씨 근간 제서(諸書)'를 대신하여 '육당 최남선 근저'를 실었다는 것이다. 기출간의 『국민조선역사』, 『조선상식문답』, 인쇄나 조판 중의 『조선의 산수』, 『조선의 고적(古蹟)』 등이 보인다.

2개월의 시차를 보이지만, 전자는 수정·보완을 거치면서 후자와 무시할 수 없는 차이를 갖게 된다. 그 과정과 내용을 정리하면서 양자의 차이에 내재된 미학적·사회적 성격과 의미를 파악해본다면 『조선유람가』의 문화정치학이 보다 입체적으로 조명될 것이다.

朝鮮遊覽歌 (10)

崔南善

〈그림 2〉「조선유람가 (10)」(1928.6.10)

먼저 『동아일보』본. 육당은 『동아일보』 1928년 6월 1일자~10일자에 「조선유람가」 총 10회를 연재했다.[20] 첫 회는 창작의 목적과 목표를 밝힌 서언이며, 2회~10회는 '백두에서 한라'까지를 예찬한 총 71절의 본사였다. 〈그림 2〉에 보이듯이 국한문혼용에 7·5조를 노래의 기반으로 삼았다. 요시무라 다카키[由村尙樹]는 7·5조를 3·4·5조 또는 4·3·5조로 분조하며, 그 의미를 "일본의 전통문학인 정형시의 음수율을 버리고 새로운 창가를 작성하면서도 자신이 걸어왔던 길을 버리지 않고 갈등 끝에 3·4·5조 혹은 4·3·5조로 결정했다"는 점에 두었다.[21] 일면 타당한 지적이지만, 이는 『백팔번뇌』가 그랬듯이 창작과 수용의 용이성에 그 일차적 요인이 있는 것으로 파악하는 편이 나을 듯하다. 그 익숙함은 곧 계몽과 각성의

20 『동아일보』본은 '본사'는 5월 23일에 이미 완성된 상태였다. 가령 "檀君年 五月二十三日 봄내가 물든끄테~"로 시작되는 창작완료 시점에 대한 고지를 보라. 5월 하순에 완결된 텍스트 71절을 총 9회로 나누어 『동아일보』 6월 1일자부터 분재했음이 판명되는 대목이다.

21 요시무라 다카키[由村尙樹], 앞의 글, 86면.

수월함을 뜻하는 것임을 우리는 모르지 않는다.

그의 적절한 지적처럼, 육당은 음수율 자체보다는 강토 예찬의 가사 내용을 중시한 면모가 역력하다. 만약 전통 미학을 염두에 두고 '조선주의'를 제창하는 것이라면 '영사'의 가사체 율격을 취하는 게 이치에 맞는다. 재차 강조하건대 그는 일관하여 7·5조를 취하는바, 익숙한 양식으로의 경사를 빼놓고는 그 까닭이 잘 설명되지 않는다. 이를 감안한다면, 전통적 제명(題名) 방식에 따라 '유람가'라 하면서도 창가의 형식을 취한 첫째 이유는 무엇보다 '조선의 영가(咏歌)', 즉 조선을 읊고 노래하는 것을 목적했기 때문이다. 그때 가장 효과적인 형식은 자신에게 가장 익숙한 율격으로 특정 메시지를 전달하며 노래하는 것이겠다. '문화 조선'의 계몽과 선전, 그를 통한 민족정체성의 유지와 심화가 목적이라면, 이미 대중가요가 조선 전반을 휩쓰는 형국에서는 미음완보(微吟緩步)의 가사체 율격보다 근대적 감각의 창가(唱歌) 율격이 보다 실리적이며 효과적이라는 판단을 내렸을 것이다. 그만큼 7·5조는 이미 작가와 대중 모두에게 익숙한 율격이었으며, 그것은 곧 '문화 조선'을 향한 계몽과 유희(노래)의 잠재성 강화를 뜻하는 것이었다. 육당이 신문 연재 당시 벌써 작곡 담당의 양악(洋樂) 전공자를 물색 중이었을 것이라는 판단은 그래서 가능하다.

다음으로 한성도서본. 『동아일보』본을 수정·보완하여 같은 해 8월 20일 한성도서에서 출간했다. 금강산(?)을 찾아드는 순례객을 농담(濃淡) 채색화 기법으로 그린 김창섭[22]의 표지화(〈그림 1〉)를 필두로, 본서

22 생몰년, 출생지 미상. 호는 동해(東海). 1919년 고려화회(高麗畵會)에서 유화의 기초를 배움. 1924년에 도쿄미술학교 서양화과를 졸업. 조선미술전람회(朝鮮美術展覽會) 제2회 4등상,

활용 안내,[23] 서언에 해당하는, 백운향도(白雲香徒, 최남선) 명의의 '引(인)', 근대적 악곡 2편,[24] 본사(本辭, 총 80절)[25]와 주석, 사진으로 구성된 「조선유람가」 본문, '조선유람가검색' 안내문, 「조선유람별곡」의 창작 이유와 본사 20절(주석과 사진 포함), 최남선의 근간 서적 광고, 서지 / 판권 순으로 구성, 편집되었다.

이상의 정리를 토대로 『동아일보』본과 한성도서본의 차이를 톺아본 후 그 의미를 살펴본다. 단행본 출간에 따른 수정・보완, 곧 사진과 주석, 한자 읽기 병음 추가, 몇몇 구절의 부분 수정[26]을 제외한다면, 양자의 결정적 차이는 '서언'과, 단행본에서 삭제되고 추가된 본사에 남

제3회 3등상 수상.

23 원가('좀 자세하기를 기약함')와 별곡('쉽기를 힘씀')의 양부 구성, 거기 맞춘 악곡 제시 등을 알리면서, 서책을 읽고 노래하는 방법은 흥미에 따라 사유롭게 선택하기를 권하고 있다. 또한 악곡 작곡자와 표지화 화가의 소개도 잊지 않았다.

24 「조선유람가」는 김영환(金永煥), 「조선유람별곡」은 백우용(白禹鏞) 작곡이다. 이들을 소개하면, 김영환 : 1893(고종30)~1978. 평양 출신. 도쿄 우에노[上野] 음악학교에서 피아노 전공. 연희전문학교 음악부장으로 시무. 다수의 서양 노래 번역 소개. 다음으로 백우용 : 1883(고종20)~1930. 서울 출생. 전공은 클라리넷. 한성덕어학교(漢城德語學校) 졸업. 무관학교 재학 시 우리나라 최초의 양악군악대를 창설한 독일 음악가 에케르트(Eckert, F.) 밑에서 서양음악을 배움. 이후 이왕직아악부 근무. 이상의 내용은 『한국민족문화대백과사전』 인터넷 판에서 가져옴.

25 한성도서본에 추가된 10편(이후 언급할 31절을 제외한 9편만 제시)의 절과 지역, 그 내용을 간단히 제시하면 다음과 같다. 4절 : 환웅신시(桓雄神市)로 추정되는 백두산의 천평(天坪) 일대, 7절 : 성천, 함흥 일대의 경관과 유적, 11절 : 회령, 종성의 여진족 관련 역사, 13절 : 영원, 희천, 강계, 의주의 고산(高山)과 누각, 27절 : 송도와 인삼밭, 38절 : 웅진(공주), 53절 : 개령(開寧, 현재의 김천) 장(獐)부인 능(陵), 57절 : 경주 황룡사, 솔거, 분황사, 원효, 58절 : 박혁거세 어머니 서술산(西述山) 성모(聖母)와 금오산 최치원.

26 1절 내에서의 수정은 크게 두 가지로 분류된다. 첫째, "여진의 녯碑石을"(『동아일보』본 5절) → "숲나라끼친글을"(한성도서본 6절)로의 수정에 보이는 독자의 가독성 높이기. 둘째, 본사가 추가되면서 새로운 내용이 삽입되거나 다른 절로 옮겨진 경우. 이를테면 『동아일보』본 9절(한성도서본 12절에 해당)에 있던 "江界의仁風樓와 義州統軍亭 / 시원한오질압헤 豪氣가勃勃"은 한성도서본에 추가된 13절로 옮겨졌다. 대신 그 자리에는 "萬浦鎭건너편의 國內城터에 / 山가튼陵과碑가 네를말한다"는 구절이 새로 들어섰다. 지리와 역사, 문화 정보의 정확성과 풍부성을 제고하기 위한 수정・보완인 것이다.

게 된다. 이를테면 한성도서본에 추가된 본사들은 『동아일보』본에서 미처 못 다룬 유명 지역의 경관과 역사, 유적과 인물 들을 노래함으로써 '유람'의 전체성과 가치를 드높이는 역할에 충실하다. 이 정도의 수정・보완이라면 사실성과 정보량의 증강이라는 의미에서 크게 벗어나지 못할 것이다. 허나 이후 상술하겠지만, 한성도서본 추가 절, 예컨대 백두산 자락의 '환웅신시(桓雄神市)'를 추정하고 예찬한 4절[27]이나 조선 과학기술과 예술의 뛰어남을 노래한 31절(추후 제시) 등은 육당의 문화정치학이 능수능란하게 작동 중임을 새삼 확인시킨다. 더욱이 이것들은 식민지 검열[28]에의 대처 과정에서 이뤄지는 수정・보완이라는 점에서 더욱 징후적이다.

① 조화공교(造化工巧)를 다하고 조선(祖先)이 심혈을 졸여서 맨들고 닥고 빗내인 것이 우리의 강토입니다. 아름다운 지문(地文)의 미테 갸륵한 인화(人化)가 들어서 조선의 산하는 우리에게 큰 든든이 되고 남에게 번듯한 자랑이 되엿습니다. 이리로부터 유동(流動)하야 오는 친화온숙(親和溫熟)한 분위기는 쉬울 틈 업시 우리의 가슴에 용기와 희망을 발효시키며 이것이 혈관으로부터 넘처서 후설(喉舌)에까지 파급할 때에 "어허 조선아 내 사랑아!" 하는 소리가 저절로 입밧그로 폭발하는 것입니다. 조선의 강토는 조선인의 영탄 찬송할 최대 제목이 아니면 아니 될 것이 무론(毋論)입니다.[29]

---

27 "天坪이긋업는데 紅松숩깁허 / 神市의녯터전을 찻는다리만 / 東에는紅湍水와 西엔虛項嶺 / 새로워어제가튼 天王堂잇다." '천왕당'은 이후 육당이 지리산 '천왕봉'을 불함문화의 근역으로 가치화하는 제일 근거로 작동한다.

28 단적인 예로, 육당은 『동아일보』본 서언에서 집필년도(1928년)를 "檀君年 五月 二十三日"로 적었으나, 한성도서본에서는 "戊辰年～"으로 바꿔 적었다.

29 최남선, 「조선유람가 (1)」, 『동아일보』, 1928년 6월 1일자.

> ② 조선을 노래할 것입니다. 그 산하를 노래할 것이며 산하에 들어잇는 풍물을 노래할 것이며 산하와 풍물과가 경(經)이 되고 위(緯)되여 짜아내인 문화의 비단을 노래할 것입니다. 노래하고 노래하야 촬촬(撮撮)의 흙과 입입(粒粒)의 모래에까지 우리의 순하고 정성스러운 예탄(禮嘆)의 운율이 슴여 들어가게 할 것입니다. 나로 더부러 가장 친절하고 나에게 대하야 가장 온윤(溫潤)하고 내 생활의 모든 면에 가장 읆물림이 깁흔 조선의 금현(琴絃)을 울리는 이상으로 우리 심흉(心胸)을 깃븜의 물결에 둥실 띄워줄 것이 다시 무엇이오리까.[30]

①은 『동아일보』본, ②는 한성도서본 서언이다.[31] 언뜻 비교해보더라도, 단행본의 노래 목적이 보다 분명하며 그 소회 역시 보다 차분하다. 확실히 ②의 "조선"이 ①의 "조선의 강토"보다는 덜 물질적이기는 해도 보다 총합적이며 그 시좌(視座) 또한 보다 미래적이다. 하지만 오직 미래에만의 투기(投企)는 뒤따르는 당대의 노래 현실에 대한 비판을 고려해도 어딘가 추상적이며 수세적인 면모가 짙다. 아마도 그것은 전(全) '조선'의 역사와 현실, 자랑과 창피, 그 원인과 반성 들이 제대로 엿보이지 않기 때문일 것이다.

②의 이런 제약을 고려하면, 비록 격정적이고 영탄에 겨우며 또 고색창연한 한자어가 남발되어 쉬운 읽기가 방해되고 있어도 ①이 오히려 안정적인 균형감과 폭넓은 시야를 갖추었다는 평가마저 가능해진

30 최남선, 「인(引)」, 『조선유람가』, 한성도서, 1928, 2면. ①과 ②의 현대적 띄어쓰기와 원래 노출된 바의 한자 괄호 처리는 읽기의 편의를 위한 나의 작업이다.

31 이 단락들을 뒤이어(잠시 뒤 소개하겠지만 ①은 한 단락이 더 있다) 앞서 언급한바 계몽이 시효를 다한 『경부텰도노래』니 속불적 유행에 빠져든 당대 노래들이니 잘못된 교육이니에 대한 비판이 뒤따르며, 이것을 극복하고 "朝鮮育(朝鮮敎養)"을 함양하기 위해 「조선유람가」를 지었다는 창작 목적이 술회된다.

다. 어떤 점에서 그러한가. 분량 상 적어두지 못한 ① 이후의 단락 때문이다. 이곳에는 '강토 예찬'의 자연스런 욕구가 "고폐(錮閉)"된 까닭과 그 현실적 결과가 약소하게나마 제시되고 있다. "한 눈에 팔리기도 하고 남에게 얼이기도 하고 또 마음의 문짝을 억지로 쳡박히기도 하야 이럭저럭 그리 되"었다는 진술이 그것이다. 역사상의 중국, 일본과의 부정적 관계, 주체성의 제약과 자기 폐쇄로 정리될 수 있는 조선(인)의 부정성이 작가와 시편과 장단의 부재를 초래했다는 것, 그 결과 조선 강토가 가장 활발히 노래되어야 할 "생활무대"에서 "우리의 율동욕(律動慾)이 이원(離遠)되"는 비극적 사태가 벌어지게 되었다는 것이 최남선의 역사와 현실 인식인 것이다.

이와 같은 역사적 시선과 그것의 깊이는 단순히 당대 현실의 노래와 그 교육의 부정성, 그에 따른 '조선 예찬'의 불가능성만을 『조선유람가』의 창작 동기로 설명한 ②의 서언을 오히려 단편적인 현실인식과 미적 대응으로 끄집어 내린다. 더군다나 『조선유람가』의 내용이 당대 식민지 현실과 민중 생활보다는 전래의 전통과 문화, 자연과 인문 지리, 거기 관련된 영웅과 위인들에 대한 소개와 예찬으로 일관하고 있음을 생각하면 역사적 시선과 성찰의 태도는 필수불가결한 것이 아닐 수 없다.

그렇다면 육당은 왜 '조선 예찬'의 정당성과 당위성을 실질적으로 보증하는, 소략한 대로의 동아시아 역사와 현실, 제국주의와 식민지의 대립, 그 정점으로서 조선의 패배와 축소 등에 대한 인식을 단행본 서언에서 삭제했을까. 조선의 밝은 미래를 향한 미적 전략이라는 평가가 우선 가능할 것이다. 하지만 그보다는 식민지 지식인 육당의 일제 문화정치에 맞선 반(反) 문화정치학로 바라보는 편이 특히 본사의 삭제와 추가에 대한 이해에 보다 적절할 듯싶다. 이를 위해서 특히 한성도서본에서 삭제된 『동아일보』본 26절과 그 대신 추가된 31절의 차이점을 주목해보면 어떨까.

① 昌慶苑숩히깁허 새짐승오고	② 鑄字所觀象監이 터는업서도
淸溪川바닥을쳐 녯흙이업네	銅活字測雨器를 世界가안다
살아진숢자최를 들추기실혀	복기다겨오남은 圓覺寺塔은
鐘路의인경조차 벙어리로다	그대로자랑하네 藝術의生命
—『동아일보』본 26절(삭제)	— 한성도서본 31절(추가)[32]

① 26절과 ② 31절의 교환을 조선 발 문화정치학의 실천으로 바라볼 수 있다면 그 조건은 무엇인가. ①에는 식민지 전락 이후 전통과 권위를 잃은 채 한낱 경기(京畿)의 한 도시로 축소된 한양을 향한 비감이 가득하다. 깊은 숲의 '창경원'과 속류(速流)의 '청계천'은 근대문명의 시혜를 대표하는 목록의 일부다. 그것은 육당이 『한양노래』에서 칭송한 바 "이리뎌리다니난 뎐탸댜동탸" "우아래로매여논 뎐화뎐보듈"[33] 들과 등가의 가치를 지니는 신문명의 척도이자 결과물이다. 그런데 왜 육당은 '창경원'과 '청계천'을 "살아진숢자최"로 절하하는가. 짐작컨대, 그것들이 이제는 "종로의인경" 내신 근대식 오포(午砲)의 공간에 놓였기

---

32 왼쪽: 「조선유람가(4)」, 『동아일보』, 1928년 6월 4일자; 오른쪽: 『조선유람가』, 한성도서, 1928, 21면. 31절의 전통문화 예찬은 경주를 소개하는 "슬긔의瞻星臺에 朝鮮빗나고 / 솜씨의 佛國寺에 世界가온다"라는 구절(56절)에서도 동일한 방식으로 수행된다.

33 최남선, 『한양노래』, 신문관, 1908, 8면.

〈그림 3〉 창경원 식물원·동물원·대온실

때문에 발생하는 공포와 슬픔 때문이 아닐까.

육당의 착잡한 내면을 엿보기 위해서는 〈그림 3〉의 사진엽서가 꽤 유용할 듯싶다. 이 엽서는 일제 문화자본이 발행한 『경성백경(京城百景)』의 하나로 창경원의 식물원, 대온실, 동물원(위로부터 시계 방향)을 소재 삼고 있다.[34] 전제 군주의 권위와 안락의 공간을 경성 시민, 아니 조선인 전체의 놀이 공간으로 돌려놓았으니 일제의 문화정책은 긍정과 격려의 대상이어야 하지 않을까.

34 상단 좌우의 단카[短歌] 번역은 다음과 같다. 오른쪽 : "우리를 감싸는 나뭇잎의 / 짓푸른 흔들림 / 비원(秘苑) 아침의 조용한 마음이여", 왼쪽 : "아침이매 취한정(翠寒亭)의 / 기와지붕 / 한 무리 안개여 / 푸르게 흘러라." 사진의 대상은 '창경원'인데, 단카는 창덕궁의 '비원'과 '취한정'을 노래하고 있다. 아침의 고즈넉한 분위기가 여전히 왕족이 머물던 창덕궁의 분위기와 썩 잘 어울리나, '조용한 아침의 나라' 따위의 오리엔탈리즘적 시선이 느껴지는 것은 왜일까.

허나 문제는 표면적인 취미와 유흥의 만족 뒤에 식민 지배의 가공할 만한 문법과 책략이 자리 잡고 있다는 사실이다. '한양'에서 '경성'으로, 즉 조선의 수부(首府)에서 경기도의 일개 도시로 몰락하며 결국 일제 근대화의 정책에 따라 새롭게 재편되는 식민화 과정에 대해 한 연구자는 "식민권력의 문화적 실천"[35]이라 부른 바 있다. 그 가운데서도 조선 궁궐의 해체와 재편은 조선의 지배 및 격하와 관련해 매우 상징적인 의미를 지닌다. 그 대표적 공간이 조선총독부가 들어선 경복궁과 '밤벚꽃놀이'로 더욱 유명해진 '창경궁'이었다.

특히 '창경궁'은 1909년부터 개조가 시작되어 1911년 일반인에게 공개되었으며, 사진엽서에 보이는 동물원, 식물원, 대온실을 갖춘 대중공원, 즉 '창경원'으로 그 기능과 역할이 조정되었다. 이것은 창경궁의 문화적 가치에 대한 평가절하를 넘어, "오리엔탈리즘적 편견과 식민지 조선의 역사와 문화에 대한 제국주의적 멸시의 시선"[36]의 전방위적 실천에 해당된다는 점에서 그 부정성이 더욱 팽만한 조치였다. 궁궐로 대표되는 식민 공간의 지배와 착취는 곧 조선 전체에 대한 그것을 의미한다. '창경궁'의 전시적·유희적 공간('창경원')으로의 전환을 두고 정치적 상징성이 문화적 상징성을 압도하게 되는 식민주의적 문화정치의 대표적 사례라는 평가는 그래서 가능한 것이다.

한성도서본 31절이 의미 깊다면, 제국의 폭력적·은폐적 문화정치

35 김백영, 『지배와 공간』, 문학과지성사, 2009, 366면. 이후 조선 궁궐의 해체와 재편의 정치적·문화적 의미에 대한 분석은 김백영의 논의를 주로 참조한다.

36 위의 책, 367면. 그런 시선과 태도의 일부로 산정할 수 있는 또 다른 요소는 '창경원' 관람과 그에 따른 미감의 충족이 식민의 객체 '조선인' 이전에 식민의 주체 '일본인'을 우선 고려한 문화 실천이었다는 데 있다.

에 맞선 식민지의 반(半/反) 모방 혹은 문화 실천의 대표적 사례이기 때문일 것이다.[37] 26절의 비애를 압도하는 긍지의 표현도 인상적이지만, 제왕의 궁궐과 달리 식민주의적 침탈과 왜곡이 쉽사리 관통할 수 없는, 나아가 그 우수성과 예술성이 세계사적으로 인정되는 유물을 '문화 조선'의 상징으로 구조화하는 태도와 시선은 어떤가. 측우기와 활자, 원각사탑의 변경 불가능한 물질성은 오히려 조작 가능한 '성역'(궁궐)의 정치적·공간적 위상과 크게 관계없기 때문에 '성물(聖物)'을 상징하는 가치화의 반전을 건축하게 된 것이다. 이에 대한 육당의 통찰과 정서가 담긴 구절이 "세계가 안다"와 "예술의 생명"이라면 어떨까. 그런 의미에서 여기 각인된 '대조선'의 영원성과 우수성은 무조건적인 자문화의 예찬이라기보다 '창경궁'에 대한 일제의 상징 조작에 항하는 식민지의 상징 발명으로 이해되어도 괜찮겠다.

육당의 식민지적 문화 실천이 결국은 일제의 그것에 대한 영향과 모방을 전제한 것이라는 점에서 불충분한 탈식민성 정도로 회의된다면,

---

37 아마 '경성'의 다음과 같은 표상도 이미지의 문화정치학과 긴밀히 연관될 지도 모른다. 한성도서본에서 '경성' 부분은 28절~32절이다. 여기서 언급되는 대상은, 앞서의 『동아일보』본 26절과 한성도서본 31절을 제외하면, 경기 고양의 대자산, 모악재, 독립문(이상 28절), 북한 삼각산(北漢三角山), 백악봉, 낙산, 인왕산, 이천년 역사의 한양성(이상 29절), 온조왕, 이태조(이성계), 백운대(이상 30절), 한양 외곽의 관악산, 한강, 행주(이상 32절)다. 『경부텰도노래』와 『한양노래』의 주요 대상이던 조선의 전통과 권위를 상징하는 궁궐과 사대문에 대한 언급이나 '경성'을 외방의 근대로 식민화해가는 상징들인 전차와 자동차, 근대적 건축과 일상의 묘사는 전혀 없다. '경성'은 이렇듯 현재가 삭제됨으로써 총5절에 면면한 바의 "이천년 한양성"을 추억, 아니 재현하게 되는 것이다. 게다가 육당은 의미심장하게도 '경성' 일대의 사진으로 '북한산성'과 '독립문'이 함께 찍힌 한 컷을 제시했을 따름이다. 심지어 예찬해 마지않은 측우기와 활자, 원각사조차 제시하지 않았다. 엄밀히 말해, 도성 수비의 '북한산성'과 독립 열망의 '독립문'은, 조선 역사상 중국, 특히 '청(淸)'과 밀접히 관련된다. 그러나 대중 공원 '창경원'과 '조선총독부'의 경복궁이 '경성'을 지배하는 시절, '북한산성'과 '독립문'은 자연스럽게 일제를 향한 비판과 저항 내지 조선 독립과 방어의 기호로 확장, 전유되어갈 수밖에 없다.

그것은 '검열'의 현실과 그 이해 속에서 보다 긍정적인 의미를 획득할 수 있을지도 모른다. 육당이 『동아일보』상의 「조선유람가」 집필년도 '단군년'을 한성도서본에서 '무진년'으로 수정했으며, 전자의 노골적인 '조선 예찬'의 욕망 또한 축약·완화되었다는 사실은 이미 언급했다. 이를 고려하면, 일제 문화 정책에 대한 은밀한 야유와 비판이 숨어 있는 『동아일보』본 28절은 삭제든 수정이든 어떤 조치의 필요성에 부닥쳤을 법하다. 육당의 『소년』이 검열 탓에 수차례 정간과 삭제 조치를 당했다는 것은 주지의 사실이다. 비록 『조선유람가』가 제국의 '문화정치' 운운하는 시대에 발표되었을지라도 그것은 '조선주의'에 대한 영향력 있는 선전·선동의 잠재성이 농후하다는 점에서 총독부의 시선을 끌기에 충분했을 것이다.

『조선유람가』는 당시 검열과 처벌에서 전가의 보도처럼 휘둘러지던 '치안방해'나 '풍속괴란'의 혐의에 쉽사리 나포될 성질의 것은 아닐지도 모른다. 하지만 『조선유람가』가 발행되던 1920년대 중후반은 총독부 내에 도서과가 설치되고 각종 검열 장치와 출판 규율이 체계화되던 때였다.[38] 물론 규제의 핵심은 급격히 확산된 사회주의 사상의 통제와 억압에 있었지만, '조선주의'의 고취 역시 일제의 식민 지배에 악영향을 끼칠 수 있다는 점에서 주요한 관찰의 대상이었다.[39] '조선사편수회' 참

---

38 자세한 내용은 정근식·최경희, 「도서과의 설치와 일제 식민지출판경찰의 체계화, 1926~1929」, 검열연구회 편, 『식민지 검열, 제도·텍스트·실천』, 소명출판, 2010, 97~134면 참조.

39 이에 대한 상징적 사례의 하나로 중등교육용 조선어 교과서 『新編朝鮮語及漢文讀本(신편조선어급한문독본)』(조선총독부, 1924)에 실린 한문 번역이 주목된다. 조선총독부는 이 교과서에서 「귀토지설(龜兎之說)」(『삼국사기』)의 '용왕(龍王)'을 '용녀(龍女)'로 번역했으며, 조선 후기 금원 김씨의 기행문 「호동서락기(湖東西洛記)」에 등장하는 "제왕지도(帝王之都)"를 "수백년이래 조선의 수도"로 수정하는 한편 "억만년 태평의 터" "기세의 위웅함" 등을 제멋대로 생략했다. 임상석의 지적처럼, 이 번역은 "교과서로 조선어의 문체 모범을 만드는 과정에

여가 대변하는 바이지만 '조선주의'의 열렬한 주창자 육당은 처벌과 회유의 동시적 대상이었다. 그의 '조선주의'를 향한 '문화 실천'은 '조선의 상징'을 발견 / 발명함과 동시에 그에 대한 감시와 처벌 역시 지혜롭게 대비해야 하는 양가적 행위였을 것이라는 판단은 그래서 가능하다.

물론 이런 사실은 「풍악기유」, 『심춘순례』, 『백두산근참기』, 이들을 관통하는 조선 영지(靈地)화의 문법 '불함문화론'에 대해 취해졌을법한 검열과 통제의 어떤 경험을 구체적으로 확인해볼 때야 비로소 보편성과 객관성을 얻게 될 것이다. 현재 이 과제는 훗날을 기약할 수밖에 없다. 그러나 분명한 것은 『조선유람가』 시절의 육당은 일제의 조선 강토에 대한 자의적 구성과 명명, 이를테면 '창경원'이니 '신금강(新金剛)'[40] 이니 하는 명칭에 매우 비판적이었다는 사실이다. 물론 이런 태도가 신문과 서책류에 대한 검열과 처벌의 주요 항목인 '조선민족독립사상을 고취선전하거나 독립운동 선동'에 막바로 해당되지는 않았을 것이다. 하지만 일제가 「기미독립선언서」의 기초자 육당을 한시라도 잊었을 리 없으며, 따라서 그의 '조선주의'는 각별한 검열과 규제, 감시와 처벌의 대상이었을 것이라는 추측 역시 피할 도리가 없겠다. 이 점, 적어도 『조선유람가』 시기에는 긍정적으로 평가되어도 좋을, 육당의 제

서 조선의 전통을 사용했다는" 점에서 새롭다. 하지만 그 이면에는 "민족적 의식을 환기할 수 있는 요소를 제거하려는 정책적 노력이 그야말로 집요하고 철저"하게 작동하고 있다. 보다 자세한 내용은 임상석, 「조선총독부 중등교육용 조선어급한문독본의 조선어 인식 - 『신편고등조선어급한문독본』의 번역과 문체를 중심으로」, 『한국어문학연구』 57, 한국어문학연구학회, 2011, 194~198면 참조.

40 육당은 조선인이라면 누구나 알 법한 금강산의 어느 지역을 '신금강'이라 명명한 일본 여행가와 그 명칭을 "조선 지도와 지로기(指路記) 등 관공서의 도적(圖籍)"에까지 올린 총독부의 행태를 "가소로운 일"로 비판했다. 이상의 내용은 최남선, 『금강예찬』, 한성도서, 1928, 121~122면 참조.

국에 맞선 탈식민적 문화 실천의 대표적인 사례로 기억되어도 큰 무리는 없을 것이다.

3. 조선 '유람', 숭고 대 폭력 관전기(觀戰記)

'숭고'는 존엄하고 거룩한 것으로 흔히 풀이된다. 그에 따른 숭고한 대상에의 인간 소외는 '경(敬)'과 더불어 '외(畏)'의 감정을 불러들이기 마련이다. '경'과 '외' 가운데 무엇이 보다 근원적인가 하는 질문에 처한다면 주체의 경험과 느낌에 따라 그 선택이 달라지겠지만, 보통은 '외'에 우선권이 주어지는 듯하다. 왜냐하면 '숭고'는 대상의 비범함과 아름다움, 거대함 이런 것들이 문득 통합된 결과 발생하는 '공포'와 '불안'에 궁극적으로 지배되기 때문이다. '외'는 그러므로 숭고한 대상을 향한 패배의 감정이기보다 접근과 대화 불가능을 전제하는 절망의 감정이다. 이 절망은 그러나 주체의 의지와 혁신의 계기를 마련한다는 점에서 긍정적이며 계몽적이다.

가령 신비감으로 가득 찬 자연과 우주는 그렇다 쳐도 인간현실에서 숭고의 감정은 인간의 한계와 능력 밖의 부정적 현실을 돌파, 초극하는 비상미의 희생 행위에 대한 경험에서 생겨난다. 예컨대 이순신과 논개의 영웅적·자기희생적 죽음, 이차돈과 무명자의 세의적 공여, 곧 순교를 바라보는 우리의 감정은 그들에 대한 존엄과 두려움을 동시에 느낀다. 물론 우리는 그들을 향해 가해지는 적대자들의 야비한 권력과 무차별적 폭력을 함께 경험함으로써 '경외'의 감정을 더욱 승압해간다. 그런 의미에서 숭고는 그것 뒤에 어른거리는 적대자의 폭력과 우리들 절망의 내면을 함께 잠재우고 초극하지 않는 한 우리와의 관계에서 외부화·거리화될 수밖에 없다. 대상의 맹목적 숭배보다 그것을 향한 비장한 접근, 다시 말해 그 불가능한 대화와 접촉을 향한 주체의 혁신과 도약이 범속한 우리의 숙명인 까닭이 여기 있다.

잠시 뒤 다시 살펴보겠지만, 육당이 조선의 인물을 노래함에 있어 탁월한 역량을 발휘한 개인보다는 민족과 국가, 공동체를 위한 예외적 능력의 발휘자나 살신성인의 행위자들을 조선의 순례 과정 및 그 현장에서 끊임없이 기억하고 호출하는 것도 결국은 그들에 대한 존경심의 발동 못지않게 저절로 밀려드는 두려움을 발판삼아 그들을 삶의 모범으로 체화하기 바라는 까닭과 무관치 않다. 『조선유람가』의 영웅/위인 소개와 가치화를 숭고를 통한 집단적 각성과 계몽의 실천을 위한 글쓰기라는 명명은 그래서 가능하겠다.

이후 논의는 이런 숭고의 양면성과 효과에 주목하면서, 제국과 식민지 사이에서 작동하는 숭고의 문법과 양상을 상호간의 기우뚱한 '문화폭력'을 매개로 살펴보기로 한다. 미리 일러두건대, 그 대상은 '백두산'과 이순신, 논개로 대표되는 보국자, 조·일 양국에서 투어리즘의 아이콘으로 떠오르던 금강산과 경주로 집중한다.

1_「조선유람가」는 '불함문화'로 충일한 '대조선'이라는 숭고한 대상을 기쁘게 찾아가고 널리 알리는 기행서사의 일종이다. 그런 까닭에

숭고의 감정은 주체의 감응보다 대상 자체의 절대성과 충만함, 그리고 그것을 현실화하려는 영웅의 출현과 실천에 의해 배태되고 표출된다. 「조선유람가」에서 이를 상징적으로 보여주는 대상, 아니 숭고성 자체가 "실로 조탁(彫琢)을 빌지 안는 미(美)의 대해(大海)며, 건축을 기다리지 안는 영(靈)의 화표(華表)"[41] 인 '백두산'이다. 육당은 아래의 본사에서 보듯이 '백두산'을 자연과 인문, 야성과 문화의 기원이자 궁극으로 표상함으로써 '숭'을 압도하는 '외'의 성역을 창조한다. 이 두려움은 백두산 자체를 향한 것이기도 하지만 오랜 시공간에 걸친 조선인의 불경, 곧 "국토적 · 역사적 불충의"와 "정신상 · 생활상 불친절"[42]에 대한 죄책감 때문이기도 하다. 우리는 '불함문화론', 바꿔 말해 '밝' 사상이 조선 자연의 성스러움 못지않게 영웅과 성인의 위대성에서 그 근거와 문법을 얻는 장면을 시시때때로 목도한다. 이것은 '백두산'과 '대조선'의 호혜, 곧 신과 인간, 자연이 분리되지 않는 양자의 통합성과 일체성, 기원을 향한 충동을 미래를 위한 비전으로 상상, 신뢰하기 때문에 가능한 일이다.[43]

① 大地의거룩한힘 기동이되여 ② 한팔을南에던저 錦繡三千里

한울을버틔고선 白頭의聖山 無窮花향내덥힌 大朝鮮半島

41 최남선, 『백두산근참기』, 한성도서, 1927, 3면.

42 위의 책, 4면.

43 '백두산'에 대한 주석은 다음과 같다. "東方大陸의 地形上 根本이 되는 同時에 그 人文의 始祖이신 桓雄 及 檀君이 여기 降生하시고 또 夫餘 以下의 모든 建國者들이 이를 依支하야 出世成業한 곳인으로 녜부터 聖山靈地로 崇仰됨."(한성도서본 6면. 띄어쓰기—인용자) 심미성 과잉의, 그래서 관념적인 본사에 역사성과 사실성을 더하는 기술에 가깝다. 그러나 육당에게 '백두산'과 '대조선'의 신화와 현실은 따로 구분되지 않는 성스러운 일체이다. 육당은 역사를 신화로 대체함으로써 그 역사의 일부인 (식민지) 현실을 가뿐하게 초극하는 것이다.

猛虎의수파람이 울리는거긔　山아니놉흐시냐 물이곱고나
聖人이나섯고나 英雄길럿네　百花가얽흐러진 文化의동산

—「조선유람가」 1절 및 2절[44]

백두산이 성역(聖域)인 까닭은 자연과 인물, 문화와 인문 등 모든 영역에서 '조선적인 것', 나아가 '동양적인 것'의 기원이자 정점이며,[45] 그것을 완미한 민족공동체 '대조선'의 형태로 구현하는 장(場)이기 때문이다. 『조선유람가』의 서사가 '백두산'과 '대조선'을 향해 거슬러 올라가는 과거－시간이 아니라, "대조선반도"[46]의 역사와 현실로 퍼져 내려가며 "성인"을 낳고 "영웅"을 기르는 미래-시간을 이야기 형식으로 취하는 것도 이와 관련 깊다. 무릇 완미한 '기원'의 전통성과 영원성은 그 자체로 위대하지만, 그 궁극적 가치는 후대 생활의 풍요와 개선에

---

44 이하의 본문에서 인용하는 본사는 모두 한성도서본에서 취한다.

45 육당은 백두산과 함경도 일대를 서술할 때 '여진' '금(金)' '청(淸)' 등 만주족의 역사, 특히 우리 민족과의 관련사에 대한 언급을 빼놓지 않는다. 조선과 만몽문화의 밀접한 연관성에 대한 관심이 차츰 입체화되는 지점인 것이다. 가령 "新義州安東縣은 鐵橋가검얼 / 이름만다른나라 실상한집안 / 싸혀서山을일운 엄청난쎗목 / 白衣人青衣人이 마조처드네"(한성도서본 14절)와 같은 구절이 대표적이다. 흥미로운 것은 일제 역시 이런 동방문화권의 설정과 제 민족의 통합이라는 이상을 '만주국'에는 물론이고 '백두산' 일대를 통해서도 전략화하고 있다는 것이다. 그 실례로 백두산 부근의 일본 국경수비대가 이국 풍취와 향수를 노래한 것에 불과했으나 일본 본토로 전해져 유흥가에서 큰 인기를 끈 '백두산절(白頭山節)'이 주목된다. 1930년대 후반 '백두산절'은 최초 4절에서 8절로 확장되는데, 새로 추가된 내용은 '대동아공영'과 '전선총후'의 다짐으로 일관한다. 이 노래를 담은 그림엽서는 '오족협화'를 상징하는 동아시아 제 민족 여성과 아동들의 화합, 전선에 복무하는 남성(남편)을 위한 가족들의 기원과 응원 등이 배경화로 제시하고 있다.

46 육당은 '대조선반도' 내의 '단군' 및 '밝' 사상과 관련된 지명과 장소의 소개와 가치화에 열정을 다한다. 그 대표적 장소로는 '백두산'과 '묘향산'을 포함, 황해도의 '구월산', 강화의 '마니산', '지리산' 등이 손꼽힌다. '단군'과 '밝' 사상의 구조화・실재화에 의해 '대조선반도'는 신성성과 존엄성이 지배하는 영지(靈地)로 가치화되며, 조선인은 숭고화된 국토의 정신과 육체를 호흡하고 본받는 한편 그 가치의 현대적 실현과 보존을 위해 모범적 생활을 영위해야 하는 존재로 규약화・당위화된다.

기여하는 현재성과 미래성 여부에 의해 결정되기 마련이다. 물론 육당의 '대조선' 호출은 서사시적 기원에서 위안을 구하는 한편, '현재의 실패'(식민지 전락)가 찬란했던 민족성이 타락한 결과라는 패배감을 초극하기 위한 문화적 실천과도 무관치 않다. 하지만 식민지적 상황은 단순히 서사시적 과거를 찬양하는 것에 의해 극복될 리 만무하다. 그러므로 육당에게는 제 나름의 독자적인 민족성과 문화적 전통에 대한 재발견 및 재구성이 요청될 수밖에 없었다. '백두산' 및 그와 일체화된 '대조선'의 위대성과 가능성을 격정적으로 토로하는 1~2절은 그 요청에 대한 육당 나름의 응답이자 비전 제시에 해당된다.

그런데 탈식민과 새 국가 건설의 열망, 예컨대 "미지의님의나라"를 "새로그림"(80절, 한성도서본)게 하는 최초의 원동력인 '백두산'의 당대 현실은 어땠을까. '백두산'을 향한 육당의 발화의 사실성과 객관성은 그 대항 담론과의 비교, 가치판단 과정을 통과함으로써 더욱 강화될 수도, 허약해질 수도 있다. 이를 위해 먼저 「조선유람가」에 실린 '백두산 천지'(〈그림 4〉)를 주목해보자. 이 사진은 백두산의 사실성을 넘어, 그것의 시원성과 숭고성을 거듭 내면하시키는 가치 전경의 이미지에 해당한다. 이즈음 가치화되기 시작한 성산(聖山)의 절대성이 현재 남

〈그림 4〉 백두산 천지(7면)

북통일의 아이콘으로까지 확장되고 있음은 주지의 사실이다. 과학기술문명은 대상의 '사실성' 말고도 허구적 성격이 농후한 '신화성' 실현에 크게 기여한다는 사실을 새삼 확인하는 장면이 아닐 수 없다.

한편 당시 식민지 조선의 아동들에게 '백두산'은 어떻게 교육되고 선전되었을까. 「조선유람가」 발행 전인 다이쇼[大正] 12년(1923)에 발간된 『보통학교 조선어독본』 권3을 참조해보자. '백두산' 안내는 그 '높이'와 '천지'[47]의 소개, 조선에서 가장 높은 산이자 중국과의 경계를 형성한다는 설명, "반도 제 산의 조종(朝宗)이 되는 산"이자 두만강, 압록강의 시원을 이룬다는 설명, 낮에도 어두울 정도의 울창한 삼림지대라는 설명으로 간명하게 제시된다.[48] '백두산'의 물질성과 사실성, 그러니까 자연 지리와 환경에 대한 소개로 일관할 뿐, 그것이 조선 민족의 정신과 종교, 생활과 문화에 어떤 영향을 끼쳐 왔고 어떻게 관련되는지, 특히 고조선 및 단군과 관련되는 사적이나 신화, 전설에는 무엇이 존재하고 전승되는지에 대한 설명은 전혀 없다.

우리는 육당이 『백두산근참기』 서문에서 일본 "부사산(후지산)"을 "백두산의 화개(華盖)에 술음(庇廕)된 「불함문화」권의 연장(延長)"[49]에 내속시킨 사실을 기억한다. 주지하다시피, '불함문화론'은 조선 전(全) 역사

---

47 〈그림 4〉의 구름 한 점 없이 청명한 '천지'와 대동소이한 '천지' 소묘화가 교과서에도 실려 있다. 천지 그림을 따로 제시하지 않은 것도 이미지의 유사성 때문이다. 사진이 아닌 소묘화 '천지'는 교과서 전체가 대상의 이미지를 그림으로 표현하는 편찬법과 밀접하게 연관될 것이다. 이 점을 고려해도 '천지'에 대한 느낌은 사진이 그림을 압도하는 바가 있다.

48 조선총독부, 『보통학교 조선어독본』 권3, 1923, 311~313면. 여기서는 강진호 외편, 『조선어독본』 3, 제이앤씨, 2010, 110~111면. 새로 개정된 제4차 교육령기의 『보통학교 조선어독본』 권3(1931)에서는 '조선북경(北境)'이라는 제목 아래 백두산 '천지'와 압록강 '철교' 주변에 대한 소묘화와 함께 대동소이한 설명을 반복하고 있다.

49 최남선, 『백두산근참기』, 한성도서, 1927, 2면.

에 대한 학적 실증과 논리화를 통해 조선 문화의 특수성과 우수성을 드러내지 않는다. 특히 육당은 '붉' 혹은 백(白)에 주목하는 한편, 그것과 조선의 상관성을 언어학·민속학·신화학 등 관념적 문화주의의 발현에 보다 유용한 학적 방법을 통해 구성해간다. 이는 일제 특유의 식민주의적 실증사학을 신화적 상상과 민속적(종교적) 지표를 통해 넘어서려한다는 점에서 얼마간은 시대착오적인 식민지적 문화 실천이라 평가할 수 있다. 하지만 식민지의 민족주의는 시대착오적인 방법으로라도 자신의 정체성과 역사성을 주장, 규명하지 않는 한 식민주의적 실증주의가 가하는 문화폭력을 쉽게 넘어설 수 없다. 이 때문에 육당의 신화학과 민속학에 근거한 문화민족주의는 선택의 여지가 별반 없는 일종의 강요된 카드였다는 판단이 가능해진다.

더욱이 이러한 식민지 공간의 학문적 제한성은 식민지 전체를 향한 제도교육의 문법과 규율에 의해 더욱 협소해질 가능성이 크다는 점에서 문제적이었다. 일제가 편찬한 교과서에서 '백두산' 설명은 현재의 사실성에 대한 객관적 제시에 초점을 맞출 따름이다. 이것은 '백두산' 교육이 첫째, 제국의 방법, 곧 학적 엄밀성을 토대로 '백두산'에 대한 주어진 사실의 제시와 확인에 맞춰 진행된 뒤, 둘째, 식민지적 방법, 곧 소수의 각성된 학생(학부모)만이 '백두산'에 대한 문화적 교양과 정보를 어렵사리 접촉하는 순서로 진행됨을 뜻한다. 이런 코스는 1920년대 조선인의 초등·중등교육 비율이 20% 미만이었음을 고려하면 전혀 이상할 것 없다. 생업이 우선인 상황에서 식민지 민중에게 '백두산'의 민족적 가치와 의미에 대한 유의미한 지식과 정보의 획득은 더 이상 기대하기 어려운 것이다. 육당이 비학문적 방법과 반복을 무릅쓰고 신문과 서책, 여행과 정보, 이야기와 노래 등의 다양한 형식으로 조선 산하와 단군의 문화적 가치를 지속적으로 발굴, 조망, 설파했던 것도 조선인을 향한 교육의 균열과 한계를 극복하기 위한 힘겨운 수고였다.

게다가 문화정책의 미명아래 일제는 교과서에서 '금강산'을 서술할 때 그 짝패로 내지의 '후지산'을 항상 등장시켜 서열화를 획책한다든가, '백두산' 일대를 '오족협화'의 장(場)으로 전도시킴으로써 민족적 상징과 가치를 파편화시키는 식민주의적 통제와 방어 전략을 한시도 잊지 않았다. 식민지의 힘겨운 문화 실천이 숭고와 비장의 양가적 감정으로 채색될 수밖에 없는 까닭이 생겨나는 지점인 것이다. 이런 상황을 고려하면, 『조선유람가』는 식민지 조선의 자기 고양과 회복을 위해 발화된 '영사'이자 제국 일본의 문화폭력을 향해 던져진 '참요(讖謠)'의 일종임이 보다 분명해진다.

2_ 근대계몽기 조선에서 유난히 강조된 덕목이 있다면, '상무정신'을 빼놓을 수 없다. 서구와 일제는 사회진화론을 발판 삼아 전 세계를 문명과 야만으로 양분하면서 식민지 쟁탈의 아수라장을 연출했다. 대륙과 해양을 잇고 가로막는 열쇠와 자물쇠의 땅으로 이해된 조선 역시 타국에 양보해서는 안 될 매력적인 식민화의 대상이었다. 선각자들은 조선 멸망의 위기에 맞서 그 원인으로 지목된 문약지폐(文弱之弊)를 극복할 대안의 하나로 상무정신을 적극 주창했다. 사실 상무정신은 애초에 약자의 자기방어 의식도, 방법도 아니었다. 상무정신은 자유에 대한 위험을 필연적으로 감소시킨다, 따라서 상무정신의 결핍자, 곧 스스로를 방어하거나 적에게 복수할 수 없는 겁쟁이는 인간성의 가장 본

질적인 부분 하나를 결여하고 있다는 주장은 애덤 스미스의 『국부론』의 일절이었다.[50] 근대 국민국가는 개개의 국민을 하나의 '운명공동체'로 묶는 한편 국가의 발전과 적으로부터의 방어책임 역시 국민 모두에게 부과하는 '국민주권'의 이념을 자유와 안전의 조건으로 전제했던 것이다. 그 국민의식의 핵심 가운데 하나가 상무정신이었던 것이다.

'문명개화'의 핵심 목표가 '부국강병'에 주어진 것도 따지고 보면 국가의 안전을 보위하는 한편 신세계의 개척을 통해 국가의 진보를 달성하기 위함이었다. 제국주의 시대가 오히려 폭력과 야만의 시대인 것은 현실의 방어와 유지보다 국민국가를 위한 진화와 공격이 '공동선'으로 가치화되었기 때문인지도 모른다. 이런 힘의 논리와 그것을 보족하는 상무정신은 제국에 맞서 민족의 회복과 갱생을 꿈꾸는 식민지에서 더더욱 필수적인 삶의 문법이었다. 따라서 상무정신이 충일한 성인(聖人)과 영웅(英雄)의 기억과 발굴, 심지어 기존의 평가와 속설을 뒤집는 '만들어진 영웅'의 창안은 조선 계몽주의자들의 빼놓을 수 없는 책무였다.

이를 대표하는 계몽가가 신채호일 텐데, 그는 『대한매일신보』(1908.8.27~12.13)에 연재한 「독사신론(讀史新論)」을 통해 상무정신의 기원으로 '단군'을, 영웅적 계승자로 광개토대왕, 을지문덕, 최영, 이순신 등을 꼽았다. 민족주의 사학의 초석을 다진 것으로 평가되는 「독사신론」은 무엇보다 일제 식민사학의 근거 '단군부정론'과 '일선동조론(日鮮同祖論)'을 격파하기 위한 탈식민의 대항 담론이었다. 최남선의 글쓰기와 출판운동은 그 영향과 수용을 대표하는바, 폐간의 위기에 처한 『소년』(1910.8)에 게재된 「국사사론(國史私論)」은 서 「독사신론」을 일부분

50 윤원근 외, 『애덤 스미스의 국부론을 말하다』, 신원문화사, 2010, 330면.

깁고 고친 민족사론이었다. 물론 단재와 육당은 안창호 주도의 '청년학우회'(1908) 맹원이었다는 인연이 있지만, 「국사신론」의 『소년』지 게재는 '상무정신'과 영웅사관, 그것을 총괄하는 '단군 조선'에 대한 신뢰와 공감이 강렬했기에 가능한 것이었다.

시가(詩歌)로 표현된 육당의 '단군론'은 『소년』(1910년 2월호)의 '태백산시집'[51]에서 기원하는 것으로 보아 무방하다. 그 완성체가 「조선유람가」임은 앞서 읽어본 1~2절을 비롯하여, 식민지 조선을 '대조선'의 영지(靈地)로 가치화하고 현대화하는 곳곳의 예찬에서 충실히 확인된다. 이즈음의 '단군론'이 여전히 상무정신과 영웅사관으로 착색되어 있음은, 원효, 최치원, 정몽주, 이퇴계, 서술산 성모[52] 등을 제외하고는 예찬 대상이 보국(報國) 관련 위인들로 채워졌다는 사실에 뚜렷하다. 예의 을지문덕, 최영, 충무공(이순신)에 더해, 임경업, 홍경래, 신립 등 외적 방어나 타락한 왕국에 반란한 영웅호걸들이 주인공인 것이다. 또한 육당은 개국(開國)과 영토 확장의 제왕들을 주목하는바, '단군'을 필두로 동명왕, 온조, 광개토대왕, 장수왕, 진흥왕, 왕건, 이성계 등이 보인다.

「조선유람가」의 '성인'과 '영웅' 예찬에서 흥미로운 지점이 있다면, 보국 위인은 그렇다 쳐도 개국과 영토 확장의 제왕들이 족출하고 있다

---

51 「태백산가」 2편, 「태백산부」, 「태백산의 사시(四時)」, 「태백산과 우리」 등이 들어 있다. '단군'과 '대조선'의 터전 '태백산' 및 거기서 생활하는 조선인의 심미적 삶을 예찬하는 시가들이다. 이런 요소들을 참조하면, 『조선유람가』의 탄생과 원형을 엿보게 하는 시편들이라 할 수 있겠다.

52 일연의 『삼국유사』에 등장하는 인물로, 흔히 사소(娑蘇)부인으로 불리며, 중국에서 건너와 박혁거세를 낳았다고 전해진다. 정착한 곳이 경주 선도산이기 때문에 '선도산 성모'나 '서술산 성모'로 불린다. 역시 신라의 조국(肇國)과 밀접하게 연관된 인물인 것이다.

는 사실이다. '보국'이 민족 / 국가의 위험에 맞선 형식이라면, '개국'은 시효 만료된 전(前) 국가를 개혁, 대체하는 기회의 형식이다. '단군'을 참조한다면, 개국자들은 위국애민(爲國愛民)의 '대조선'을 잇는 동시에 현실화하는 주체로 스스로를 상정했고 또 백성들에게 그렇게 기대되었다. 이 일대의 사업을 보위하고 실현하는 실질적 인물들이 영웅(위인)들이었다고나 할까. 양자는 피의 문법을 행동 강령으로 삼으며, 또 변화와 안정을 동시에 희망하는 민중의 집단적 열망을 배후로 한다는 공통점을 가진다. 위기와 변화의 시공간에서 상무정신이 문치(文治) 이념을 압도하는 까닭이 여기 있다.

과연 육당은 민족의 몰락을 확증하는 식민지 현실에서 상무정신의 단군과 그 후예들을 숭고화하는 데 멈추지 않았다. 그들을 예찬의 노래로 재차 호명함으로써 그들을 민족의 재생과 신기원을 다시 열어젖히는 '도래하는 영웅'으로 현재화했던 것이다. 이런 사태는 영웅들의 애국과 헌신이 '운명공동체'(민족-국가)를 위한 민중의 자발적 참여와 희생을 촉발하는 계기로 작동한다는 점에서 무엇보다 긍정적이며 효과적이었다. 우리는 위기에 처한 조국을 구하려는 지배-피지배 계층의 혼연일체를 임진왜란 당시의 이순신과 논개의 죽음에서 새삼 확인한다. 물론 지리상의 근접성을 살핀 배치겠으나, 조선판 '멸사봉공(滅私奉公)'의 숙연하고 자랑스러운 예시로 치밀하게 계산된 것임에 틀림없는 아래 구절을 보라.

① 欲知島蛇梁島에 露梁三千浦
아득한右水營의「울목이」ᄭᅡ지

② 矗石楼입남읕고 南江이자도
依然히義娘岩은 소리지른다

이곳에바라뵈는 어느山海가　　　生命은절으니라 義는기니라
거북船百戰場이 아니엿든가　　　論介의晉州에서 배우라이를

—「조선유람가」 65절[53] 및 66절

기이하게도 다른 영웅과 달리 '이순신'('울목이' 주석에서 '이통제(統制)'로 지칭)만이 본명을 얻지 못하고 있다. 정한론(征韓論)으로 일찌감치 무장한 일본의 전(全) 역사에서 거의 유일한 패배가 임진왜란 당시의 해전이었음을 고려하면, 일제의 입장에서 '이순신'은 함부로 얘기될 수 없는 금지와 억압의 대상이었을 지도 모른다. 최남선은 조선시대 씌어진 『해동명장전』(1911)과 『이충무공전서』(1918)의 재발간, 각 분야에서 가장 뛰어난 역사적 인물로 새 정부의 요직을 구성한 조각(組閣) 명단 「기인비관(其人備官)」(일명 '조선만고도목(朝鮮萬古都目)', 『청춘』, 1918년 6월호) 등을 통해 이순신의 업적과 위대함을 충실히 기려왔다. 이 점, 이순신의 불호명이 신비주의적 전략의 일환보다는 일제의 검열을 염두에 둔 결과라는 해석을 가능케 한다. 아니면 '이순신'이라 부를 필요도 없이 조선인에게 널리 알려진 영웅이었기에 '이통제'라는 약칭도 가능했을 법하다. 그만큼 이순신은 조・일 양국을 관통하는 보국의 표상이었던 것이다.[54]

엄밀히 말한다면, 논개는 실존 여부가 여전히 해명되지 않은 이른바

---

53 '거제'와 '통영', '한산도'를 말하는 64절 또한 충무공의 승전과 연관된다 하겠다. "閑山島달이 밝고 笛소리나면"이라는 구절은 충무공의 "한산섬 달 밝은 밤에 ~"를 고스란히 차용한 결과물이다.

54 1920년대 발행된(추정) 일제 문화자본의 '통영' 사진엽서(1세트 8매)를 살펴보면, "충렬사 : 이순신 사당(忠烈祠(李舜臣ノ祭ル))"(〈그림 10〉)과 "세병관(洗兵館)"(〈그림 5〉)이 포함되어 있다. 만약 '검열'과 '대중성' 양자를 상정한다면, 육당의 '이통제'라는 호명은 후자와 보다 더 상관될 듯하다.

〈그림 5〉 통영 세병관

'애국기생'이다. 역사적으로도 18세기 들어서야 '의암(義岩, 66절의 '義娘岩')' 사적비'가 세워졌고, 1868년(고종 5년) 그녀를 추모하는 유력 6월의 '의암별제'가 시작되었다. '만들어진 신화'의 혐의가 짙은 셈인데, 그러나 식민지 조선에서 그녀의 이름은 이미 피지배자, 아니 조선인의 애국과 헌신을 대표하는 아이콘 자체였다. 예컨대 변영로의 「논개」(『신생활』, 1922년 4월호) 및 한용운의 「논개의 애인이 되야서 그의 묘(墓)에」(『님의 침묵』, 1926) 같은 시편의 대중적 전파와 수용을 보라. 금지나 통제 이전의 이런 대중성이 '논개'의 참된 가치 "생명은 절으니라 의(義)는기니라"를 노래케 하는 원동력이었음이 드러나는 지점이다. 이것은 고스란히 일제에 항(抗)하는 '독립의식'으로 수렴되기 십상이었다는 점에서 문제적이었는바, 조선총독부에 의한 '의암별제'의 강제 중단은 이런 사정이 반영된 결과일지도 모른다.

다시 이렇게 물어보자. 이순신과 논개, 제왕과 영웅호걸의 애국위민(愛國爲民)은 단순히 민족의 위기 극복이나 영토의 실질적 확장을 위해서만 필요한 것인가. 사실을 말하건대 육당은 『경부텰도노래』에서 임진왜란 관련 설화가 깃든 '범어사'와 '성환' 부근의 청일전쟁터 정도만 기억에 올릴 정도로 전투를 통한 운명공동체의 보위나 유지에 거의 무관심했다. 물론 경부철도 역사(驛舍)와 연선(沿線) 주변에서 유의미한 승전의 기록을 확인하기 어려운 현실도 주요 원인이었겠다. 하지만 육당의 관심이 오로지 문명의 수용과 확산에 집중되었던 형편을 감안하면 과거 전투 서사의 호출과 재음미는 당연히 결락될 수밖에 없었다.

그러나 『만한철도창가』의 오오와다(大和田)는, 이 노래책의 대부분을 이루는 러일전쟁의 승전(勝戰)－고전(苦戰)은 차치하고라도, 부산에서 평양에 이르기까지, 또 진구(神功)황후의 삼한정벌에서 임진왜란을 거쳐 청일전쟁에 이르기까지, 일본의 오랜 정한(征韓)의 야욕과 현실화를 거리낌 없이 노래했다. 우리는 이 승전의 서사가 일제의 우수성에 대한 자랑과 확신을 뛰어넘어, 미래의 황군(皇軍)으로 자라날 아동들에게 '만한(滿韓) 경영', 바꿔 말해 식민지배의 정당성과 가능성을 내면화하는 한편 세계사적 진출을 독려하기 위한 것이었음을 각별히 기억해둠직하다. 그런 의미에서 아동용 장편창가 『만한철도창가』는 전쟁, 특히 승전의 서사를 상품화되고 대중화된 방식으로 기억하고 예찬하는 기념의 정치학·문화학에 해당한다.[55] 일제의 기술력을 자랑하는 철도에 올라탄 채 『만한철도창가』 상의 승전 서사와 관련 사진을 탐독하며, 대국 러시아와 중국(만주족 포함)의 패전을 확인하고, 나아가 제국의 위용과 미래를 노래하는 행위는 전쟁의 슬픔과 아픔을 은폐한 채 제국의

55 보다 자세한 내용은 박진한, 「일본의 러일전쟁 100주년 기념과 네오내셔널리즘」, 전진성 외, 『기억과 전쟁』, 휴머니스트, 2009, 155～173면 참조.

영광을 한껏 추켜올리는 정도에 그치는 기념 행위가 아니다. 그것은 한편으로는 제국의 세계지배와 영원함을 향한 맹목적인 열망이며, 다른 한편으로는 타자에 대한 폭력과 소외를 여지없이 은폐하는 적대적 기만행위인 것이다.

또 이렇게 질문해보면 어떨까? 육당의 「조선유람가」는 전쟁 기념의 정치학과 전혀 무관한가? 침략보다는 방어의 영웅들에 대한 예찬이며 일제의 힘센 문화폭력에 맞선 자기 고양과 보존의 대항 서사라는 점만을 강조한다면 그렇다고 대답될 가능성이 농후하다. 「조선유람가」의 성인과 영웅에 관한 기억의 전수는 '문화 조선'을 특권화하기 위한 '보국 조선'의 병치와 밀접히 연관된다. 선자, 그러니까 '대조선'의 완미함과 무결점이 강조될수록 '보국 조선'의 정당성과 위대성 역시 강화되기 마련이다. 그에 따른 민족적 자긍심과 애국심 고양은 약자의 패배의식과 공포를 치유하는 한편 새로운 민족/국가로의 갱생 의지를 더욱 불지필 것이다.

하지만 『만한철도창가』가 그랬듯이, 「조선유람가」 속 개선의 나팔과 승리의 노래는 영웅 서사와 그 예찬에 가려진 피지배자의 고통과 소외, 나아가 특히 영토 확장의 경우, 타국 침략과 지배가 불러오는 폭력적 감시와 처벌에 대한 경험과 기억을 은폐, 삭제하는 적대적 공모로부터 자유롭지 않다. 여기서 『조선유람가』라는 '영가(咏歌)'는, 그러니까 '대조선'을 세우고 지켜온(것으로 상상되고 가치화된) 영웅/위인의 전투에 대한 기억과 찬양은 국수주의적 '문화폭력'의 혐의를 완전히 벗어나지 못하고 있다는 다소나마 회의적인 평가가 발생한다.

3_ 근대 이전 조선 '유람'의 전형적 예는 정철의 「관동별곡」에서 엿보인다. 강원도 관찰사 부임 과정을 노래한 이 가사는 '관동팔경'과 '금강산' 소개, 그에 기반한 숭고한 자연미와 조물주의 신공(神功)에 대한 헌사, 군은(君恩)에 대한 감사와 선정(善政)의 포부를 서사의 핵심으로 삼았다. 자연의 숭고미와 쾌미를 '연군지정'과 '우국지정으'로 서슴없이 전유해간다는 점에서 '영사(詠史)'의 문법과 형식을 충실히 따르고 있는 것이다.[56]

이에 비한다면, 근대의 투어리즘은 물질적 부를 토대로 문화적 욕구를 충족코자 하는 개인들의 취향과 우선 관련된다. 하지만 이들은 '국민국가'에 소속된 시민(국민)이며, 따라서 국토 기행은 '국민의식'의 강화와 '국민통합'에 유의미한 역할을 수행케 된다. 요컨대 근대적 개인의 사적 영역은 그것을 둘러싼 공적 영역과의 건전한 관계 속에서 보

56 예리한 식견의 어느 연구자는 본고가 전(前)근대 유람의 전형적인 예로 「관동별곡」을 제시하는 한편, 이를 토대로 전(前)근대의 유람을 근대적 투어리즘에의 미달(물질적 부와 문화적 욕구, 개인의 취향을 상호 충족하지 못한다는 점에서)로 획정 짓는 태도는 상당히 문제적이라는 의견을 제시해 주었다. 그 근거로, 첫째, 「관동별곡」이 고등 교과서에 실린 일종의 정전(正典)이기는 하지만 이를 '근대 이전 유람의 전형적인 예'로 볼 수 있는 학술적 근거가 없다. 왜냐하면 유람을 소재로 한 가사, 한시, 기행문, 일기 등이 곧잘 발견되기 때문이다. 둘째, 19세기 경화사족들의 고급 취미, 혹은 사대부 여인들의 여행 문화가 확산되면서 근대 투어리즘의 성격, 즉 '물질적 부를 토대로 문화적 욕구를 충족코자 하는 개인들의 취향'과 관련되는 유람 문학이 지속적으로 창작, 향유된다는 사실을 들었다. 동료 연구자의 학술적 충고는 고전문학에 문외한인 근대시 연구자의 짧은 소견을 되돌아보게 하고 또 새로 보충한다는 점에서 매우 고마운 말씀이 아닐 수 없다. 하지만 근대 기행문은 단순히 물질적 부를 토대로 개인과 특정 집단의 문화적 욕구 및 취향 충족으로 그치지 않는다는 점에서 전(前)근대 '유람'을 여전히 지배하는 중세의 이념을 넘어선다는 말을 덧붙여 두고자 한다. 이를테면 재차 강조하거니와, "식민지 시기 지리학은 민족 계몽과 실력 양성의 이데올로기 안에서 새로운 지식체계를 형성하며, 국민국가 형성의 중요 요소로 인정"(홍순애, 앞의 책, 7면)된다는 지리학의 담론적 가치는 고스란히 근대 투어리즘에도 관통된다. 『조선유람가』 역시 이 지평을 한 치도 벗어나지 않는데, 육당에게 특히 '국민국가'는 '민족'으로 얼마든지 치환 가능한 글쓰기의 원동력이자 목표 가운데 하나였다.

호되고 숙성되는 것이다. 가령 육당의 『경부텰도노래』 "늙근이와덞은이, 셕겨안졋고 / 우리네와외국인, 갓티탓스나 / 내외틴소다갓티, 익히디닉니 / 됴고마한싼세상, 뎔노일웟네"[57] 같은 장면을 보라. 비록 선언적 수준이지만, 전근대의 계급차와 성차, 연령차에 의거한 존재 차별과 인격 분리를 일신한 면모가 뚜렷하지 않은가.

게다가 국민국가의 제국적 확장은, 일제의 대표적인 문화 기획 '만한(滿韓)' 여행이 예시하듯이, 투어리즘의 영역과 경계를 세계적 차원으로 드넓힌다. 그를 통해 식민지의 자연과 문화에 대한 타자화와 서열화가 이뤄지며, 제국의 인종적 · 문화적 우월성과 식민지 통치의 정당성 역시 대폭 강화된다. 투어리즘은 개인의 욕망충족이라는 파편화된 체험에 범추지 않고 제국의 미래를 도모하는 개척과 진화의 심상지리로 거듭 탈바꿈된다는 평가가 적절해지는 지점인 것이다.

근대 이후 조선의 국토기행은 전통적 유람 형식을 거의 온존시킨 채 서구와 일제의 투어리즘을 일상화하는 양가적 국면에 처해 있었다. 간편한 기차 / 자동차의 이용, 편의성과 정보성이 돋보이는 각종 여행안내서의 활용 등은 국토 전반에 대한 충분한 이해를 제공함으로써 자기와 민족의 새로운 발견 및 고양에 크게 기여했다. 하지만 이런 민족-내부의 경험은 식민지 풍경과 문화를 조심성 없이 소비하고 활용하는 데 골몰했던 일제 투어리즘에 의해 적잖은 폐색과 가치하락을 경험케 된다. 조선 투어리즘의 대표적 공간 '금강산'과 '경주'에 대한 조 · 일의 대조적 시선, 특히 '문화민속주의' 상의 '탈식민'과 '식민주의'에 대한 냉철한 검토는 이런 분열적 · 소외적 국면 때문에 더욱 절실해진다.

---

57 최남선, 『경부텰도노래』, 신문관, 1908, 1면.

〈그림 6〉 금강산 폭포와 총석(33면)

〈그림 7〉 고도 경주의 유적(39면)

육당의, 아니 조선의 관점에서 '금강산'과 '경주'의 숭고성은 양자가 자연과 인위의 구분이 필요치 않은 조화옹(造化翁)의 작품이라는 신비주의적 인식과 감격에서 발원한다. 「조선유람가」에서 〈그림 6〉과 〈그림 7〉 같은 다중적 이미지의 배치는 드물고도 독특한 사례에 속한다. 편집기술의 묘미를 살려 자연적·역사적 사실에 종교성의 아우라를 발광(發光)시키는 장면이라고 할까. 자연의 신비가 극치를 이루는, 그래서 저절로 숭배 대상으로 화하는 '금강산'은 특히 '경주'의 불국토(佛國土)로 전유되고 동화되는 과정을 통해, 또 경주는 역(逆)의 방식을 통해 "조선빛나고" "세계가오"는 영지(靈地)로 거듭나는 것이다.

이럴 때 '금강산'과 '경주'를 포함한 '국토'는 단순한 여행 공간이 아니라 위대한 민족성을 환기하고 고취하는 '신화적 공간'으로, 또 자아정체성 형성과 유지에 없어서는 안 될 '실존적 내부성'[58]을 부여하는 '진정한 장소'로 거듭난다. 아래의 두 절은 '찬연한 경주'와 '퇴락하는 금강산'으로 바꿔 노래 불러도 전혀 문제되지 않는다. 왜냐하면 두 장소 공히 민족과 자아의 도약 및 안정에 필수적인 심리적 요소, 이를테면 문화적 충만감과 자연적 신성성을 제공하는 본원적 세계로 가치화되어 있기 때문이다.

① 斷髮令저넘어에 淨光이돈다
玉芙蓉一萬二千 이름이金剛
萬瀑洞琉璃홈에 구느니구슬
九龍淵水晶방아 찟느니우뢰

② 殘礎도굉장할사 皇龍寺녯터
率居의그린壁이 제언칫든가
廢塔도그리울사 芬皇寺에는
聖元曉碑바침이 다행히잇다

—「조선유람가」 45절 및 57절

'금강산'의 '정광'은, 사계절마다 다른 이름이 명시하듯이, 변화무쌍하며 그래서 오히려 신비감과 아름다움을 더하는 '빛남'이다. 사계절의 흥망성쇠는 그러므로 인간 특유의 진화론적 관점에 결코 포획될 수 없는 '자연', 풀이컨대 '스스로 그러함'의 형식일 따름이다. 또 육당은 여전히 온전함에 가까운 형태를 유지하던 석굴암과 첨성대를 기꺼이 예찬한다. 하지만 그 찬란한 기술문명의 핵심적 내면을 폐탑과 폐사지에서 찾아내는 예외적 심미안 역시 잊지 않았다. 종교와 예술의 궁극은 딱히 물질적 형상에만 의존하지 않는다는 것, 폐사지의 인효, 솔거의 오래된 죽음이 암시하듯이 육체성과 시공간을 초월한 '정광'으로 빛난다는 사실 말이다. 이런 영원성에의 봉인은, 보다 확대하자면, '대조

50 에드워드 렐프, 김덕현 외역, 『장소와 장소상실』, 논형, 2005, 127면.

선'이 시공간의 협착이나 인간적 지식과 기술, 정치・경제・문화의 권력 아래서도 부침을 겪지 않는 '오래된 미래'임을 상상하고 신뢰케 한다. 「조선유람가」가 언어와 유희 만족의 노래를 훌쩍 넘어선 문화정치적 선언문인 까닭이 보다 뚜렷해지는 지점인 것이다.

그렇다면 일제의 식민주의적 투어리즘에서도 '금강산'과 '경주'의 숭고성은 아낌없이 신뢰되고 격찬되었는가. '금강산'의 비경(秘境)과 '경주'의 불토(佛土)를 소개하고 예찬하는 어떤 이미지나 글쓰기는 물론 그렇다고 대답될 수 있다. 그러나 자민족의 우월성에 꿰뚫린 일제 투어리즘은 대체로 '금강산'과 '경주'를 자연적 사실과 유적에 즉한 관광지 내지 역사 공간으로 점유하고 선전해 갔다는 것이 보다 진실에 가까울 것이다.

먼저 '금강산'의 경우. 아동용 『조선어독본』에서 '금강산'은 '후지산'과 함께 "후지산[富士山]은 그 산용(山容)의 웅장수려(雄壯秀麗)함으로, 금강산은 그 산자(山姿)의 우미유수(優美幽邃)함으로 공히 세계의 굴지(屈指)하는 명산(名山)"[59]으로 소개된다. 세계적 명산으로 후지산과 금강산을 함께 내세운 셈이니 그 객관성과 공정성이 빛나는 듯하다. 그러나 양자를 특정하는 형용어에서 보듯이, 후지산은 남성성을, 금강산은 여성성을 표상한다. 배제와 차별이 난무하는 제국과 식민의 장(場)에서 남성성과 여성성으로의 구조화, 혹은 그 대비가 의미하는 바는 비교적 뚜렷하다. 후지산-제국-천황-가부장으로 무장된 일제의 남근주의는 금강산-식민지-신민-현모양처로 차별화된 조선에 대한 지배와 통치

---

59 이곳의 '후지산'과 '금강산' 소개는 조선총독부 편, 『보통학교 조선어독본』 권5, 조선총독부, 1924, 57~63면. 여기서는 강진호 외, 『조선어독본』 3, 제이앤씨, 2010, 227~230면.

를 확증하는 무소불위의 기호체계인 것이다.

이로써 '후지산'은 일본 개국신('天照大神')이 거소하는 성산(聖山)으로 영원화되며, '금강산'과 그 종조(宗祖) '백두산'은 식민지의 명산(名山) 정도로 가볍게 격하된다. '대조선'과 '단군', '불함문화'가 만세일계의 천황이 조성하고 내력화한 '일본문화'와 '일본정신' 아래로 재편, 종속되었음을 널리 알리는 징후적 장면이랄까. 이런 차별적 시선은 결국 일제 주도의 금강산 관광이 낙후한 조선의 개발과 개인의 수양, 국민정신의 배양에 일조하는 매개물로 도구화되는 결과를 낳는다.[60] '금강산'이 식민지 조선에서나 숭고한 '국토'일 뿐, 일제에게는 개인적 취미와 집단적 이익을 매개하는 식민의 땅, 다시 말해 "취미의 고장"[61]에 지나지 않았음이 드러나는 장면이다.

다음으로 '경주'의 경우. 육당이 57절에서 간파했듯이 1920년대 경주는 '폐허의 고도'였다. 그의 심미안은 그 '폐허'에서 종교성과 예술성의 극치를 읽을 줄 알았다는 점에서 예리했고 풍부했다. 하지만 사실에 즉해 말한다면, 육당의 '경주' 예찬은 조선 '민족지(知)' 자체보다 식민 지배와 더불어 본격화된 일제의 경주 고적 보존 정책에 의해 촉발, 대항 언어로 제출된 것일 가능성이 크다. 일제는 '경성'을 식민 도시로 재편함으로써 그 '전통'을 고립시켰다면, '경주'는 '폐허의 박물관'으로 재발견하고 재구성함으로써 그 '희소성의 가치'를 부활시켰다. 물론 왕도(王都)의 영화와 퇴락을 함께 간직한 식민도시 경성(한양)과 경주에

60 이를 포함한 일제의 금강산 관광의 성격과 의미에 대해서는 시기재, 앞의 책 '제8장 금강산, 기이한 세계로의 초대'를 참조.

61 渡辺豪 二宮謙次郎, 『朝鮮名勝記』, 1910, 290면. 여기서는 위의 책, 259면.

대한 '전통' 고립과 부활의 양가적 구성과 재편은 무엇보다 일제의 과거와 현재를 더욱 충량감 있게 보충하고 드러내기 위한 정치 · 문화적 책략이었다. 어떤 점에서 그러한가. 조선총독부의 문화정책과 내지(內地) 지식인의 조선 이해를 중심으로 간략이 이야기하면 다음과 같다.

첫째, 일제는 경주의 고적 보존과 신라 연구를 동시에 진행시켰다. 이것은 '문화 조선'의 객관적 발현보다는, 경주, 넓게는 삼한에서 일본의 원류와 자취 확인, 그에 근거한 현재의 조선 지배, 바꿔 말해 고토 회복의 정당성을 입증하기 위한 장치였다.[62] 동아시아 맹주 '일본의 현재'가 더욱 빛나기 위해서는 '신라'의 고도 '경주'는 '일선동조론'을 입증하는 한편, 못난 혈연 조선의 패배와 재기불능을 널리 알리는 '폐허의 박물관'으로 존재하면 그만이었던 것이다.

둘째, 육당에 의해 "슬긔"와 "솜씨"의 성소로 예찬된 '경주'는 일본의 유명 지식인들에 의해 정반대의 위상을 부여받았다. 그들은 경주 고적의 아름다움과 종교성을 이미 지나가고 상실된 것, 소월 시를 빌린다면 "산산이 부서진" 폐허의 공간으로 퇴영시킴으로써 그 제의성과 신성성을 고려의 여지도 없이 봉쇄하고 박탈한다. 물론 1930년대 발화된 것이지만, 경주 일체가 폐허와 유물, 완전을 대신한 결여라고 주장한 '일본낭만파'의 거두 야스다 요쥬로(保田與重郎)의 소회는 이를 대표한다.[63] 맑시즘에 경도되었다 '일본적인 것'으로 전격 전향한 야스다의 행로를 기억한다면, 그 밑자락에 '경주'를 압도하는 절대적 시공간이

62 보다 자세한 내용은 황종연, 「신라의 발견」, 황종연 편, 『신라의 발견』, 동국대 출판부, 2008, 21~28면 참조.

63 保田與重郎, 「慶州」, 『保田與重郎全集』 16, 講談社, 1985. 여기서는 허병식, 「식민지 조선과 '신라'의 심상지리」, 위의 책, 123면에서 재인용.

〈그림 8〉 해금강과 기생

〈그림 9〉 석굴암과 촌부(村婦)

자리하고 있음을 쉽사리 눈치 챌 수 있다. 그것이 '일본정신'의 기원과 본류이자, 야마토[大和] 심미성의 영지(靈地) '만요슈[萬葉集] 세계'였음은 두 말할 나위 없다. 그러니까 불함문화의 성소 '경주'는 천황귀일(天皇歸一)과 팔굉일우(八紘一宇)의 사상이 하나 되어 빛나던 '만요슈 세계'의 현재적 도래와 귀환 속에서 잃어진 '동양의 폐허'로 아까움 없이 부감될 수밖에 없는 운명이었던 것이다.

이제 육당이 정성껏 제작한 '금강산' '경주' 사진과 유사하면서도 확연히 다른 일제 문화자본 발 사진엽서 2장(〈그림 8〉과 〈그림 9〉)을 살펴보는 것으로 두 공간을 향한 조・일 양국의 문화정치학을 정리해보자. 언뜻 보아 두 사진엽서는 아름다운 '금강산'과 신비로운 '경주' 이미지 아래 조선미를 대표하는 기생과 즐겁게 일하는 젊은 아낙을 배치함으로써 조선의 고즈넉함과 건강한 향토성을 널리 알리는 듯하다.[64] 그러나 과연 그렇게만 해석될 수 있는가.

주석 64의 번역을 참조하면, '금강산'과 '석굴암·불국사'에 대한 노래는 그 아름다움과 종교성에 대한 예찬에 충실하다. 제국과 식민지 가릴 것 없이 '진·선·미'의 보편성은 언제 어디서고 상통키 마련임을 새삼 확인하는 장면이랄까. 그런데 '금강산' '경주'와 함께 배치된 '기생'과 '촌부'의 이미지는 과연 무엇을 환기하는가. 또한 이들을 향한 시적 자아의 노래는 어떤 성격을 가지는가. 일제 문화자본이 발행한 각종 사진엽서의 주요 인물은 지배층 여인도, 여학생도, 모던 걸도 아니었다. 위의 사진엽서가 증례하듯이, 요릿집과 유곽의 기생이거나 고된 생업과 가사노동에 시달리는 촌부가 집중적인 촬영과 취재의 대상이었다. 저 사진을 두고 여전히 전근대적인 일상과 습속이 지배하던 식민지 조선의 변두리 삶을 객관적으로 제시했다는 평가가 아주 틀리지만은 않는다면, 당시에 저들이 우리의 어미이자 누이인 경우가 많았기 때문이겠다.

그런데 문제는 일제의 시선이 저 여인들을 순수미와 건강미의 주체로 보고하거나 남겨두지 않았다는 사실이다. 힘센 식민 주체들은 성적 호기심과 관음증적 태도로 그녀들의 적나라한 섹슈얼리티를 엿보는

64 〈그림 8〉 오른쪽의 '조선민요'는 "연분홍, 백분. / 흐르는 눈물에 어여쁘게 녹아내려 / 우리 기생 / 피어난 꽃이여 / 가슴 부푼 작은 새가 / 노래하는 것 우는 것 / 꽃은 피어나는 것. / 향기나는 것"으로, 왼쪽의 '와카[和歌]'는 "드디어 / 시야에 익숙해지면 / 석불은 / 생명 깃든 모습 / 드러내누나"로 번역된다. 또한 〈그림 9〉 위쪽의 '와카'는 "바라보매 먼 바다에 물보라 서네 / 파도여 울려 퍼져라 그 소리 미치도록", 아래쪽의 '조선민요'는 "쥐었다 놓은 / 작은 가지에서 / 과일 두 알이 / 사라졌다. // 저이에게 한 알, 내게도 한 알. // 몰래 만날 오늘밤 몹시 기다려지네"로 번역된다.

한편 그럼으로써 자신들의 남근주의적 욕망을 충족하고 해소하는 성적 대상으로 전유하고야 만다. 사진엽서의 시가와 민요에 선명하지만, 조선 기생은 '수심(愁心)'과 '눈물'의 존재이기에 아름답다면, 촌부는 성적인 분방함('밀회'-성적 타락 역시 암유하는) 덕분에 원시적 건강미가 흘러넘친다. '후지산'과 '금강산'의 서열적 배치를 상기하건대, '금강산'과 '경주'의 '여성' 표상이 일제의 식민지 조선을 향한 이중적 시선, 즉 보호받는 동시에 소비되고, 포섭되는 동시에 배제되어야 하는 식민지적 운명을 지시한다는 사실을 알아차리기란 그렇게 어렵지 않다.

이와 관련하여 사족 한 마디를 붙여둔다. 「조선유람가」에서 육당은 '조선'의 전(全) 역사를 '대조선'과 '단군'에 기대어 스스로 아름답고 자립적인 자연과 인문, 문화예술, 그리고 영웅호걸들의 활동 마당으로 그려내기를 마다하지 않았다. 그 맞은편에 일제의 식민지 조선에 대한 문화폭력이 자리하고 있었음은 물론이다. 남성적 어조와 이미지의 족출이 전통적 영사(詠史)를 활용한 탓이라는 지적이 무색해 지는 지점이다. 그런 점에서 「조선유람가」의 남성성은 조선을 여성화함으로써 영속적 지배와 유희의 대상으로 묶어두려 했던 일제의 '문화폭력'을 향한 대항적 도발과 비판의 목소리로 얼마든지 가치화될 수 있다. 하지만 그것은 어디까지나 식민주의적 팔루스(phallus)에 대한 전면적인 부정 아니라 제국의 그 힘과 권위를 빌린 반(半)-모방 · 반(半)-저항에 머물러 있었다. 「조선유람가」에서 피지배자의 형상과 목소리, 그들의 노래를 빌린 저항 서사의 흔적, 그것을 계승한 당대 현실의 인문적 · 문화적 시리지가 거의 엿보이지 않는 것도 이런 제약된 모방의 영향과 결과 때문인지도 모른다.[65]

4. 「조선유람별곡」을 덧붙인 까닭 — 결어를 대신하여

육당은 『조선유람가』 후반부를 80수의 「조선유람가」 본사를 요약, 정리한 「조선유람별곡」으로 채웠다. 반복의 수고를 더하며 '별곡'을 더한 까닭은 『조선유람가』 안내에 보이는 "후자는 쉽기를 힘썻스니"라는 언급에서 찾아볼 수 있다. 독자들의 "쉽기"를 불러들인 「조선유람가」의 어려움은 무엇이었을까. 육당은 ① 많은 구수(句數)에 따른 독송(讀誦)의 벅참, ② 수사(修辭)의 거북스러움, ③ 설명 없이 알기 어려운 전고(典故)의 과다를 들고 있다. 「조선유람별곡」은 이런 염려를 불식시키는 한편 "우몽(愚蒙)한 동치(童稚)에게 아모조록 보급되기를 희망하는 지의(至意)"[66]에서 보듯이, 우매한 아동을 비롯한 대중에게 '민족지'를 널리 알리기 위해 보다 쉽게 작성되었던 것이다. 하지만 본사와 사진, 주석의 3각 체제에는 전혀 변함이 없었다. 아니 사진과 주석의 존재야말로 "쉽기"를 보장하는 필요충분장치일 테니, 육당은 분량을 압축, 요약함으로써 대중들의 편의와 그들에 대한 영향을 도모했던 것이다.

그렇다면 과연 "쉽기"를 의도한 육당의 목적은 충분히 달성되었는

---

65 일제의 치밀했던 검열과 처벌 정책을 고려하면 당시의 식민 현실에 대한 뚜렷한 저항과 비판의 서사는 대단히 어려운 정치적・문화적 실천이었을 것이다. 따라서 육당은 조선인들이 '대조선'과 '영웅' 서사에서 그 현대적 가치와 의미를 적극 내면화하기를 바랐을 지도 모른다. 이것이야말로 무장 / 폭력 투쟁을 제외하면 식민지의 조선인들이 비교적 안전하게 수행할 수 있는 최상의 문화정치학이었을 것이다.

66 이상의 인용은 최남선, 「조선유람별곡」, 『조선유람가』, 한성도서, 1928, 47면 이곳저곳. 이 지면에 따르면, 육당은 무려 6개월여 만에 생명의 단비가 내리던 1928년 6월 18일에 「조선유람별곡」의 창작을 마쳤다. 이 대목은 육당이 『동아일보』본 「조선유람가」에 대한 독자의 반응에 민감하게 대응하면서, 단행본을 위한 기존 '본사'의 수정・보완, 그리고 보다 알기 쉬운 「조선유람별곡」의 창작을 동시에 진행했음을 알게 한다.

가. 이 물음에 답하는 한편 그것을 보다 입체화하기 위해 시조집 『백팔번뇌』의 해당 대목을 함께 읽어본다.

① 義𡟼岩하소연을 晉州에듯고
智異山天王峯을 달려올으니
거북船닷는듯한 南海一帶에
魚龍이어이뛰나 무놀이놉다

—「조선유람별곡」 17절(56면)

② 돌아와 白頭러니 / 내다보메 漢拏로다,
千里에 마조보며 / 놉흔자랑 서로할제,
섓사이 오고가는말 / 天風이라하더라.

—「天王峯에서(智異山) 其 二」[67]

우선 17절의 경우. 이 대목은 「조선유람가」 64절~68절에 해당된다. 거기서는 각 지역의 자연과 인문, 영웅들의 행색이 차례로 서술되고 있어, 그 시간적·평면적 추이는 뚜렷하되 그 전체상이 입체적으로 조망되기는 어려웠다. 그럼에도 대상의 세부묘사와 그에 따른 시적 자아와 독자대중의 흥분과 감격의 유인만큼은 적절했고 또 충실했다. 17절은 평면상의 지리와 감각 경험을 '지리산' 정상에서 '진주'와 '남해'('거제'

67 최남선, 『백팔번뇌』, 동광사, 1926. 이해를 돕기 위해 「天王峯에서(智異山)」 1편과 3편을 차례로 적어둔다. 1편 : "人間에 발부티고 / 한울우에 머리두어, // 아츰헤 저녁달을 / 金銀한쌍 공반녀겨, // 번갈라 두편손씃헤 / 주건밧건하더라.", 3편 : "어머니 내어머니 / 아을스록 큰어머니, // 다수한 품에들어 / 더욱늣길 깁흔사랑, // 써돌아 몸얼린일이 / 새로뉘처집내다."

〈그림 10〉 충렬사(이순신을 모신 곳)

와 '통영'과 '삼천포'와 '울목이'와 여러 섬들을 품은)로 하강하는 방식으로 입체화하고 있다. 추이의 체험이 전체의 체험으로 조직, 통합되는 국면이 발행하는 지점이랄까. 물론 이것은 다음과 같은 독서 혹은 노래 체험에 바탕했을 때야 가능한 것이리라. 만약 『조선유람가』에서 「조선유람가」를 먼저 읽었다면 그 세부를 다시 환기하며 조선 강토를 예찬할 것이며, 「조선유람별곡」을 먼저 접한다면 비유컨대 '새의 눈'(鳥瞰)으로 조선 강토를 한 눈에 세목화하여 유람하게 될 것이라는 사실 말이다. 이를 승인할 수 있다면, 반복의 수고보다는 두 노래의 상호보족이 보다 두드러지는 장면으로 보아 무방하겠다.

다음으로 「천왕봉에서」의 경우. 여기서도 '천왕봉'은 '백두'와 '한라'를 잇고 그럼으로써 강토의 전체성을 확보하는 매개체로 등장한다. 물론 이때의 '매개'는 단순히 타자들을 잇는다는 뜻보다는 그 자신 역시 접촉과 연선의 한 주체로 서 있음을 뜻한다. 조선의 대표적 산악과 강,

유사 이래 조선의 각 고도(古都)를 중심에 둔 탓에 『백팔번뇌』에는 해변이나 해상 사태에의 기억과 체험이 등장하지 않는다. 『소년』 시절 이미 「해상대한사(海上大韓史)」 등을 연재한 육당을 떠올리면, 다른 부분은 차치하고라도 '지리산'과 '한라산' 사이의 '남해', 보다 좁혀 말해 '이순신'의 '남해'를 괄호에 넣는 태도는 다소 뜻밖이다.[68]

하지만 앞서도 말했지만, 이는 당시 조선의 유람 혹은 순례가 근대 투어리즘이 일제가 힘써 개척한 명산(名山)과 고도(古都), 철도 연변 중심의 코스로 구성되었다는 사정과도 아주 무관치는 않을 듯하다. 시조집 『백팔번뇌』는 강토의 자연과 문화 들을 기억하고 기록하는 장이기보다, 육당 자신의 국토 순례에 대한 진솔한 감정을 발산하고 시적으로 표현하는 장에 가깝다. 요컨대 육당 자신이 직접 보고 들은 것만을 대상으로 그 감회와 정서를 노래한 것이 『백팔번뇌』인 것이다. 그 직접적 행보의 연선은 근대적 기행 혹은 투어리즘의 여건상 1920년대 들어 거의 조선 전역을 연결하게 된 각각의 철도선을 크게 벗어나기 힘들었을 것이다. 『백팔번뇌』를 채 통합되지 못한 국토 기행을 파편적으

68 흥미롭게도 육당은 조선해 삼면(동해, 서해, 남해)을 찾아간 기록을 거의 남기지 않았다. 기껏해야 변산반도 일대를 찾아간 경험과 소회를 『심춘순례』에 풀어쓴 정도가 고작이다. 1923년 삼랑진에서 진주에 이르는 경전선이 이미 개통되었음을 고려하면, 남해 탐방이 충분히 가능했을 법하다. 헌데 이 당시 국토 순례에 집중하던 육당의 기록에 남해 순례가 없는 것으로 보아, 아무래도 남해 기행이 채 이뤄지지 못한 것으로 보아야 옳을 듯싶다. 이에 비해, 춘원 이광수는 다도해와 통영, 진주 일대를 돌아본 소회를 10회에 걸쳐 「오도답파여행(五道踏破旅行)」(『매일신보』, 1917.7.29~8.16 및 『경성일보』, 1917.7.26~8.17)에 남긴바 있다. '통영' 부분에 "서장과 변경부이 초이고 경비선을 타고 한산도 구경을 갔다. (…중략…) 즉시 단정(端艇)을 타고 제승당을 향할 제 신림(深林)에 철이 이른인시 배안이 소리가 조조(噪噪)하다. 단애(斷崖)를 더위잡아 수군총독 이충무공의 비(碑)를 배(拜)하고"라는 장면이 보인다. 춘원과 육당의 상호 친애를 생각하면, 육당이 남해 순례를 떠나지 않았을지라도, 그 자신 춘원에게서 남해 및 그 인근의 자연과 사적, 인물에 대한 정보와 소회를 전해 들었을 것이라는 추측은 얼마든지 가능하다.

로 기록·기념하는 글쓰기로 파악할 수 있다면, 무엇보다도 이런 주객관적 조건과 이유들 때문이겠다.

그에 비한다면 「조선유람가」는 조선에 대한 고전적 지식과 근대적 지식을 함께 통합하여, 조선 전체의 자연과 지리, 인문과 문화, 인물을 재구성하고 배치해간 이른바 '편집 기술'의 산물이다. 그렇다는 것은 육당의 조선 유람이 굳이 그 자신의 체험에 즉한 것일 필요가 없으며, 조선에 대한 각종 지식과 정보를 토대로 「조선유람가」에서 목적하는바 '문화 조선'의 전체상(像)을 그려나가면 된다는 것을 뜻한다. 이런 장처(長處)는 「조선유람가」에서 현재를 제외한 조선 전(全) 역사와 강토를 향해 시공간적 확장을 이뤄가는 토대로 작용했다. 이것은 특히 『백팔번뇌』와 백두산·금강산·지리산(호남) 순례기에서 누락된 보국의 영웅과 승전의 싸움터를 널리 알리고 기념하는 이야기, 곧 '조선주의'에 합당한 모범적 서사의 창출과 구조화에 크게 기여했다는 점에서 그 의미가 각별하다.

다시 강조하건대, 「조선유람별곡」은 「조선유람가」의 창작 목적과 효과를 충실히 응축한 콘사이스(concise)식 창가, 말 그대로 '별도의 노래'임은 물론이다. 요컨대 그 '편집 기술'을 한층 쇄신하여 가창과 독서의 편의를 도모함으로써 식자층에 제한된바 크던 '민족지(知)'의 보편화에 보다 효율적인 입지를 마련코자 했던 야심찬 문화정치학적 글쓰기의 일종이었던 것이다. 이때의 보편성은 '조선주의'의 고취와 민족공동체의 '계몽'이라는 민족주의적 이념형을 관통하는 것이었다. 전통적 '영사(詠史)'의 영향과 이입이 꽤나 강렬했음에도 '별곡'을 포함한 『조선유람가』가 시대적·장르적 갈등에서 비교적 자유로웠던 까닭은 '조선심'에의 공통감각이 존재했기 때문임이 새삼 확인되는 장면이다.

이 민족(주의)적 공통감각이 그 자체로 일제의 '문화폭력'에 항(抗)하는 차이의 감각으로 변신되었음을 우리는 육당의 "어허 조선아 내 사랑아!"라는 자연스러운, 그러면서도 '잘 구성된' "영탄찬송"에서 지금까지 확인해온 셈이다.

/ 제5장 /

노래하는 민족, 읽는 서정

최남선과 이병기의 시조론 재고(再考)

1. '조선주의'의 미학 '시조', 계몽성과 심미성의 사이

시조의 근대성을 논의할 때 단연 문제적인 작가는 육당과 가람이다. 양자는 시조의 근대적 이념과 창작에서 일종의 전범(典範)적 지위를 구축했으며, 이후 시조의 방향과 흐름에 반면교사 겸 지향적 모델로 지속적으로 개입되었다. 그러나 후대의 논의에서 육당과 가람은 '조선주의'와 관련한 이념적 동일성보다는 계몽성 대 심미성의 추구라는 창작의 차이성에서 주로 관전(觀戰)되었다. 요컨대 육당은 조선의 문명과 문화 성취의 도구로 시조를 과거화했다면, 가람은 생활의 '실감실정(實感實情)'에 대한 자율적 · 개성적 표현물로 시조를 현대화했다는 것이다.[1] 여기서의 '과거화'와 '현대화'라는 시간적 대조는 전자 : 탁월한 '조선주의'의 기원과 정점으로서 '대황조'(단군)의 절대화와 후자 : 개성적 감각과 정서 표현의 한 양식으로서의 시조의 상대화에 의해 형성된 구조이다.

우리는 그러나 육당과 가람의 차이성 강조에 앞서, 1920년대 '시조부흥론'의 대원칙, 그러니까 국민(민족)문학으로서 시조의 재창조라는 명제를 이들이 공유했음을 기억해야 한다. 보편적 '국민문학'의 발견과 특수적 '민족문학'으로의 구조화라는 관점에서 본다면, '조선주의'와 '시조'는 이상적 완결점을 향해 서로를 재구성해간 '절합(articulation)'의 산물이다. 육당과 가람의 연속성과 불연속성은 따라서 별개의 유사성과 차이성 설정의 대립체가 아니라 영향과 그 극복의 상호작용이 수행되는 동시적 구성물로 간주될 필요가 있다. 이때의 최종심급은 시조의 이념과 정체성, 형식과 내용의 전통성의 구성과 가치화에 지속적으로 개입, 참조된 '조선주의'일 것이다. 물론 육당과 가람의 '조선주의'는 이념적 상동성을 공유할 지라도 그것이 실현되는 시공간의 성격과 지향에 따라 그 내포가 점차 상이해졌다. 이런 차이성의 결과물이 『백팔번뇌』(1926)와 『가람시조집』(1939)일 텐데, 10여년의 상거에는 완미한 시조를 향한 세대론적 욕망과 시조를 둘러싼 (식민지)문화 환경의 차이가 촘촘하게 박혀 있다.

---

1 육당과 가람의 시조론을 비교한 연구로는 황종연, 「조선주의로부터의 이탈－이병기의 시조부흥론에 관한 고찰」(『국어국문학논집』 13, 동국대 국어국문학과, 1986)과 차승기, 「근대문학에서의 전통 형식 재생의 문제－1920년대 시조부흥론을 중심으로」(『상허학보』 17, 상허학회, 2006)가 주목된다. '문장파' 연구를 공유하는 두 논자는 '조선주의'와 '국민문학'을 매개로 육당 : 계몽성 대 가람 : 심미성의 구조를 차이화하는 작업에 집중한다. 하지만 차이성의 지나친 강조는 가람 시조(론)에 내포된 이념형으로서 '조선주의'와 현실에 대한 '실감실정'의 무관심을 은폐하는 경향이 없잖다.

시조의 근대성은 내적 혁신 이전에 '조선주의'의 발굴과 최상의 가치화를 목적한 문화민족주의 담론에 의해 시발되었다. '조선주의'는 국민국가의 좌절과 식민화 현실을 대체하는 보편적·민족적 이념으로 상상되고 실천되었다. 그 기원과 형식, 내용이 서로 다른 장르의 동서(同棲), 그러니까 시조부흥론과 민요시의 동시적 발현은 '조선심' '조선혼' 등에 대한 공통감각 없이는 불가능한 현상이었다. 조선주의의 시대적 중층성 가운데서 시조가 장자의 권리를 주장할 수 있었던 핵심요인은 전통성보다는 정통성이었다. 가령 시조의 조선주의는 "조선국토, 조선인, 조선심, 조선어, 조선 음률을 통하여 표현된 필연적 일 양식"[2] "조선 급 조선인의 정조와 취미와 기분과를 여실히 전해 주는 그것"[3]으로 표상된다. 이 정의들은 시조가 창작되고 향유된 기원과 역사, 그러니까 전통성을 말하지 않는다. 조선의, 조선을 위한, 조선에 의한 세계적이며 민족적인 시조의 정통성을 추인하고 완성하는 일종의 선언일 따름이다.

이들에게 긴요했던 과제는 따라서 정통성의 근거와 구체를 신뢰케 하는 전통성의 기입과 구조화였다. '만들어진 전통'으로서 시조의 자연화는 한시(漢詩)와의 단절 및 시조의 연면한 역사성의 구성을 통해 성취되었다. 민중의 의식과 생활, 언어의 요체로 지시된 '민요'나, 역사적

2 최남선, 「조선 국민문학으로서의 시조」, 『조선문단』, 1926.5, 4면.

3 이병기, 「시조와 그 연구」, 『가람문선』, 신구문화사, 1966, 245면(이하 이 책의 글을 인용할 경우 필자, 글명, 책명, 인용면수로만 표기). 이 규정은 "이 시조야말로 과연 문학적 형식과 가치를 가지고 있는 것이다. 시조는 조선 고유의 시형(詩形)이고 조선 정조의 표현인 것이다. 국시(國詩) 곧 조선시를 말하자면 시조를 제1위로 칠 수밖에 없다. 한글과 같이 배우기 쉽게 된 평민시(平民詩)다"(이병기, 「시조는 부흥할 것이냐?—무엇이든지 정성스럽게 하자」, 『신민』, 1927.3, 77면)의 요약으로 보아 무방하다.

기록을 통해 대중성을 인정받은 향가와 고려가요 등이 시조의 기원과 유사체로 소급되는 현상은 이런 작업의 일부이다. 이 과정은 시조에서 사대부의 유교적 이념과 문(文) 개념을 소거하는 한편 '민중주의적 편린이 담긴 언어민족주의'[4]의 일 형식으로 시조를 전통화-현대화하는 양가적 서사를 함유한다. 근대 시조가 '선별적 전통화'의 원리,[5] 즉 과거에 대한 특정 해석을 통해 현재를 정당화하고 미래에 방향을 제시할 목적으로 선택, 재구성된 '만들어진 전통'임이 분명해지는 지점이다.

다시 강조하거니와 '국민문학 시조를 통한 조선주의의 실현'은 육당과 가람 시조론의 핵심이다. 이 전제는 그러나 시조의 지향점과 그에 따른 시간화의 전략에 따라 서로 다른 형상을 입게 된다. 윌리엄즈의 문화론[6]을 빌려 말한다면, 육당과 가람의 시조론은 '잔여적인 것'을 공유하되, 궁극적으로는 육당 : '구시대적인 것', 가람 : '부상적인 것'으로 분화한다. 시조는 "과거에 그 효과적 형성을 보았으면서도 문화적 과정 속에서 여전히 활동하고 있"으며, 그를 통해 전 시대의 고유한 경험과 의미, 가치를 여전히 실현하고 있다는 점에서 '잔여적인 전통'이다. 그런데 육당의 시조는 과거적 요소를 고의적이며 특수한 방식으로 부활시키고 내면화한다는 점에서 '구시대적인 것'에 통합된다. 이에 반해 가람은 시조의 민족적 가치와 영속성을 절대화하기보다 시조의 현대성 및 자유시와의 관계성을 새롭게 창안하려 했다는 점에서 '부상적인 것'과 연대한다.

4 배개화, 「이병기를 통해 본 근대적 '문학어'의 창안」, 『어문학』 89, 한국어문학회, 2005, 290면.
5 레이먼드 윌리엄즈, 이일환 역, 『이념과 문학』, 문학과지성사, 1982, 146~147면 참조.
6 인용 및 보다 자세한 내용은 위의 책, 152~159면 참조.

예컨대 시조의 기원과 그 성격을 사유하고 논리화하는 육당과 가람의 태도를 보라. 이것은 시조의 민족성 / 국민성 못지않게, 박래품 자유시와의 관계성 타진에서도 중요한 의미를 지닌다. 육당은 시조의 기원을 고조선의 종교적 '노랫가락'(공수, 푸념, 사설, 말명)으로 끊임없이 환원한다.[7] 시조에의 종교성 부여는 시조의 절대성을 구조화하는 기본 원리로 작동한다. 종교성은 계급적·사회적 갈등을 해소하는 한편 정치와 경제, 계급과 문화에서 완미하게 통합된 '조선인'의 출현을 자연화한다.[8] 남녀노소와 지위고하를 막론한 '노랫가락'의 공동적 창조와 향유는 완미한 조선인의 미학적 대체물인바, 그 기원과 형식을 전유함으로써 시조는 현대가 지향해 마땅한 '노랫가락'으로 전통화·심미화되는 것이다.

이에 반해 가람의 시조에 관한 입장은 실사구시적인 성격이 농후하다. "시조는 부흥할 것인가"라는 질문에 대한 가람의 첫 응답은 "조선문학을 건설하여야 할 것이다"[9]였다. 이것은 무엇보다 전통적 시조의 완고한 고수나 조선주의의 맹목적 추종에 대한 거절이다. 당대의 사상과 감정, 생활에 대한 '실감실정'적인 반영과, 영혼의 자유로운 행보와 율동을 가능케 하는 '정형(整形)'의 율격 창조, 가람은 여기서 시조의 현대성과 자유시와 경합하는 시조의 독립성을 엿보았던 것이다. 물론 가람 시조(론)의 현대성과 독립성은 폐쇄적 조선주의에 대한 신중한 경계와 과감한 결별에서 얻어진 것이다. 육당은 『소년』과 『청춘』에서 고

7 최남선, 「시조 태반으로의 조선 민성과 민속」, 『조선문단』, 1926.6, 5면 참조.
8 차승기, 「근대문학에서의 전통 형식 재생의 문제」, 『상허학보』 17, 상허학회, 2006, 19면.
9 이병기, 「시조는 부흥할 것이냐?—무엇이든지 정성스럽게 하자」, 앞의 책, 76면.

투한 외국문학의 번역과 그것의 조선화를 포기하는 대가로 이미 대과거에 완성된 시조의 완미한 이념과 형식을 창안했다. 하지만 가람은 서구와 일본, 중국, 특히 중국의 백화문 운동에 대한 신중한 참조 속에서 시조의 가능성과 현대성을 극대화했다.[10] 이런 구조에서라면, 마치 소월의 시가 그랬듯이, 가람의 시조는 조선주의를 단선적 이념형이 아니라 복합적·개방적 생활형의 형식으로 재구성할 수밖에 없다. 자유시와 병립하는 생활형 시조의 창안과 전통화에 크게 기여한 시조의 '평민시'로의 규정과 시조 용어의 개방성, 이를테면 서구어를 번역한 근대 한자어(기차, 전등, 시계, 노동 등) 및 외래어의 적극적 수용 등이 구체적 실례에 속한다.[11]

'만들어진 전통', 그 가운데서도 식민지의 전통의 발견과 현대화는 제국주의에 항(抗)하는 독자적 민족성과 문학적 전통의 재구성을 필연적으로 요구한다. 식민지의 민족과 문화 담론은 제국주의에 의해 왜곡, 은폐, 말소된 과거의 복구와 가치화를 위해 제국주의와 마찬가지로 민족공동체가 순응하는 이상적인 민족 서사와 모델을 창안하는 아이러니한 처지와 대면한다. 제국주의와 식민지의 민족 서사의 상동성은 대체로 완미한 것으로 상상되는 '잃어버린 공동체'의 수월성과 영속성에 대한 경쟁적 가치화에서 발현된다.[12] 조선주의의 미학적 형식으

---

10 중국의 한퇴지(韓退之)와 호적(胡適)을 빌려 시조를 통한 조선문학의 건설을 주장한 가람의 글은 「시조란 무엇인고? (15)」, 『동아일보』, 1926년 12월 10일자 참고. 호적의 「문학개량추의」에 대한 영향을 논한 글로는 허윤회, 「조선의 인식과 문학어의 상상—가람 이병기를 중심으로」(『민족문학사연구』 26, 민족문학사연구소, 2004); 배개화, 앞의 글; 최원식, 「가람 이병기의 문학사적·지성사적 위치」(『가람 이병기의 문학과 사상—전통·민족·현대』(심포지엄 자료집), 원광대 대안문화연구소, 2011) 참조.

11 이상에서 기술한 가람의 시조 혁신의 요소들은 「시조는 혁신하자」(『동아일보』, 1932.1.23~2.4) 참조. 여기서는 『가람문선』 수록분 참조.

로서 시조의 재발견과 가치화가 일본 『만요슈[萬葉集]』의 그것과 연동되어 있음은 주지의 사실이다.[13] 이런 사실을 고려하면, 민족서사의 고안과 내재화 과정으로서 시조의 차이성과 개별성은 『만요슈』의 권위를 모방한 언어 권력의 창안에서 결코 획득될 수 없다. 시조의 진정한 정체성은 그러므로 전통성을 빌려 정통성 확보에 기여하는 '그릇된 고정관념'을 파괴하는 지점에서 매우 어렵게 발견되는 것인지도 모른다.

육당과 가람 시조(론)의 연속성은 조선인의 집단무의식으로 내면화되기에 이른 "조선의 민족성과 영원히 떠날 수 없는 그것"[14]이라는 규정에 존재한다. 그러나 양자의 불연속성 역시 이 창안된 고정관념에 대한 미학적 대응의 차이에 따라 발현되고 실체화된다. 육당은 시조를 '노래하는 민족'의 절대화에, 가람은 '읽는 서정'의 자유화에 대응시켰다. 그에 따른 시조의 과거화와 현대화로의 분리는 그들 시조의 운명으로 고스란히 낙착되었다. 이 과정에 스며 있는 육당과 가람 시조(론)의 이념적·미학적 절합 양상을 살펴보는 게 이후의 과제이다. 그리고 논점을 보다 입체화하기 위해 애초에는 '시조'의 기원으로 가치화되었

---

12 이상의 견해는 셰이머스 딘, 「서론」(테리 이글턴 외, 김준환 역, 『민족주의, 식민주의, 문학』, 인간사랑, 2011) 여기저기 참조.

13 일본의 한 연구자는 천황부터 민초의 노래를 함께 수록한 전래의 가집 『만요슈』는 널리 읽혀서가 아니라 미리 '국민적' 가치를 부여받았기 때문에 '국민의 고전'이 되었다고 본다. 메이지 시대 '국민의 정체성'을 뒷받침하고 '민족동일성'을 보전하는 미학적 장치, 곧 '정전'으로 발명된 전형적인 예라는 것이다. 자세한 내용은 시나다 요시카즈[品田悅一], 「국민시가집으로서의 『만요슈(萬葉集)』」(하루오 시라네·스즈키 토미 편, 왕숙영 역, 『창조된 고전』, 소명출판, 2002) 참조. 1920년대 '시조부흥론'이나 고전 탐구의 열풍도 얼마간은 정전화된 『만요슈』의 영향과 자극 아래 형성된 것으로 평가하는 게 현재 연구의 흐름이다. 이런 경향의 대표적인 예로는 구인모, 「1920년대 한국문학과 전통의 발견」(『한국 근대시의 이상과 허상—1920년대 '국민문학'의 논리』, 소명출판, 2008) 중 '4. 김억의 「작시법」(1925)' 참조.

14 이병기, 「시조와 그 연구」, 앞의 책, 245면.

으나 시조사의 편제 과정에서 은폐되기에 이르는 '민요'에 대한 양자의 태도와 언술에 주목한다.

2. 시조의 기원점 또는 시조의 반면체로서 '민요'

유사 이래 모든 국가 또는 민족은 '숭고'와 '조롱' 사이에 존재했다. 시간의 영욕을 넘어서는 자민족/자국의 가치화에 따라 역사는 그들을 삭제하거나 새로운 성좌에 올려놓았다. 민족과 국가의 대표적인 가치화 형식은 신화와 민담 등의 서사, 서사시, 민요 등 특정 집단의 정신과 의식, 정서와 가치 지향을 드러낼 수 있는 시가(詩歌)들이었다. 한자어 '詩歌'가 암시하듯이, 민족/국가 공동체의 숭고화는 점차 구술과 문자의 상호 전유를 통해 수행되었다. 구술의 경우, 그것이 말이든 노래이든, 집단적 결속과 공동체적 감각을 승압하기 용이하다는 점에서 최후에는 '성스러운 것'과 접합된다. 이에 반해, 쓰기, 곧 '문자성'은 '구술성'의 전승과 권위를 객관화한다. 또한 근대에 이를수록 생활 경험에 대한 일정한 거리 아래 지식을 구조화한다. 이에 따른 지식의 주체와 객체의 분리는 더 분절적인 내면 활동을 가능케 한다. 이런 개인성의 확보는 지식의 원격 배분과 맞물려 개성적 지식의 내향 선파를 확장한다.[15]

15 월터 옹, 이기우 외역, 『구술문화와 문자문화』, 문예출판사, 1995, '3. 구술성의 정신 역학' 및

근대화 이래 '조선'은 제국의 '조롱'에 항(抗)하거나 그것을 초극하는 '숭고'의 신화와 송가가 무엇보다 긴요했다. '조선주의'의 핵심으로 단군이 급부상하고 상무정신이 '조선심'의 핵심으로 떠오르는 따위의 일련의 사태는 민족을 재발견하고 재구성하기 위한 일련의 서사였다. 이 선별적 전통들은 과거의 절대화와 현대화의 동시적 구현을 통한 자민족의 숭고성을 획득하고 내면화하는 시간 창조와 배치의 기술이었다. 이를 참고하면, 1920년대 시간 기술의 문학적 전유는 '국민문학' 담론에 의해 대표된다. 민요시의 창조를 통해 이 시간 기술에 참여한 김억과 주요한을 제외한다면, '국민문학' 담론은 특히 '시조부흥론'과 맞물려 그 내용을 채워갔다. 그들은 '국민문학'의 핵심으로 첫째, '조선심'과 '조선적 정조'를 기반으로 '조선적 형식'의 시가를 '조선어'로 창작할 것, 둘째, 이 작업의 모델로 합당한 정전(正典), 다시 말해 전통 시가의 역사적 발견과 가치화를 수행할 것 등을 내세웠다. 물론 이런 작업의 최종 목적은 숭고한 '조선주의' 실현에 합당한 시가의 창작과 개량에 주어졌다.[16] '시조'를 제외한다면, 조선의 노래에서 이런 정통성과 전통성을 담지하고 확장할 수 있는 유력한 후보는 단연 '민요'였다. 그것은 가항(街巷)에서 널리 불릴 뿐만 아니라, 어느새 박래품 라디오와 유성기에서 제 목소리를 내며 신기롭게 청취되는 호시절을 벌써 맞고 있었다. 이런 현실에서 '시조'는 '민요'를 어떻게 호출하고 자기의 역사로 구조화했는가.

'4. 쓰기는 의식을 재구조화 한다' 여기저기 참조.

16 구인모, 「최남선과 국민문학론의 위상」, 『한국근대문학연구』 12, 한국근대문학회, 2005, 9~10면.

1) 육당과 가람 시조론의 '조선주의' 및 그 기원의 호출

'조선주의'의 시가적 실현으로 시조를 강조할 때 대개는 시조의 창작이 강조된다. '조선적인 것'의 특수성과 보편성, 그리고 우월성을 주장할 수 있는 정신과 언어, 문화가 포괄되어 있기 때문이다. 그러나 현재는 양반과 중인 중심의 지배계급의 시가로 정의되는 시조의 급부상과 절대화를 이해하기 위해서는 시조의 정전화 과정에 보다 주목해야 한다. 이 지점에서 단연 문제적인 사항은 시조의 기원으로 지목되던 '민요'의 자연스럽지 못한 탈락과 배제이다. 육당과 가람 역시 '민요'를 시조의 태반으로 기록했으나, 그들의 시조론은 '민요'의 개념과 역사, 현대적 가치를 '민요' 텍스트를 통해 기술하고, 또 그것을 '시조'의 생산과 향유에 관계시켜 논하는 경우가 거의 없다. 이후 상술하겠지만, 이 부분에 민요의 구술성과 시조의 문자성의 대립이라는 명제가 개입된다. 또한 시가의 역사화와 정전 형성에 깊이 관여하는 훈련된 선자(選者)의 시가 목록에 내장된 정치성과 권위성 역시 연관된다.

물론 노래와 음독에서 묵독으로 변화하는 당대 시(가)의 지형 변화, 그를 추인하는 전통 시가의 문자화(현대화) 및 확장성의 욕망은 충분히 고려함 직하다. 하지만 그 순간 당시의 '조선주의'가 그랬던 것처럼, 생활현실과 민중정서를 가장 충실히 반영한 양식으로 평가되는 '민요'는 역사와 구체가 사상된 '이념형'으로 물러서게 된다. '민요'의 탈락과 배제 논리, 곧 결여의 지점을 검토하는 작업은 시조의 선택과 배치, 곧 충족의 지점을 타자의 시선으로 확인하는 일이다. 이는 '시조'와 '민요'의 '조선심' 구현에 핵심적인 요소 '향토성', 다른 말로 '조선적인 것'에 대한 규정을 먼저 검토해야할 이유이기도 하다.

> 부분을 떠난 전체가 있을 수 없는 것처럼, 지방을 내놓은 세계가 있을 수 없는 것처럼 향토성을 배척한 인류적의 예술이란 것이 있을 리 없는 것이다. (…중략…) 조선의 시는 무엇보담도 더 조선인의 사상감정, 고뇌희원, 미추애락을 정직하게 명백하게 영탄 상미(賞味)한 것이래야 하며 그런데 그 제일요건, 근본요건으로 무엇으로든지 '조선스러움'이래야 할 것이다. 이러한 시(詩)래야 조선인의 생활내용 또 생활상 수요품으로 의의와 가치가 있을 것은 물론이요, 진(進)하야 세계문학・세계시의 일부를 지음에도 세계가 본대부터 조선에게 요구하는 그것인 이러한 조선적의 시래야 할 것이다.[17] (텍스트의 현대어 인용—인용자, 이하 같음)

'향토성'은 '조선적인 것', 다시 말해 '시의 본체'가 되는 "조선국토, 조선인, 조선어, 조선음률"이 탄생하고 생장하는 공통감각의 지평이다. 세계문학(보편성)은 개별 지역과 민족, 집단의 본질을 내장한 '국민문학'(향토성)들의 통섭과 총람 과정에서 형성, 구축되는 것이지, 어떤 이념형과 문자 권력에 의해 선별되는 편향적 가치체계가 아니다. 조선인의 사상과 정서, 생활과 정념을 노래하고 기록한 시가(詩歌)는 고전 시가사에 출현하는 양식 전부일 것이다. 시가사는 그러나 구술성과 문자성 여부, 창작과 향유의 계급성에 따라 체계화의 범주가 달리 구성될 수 있다. 우리는 그것을 이미 고전 시가사의 분류 항목과 교육에서 충분히 확인했다.

17 최남선, 「조선 국민문학으로서의 시조」, 『조선문단』, 1926.5, 6면.

1920년대 '시조부흥론'은 시조의 역사성과 정통성을 평민 혹은 민중 의식의 발현과, 그 기원과 역사를 입증할 수 있는 기록성에서 찾았다. 시조의 기원과 전통이 고구려 을파소의 노래와 신라의 향가, 고려가요 등의 대중 노래로 상향되는 것이 전자의 부면이다. 그러나 시조의 정통성은 결국은 "조선에 있어서 구조(句調), 음절, 단락, 체제의 정형성을 가진 유일한 성형(成形)문학"[18]에서 획득되는 것으로 보인다. '문자성'은 전달의 객관성과 확장성을 보장하는 한편, 민족 고유의 '향토성'을 세계로 번역하는 일에도 구술성 보다 훨씬 용이하다. '시조'는 역사성과 기록성 이외에, 텍스트 총량의 풍부성 및 그것을 교양과 이념에 따라 가집화(歌集化)한 안목들을 벌써 거느리고 있었다.[19] '국민문학에서 세계문학의 길로'라는 민족적·미학적 이념을 구현하기에 가장 적합한 체제를 '시조'는 이미 완비한 상태였던 것이다. 하지만 분명한 것은 시조 중심의 시가사 구성은 '조선심'의 요체 가운데 하나인 평민(민중) 의식의 추상화와 탈계급화를 하나의 법리로 추인하기에 이른다는 점이다(이에 대해서는 논의 관계 상 '민요'의 선택과 탈락을 다룰 때 보다 자세히 살펴보기로 한다).

> 시조는 어느 한두 사람만이 만들어 낸 것이 아니라, 오랜 역대를 거쳐 오며 조선인의 마음과 피에서 결정된 그것입니다. 조선인 민족성과는 영원히 떠날 수

---

18 위의 글, 5면

19 시조가 유일한 '성형문학'으로 이해되고 선포될 수 있었던 핵심 요인 가운데 하나는 조선 후기 편찬된 『청구영언』, 『가곡원류』 등의 존재였을 것이다. 시조의 삼국시대 기원설 및 시조의 구체적·양식적 기원을 찾으려는 시조사의 모색도 이와 관련된다(서철원, 「시조사의 편성 과정과 최남선의 시가 인식」, 『민족문학사연구』 49, 민족문학사연구소, 2012, 44~48면). 육당의 『가곡선』과 『시조유취』는 선대 가집의 장처를 적극적으로 활용한 결과물이겠다.

없는 그것입니다. 조선 급 조선인의 정조와 취미와 기분과를 여실히 전해주는 그것입니다. 그리하여 그만한 전통도 계승도 가지고 있는 그것입니다. 시조는 또 조금도 한시체나 사체(詞體)를 모방하여 만들지 않은 것이 분명합니다. (…중략…) 시조는 조선의 단가(短歌)입니다. 조선의 고유한 노래입니다.[20]

조선(인)과 시조의 일체성은 시조가 '조선주의'의 미학적 핵심이자 민족동일성의 주요 분자임을 거침없이 표상한다. '시조부흥론'의 조선주의 및 조선심과 굳게 결속된 장면이 아닐 수 없다. 그러나 특히 육당과의 차이성에 유의한다면, 가람 시조론의 본질이 확연해질 것이다. 육당의 '조선주의'는 조선의 우수성과 영원성을 주창하기 위한 계몽적 교화주의의 성격이 짙다. 이에 반해 가람의 시조론은 '조선적인 것'을 강조하되, 그것의 이념과 사상보다는 고유 정조와 형식에 중심을 둔다. 황종연이 가람의 시조론에 "조선주의로부터의 일탈"이라는 의미심장한 가치를 부여한 것도 "조선인의 정조와 취미와 기분"이 "민족적 자각의 계기 이전에 심미적 경험의 대상으로 존재하는 것이기 때문이다."[21]

과연 가람에게 시조는 개인 고유의 '정경(情景)'을 표현하는 단시형(短詩型)이지 "모든 사상・감정을 모두 쓸어 담아야 할 어느 그릇"[22]이 아니다. 이런 신념은 "건전한 시가에는 건전한 감정의 의미가 있어야" 한다는 명제를 낳는다. 문장파의 상고주의와 미학주의가 벌써 선취된 시조의 특장들, 첫째, 자아의 감정에 대한 진실성, 둘째, 간정(簡淨)한

---

20 이병기, 「시조와 그 연구」, 앞의 책, 245면.
21 황종연, 앞의 글, 73면.
22 이병기, 「시조와 그 연구」, 앞의 책, 242면.

정서의 표현, 셋째, 의미의 장중성, 넷째, 고아(古雅)한 시어에 대한 강조는 그 구체적 지표에 해당한다. 간정, 장중, 고아 따위의 언어적 지표에서 보듯이, 가람의 시어관은 보수적이며 심미적이다. 그 형식과 정조가 가장 안정적이며 완미했던 '평시조'가 가람의 '선택적 전통'으로 취택될 것은 따라서 필연적이있다. 물론 이로 인해, 김기진이 '국민문학파'의 '조선주의'를 '자연으로의 복귀' 요청으로 비유한 것에서 보듯이,[23] 가람의 시조는 야성의 민중미학과 적절한 거리 유지를 하나의 원칙으로 내면화할 수밖에 없게 될 것이었다.

2) 육당과 가람의 '민요' 이해와 가치화의 향방

가람은 시조 고유의 특장을 '평민시'로서 '평시조'에서 발견하고 또 소급시키기를 갈급한다.[24] 그러나 이 지점은 자신이 시조의 기원으로 상정한 '민요'의 추상적 가치화와 미학적 실천에서의 배제라는 배리가 발생하는 곳이기도 하다. 육당은 '시조론'에서 『청구영언』, 『가곡원류』에 대한 영향과 참조의 국면을 거의 드러내지 않는다. 이는 저것들이 토

23 김기진, 「문예시평」, 『조선지광』, 1927.2, 91면 참조.

24 '국민문학파'의 '시조부흥론'은 대체로 시조 개량의 핵심을 '평시조'에 두는 것으로 파악된다. 현재는 근대성의 맹아적 발현과 민중 정서의 자유로운 발산, 보다 자유로운 율격의 추구라는 점에서 '사설시조'의 미학적 가치를 높게 평가한다. 그런데 오히려 근대 들어 '자유시형'과의 연대 가능성에도 불구하고 '사설시조'가 별반 주목받지 못한 까닭은, '민요'나 '잡가'에 대한 태도와 마찬가지로, 시정문화의 확산과 개인 욕망의 표출에 따른 '통속성' 과잉에 대한 불편한 시각 때문이 아닐까 한다(이에 대해서는 박애경, 「조선후기 시가문학의 분화」, 민족문학사연구소 편, 『새 민족문학사 강좌』 1, 창비, 2009 참조). '사설시조'가 이상적이며 윤리적인 문화(교양)인의 취향을 충족시키기에 그렇게 적합한 양식이 아니라는 판단이 그들의 내면에 작동했을 지도 모를 일이다.

대한 『시경(詩經)』 이래의 중화적 보편성과 그 실현물로서 조선조 시조에 대한 거부감의 소산일 것이다.[25] 물론 한시와 사체(詞體)로 대변되는 중화적 보편성에 대한 의식적 외면은 육당을 비롯한 '국민문학파' 전반의 공통감각일 것이다. 그러나 이 가집들은 시조의 기원과 역사, 텍스트의 실증성을 증거할 수 있는 권위적 기록물이었던 탓에, 가람에게 선별적 지식과 참조의 대상이 된다. 시조의 특장 4항목의 제시는 저 가집들의 독서와 해석 없이는 그리 간단하지 않았을지도 모른다. 그런데 문제적인 것은 '선별적 전통'의 핵심으로 '한시와 무관한 조선 고유의 시형'이 강조되면서 '민요'가 '시조'의 기원으로 외삽되기에 이른다는 점이다.

> 시조형(時調形)이 민요의 육구삼절형에서 파생하여 향가와 병행하다가 고려초에 이르러 향가가 망한 뒤 그 장처를 섭취하여 완성하였다 함과, 시조는 한 곡명으로서 근조(近朝) 숙종조 무렵에 생겼다는 것은 이미 말한 바이려니와, 시조의 곡명이 생겼다 하더라도 시조형만은 그 이전부터 가곡(歌曲)의 창사(唱詞)로서 있었던 것이었다. 다시 말하면 가곡은 기악(器樂)으로 병행하여 삼국 때부터 있었던 것이, 여조(麗朝) 이래 더욱 진전하여 그 창사도 더욱 성장하였으며, 그 삼절형도 따라 완성하였다. 이러하던 것을 시조가 생기며 그 창사를 그대로 써 온 것이었다.[26]

---

25 서철원, 앞의 글, 53면.

26 이병기, 「시조의 개설」, 『가람문선』, 277면. 인용문 앞에 이런 구절이 있다. "민요는 모든 시가의 원형으로서 모든 시가가 여기서 발원되지 않은 것이 없었다. 우리 민요는 두 가지 기조형이 있으니, 하나는 사구이절형(四句二節形)이요, 또 하나는 육구삼절형(六句三節形)이다." 그러면서 전자의 예로 "새야 새야 파랑새야~"를, 후자의 예로 "성님 성님 사촌성님~"을 든 후, 월명사의 「제망매가」가 전삼절형(全三節形)임을 밝혀 '향가'가 '민요'에서 파생하

시조의 탄생과 성장, 완성의 계기와 과정을 유기체론의 입장에서 기술하고 있는데, 이런 시조사의 정리는 역시 선대의 가집과 당대 연구에 함께 힘입은 것이다. '민요'와 '시조'의 연관성 및 그 가치는 '민중성'으로 대변되는 사상과 이념이 아니라 시가 형식의 전승에 존재한다.[27] 형식적 기원으로의 '민요'의 설정은 다음과 같은 효과를 발휘하는 듯하다. 첫째, '민요'에서 시조의 기원과 전통의 연면함을 확보하되, 현재에서 그것 특유의 집단성 및 현실반영성과 거리를 둘 수 있다. 둘째, 민중의 유희성와 저항성을 내포하는 '민요'의 정치성을 제어하는 한편, '시조' 특유의 심미성, 즉 사물과 존재에 즉하는 '실감실정'의 단아함과 장중함을 극대화할 수 있다.

가람의 '시조'와 '민요'의 연관성 제한은 무엇보다 구진(口傳)과 기록의 와오(訛誤)에 따른 작가의 불분명성 및 가사의 오류에 대한 불신 때문이다.[28] 이런 학적 엄격성에 더해 반가의 후예 가람의 교양주의와 반속물성 역시 민요 특유의 유희성과 통속성에 일정한 거리를 유지케 했을 것이다. 가람의 '사설시조'에 대한 홀대에 가까운 무관심과, 시조

였음을 주장한다.

27 가람의 본격적인 시조론 「시조란 무엇인고?」(『동아일보』, 1926.11.24～12.13)에는 '민요'가 시조의 기원으로 명시화되지 않는다. 시조가 '노래'의 일종임이 강조되고 있으며, 과거의 '노래'가 시조와 삼장식(三章式)의 형식을 공유하고 있음과 이 형식이 조선인의 사상 감정 표현에 가장 적합함을 부연할 뿐이다. '민요'에 대한 가람의 인식을 언뜻 보여주는 부분이 있다면, "장구한 동안에 전통적 계승적으로 구전심수(口傳心授)하여 오던 것으로 가사(歌詞), 시조, 속요 이렇게 일컬어 속요보다도 훨씬 고상하게 쳤을 뿐 아니라 오히려 가사보다도 어렵다 하여"일 것이다. 물론 '민요'가 '속요'를 포괄하는 개념이겠으니, 가창의 집단성과 민중 정서, 주제 등의 연관성은 쉽게 인정된다.

28 이병기, 「민요론고」, 『가람문선』, 461～465면 참조. 연보에 따르면, 가람은 해방 후 민요 채집에도 몇 차례 나서며, '민요론' 몇 편도 발표한다. 하지만 대상에 대한 열정과 학문적 논리화의 측면에서 보자면, '민요'는 '시조'의 작은 부록에 지나지 않는다.

창작에서 '실감실정'의 대상이 주로 지조와 절제, 고결한 인품 등을 나타낼 수 있는 자연사물에 집중된 현상도 이와 무관치 않겠다.[29] 사실 '민요'의 일반적 성격과 미학성을 가람의 시조 특장 4가지와 비교해 볼 때도, 인용문의 시조의 기원으로서 '민요'의 가치화는 어딘가 과잉된 측면이 있다. 물론 그 과잉성은 무엇보다도 육당이 선점한, 그러나 형식과 율격의 자율성이 훨씬 보충된 '조선 고유의 유일한 성형문학'에 대한 민족주의적 강박에서 비롯되었을 것이다.[30]

우리는 육당의 '민요'에 관심과 입장을 아직 말하지 않았다. 사실을 말하면, 육당은 「조선국민문학으로의 시조」와 그 후편 「시조태반으로의 조선 민성과 민속」에서 '민요'를 직접 언급한바 없다. 그러나 조선 노래와 시조의 태반이 '한우님'(대황조=단군)에 대한 찬송과 그런 '노래'를 즐겨 부르는 민족성이었음을 기술하는 가운데 남선(南鮮)에서 불리는 농요 「산유화(山有花)」가 백제의 옛노래임을 밝히고 있어, '민요'와 '시조'의 상관성을 암시하고 있다.

육당의 『소년』발 시조가 '조선주의'와 '조선심'의 기원이자 핵심인 '대황조'에 대한 찬양과 숭고화에 집중하고 있음은 잘 알려진 사실이다.[31] 위의 양 시조론은 이것을 하나의 논리체계로 객관화하고 가치화

29 가람을 비롯한 '국민문학파'의 '조선주의' 및 '조선심'의 절대화와 이념화, 이것의 추구방식으로 외삽된 근대적 의미의 심미성 사이의 상충과 균열, 괴리 현상에 대해서는 전도현, 「이병기의 한글 문예운동에 대한 일고찰」, 『한국근대문학연구』 20, 한국근대문학회, 2009, 114~117면 참조.

30 현대의 민요 연구자들은 민요의 가치와 영향을 조선 시가 양식의 기원에만 두지 않는다. 민요와 향가, 고려가요의 친연성은 가람과 육당의 시조론에서도 표명된다. 현대 연구자들은 이에 더해, 시조와 가사의 형성, 조선 후기의 사설시조나 서민가사의 유행, 근대계몽기 시조와 가사의 개변에도 민요가 상당한 역할을 한 것으로 평가한다. 이상의 내용은 박경수, 『한국민요의 유형과 성격』, 국학자료원, 1988, 264면 참조.

31 이에 대해서는 이 책 제2부 제4장 「'신대한'과 '대조선'의 사이(2)—『소년』지 시(가)의 근대

하려는 학적 욕구의 소산이다. 하지만 가람과 달리 육당은 시조의 기원을 형식의 연관성 및 유사성보다는 '단군'이라는 조선주의적 이념형·종교형의 출발점으로 상상되고 기대되는 고조선의 '노랫가락'에서 찾는다. 현재라면 무가(巫歌)의 원형으로 분류될 만한 '공수'와 '푸념', '사설'과 '말명' 따위가 '노랫가락'의 대표적 예인데, 제사 중심의 고조선은 이것들로 "그 문화의 장식을 삼고" 또 이것들로 "그 생활의 최대 윤택을 삼았"다는 주장인 것이다.[32]

그런데 문제는 육당이 저 '노랫가락'과 '시조'의 구체적 연관성에 대한 해명을 차호(次號)의 과제로 이월했으나, 그것으로 중도반단 되었다는 사실이다. 이 고의성 짙은 육당의 행위는 다음의 몇 가지 차원으로 해석된다. 첫째, '국민문학'으로서 시조의 '원류'를 중화보편주의나 구비문학의 진솔성보다 종교성과 사상성에서 찾고자 했다는 것이다. 그러나 문제는 이 이념형을 증거할 텍스트가 부재했다는 사실이다. 일종의 선언문이 된 까닭이다. 둘째, 시조를 국시(國詩)로 계승하되 현대에 향유 가능한 시형이 되려면, 시조가 부르는 '노래' 아닌 읽는 '시'로 개조되어야 했음을 육당이 인지하고 있었다는 점이다.[33] 그러나 '노랫가락'의 종교성과 사상성이 현대시조의 궁극적 지향, 그러니까 개인적 내면의 진솔한 고백으로 전유되기에는 육당의 계몽의식은 여전히 완고했다.[34] 셋째, 굳이 '노랫가락'과 '시조'의 연속성을 해명하지 않더라

성」 이곳 저곳 참조.

32 최남선, 「시조 태반으로의 조선 민성과 민속」, 『조선문단』, 1926.6, 4~5면.

33 이를테면 "문학으로의 시조, 시류의 시조가 얼만한 가치를 가진 것인가"라든지 그 가능성을 단테의 『신곡』과 괴테의 『파우스트』에 견줌으로써 열망하는 태도를 보라(「조선국민문학으로의 시조」, 『조선문단』, 1926.5, 3면). 이때의 '문학'과 '시'는 명백하게 춘원이 지시했던 그 'literature'와 'poetry' / 'poem'의 번역어이다.

도, 국시(國詩)로서 시조의 영원성과 완결성은 '한우님'을 향한 노래라는 선언에서 충분히 달성되었다는 자신감이다.[35] 육당은 이런 자신감과 자존감을 두 글의 얼마 뒤 간행된 창작시조집 『백팔번뇌』를 통해 일제와 조선 인민 모두를 향해 방사했다고 보아 무방하다.

그러나 이상의 논의에서도 '민요'는 여전히 문면에 떠오르지 않았다. 사실 나는 무가형(巫歌形)의 '노랫가락'과 백제노래에 바탕한 농요 「산유화」에 가람의 '민요' 개념을 접합시켜 육당의 '민요' 개념을 추론 중인 것이다. 하지만 육당의 '민요론'은 후대 연구자의 자의적인 추론의 대상일 수 없다. 왜냐하면 이런 의지와 열정을 무색케 하는 '민요론'을 육당은 몇 달 뒤의 「조선민요의 개관」(1927.1)을 통해 제출했기 때문이다. 독서의 결과를 말하자면, 육당의 '민요론'은 가람에 비해 보다 진보적이며 민중적인 데가 있다. 이후 검토하겠지만, '민요'의 집단성과 민중성에 대한 가치를 명백히 하고 있기 때문이다. 그 정점에 모든 시가 양식의 기원으로서의 '민요'에 대한 가치화가 존재함은 물론이다.[36] 이런 점에서, 육당은 '조선주의'와 문명화에 대한 계몽의 의욕을 바탕으

---

34 시조의 '읽는 시'로의 변화를 계몽의식의 발로로 이해하는 것에 대한 반론이 있을 수 있다. 창가와 신체시의 창작에서 보듯이 미학적 의지의 결과로 볼 수도 있기 때문이다. 그러나 육당의 미학적 의지는 그것조차 계몽의식의 발현일 수 있다는 다음과 주장은 어떨까. "최남선의 시편들은 전통적인 형식으로부터의 정서의 해방에 기여했으나, 그것은 역사적 현실 인식의 표현이라는 덕목을 희생함으로써만 가능했다."(서영채, 「계몽과 포에지-최남선의 신체시 읽기」, 『아첨의 영웅주의-최남선과 이광수』, 소명출판, 2011, 255면)

35 이 항목들은 서철원, 앞의 글; 윤영실, 「최남선의 근대적 글쓰기와 민족담론 연구」, 서울대 박사논문, 2009; 구인모, 「최남선과 국민문학론의 위상」, 앞의 책의 견해를 나의 관점으로 재정리한 것이다.

36 이광수 역시 '민요' 속의 리듬과 사상이 민족의 특색을 표상하며, 시가를 포함한 그 민족의 문학은 민요(전설 포함)에 기초하여 발달한다는 견해를 표명하고 있다(이광수, 「민요소고(1)」, 『조선문단』, 1924.12, 28면). 1927년 춘원이 육당과 함께 『신진(眞人)』 신년호 특집 '조선민요 연구'에 함께 참여하게 되는 까닭이 엿보이는 부분이다.

로, '시조'는 심미주의적 시각과 형식으로, '민요'는 낭만적인 원시주의의 시각으로 이해했던 것으로 판단된다. 실증적 역사주의 저편에 존재하는 '조선심'의 가치화를 통해 조선(인)의 문화정체성을 찾고 이를 통해 새로운 '국민문학'의 개념과 정의를 추출하고자 했다는 평가가 가능한 이유이다.[37]

이 글은 어떤 면에서 「시조 태반으로의 조선 민성과 민속」의 속편이라 할 만하다. '노랫가락'의 위엄과 가치를 '민요'가 고스란히 입고 있기 때문이다. 이를테면 "민중의 거짓 없는 감정"의 자연스런 발로와 "민중의 소박한 심정"의 운율화가 '민요'의 태반이라거나 인류문화 최초의 기원에 '민요'(세사와 신화 이전의 형식임)가 있다는 수장, 조선은 '민요국'이며 향가의 시조로의 계승이 민요 속 조선인의 사상과 정신을 더욱 가치화시켰다는 주장을 보라. 물론 육당이 '민요'의 이념형 창조에만 몰두했던 것은 아니다. 근대 들어 더욱 가중되는 '민요'의 위기, 그러니까 "참된 조선, 본래의 조선, 적라(赤裸)의 조선을 총괄적으로" 표상하기는커녕 잡가(雜歌)라는 이름 아래 "기생도와 유흥도의 민중화"를 초래하는 퇴폐적 국면을 질타하고 있기도 하다.[38] '시조부흥론'이 유교적 이념에 찌든 시조들의 탈가치화에서 그 동력을 얻었듯이, 이른바 '민요부흥론'은 가항(街巷)에서의 퇴폐성 극복과 민중의 건강성 회복에서 그 단초가 찾아지는 것이다. 성스러운 기원과 타락한 현실이라는 간극 속에 육당과 가람의 '민요'에 대한 양가적 감정과 시조로의 편향이 더

37 차승기, 앞의 글, 26면.

38 최남선, 「조선민요의 개관」, 『신진(眞人)』 5권 1호, 1927.1. 여기서는 최남선, 『육당 최남선 전집』 9, 현암사, 1972, 394~399면 참조.

욱 확산되었다는 평가가 가능한 이유이다. 어쩌면 이들에게는 '민요'의 현대성 결여, 곧 '집단성'과 '구술성'을 '개인성'과 '문자성'으로 변환하기 어렵다는 형식 논리보다, 유흥가의 '잡가'와 '속요'로 구전되고 향유되는 통속성이 문제적이었는지도 모른다.

3) 식민지 '민요'의 양가성과 '시조'와의 결별 원리

사실을 말하건대, 이들의 '민요'의 제한적 선택과 궁극적 탈락은 개인의 이념과 취향을 넘어서는 사회적 환경의 영향도 무시할 수 없다. 1920년대 현실에서 '민요'는 안정적이기는커녕 박래한 문화민족주의적 담론의 영향 아래 목하 형성 중인 개념이었다. '민요'는 'Volkslied' 내지 'fork-song'의 번역어로, 일찍이 서구, 특히 독일과 일본에서는 "민중을 기반으로 한 일원론적 국민 내지 민족의식을 환기시키는 개념"으로 적극 활용되었다.[39] 말하자면 그것은 단순히 웃고 즐기는 민족·민중의 노래가 아니라, 자민족의 우수성을 외방으로 알리는 동시에 민족 정체성과 국민의식의 동일성을 내방에 스며들게 하는 일종의 '정치 음악'으로 새롭게 발견되고 가치화된 것이다.

제국주의들의 '민요'에 비한다면 식민지 조선의 '민요'는 '숭고'와 '조롱' 사이를 오가며 그것의 정체성 형성과 모범적 지위 획득에 상당한 피로를 겪었다. 육당이 「조선민요의 개관」에서 토로했듯이 조선의 '민요'

39 임경화 편저, 『근대 한국과 일본의 민요 창출』, 소명출판, 2005, 160면. 이후의 논의에서도 이 책 몇몇 곳을 참조했음을 미리 밝혀둔다.

는 농토와 생활의 것이기도 했지만 기생과 유흥장의 것이기도 했다. 현재 민족의 소리로 인지되고 소개되는 〈아리랑〉이 통속의 유곡을 흘러넘치다가 나운규의 영화 〈아리랑〉을 통해 민족성과 저항성의 코드를 단숨에 획득했음은 공공연한 사실이다.[40] 실제로 1920년대 당시 '민요'는 '조선적인 향토민요' '잡가로서의 통속민요'[41] 그리고 '식민지 민요'라는 세 가지의 지평에서 관전되었다. '향토민요'는 '시조'가 그랬듯이, 향토성과 국민성이 상호치환 가능한 이상적 노래, 다시 말해 '고향'(≒조선)의 재창조와 재가치화를 위한 전략적 거점의 역할을 수행했다.[42] 기생집과 유흥업소에서 불리던 '잡가로서의 민요'는, 그 전근대적 통속성이 대중에게 호소력을 발휘했으나, 민족 지성에게는 청산되어 마땅한 구폐와 악습으로 지속적으로 비판되었다.[43] 그러나 내부적 갈등의 형식인 '향토민요'와 '통속민요'의 대립은 일제 및 그 문화자본에 의해 더욱 굴절되고 왜곡되기에 이른다는 점에서 훨씬 문제적이다. 육당의 「조선민요의 개관」은 이 지점에 관련되는 문제적인 '민요론'이다.

40 해방 후 고정옥은 『조선민요연구』(수선사, 1949)에서 〈아리랑〉을 근대요(謠)로 설정하면서, 그 내용이 "근대시민계급과 노동자・농민의 생활상의 여실한 반영"이어서 "바야흐로 근대생활의 만화경"이라고 높이 평가했다. 이에 대해서는 김시업, 「근대민요 아리랑의 성격 형성」, 김시업 외, 『근대의 노래와 아리랑』, 소명출판, 2009, 328~329면 참조.

41 두 요소를 중심으로 식민지의 잡가와 민요의 성격을 논한 글로는 이소영, 「식민지 근대의 잡가와 민요」, 『한국음악연구』 46, 한국국악학회, 2009 참조.

42 육당이 거론한 경상도의 〈산유화〉, 평안도의 〈수심가〉, 황해도의 〈김매기〉 등이 이에 속하며, 전래의 〈정선 아라리〉, 신민요에 해당하는 〈진도 아리랑〉, 〈밀양 아리랑〉도 이 과정에서 새롭게 가치화 되었다.

43 '본조 아리랑'과 그 내용과 형식이 친연 관계에 있는 각종 '잡가로서의 아리랑'은 '기생'과 더불어 조선의 퇴폐성과 정체성, 유약성을 드러내는 대표적 코드였다. 일제 문화자본은 이를 〈아리랑〉 음반과 각종 '아리랑 사진엽서' 등의 대중매체를 통해 조선과 내지(內地)에 적극 전파하였다. 후자에 관해서는 졸고, 「제국의 취향, 전시되는 '아리랑'－식민지 '아리랑 엽서'의 성격과 의미」, 『대동문화연구』 75, 성균관대 동아시아학술원, 2011 참조.

제국주의는 민속학과 인류학, 언어학 등의 학적 기제를 통해 식민지의 문화와 습속, 인종적 특성 따위를 치밀하게 연구하는 한편, 그것을 식민지배의 기제로 적절히 활용했다. 조선총독부 역시 1920년대 조선 전역의 민요를 채집하여 그 성격과 의미를 체계적으로 정리했다. 겉으로는 조선의 민족성과 소박한 민중성을 확인함으로써 내선의 융화에 기여한다는 문화주의적 목표를 앞세웠다. 하지만 본디 목적은, 임경화의 지적대로, 민요와 향토의 소박함과 솔직함, 그리고 원초성을 '원시주의'로 규정하는 한편, 그것을 조선인의 순종성, 지나(支那)문화에 대한 종속성, 창조성의 결핍 따위 등 조선의 정체성과 타율성으로 변환하는 식민주의적 의식의 노골적 발현에 있었다. 이와 더불어 '민요'가 끼치는 대 사회적 영향, 특히 식민지 지배정책의 균열과 그에 대한 저항을 최소화하기 위해 각종 검열과 탄압 기제를 제도화·일상화하였다.[44] 민요를 향한 식민주의적 지배가 노골화·교묘화된 결정적 계기는 조선의 '향토성'을 제국을 향한 '저항성'으로 치환하기에 이른 영화 〈아리랑〉과 주제가 '본조 아리랑'이었다. 이에 맞추어 〈아리랑〉은 검열과 탄압의 대상인 동시에 일본 내지에서도 각종 음반의 형태로 향유되는 이국적 식민지문화로 재편되기에 이른다.

사실을 말하건대, 육당의 「조선민요의 개관」은 '민요'에 대한 총독부 문화정책의 관점에서 크게 벗어나지 않는다. 위에서 언급했듯이, 식민

44 일제는 '민요'의 성격에 따라 검열 조치를 달리 했는데, 음반의 경우, '조선적인 것'을 환기하는 '변조 아리랑' 등에는 '치안방해'를, 성적 메타포가 두드러진 '범벅타령' 등의 '잡가 민요'에는 '풍속괴란'을 적용했다. 물론 일제의 검열과 통제는 다면적일 수밖에 없었다. 식민지의 저항문화를 억압하는 한편 제국 문화자본의 이익을 충실히 보장해야 했기 때문에 무원칙한 통제의 기술이 왕왕 발휘되었다. 보다 자세한 내용은 이준희, 「일제 시대 음반검열」, 검열연구회 편, 『식민지 검열, 제도·텍스트·실천』, 소명출판, 2010 참조.

지 문화의 '원시성'과 '순진성'은 결국 피식민의 당위성을 정당화·제도화하는 식민주의적 의식의 소모품으로 전락하고 만다. 물론 그것이 '민요'의 현실이기는 했지만, 육당 역시 모든 문화예술의 기원으로서 '민요'의 절대성을 서술한 후 최후에는 "기생도와 유흥도의 민중화"에 따른 타락과 소멸의 위험을 지목하는 방식을 취한다. 당시 발흥 중이던 '민요'의 저항성과 '민중성'의 가능성보다 그가 『소년』에서 비판해 마지 않던 '밥벌레'와 '담배구덕이'들, 즉 게으르고 방탕한 조선인들의 또 다른 나타와 타락의 증표로 제시되고 마는 것이다.

이것은 조선인의 문제점을 훈육하려는 육당의 의도를 덮어두고라도 「조선민요의 개관(朝鮮民謠の槪觀)」이 게재된 잡지 『신진(眞人)』의 성격상 거의 필연적이었다. 『신진』은 한국 민속학사의 시발점에 해당하는 다이쇼[大正] 교양인과 조선총독부 관리들을 주축으로 1923년 결성한 단카시사[短歌詩社] 동인들이 경성(京城)에서 발행하던 일본어 잡지이다. 이들은 1927년 신년호 특집기사를 '조선민요 연구'로 꾸몄는바, 이 자리에 참여한 '국민문학파'는 육당과 춘원 이광수, 노산 이은상이었다.[45] 이 잡지의 동인들 역시 조선의 원시성과 소박성 등을 상찬하는 경우가 허다했다. 하지만 이것이 식민지를 여성화함으로써 식민지의 수동성과 복종성, 이국성 따위를 오히려 전경화하는 오리엔탈리즘의 수사였음은 물론이다. 육당은 조선 민요의 가치와 위상, 현재성 등

---

45 춘원은 「民謠に現はれたる朝鮮民族性の一端(민요에 나타난 조선 민족성의 일단)」을, 노산은 「靑孀民謠小考(청상민요소고)」를 발표했다. 이 특집호는 1927년 1월 도쿄에서 『朝鮮民謠の研究』(坂本書店)라는 단행본으로 출간되었다. 이상의 내용과 재조선 일본인들의 조선민요 연구 현황과 의미에 대해서는 구인모, 「조선민요의 발견, 일본 오리엔탈리즘의 한 단면」, 앞의 책 참조.

을 객관화하고 성찰하기 위해 「조선민요의 개관」을 집필했겠지만, 그것을 둘러싼 일제 문화담론의 시선과 맥락은 그것을 식민지인의 패배와 굴종의 자술서로 유쾌하게 번안했을 것이다.[46] 식민지의 이상적인 문화적 모델은 식민주의 담론과 접촉되는 순간 '숭고'에서 '조롱'으로 변질되기 마련이라는 원리에서 육당 역시 자유로울 수 없었다.

지금까지 보아왔듯이, 시조의 기원으로 역사화·성화되던 민요는 근대전환이라는 격동기 속에서 내외부적 조건의 한계와 위기에 부딪치면서 끝내 시조와 결별되기에 이른다. 모든 시가 양식의 기원적 특성이기도 했던 민요의 구술성과 집단성은 근대 자유시의 개인성과 문자성에 과도하게 압박되었으며, 또한 바람직한 표상으로서의 민중성과 원시성, 소박성은 타락한 유희와 무절제한 소비의 엄습 속에서 조선인의 후진성과 야만성, 유약성을 상징하는 부정적 기표로 징발되었다.

이런 점을 고려하면, 가람과 육당의 '민요'와의 결별은 자연스럽고도 의식적인 행위였다. 그들의 교양과 지식의 중요 근원이었을 시조는 문자성과 개인성, 그러니까 자유시와의 동서가 가능한 지평으로 얼마든지 확장 가능한, 이른바 준비된 언어체계였다. 물론 근대 자유시와의 접속은 중세이념형의 원류 '한시'와 그 명명 자체로 민중성을 대변

46 조선민요를 다룬 『신진』 1927년 신년호 필자들에서는 「火田民の生活と歌謠」을 쓴 총독부 관리 미치히사 요시미[道久良]와 「民謠の哲學的考察に基づく組織體系の構成」을 쓴 다나카 하츠오[田中初夫]가 특히 주목된다. 이들은 1941년 9월 재조일본시인 중심의 월간지 『고쿠민시카(國民詩歌)』(국민시가연맹 발행)를 발간하여, 신체제의 정당성과 내선일체의 필연성을 적극적으로 선전·선동하는 이데올로그들이었다. 조선민요 연구 때의 인연인지는 모르겠으나, 춘원 이광수가 『고쿠민시카』 창간호~3호에 걸쳐 4편의 일본어시를 발표하고 있다. 최재서 중심의 『국민문학』은 1941년 11월 창간되었으니 조선 발 '황국문학'의 선편은 『고쿠민시카』가 쥐었던 셈이다. 보다 자세한 내용은 졸고, 「일제 말 시 잡지 『國民詩歌』의 위상과 가치(1)－잡지의 체제와 성격, 그리고 출판 이데올로그들」, 『사이間SAI』 14, 국제한국문학문화학회, 2013 참조.

하는 '민요'와의 내용적·형식적 결별을 요구했으며, 이들은 각자의 '조선주의'에 근거해 이 과제를 수행해 나갔다. 이런 내적인 변화는 민중성과 저항성 대 유희성과 타락성으로 분리, 갈등 중이던 조선민요의 현실을 식민지배의 필요성과 편의성으로 도모해간 일제와 그 문화자본에 의해 더욱 필연적인 사태로 귀결되었다. 육당은 그곳에 참여함으로써 민요의 양가성을 기술하되 제국의 해석에 협조를 제공하는 책사의 위치로 떨어졌다. 그에 비해 가람은 '민요'를 시조 기원의 형식으로 남겨두었으며, 그것을 보충하기 위해 선택한 현재의 몇몇 민요도 '향토민요'에 집중했다. 가람에게는 '민요'도 시조처럼 서정적·예술적 지향의 대상으로 오롯이 사유되었다는 판단이 가능한 지점이다. 물론 이상의 논의를 확증하기 위해서는 육당과 가람이 '민요'에서 발견한 가치와 아름다움을 그들의 시조(론)에 어떻게 함입해갔는가를 물어야 한다. 이것은 결어의 성격도 함께 띠는 다음 장의 몫이다.

3. 정형률(整形律)의 근대성과 그 파장—결어를 대신하여

1920년대 '국민문학파'가 중심에 선 '시조부흥론'과 '민요시론'은 전통성과 현대성을 그 이념과 형식에서 공유하는바 컸다. 그들은 상호배타적일 듯한 '시조'와 '자유시'를 통해 '조선심'으로 단련된 '조선주의'를 숭고화하는 한편, 시대가 요구하는 시(가)의 근대성 달성에 매진하였다. 요약컨대 '정형률(定型律)'의 탈피, '개인 정서의 자연스런 표출' '주체 및 민족정체성의 자각'이 그것이다. 이것은 '노래'에서 '읽기'로 대변되는 창작과 향유의 본질적 전환을, 또 어떤 종요로운 사상과 이념조차도 개별적 정서의 내포망을 투과한 발화 형식으로 존재할 것을 승인하는 기제였다. 물론 '시조'와 '민요시'는 저 세 가지의 원리를 공유하되, 전자는 '자유시'(≒整形律)의 방향으로, 후자는 '민요'(≒定型律) 혹은 '시조'의 방향으로 서로의 율격과 정서를 이동해갔다. 이후 '자유시'의 득세 속에서도 '시조'와 '민요'가 시가사의 핵심 양식으로, 또 현재의 대중이 창조・향유하여 마땅할 법한 '부상하는 전통'으로 자리잡아간 것도 이런 상호 영향과 조정의 결과일 것이다.

그런데 이런 가정과 상상은 어떨까. 시(가) 근대성의 세 원칙을 '시조부흥론'과 '민요시론'의 유사성과 차이성을 산출하는 규준으로 상정할 때 어떤 그림이 그려질 것인가 하는 문제 말이다. 개인과 민족 주체의 동시적 자각은 당시의 시대상황을 고려하면 차이성의 여지가 별반 없는 전제조건에 해당할 것이다. 따라서 '시조'와 '민요시' 대조의 핵심원리는, 가람의 '시조 혁신론'을 빌린다면, 개인 정서의 진솔한 표현에 해당하는 '실감실정의 표현'과 '정형률(定型律)의 탈피'와 직결되는 '정형적(整形的) 자유시'[47]에 주어진다.[48] 물론 가람은 정해진 자수나 운율의

47 가람은 "과연 시조는 정형시(定型詩)가 아니고 정형적(整形的) 자유시였다"는 주장을 서슴없이 펼쳤다. 그 까닭은 시조가 삼장형(三章形)에 기반하여 평시조, 엇시조, 사설시조의 세 형식으로 존재했으며, 한시나 와카[和歌]와 같은 '정형(定型)'이 아니라 "말을 암만이라도 자유롭게 쓸 수 있"는 '정형(整形)의 율격'을 지녔기 때문이다. 이상의 내용과 인용은 이병기, 「시조의 개설」, 『가람문선』, 279면 참조.

48 「시조는 혁신하자」에서 가람이 내세운 혁신 사항은 "1. 실감실정(實感實情)을 표현하자. 2. 취재의 범위를 확장하자. 3. 용어의 수삼(數三). 4. 격조의 변화. 5. 연작(連作)을 쓰자. 6. 쓰는 법, 읽는 법"(『가람문선』, 316면)이다. 2는 도학 이념의 준수보다는 자연과 일상생활의 비

제한 없이 말을 비교적 자유롭게 쓸 수 있는 '정형률(整形律)'의 실천을 시조 혁신의 일 항목으로 설정하지는 않았다. 그러나 「시조는 혁신하자」의 서두가 시조의 자유로운 형식에 대한 예시와 주장으로 일관되고 있음을 기억할 일이다. 이런 사실을 염두에 두면, '정형률(整形律)'의 주장은, "짓는 시조, 읽는 시조로 하자는 것이다. 따라서 그 격조(格調)도 달라질 것이다"라는 진술에서 보듯이, '격조의 변화'와 자연스럽게 연동된다.[49]

이를 참고로 '시조부흥론'과 '민요시'의 계보도를 작성한다면, 두 계열 공히 '아버지에서 아들로'라는 가부장적 계승보다는 '삼촌에서 조카로'라는 불온한 교체의 형식으로 현상할 것이다. 육당과 안서 김억의 과거적 정통성에 대한 욕망이 소월 김정식과 가람의 현대적 전통성 창조에 의해 어떻게 불량화되고 왜소화되는가. 우리는 이 장면의 구성을 통해 육당과 가람 시조(론)의 근본적 차이와, 또 그들과 결별된 '민요'의 그들을 향한 또 다른 행로를 엿볼 수 있을지도 모른다. 이런 지점이 약간이라도 드러난다면 결론으로도 충분할 것이다.

육당의 창작시조집 『백팔번뇌』(1926)와 조선시조선집 『시조유취』(1928)는 육당이 추구한 '실감실정'과 '격조'의 구체를 주객관적으로 충실히

의에 대한 탐구를, 3은 근대문명과 개념의 번역어인 이자한자어(二字漢字語)나 일상에서 쓰이는 외래어의 적절한 채택을, 5는 감정통일에 어긋나지 않는 연작 작성을, 6은 낭독이나 묵독을 통한 읽는 시로의 변화를 주문한 것이다.

49 인용은 「시조는 혁신하자」, 『가람문선』, 325면. 가람은 '4. 격조의 변화' 마지막 부분을 "시조의 격조는 그 작가자기의 감정으로 흘러나오는 리듬에서 생기며, 동시에 그 작품의 내용 의미와 조화되는 그것이라야 한다"로 맺고 있다. '음악적 리듬'과 대별되는 '시적 리듬'의 강조인데, 따라서 '격조'는 개아(個我)의 "표현된 감정, 리듬에 의해 의미 있는 형식을 얻은 감정과 다를 바가 없다."(황종연, 앞의 글, 64면) '시조'는 '정형적(整形的) 자유시'다 라는 주장의 발상지일 것이다.

밝혀준다. '단군'의 성화와 '조선심'의 발현을 목적하는 '조선주의'의 교화와 계몽은 양 시조집을 관통하는 최종심급이다. 물론 육당은 이 과제를 다음과 같은 언어와 형식의 수행을 통해 심미화하는 방식을 취한다. "시조는 지극히 소박한 채 끝없이 세련되고 또 정조(整調)된 형식"이며, "고상한 감정"과 "심오한 이념"을 담아두고 "단적(端的)한 촉발(觸發)"[50]을 나타내는 언어체라는 주장이 그것이다. 시조사 및 작품 전반을 아우른 사유의 결과물이니 육당의 시조를 향한 미학적 감각의 실체로 보아 무방하다. 그러나 육당의 감각은 최후에는 언제나 "시조를 한 문자유희의 구렁이에서 건져내어서 엄숙한 사상의 일 용기를 만"[51]드는 것을 향한다. 그 사상의 핵심이 집단적 신앙의 대상인 '단군'이라는 점에서, 육당의 '실감실정'과 '격조'는 끝내 '개별성'과 '자발성' 옹호에 충실한 형식이 되지 못한다.

긍정적 관점에서 『백팔번뇌』는 '님'의 숭앙 속에서도 "자연관이나 인생무상, 술이나 세월 등의 관용적 결론에 대한 압력을 벗어나 특정 지역과 역사에 대한 애정으로 나아"갔다는 점에서 "민요를 비롯한 민중문학이 보여온 일상성"[52]과 얼마간 친화한다. 실제로 『백팔번뇌』를 비롯한 『심춘순례』(1926) 『백두산근참기』(1926) 등에서 '조선주의'와 '조선심'의 보편성과 특수성의 근거를 조선 민중에 두었고, 또 그것들의 요체를 기행과 순례 과정의 민중생활에서 발견했다는 점에서 '민요'의 존재성과 가치성을 나름대로 전유한 것으로 판단된다.

---

50 최남선, 『시조유취』, 한성도서, 1928, 2면.

51 최남선, 「『백팔번뇌』 서문」, 『육당 최남선 전집』 5, 현암사, 1972, 445면.

52 서철원, 앞의 글, 56면.

하지만 '단군'의 선험성은, '님'은 '조선'이라는 홍명희의 예리한 지적처럼, 『백팔번뇌』를 개인적 서정의 진솔한 고백보다는 집단적 공리성의 교조적 발화의 장으로 후퇴시키고야 만다. 그런 점에서 현대시조로서 『백팔번뇌』의 한계는 '신(체)시'의 후퇴와 구조적 상동성을 띤다 하겠다. 단군의 선험성과 시조의 구조적 안정성은 형식에 대한 규범의식과 더불어 막 발현 중이던 근대의 가시적이고 이질적인 이미지들에 대한 형식적 지표를 제시해주었고 또 강제했다. 육당의 7·5조가 율격의 분절에서 오는 시적 리듬감이 아니고 그것 자체가 만들어내는 형태적 통일감일 수밖에 없는 까닭이 여기 존재한다.[53] 이와 마찬가지로 '문학으로서의 시조'의 핵심적인 잠재성인 '정형률(整形律)' 역시 선험적 정형률(定型律)에 처음부터 긴박되어 있었다. 육당은 '가시적인 정형성'에서 내면의 안정과 민족의 완미함을 대신 구하는 작업에 충분히 만족했던 것이다.

서구시의 번역과 조선 자유시의 창조에 열중했던 안서 김억의 정형률(定型律)로의 완고한 후퇴와 정착을 보여주는 대표적 시론은 「격조시형론소고(格調詩形論小考)」[54]일 것이다. 이 '격조시형'은 가람의 시조론과 거의 대척점에 위치하는 것으로 보아 거의 무방하다. '실감실정'과 자율적 리듬 충동이 길어낸 '격조'에 바탕한 '정형적(整形的) 자유시'가 가람의 시조이다. 반면에 이후 조선 '시가'('시'가 아니라 '시가'임에 유의하라)의 길이 '격조시형', 그러니까 정형시(定型詩)의 추구에 있으며, '인시적 감정'의 표현을 핵심으로 취하는 '민요시'에서 그 모델을 구해야 한

53 한수영, 『운율의 탄생－한국 근대시의 언어 공간과 7·5조』, 아카넷, 2008, 95·98면.

54 김안서, 「격조시형론소고」, 『동아일보』, 1930.1.16～26·28～30.

다는 것이 안서의 주장이다. '격조시형'으로서 '민요시'의 주장은 '조선적인 것'의 향토성과 조선 고유의 호흡에 대한 강조, 이를 위한 순수한 조선어의 채용을 일관되게 주창해온 안서의 입장을 충실히 반영한 것이다.

그러나 육당의 시조가 그렇듯이 안서의 '민요시' 역시 일종의 선별적 전통에 해당한다. 그에 따르면, '시조형'은 현대의 우리 사상과 감정을 담아놓기 어렵고 무엇보다 그 형식이 너무 간단하다는 점에서, '자유시'형은 음절수를 비롯한 어떤 구속도 없어 자유로운 것 같지만, 오히려 그래서 산문과 혼동되기 쉬우며 절제와 긴장이 부족한 '원시적 표현방식'에 지나지 않는다는 점에서 결별의 대상이다. 안서에게 두 시의 결함이 형식미의 결여에 있듯이, 민요시의 요구도 형식의 안정성과 긴장미에 두어질 따름이다. 육당 시조의 선험성이 '단군'이라면, 안서 '격조시형'의 그것은 음률적 효과인 것이다. 하지만 육당과 안서는 이것들을 '조선심' 발생과 표현의 핵심으로 본다는 점에서 공통적이다. 안서는 물론 유교적 이념의 실현물 시조를 거절하는 대신 '민요조'를 '격조시형'의 대안적 시형으로 삼았다. 이때의 '민요'는 그러나 식민지 현실의 민중정서나 저항적 사상의 반영 및 구조화와 거의 관련되지 않는다. 시조에 비해 개인 정서의 표현이 비교적 자유로운 정형률(定型律)의 가능성과 이에 대한 민족공동체의 보편적 공감대 획득에의 기대가 '민요조'를 호출하고 있을 따름이다. 안서에게도 가시적인 정형성과 "제한 있는 격조시"가 시의 품격과 초월적 가치를 보장하는 최종심급이었던 셈이다.

'조선심'을 '단군'에의 내속과 음률의 효과를 통해 가치화했던 삼촌들과 달리, 소월과 가람은 그들의 생활경험과 미의식에 충실한 '실정실감'과 '격조' 속에 '조선적인 것'을 담아냈다. 소월은 때로는 연애의 감각으로 때로는 시간의 서글픈 변주로 개인의 내면을 육화하되, 언제나 조선 고유의 생활과 감정의 굴곡 및 주름 속에서 그것을 발화하였다. 이런 감각은 전근대(전통성)과 근대(근대성)에 속하되 또 어디에도 함부로 귀속되기를 거부했던 '경계인'의 삶과 미학에서 길어졌을 것이다. 이를테면 "시혼(詩魂)은 직접 시작(詩作)에 이식되는 것이 아니라, 그 음영(陰影)으로써 현현"되며, "현현된 음영의 가치에 대한 우열은, 적어도 그 현현된 정도 및 태도 여하와 형상 여하에 따라 창조되는 각자 특유한 미적 가치에 의하여 판정"[55]된다는 고백을 들어보라. '시혼'이 '그림자'로 현현된다는 말은, 시의 주체와 타자, 대상들이 가장 내밀하며 복합적인 존재들이며, 이 '타자성'의 유곡에 함입되지 않는 한 시의 탄생이 불가능하다는 말과 다르지 않다.

일제는 조선의 타율성과 정체성을 '여성적 이미지'로 표상했지만, 한때는 내지에서 유학했던 소월은 여성들의 울울(鬱鬱)한 슬픔과 음영적 정서를 조선의 깊디깊은 심미성으로 가치화했다. 물론 소월 연구 초기의 누군가들은 이 슬픔의 심연 속에서 멜랑콜리를 훨씬 초과하는 페시미즘을 서둘러 읽어냈다. 그러나 이별의 상존이 거꾸로 짚어내는 영원한 사랑에의 희원은 그대로 조선시의 전통이자 미래로 구조화되었다. 이는 조선 고유의 생활과 존재론 모두에서 교감과 동의 가능한 '실감실정'의 보편성을 톺아냈기 때문에 가능했다.[56]

---

55 김소월, 「시혼」, 『개벽』, 1925.5, 15면.
56 예컨대 이런 해석을 보라. 소월시의 "이항 대립의 긴장은 사랑과 이별에서 오는 심리적 갈등

진정한 의미의 '격조', 즉 표현된 감정과 리듬, 의미의 긴장된 조화에서 발생하는 시적 아우라는 안서가 전달한 '민요조' 내지 7·5조의 음률적 변이와 대범한 개조에도 결정적 영향을 미친다. 어디에도 있는 길에서 아무데도 없는 길을 감각하는 예외적 영혼은 분명히 비극적이며 모순적인 삶의 집행자이자 수형자일 수밖에 없다. 소월의 '민요조'와 '7·5조'의 끊임없는 율격적 변주와, 그럼에도 완전한 자유율로 일탈하지 않는 제한적인 율격적 구속은 자아의 삶과 내면에 몇 겹씩 중첩된 시대적·존재적·개인적 모순과 복합성을 '긴장된 질서 상태'[57] 속에 포괄하려는 미학적 의지 때문에 가능했다는 평가가 거기서 비롯된다. 여기에 소월시 '전통성'의 핵심으로 추인되는 '서도잡가'의 경험과 향유를 덧붙이는 것은 그야말로 췌언일 것이다. 박래품 7·5조의 지혜로워 징그러운 전유에서 보듯이, '서도잡가' 역시 경계인의 영혼과 정서 속에서 충분히 근대화되고 또 충분히 선별된 과거로 미학화되었을 것이기 때문이다.

소월이 자유시형에 대한 정형률(整形律)의 스밈을 통해 범속한 조선의 '실감실정'을 고유화했다면, 가람은 평시조형에 대한 정형률(整形律)의 짜임을 통해 선비의 생활, 그러니까 멋과 풍류에 대한 '실감실정'을 개성화했다. 그는 시조의 내용을 혁신하되 그 관심을 주관적 서정이나 객관적 서경으로 분리하기보다 개성에 따라 자유롭게 선택할 것을 강조했다. 이를 위해 '한시'나 유교적 이념형의 '시조'에 편만한 상투형을

상황 뿐만이 아니고, 존재론적 차원에까지 깊숙하게 자기모순의 정서를 형성하고 있었다." 한수영, 앞의 책, 199면.

57 이상의 인용 및 해석은 위의 책, 199면~200면 참조.

추방하는 한편, 조선 고유의 보편적 정서를 아름다운 조선어로 표현할 것을 지속적으로 강조하였다. 가람의 '조선주의'가 이미 결정된 추상적 관념의 추종이 아니라 "자기로서의 독창(獨創)" 속에서 발견하는 '조선적인 것'의 구성에 보다 가깝다는 주장의 근거이다. 이를 참조하면, 휘트먼의 "천지사방은 자기의 소유이다"란 명제를 자신의 시적 원리로 수용하고, 찰나에서 무한을, 한 꽃송이에서 천국을 보는[58] 존재의 시공간적 도약과 통찰을 강조한 것도 결국은 '조선적인 것'의 고유성과 미학성 발견의 기술(art)로 수렴된다.

말과 소리와 의미가 통합된 결과물인 '격조'는 그런 점에서 소월의 말처럼 외부화되는 형식이 아니라 '시조'를 감싸 도는 음영(陰影)의 흐름인지도 모른다. '민요'나 '사설시조'는 "직실(直實) 소박한 맛"은 같되, 그러나 보다 기술적인 "민족심혈의 고백"에 못 미친다는 점에서 "본격적인 서정시" 시조와 분리된다는 판단도[59] 그 특유의 시조에 대한 음영관, 그러니까 아어(雅語)주의에 기반한 진실성, 간정성, 장중성, 고아(古雅)성 의 반영일지도 모른다. 이런 심미적 서정주의와 고아한 미학에 근거한 '실감실정'과 '격조'의 강조가 어쩌면 민요 발 민중의 통속성과 유흥성에 대한 의식적 거리두기를 불러들였다고 판단한다면 과연 과장일까. 「시조는 혁신하자」의 테제에 대한 실천으로 수행된 시조 창작에서 '정형적(整形的) 자유시'의 대상과 제재가 선비의 풍류와 멋에서 취해진 것은 이미 정해진 수순이었던 것이다.

물론 가람의 풍류와 멋의 시학은, 김동리의 '구경적 생의 형식'으로

58 이상의 인용은 이병기, 「시조는 혁신하자」, 『가람문선』, 304・324면.
59 이병기, 「시조의 개설」, 『가람문선』, 278면.

서의 소설이 그랬듯이, 식민주의의 민족성 억압과 물신적 자본주의에 항(抗)한 '반근대' 미학의 일종이다.[60] 『문장』파의 상고주의와 모더니즘이 '근대'의 비판적 성찰과 '반근대'의 미학적 통찰 속에서 '조선적인 것'의 고유성과 미학성을 선취했음을, 또 그 자리의 정신적 · 미학적 좌장이 가람이었음을 우리는 기억한다. 그러나 생의 마지막 순간까지 '경계인'이었던, 그래서 '민요조'와 '자유시형' 어디에도 속박되지 않았던 소월과 달리, 가람은 개성과 격조가 자유롭게 흐르는 정형률(整形律)을 그가 산정한 평시조의 미학적 이념 속에 기꺼이 통합했다. 이후 시조의 장(場)에서 '한국적 리리시즘'의 새로운 원천으로 끊임없이 호평되는 가람의 현대시조가 스스로 '평민시'라 불렀던 시조의 어떤 국면을 개성화 · 구조화하지 못한 것도 어쩌면 통합주의적 미학관과 존재관 때문이었는지도 모른다.

60 가람의 풍류와 멋의 반근대성 및 저항성을 높게 평가한 글로는 황종연, 「이병기와 풍류의 시학」, 『한국문학연구』 8, 동국대 한국문학연구소, 1985 및 최승호, 「이병기의 시와 선비적 미의식」, 『한국현대문학연구』 6, 한국현대문학회, 1998 참고.

제2부
청년 최남선 시대의 근대 매체와 문학적 글쓰기

제1장 『대한매일신보』의 이중판본 정책과 근대어 형성
제2장 근대매체의 탄생과 시 언어의 분화
제3장 '신대한'과 '대조선'의 사이(1)
제4장 '신대한'과 '대조선'의 사이(2)
제5장 1910년대 번역·번안 서사물과 국민국가의 상상력
제6장 유학생 문예잡지에서 비평 담론의 형성과 분화

／제1장／

『대한매일신보』의 이중판본 정책과 근대어 형성

계몽가사(歌辭)를 중심으로

1. 근대계몽기 '글쓰기'의 상황과 조건

신문과 잡지로 대변되는 근대매체는 근대 조선문학의 형성과 제도화에서 그랬듯이 근대 조선어의 그것에도 획기적 역할을 수행했다. 매체의 담당자들은 이념과 현실로서 '글쓰기'의 선택과 배제, 집중과 분할을 실천하면서, 문명과 민족의 기획으로서 조선어의 근대를 상상하고 도모하였다. 이런 작업이 조선 특유의 사건이기는커녕 근대 보편의 사건, 곧 민족어≠국어를 통해 국민을 창출하고 획정짓는 네이션(nation) 기획의 뒤늦은 실천이었음은 물론이다. 이런 시선은 한편으로는 앞선 자들을 뒤따르는 조급성과 종속성에 번민게 했으며, 다른 한편으로는 그를 통해 오히려 조선 현실에 가장 적합한 '글쓰기'를 고민하고 발명하게 했다는 점에서 희비의 양면성을 노정한다. 하지만 시대를 서둘러 깨우려던 저들에게 압도적인 영향력을 행사했던 것은 후자, 그러니까 근대(문명)와 민족을 감당할만한, 또 관통할만한 새로운 조선어의 창안과 보편화 욕망이었다.

근대계몽기의 핵심 사건으로 불러도 좋을 언어적 전환, 즉 조선어의 근대 기획은 "실제로 말해지는 것으로서의 비문자적 언어를 구성했던 지방이나 지역적 방언들의 조각그림 맞추기로부터 벗어나 문자적으로 그리고 현재적으로 활용될 수 있게끔 편찬되고, 표준화되고 동질화되고 근대화되"는[1] 것을 전제로 한다. 이렇게 창안된 '문어(글말)'에서 국민 모두가 동일하고 동등하게 사용하는 '표준어'가 탄생한다는 것(이른바 언문일치)은 이제 하나의 상식이다.

이런 점에서라도 조선어의 근대를 최초로, 또 대량의 물적 토대를 바탕으로 치열하게 전개해간 신문 매체는 더욱 주목되어 마땅하다. 사실 우리들은 근대어 창안의 우선권을 근대문학 텍스트 자체에서 구하는 관습에 훨씬 익숙하다. 그러나 근대문학의 기원과 성장이 스스로의 원리와 힘보다는 '매체에 의한 문학의 내부화'로 표현되는 매체 의존성에 크게 기대고 있다는 사실[2]은 꽤 기억할 만하다. 말하자면 근대문학은 신문 지면의 일부로 존재함으로써 근대성과 리얼리티를 혁신, 심화하는 한편, 여기서 획득된 대중적 기반을 바탕으로 문학 특유의 자율성과 고유성을 주장하고 또 그것을 굳건히 확보해 나갔던 것이다.

---

1 에릭 홉스봄, 김동택 역, 『제국의 시대』, 한길사, 1998, 290면.

2 한기형, 「매체의 언어분할과 근대문학」, 성균관대 대동문화연구원, 『근대어 형성과 한국문학의 언어적 정체성』(학술회의 자료집), 2007, 1~4면.

이와 같은 근대어의 창출과 글쓰기의 접점 및 진화를 생각할 때, 쓰기의 형식으로서 국문체와 국한문체의 경합과 대립, 상호 참조 경향은 매우 중요한 언어지평이 아닐 수 없다. 사실 독자의 선택과 분할이라는 측면을 고려하면, 국문체와 국한문체는 갈등과 대립의 자장 속에 머물렀을 것처럼 느껴진다. 가령 독자의 문해 능력(literacy) 제고와 획기적 신장에 중점을 두는 국문체는 한문체의 급진적 해체와 한글 전용을 통해 문자 생활의 경제성과 민주성, 실용성을 목적하였다. 이에 비해 국한문체는 계몽의 서사가 요구하는 정론적 내용의 수용과 전파, 전통적 지식의 재현, 서구적 개념과 지식의 번역에 보다 효율적이었다.[3] 이런 언어 목적의 분기는 당연히도 상하계급, 남성과 여성, 지식인과 무식자 등으로 당대 인민을 분할하는 것처럼 보인다.

그러나 우리는 표면적 분할 현상을 강조하기에 앞서, 국문체와 국한문체 공히 민족과 문명의 내면화를 목적으로 기획된 근대적 제도임을 기억할 필요가 있다. 두 문체는 표기 방식의 선택을 지렛대로 문명국가로 진화하는 데 필요한 '한자와 한글의 민족화'[4]를 서로 다른 방식으로 수행했던 것이다. '국문'은 민족과 독립(특히 중국과 한문으로부터)의 상징적 표상이었으며, 국민 / 국민국가를 가장 효과적으로 형성할 수 있는 수월한 문체로 이해, 주장되었다. 반면에 국한문체는 여전히 한

3 『독립신문』(1896.4.7 창간)과 『황성신문』(1898.9.5 창간)은 국문체와 국한문체의 입장 및 대립을 가장 선명히 보여준다. 이후 조선어의 근대는 두 입장의 교섭 및 절충, 수정 및 교환을 정치(精緻)화・세련화하는 방식으로 진행되었다고 해도 크게 틀리지 않는다. 두 신문의 문체 의식과 정책에 대해서는 김영민, 「근대계몽기 신문의 문체와 한글 소설의 정착 과정」(『한국 근대소설의 형성 과정』, 소명출판, 2005)이, 또 근대계몽기 서사에서 국문체와 국한문체가 민족과 문명의 내면화를 목표로 경합・상호 참조하는 경향에 대해서는 권보드래, 『한국 근대소설의 기원』(소명출판, 2000)이 자세하다.

4 앙드레 슈미드, 정여울 역, 『제국 그 사이의 한국』, 휴머니스트, 2007, 179~193면 참조.

문 / 한자를 상당 부분 준용하고 있다는 점에서 기존 한문에 속박되어 있는 것처럼 느껴진다. 하지만 국한문체 역시 시대가 요구하는 민족어의 형성과 계발, '국민'의 형성에 결코 무감할 수 없었다. 그런 까닭에 국한문체 사용자들 역시 끊임없이 전통 한문을 후퇴시키는 한편 근대적으로 재편하면서 새로운 언중(言衆) '국민'에 적합한 국한문체를 고안, 구성해야만 했다.[5] 이들 역시 춘원이 느낀 글쓰기의 곤혹스러움, 그러니까 국문 전용을 소망하면서도, 국문으로 대체 불가한 한문의 존치를 인정하는 한편 근대적 지식의 원활한 수입을 위해 국한문을 어느 정도 병용할 필요가 있다는 이중의식[6]을 거꾸로 살았던 것이다.

한편 우리는 기존 한문의 해체와 조선화의 강조, 그리고 한글 전용이란 민족어의 이념형을 생각할 때, 문자의 자주권과 문명성이 급격히 주장된 근대계몽기부터 국문체가 국한문체를 압도하며 민족어의 지위를 형성했을 것으로 오해하기 쉽다. 그러나 국문체의 이상은 이 당시 여전히 상상의 영역이었으며 민족 이념의 일종으로 존재했다. 현실은, 일상어에 바탕을 둔 문학어를 제외한다면, 추상적 개념의 조직과

5 이 시기 국한문체의 다양성과 진화 양상은 근대계몽기 잡지의 국한문체를 한주국종(漢主國從), 국주한종(國主漢從), 『소년』 이후의 국주한종으로 삼분하여 분석한 임상석, 「근대계몽기 잡지의 국한문체 연구」, 고려대 박사논문, 2007에서 자세히 엿볼 수 있다.

6 이광수, 「금일 아한(我韓) 용문(用文)에 대ᄒᆞ야」, 『황성신문』, 1910.7.27. 춘원의 이런 입장은 아마도 구문직역체(歐文直譯體)를 통해 일본어의 근대를 실험하는 한편 그 과정서 생산된 새로운 한자숙어로 문명과 진보를 내면화하려 했던 일본의 경험에 맞닿아 있을 것이다. 하지만 이광수 이전 국한문체에서의 번역은 일본 외에 중국의 량치차오[梁啓超] 등에 기대어 있는 경우도 많았다. 실제로 신채호를 비롯한 『신보』 편집진은 량치차오의 사상과 문명론 번역에 심혈을 기울이는 한편, 번역의 통로가 일본으로 한정되는 것을 비판하면서 구미열국어를 통해 문명을 직수입할 것을 강조하기도 했다. 그들의 문명 번역 의식과 전략에 대한 이해는 정선태, 「근대계몽기의 번역론과 번역의 사상」, 한기형 외, 『근대어 · 근대매체 · 근대문학』, 성균관대 출판부, 2006, 58~60면 참조.

표현, 말뜻의 압축과 전달, 서구적 지식과 문물에 대한 번역의 효율성에서 장처를 발휘했던 국한문체가 훨씬 우세한 형국이었다.

이에 대한 가장 뚜렷한 물적 증좌는 일종의 글쓰기 / 문체의 실험장이자 경연장이었던 『대한매일신보』(이하 『신보』)의 판본 변화와 독자의 양태에서 찾을 수 있다. 『신보』의 판본은 국문판과 국한문판의 교체와 병용을 중심에 둘 경우 세 시기로 나뉜다. ① 국문판(1904.7.18~1905.3.9) ② 국한문판(1905.8.11~1907.5.22) ③ 국한문판과 국문판의 동시 발행(1907.5.23~1910.10.28). 이런 변화에 『신보』 편집진의 민족 / 문명 / 언어 의식과 독자의 분할 문제가 깊숙이 개입되어 있음은 물론이다. 1기에는 민족어의 자명성이라는 언어민족주의가, 2기에는 실제 구독 가능한 지식・유한계급에의 경사가 엿보인다. 이념과 현실의 대결 및 교체가 도드라지는 형국인데, 여기에는 당시 언어현실의 혼란과 매체 유지를 위한 상업적 고려 역시 배어 있을 터이다.

이런 전적(前績)을 고려하면 3기 『신보』는 여러모로 징후적이며 획기적이다. 신채호, 박은식 등 민족의 상무정신을 특히 강조한 개신유학파가 주요 담당자였다는 점, 국한문판에서 국문판으로의 번역이 압도적이지만 두 문체의 현실과 가능성에 맞는 고유 지면이 따로 존재한 경우도 적잖다는 점은 눈여겨 볼만하다. 문체와 독자의 분할은 일견 두 판본의 소통을 포기한 것처럼 보인다. 그러나 이후 보겠지만, 특히 신채호의 경우 민족과 국민국가 형성의 근본원리로서 국문의 사용과 조선어의 근대를 매우 중요시했다. 과격한 언어민족주의자의 혐의마저 엿보이는 그의 면모를 고려할 때, 국한문판과 국문판의 번역 및 넘나들기는 단일한 '국민'의 창출과 그들을 잇는 절대도구로서 '민족어'

의 고안 및 제도화의 의지로 얼마든지 읽힐 수 있다.[7] 말하자면 문체 분리의 이면에는, 문자면에서만 보더라도, 문자생활의 이중성 극복과 보편타당한 국민 공동재산으로서 조선어 표기법의 구상과 정착이라는 통합의 원리가 숨어 있는 것이다.

따라서 우리는 『신보』의 국한문판과 국문판에 동시에 실린 논설, 기서, 잡보 기사, 시가 등을 중심으로 국한문과 국문 간의 소통과 번역, 상호 참조 경향, 이질성 따위의 실상을 꼼꼼히 살필 필요가 있다. 조선어의 근대에 드리워진 분리와 연대를 동시에 파지함으로써 우리는 당대의 언어현실과 언어의 이념적 지향을 보다 객관적으로 소환할 수 있을 것이다.

나는 이런 관심을 우선 『신보』 소재의 시가(詩歌), 그 중에서도 계몽가사를 통해 사유하고 분석할 것이다. 현재 문자 선택과 글쓰기 문제에 대한 연구는 대부분 산문 및 소설에 집중되어 있는 형편이다.[8] 이런 편향에는 '일상어의 조직적 파괴'를 숙명으로 하는 운문 장르가 산문에 무게가 놓이는 조선어의 근대를 해명하는 데 아주 유용하지는 않다는 판단이 암암리에 작동하고 있다.

그러나 국민의 계몽에 바쳐진 가사의 '서사충동'은 『신보』 소재 시조, 민요, 창가 등의 그것을 압도함은 물론, 여타의 산문에도 크게 뒤지

---

7 국한문판과 국문판 병용 발행은 독자의 급속한 증가를 이끌었다. 1908년 5월 7일 당시 국한문혼용판 8,143부, 순국문판 4,650부, 영문판 463부 등 총 13,256부에 달했다(정진석, 『한국언론사』, 나남출판, 1992, 239면). 비유컨대, 이중판본 정책을 통해 계급, 지역, 성별 따위로 분열되어 있던 중세적 인간들이 하나의 국민 / 민족으로 기입되는 근대적 인간으로 서서히 진화해가는 전도 현상이 발생한 것이다.

8 근대계몽기 신문에 수록된 서사자료를 통해 글쓰기와 문체 선택, 장르 형성의 실제와 전개과정 등을 고찰한 최근의 성과들은 김영민, 『한국의 근대신문과 근대소설』(소명출판, 2006)의 제1장을 참고할 것.

지 않는다. 이를테면 그것은, 강명관이 날카롭게 지적했듯이, 과거의 이런저런 운문 장르를 수사학적 자질로 섭취하는 한편, 당대에 유행하던 역사전기류, 심지어 근대적 법률조항까지 무차별적으로 끌어들여 자기를 구성하고 펼치는 놀라운 개방성과 융합력을 발휘한다. 이런 혼종성(hybridity)은 여전히 전근대적 운문 양식에 익숙한 대중들을 선취함과 동시에 계몽의 당위성 및 당대 현실의 리얼리티를 호소, 강화하기 위한 일종의 미학적 메커니즘에 해당한다.[9] 이런 양상은 마치 논설과 서사의 결합이 그렇듯이, 신문이 가사를 내부화하는 것인 동시에 가사가 신문을 내부화하는 상호 교섭에 해당한다. 조선어의 근대가 통과해간 리얼리티와 암중모색한 이념형 역시 이런 교섭을 통해서야 비로소 형성되고 드러날 것이었다.

2. 『대한매일신보』의 언어이념과 의식

『신보』에서 조선어의 근대와 새로운 '글쓰기' 의식이 적극적으로 개진되고, 국한문체와 국문체의 교호가 본격화되는 장은 3기부터이다. 국문판은 일견 이미 발행 중이던 국한문체를 국문체로 번역한 단순한

9 강명관은 이념과잉과 수사학 부재로 흔히 평가되는 계몽가사에 대한 기존 평가를 유보하면서 이런 미학적 전략과 자기표상 방식에 세심 주목했으며(「해제」, 강명관 외편, 『근대계몽기시가자료집』 3, 성균관대 출판부, 2000), 한기형은 이를 적극 수용하면서 계몽가사를 신문의 서사성과 연관해 새롭게 해석할 것을 주장한 바 있다(한기형, 앞의 글, 15~16면).

언어교환의 산물처럼 보인다. 그러나 3기 담당자들의 '국문' 의식은 이념과 현실에서 남달랐다. 이것이 독자의 획득을 넘어 계몽의 확산과 심화, 궁극적으로 문명과 민족의 실현을 목적하고 있음은 다음의 사례들에서 선명하다. 여기에 『신보』가 수행한 이중판본정책의 언어적 목적과 이념적 지향이 담겨 있다 해도 크게 틀리지 않는다.

가령 신채호는 친일 신문으로 전락하거나 그 소임을 담당했던 『국민신보』와 『대한신문』을 향해 "나간魂을다시찾고 일흔魂을다시불너 萬萬歲大韓國에 大韓國民되야보게"[10]라고 말한다. 조금 넘겨짚자면, 저들 신문이 민족혼을 회복, 표현하는 가장 대중적이고 효과적인 방식 가운데 하나는 그릇된 사유와 오도된 이상을 가셔낸 '순수 조선어'로 귀환하는 일일 것이다. 특히 일상어에 바탕한 '국문'이 귀환의 앞자리를 차지할 것임은 물론인데, "한문이즈더져두고 국문비화기명ᄒᆞ오 // 비고보기더욱쉽기 국문학이뎨일이오 // 사름마다기명발달 집집마다 신문보쇼"[11]라는 권유는 그래서 자연스럽다.

물론 이런 주장들은 개인의 것이라는 점에서 『신보』의 공식적 견해를 대신할 수는 없다. 따라서 우리는 국문판 발행 첫날에 실린 사설(社說) 「국문신보발간」(국문판, 1907.5.23)[12]을 겹쳐 읽어야한다. 사설에는

---

10 신채호, 「招魂歌」, 『대한매일신보』(국한문판), 1907.12.17.

11 리용근, 「진보가」, 『대한매일신보』(국문판), 1907.11.8. 작자는 '문명진보'를 독립의 필수조건으로 강조하면서, 문명진보 획득의 유력한 기제로 신문과 신학문, 국문과 국문학 학습을 들고 있다.

12 국문판 첫 호의 한글전용 의지는 신문 제호와 발행호수를 제외하고는 '社사說셜' '寄긔書셔' '社사告고' 세 단어에서만 한자를 노출한 것에 뚜렷하다. 얼마 후 국문판은 국채보상운동 등에 참여한 사람의 이름이나 광고물 따위에서는 한자를 혼용하기 시작한다. 하지만 이것들은 『신보』의 국문 의식 가장 바깥에 위치한 형식들이다. 덧붙여 이 사설은 국한문판에 「국문보병간」(1907.5.14)이란 제목으로 실렸다.

"대져 세계렬국이 국문과 국어(나라방언)로 제나라 정신을 완전케ᄒᆞ는 긔초를 삼는"다는 데서 보듯이 근대 민족어의 자명성이 전제되어 있다. 이를 바탕으로 한문의 폐해를 집중 거론하면서 배우기 쉽고 쓰기 편한 '국문'의 학습과 보편화를 통해 '사ᄅᆞᆷ의 지혜'와 '나라의 힘'을 기를 것을 주장한다. '국문'의 실용성·경제성·민주성을 민족의 자주와 번영, 문명진보의 최소조건으로 자리매김하는 현장인 것이다.[13]

그렇다면 신채호와 리용근의 시가(詩歌)는, 게재일이 시사하듯이, 이 사설의 충실한 수용과 실천을 계몽하는 일종의 부연 텍스트로 보아 무방하다. 기실 국문판과 국한문판 모두에는 위와 같은 주장을 담은 텍스트가 지속적으로 여럿 실렸다. 물론 『신보』 편집진들은 「국문신보 발간」의 확장, 심화판이라 할 수 있는 「국한문의 경중」(국문 / 국한문판, 1908.3.22)과 「오늘날의 교육정신」(국문판, 1909.6.30) 등 국문과 국어 사용의 강조, 그를 통한 민족의식 및 국가정신의 고양을 주장하는 글을 일방적으로 싣는 데 그치지 않았다. 어쩌면 이보다 더욱 중요한 것은 계몽 대상인 거리의 장삼이사들, 즉 미래 '국민'들의 반향 및 호응 정도를 확인하면서, 국문 / 국어 사용의 당위성을 한층 내면화하는 작업일지도 모른다. 실제로 『신보』는 독자들의 견해와 호응을 그들의 투고작을 통해 생생히 재현하는 한편, 국문의 교습 / 학습에 매진하는 선각자와 인민들의 모습을 전달하는 기사를 적극 게재한다.[14]

13 『신보』의 국문판 발행을 축하하는 시가가 국문판과 국한문판에 각각 한편씩 실리는데, 「공하국문보발간」(방한익, 1907.5.23)과 「謹賀國文申報發刊」(朴永鎭, 1907.5.26)이 그것이다. 축하의 내용은 사설과 대동소이하다. 시가들의 게재일이나 특히 방한익의 경우 '일본농성 정산국류'란 현재 위치를 밝힌 것을 고려할 때, 두 작품은 순수 투고물이라기보다는 일종의 기획 게재물로 보는 편이 타당하다.

14 이런 국문을 향한 편집진과 독자들의 구체적 동향은 김영민, 『한국의 근대신문과 근대소

이런 '글쓰기'의 다양한 혼종, 이를테면 국한문과 국문의 넘나듦, 거기에 게재된 계급과 성별, 전통과 현대의 교호와 소통은, 언어적 현상으로 국한해도 "새로운 표현방식과 표기체계의 창안만이 아니라 계급, 성별, 지역으로 분열되어 있던 중세 언어의 텍스트적 고립성을 몇 장의 지면 속에 버무려 곧바로 상호 유관한 것으로 만들어 버리는"[15] 일대사건의 예로 모자람 없다. 이 현상이 국민 / 민족(nation)의 탄생과 형성에도 그대로 반복되는 사태임은 구태여 재론할 필요가 없다.

하지만 당시 국문운동은 조선어의 가능성보다 그것의 패배 또는 지연이 먼저 예상되는 슬픈 현실에 가로놓여 있었다. 『신보』가 국문을 실용성을 훨씬 초과하여 민족 또는 '국민의 혼'을 끊임없이 호출하는 이념형으로 설정하는 것은 이런 위기의식과 깊이 관련되어 있다. 그렇다면 저런 혼종의 결과, 그리고 위기의식의 고조 속에서 창안된 민족어문을 통해 『신보』가 목적한 최후의 언어 및 민족 / 국민 지평은 무엇인가. 이 질문을 통과하기 위해서 우리는 무엇보다 먼저 '동국시계혁명'을 주창한 글로 흔히 이해되는 신채호의 「천희당시화(天喜堂詩話)」[16]

설』, 소명출판, 2006, 71~83면에 자세하다. 김영민은 사설과 논설, 기서 등 주로 산문에 중심을 두고 이 문제를 검토하고 있다. 헌데 이런 현상은 계몽가사에서도 동일하게 발견되는 바, 국한문판 / 국문판에 동시 게재된 투고작 「국문가」(鼓吹生, 1909.10.22)와 「국문가」(將泉生, 1910.4.5) 역시 국문운동에 대한 독자의 반향과 지향을 엿보게 하는 좋은 물증이다.

15 한기형, 앞의 글, 9면.

16 『대한매일신보』(국한문판), 1909.11.9~12.4. 시도(詩道)와 국가 관계를 중심에 놓고 시의 능력을 검토하는 신채호에게 "시란 자는 국민언어의 정화"로 먼저 이해된다. 이런 전제는 당연히도 한시의 전통적 지위를 해체하면서 '국시(國詩)'의 권위를 건축하는 시가사의 재정립을 이끈다. 그런데 흥미롭게도 '국시'는 주로 상무정신에 입각한 시조에서 찾아지는 경우가 많다. 이런 편향은 여타 시가(향가나 고려가요) 자료의 부족일 수도 있겠으나 그보다는 '민족혼'으로 대변되는 이념 반영의 결과일 것이다. '국시' 영역에서 전통 가사의 배제 역시 그것의 서사성과 이념형의 미달이란 두 조건에서 찾아야 될 듯싶다. 그렇다면 『신보』가 계몽가사를 수록하기 시작한 지 한참 뒤인 1908년 11월 29일부터 'ᄉ조'(詞藻)란을 따로 편성해

를 꼼꼼히 재독할 필요가 있다.

> ① 詩란 者ᄂᆞᆫ 國民言語의 精華라. 故로 强武ᄒᆞᆫ 國民은 其詩부터 强武ᄒᆞ며 文弱ᄒᆞᆫ 國民은 其 詩부터 文弱ᄒᆞᄂᆞ니 一國의 盛衰治亂은 大抵 其 國詩에셔 可驗홀지오 又 其國의 文弱을 回ᄒᆞ야 强武에 入코ᄌᆞ 홀진ᄃᆡ 不可不 其 文弱ᄒᆞᆫ 國詩부터 改良홀지라

> ② 詩歌ᄂᆞᆫ 人의 感情을 陶融홈으로 目的ᄒᆞᄂᆞ니 宜乎 國字를 多用ᄒᆞ고 國語로 成句ᄒᆞ야 婦人 幼兒도 一讀에 皆曉ᄒᆞ도록 注意ᄒᆞ여야 國民 智識 普及에 效力이 乃有홀지어ᄂᆞᆯ 近日에 各學校用歌를 聞ᄒᆞᆫ즉 漢字를 雜用홈이 太大ᄒᆞ야 唱ᄒᆞᄂᆞᆫ 學童이 其 趣味를 不悟ᄒᆞ며 聽ᄒᆞᄂᆞᆫ 行人이 其 語意를 不知ᄒᆞ니 是가 何等 效益이 有ᄒᆞ리오

인용부에는 '동국시(東國詩)'가 왜 "東國語·東國文·東國音으로 製한 者"로 혁명되어야 하는가, 다시 말해 민족어문의 당위성과 우월성이 일목요연하게 설파되고 있다. 민족어문은 그 자체가 목적이기에 앞서 민족과 국가, 문명과 상호 연동된 일종의 효용적 제도이다. 따라서 '국시'의 본연과 미래는 글쓰기를 포함한 모든 언어생활의 그것으로 얼마든지 치환될 수 있다. 하여 신문 매체 역시 '국시'의 과제를 자기 이념으로 삼을 수밖에 없다. 그러므로 『신보』의 국문판 간행은 이런 자기 목표의 구체적 실천 가운데 하나로 이해될 수 있다.[17]

계몽시조를 폐간 때까지 지속적으로 게재하는 지체 현상은 어떤 식으로든 신채호의 '국시' 의식과 연관되어 있을 듯하다.

그런데 각별히 주의할 것은 신채호가 국민·국가에 요구되는 근대어를 당시의 언어현실을 바탕으로 창안 혹은 재구성하지만은 않았다는 사실이다. 그는 민족어문의 기원성과 문명성이란 '전통'의 확립을 위해, 세종 이전의 사람으로 짐작되는 고승 요의(了義)가 '국문'을 창시했음을 힘주어 강조하고 있다. 나아가 당시 일본인이 발견한 출운족(出雲族)의 고대문자와 한글의 유사성을 근거로, '국문'을 삼국시대를 넘어 "단군시대에 기유(已有)한 자"로 상정하기까지 한다.[18] 이런 기원성의 욕망에는 국민국가 건설은커녕 식민지로 내몰리던 조선의 위기를 문명과 독립의 표상으로 단군을 재정립함으로써 극복하려던 당대 지식계의 분위기가 촘촘하게 박혀 있다.

말하자면 신채호는 이른바 '국문'이란 '만들어진 전통'의 확보를 위해 '사실'보다는 주관적 욕망을 앞세우는 언어민족주의자를 자임한 셈이다. 고유한 문자문명의 발견, 다시 말해 국문 전통의 확립은 민족의 자주성과 수월성, 영속성을 보증받는 상징적 기표라는 점에서, 어쩌면 신채호의 국문의식은 개인의 것이기 전에 시대의 요청 사항이었을지도 모른다.

그런데 이런 역사의 굴절 또는 참칭은 신채호와는 다른 국민주의의

17 이 말은 『신보』에서 표기 체계나 문법 정리 등과 연관된 근대어 정책이 수행되었다는 것을 뜻하지는 않는다. 이런 문제들은 유길준, 특히 동시대인이었던 주시경 등에 의해 연구, 정리된 바 크다(이에 대해서는 허재영, 「근대계몽기 어문 문제와 어문 운동의 흐름」, 『국어교육연구』 11, 서울대 국어교육연구소, 2003 참조). 다만 신채호는 국문연구회가 "인민의 지식발달에 유익흔 칙ᄌ와 ᄌ뎐이나 편찬ᄒᆞ되 쉽고 균일ᄒᆞ게ᄒᆞ여" 국민(독자)의 문해력을 높일 것을 특히 권고했다(「국문연구회 위원제씨에게 권고홈」, 『대한매일신보』(국한문판 / 국문판), 1908.11.14).

18 국문의 창시자로 요의를 소개하는 장면은 「천희당시화」에도 나온다. 그는 「국문의 기원」(국한문판, 1909.12.29)에 이르러 국문의 기원을 단군시대로 끌어올리고 있다. 이 기사는 국문판에는 「국문의 릭력」으로 실렸다.

길을 걸었던 최남선과 이광수에게서 반복・재현된다는 점에서 매우 아이러니하다. 잘 아는 대로, 최남선은 1920년대 국민문학으로서 '시조'의 기원을 고조선의 '노랫가락'에서 찾았으며, 일제 말 이광수는 한글과 일본의 한 신사에서 발견된(지금은 조작된 것으로 이해된다) 신대문자(神代文字)의 유사성을 들어 내선일체의 당위성을 선전하는 논리로 삼았다. 민족이 기원을 사실로 확정하는 것이 아니라 상상된 기원이 민족을 선택하고 창출하는 전도 현상이 벌어지고 있는 것이다.

이념형으로서 국문의 욕망과 실현은 당연히도 『신보』에서 국한문체에 대한 주의・주장을 수면 아래로 끌어당기는 현상을 낳는다. 국한문판이 독자를 가장 많이 확보하고 있었고, 주요 편집진 역시 국한문체에 훨씬 능숙했음을 고려할 때, 이런 처사는 국한문체에 대한 의도적 홀대처럼 느껴진다. 하지만 이런 사태는 새로운 어문 준용의 원칙을 국문체에 두었기 때문에 발생했을 가능성이 크다. 국한문체가 국문체를 압도했을지라도, 그것 역시 '국민'의 창출과 민족의식의 고양을 위해서는 누구나 쉽게 이해하고 사용할 수 있는 언어체계를 갖추어야 했다. 요컨대 국한문체에는 끊임없이 한문체를 해체, 극복하면서 근대의 표준어로 스스로를 정립하거나 아니면 이미 표준어로 상상되던 국문체로 이행할 의무가 부과되어 있었다.[19]

「문법을 맛당히 통일홀 일」[20]은 『신보』가 취한 이런 의식의 일단을

19 실제로 신채호는 훨씬 익숙한 '국한문교용'에 머물지 않고 국문 글쓰기 역시 적극적으로 시도한다. 그가 1908년 한글 전용인 『가정잡지』의 편집 겸 발행인으로 일하면서, 여러 편의 국문 기사를 작성한 것은 대표적인 예이다. 보다 자세한 설명은 김영민, 『한국의 근대신문과 근대소설—『대한매일신보』』, 소명출판, 2006, 94~104면 참조.

20 『대한매일신보』(국문판), 1908.11.7. 같은 날짜 국한문판에는 「文法을 宜統一」로 실림.

부족한대로나마 보여준다. 논자는 국문의 무시와 한문의 숭상에 따른 어문생활의 폐해가 결국은 한문을 전폐하지 못한 채 '국한용교용'을 초래했다고 전제한다. 그러나 '국한문교용'은 일관된 문법이나 표기체계를 갖추기는커녕 사용자에 따라 서로 다른 용법을 쓰는 혼란 속에 빠져 있다. 하나가 "한문 글쓰ᄂᆞᆫ법에 국문으로 토만 ᄃᆞᆫ쟈"라면 둘은 "국문문세로 ᄂᆞ려가다가 별안간 한문문법을 쓰ᄂᆞᆫ쟈"며 셋은 "한문문법으로 ᄂᆞ려가다가 별안간 국문문법을 쓰ᄂᆞᆫ쟈"다. 문체의 불일치는 "ᄀᆞᆺ흔 ᄉᆞ실과 ᄀᆞᆺ흔구절을 쓰ᄂᆞᆫᄃᆡ 다섯사ᄅᆞᆷ으로ᄒᆞ여곰 글로쓰라ᄒᆞ면 다섯사ᄅᆞᆷ이 다 다른" 혼란을 초래한다는 점에서, 지식과 문명 보급이란 실용적 목적과 '국민' 창출이란 이상 모두에 부정적이다. 이보다 더 갈급한 문법 통일의 필요성이 또 어디 있었을까.

당시의 국한문체 중 현토체(懸吐體)가 가장 빨리 퇴출되었고, 여타의 국한문체 역시 국민의 편의와 문명의 번역에 보다 적절한 형태로 스스로를 전환해간 것은 저와 같은 부정적 반응에 대한 대응이었을 것이다. 그러나 국한문체의 자기전환은 창안된 문체이기는 마찬가지였던 국문체의 몫이기도 했다. 왜냐하면 국문체도 비록 물질적 형식은 사라졌지만 여전히 의미와 개념 차원에서는 막강한 영향력을 행사하던 한자어의 근대에 적절히 조응해야 했기 때문이다. 여기에는 한문의 관습적 지배력을 훨씬 뛰어넘는 특수한 현실이 자리 잡고 있다. 주지하다시피, 한자는 서구문명을 번역, 습합하는 데 유능했으며, 그 과정에서 생산된 근대 한자어는 그 자체로 문명의 표상이 되어갔다. 빈약한 조어력과 의미생산력에 묶여 있던 순수 조선어는 결국 근대 한자어를 생산하거나 이입함으로써 언어능력을 갱신함과 동시에 문명을 내면화해야 했다.[21] 이 부분에서만큼은 국한문체와 국문체 공히 공동운명을 살고 있었던 것이다.

이런 점을 고려한다면, 『신보』의 국한문체와 국문체에 대해 특정 문체의 수용 우세나 글쓰기 능력의 수월성 따위를 기준으로 언어수행 능력과 역사적 가치를 판단하는 태도를 지양할 필요가 있다. 그보다는 서로가 표준어의 지위를 목적하는 가운데 어떻게 스스로를 근대어로 혁신하는가, 또 서로를 참조하거나 지양하는가 등을 먼저 살펴보아야 한다. 그 둘은 동일한 어문적 원칙들이 관류하는 관습적 제도가 아니라 막 생성되고 따라서 지속적으로 수정・보완될 수밖에 없는 '아직 아닌' 형식들이었다. 그래서 그것들은 지금의 눈으로 보면 서툴고 조악하며 어렵기까지 하다는 느낌을 먼저 주지만, 한편으로는 '멋진 신세계'를 엿보는 자의 두려움과 호기심, 그리고 용기까지 잊지 않고 전해주는지도 모른다.

21 일례로, 근대계몽기 신소설을 대상으로 동양 3국의 근대 한자어 생산과 그것들의 경합, 그리고 일본산 근대 한자어의 우세한 정착을 검토한 최경옥의 『한국 개화기 근대 외래 한자어의 수용 연구』(제이앤씨, 2003)는 국문체의 아이러니한 치지를 적절히 보여준다. 그런 점에서, 근대 한자어의 대량 생산과 유입은 "국문이라는 문맥-컨텍스트 안에 한문의 아우라가 좀처럼 지워질 수 없는 형태로 살아 있다는 것"(황호덕, 「한문맥의 근대와 순수언어의 꿈」, 『한국근대문학연구』 16, 한국근대문학회, 2007, 101면)을 재차 승인한 사태로 이해된다.

3. 계몽가사 쓰기—창조와 번역 또는 경합과 연대

편집진이 제기한 '국한문체'의 자의적 사용은, 거듭 말하거니와 국문체에도 그대로 적용될 만한 성질의 것이었다. 양자 모두 '글쓰기'를 통어할만한 문법이 미비했으며, 그것들의 이상적 형식을 이끌만한 모델 또한 없었다. 이를 두고 언어적 근대성의 미비 / 결여를 먼저 읽을 수도 있겠다. 하지만 그런 결여의 보충 또는 수정 속에서 조선어의 근대는 실험되고 성취된 것 또한 분명하다. 따라서 우리는 문체의 자의성을 무턱대고 비판하거나 하나의 틀로 뭉뚱그리기에 앞서, 그것들이 드러내는 이질성과 다양성을 신중히 검토할 필요가 있다.

『신보』를 차분히 읽어본 이라면, 편집진의 지적이 사실은 『신보』를 향한 것일 수도 있다는 느낌을 받는다. 그렇다면 어느 대중매체보다 자양(字樣)의 간이와 음운의 균일, 문법의 통일, 사전의 편찬 등 조선어의 근대에 필요한 기초 사항들을 강조했던, 그리고 이를 기반으로 국문체의 이상을 달성하고자 했던 『신보』에서 국한문체 / 국문체의 용법이 꽤 다양했던 까닭은 무엇일까. 이것을 자기 매체의 색깔이나 공공성의 확보를 위해 언어와 문장의 통일성을 기하는 교열기자의 부재 탓으로 돌린다면 이는 시대착오일 것이다. 그렇다고 개인의 고유성을 드러내는 개별 문체의 구현으로 돌리기도 어려운 노릇이다. 다중의 계몽이 최우선인 상황에서 이런 개별성은 어쩌면 금기 사항이었는지도 모른다.

그런 의미에서 『신보』가 국한문판 / 국문판 모두에서 취했던 '글쓰기'의 분할과 집중 문제는 여러모로 의논할 가치가 있다. 1908년 5월 일제의 통감부 문서에 따르면, '국한문판'의 경우, 논설 : 신채호, 편집 : 양기탁, 시사평론 : 이장훈,[22] 외보번역 : 양인택으로, '국문판'의 경우, 논설번역 : 김연창, 편집 : 양기탁, 잡보외보번역 : 유치겸으로 되어 있다.[23] 이 보고는 먼저 『신보』의 이중판본정책이 주로 국한문판을 국문판으로 번역하는 방식으로 수행되었음을 알려준다. 국문판 고유의 '편편긔담'이나 국한문판과 국문판 '잡보'의 일정한 상이성을 고려해도 이런 원칙은 크게 달라지지 않는다.[24] 한편 『신보』 편집진의 '글쓰기' 분할은 현대적 의미의 전문성보다는, 열악한 매체 상황 극복과 계몽의 효율성 제고를 위한 '분업' 정도로 이해하는 편이 옳을 것이다. 국한문체와 국문체 공히 진화의 길을 달리기보다 때로는 퇴행 현상이 느껴질 정도로 문체의 혼돈을 겪는 것은 결코 이와 무관치 않을 테다.

『신보』의 이런 상황은 국한문판과 국문판 소재의 계몽가사에도 그대로 적용된다. 에둘러 가는 느낌에도 불구하고, 『신보』의 편집 문제를 전체적으로 조감해본 것도 이 때문이다. 이 보고를 신뢰한다면, 투고작을 제외한 3기 계몽가사의 집필자는 국한문판 : 이장훈, 국문판 : 유치겸으로 볼 수 있다. 이장훈은 1910년 5월 통감부의 『신보』 매수에

---

22 『신보』에서 '시ᄉᆞ평론'란을 둔 것은 국문판이었다. 1910년 6월 이후 '시ᄉᆞ단평'란으로 바꾸어 쓰기도 한다. 국한문판은 난(欄) 이름 없이 작품 제목으로 게재했다. 1909년 12월 이후 '社會燈'이라는 명칭을 빈번히 사용하지만, 이 역시 1910년 3월 이후 흐지부지되고 만다.

23 이 문건에 대한 소개와 집필진의 활동 상황에 대해서는, 박정규, 「『대한매일신보』의 참여인물과 언론활동」, 한국언론사연구회 편, 『대한매일신보 연구』, 커뮤니케이션북스, 2004, 72~86면 참조.

24 이 원칙은 계몽가사에서도 그대로 지켜진다. 국한문판 계몽가사는 집필작과 투고작을 막론하고 국문판 '시ᄉᆞ평론'에 번역되어 실리지만, 국문판에 투고된 작품은 국한문판에 실리지 않았다. 그러니까 국문판 투고작은 '시ᄉᆞ평론'을 쉬지 않고 게재하기 위한 방편이기도 했던 것이다.

깊숙이 관여하며, 결국 『매일신보』의 초대 사장을 역임한다는 점에서 계몽가사의 이념을 스스로 배반한 인물이라 할 수 있다. 잡보 / 외보 번역을 담당한 유치겸은 '시ᄉᆞ평론'과 무관할 수도 있겠다. 하지만 '잡보'와 '시ᄉᆞ평론'이 대체로 같은 지면에 실려 있는 점을 감안하면 그를 번역자로 보아도 큰 무리는 없을 것이다.[25]

물론 강명관의 지적처럼 이들의 목소리는 개인에 귀속되는 것이 아니라 이 시대를 지배한 계몽적 열정과 담론에서 분출한 것이기 때문에, 저자와 번역자 획정이 크게 의미 있지는 않을 것이다.[26] 하지만 분명한 것은 '글쓰기'나 문체가 '범론적 익명성'을 낳은 것이 아니라 '범론적 익명성'과 그것을 낳은 계몽의 열정이 '글쓰기'와 '문체'의 들쑥날쑥한 용법을 부추키고 있다는 점이다. 요컨대 조선어의 근대는 계몽담론의 주요한 핵이었지만 한편으로는 효율성에 목매다는 계몽담론에 의해 지연되는 슬픈 운명이기도 했다. 이제 그 현실을 찬찬히 살펴볼 차례이다.

1_ 『신보』의 국한문 / 국문 양 판본에 동일한 제목 또는 내용으로 게재된 첫 계몽가사는 「聞一知十」/「문일지십가」이다. 이것은 계몽가사의 형식적 · 내용적 특징으로 흔히 인정되는 4 · 4조의 율격, ▲를 통한 연의 구분, 각 연 말미의 공통어구 반복, 부패관료 및 제국주의 열강 비판, 자주의식이 결여된 문명에 대한 맹신 비판 등을 고스란히 담고 있다. 이제 하나의 상식으로 불러도 좋을 이런 미학적 · 이념적 특징에

25 유치겸의 활동은 1908년을 대상으로 한 것이다. 따라서 이 말은 그가 『신보』 폐간 가까이까지 근무했음을 전제로 한 것이다.

26 강명관, 「해제」, 강명관 외편, 앞의 책, 437면.

대한 재론은 따라서 그리 유용하지 않다. 지금 우리의 관심은 그것들이 국한문판과 국문판에서 어떤 통사적 구조와 표기 체계, 수사법을 구사하고 있으며, 그를 통해 계몽의지와 담론이 어떻게 드러나고 있는가에 있다.

▲五大臣적時節부터 新條約이成立되야 國權墮落되던놀에 列國忠節몟몟친고 閔忠正公壯흘시고

▲六大部州列强國에 大韓獨立公布터니 露日講和된然後에 保護權이웬말인가 弱肉强食됴흘시고

▲七條約을成立ᄒᆞ니 靑邱一幅浮沈ᄒᆞᆫ다 婢顔奴膝這大臣아 當時에ᄂᆞᆫ舌劒이오 千秋에ᄂᆞᆫ筆鉞이라 遺臭萬年 됴흘시고

—「聞一之十」 부분(1907.12.23)[27]

▲오대신쪅 시졀브터 신됴약이 셩립되야 국권타락 되던 날에 렵졀ᄉᆞ의 몃몃친고 민츙졍공 장흘시고

▲륙대부쥬 렬강국에 대한독립 공포터니 일로강화 된 연후에 보호권이 웬말인가 약육강식 됴흘시고

▲칠됴약을 셩립ᄒᆞ니 대한강산 ᄒᆞᆫ번 ᄶᅥᄶᅡ 노례셩질 뎌 대신아 당시에ᄂᆞᆫ 공명이오 쳔츄에ᄂᆞᆫ 죄악이라 유취만년 됴흘시고

—「문일지십가」 부분(1907.12.23)[28]

27 작품 인용은 국한문판과 국문판 공히 『신보』 원문을 따른다. 간혹 어떤 연구자들은 4·4조 율격과 문장 단위에 맞춰 의도적으로 행갈이를 하는 경우도 있으나, 여기서는 '서사성'을 강하게 드러내는 원래의 쓰기와 편집 방식을 존중한다는 의미에서 원문 그대로 옮겨 쓴다.

28 이 작품은 보통의 국문판 계몽가사와 달리 '시ᄉᆞ평론' 아래 "◎문일지십가"라는 제목을 따로

우선 「聞一知十」을 보자. 이 국한문체는 그것의 가장 완고한 형태인 현토체, 즉 한문이나 한자에 토를 달아 문장을 구성하는 쓰기 방식과는 거리가 멀다. 오히려 문장의 가독성과 이해력을 높이기 위한 장치, 즉 "한문체를 사(捨)ᄒᆞ고 한자만 취ᄒᆞ되 아못조록 난자벽구(難字僻句)를 만거(鏝去)ᄒᆞ고 국한문, 근이자의(近易字意)로 전반을 체제(體制)홈"[29]이라는 당대에 권유되던 국한문체 원칙을 잘 지키고 있는 듯이 보인다. 그러나 현재의 관점으로 본다면 3연은 다른 연에 비해 이질적이다. 단숨에 파지하기 힘든 '婢顔奴膝'(비안노슬 : 노비처럼 남에게 비굴한 태도를 보임)이나 "當時에는 ~筆鉞이라" 같은 문장 때문이다. 편집진이 지적한바 국문 문세로 가다가 갑자기 한문 문법을 사용하는 형국인 것이다.

하지만 당시 국한문판 독자에게 이 사자성어와 한문문장은 일종의 관습적 표현이란 점에서 이해도가 훨씬 높았을 것이다. 이는 근대적 개념과 사태가 보다 촘촘한 1, 2연의 경우 국문체로 바꿔 쓸 때 한자를 국문으로 옮기는 정도의 변이가 이루어지지만, 한문 전통에 기댄 3연은 거의 새로운 문장으로 번역될 정도로 변환된다는 점을 고려한다면 더욱 뚜렷하다.

그런 점에서 「聞一知十」 내부의 문체적 혼돈 또는 무의식적인 섞어

붙이고 있다. '시ᄉᆞ평론' 밑에 제목을 붙인 작품은, 일부 투고작을 제외하면 거의 존재하지 않는다. 작품 제목은 작품의 내용 또는 의미를 압축적으로 제시하는 효과를 발휘한다. 국한문체의 경우 한자의 표의성이 그것을 극대화했을 것이지만, 국문체의 경우 의미 재현 기능이 훨씬 미약했기 때문에 제목의 생략이 가능했을 것이다. 이런 현상에는 국문판 독자들의 성향, 즉 근대 이전처럼 '낭독 중심으로 작품을 향유하고 심지어 필사의 방식으로 작품을 유통시키던'(신지연, 『글쓰기라는 거울』, 소명출판, 2007, 48~50면) 관습에 대한 고려가 작용했을 지도 모른다.

29 「報說」, 『대한학회월보』 6, 1908.7, 3면. 여기서는 임상석, 앞의 글, 55면에서 재인용. 『신보』 계몽가사의 국한문체의 형식과 수준 등을 구분하는 제 유형의 판단에도 이 논문의 "III. 잡지에 실현된 국한문체"에서 유용한 도움을 받았다.

쓰기는 한문의 근대적 분화와 해소가 밟아간 이중방향을 지시하는 징후적 텍스트라 할 수 있다. 근대적 사태와 사유, 감각에 다가설수록 자연스런 통사구조와 일상어법을 갖춘 글쓰기로, 그렇지 않을 경우는 비록 한문 문장은 꽤 해체되었을지라도 한문 문법이나 수사법의 관습적 활용은 여전한 글쓰기로 간다는 것이 그것이다.[30] 『신보』가 염원했던 조선어 문체의 이상은 전자로부터 길어질 것이었으나, 이후의 실상은 그렇게 간단하지 않았다.

① 裁判所가羅列ᄒᆞ고 警察權이擴張ᄒᆞ면 道不拾遺盜賊업고 文明홀쥴알엇더니 좀盜賊만잡아다가 懲役이니處絞이니 每日頒布ᄒᆞ것마는 全國內에有名賊은 愈往愈甚猖獗일세

—「養賊世界」 부분(1908.11.15)

② 國民演說副會長은 무숨病이暴發ᄒᆞ야 뎌任名을辭免코져 請願書를提出ᄒᆞ노 國家事를着手커던 鞠躬盡瘁本을바더 죽은뒤에말터인ᄃᆡ 片時假熱등上타가 多少困難當코보면 萬般思가成灰ᄒᆞ니 巽弱之態可笑로다

—「사회등」 부분(1910.1.13)

두 작품은 『신보』의 이중판본 정책이 비교적 안착된 1908년 말과 식민지로의 전락이 가시화되던 1910년 초에 제작된 국한문체 계몽가사

30 근대 경험의 밀도와 시각 등이 국한문체와 국문체 공히 전통 한문의 해체와 재구성, 이상적인 조선어 문장의 구현 등에 상당한 영향을 미쳤을 것이나. 가령 비록 10여 년의 연배 차이가 있지만, '신민회'의 열성분자들이었던 신채호와 최남선의 근대적 문장 감각, 그것의 확대로서 『신보』와 『소년』의 국한문체의 이질성을 떠올려 보라.

이다. 『신보』의 민족어에 대한 열정과 강렬한 국문 의식을 생각하면, 국한문체 역시 새로운 지평을 개척했음직하다. 그러나 조선어의 자연스런 통사 구조는 관습적 한문체의 개입에 의해 여전히 지연되고 있다. 물론 산문이나 논설보다는 현토체 구사가 미약하다는 사실은 기억해 마땅하다.[31] 하지만 비판 대상에 대한 주체의 판단과 감정을 전달하는 말미의 처리는 이 국한문체의 한계를 분명히 드러낸다. 폭풍처럼 들이닥친 근대(문명)의 현실과 폭력성을 비교적 충실하게 재현하고 있지만, 그 경험의 표상과 내면화는 전근대적 감정 표출에 유용한 한문 어구와 수사법을 빌려 수행되고 있는 것이다.[32]

주체의 감정조차 사회적 형식이라고 한다면, 이런 모순은 개인의 산물이기에 앞서, 뒤쳐진 근대를 따라 종종 걸음 치던 사회 현실에서 비롯된 것이다. 근대 현실에 적합한 근대적 감정과 표현이 미처 도래하지 못한 형국이랄까. 저자는 파국적 현실을 향한 자기의 주장과 정서를 효과적으로 전파하기 위해 국한문판 독자들에게 익숙한 한문 어구를 스스럼없이 아니 의도적으로 끌어들인 것인지도 모른다. 그래서 이런 국한문체의 정체(停滯)는 이상적 국문체, 그리고 그것의 토대로서 민족과 국민국가의 꿈을 억압하고 지체시키던 위기의 현실과 밀접히 연관되어 있을 것이란 짐작이 가능해진다.

---

31 국한문판에서 현토체 또는 한문의 구사 정도를 따진다면, 논설>잡보≧시사평론 순으로 정리될 듯하다. 국한문판 내어서도 정론과 서사, 정서의 담당 여부에 따라 국한문체의 구현 양상이 사뭇 달랐던 것이다.

32 국문판에서 "全國內에有名賊은 愈往愈甚猖獗일세"는 "젼국안에 유명대적 졈졈챵궐 ᄒᆞᄂᆞᆫ고나"로, "多少困難當코보면 萬般思가成灰ᄒᆞ니 巽弱之態可笑로다"는 "조금곤난 당ᄒᆞ면은 나는슬혀 간다ᄒᆞ니 그힝동이 가쇼롭다"로 번역된다. 국문판 역시 근대적 감각에 가까운 표현으로 보기는 어렵다. 그러나 일상어 구사는 일반인들에게 저자의 현실비판에 대한 이해와 몰입을 강화하는 효과를 가진다.

2_ 근대계몽기 국한문체와 국문체의 형성에 외국 문명과 사상의 '번역'이 중대한 영향을 끼쳤음은 의심할 여지없다. 번역은 서구적 지식과 물질문명에 대한 단어의 옮김부터, 담론의 논리 체계와 수사법, 문장 구성에 이르기까지 막강한 영향력을 발휘하고 있다.[33] 하지만 번역은 이런 차원의 언어적 재구성과 개변에 그치지 않고, 권력적으로 우월한 언어를 지배와 통제의 일차적 기술로, 또 사회의 형성과 교화를 위한 강력한 채널로 위치 짓는다는 데[34] 핵심적 의미가 존재한다. 말하자면 번역은 지배권과 이데올로기의 선택이기도 한 것이다.

『신보』의 편집진이 번역의 본질에 민감했음은, 문명 번역(수입)의 통로를 일본보다는 구미열국(歐美列國)에서 찾을 것을 역설한 논설에 뚜렷하다.[35] 물론 단재를 비롯한 『신보』 편집진이 구미열국에까지 문명 번역의 통로를 개척한 실적은 『신보』 영문판 발간과 몇몇 역사전기소설의 번역을 제외하면 크게 다가오지 않는다. 오히려 그들이 중국 량치차오[梁啓超]의 사상과 문명 담론의 번역에 힘을 더 기울였음은 주지의 사실이다. 그러나 서구문명은 차치하고라도 량치차오의 근대 사상과 문명론 역시 서구문명의 1차 수입지인 일본의 영향에 크게 노출되어 있었다. 요컨대 『신보』 편집진은 일본을 통한 일방적인 '문명의 번역'이 몰고 올 파장을 정확히 예측하고 그 대책을 강구했지만,[36] 현실

33 임상석은 이 문제, 특히 번역이 국한문체에 끼친 영향을 량치차오의 글과 일본 잡지를 번역한 문장을 실례로 들어 검토하고 있다. 그는 중국 문헌은 주로 논리 전개와 사고의 전개 방식에, 일본 문헌은 한문의 탈피와 구문 방식의 변화에 더 영향을 끼쳤다고 본다. 보다 자세한 내용은 임상석, 앞의 글, 88~95면 참조.

34 더글러스 로빈슨, 정혜욱 역, 『번역과 제국』, 동문선, 2002, 124면.

35 「어학계의 추이」, 『대한매일신보』(국문판), 1910.4.10. 국한문판에는 동일한 제목으로 1910년 4월 9일자에 게재.

36 정선태, 「근대계몽기의 번역론과 번역의 사상」, 한기형 외, 앞의 책, 58~60면.

은 이미 일본의 번역에 강력히 포위되어 있었던 것이다. 그래서 다음 계몽가사에서 발산되는 문명에 대한 회의와 냉소는 이런 현실의 반영인 것처럼 느껴진다.

▲각社會가成立ᄒᆞ니 多數人士集會ᄒᆞ야 演說趣旨紛紛ᄒᆞ며 拍掌喝采爭進ᄒᆞᆯ제 各其知識發展ᄒᆞ야 團合力을養成인가 新世界가되얏고나

▲斷髮下에洋服ᄒᆞ고 人力車에兀座ᄒᆞ야 左右顧眄搖頭ᄒᆞ니 舊時威儀不跡이라 輕薄情態層生ᄒᆞ야 好時節을如逢일셰 新世界가되얏고나

▲四方鐵線連亘ᄒᆞ니 鑿山通路幾十里에 指南地北雖濶ᄒᆞ나 一瞬間에왕래ᄒᆞ니 沿路邊에居生人은 汽笛聲에夢驚일셰 新世界가되얏고나

—「眼目初新」 부분(1908.7.3)

▲각샤회가 셩립ᄒᆞᆫᄃᆡ 여러사ᄅᆞᆷ 모혀드러 ᄎᆔ지연셜 분운ᄒᆞᆯ제 손벽치고 갈치ᄒᆞ며 각기의견 셜명ᄒᆞ나 일심단톄 양셩ᄒᆡᆺ나 신셰계가 되엿고나

▲단발밋헤 양복닙고 인력거에 놉히안져 젼고후쳠 모양내나 됴흔시졀 맛낫는지 젼일위의 젼혀업고 경박ᄐᆡ도 슝샹ᄒᆞ니 신셰계가 되엿고나

▲ᄉᆞ방으로 텰로놋코 힝인물품 슈운ᄒᆞᆯ제 착산통도 몃천리를 순식간에 왕ᄅᆡᄒᆞ나 그근쳐에 사ᄂᆞᆫ사ᄅᆞᆷ 고동소ᄅᆡ 놀나겟네 신셰계가 되엿고나

—「시사평론」 부분(1908.7.3)[37]

이 가사들을 대상으로 문명과 사상의 번역이 끼친 논리 체계나 문장

37 이 작품은 순차적으로 인용되지 않았다. 논의에 집중을 기하기 위해 필요한 연(聯)을 선택하여 이어 붙였다. 뒤에 나오는 정수원(鄭秀元)의 「警告壹幅」 역시 이런 방식으로 이어 붙였다.

구성의 변화를 논하는 것은 현재로선 내 능력 밖의 일이다. 따라서 국한문체와 국문체에 선택된 근대 한자어와 문명, 그리고 번역의 관계에 중점을 두면서 그것의 시대적 의미를 짚어본다.

국한문체는 여전히 사람의 감정과 행동, 사물의 양태를 한문에 의존하고 있는 데 반해, 국문체는 현재로서는 낯선 한자어, 이를테면 분운(紛紜), 전고후첨(前顧後瞻), 위의(威儀), 수운(水運), 착산통도(鑿山通道) 따위를 빼곤 일상어와 자연스런 통사 구조에 비교적 충실하다. 그러나 국한문체에서 국문체로의 옮겨 쓰기에서 거의 변형이 없는 단어들이 있으니, 사회, 연설, 양복, 인력거, 철선(철로), 기적성과 같은 새로운 한자어가 그것이다.[38] 양쪽에 공통된, 그러니까 대체가 불가능한 이 낱말들은 벌써 언어의 경제성과 민주성을 쟁취한 '국민어(표준어)'의 반열에 올라있는 것이다.

이런 현상은 당연히 문명의 전방위적 압박과 채용, 다시 말해 근대적 물질과 제도가 조선의 일상을 지배하기 시작한 현실의 결과물이다. 물론 문명 또는 문화의 일반적 흐름을 생각한다면, 이런 번역의 추이와 결과는 비난받을 것이 못 된다. 오히려 중요한 것은 번역된 문명을 어떻게 동일화하고 어떻게 성찰할 것인가 하는 수용 태도 및 내면화의 문제일 것이다.

'동도서기'(東道西器 : 조선) '화혼양재'(和魂洋才 : 일본) '중체서용'(中體西用 : 중국)이 상징하듯이, 동아시아 3국은 서구문명의 수용을 식민화의 위험을 경계하면서 근대적 보편으로 나아가는 통로 내지 방법으로 보

38 기적성 → 고동소리만 예외이다. 한편 이 단어들은 한 연구자가 '신소설'에서 조사한 근대 한자어의 용례에 모두 포함되어 있다(최경옥, 앞의 책 참조).

았다. 하지만 3국의 결과는 판이했다. 만약 이 결과를 언어의 근대와 관련시킨다면, 번역의 능력 및 태도와 꽤 상관되어 있을지도 모른다. 물론 위기의 현실에 대한 비판적 인식과 조감이 한몫했겠지만, 『신보』의 계몽가사에서 물질문명과 연관된 것 이외의 근대한자어, 이를테면 근대사상과 개념, 지식에 관련된 말을 찾아보기 힘들다. 그에 비한다면 1908년 11월 창간된 『소년』은 창작시든 번역시든 근대적 가치들, 이를테면 자유, 평등, 인류애, 노동, 지식 등에 대한 이해와 권고를 지속적으로 적극 권면한다.[39]

주요 분자가 '신민회'를 통해 연결되어 있던 『신보』와 『소년』의 차이는 문명을 바라보는 태도만큼이나 문명현실의 경험과도 밀접히 연관되어 있을 것이다. 개신유학파이자 '동도서기'론의 충실한 지지자였던 신채호가 조선의 문명현실에서 먼저 본 것은 조선을 식민지로 몰아가는 광포한 힘이었다. 일방적으로 들이닥치는 문명은 기대와 달리 조선의 지체와 몰락을 강요하는 '멋진 신세계'였던 것이다. 위의 계몽가사에 담긴 문명에 대한 불편한 태도는 『신보』 편집진이 공유한 이런 시각의 반영물일 터이다.

최남선은 모종의 사태로 나라에서 보내준 일본 유학을 중도에서 그만둔다. 하지만 그가 도쿄에서 본 것은 문명이 건축하는 말 그대로의 '멋진 신세계'의 가능성이었다. 언어의 측면에만 국한해도, 당대 일본은 구문직역 숙어, 즉 서구의 물질과 문화, 사상 따위를 번역하는 새로

39 『소년』에게 문명의 번역은 식민화의 덫이기 전에 오히려 그것을 극복할, 나아가 제국주의적 팽창을 꿈꾸고 합리화하는 힘으로 상상되기조차 했다. 『소년』의 밑바닥을 관통하는 이런 욕망의 현시와 굴절에 대해서는 이 책 제2부 제3장과 제4장인 「'신대한'과 '대조선'의 사이—『소년』지 시(가)의 근대성」(1)과 (2) 참조.

운 한자숙어를 대량 제조했다. 그럼으로써 서구열강만이 보유했던 문명과 진보를 자기화한 증거로 사용했다.[40] 최남선은 이 현장을 충실히 목도했을 것이다. 그리고 조선의 현실과 거리가 먼 언어의 표상을 선취함으로써 야만과 미개의 흔적을 빨리 지워내는 동시에 문명의 욕망을 더욱 불태웠을 것이다.

이처럼 근대계몽기에 이입된 새로운 한자어(번역어)는 그것이 '문명'을 표상할 지라도 누구에게나 보편적인 언어로 수용되지는 않았다. 문명을 향한 태도 여하에 따라 선택과 수용, 배제와 거부의 강도가 결정되었다. 따라서 '번역'은 기술적인 언어전환이 아니라 주체와 타자에 대한 성찰의 행위로 간주되어 마땅하다. 하지만 조선과 조선어의 근대공히 이런 성찰의 힘과 거기에 바탕을 둔 '신세계'의 건축에 채 이르기 전에 무소불위의 '번역'의 힘에 휩쓸려버렸다. 번역은 문명의 통로이기도 했지만 식민화 또는 근대 굴절과 지체의 또 다른 통로였다는 사실. 동시대에 발간된 『신보』와 『소년』의 시가(詩歌)들은 벌써 이것을 징후적으로 드러내고 있다.

3_ 신문과 잡지의 근대성 또는 진보성을 측정하는 주요 지표 가운데 하나는 독자투고란의 설치일 것이다. 독자투고는 자기 견해의 표방을 넘어, 궁극적으로 사상과 표현의 자유로 진화해갈 글쓰기 양식이었다.

---

40 코모리 요이치[小森陽一], 정선태 역, 『일본어의 근대』, 소명출판, 2003, 140~146면. 그는 구문직역체의 최대 강점을 신문과 잡지 등 대중매체의 문자면을 기호적으로 지배한 것에 둔다. 하지만 구문직역체는 필연적으로 일본고유어로서는 번역 불가능한 서구문명을 보편화하기 위해 새로운 한자숙어를 요구했다는 점에서, 또다시 한자에 의한 자기식민화를 초래했다고 비판한다.

일방적 생산과 소비의 종료는 글쓰기의 상호소통과 상호개입을 알리는 신호탄이었다. 물론 그렇다고 해서 생산자와 소비자의 역할이 완전히 평등해진 것은 아니었다. 투고작에 대한 선택권은 당연히도 매체의 편집진에게 있었다. 따라서 독자 역시 해당 매체의 이념과 방향에 아주 어긋나는 글을 쉽사리 투고할 수는 없었다. 매체는 이처럼 제한된 자율성, 즉 독자들의 동의를 전제로 한 글쓰기를 바탕으로 자신의 권위를 강화하고 특정 이념을 확장해가는 실리를 알뜰하게 챙겼던 것이다.

『신보』는 비교적 다양한 종류의 독자투고란을 설치하여, 독자들의 계몽된 정도와 견해를 확인하는 한편, 『신보』의 계몽의식을 더욱 고취하는 전략을 능숙히 구사했다. 국문판 고유의 '투서'와 '편편긔담', 두 판본 공통의 'ᄀᆡ셔'(寄書)와 '잡보'(雜報)는 『신보』가 독자에게 문호를 개방한 대표적 지면이었다. 이런 개방성은 주로 계몽가사가 실린 '시ᄉᆞ평론', 시조가 실린 'ᄉᆞ조'(詞藻)에서도 다수 발견된다. 물론 이것들은 국한문체가 국문체로 번역되는 경우가 대부분이다. 하지만 '시ᄉᆞ평론'의 경우, 국한문판이 게재를 쉴 때도 국문판은 편집진의 창작물이나 투고작으로 반드시 게재했다. 이런 점에서, 투고작은 당시 대중들의 현실이해와 문명의식 등을 엿보는 창일뿐만 아니라 국한문체와 국문체에 대한 의식 및 숙련 정도까지 파악할 수 있는 유의미한 글쓰기로 이해된다.

▲國勢何故萎靡ᄒᆞ며 生靈何故塗炭인고 今日時事ᄉᆡᆼ각ᄒᆞ니 太息流涕ᄲᅮᆫ이로다 世界形便ᄉᆞᆲ혀보니 此時代가何時런고 東艦西舶爭雄世에 閉門自修ᄒᆞᆯ수잇나
▲地利非不如彼ᄒᆞ고 人材非不如彼언만 人材教育未適이요 地利收用不能이

라 學校非不廣設이며 社會非不多起언만 社會團體未見이요 學校卒業無幾로다

— 鄭秀元, 「警告壹幅」 부분(1908.9.5)

▲국셰엇지 미약ᄒᆞ며 싱령엇지 도탄인고 오늘일을 싱각ᄒᆞ면 한숨눈물 뿐이로다 세계형편 숣혀보지 이시디가 어늣때뇨 동셔양이 샹통인디 문을닷고 잇슬손가

▲토디쇼산 놈과깃고 빅셩들도 일반인디 인지교육 못히보고 물픔슈출 묘연이며 학교셜립 적지안코 샤회발긔 허다컷만 샤회단톄 못보겟고 학교졸업 얼마업다

— 뎡슈원, 「시ᄉᆞ평론」 부분(1908.9.5)

「경고일폭」은 전통 한문이라 해도 좋을 만큼 논리 체계와 문장 구성, 수사법에서 당대 국한문체와 멀리 떨어져 있다. 편집진은 문장과 문체의 근대성 때문이 아니라 문명개화 의식 때문에 이 작품을 실은 것이다. 이에 비한다면 국문판은 작가의 의도와 지향이 별 어려움 없이 읽힌다. 물론 「경고일폭」을 투고작의 일반적 양상으로 볼 수는 없겠으나, 대개의 투고작이 『신보』가 추구한 한문의 해체 및 근대적 재편과 멀리 떨어져 있음을 부인하기 어렵다. 한문은 여전히 의식의 핵심이며 표현의 실질인 것이다. 『신보』가 국한문판 독자들을 향해 국문의식의 고취와 계몽에 왜 그토록 매달렸는가를 암시하는 대목이 아닐 수 없다.[41] 이미 생리처럼 굳어버린 한문 사용을 외부에서 주사된 문명의식

41 1910년 5월 12일 국한문판 / 국문판에는 주제와 국문의 질적 수준 모두에서 다른 투고작과 매우 대비되는 「去國行」 / 「시ᄉᆞ평론」이 게재되어 놀라움을 준다. 작자는 '신도(新島)'로 되어 있는데, 그는 바로 도산 안창호였다. "간다간다 나는간다 너를두고 나는간다"로 시작되는 이 작품은 지금도 유명한 「거국가」이다. 이 창가는 도산이 1910년 4월 망명을 결심하면서 지은 것으로 알려져 있다. 따라서 이것 역시 도산이 직접 투고했다기보다는 그가 1907년 조직한 '신민회'의 실질적 기관지였던 『신보』의 편집진이 게재한 것으로 보아야 할 것이다.

과 현실이 단숨에 끌어내릴 수는 없는 노릇이었다. 완고한 한문의 지배력은 그것이 서구문명의 완력과 국한문체 / 국문체의 일상화를 더 이상 견딜 수 없을 때야 비로소 균열될 것이었다.

◎오늘은 우리 대황뎨폐하의 즉위ᄒᆞ신 뎨이회 긔념일이라 쟝안만호에 경축ᄒᆞᄂᆞᆫ 태극긔ᄂᆞᆫ 바ᄅᆞᆷ결에 드놀리고 구즁궁궐 진하ᄉᆞ반에 리화쟝은 뎨양빗을 희롱ᄒᆞᆫ다 이를 ᄒᆞᆫ 번 구경ᄒᆞ미 ᄆᆞᄋᆞᆷ이 졀노 감동키로 초야에 잇ᄂᆞᆫ 우밍이나 감히 경축ᄒᆞᄂᆞᆫ 졍셩을 표ᄒᆞ노라

(…중략…)

▲ᄉᆞ쳔여년 대한국은 태ᄇᆡᆨ산에 강싱ᄒᆞ신 단군ᄭᅴ셔 창립후로 이뎍국에 합지 안코 오ᄂᆞᆯᄭᆞ지 젼히오며 독립권이 ᄌᆞ직ᄒᆞ니

동편으로 태평양과

셔편으로 대셔양을

폭원즁에 다녀허셔

통일텬하 ᄒᆞ옵소셔

— 심향싱, 「시ᄉᆞ평론」 부분(1909.8.27)[42]

'국문'으로 씌었지만, 문장의 구조와 수사법, 세계이해의 방법 등은 여전히 전근대의 '언문'에 기대고 있다는 점에서 근대적 국문체로 보기 어렵다. 더군다나 국문판에 고유한 '시ᄉᆞ평론' 투고작들은 대부분 황

42 이즈음 국문판에는 이 작품에 이어 고종의 탄강(誕降)을 송축하는 「셩졀경축가」(심향싱, 1908.9.8)와 순종의 비인 황후 윤씨의 탄생을 축하하는 「곤원졀경축」(숑은싱, 1909.9.19) 등이 잇달아 실린다. 두 작품은 '시ᄉᆞ평론'으로가 아니라 단독 제목으로 실린다. 그러나 게재 위치가 '시ᄉᆞ평론'란과 동일하다는 점에서 '시ᄉᆞ평론'으로 보아 무방하다.

제와 황실의 안녕과 번영을 기원하는 정도지, 당대 현실에 대한 핍진한 이해를 거의 보여주지 않는다. 이런 의식의 후진성이야말로 당시에도 심심찮게 제기되었고 지금도 그러한 국문체의 약점이 기원한 주요한 자리일 수 있다.

1900년 무렵 학부 편집국장으로 교육개혁을 주도했던 이규환은 국문만 가지고는 문견이 막히고 지혜가 열리기 어려우므로, "한문으로 근본을 삼고 국문으로 통하도록" 한다는 요지의 말을 했다.[43] 새로운 문장의 궁극적 지평을 '국한문체'에 놓은 셈인데, 국한문체의 우월성은 무엇보다 '문견'과 '지혜'로 대변되는 세계인식의 수월성에 존재한다. 현재의 국한문체 찬성자들 역시 이를 전폭적으로 지지하면서, 거기에 이른바 한문권역의 복원을 통한 정치·경제·문화적 실리의 획득 문제를 더하고 있을 따름이다.

그러나 다시 언급하거니와, 국한문체와 국문체 공히 표기문자의 차이를 제외하고는 기존 한문의 해체와 일탈, 근대한자어의 창조와 수용 등을 중심으로 표준어의 지위를 경합했다. 물론 여전히 성별, 계급에 따라 문체의 소비가 꽤 달랐지만, 국한문체와 국문체는 이처럼 서로를 참조하면서 조선어의 근대를 이끌어갔던 것이다. 따라서 『신보』의 이중판본 정책은 근대 조선어를 향한 두 문체의 경합보다는 그들이 꿈꾸던 완미한 국문체로 함께 진화하기 위한 연대 전략으로 이해될 수 있다. 우리가 살펴온 두 고작의 안고하게 선 국한문체 / 국문체는 이런 생각을 지지하는 유력한 물증 가운데 하나이다.

43 이규환에 대한 이해와 그의 발언은 임형택, 「근대계몽기 국한문체의 발전과 한문의 위상」, 『민족문학사연구』 14, 민족문학사연구소, 1999, 25~26면에서 가져왔다.

4. 『대한매일신보』 파국의 어떤 의미

한일병합 하루 전인 1910년 8월 28일 『신보』는 즐거움보다 고단함이 더 컸을 운명을 다했다. 하지만 『신보』의 진정한 비극은 조선총독부와 몇몇 집필진(이장훈)의 공모에 따라 자연스런 이월의 방식으로 총독부 기관지 『매일신보』로 재편되었다는 데 있다.[44] 이런 위장된 자율성은 『매일신보』의 이중적 성격, 다시 말해 조선어는 허용하되 민족이념과 국민의식의 발설과 주장은 차단하는 매체의 통속화와 조선어의 주변화를 합리화하는 주요 지점이다. 이제 모어는 조선어이되 국어는 일본어라는 언어의 식민화가 공식화되었지만, 『매일신보』는 그것을 은폐하며 조선(어)의 신민화(臣民化)를 수행하는 언어 권력이 된 것이다.

그렇다면 『신보』의 파국과 함께 현실화된 조선어의 제약은 무엇인가. 먼저 민족어의 이상과 이념, 자명성이 가장 큰 규모로, 또 가장 효과적으로 전파되던 공론의 장이 대폭 축소되었다. 이것은 곧 『신보』의 민족혼과 언어의식의 핵심을 이루던 '상무정신'의 억압과 배제를 뜻한다. '상무정신'의 폐쇄는, 조선어는 더 이상 이념적이거나 저항적이어서는 안 되며, 식민지 정책에 따라 교육과 소통의 정도 및 경로가 결정되고, 결국 일상 및 문화의 향유 언어로 그 역할이 조정되는 일종의 실용적 · 도구적 언어로 점차 강등, 재배치되는 것과 짝을 이룬다.

44 『신보』가 조선총독부의 감시와 탄압에 지속적으로 시달렸음은 주지의 사실이다. 이장훈은 1910년 6월 1일 『신보』의 사장으로 취임하는데, 이때는 안창호와 신채호 등이 해외로 망명을 시도한 직후에 해당한다.

둘째, 그것이 국가적 시스템이든 대중매체든 주체적 역량으로 국한문체 / 국문체를 끊임없이 실험함으로써 근대 조선어에 가장 합당한 문체를 획득, 제도화하는 작업이 지체되거나 굴절되는 왜곡 현상의 발생 역시 피할 수 없었다. 현재의 관점에서 본다면, 지금의 글쓰기와 비교적 가까운 문체를 구사한 매체는 『소년』이었다. 이를테면 『소년』은 국주한종(國主漢從)의 이념이 실제 국한문체로 실현된 가장 선구적인 형태였으며, 국문의 통사구조에 맞는 문체의 개발과 국문의 수사적 표현의 근대화에 괄목한만한 성과를 거둔 것으로 평가된다.[45] 이런 성과가 특히 일본을 주요통로로 한 근대지(知) 및 문예물의 번역과 밀접히 연관되어 있음은 주지의 사실이다(이를 고려하면, 매우 아이러니하게도 근대계몽기 신문과 잡지 가운데서 『소년』의 조선어가 가장 이질적이었는지도 모른다).

하지만 어떤 매체보다 근대 일본어의 영향을 많이 받았다고 해서 『소년』이 조선어의 근대에 관한 모델로 세워졌다거나 조선어의 근대에 결정적 영향을 끼친 것은 아니었다. 그것의 후신 『청춘』은 근대 사상과 지식, 학문 같은 고급담론의 설파에서는 『소년』을 앞서지 못했다. 이런 영역을 조선에 본격적으로 번역・이입한 집단은 『학지광(學之光)』이 상징하듯이 일본 유학생이었으며, 문학어의 근대 역시 일본어로 사유하고 조선어로 옮겨 썼다고 천연덕스럽게 고백했던 김동인 세대에 의해 본격화되었다. 요컨대 조선어는 끊임없이 주변화・식민화되면서도 근대어이자 민족어로서 사기 활로를 개척할 수밖에 없던 슬픈 운명이었다.

---

45 임상석, 앞의 글, 167면. 하지만 그는 『소년』이 문체적 전환의 획기성에도 불구하고 근대 사상과 논리의 탐색에서는 이전 잡지를 뛰어넘지 못한 것으로 평가한다.

민족어에 빛을 쬐면 쬘수록 오히려 제국어의 그림자가 짙어지는 아이러니. 『신보』는 이런 소극(笑劇)을 끝까지 경계하다 종내는 식민화의 제물로 바쳐졌다. 최남선의 『소년』은 이것을 문명과 민족의 욕망과 맞바꾸고자 했지만 육당의 조선학 연구가 1920년대 들어 제국 종족지의 일부로 편입됨으로써 그 의지가 무력하게 해소되었다. 『매일신보』는 이런 매체의 해체와 굴절, 조선어의 지체와 주변화를 면밀히 지켜보며, 조선어에 대한 지배와 통제, 일본 제국어로의 편입을 착실히 표상해갔다. 이 세 가지 경로는 식민지 초기의 예외적 현상이기는커녕 식민지 시기 내내 다양한 형태로 재현된 보편적 현상이자 조선어의 현실이었다는 점에서 문제적이다. 따라서 『신보』의 파국과 『매일신보』로의 강제 재편, '신민회'를 사이에 둔 『신보』와 『소년』의 연대와 차이, 이런 다중의 관계 속에서 벌어지는 근대를 향한 조선어의 행보는 식민지 전반을 관통하는 징후적 현상으로서 모자람이 없다. 이후 세 매체의 언어이념과 언어수행에 대한 착실한 비교와 분석이 더욱 요구되는 까닭이 여기에 있다.

/ 제2장 /

근대매체의 탄생과 시 언어의 분화

『대한매일신보』 독자투고시의 경우

1. 대중매체와 독자투고시의 탄생

신문과 잡지를 핵심으로 하는 대중매체의 출현이 조선의 언어생활에 가한 변화와 충격은 가공할만한 것이었다. 이제는 상식이 된 듯하지만, 이 시기에 출현한, 그리고 치열한 경쟁을 거쳐 한국어의 근간으로 자리잡아간 국한문과 국문은 기존의 한문 및 언문과는 뚜렷이 구별되는 근대적 에크리튀르였다.[1] 언어(표기)체계의 변이는 읽기와 쓰기로 대표되는 문자생활의 변화 정도가 아니라 세계를 인식하고 표현하

1 근대계몽기 국한문과 국문의 출현과 진화, 경쟁과 퇴조의 의미를 이전에 보지 못한 근대적 사태로 이해하는 연구로는 임형택, 「근대계몽기 국한문체의 발전과 한문의 위상」(『민족문학사연구』 14, 민족문학사연구소, 1999)과 임상석, 『20세기 국한문체의 형성과정』(지식산업사, 2008)을 주목할 만하다.

는 방법의 변혁을 초래했다는 점에서 조선에 기이한 '신인류'의 내습을 초래한 사태로 이해되어도 좋다.[2]

글쓰기의 맹주 한문은 이제 제국의 권위를 벗고 일종의 지방어였던 조선어와 경쟁하는 처지로 밀려났다. 이에 반해 국한문과 국문은 민족의 자명성과 정체성을 증거하는 유력한 존재가 되었다. 물론 일본어와 영어 등이 번역의 힘을 빌려 근대 조선어의 형성과 진화에 간섭하기 시작한 것도 이즈음부터다. 한자 제국의 분열과 퇴조, 힘센 외국어의 틈입은 이후 조선이 겪게 될 탈식민(중국)과 재식민(일본 / 미국)의 우울한 풍경을 비쳐주는 환등기에 방불한 것이었다. 신인류는 이토록 낯선 언어의 사변을 겪으면서 자아와 민족, 민족어의 정체성을 새롭게 구축하고 단련해야 된다는 점에서 행복했고 또 불행했다.

우리는 언어의 사변에 내던져진 신인류의 표본 가운데 하나로 대중매체의 독자를 지목할 수 있을 것이다. 무릇 대중매체란 무엇을 의도하고 목적하건 간에 그것의 최초와 최후에 독자를 상정할 수밖에 없다. 이것은 그때나 지금이나 계몽대상 또는 소비자로 간주되기 마련인 독자의 수동성을 걷어내고, 매체에 대해 의미 있는 역할을 수행하는 독자상(像)을 떠올리게 한다. 과연 대중매체, 특히 신문들은 독자를 매체의 의식 내 존재로 견인하기 위해 여러 장치를 두었다. 국한문과 국문의 매체별 선택과 경쟁이 그렇고, 다양한 독자투고란의 설치와 투고 유도가 그렇다.[3] 그 제한성을 인정하더라도, 범속한 독자가 읽기와 쓰

2 이 '신인류'는 대중매체에서 국민 혹은 민족이라는 새로운 정체성을 부여받으며, 문명과 독립의 주체로 상상되고 계몽되었다. 이것이 세계적 보편성에 대한 뒤늦은 참여임은 베네딕트 앤더슨의 『상상의 공동체』(나남, 2002)를 참고하는 것으로 충분하다.

3 대다수의 신문이 독자투고란을 설치했지만, 이것을 가장 전략적이고 효과적으로 활용한 신

기의 주체로 전면 등장한 것이다. 이제 독자는 독해(讀解)의 길만 가는 수동적 언중이 아니라 새로운 언어체계를 선택하고 또 그것의 진화에 참여하는 능동적 발화자가 되었다.

국한문과 국문으로 대변되는 표기체계의 선택을 흔히 독자를 계몽하거나 획득하기 위한 장치로 이해한다. 하지만 매체 중심의 이해는 독자의 선택을 염두에 두었을 때 그 의미가 반감될 수밖에 없다. 그런 점에서 표기체계의 선택은, 그리고 그것의 점차적 완성은 결국은 독자의 검증과 그를 통한 대중화를 통해서 실현된 것이라 할 수 있다.[4] 이 과정에서 창출되는 글쓰기의 의미를 주목한다면, 각종 독자투고는 가장 생생하고 의식적이며 객관적인 표상체가 될 것이다. 물론 신문에 게재된 독자투고물은 그것을 선택하는 편집진의 이해와 목적을 알게 모르게 대변하는 경우가 많기 때문에, 그 자체로 자율적이거나 자기목적적인 글은 아니다. 하지만 매체는 독자의 목소리를 통해 자칫 일방적일 수 있는 주의주장의 보편성과 현실성을 획득하며, 궁극적으로 계몽의 목적과 가치를 실현한다. 역으로 독자는 투고를 통해 각성된 국민의식의 표현, 나아가 고유한 개성의 실현을 제도적으로 인증받는 것

문은 아마도 『독립신문』과 『대한매일신보』일 것이다. 두 신문은 독자투고 장르로 산문과 시가 모두를 개방했는바, 이것이 한국 근대문학의 성립에 의미 있는 역할을 수행했음은 주지의 사실이다. 『독립신문』의 독자투고에 대해서는 배정상, 「근대계몽기 『독립신문』의 '독자투고' 연구」(연세대 석사논문, 2004)가, 『대한매일신보』의 경우에는 김영민, 『한국의 근대신문과 근대소설—『대한매일신보』』(소명출판, 2006)의 '3. 『대한매일신보』와 국문에 대한 관심' 및 김영희, 「『대한매일신보』 독자의 신문 인식과 신문 접촉 양상」(한국언론사연구회 편, 『대한매일신보 연구』, 커뮤니케이션북스, 2004)이 좋은 참고가 된다.

4 본고에서는 국한문체와 국문체를 일컬을 때 어떤 때는 표기체계를 어떤 때는 언어체계를 사용하고 있다. 전자는 단순한 문자 쓰기 방식을, 후자는 국한문체와 국문체의 발명과 사용이 조선어 및 언중들에 미치는 다각적인 사태와 영향 등의 복합적 국면을 염두에 두면서 적절하게 구분하여 사용했음을 밝혀둔다.

이다.

신문의 역사에서 본다면, 매체와 독자의 상호 인증 또는 독자=작가의 병존 현상이 가장 두드러진 시기는 아무래도 근대계몽기일 것이다.[5] 우선 제도화된 민족어의 모범과 모형이 채 성립되기 전이었다는 점, 다음으로 국한문과 국문의 새로운 출현이 그것들에 대한 편집진과 투고자의 능력 차이를 얼마간 상쇄했다는 점 따위가 글쓰기의 개방성을 촉진했을 가능성이 크다. 물론 머지않아(1920년대) 조선어의 근대화와 작가의 탄생이 제도화되면서, 대중은 오로지 "'독자'라는 새로운 신분을 얻은 반면 창조하는 주체로서의 가능성을 대부분 박탈당"하는 처지에 놓이게 되지만. 그래도 근대계몽기 신문들은 글쓰기 또는 "근대의 문학어가 소수의 전문가에 독점되지 않을 수 있다는 사실"[6]을 구체적 실례를 통해 보여준 특이한 시대로 기억되고 재조명되기에 충분한 조건을 갖추고 있다.

독자투고 문제를 고려할 때 신채호 등이 참여한 『대한매일신보』(이하 『신보』) 3기는 가장 흥미진진하며 또 문제적이다. 1907년 5월에 출발된 3기 『신보』는 국한문판과 국문판을 동시에 발간했으며, '긔셔'(寄書)와 '편편긔담'(片片奇談), '투서', '시ᄉᆞ평론'과 '사조'(詞藻) 등[7]이 독자투고

---

5 여기서의 '작가'라는 의미는 일정한 기준과 장치를 통과한 전업작가를 뜻하지 않는다. 그보다는 글쓰기가 개방되어 있는 시대의 특수한 현상, 그러니까 "독자가 곧 작자가 되고 또 작자가 독자가 되는"(김영철, 『한국 개화기 시가의 장르 연구』, 학문사, 1990, 104면) 공존관계를 드러내는 말이다. 이런 현상은 산문이나 소설보다는 시에서 훨씬 도드라졌다. 홍정선의 「근대시 형성과정에 있어서의 독자층의 역할 연구」(서울대 박사논문, 1991)는 '3. 1900년대 독자층과 노래하는 시의 관계'에서 이런 사실을 구체적인 텍스트의 제시와 분석을 통해 입증해낸 바 있다.

6 이상의 인용은 한기형, 「근대시가의 '불온성'과 식민지 검열」, 『상허학보』 25, 상허학회, 2009, 126~127면.

7 이것들의 지면 배치를 보면, '긔셔', '시ᄉᆞ평론', '사조'(시조)는 국한문판과 국문판 모두에,

란 또는 독자에게 개방된 공간으로 배치되었다. 표기체계의 분할과 독자란의 상설은 『신보』가 독자의 계몽과 획득에 누구보다 열정적이었으며 방법적으로도 남달랐음을 의미한다. 이것은 독자=작가의 역할과 이전에 경험하지 못한 언어적 사변의 출현과 증대를 예고하는 장면이기도 하다.

이 글은 편집자와 독자 모두에게 근대적 획기이자 문제적 사태였을 이런 현상의 본질과 성격을 『신보』에 투고된 계몽가사를 중심으로 살펴본다. 창가와 시조, 민요 등도 투고되지만, 이것들은 의도와 목적, 내용과 형식 등 여러 면에서 계몽가사와 비할 바 못 된다. 국한문이라 해도 한문적 교양과 세계인식이 압도적이며, 국문의 경우 피상적 현실인식과 표현의 단순성이 먼저 눈에 띠지만, 그러나 새로 창안된 언어체계의 꾸준한 실험과 시가(詩歌)에의 적용은 이미 근대의 형식이다. 따라서 국한문과 국문 사이에서, 편집진과 독자 사이에서 벌어지는 시 언어의 번역과 분화 또는 분열 역시 근대를 향해 자신을 드러낼 목소리가 많을 것이다. 이 말은 본고의 영역이 시 언어의 심미성과 수사학 등에만 제한되기 보다는 국한문과 국문이 경합하고 서로 침투하며 일으키는 여러 언어적 사태와, 거기서 빚어지는 정치(계몽)적인 것과 시적인 것의 결합 혹은 어긋남 등도 함께 살피겠다는 뜻이다.

'편편긔담'과 '투서'는 국문판에만 실렸다. 그런데 '시ᄉᆞ평론'의 경우, 국한문판은 '시ᄉᆞ평론' 대신 각 작품에 한자 제목을 다는 경우가 대부분이었다. 그러다가 1909년 11월 16일 '사회등'이란 명칭을 쓰지만 기껏 4개월여 정도 사용되었을 뿐, 이전의 체계로 다시 복귀한다. 따라서 이전처럼 국한문판의 가사를 '사회등' 가사로 부르는 것은 적절치 않다.

2. 『대한매일신보』 독자투고시의 현황과 특질

1_ 『신보』 최초의 계몽가사로는 흔히 「聞一知十」(1907.12.18)이 지목된다. 처음으로 "정확한 표지(예컨대 ▲와 같은)에 의한 분단 구분과 각 분단 간의 대등한 연결, 그리고 공통어구의 반복(예컨대 "됴흘시고") 등 『신보』체 가사의 전형적인 양식을"[8] 보이고 있기 때문이다. 이런 형식적 요소는 국문(「문일지십가」)[9]으로 번역되면서도 그대로 유지된다. 그러나 이 과정에서 유의미한 변화가 일어나니, 그것은 여전히 한문의 자장에 강하게 긴박되어 있는 국한문이 보다 자연스런 국문체로 변이된다는 것이다.

이 변이는 단순히 번역의 문제가 아니라 국한문과 국문에 내재된 세계인식과 문해력(literacy)의 차이와 밀접하게 상관된다. 이를테면 "七條約을成立ᄒᆞ니 靑邱一幅浮沉ᄒᆞᆫ다"와 "칠됴약을셩립ᄒᆞ니 대한강산ᄒᆞᆫ번ᄶᅧᆺ다"를 보자. 구문의 변화는 없다는 점에서 이후 국한문의 국문 번역에서 일어나는 문장의 해체와 재배열보다 문체 차이의 체감은 훨씬 덜하다.[10] 그러나 한문에 익숙한 자에게는 "청구일폭부침ᄒᆞᆫ다"가 "대한

---

8 강명관, 「해제」, 강명관 외편, 『근대계몽기시가자료집』 3, 성균관대 출판부, 2000, 436면.

9 이후 국문판은 다음 작품부터 한문 제목을 국문으로 옮겨 쓰는 대신 '시ᄉᆞ평론'이란 난(欄) 명칭을 제목 대신 쓰기 시작한다. 이런 관행은 몇 회를 제외하고는 폐간 시까지 지속된다.

10 편집진에서 제작한 국한문 계몽가사는 시간이 흐를수록 오히려 한문체를 강화시켜나가는 특이한 양상을 보여준다. 그들의 국문에 대한 열망을 생각하면 매우 의아한 현상 가운데 하나이다. 아마도 점점 위험해지는 시국 속에서 독자들을 보다 효율적으로 계몽하고 견인하기 위해 취해진 불가피한 선택이었을 것으로 짐작된다. 이것은 곧 매체나 독자 모두에게 한문의 개입력이 여전했음을, 그러니까 새 표기체계 국한문체에 대한 저항과 간섭이 심했음을 뜻한다. 이에 대해서는 이 책 제2부 제1장 「『대한매일신보』의 이중판본 정책과 근대어 형성-계몽가사(歌辭)를 중심으로」 참조.

강산훈번쪗짜"보다 이해와 표현에서 훨씬 자연스러울 것이다. 사실 현재의 우리에게도 '훈번쪗짜'보다는 '부침훈다'가 더 익숙하다는 점에서 이 번역은 억지스러운 감마저 있다. 그러나 중국에서 조선을 가리켜 쓰던 '靑邱'의 '대한'으로의 대체는 '조선적인 것' 내지 민족혼에 대한 지향을 분명히 보여준다. 국한문과 국문은 이렇듯 서로의 체계와 사유, 표현을 주고받거나 서로의 그것들과 갈등하면서 새로운 언어체계를 세워나갔던 것이다.

물론 양 문체 모두 편집진, 그러니까 당대 언중에 비하면 누구보다 뛰어난 국한문과 국문을 구사할 줄 알았던 편집진=작가들[11]이 주도했기 때문에 이것을 독자들의 그것으로 바로 등치할 수는 없다. 그러나 투고자들은 계몽가사의 형식과 내용, 표기 방법을 편집진=작가의 것을 보고 익힐 수밖에 없었다. 이런 사정은 국문판에만 발표된 국문 계몽가사도 예외는 아니었을 것이다. 국문 계몽가사의 인식의 피상성과 표현의 관습성을 고려하면, 모델로서의 편집진=작가의 영향력을 거꾸로 실감할 수 있다. 이것은 달리 말하면 이즈음 표기체계로서 국한문의 우월성을 말하는 것이기도 하다. 왜냐하면 국문체는 내용과 형식 모두에서 모델을 삼을 만한 글쓰기가 아직은 대단히 생소할 때였기 때문이다.[12]

11 1908년 5월 통감부에서 작성한 문건에 따른다면, 국한문판 가사의 작성자는 이장훈, 국문 번역자는 유치겸으로 판단된다(이 문건에 대한 소개와 집필진의 활동 상황은 박정규, 「『대한매일신보』의 참여인물과 언론활동」, 한국언론사연구회 편, 앞의 책, 72~86면 참조). 본고는 『신보』를 대리하는 이들이 쓰거나 번역한 계몽가사를 독자가 투고한 국한문 및 국문 가사와 비겨보는 작업도 얼마간 수행하게 될 것이다.

12 시가 쪽에서 그 역할을 담당한 것을 뽑으라면 각종 창가와 최남선의 신체시 등을 들어야 할 것이다. 최남선의 창가와 신체시는 국한문으로 씌었지만, 한자를 한글로 바꾼다면 현대문으로 손색이 없다는 점에서 가장 새로운 언어체계였다(따라서 제일 낯선 언어체계였을 것이다). 그러나 이 당시 국문은 표기와 이해의 장점에도 불구하고 국한문체의 계몽적 시대상, 계몽주의에 대한 수용 및 확산 능력을 따라잡을 수 없었다(이에 대해서는 임형택, 앞의 글,

그렇다고 우리는 『신보』에 투고된 국한문 및 국문 계몽가사를 부차적이며 예외적인 것으로 간주할 수는 없다. 이 계몽가사들은 세계인식과 사유, 글쓰기의 형식과 체계 모두에서 동일성 못지않게 유의미한 차이성을 내장하고 있다고 보아야할 것이다. 매체의 지향점과 수용 현실의 간극을 가장 선명하게 보여주는 것도 독자투고시며, 따라서 재래의 한문체 혹은 새로운 국한문체나 국문체에 대한 갈증을 크게 느꼈을 것도 독자=작가들이기 때문이다.

2_ 앞서 제시한 기준을 따른다면, 독자가 처음 투고한 국한문 계몽가사로는 문재목(文在穆)의 「和九曲歌」(1908.2.7)를 들어야 할 것이다.[13] 몇몇 경우를 제외하고 대부분의 투고자가 필명이나 호를 쓰는 데 반해 직접 이름을 밝히고 있으며, 제목 역시 가사의 내용을 압축적으로 제시하는 여타의 작품과는 다른 특이점을 보인다. 이 말은 이후 투고된 계몽가사의 형식과 내용, 창작방법이 편집진의 그것을 향해 강하게 삼투되어갔음을 의미한다.[14] 강명관이 '범론적 익명성'[15]으로 명명한 이

25~30면 참조). 『신보』에서 국한문체 독자투고가 국문체의 그것을 압도하는 이유 가운데 하나일 것이다.

13 『신보』는 3기 이전에도 전형적인 계몽가사의 형식은 아니어도 독자=작가가 이전의 형식을 빌려 지은 가사를 간간히 싣고 있다. 따라서 3기에 들어 매체의 개방성이 전략적으로 확장된 것으로 이해된다.

14 『신보』는 계몽가사의 투고 독려, 계몽가사의 형식과 내용을 제안하는 광고나 글을 따로 싣지 않았다. 다만 '긔셔'하는 독자가 지킬 사항을 담은 특별광고를 통해 그 기준을 어느 정도 짐작할 따름이다. "본사에 긔셔ᄒᆞ시는 쳠군ᄌᆞ는 성명과 거쥬를 분명히 써셔 증거가 잇게 ᄒᆞ시기ᄅᆞᆯ 바라오며", "아모조록 ᄉᆞ의가 간단ᄒᆞ고 분명ᄒᆞᆫ 일로 긔록ᄒᆞ시되", "일반 국민의 평화ᄒᆞᆷ을 어지럽게 ᄒᆞ거나 남의 사회샹을 황잡게 ᄒᆞ는 긔셔는 밧지 안는" 등이 그것이다(「특별광고」, 『신보』(국문판), 1907.5.23, 4면).

15 강명관, 「해제」, 강명관 외편, 앞의 책, 437면.

현상은 계몽의식과 열정이 사적이기는커녕 매우 집단적인 것이었음을 증명하는 요소이자, 독자=작가의 현실개입을 유인하는 적절한 방어막이었을 것이다. 게재 건수는 잠시 뒤 보겠지만, 국한문판 계몽가사는 국문판에 반드시 번역되어 실린다. 따라서 국문판에 실린 가사는 독자=작가 고유의 것이 아니라 편집진의 국문을 경유한 것이다.

이에 비한다면, 국문 계몽가사는 국한문의 그것에 비해 여러모로 열세를 면치 못한다. 첫 국문 계몽가사는 빅악산인의 「시ᄉᆞ평론」(1908.2.9)으로 기록된다. 같은 달 빅악산인은 국한문판에도 가사 2편을 발표하고 있다. 그렇다면 빅악산인은 국한문과 국문에 동시에 능한 인물일 텐데, 문제는 그가 박은식으로 추정되고 있다는 사실이다.[16] 이 추정을 신뢰한다면, 한문에 귀속된 존재 박은식에 의해 씌어진 이 작품은 기획된 투고물일 것이며, 국문 역시 다른 편집진에 의해 번역되었을 수도 있다. 『신보』 편집진에게 '시ᄉᆞ평론'이 계몽기획을 수행하는 데 없어서는 안 될 전략적인 장(場)이었음이 여기서도 판명된다.

하지만 이후 국문 계몽가사는, 국한문(국문) 계몽가사가 없는 경우 '시ᄉᆞ평론'의 빈자리를 채우는 대체물로 기능했으며, 국한문으로 거꾸로 번역되지도 않았다. 이처럼 『신보』 내에서 국문 가사의 존재의미와 한계는 비교적 뚜렷하다. 다시 말해 국문을 한문 또는 국한문으로 번역하는 일의 무경험 혹은 희소성이 『신보』 국한문판의 폐쇄성과 국문판의 독자성 약화를 강화하는 형국인 것이다. 이런 특이한 인이 시대

16 위의 글, 같은 면. 이 당시 박은식의 글은 전통적인 한문 지식에 근거하여 논리의 전개와 표현 등에서도 한문 특유의 압축성을 유지한다고 평가되는 것(임상석, 앞의 책, 244~249면 참조)을 참고하면, 그는 국한문에 비해 국문 글쓰기 역량이 더 취약했을 것이란 판단이 가능하다.

가 당대에는 오히려 보편적인 현상이었음은 국문 대신 영어로 일기를 쓴 윤치호나 일본어로 구상한 소설을 국문으로 번역했다는 김동인의 술회에서도 확인된다. 그런 의미에서 『신보』의 국문 계몽가사는 수효와 내용의 열세에도 불구하고 에크리튀르와 관련해 매우 징후적인 국면을 내장하고 있다.

이런 이해를 바탕으로, 독자투고시(=계몽가사)의 게재 현황을 표를 통해 살펴보기로 한다.

〈표〉『신보』(3기) 소재 국한문·국문 계몽가사 투고 현황

판본 \ 연도	1907.5 이후	1908	1909	1910	합계
국한문 (국문)	0	16 (14)	45 (45)	16 (16)	77 (75)
국문	0	2	4	0	6
잡보국문	0	4	7	0	11

* 국한문(국문)은 국한문 → 국문으로 번역된 가사를 뜻한다.
* 국문은 국문판에만 실린 국문 가사를 뜻한다.
* 잡보국문은 국문판 잡보란에 실린 국문 가사 혹은 시가를 뜻한다.

먼저 3기가 출발한 1907년 5월 이후의 사정을 알아보면, 어느 판본이고 독자시가 투고되지 않은 것처럼 보인다. 이것은 그러나 전형적인 계몽가사의 출발을 「聞一知十」에 둔 제한적인 결과물일 따름이다. 형식에 구애됨 없이 독자투고시를 대상으로 한다면, 국한문 3편, 국한문(국문) 3편, 국문 3편이 존재한다. 이 시가들은 계몽가사의 형식과 내용, 세계관과 적잖은 거리가 있다는 점에서 주목을 끌지 못한다. 그래도 『신보』의 국문판 발간을 축하하는 「謹賀國文申報發刊」(春史生), 「공하국문보발간」(방한익)이나 『신보』의 지향점을 뚜렷이 드러내는 「招魂歌」(申采浩)와 「진보가」(리용근)는 이후 독자투고시의 방향을 지시하는 신

호등 역할을 하므로 각별히 기억해 둘만하다.

이후 독자투고시를 살펴보면, 국한문(국문) 77편, 국문 7편, 잡보란 국문 11편으로 집계된다. 『신보』 소재 가사가 650여 편임을 감안하면, 도합 95편의 투고시는 결코 적은 분량이 아니다.[17] 투고시가 주목될 수밖에 없는 주요 지점이다. 실제로 투고시는 몇몇 시기에는 편집진의 그것 못지않게 집중적으로 게재된다. 물론 대부분 실명 대신 가명이나 별호로 작가가 제시되는 까닭에, 간혹 이것이 편집진의 개입 없는 독자 고유의 작품인가 하는 의문이 들기도 한다. 그러나 1908년을 제외하면, 국한문(국문)의 경우, 독자투고시의 집중적인 게재가 1909년~1910년 4월 사이[18]에 이루어지기 때문에, 독자=작가에 대한 회의는 그리 유효하지 않다.

이 시기는 제국주의, 특히 일제에 의한 조선 지배가 현실화되던 시점이니만큼, 그에 따른 위기의식도 확연히 고조될 수밖에 없었다. 어떤 면에서 독자=작가의 목소리는 편집진보다 위기를 고지(告知)하고 저항의식을 독려하기에 훨씬 유용할 수 있었을 것이다. 가령 이들 시기 독자=작가들이 거의 예외 없이 필명이나 무기명을 쓰고 있는데, 이는 계몽가사의 비판적 강도가 매우 강했기 때문이다.[19] 그렇다면 이런

17 이 수치는 민찬 외편, 『대한매일신보의 시가』 Ⅰ~Ⅴ, 형설출판사, 2001~2002를 토대로 작성되었다. 김영철의 『한국 개화기 시가의 장르 연구』에 따르면, 『신보』 소재 가사의 총계는 699편으로 산정되고 있다. 1907년 5월 이전까지의 수치(30여 편)를 합산하고 연구자에 따른 기준의 차이를 고려하면, 총계의 차이는 그렇게 유의미하지 않다.

18 『신보』는 국한문(국문) 투고시를 1909.2.11~3.23 : 13편, 8.1~9.26 : 10편, 10.9~10.28 : 7편, 1910.3.8~4.29 : 9편을 집중적으로 게재한다. 이 시기에 실명을 제시한 독자=작가는 1명도 없다.

19 김영철에 따르면, 현실에 대한 비판적 성향이 약했던 『독립신문』과 『경향신문』은 독자투고의 실명화 경향이 강했고, 비판적 · 저항적 경향이 강했던 『신보』와 『신한민보』는 익명화 경향이 강했다(김영철, 앞의 책, 95면).

현상은 편집진과 독자의 이해와 목적이 가장 근접했기 때문에 발생한 사태로 이해될 수 있다.

국한문(국문)에 비한다면, 국문은 그 숫치도 적거니와 내용도 현실비판적인 것보다는 황실가의 안녕과 번영을 기원하는 내용이 다수를 점한다. 내가 '잡보'란의 국문 시가를 〈표〉에 따로 정리해둔 것도 이와 관련이 깊다. '잡보'란에는 이를테면 『신보』 창간자 배설(裵說, E. Bethell)의 죽음을 추모하는 가사 5편,[20] 나라의 재정 형편을 걱정하는 가사 2편[21] 등이 실려 국문 계몽가사에서 미처 보지 못한 현실이해와 비판의 면모를 엿볼 수 있다. 국문 가사의 미진한 점을 '잡보'의 국문 가사를 통해 엿보는 형국이랄까(이런 사정을 고려하면, 국문 가사와 '잡보'의 국문 가사를 함께 다루는 것도 꽤나 유용한 방법일 수 있다).

하지만 이를 충분히 감안해도, 『신보』의 국한문(국문)과 국문의 차별성은, 편집진의 국문에 대한 의지와 상관없이, 매우 근원적이다. 왜냐하면 재차 지적하지만, 자주적 독립과 문명을 둘러싼 계몽담론과 시가의 중심축은 어디까지나 국한문 계몽가사에 놓이는 반면, 국문 가사는 충군과 보국이라는 당위적 차원의 송가(頌歌)나 계고가(戒告歌) 차원을 벗어나지 못하기 때문이다. 이 부분 역시 『신보』의 표기체계 선택이 편집진의 의지 못지않게 독자의 편의성에 의해 견인되고 있음을 보여주는 장면 가운데 하나일 것이다.

---

20 「빅셜씨 상ᄉᆞ에 통곡」이란 동일한 제목 아래 김ᄌᆡ호(1909.5.9), 마리연 김(1909.5.12), 영연싱(1909.5.13), 한국싱(1909.5.14), 리인환(1909.5.30)의 가사가 차례로 실리고 있다. "대한국을 위ᄒᆞ여셔 ᄌᆞ긔ᄌᆡ산 잇ᄂᆞᆫᄃᆡ로 신문샤를 창셜ᄒᆞ고 죽게되ᄂᆞᆫ 대한인죵 아모됴록 살니"(김지호)느라 애쓴 배설의 공적을 치하하는 한편, 그의 유지를 잇기 위해 지속적인 『신보』 구독과 독립의 의지를 다지는 대동소이한 내용들이다.

21 최정현의 「경고 ᄌᆡ정가」(1908.10.20)와 류ᄌᆡ셩의 「ᄌᆡ정가를 권고ᄒᆞᆷ」(1909.2.27)이 그것이다. 그러나 엄밀히 말해 두 작품은 동일한 것으로 판단된다. 후자가 몇몇 부분을 제외하고 전자를 그대로 베꼈기 때문이다.

3. 관습의 반복과 갱신의 사이–국한문 투고시

『신보』의 투고시 중심은 역시 국한문 계몽가사이다. 따라서 이 텍스트들은 『신보』의 계몽기획 실현을 위한 정치적・문화적・언어적 기획들이 독자들에게 어떻게 침투, 수용되고 있으며, 또한 기획 의도에 어떻게 부합・길항・지연되고 있는가를 살펴보기 위한 주요 지표라 하겠다. 하지만 이 자리에서 77여 편 모두를 내용과 형식, 혹은 문체의 다양한 수준에 따라 분류하고 정리하는 일은 그리 적절하지 않을 듯하다. 그보다는 국한문 계몽가사의 특질과 양상을 대표할 수 있는 표본을 몇 가지 설정해, 그 사항들을 집중적으로 논하는 것이 훨씬 효과적일 것이다.

기준을 예시하자면, 첫째, 독자=작가의 열정과 관심, 글쓰기 능력을 보다 객관화하기 위해 투고편수가 많은 자, 둘째, 조선과 조선어를 타자화할 수 있는 세계인식과 공간을 점유하고 있는 시가, 셋째, 비유와 알레고리의 성격이 두드러지는 시가들이 그것이다. 이를 통해 독자 장(場)이란 새로운 지평에서 예외적 표본과 모범의 창출을 견인하는 국한문체의 모험과 함께, 오히려 그것을 지연 혹은 탈락시키는 다양한 차원의 '관습'을 구체화할 수 있을 것이다.

1_ 이 사항들을 살펴보기에 앞서, 『신보』 편집신이 처했을 딜레마를 상징적으로 드러내는 투고 가사를 주목해보자. 박은식으로 추정되는 '빅악산인'의 가사가 그것이다. 추정을 신뢰한다면, 그의 가사는

『신보』 전문작가의 그것과 미묘한 길항을 표상하는 텍스트로 작동할 것이다. 일반 독자=작가로 규정해도 당대 독자의 쓰기 관습과 그에 따른 새 언어체계에의 지연을 선명히 예시하는 텍스트로 모자람이 없다.

> ▲大路通衢長席上에 병門親舊列坐ᄒᆞ야 濁酒三盃夕陽天에 橫堅說去酬酌ᄒᆞᆫ다
>
> ▲禮義東方幾千年에 太古民情淳厚ᄒᆞ다 檀箕遺風尙存ᄒᆞ야 衣冠文物分明터니 忽地長夜駸駸ᄒᆞ야 범벅 天地되엿스니 나원氣막혀
>
> ▲海上三島雲霧中에 無數魍魎舞弄ᄒᆞ니 政府大臣魂을일어 阿附情態可觀이라 祖國疆土讓與ᄒᆞ니 千古惡名何意思오 나원氣막혀
>
> — 白岳山人, 「屛門酬酌」 부분(1908.2.27)

> ▲대로가상 쟝석우헤 로동자들 렬좌하야 횡셜슈셜 슈작ᄒᆞ니 마듸마듸 긔막힌다
>
> ▲오금쓰고 돈업스니 셕양텬과 둘붉을때 큰길좌우 지나가니 안쥬굽는 뎌냄식애 나원 긔막혀
>
> ▲례의동방 몃쳔년에 긔ᄌᆞ유풍 젼습ᄒᆞ여 의관문물 무던터니 범벅텬디 덤벙판국 나원 긔막혀
>
> — 빅악산인, 「시ᄉᆞ평론」 부분(1908.2.27)

「병문수작(屛門酬酌)」은 국한문에서 국문으로 번역되면서 흥미로운 텍스트 변이가 일어난다. 수작하는 주체가 '병문(屛門)친구'에서 '로동자들'로 대체되는데, 주체의 다른 지정이 가사의 형식과 내용을 간섭하는 형국이랄까. 국한문을 국문으로 번역할 때 일어나는 자구의 첨삭

을 제외하면, 변이의 핵심은 주체의 수작 내용이 재편집되거나 아예 삭제되는 것에 놓인다. 총 12연 중 10연만이 국한문과 국문이 대응을 이루며(하지만 순서가 다르다), 나머지 2연은 국한문과 국문이 서로 다르다. 이를테면 「屛門酬酌」 3연 "海上三島雲霧中에 ~"는 국문판에, 「시ᄉᆞ평론」 2연 "오금쓰고 돈업스니 ~"는 국한문판에 존재하지 않는다. 이런 수작 내용의 차이는 '병문친구'와 '로동자' 곧 『신보』의 국한문판과 국문판이 상정하는 독자의 차이에서 발생하는 것이다.

'병문친구'는 신분과 계층을 특정할 수 없는 반면 '노동자'는 그 사유와 행동을 대체로 짐작할 수 있다. 언어의 번역은 이런 독자층을 겨냥하여 수행되는 것이며, 해당 독자층에 보다 적합한 행위와 표현이 선택, 배치되는 것이다. 이런 차이에 의해 '병문친구'와 '로동자'가 아직 한 국민으로 통합되지 못한 채 잡거하고 있음이 분명해진다. 물론 편집진은 계몽의 수월성을 의도하여 주체와 언어를 분리했을 것이다. 그러나 전 인민을 계몽하기 위해 취해진 국한문과 국문의 동시 채용이 오히려 타파되어 마땅한 신분과 계급 차이를 무의식중에 드러내는 아이러니가 발생한다.

이런 아이러니는 줄기차게 국문 전용을 주장하면서도, 애초에 한문으로 출발한 편집진의 언어 귀속과 여전히 한문이 우세한 언어현실 상 국한문을 앞세울 수박에 없는 『신보』의 딜레마와 상통한다.[22] 요컨대

22 『신보』는 "세계렬국이 가기 제 나라 국문과 국어(나라방언)로 제나라 정신을 완젼케 ᄒᆞᄂᆞᆫ 긔초를 삼ᄂᆞᆫ 것이어ᄂᆞᆯ 오직 한국은 제나라 국문을 ᄇᆞ리고 타국의 한문을 숭샹ᄒᆞᆷ으로 제나라 말ᄭᆞ지 일허ᄇᆞ린쟈가 만"(「국문신보발간」, 『신보』, 1907.5.23)다고 보았다. 하지만 『신보』는 국문의 당위성에 대한 강조에 비해, 그 방법의 일종으로서 국한문 혹은 국문이 어떻게 한문과 결별할 것인가 또는 관계를 재구성할 것인가에 대한 구체적인 사유와 모색은 제대로 이뤄지지 않았다.

국한문에서 국문으로의 번역은 궁극적으로 국민 통합을 목적하지만, 아직까지는 계급과 신분에 따라 잡거하고 있는 국민 이전의 조선 종족을 징후적으로 드러내고 있는 것이다. 이 점, 『신보』의 국한문과 국문의 병존을 외면적 통합에 못지않게 내면적 분열 또는 분화의 관점에서 살펴보아야할 주요 요인에 해당한다. 투고시는 그런 점에서 『신보』의 가장 강력한 우군이면서 『신보』의 언어 지향을 지연시키는 의외의 저항군이기도 했던 것이다.

2_ 『신보』에 국한문 가사를 가장 많이 투고한 독자=작가로는 '아속생'(啞俗生, 4편)과 '아소자'(啞笑子, 3편)를 들 수 있다. 그래봐야 서너 편이니 과연 독자=작가를 대표할 수 있는가 하는 회의가 들 수 있다. 하지만 이들의 투고시는 불과 며칠의 차이를 두고 연속 게재되는 특이성을 보이고 있어, 편집진의 뜨거운 관심 또는 그들과의 특수한 관계를 떠올리게 한다.[23]

▲(蠅) 可憎하다너의鼠族 좀도적질手段나셔 虎疫倀鬼甘作ᄒᆞ여 自國人種陰害타
가 撲殺令에남은목숨 苟苟亡命可憐코나 慘酷ᄒᆞᆫ사네의身世 어ᄂᆡ곳에容身ᄒᆞᆯᄶᅡ[24]

23 전자는 「鸚鵡人物」(1909.11.28), 「團合爲上」(1909.12.1), 「魍魎世界」(1909.12.18)을, 후자는 「打租歌」(1909.10.19), 「動物觀覽」(1909.10.20), 「蠅鼠相話」(1909.10.23), 「勸酒歌」(1909.12.21)를 발표했다. 필명도 비슷한 이들이 순수한 독자=작가였는가에 대한 회의가 아주 없지는 않다. 왜냐하면 『신보』의 서사물은 순수 독자=작가일 때는 실명으로, 편집진이나 전문작가일 경우 필명이나 별호로 필자 표기를 하는 경우가 보다 일반적이기 때문이다(김영민, 「근대 작가의 탄생—근대매체의 필자 표기 관행과 저작의 권리」, 『제도로서의 '작가'』(심포지엄 자료집), 한국문학연구학회, 2009.6 참조). 이 암묵적인 규범은 시가에도 일정 부분 적용되었을 가능성이 크다. 또한 독자=작가가 단기간에 걸쳐 집중 투고하고 편집자가 또 그것을 집중 게재하는 양상 역시 투고 및 게재의 일반적 관습과 어긋나는 것으로 판단된다.

24 국문판 번역은 다음과 같다. "가통ᄒᆞ다 너의쥐들 좀도적질 수단나셔 괴질병의 챵귀되여 본

▲(鼠) ᄂᆡ歷史ᄂᆞᆫ이러하니 撲殺令이싸다만은 네行事를볼작시면 責人則明可笑롭다 逐臭營營다니면서 生命機關남의食物 廉恥업시샐어먹고 剝割人民일삼다가 虎列剌에 揚揚ᄒᆞ여 微菌虫을引導하여 流害全國ᄒᆞ려다가 驅逐令에魂飛魄散 더럽기도쪽이업다 네罪惡을勘處차만 琉璃獄이맛ᄃᆞᆼᄒᆞ다

—啞俗生, 「蠅鼠相話」 부분(1909.10.23)

▲戶外寒풍 瑟瑟ᄒᆞ고 壁上孤燈耿耿ᄒᆞᆫᄃᆡ 一枕輾轉不寢中에 時局事를思量ᄒᆞ니 千頭萬緖이ᄂᆡ心算 白盤經論許多ᄒᆞ나 畢竟에ᄂᆞᆫ所用업고 團合이니團結이니 陳談累說되엿지만 그以外ᄂᆞᆫ別數업다[25]

▲白紙張을들더ᄅᆡ도 마쥬들면가비엽고 盜賊질을ᄒᆞ더ᄅᆡ도 손마져야되리로다 二人同心ᄒᆞ더ᄅᆡ도 其利斷金ᄒᆞᆯ터인ᄃᆡ 千萬人이同心ᄒᆞ면 그利益이엇덜소냐 無論무슴일이던지 團合ᄒᆡ야되리로다

—啞笑子, 「團合爲上」 부분(1909.12.1)

「蠅鼠相話」는 각각 인천과 서울에서 세력을 구가하다 쫓겨나기에 이른 쥐와 파리가 우연히 만나 서로의 처지를 비웃다가 종국에는 "제반 악사(惡事)다버리고 장공속죄(將功贖罪)ᄒᆞ"기를 다짐하는 내용의 가사이다. 이즈음의 서사양식에서 곧잘 취해지던 토론 및 우화 양식을 끌어들인 것이 눈에 띈다. 독자=작가가 당대에 유행하던 시가와 서사

국인종 해ᄒᆞ다가 빅실경에 님은목숨 구구하세 괴탄ᄒᆞ니 가련ᄒᆞ시 너의신세 어딜가넌 살겟ᄂᆞ냐"

25 국문판 번역은 다음과 같다. "적막공방 지운밤에 전전반측 잠못자고 일념고등 벗을삼아 시국ᄉᆞ를 ᄉᆡᆼ각ᄒᆞ니 슬픈회포 ᄲᅮᆫ이로다 천만경륜 허다ᄒᆞ나 필경에ᄂᆞᆫ 쓸ᄃᆡ업고 단합이나 단결이니 진담루셜되엿지만 그이외ᄂᆞᆫ 별노업네"

에 비교적 능숙했다는 인상을 주는 대목이다. 「단합위상(團合爲上)」은 위기에 처한 시국을 걱정하다, 단결과 단합 같은 진부한 말이 대안일 수밖에 없음을 역설하고 있다. 당대 현실과 지배계급, 제국주의를 풍자하고 힐난하던 『신보』 특유의 내용과 형식에서 일탈하여, 주체들의 반성과 단결을 강조하는 점이 새롭다.

그러나 이를 제외하면, 현토체에 대단히 긴박된 국한문체라는 점, 상황과 행위가 사자성어 중심의 구태의연한 표현에 매몰되어 있다는 점, 현실 인식이 추상적이라는 점에서 그 한계가 분명하다. 주석 24와 25에서 보듯이, 번역된 국문 역시 여기서 크게 벗어나지 못하고 있다. 이런 국한문과 국문의 유사성은 독자=작가의 개성을 존중하고 살려주려는 의도와는 거의 무관하다. 번역진이 익숙한 언어 관습과 타협하면서 번역의 편의성을 취한 결과물일 것이다.

이런 상황에서 '빅악산인'의 가사에서 보았던 독자=작가의 텍스트에 대한 적극적 번역과 개입, 즉 판본별 독자에 부합하지 않는 상황과 행위의 삭제나 추가가 수행될 리 없다. 물론 거의 매일에 걸친 국한문 시가의 번역이 끼치는 중압감과 여전히 모범적인 국문체의 상(像)이 부재했다는 악조건은 편집진의 '관습' 준용에 대한 알리바이가 될 수 있다. 그러나 이 시기에 확연히 근대적인 최남선의 국한문체가 장편창가들과 『소년』 따위에서 활발하게 구축(構築)되어 갔음을 생각하면,[26] 그

26 임상석은 『소년』 문체의 획기적 성과로 "국문의 비중을 확대하고 문장구조에 일관성을 세워서 국문체의 가능성을 향상시킨 것"을 든다. 그러나 동시에 고유한 한문전통에서 지나치게 이탈함으로써 "획기적인 문체를 가지고도 시대 현안과 사상의 모색이 부진한 결과를 낳았다"(임상석, 앞의 책, 300면)고 본다. 『신보』 편집진의 국한문체 진화가 더딜 수밖에 없던 까닭을 설명해주는 주요 근거 가운데 하나일 텐데, 그러나 이런 사정은 독자=작가와는 비교적 거리가 멀어 보인다.

알리바이는 여러모로 불충분하고 제한적이다. 우리는 이런 관습의 힘과 그에 따른 언어 지연의 현실을 육당처럼 일본어의 근대화 현장을 체험했을 한 유학생의 투고가사에서 거꾸로 재확인하게 된다.

3_ 근대계몽기 조선어의 근대를 사유할 때, 이 복잡다단한 과정을 앞서 경험한 일본어의 근대는 많은 참조점이 된다. 일본어의 근대의 핵심은 한문 또는 일본고유어로 번역 불가능한 구미어(歐美語)를 효과적으로 이입하기 위해 이자(二字) 중심의 한자숙어를 새롭게 만드는 한편, 그것을 바탕으로 구문(歐文)을 직역한 것에 있다.[27] 이 신생의 한자숙어는 전래의 한문훈독체를 무너뜨리며 일본어의 근대를 실현하는 '문명'과 '진보'의 매개체이자 증거물로 간주되었다. 하지만 이 과정은 고유의 일본어로는 서구 문명을 번역할 수 없었다는 점, 결국 번역을 위해 또 다시 한자의 새로운 조합이나 의미 갱신에 의존할 수밖에 없었다는 점에서 중층적인 자기식민화를 초래하는 아이러니한 길이기도 했다.

사실 이것은 조선어가 처한 현실이기도 했다. 한자의 압도적 지배를 벗어나기 위해 고안된 것이 국한문체와 국문체였지만, 표기 문제를 제외하더라도, 특히 개념어의 한자 지배와 영향력은 여전했다. 이런 현실 속에서 신채호는 진보와 문명으로 포장된 일본 문물과 언어 현상을

27 코모리 요이치[小森陽一], 정선태 역, 『일본어의 근대』, 소명출판, 2003, 141~143면. 그는 이자 한자숙어의 예로 현재의 우리에게도 너무 익숙한 교육, 개량, 인민, 지식, 문체 등을 제시하고 있다. 최남선의 명민함은 이런 현실을 조선어에 재빨리 그리고 유효적절하게 적용시켰다는 데 있다. 『소년』, 창가, 신체시 등의 일본과의 근친성은 매체 및 장르 자체의 유사성보다 이런 언어적 현상의 유사성에서 찾아져야 될 지도 모른다.

최대한 제어하기 위해 량치차오(梁啓超)의 저작을 집중 번역하는 한편, 차라리 구미열국, 좁혀 말해 구문(歐文)을 직접 번역할 것을 주장하기도 했다.[28] 그러나 량치차오가 일본의 근대를 거쳐 중국의 근대화를 견인한 계몽가였음은 주지의 사실이다. 조선 역시 언어에서 이중의 자기식민화를 제어하기 힘든 형편이었음이 여기서 확인된다.

▲웃쑥ᄒᆞ다各社會여 教育實業目的ᄒᆞ고 團合主義提唱ᄒᆞᆯ제 眞心熱性根本숨아 其ᄃᆡ로立志하면興

▲웃쑥ᄒᆞ다青年이여 二拾世紀新舞臺는 知識업고못되나니 忠君愛國工夫ᄒᆞ야 其ᄃᆡ로立規하면興

▲웃쑥ᄒᆞ다女子界여 賢母良妻造端이라 洋服치마바로잡고 女慕情熱본밧어셔 其ᄃᆡ로立節하면興

—琢玉子, 「旅窓十興」 부분(1908.11.28)

옥을 다듬는다는 필명에 걸맞게 독자=작가는 일본 유학생이다. '여모열정' 정도를 제외하면 한문을 국문으로 바꾸어도 독해에 거의 지장이 없다.[29] 이는 일본에서 주로 배웠을 근대 한자어를 본격적으로 채택하여, 근대어 체계에 방불한 문장구조를 설립하고 있기 때문에 가능하다. 『신보』의 보편적 가사와는 상당히 이질적인 작품임이 여기서 증명된다. 어느 가사보다 새로 조립된(수입된) 한자어가 풍부하며, 조선

28 「어학계의 추이」, 『신보』(국문판), 1910.4.10. 국한문판은 동일한 제목으로 1910년 4월 9일 게재.

29 '興'이 불러일으키는 리듬감과 의미의 충돌도 꽤나 재미있다. 『신보』에서 '흥'은 주로 냉소와 비난을 위해 사용되는데, 한자로 적음으로써 그 음성 효과를 뒤집는 것이다.

의 근대화 가능성을 긍정적인 입장으로 조망하고 있다. 비록『신보』에 수록되었지만, 작품의 경향은 오히려 최남선의 그것에 가깝다.『신보』의 제한된 국면을 독자가 넓히고 있는 형국인데, 이것은『신보』의 시야 확장과 시각 전환을 내부적으로 촉구했을 것이란 점에서 유의미한 분열 또는 분화가 아닐 수 없다.

▲世界萬國遊覽코져 飛行船을搭乘ᄒᆞ고 碧空中에소사올나 風塵世界俯視ᄒᆞ니 萬國都城如螻蟻오 天家豪傑醢鷄라 橫劍大笑仍呑聲은 或恐彼日警落이라 執筆隨見첩記錄은 但爲同胞警醒이라

▲維新奮發四十年에 兩會戰爭獲勝ᄒᆞᆫ후 太平洋中뎌三島가 日中之時當ᄒᆞ엿네 上野公園뎌櫻化ᄂᆞᆫ 十日紅을자랑ᄒᆞ고 芙蓉山上噴火穴은 萬丈烟焰吐出이라 壯ᄒᆞ도다亞細亞에 日本國이뎌긔로다

▲無量頭뢰無量血노 帶羞山河洗滌ᄒᆞᆫ후 新天新地新建國에 共和福祿安享ᄒᆞ니 文明化가燦爛ᄒᆞ고 自由鍾이搖亂ᄒᆞᆫ되 으락키山上上峰에 一幅花旗翩翩이라 아름답다北美洲에 合衆國이뎌긔로다

— 飛行客,「世界漫遊」 부분(1910.2.27)[30]

하지만「세계만유」는, 우리의 기대와 달리「여창십흥」의 언어현실과 세계인식이 오히려 특수한 것일 수 있음을 반증한다. 비행기를 타

30 일본(2연)과 미국(4연) 사이에 이태리를 찬양한 3연이 있으나 생략했으며, 마지막 4연은 남미 열국을 다루고 있다. 영국과 프랑스 등 선진 제국이 아니라 이즈음 신흥강국 혹은 문명국으로 떠오르던 나라들을 칭송하고 있는 점이 특이하다. 문명과 반개(半開) 혹은 야민의 기로에 서 있던 조선의 미래를 향한 동일화 대상으로는 오히려 이들이 현실적이고 적절했음을 독자=작가는 인식하고 있는 것이다.

고 세계를 둘러보는 일은 대단히 근대적인 경험이다. 그러나 이 경험은 대중매체를 통해 획득된 간접경험일 터, 거기서 때로는 시대착오적인 착시가 발생한다. 가령 신흥문명국을 향한 추상적인 동일화 욕망과, 조선 점령과 지배를 이미 획정 짓고 있던 일본에 대한 직설적인 찬탄과 부러움을 보라.

그렇다면 기껏 토씨와 동사 'ᄒᆞ다' 정도만 국문인, 다시 말해 한문적 관습에 밀착된 독자=작가의 사유와 쓰기는 이런 추상성이나 착시와 아주 무관한 것일까? 완고한 한문투는 「여창십흥」에 제시된 근대적 개념과 경험, 그것의 번역과 표현을 얼마간 가로막고 있다고 보아야 할 것이다.[31] 새롭게 언어화되지 않은 근대적 사태들은 구체적 이해와 형태를 배정받지 못한 결여와 미달의 형식이란 점에서 '아직 아닌' 것들일 수 있다. 「세계만유」에 제시된 각국의 사정과 이미지가 전혀 고유한 개성을 획득하지 못한 채 관습적 이미지와 표현으로 일관되는 것은 이 때문이다. 근대적 경험의 부재 혹은 간접성이 『신보』 편집진에게 물질문명에 대한 공포와 정형화된 비판을 불러왔다면, '비행객'에게는 현실과 동떨어진 환상과 선망을 강화하고 있는 형국인 것이다.

하지만 근대의 발명품 국한문체(편집진)는 적어도 제국과 식민지의 서열을 체계화하는 만국공법의 차가운 힘을 꿰뚫고 있다는 점에서 현실과의 긴장 혹은 접점 형성에 거의 실패하고 있는 한문체('비행객')와

31 원문의 피상성이 번역의 밀도마저 제한하고 있음을 확인하기란 그리 어렵지 않다. 가령 2연은 "전국힘을 다드려서 량ᄎᆞ전징 ᄒᆞᆫ연후에 태평양에 청정도가 ᄒᆞᆫ시절을 맛낫다고 샹야공원 잉도화는 십일홍을 ᄌᆞ랑ᄒᆞ고 부용산에 불구녁은 독ᄒᆞᆫ연긔 ᄂᆡ뿜는다 굉장ᄒᆞ다 아셰아에 일본국이 더귀로다" 일본 문명의 구체적 사정은 여기서도 전혀 드러나지 않고 있다. 아니 '유신'이란 말이 빠짐으로써 더 추상화된 느낌마저 든다.

크게 구별된다. 이로써 『신보』에 '문명'을 둘러싸고 그것을 읽고 표현하는 세 가지 층위의 국한문체가 병존하고 있었음이 분명해진다. 그런 의미에서 세 가지의 국한문체는 문명과 현실을 향해 좌충우돌하고 있던 조선인들의 몇 갈래 영혼과 사유를 대변하는 것으로도 얼마든지 읽힐 수 있다.

4_ 시로서 계몽가사의 성격을 논한다는 것은 여러모로 곤혹스럽다. 장르 귀속을 따진다면 계몽가사는 시가(詩歌), 좁혀 말해 노래의 성격을 거세당한 읽는 시가라 할 것이다. 일찍이 임화가 말했듯이, 계몽가사나 창가는 계몽기획의 순연한 추진을 위해 "낡은 운문에다 새로운 정신을 불어넣는 일로부터" 출발한 형식들이다.[32] 근대자유시의 출발과 완성에 초점을 맞춰온 근대시사의 연구관행을 생각하면, 계몽가사는 애초부터 미달의 형식으로 타자화될 수밖에 없었다.

그러나 전근대의 형식을 빌미로 근대적 의미의 '시적인 것'의 결여를 자동화하는 관점은 매우 그릇된 것이다. 당대의 관점에서 본다면, 낡은 형식의 변이(정통가사 → 계몽가사)와 근대에 연루된 삶의 투사, 그것의 표현체인 언어형식의 차이는 몹시 이질적이며 충격적인 '시적인 것'의 출현을 예고하는 지표였을지도 모른다.[33] 이런 현상은 과연 투고시

32 계몽가사와 창가의 결정적 차이는 전자가 대중 속에서 불려지는 노래의 기능을 거의 상실한 반면, 후자는 "새로 수입된 서양음악을 토대로 하여 형성된 노래"의 기능을 수행한 종류와 "노래되지 아니한" 종류로 양분되어 존재했다는 것이다(임화, 임규찬 외편, 『임화 신문학사』, 한길사, 1993, 150·154면). 물론 자유시의 등장과 함께 "노래되지 아니한" 창가는 급격히 소멸되어 간다.

33 이 가운데 가장 이질적인 요소를 꼽으라면, 아마도 어느 날 문득 툭 던져진 박래품 같았을 국한문체나 국문체였을 것이다. 한시를 비롯한 재래의 시가들은 독창성보다는 전거(典據)에의 통달과 전유, 그러니까 대체에 가까운 자기화가 더 중요한 경우가 많았다. 따라서 근대에

에 얼마나 잠재되어 있는가, 혹은 발현되고 있는가.

▲滿城花柳繁華하고 朱樓畵閣月黃昏에 白馬郎은已去ᄒᆞ고 新佳郎이又至ᄒᆞ니 粉黛冶容美人들이 新情夫를結緣코ᄌᆞ 百般媚態다부린다

(그佳郎은누구라나 官爵놉고勢力존이)

▲뎌美人을볼작시면 情夫오ᄂᆞᆫ消息듯고 中路ᄭᆞ지쏫차가셔 攜手同車올나올제 慇懃ᄒᆞᆯᄉᆞ뎌情誼난 膠漆인들비ᄒᆞᆯ손가 그情態가可觀이오

(그美人은누구라나 南村에다집진이)

▲짝ᄒᆞ도다우리집안 至貧且窮이時節에 婦女들이放蕩ᄒᆞ니 家道興旺ᄒᆞᆯ슈잇나 賢妻之思간졀ᄒᆞ야 寤寐不忘ᄒᆞ건마ᄂᆞᆫ 窈窕淑女어대잇나

(남의집의婦女들은 貞淑ᄒᆞ야成家ᄒᆞ데)

— 戒蕩子, 「美人情態」 부분(1909.6.29)[34]

초대 조선통감 이토 히로부미[伊藤博文]를 이어 소네 아라스케[曾禰荒助]가 부임했을(1909.6) 때의 난맥상을 풍자한 가사다.[35] 새 통감에게 줄을 대려는 조선 관료와 모리배를 음탕한 미인(美人)으로 형상화하는 비유의 시도가 이채롭다. 물론 이것은 무엇보다 통감부의 검열을 피하기 위한 우회 전략의 산물일 것이다. 그러나 이 비유는 개성적이기는 커녕 하나의 클리셰에 불과하다. 낭군을 연모(여기서는 색정(色情)에 가깝다)

적절한 민족어 표기체계의 발명과 갱신은 이런 시적 규범을 끊임없이 위협하고 뒤흔드는 위험인자가 아니고 그 무엇이었겠는가.

34 총 6연의 가사인데, 편의상 3~5연을 빼고 1~2연과 6연을 제시하였다.

35 '白馬郎'(호사를 부리는 정인)은 이토를, '新佳郎'(잘난 새로운 정인)은 소네를 가리킨다. 이에 대해서는 민찬 외편, 『대한매일신보의 시가』 V, 형설출판사, 2002, 156면 참조.

하는 '미인'은 이미 송강가사의 전유물 가운데 하나였다. 송강가사를 전유하면서 생성되고 확장되어온 중세의 범론적 익명성이 「미인정태(美人情態)」를 지배하는 형국인 것이다.

물론 송강가사의 차용은 이 작품의 낭송 효과, 그러니까 "딱딱한 산문적인 문체보다는 운문적인 문체가 되기 마련이며, 내용 또한 복잡한 심리묘사보다는 줄거리나 교훈적인 메시지 중심으로 전개되기 마련"인 효과를 생산한다. 그런 의미에서 이 작품은 매체 특유의 시각적인 독서법을 생소해 하며 여전히 낭송을 요구하던 대중독자의 관습[36]과 잘 맞아떨어진다.

그러나 낡은 형식과 내용, 그리고 표현의 차용은 미적 감흥을 저하시키고 여성에 대한 전근대적 인식과 편견을 더욱 공고화하는 맹점을 확산시킨다. 세계인식과 언어에 걸친 전근대성이 일상과 삶을 점점 압박하는 근대적인 것을 통과해가며 형성되고 분출되는 '시적인 것'을 가로막는다고 해야 할까.[37] 계몽기획의 열정적 실천자이기는 마찬가지였던 『소년』의 최남선이 그래도 '시적인 것'의 발견과 표현에 보다 익숙했던 것은 서투르게나마 근대적 경험과 욕망을 근대적 언어체계에 실을 줄 알았기 때문일 것이다. 과장해서 말한다면, 이런 새로운 영역들의 조합 자체가 대단히 낯선 형태의 '시적인 것'으로 비쳤을지도 모른다. 『소년』이 대대적으로 특정 형식과 새 언어를 요구하는 신체시를

36 위의 인용과 이런 설명은 홍정선, 앞의 글, 76~77면

37 국한문체를 번역한 국문체 가사는 한문체와 거리가 더욱 멀기 때문에 이런 관습에서 훨씬 자유롭다는 느낌을 주기도 한다. 그러나 통사구조를 조선어순에 맞게 해체하고 재배치하는 것으로서는 국한문체에 대한 종속성에서 벗어날 수 없으며 또한 문체혁신이라는 비약을 이루기도 어렵다(신지연, 『글쓰기라는 거울』, 소명출판, 2007, 53면). 번역된 국문체에서도 관습의 구심력이 새로운 '시적인 것'의 탄생과 도약을 가로막고 있기는 마찬가지인 것이다.

공모했으나,[38] 단 한 편의 투고시도 게재할 수 없었던 사정도 관습의 편안함과 안이함이 새로운 '시적인 것'에 대한 욕망을 압도했기 때문은 아니었을까. 그런 점에서 다음 투고시는 여러모로 시사적이다.

> ▲訓練院을바라보니 敎鍊場이廣闊ᄒᆞᆫ데 突擊ᄒᆞᄂᆞᆫ號令소리 귀에쟁쟁들리는 듯 行陣ᄒᆞ던諸般形像 눈에암암보히ᄂᆞᆫ듯 養成하던그軍隊가 而今에ᄂᆞᆫ安在哉오 練兵ᄒᆞ던뎌마당이 ᄀᆡ똥밧이되엿고나 뎌風景도感慨處오
>
> ▲獨立館을바라보니 舊日顏色全無ᄒᆞ야 無情芳草쳐쳐ᄒᆞᆫ데 獨立門만前과ᄀᆞᆺ치 웃뚝ᄒᆞ게셔잇고나 撫今懷古ᄒᆞ고보니 ᄋᆡ달을ᄉᆞ氣가막혀 漐涙滿襟ᄒᆞᄂᆞᆫ도다 堂堂大韓獨立館이 日人學校되단말가
>
> 뎌風景도感慨處오[39]
>
> —探春生, 「終南行」 부분(1910.3.20)[40]

국한문체이되, 조선어법에 충실한 구절과 한문체를 준수하는 구절

---

38 기준을 살펴보면, "○語數와 句數와 題目은 隨意. ○아못조록 純國語로 하고 語義가 通키 어려운 것은 漢字를 傍付함도 無妨하고. ○篇中의 措辭와 構想에다 光明 純潔 剛健의 分子를 包含함을 要하고. ○技巧의 點은 別노 取치 아니함." 『소년』 2년 1권(1908.1) 참조. 시쓰기에 통용되던 전거와 차용의 금지, 그것을 언어적으로 구현하던 한문의 금지는 구세대 지식인들에게는 새로움이기에 앞서 엄청난 충격이자 억압이었을 것이다.

39 이 부분의 국문 번역은 다음과 같다. "독립관을 ᄇᆞ라보니 녜젼모양 전혀업셔 무졍방초 쳐쳐ᄒᆞᆫᄃᆡ 독립문만 웃뚝ᄒᆞ게 젼과ᄀᆞᆺ치 셔잇도다 고금ᄉᆞ를 ᄉᆡᆼ각ᄒᆞ니 긔막히고 ᄋᆡ닯도다 당당대한 독립관이 일인학교 되단말가 뎌경형도 ᄆᆞ옴샹코" 비교해보면 알겠지만, 국한문의 정서와 감각이 보다 복합적이며 생생한 편이다.

40 논의를 보다 예각화하기 위해 총 7연 가운데 4연과 6연을 취했다. 앞의 연들과 달리, 7연은 학교교육과 실력양성을 토대로 애국청년을 양성하여 자유와 행복을 쟁취하자는 계몽담론으로 구성되어 있다. 이처럼 투고시의 상당수는 절망적 상황에서 희망을 갈구하는 형식으로 귀결되는 특징을 보여준다. 문명과 현실에 대한 냉소가 앞서가는 편집진의 가사와 꽤나 대비되는 현상이다.

이 뒤섞인 모양새가 특징인데, 강요된 문명 앞에 던져진 독자(개신유학자)의 복잡한 심사를 표상하는 것처럼 느껴진다. 자못 혼란스런 문체의 행진을 보면, 근대와의 접점이 이끌어내는 '시적인 것'의 경험은 기대 밖일 듯하다.

그러나 「종남행(終南行)」은 「미인정태」에 비해 훨씬 시적이다. 우선 우리말과 한문의 음성상징을 자유자재로 활용함으로써 낭패감과 굴욕감, 서글픔 등이 혼재된 자아의 정서를 효과적으로 제시하고 있다. 구체적인 정조(情調)의 창출은 무엇보다 강요된 근대의 모순과 우울한 전망을 장악하는 한편, 그것을 눈앞의 현실에 가까운 이미지로 그려냈기 때문이다. 말하자면 '관습'의 구심력을 효과적으로 활용함으로써 오히려 처처한 내면에 생동감을 부여하고 있는 것이다. 대상과의 거리화에 집중하는 『신보』 편집진의 풍자가 곧잘 무력한 냉소로 변질되는 반면, 문명의 이면을 파고들어 그것의 양면성을 간파하는 「종남행」의 리얼리티는 파토스에 방불한 근대적 격정을 단속적으로나마 허락한다는 사실. 기억해 마땅한 「종남행」의 미적 근대성 가운데 하나일 것이다.

4. 투명한 언어의 안과 밖—국문 투고시

국문의 대중성과 민속성을 자명한 것으로 전세한 최초의 대중매체는 『독립신문』이었다. 그들의 주장에서 "상하귀쳔이 다보게 홈"에 지시된 쓰기와 읽기의 민주화, "정부에셔 닉리는 명녕과 국가 문젹"의 공통적 이해가 가져올 삶의 합리화, "외국물졍과 닉지 ᄉ졍"의 정확한 파악을 통한 세계와 민족에 대한 공통감각의 향상 등에 대한 의도가 분명하게 느껴진다.[41] 비록 문명의 방법과 향방을 둘러싼 계몽기획의 편차가 『독립신문』과 『신보』 사이에 가로놓여 있지만, 전자가 제시한 국문의 대의는 후자의 그것과 크게 다르지 않았다.

그러나 이들의 대의와 언어현실의 편차는 의외로 컸으며, 당시의 언어체계의 대세는 국한문이었다.[42] 『신보』의 국한문-국문 병간이 대표적인 예이지만, 국문은 국한문을 참조하며 쓰기의 편의성에 사유와 담론의 풍부성과 고도성을 결합시키기 위해 심혈을 기울였다. 하지만 고급화된 사유와 담론의 필요성은, 표기에서 국문의 지배력 확장과는 별도로, 끊임없이 근대 한자어의 창조와 차용을 강화하는 아이러니를 낳는다. 표기체계로는 가장 민족적이며 투명한 국문의 비애가 본격화되는 지점이 여기 어디쯤일 것이다.

물론 이 글의 대상인 『신보』 계몽가사의 경우, 이런 언어적 사태와는 얼마간 거리를 두고 있다. 여전히 한문 '관습'이 우월했기 때문에, 신조어의 출현과 그것을 통한 근대적 경험의 표현이 더뎠던 탓이다. 언어 '지연'의 수준과 편차가 국한문과 국문, 전문작가(편집진)와 독자=

41 「논셜」, 『독립신문』, 1896.4.7.

42 이와 관련해, 국한문 가사인 鼓吹生의 「國文歌」(1909.10.22)와 將川生의 「國文歌」(1910.4.5)는 여러모로 시사적이다. 제목으로 보아 국한문판 독자들에게 국문 사용을 권장하는 가사일 듯하다. 그러나 전자는 당시 유행하던 '십진가' 형식을 빌려, "可憐ᄒᆞ다우리同胞" "나라파는더 大官은" "다라라는더歲月"에서 보듯이 당대 현실을 풍자하고 비유하기 위해 '가'에서 '마'까지를 동원하고 있다. "가장貴한大韓青年" "나라일을ᄒᆞ는ᄯᅢ는"에서 보듯이 후자 역시 '가'에서 '하'까지 동일한 방법을 사용하고 있다. 다만 긍정적 현실과 미래를 조망한다는 점이 전자와 다를 뿐이다. 국문은 목적이 아니라 일종의 수단인 셈이다.

작가의 상호 조합에 따라 크게 달라지고 있음은 지금까지의 논의로도 충분히 인지된다.

그러나 문제는 현토체 국한문을 제외하면 언어 지연이 독자=작가의 국문 가사에서 가장 크다는 사실이다. 이런 결과는 무엇보다 독자=작가의 아마추어리즘 때문이겠지만, 세계를 표상하고 내포하는 국문의 미성숙 역시 주요한 원인 제공자일 수밖에 없다. 바른대로 말해, 이런 한계는 오로지 계몽담론의 설파를 목적했던 『신보』 편집진에 의해 조장된 측면도 없잖다. 가령 국문 가사가 배설의 서거 추모와 황실의 안녕 기원, 그리고 재정가들에 대한 경고 등 지극히 한정된 영역에 배정되고 있음을 떠올려보라.[43] 이제 우리는 그 한계가 국문의 세계와 존재 이해, 그것들에 대한 표상 능력과도 밀접하게 연관되어 있음을 새삼 확인하게 될 것이다.

1_ 1905년 을사조약을 계기로 대한제국은 일제의 보호국으로 공식 편입되었다. 식민화의 효력은 고종의 강제 퇴위와 순종의 즉위(1907.7)로 외면화되었으며, 근대의 향방 역시 자주독립보다는 문명개화에 방점이 찍히기 시작하였다. 실질적인 국가 상실 시대에 제왕의 권위와 지배력은 무력한 것일 수밖에 없었다. 이를테면 메이지 천황의 전국 순행(巡幸)은 신민=국민의 획득 과정이자 일본적 정체성을 심화하는 등

43 이런 의례를 벗어난 가사로는 유영준의 「여자지남 찬송」이 주목된다. 1908년 5월 여자교육회가 발간한 『女子指南』을 찬송한 것인데, 이 잡지는 한국 여성잡지의 효시로 알려져 있다. 여전히 사자성어를 많이 쓰고 있으나, 고루한 사자성어('홍몽미시' '혁구풍신' '천유반년')보다는 '문명개화' '애국사상' '학문비양' '국민의무' '국권회복' '부국강병' 등 근대 지향의 한자어들이 중심을 이루고 있다.

일본적 공통감각의 부여 행위였지만,[44] 이토 히로부미가 동행한 순종의 전국 순행(1909)은 조선의 식민화를 공식화하는 과정에 지나지 않았다는 점에서 기만적이었고 의례적인 행위에 불과했다.

이런 곤혹스러움 때문이었을까. 『독립신문』 시가(詩歌)에서 일상에 가까웠던 제왕에 대한 충군애국의 설파가 『신보』에서는 거의 눈에 띠지 않는다. 가사의 초점이 현실의 계몽과 비판에 집중된 탓도 있겠지만, 국한문과 국문 가사를 합쳐도 6~7편에 불과한 형편이다. 그것도 신년과 개국절, 건원절(순종의 탄생일) 따위의 의례적인 행사에 집중되어 있다.[45] 선진 제국의 경우, 군주의 권위와 정통성을 강화하는 의식과 전통의 발명 및 보편화의 수행에 대중매체가 주요한 역할을 담당했음을 떠올리면, 이런 현상은 차라리 기이하게 느껴진다.[46]

▲오ᄇᆡᆨ여년 우리 황실은 인션ᄒᆞᆫ 덕화요 문명ᄒᆞᆫ 졍치라 셩ᄌᆞ신손이 계계승ᄒᆞ샤 이졔ᄭᆞ지 니르럿스니

북악산이 슛돌ᄀᆞᆺ고 한강슈가 씌ᄀᆞᆺ도록

대한국조 무궁ᄒᆞ야 억만년을 누리소셔

44 이에 대한 자세한 내용은 다카시 후지타니, 한석정 역, 『화려한 군주－근대일본의 권력과 국가의례』(이산, 2003)의 '2장 행재소에서 제국의 수도로' 참조.

45 국문판 : 심향싱, 「시ᄉᆞ평론」(1909.8.27), 심향싱, 「셩졀경축가」(1909.9.8), 숑은싱, 「곤원절경축」(1909.9.10), 국한문판 : 「新年頌祝歌」(1908.1.1), 「開國紀元節慶祝謹頌歌」(1908.8.14), 「慶祝壹闋」(1908.8.27), 「特別慶祝」(1909.3.25), 慶祝生, 「乾元節」(1910.3.25). 흥미롭게도 국한문은 1908년에, 국문은 1909년에 집중되어 있으며, 작가 역시 편집진과 독자로 분할되어 있다. 당대 현실, 특히 제왕 및 국가와 관련된 『신보』의 시각과 태도 변화를 암암리에 드러내는 장면으로 이해해도 무방할 듯싶다.

46 『신보』는 제왕의 상징성 생산보다는 '국민적 영웅'과 '영웅적 국민'의 대망과 창출에 더욱 주력한 것으로 판단된다. 이에 대해서는 정선태, 「근대계몽기 민족・국민 서사의 정치학」, 이화여대 한국문화원 편, 『근대계몽기 지식의 굴절과 현실적 심화』, 소명출판, 2007 참조.

▲이쳔만즁 우리 동포ᄂᆞᆫ 츙효잇ᄂᆞᆫ 사ᄅᆞᆷ이오 의리 아ᄂᆞᆫ ᄇᆡᆨ셩이라 군ᄌᆞ국에 ᄉᆡᆼ
쟝ᄒᆞ야 셩현의 유풍을 일치 아니ᄒᆞ엿ᄉᆞ니
아교풀에 칠합ᄒᆞᆫ듯 지남셕에 바늘붓듯
변통업시 합동ᄒᆞ야 단톄사회 되옵소셔

—심향ᄉᆡᆼ, 「시ᄉᆞ평론」 부분(1909.8.27)[47]

조선 특유의 충군애국 사상이 편만한 가사로, 이미 식민지 근대로 진입한 대한제국의 위상과 현실을 생각하면 퇴행적이기 짝이 없다. 황실의 안녕을 기원하는 서사와 비유 역시 관습적이고 구태의연하다. 심지어 5연에서 "독립권이 ᄌᆞ직"한 것으로 보면서, "동편으로 태평양과 셔편으로 대셔양을 폭원즁에 다녀허셔 통일텬하 ᄒᆞ"라는 허망한 염원까지 태연자약하게 발설하고 있다.

그것이 의식의 선진성이겠지만, 적어도 편집진의 「新年頌祝歌」는 황제의 안녕 기원이 독립과 자유를 위한 것임을 분명하게 말하고 있다.[48] 이런 사정을 감안하면, 텍스트의 국문체는 표기를 제외하고는 근대성의 범주와 거의 무관하다. 사자성어와 한문식 문장배열을 탈피하고는 있지만, 이 국문체는 의식과 표현에서 전근대에 철저히 종속되어 있다. 다면적이기 짝이 없는 근대에 접촉된 정치적 의식과 내면의 발현 모두에 실패하고 있는, 의례적인 용비어천가의 표기도구인 것이다. 독

47 순종의 즉위 2년을 기념하여 씌어진 작품으로, 이를 알리는 서설과 총4연의 가사로 구성되어 있다. 여기서는 1연과 2연을 취했다.

48 마지막 17연은 "獨立萬歲自由萬歲 大韓帝國萬萬歲 大韓每日申報萬歲"로 되어 있다. 이 작품은 강제 퇴위당한 고종의 안녕(七. 二千萬입壽를불네 太皇帝ᄭᅴ進上ᄒᆞ며 八. 四千萬손福을빌어 太皇帝ᄭᅴ奉獻ᄒᆞ며)을 특히 강조하고 있다.

자=작가를 빌린 『신보』 편집진의 체면치레가 국문의 근대적 진화는커녕 구시대의 장(場)으로 역주행하는 기이한 사태를 불러온 꼴이다.

2_ 고독한 개인을 전제하는 근대적 독법, 즉 묵독(默讀)은 계몽담론의 신속한 확산에 불리할 수밖에 없다. 창가나 계몽가사는 비록 읽는 형태일지라도 일정한 정형률을 유지함으로써 독자에게 익숙한 낭송의 전통을 보장했다. 근대계몽기의 낭송은 개인을 넘어 집단의 읽기, 즉 들려주기를 통해 문맹 상태의 군상들을 매체의 의식 내로 끌어들일 수 있다는 점에서 매우 효과적인 읽기 형식이었다. 단적인 예로 근대계몽기 신문종람소의 설치와 확대는 대중에게 계몽의식을 전파하는 유의미한 제도였는바, 무식자들은 유식자의 낭송을 통해 당대 현실을 간파하는 한편 계몽담론에 집단적으로 감염되어 갔던 것이다. 요컨대 낭송은 개인적인 독서 행위 없는 독자의 탄생과 확대를 가능케 한 유쾌한 구술문화였던 것이다.[49]

이 자리에서 낭송의 전통과 그것의 집단감염 효과를 꺼내든 것은 '잡보'란에 실린 「경고 지정가」의 특이성 때문이다. 앞서 언급한 대로, 이 작품은 약 4개월 뒤 약간 변형되어 「지졍가를 권고홈」(류지셩, 1909. 2.27)으로 다시 실린다. 만약 저작권이 인정되던 시대라면 표절 판정을 받았을 글이 버젓이 게재된 셈이라, 편집진의 의도가 궁금하지 않을 수 없다.

---

49 낭독과 낭송, 구연을 포함하는 음독(音讀)의 본래적 의미와 효과, 근대 조선에서의 수행 현실에 대해서는 천정환, 『근대의 책 읽기—독자의 탄생과 한국 근대문학』, 푸른역사, 2003, 108~119면 참조.

엇지ᄒᆞ여 이리됏나 교육업ᄂᆞᆫ 연고로다 아모동리 아모촌에 ᄯᅳᆺ좀잇다 ᄒᆞᄂᆞᆫ쟈가
교육업시 못될줄을 ᄉᆡᆼ각ᄒᆞ고 씌다러셔 발긔ᄒᆞ고 발동ᄒᆞᆫ들 ᄌᆡ정업시 ᄒᆞᆯ수잇나
이런ᄉᆞ졍 셜명ᄒᆞ야 ᄌᆡ정가에 통긔ᄒᆞ면 ᄒᆞᆯ수업ᄂᆞᆫ 핑계ᄒᆞ고 이마ᄅᆞᆯ 찌푸리네
학교보조 업다면셔 단셩샤에 츌입ᄒᆞ고 공익샤회 보조안코 긔ᄉᆡᆼ집에 츌입ᄒᆞ고
고ᄋᆞ보조 ᄒᆞᆫ푼안코 ᄉᆡᆨ쥬가에 츌입ᄒᆞ네 곳치시오 곳치시오 ᄆᆞ음들좀 곳치시오

— 최경현, 「경고 ᄌᆡ정가」 부분(1908.10.20)[50]

제목 그대로 재정은 풍부하지만 나라, 특히 교육을 위해 돈을 쓸 줄 모르는 부자들을 비판한 가사이다. 1907년 국채보상운동을 열정적으로 전개했던 『신보』이고 보면, 이 작품의 게재는 전혀 이상할 것이 없다. 그런데 왜 하필 국문판에만 실렸는가 하는 점이다. 당대의 정황상, '재정가'는 보통의 인민들보다 유식자일 가능성이 크다. 따라서 그들에 대한 비판은 국한문판에 실려야 제격일 듯싶다.

하지만 전형적인 계몽가사 형식을 벗어나 있다는 점, 재정가의 그릇된 행위를 통해 당대 현실을 거의 직핍하게 조망하고 있다는 점, 다른 가사에 비해 근대적 국문체를 비교적 능숙하게 구사하고 있다는 점 등은 국문판 게재의 당위성을 보장한다. 이런 진보성은 「경고 ᄌᆡ정가」가 보다 집단적인 감염 효과를 노렸음을 암암리에 시사한다. 이 작품의 핵심은 교육 및 공익 관념의 부재가 국권의 피탈을 가져왔으므로 국권회복을 위해서는 공익의 보조와 교육발달에 진념해야 한다는 것이다.

50 원문은 1행 4구 형식이지만, 여기서는 편의상 원문의 2행 8구를 합쳐 1행으로 배치했다. 이 작품은 1연 33행 형식을 취하고 있는 까닭에 계몽가사 특유의 반복되는 어구가 등장하지 않는다.

그러나 이즈음 교육의 부재는 자본 투자의 미비 탓만으로 돌리기는 어렵다. 그에 못지않게 교육의 필요성에 대한 백성의 무지와 일제가 주도하는 근대(≠식민지) 교육에 대한 의도적 거부[51]가 주요 원인이었음은 주지의 사실이다.

근대교육의 지연과 거부는 시대착오적인 충군애국주의의 보루이자 국민국가의 가능성을 억압한다는 점에서 개화파는 물론 개신유학자들에게도 아연실색할 사태였을 것이다. 교육책임 방기의 비윤리성과 퇴행성을 재정가들에게 퍼붓는 현장을 독자=청중들에게도 보여줌으로써 일거양득의 계고 효과를 거둘 필요성이 여기서 생겨난다. 입말투에 보다 근접한, 그리고 순국문으로 씌어 이해가 편리한 가사는 낭송 효과가 더해질 경우 이런 목적의 달성에 매우 유리했을 가능성이 크다.[52] 현재의 판단이지만, 「경고 지졍가」는 당대 현실에서 국문의 진화와 그것을 통한 계몽의식의 설파를 설득력 있게 보여준 작품 가운데 하나이다.

그러나 「경고 지졍가」는 『신보』에서 예외적인 텍스트의 하나이긴 해도, 계몽담론의 보편적 발화양식을 준수함으로써 '시적인 것'의 창출을 동반하지는 못한 것으로 판단된다. 계몽담론의 관습이 예외적 국문체의 탄생과 진화를 제약한 형국이라 하겠다.[53] 이런 제약의 기저에는

51 특히 여전히 향리를 장악하고 있던 정통 유학자들은 섣부른 계몽운동이 근대교육 형성에 외세의 개입을 불러들였다는 판단 아래 근대교육을 거부하면서 자신들의 사상과 이념에 적합한 인재양성에 매달리는 경향이 농후했다. 이에 대해서는 손종현, 「개화기 근대교육에 대한 영남유림의 저항과 수용」, 『교육철학』 17, 한국교육철학회, 1999 참조.

52 '관습'의 구심력에 여전히 장악되어 있던 이즈음의 '시〻평론'은 「경고 지졍가」가 왜 '잡보'에 실릴 수밖에 없는가를 보여주는 반면(反面) 가운데 하나일 것이다. 또한 판박이 가사 「지졍가를 권고홈」이 작가를 바꿔 버젓이 실릴 수 있었던 것도 교육진흥이 그만큼 절박한 과제였기 때문일 것이다.

새로운 국문체의 지속적 실험과 갱신에 적극적이지 못했던 『신보』의 수동성(시대적 한계와 세대적 한계가 동시에 맞물린)이 함께 깔려 있음 역시 유념해야 한다.

5. 독자투고시의 위계화 현상, 그 이해의 실마리

지금까지 독자투고시를 국한문체와 국문체로 분류하여, 그것들이 한문체와 결합하고 또 결별하는 과정에서 일어나는 다양한 언어현상을 확인해 왔다. 그 과정에서 『신보』의 독자투고시 역시 여타 매체의 투고물과 마찬가지로 설파된 계몽담론의 이해 정도와 계몽기획의 실천자로서 독자, 넓게는 인민의 능동성을 동시에 드러내는 글쓰기임을 목도했다.

하지만 그에 못지않게 중요한 것은, 투고시의 국한문체 및 국문체에 매우 다양한 층위가 존재하고 있다는 사실과, 독자=작가가 기존의 한문체 관습과 역할모델로서 편집진의 장르 및 표현 관습에 강하게 긴박되어 있다는 것이었다. 물론 당대 현실과 문명의 향방을 직핍하게 그

63 비록 실패로 귀결되었지만, 최남선이 『소년』에서 신체시에 그치지 않고 자유시에 방불한 산문시의 창작으로까지 나아간 사실에 비추어 볼 때 더욱 그렇다. 물론 육당의 신문시는 근대적 언어체계와 가장 방불한 국한문체의 구조화에는 성공했다. 하지만 개아를 고려치 않는 집단적 자아의 추구가 근대적 포에지의 결여와 맞물리면서 유의미한 시적인 것의 창출에는 미달하고 만다(보다 자세한 내용은 권오만, 『개화기시가연구』, 새문사, 1989, 226~232면 참조). 육당 역시 계몽담론의 발화 관습에서 자유롭지 못했던 것이다.

려낸 몇몇 예외적인 시편도 존재했으나, 근대적 경험을 통과해가며 분출되는 내면 혹은 '시적인 것'의 순간적 포착은 '아직 아닌' 것으로 판명되었다. 기존의 언어관습이란 단순한 언어 대체 이상의 무엇, 그러니까 삶과 사유의 전반적 변혁과 새로운 언어의 보충을 필요로 하는 촘촘하고도 끈적한 그물망임이 여기서도 드러난다.

언어관습의 강고함과 새로운 언어체계의 지연은 국한문체와 국문체, 그리고 편집진=작가와 독자=작가를 위계화하는 부정적 질서를 새롭게 생산하는 계기가 되고 있다는 점에서 문제적이다. 사실 나날이 급변하는 일상에 유효적절하게 대응하지 못하는 새로운 언어체계는 오히려 익숙하고 편리한, 한문현토체 중심의 관습언어에 그 역할을 넘겨주는 경우도 흔했다. 이런 전도 현상은 그간의 글쓰기 관습을 고려하면 편집진의 작품에서 모델을 구할 수밖에 없었던 독자=작가들에게 보다 심각하게 발생했다. 새로운 국문체의 개발과 확장을 갈망했던 『신보』에서 언어의 위계화 현상이 해소되기는커녕 알게 모르게 강화된 형국인 것이다.

이런 의외의 형국에서 가장 문제적인 것은 국문 투고 가사의 부진과 빈약함이다. 그 원인을 일목요연하게 밝히기란 몹시도 지난한 일이다. 국문 가사를 창작한 독자=작가는 일정한 문해 능력을 갖춘 유식자이자 계몽담론의 열정적 실천자라는 점에서 편집진과 거의 동일한 조건을 갖춘 존재들이다. 그럼에도 불구하고 계몽가사는 국한문 → 국문(번역) → 국문(창작)으로 뚜렷하게 위계화되고 있다. 계몽담론의 압도적 우세와 지배를 제외한 보다 보편적인 현상과 원리를 통해 이런 현상을 들여다볼 방법은 없을까. 이를테면 독서 관습의 균형과 길항, 그리고 근대의 갑작스런 내습에 의한 기존 관습의 붕괴와 새로운 재편, 그것이 조장 혹은 강제하는 글쓰기의 이런저런 변형을 살펴보는 방식 말이다.

> 화롯가의 매체였던, 가정적인 문자 교육 내지 문학 교육이, 부친=음독형과 모친=그림 이야기형이라는 두 가지 형태를 공존시키고 있었던 것은, 전통적인 사회가 키워준 독특한 예지였을 것이다. 한편에서는 한문체의 강한 울림을 반복함으로써 규범에 대한 순화(馴化)를 훈육하고, 다른 한편에서는 7·5조의 매끄러운 리듬에 실어 규범에서 일탈된 세계의 존재를 제시했다.[54]

근대독자가 성립되기 전 일본의 독서 관행은 조선이라고 해서 크게 다르지 않았을 것이다. 규범의 준수와 일탈로 상징되는 '한문체'와 '7·5조의 매끄러운 리듬'은, 시가의 경우, 한시와 평시조, 가사에 맞선 민요와 잡가, 사설시조의 구조로 얼마든지 치환될 수 있다. 이 경우 언어는 일종의 제국어 한문(보편성)과 민족어(특수성)가 대응을 이룰 것이다. 물론 둘을 이런 방식으로 대비시킨다고 해서 '부친'의 압도적 우위가 훼손되지는 않는다. 모친의 언어는 어디까지나 "한적의 음독으로 진행되는 빠른 사회화 과정"의 피로를 덜어주는 부차적인 완충제였으므로.

민족어의 자명성을 전제하는 근대세계라면, '부친'과 '모친'의 역할이 합리적으로 재편되거나 그 관계가 역전되는 것이 보다 타당할 듯싶다. 그러나 주어진 근대의 갑작스런 내습은 오히려 새로운 한자어의 창안과 이입, 서구 및 일본 문명의 번역에 익숙한 언어체계를 강제함으로써 근대를 향한 '모친' 언어의 자율적 성장과 확장을 가로막는 부정적 사태

54 마에다 아이[前田愛], 유은경 외역, 『일본 근대독자의 성립』, 이룸, 2003, 158면.

를 초래한다. 근대계몽기는 '모친'의 세계조차 계몽담론의 발랄한 발화자로 징발되는, 또 다른 '부친' 과잉의 시대였던 것이다. 투명한 민족어로 기대된 국문체는, 한편으로는 근대를 수용하면서, 다른 한편으로는 근대 세계를 견디면서 그것을 내파하는 '모친'의 세계로 나아가야 했다.

그러나 계몽담론의 설파에 갈급했던 『신보』 가사는 '부친'의 관습에 보다 친화적이었으며, 그런 만큼 근대의 외연과 내포를 동시에 거머쥘 수 있는 국한문체 / 국문체의 지속적 실험에 주저했던 것으로 판단된다. 게다가 『신보』 편집진의 국문은 시종 번역문으로 제시된 까닭에, 자율적이며 독립적인 국문의 창안이나 모델의 제시와는 거리가 멀었다. 이 번역문을 모델 삼는 한 독자=작가의 가사 역시 '부친'의 언어에 강하게 삼투될 수밖에 없었다.[55]

본문에서 예외적 국문 가사로 제시한 작품들이 최남선의 문장에 가깝다는 말을 언뜻 한 적이 있다. 육당은 한국어의 통사구조를 자연스럽게 구사하는 한편 특히 근대와 관련된 신조어를 적절하게 채용하여 국한문체의 신기원을 열어젖힌 존재이다. 하지만 육당이 일률적인 국한문체를 구사했다는 생각은 얼마간 수정될 필요가 있다. 현재 우리의 언어관습도 그렇지만, 육당은 추상적이며 고차적인 계몽담론을 설파할 때는 일정한 능력을 요하는 신·구 한자어를 적절히 활용했다. 또

---

55 자유시의 형성을 지시하는 관행적 도식 (계몽가사) ⋯→ 창가 → 신체시 → 자유시는 각 영역 간의 영향과 단절 등을 보다 세밀화할 필요가 있으나, '부친'의 권리 감소와 국한문체 / 국문체의 근대화라는 관점에서는 여전히 타당한 것으로 인정된다. 이런 사실은 국한문체 / 국문체의 형성과 발전이 시 언어의 분화와 매우 밀접하게 관련되어 있음을 시사한다. 김소월 이래 토착어 지향의 서정시가 민족문학의 중심을 장악해가는 것도 국한문체에 비해 국문체가 보다 투명한 민족어의 체계로 인정되었기 때문일 것이다. 심미어에서 한자어의 의식적 배제는 그러나 보다 형이상적인 세계 및 존재의 인식과 표현에 일정한 제한을 가져온 것은 아닌지 차분히 음미해볼 일이다.

한 시가나 소설에서는 일상에서 통용되는 한자어를 제외한 나머지 것들을 순우리말로 바꾸는 일에도 꽤 공을 들였다.[56] 그럼으로써 '부친'과 '모친'은 기존 역할과 관계를 완전히 허물지 않으면서도, 근대로 비교적 안전하게 진입하는 데 성공하게 되는 것이다.

『신보』에서 계몽가사의 위계화는 '모친'의 독립성과 자율성 부여가 소극적이었기 때문에 더욱 강화되었을 가능성이 크다. 한문 관습의 지속적 개입과 새로운 관여가 "규범에서 일탈된 세계"의 창출과 개방에 제동을 걸었다고 해야 할까. 다른 한편 계몽가사라는 특이한 장르의 규율과 제약 역시 주요한 원인일 것이다. 하지만 『신보』의 경우, 거기 실린 창가(唱歌)[57] 역시 '부친'에게 복속되어 있는 형편이고 보면, "한문체의 강한 울림"이 장르의 관습보다 훨씬 근원적인 것으로 판단된다. 그런 점에서 한일병합 후 계몽가사의 재빠른 소멸은 식민화에 따른 효용성의 상실 탓이기도 하지만, '부친'의 새로운 강화와 '모친'의 주변화로 상징되는 언어적 균형추의 급격한 불균형의 탓이기도 하다. 게다가 『신보』가 어쩔 도리 없이 이끌려 간 이 언어의 유곡에는 번역어, 그러니까 일본을 거쳐 재빠르게 전래되던 근대 개념어가 들어설 자리마저 지워져 있었다.

---

56 일례로 육당은 『소년』의 「巨人國漂流記」(『걸리버여행기』)에서 소인을 '알사람'으로, 거인을 '큰사람'으로, 거인국을 '왕사람나라' 등으로 번역하고 있다. 같은 소설 내에서 이들 한자어와 토착어를 섞어 쓰는 경우도 많다는 점에서 토착어 사용을 매우 의지적인 것으로 판단하기는 쉽지 않다. 하지만 육당의 시도는 이즈음의 다른 매체에서는 찾아보기 어려운 독창적인 것임에는 틀림없다.

57 『신보』에는 25편의 창가가 실려 있다. 학교 창가와 운동가의 비중이 크다. 실명과 별호도 게재된 작품이 12편인데, 학교 창가와 운동가 역시 『신보』 외부에서 씌어진 것으로 판단해야 할 것이다. 이 가운데 가장 유명한 창가는 안창호가 망명하면서 쓴 「去國行」(新島 작, 1910. 5.12)이다. 이 작품은 그래도 도산의 내면이 어느 정도 고백되고 있어, "한문체의 강한 울림"은 상대적으로 미약한 편이다.

/ 제3장 /

'신대한'과 '대조선'의 사이(1)

『소년』지 시(가)의 근대성

1. 『소년』지 시(가)의 근대성을 읽는 하나의 방식

'바다'에서 '산'으로. 근대시 연구자라면 누구나 들어봤음직한 정한모의 이 말은 『소년』지 시(가)[1]의 추이와 성격을 대변하는 명제와도 같

---

1 '시(가)'라는 용어는 이 글에서 다루는 신시(창가, 신체시, 자유시, 산문시)와 시조(국풍)를 한데 아우르기 위한 것이다. 시와 노래의 결합·분리라는 관점으로 따진다면, 창가와 시조가 함께 묶여야 될 것이다. 그러나 『소년』지의 시조와 창가는 다른 매체에서 그러했듯이 노래가 아니라 읽기의 대상으로 존재했다. 가령 임화는 창가를 '신시의 선구'로 규정하는데, 그가 노래하는 창가만큼이나 중요시여긴 것은 노래되지 않는 창가였다. 이것은 대체로 "신사조의 계몽이나 정치사상의 선전이나 국민적 자각을 고취하기 위하여" 씌어졌다(임규찬 외 편, 『임화 신문학사』, 한길사, 1993, 149~155면 참조). 악보가 유일하게 첨부된 「단군절」을 제외한 『소년』지의 창가 역시 이에 해당한다. 그리고 시조의 경우, 최남선은 그것을 노래보다는 읽을거리로 여긴 듯한 인상이 짙다. 그는 개성의 풍경과 그에 따른 홍취를 시조로 지으면서 다음과 같이 말한다. "물론(毋論) 격(格)도 본 것 아니오 조(調)에도 맞추지 아닌 것이라 하믈며 성율(聲律)에 석길 리가 잇스리오마는 시를 만일 노래할 것과 닑을 것 둘에 난홀 수가

은 것이다.[2] 여기에는 소재의 변동 말고도, 일종의 율격의 실험장이라 할 수 있는 『소년』의 운문이 신시에서 시조로 굳어간다는 형식적・장르적 퇴행현상에 대한 부정적 소회가 함께 담겨 있다. 물론 이 감각은 『소년』지 시(가) 전체라기보다는 『소년』의 주재자이자 집필자였던 최남선의 그것을 향한 것이겠다.

이런 설정은 그러나 『소년』지 시(가)의 최남선으로의 귀속성과 그 이념적 동일성에 비추어보면 별 의미가 없을지도 모르겠다. 한시와 번역시, 이광수의 시 등은 모두 합쳐야 10여 편 남짓이지만, 신시(창가, 신체시, 자유시, 산문시)와 시조(국풍)를 부지런히 오가며 최남선이 창작한 시는 무려 60여 편에 달한다. 그리고 그것들은 근대적 의미의 심미 취향을 목적하기보다는, 비록 추상적이기는 해도 자아 또는 시대가 요구하는 바의 계몽성과 그것의 구현에 필요한 덕목의 요구와 예찬에 바쳐지고 있다. 이런 요소들은 『소년』지 시(가)와 최남선의 그것을 동일시하는 효과를 낳았고, 이에 따라 최남선 시(가), 특히 신시의 성취와 한계는 『소년』지의 그것으로 그대로 이월되었다.

물론 '근대 자유시'라는 잣대는 점차 오늘날로 올수록 최남선을 신시의 선구자에서 자유시 형성의 걸림돌로 평가하는 시각을 증대시키고 있다.[3] 그의 신시를 '새로운 정형시의 창조'로까지 보는 어떤 시각은 근

있다하면 낡을 것 편에 석거 낡어주시기를 바라나이다"(『소년』 제2년 10권, 1909.11, 37면). 창가의 신시로의 편입은 앞서본 바 그것이 가진 장르의 근대성을 고려하여 이루어진 것이다.

2 정한모는 '바다 : 개방성'과 '산 : 폐쇄성'을 짝패로 하여, 최남선 시(가)의 변화와 민족의식의 성체를 논했다. 자세한 내용은 정한모, 『한국 현대시문학사』, 일지사, 1974, 201~209면 참조.

3 현재까지의 『소년』지 또는 최남선의 신시 연구 동향에 대한 자세한 정리는 서영채, 「최남선 시가의 근대성에 관한 연구」, 『민족문학사연구』 13, 민족문학사연구소, 1998 및 박정선, 「『소년』지 시와 새로움의 인식」, 고려대 석사논문, 1999 참조.

대 자유시의 이념형, 즉 모든 외재적 격식으로부터 해방되어 근대적 이념과 시인의 미적 개성을 자유롭게 구현한다는 명제의 가장 충실한 이행에서 나온 것이라 할 수 있다. 굳이 '근대 자유시'를 들먹거리지 않더라도, 최남선의 시인으로서의 자의식[4]이나 쉽사리 감응되지 않는 고착된 형태의 정서와 감각은 그의 시(가)에 대한 회의를 별로 감하지 않는다.

그러나 과연 『소년』지 시(가)의 연구를 근대 자유시에 근거한 새로움(근대성)의 한계와 시조로의 자발적 후퇴라는 장르적 퇴행성을 짚어내는 것으로 그칠 수 있을까. '시(가)'의 근대성과 미학성만을 고찰하는 태도에서 벗어나, 『소년』의 목적과 성격, 진행 방향 등과 어떻게 맞물려 있는지, 또한 그에 따른 계몽의 성격과 장르의 변화는 어떻게 이루어지는가를 면밀히 검토한다면 어떨까.

『소년』이 근대에 대한 열망과 그것을 실현할 가치와 덕목에 대한 계몽의 열정으로 넘쳐나고 있음은 주지의 사실이다. 그런데 정작 중요한 것은 근대 지향 자체가 아니라 그것이 '나라 만들기'나 '민족 지키기'의 기획으로 수행된다는 사실이다. 이를 주목한다면, '바다에서 산으로'를 "신대한'에서 '대조선'으로' 바꾸어 그 의미를 따져볼 수 있다. 『소년』의 존속기(1908.11~1911.5)는 근대 국민국가 건설의 열정이 무르익기보다는 제국주의, 특히 일제에 의해 그 꿈이 좌절, 와해되어간 시기

4 최남선은 자신의 천품이 시인이 아니지만 시세와 자신의 처지가 '소원 아닌 시인'을 만들었다고 고백한다(『소년』 제2년 4권, 1909.4, 3면 참조). 최남선에게 시(가)가 심미성의 추구와는 거의 무관한 계몽의 도구였음은 대체로 인정되는 사실이다. 이에 따른 집단 주체의 과잉은 서정적 자아의 자율성 획득에 상당한 제한을 가져왔음은 물론, 『소년』 이후 신시로부터 아주 이탈하는 촉매제 역할을 하게 된다. 보다 자세한 내용은 서영채, 위의 글, 265~269면 참조.

에 해당된다. 『소년』의 '신대한', 곧 국민국가에 대한 비전이 지나치게 추상적이며 낙관적인 것으로 보이는 것은 저와 같은 당대현실을 괄호 치고 있기 때문이다.

하지만 최남선이 『소년』을 '신대한'에의 열정에 변함없이 바친 것은 아니다. 1909년 말에 이르면, 대황조(단군)와 태백범, 태백산 등과 함께, 이 항목을 율문화하는 주요 장르로서 국풍(시조)이 본격적으로 등장하기 시작한다. 이런 변화의 근본 목적은 '대조선 정신'[5]의 앙양, 곧 '신대한'의 건설이 불가능해지는 상황에 맞서 민족 구성원들의 동일성을 유지, 보존할 수 있는 공동감각을 형성, 전파하는 데 있었다. 말하자면 근대적 공동체의 향방을 실현 불가능한 국민국가에서 특히 문화 담론을 통해 그 활로를 개척할 수 있는 민족으로 전환한 것이다. 그런 의미에서, 목표하는 공동체의 명칭을 '신대한'에서 '대조선'으로, 그리고 그것의 정체성을 드러내는 운문 형식을 신시에서 시조로 바꿔간 최남선의 노력은 조선이란 국가가 망한 자리를, 또는 근대국가의 가능성을 민족으로 대신하고, '국수(國粹)'를 '족수(族粹)'로 대체하기[6] 위한 것으로 이해된다.

이런 현실 변화에 대한 대처 감각과 능력은 『소년』이 단순히 다양한 근대 지식의 전시장이 아니라 나라 만들기와 민족 지키기에 필요한 효용적 지식의 경연장으로 그 성격을 유지할 수 있던 까닭을 엿보게 한다. 최남선은 혼자 집필과 편집을 담당하면서도 그 목적을 달성하기

5 최남선, 「대조선정신」, 『소년』 제3년 8권, 1910.8, 40면.
6 정우택, 『한국 근대 자유시의 이념과 형성』, 소명출판, 2004, 109면. 여기서 '국수(國粹)'는 '한 나라의 고유한 역사 · 문화 · 국민성의 장점'을 의미한다.

위한 지식의 선택과 배제의 원리를 꾸준히 적용한다. 서구의 근대지(知)만을 일방적으로 제시하는 대신 그것과 유사성을 갖는 민족지(知)를 나란히 제시한다든가, '바다'와 '노동역작(勞動力作)' 같은 주제를 다룰 경우 산문과 시(가) 모두에서 그와 관련된 지식 담론을 연계, 배치하는 태도는 몇몇 경우를 제외하곤 폐간 때까지 지속된다.

시(가)의 경우, 『소년』의 목적에 맞게 배치되는 지식 담론으로서의 성격은 다음의 예에서 비교적 선명하게 드러난다. 시(가)는, 창작시든 번역시든 대체로 권두시나 산문 내의 삽입시, 그리고 독립시의 세 가지 형태로 게재된다. 하지만 이런 표면적 게재 형태보다 중요한 것이 있으니, 그것은 해당호의 계몽 및 지식의 내용을 대리 표상하거나 부연한다든가(권두시, 독립시), 산문의 핵심을 요약하는 성격을 지닌다는(삽입시) 것이다. 이런 차원에서 『소년』의 시(가)는 계몽의 담론이지, 개아의 자유로운 영혼을 개성적 형식으로 표현하는 심미물이 아니다. 권두시를 검토하는 것만으로 『소년』이 거머쥔 계몽성의 변화 추이를 어렵잖게 인식할 수 있는 것은 그것이 지닌 '율문적 지식'[7]의 성격 때문이다. 여기서 『소년』지 시(가)를 보다 풍부하게 이해하기 위해서는 여타의 지식 담론과 겹쳐 읽을 필요가 있다는 논리가 자연스럽게 성립된다.

앞서 잠깐 얘기했지만, 『소년』에서 시조의 출현은 우연히 이루어진 것이 아니다. 그것은 무엇보다 '대조선 정신'을 앙양하고 민족의 시원과 영광을 상징하는 존재로서 '대황조'와 '태백' 등을 찬양하기 위한 문

7 '율문적 지식'이란 최남선이 율문적 언어형식을 근대지식 전달 매개체로 활용했다는 의미를 나타내기 위한 말이다. 최남선의 '지식의 율문화'에 대한 논의로는 한기형, 「최남선의 잡지 발간과 초기 근대문학의 재편」, 『대동문화연구』 45, 대동문화연구원, 2004, 226~227면 참조.

화적 정수였다. 최남선의 시조 역시 재도지문(載道之文)의 성격을 띠고는 있으나, 성리학 이념의 표출에 충실했던 조선시대의 시조와는 그 성격이 달랐다. 그는 시조를 『시경』 1편의 제목을 빌어 '국풍'으로 부른다. 여기에는 그것이 덕화(德化)가 미치고 올바른 질서가 유지되는 시대의 노래를 뜻하는 정풍(正風)으로 작용하길 바라는 마음이 깃들어 있을 것이다. 왜냐하면 그의 시조는 자연은 물론 광활한 우주를 넘나들면서, 대황조, 태백 등 형이상학적인 역사와 국토를 예찬하고 있기 때문이다.[8]

영웅적이며 시원적인 과거를 발굴, 재현하거나 재창조함으로써 민족을 심미화하고, 그것을 근대 문명을 초극하는 매개체로 동원하는 일은 근대 이후 문화적 민족주의의 전형적인 패러다임에 해당한다. 최남선의 '국풍'에의 관심이 그렇다는 것은 보편적 계몽의 덕목을 대황조 이래의 민족적 전통으로 급작스레 전유하는 장면에서 뚜렷이 확인된다.[9] 1920년대에 이르면, 최남선은 불함문화론 및 단군론의 설파, 백두산, 금강산 등 민족 명소의 주유와 기행문 작성, 민족문화와 성스런 국토에 담긴 조선정신과 조선적인 것의 형상화 기제로서 시조의 부흥을 동시에 추진한다. 이런 삼위일체의 문화민족주의 기획은 이미 『소년』에

8 이것은 그의 시조가 진보성과 현실성을 갉아먹는 복고적 퇴행성으로 비판받는 주요한 원인이다. 이에 대해서는 고미숙, 「애국계몽기 시조의 제특질과 그 역사적 의의」, 『18세기에서 20세기 초 한국 시가사의 구도』, 소명출판, 1998, 338~340면 참고.

9 이를테면 「소년시언(少年時言)」(『소년』 제3년 5권, 1910.5)의 '국민사행(思行)의 표준' 항목은 조선국민이 '정의의 수호자'와 '지선(至善)의 노력자'가 되기 위해서 순결, 광명, 강건, 화락, 진실 등의 10가지 덕목을 지킬 것을 권고한다. 그러면서 "우리 조선국민의 사(思)와 행(行)의 표준은 오즉 거룩하신 대황조끠오서 처음 나라를 세우시던 그 정신과 그 포부라"는 부연 설명을 덧붙이고 있다. 그러나 저 덕목들은 『소년』이 창간 이래 근대국민이 되기 위해 필요한 보편적 가치로 줄곧 강조해온 항목들이었다.

서 그 단초를 보였으며, 『소년』 이후의 '조선광문회' 활동이나 『청춘』의 「계고차존(稽古箚存)」(『청춘』 14, 1918.6) 등을 통해 구체화되어 간다. 말하자면 최남선은 국가 부재의 식민지 상황에서 민족의 자기보존은 역사를 공유하고 그것을 성스러운 기억으로 간직함으로써 가능할 수 있다는 사실을 영민하게 간파하고,[10] 이를 최고이자 최후의 문학적 과제로 밀고 나갔던 것이다.

이 글은 이런 사실을 유념하면서, 『소년』지 시(가)를 같이 수록된, 또는 담론의 연관이 뚜렷한 산문들과 겹쳐 읽음으로써 그것의 근대성을 다시 헤아려보려 한다. 물론 가장 주목하는 지점은 '나라 만들기'와 '민족 지키기'라는 절박한 명제에 시(가)가 어떻게 부응했고 또 변모해 갔는가 하는 문제이다. 나는 이를 위해 시(가)를 그 성격과 주제에 따라 세 항목으로 나누고, 두 차례에 걸쳐 살펴볼 예정이다. 1부에서는 국가와 민족 주체로 상정되는 '소년'과 '조선 남아'의 표상과 성격, 그리고 그들에게 요구된 보편적 덕목들과 그 변화의 추이를 살펴본다. 본고가 이에 해당한다. 그리고 다른 글로 준비될 2부를 통해, 첫째, 근대 국민국가 '신대한'에 대한 열망과 그것을 향한 계몽적 열정의 실체와 실질성이, 둘째, 국가의 원망(願望)을 대치한 '대조선'과 그것의 핵심을 이루는 '태백' '대황조'란 표상의 본질과 성격, 그리고 문화민족주의로서 그것의 역할과 효과가 짚어질 것이다.

10 서영채, 「기원의 신화를 향해 가는 길」, 서울시립대 인문과학연구소 편, 『한국 근대문학과 민족-국가 담론』, 소명출판, 2005, 123면.

2. '신대한 소년'과 '조선 남아' 되기—그 사행(思行)의 덕목

1) '신대한 소년'에서 '조선 남아'로 넘어가는 길

『소년』이 호출한 주체를 꼽는다면, '신대한 소년'과 '조선 남아'를 들어야 할 것이다. 전자가 '신대한'에 호응하는 '국민' 주체라면, 후자는 '대조선'에 호응하는 '민족' 주체이다. 그러나 그 차이에 관계없이, 그들은 '신민'에서 멀리 벗어나 제국의 흥성을 이끌고 민족의 영광을 재현하는 근대적 주체로 요구되었다. 현실의 변화에 따라 강조 지점이 약간 달라지지만, 『소년』은 이 남성주체들이 저 목적에 걸맞은 '쾌남아'이자 자기수양과 직분에 철저한 청년이 되어야 함을 지속적으로 강조하였다. 아마도 이런 주체의 겹침과 동일성은 현재 좌절된 국가와 민족의 일치를 미구에 닥칠 가능성으로 상상케 하는 활력이 되었을 것이다. 다음 두 글은 그에 대한 적절한 실례이자 『소년』이 이상하는 주체의 본질과 성격을 간명히 요약한다.

> ① 금(今)에 아(我) 제국은 우리 소년의 지력(智力)을 자(資)하야 아국 역사에 대광채를 첨(添)하고 세계문화에 대공헌을 위코뎌 하나니 그 임(任)은 중하고 그 책(責)은 대(大)한니라 본지는 차(此) 책임을 극당(克當)할만한 활동적 진취적 발명적 대국민을 육성하기 위하야 출래(出來)한 명성(明星)이라 신대한의 소년은 수유(須臾)라도 가리(可離)치 못할지니라[11]

11 『소년』 창간호, 1908.11. 시(가)를 제외한 산문의 띄어쓰기는 현대어법에 맞게 고쳤음. 이하

② 『소년』의 목적을 간단히 말하자면 신대한의 소년으로 깨달은 사람이 되고 생각하난 사람이 되고 아난 사람이 되야 하난 사람이 되야서 혼자 억개에 진 무거운 짐을 감당케 하도록 교도(敎導)함이라.[12]

'소년'은 현재의 생물학적 연령 구분과는 비교적 무관한, 새 시대를 책임질 '청년'을 표상한다. 이는 『소년』에서 '소년'과 '청년'이 명확한 구분 없이 혼용되고 있거니와, 후기에는 '조선 남아'가 그것을 대치하고 있다는 점에서 충분히 확인된다. 사실 그들은 단순히 젊은 세대가 아니라 '신대한'의 건설과 팽창에 크게 기여할 정치적 주체, 즉 "활동적 진취적 발명적 대국민"의 잠재태인 것이다. 이들은 '신대한'의 원심력이자 구심력으로 동시에 기대된다.

먼저 '삼면환해국(三面環海國) 소년'은 "태동(泰東)의 뎌 대륙 넓은 벌판"과 "태평의 뎌 대양 크나큰 물", 그리고 "볏발이 곳쏘난 적도 아래"[13]를 '우리의 운동장' 삼아 뛰놀 존재다. 이들은 패퇴 없이 오로지 전진하는 '쾌남아'가 됨과 동시에, '신대한'을 근대문명의 중심지로 부상시킬 권리와 의무를 지고 있다. 이런 발상은 세계문화에 대한 공헌의 바람을 넘어 당시의 세계질서였던 우승열패의 논리를 내면화한 결과물이다. 사회진화론에 기댄 우승열패의 국가 질서를 수용한다는 것은 약육강식의 제국주의 논리를 인정한다는 것과 다르지 않다. 그런 까닭에 『소년』은 '신대한'이 반도의 지리적 · 문화적 이점을 살려 근대의 강국

마찬가지임.

12 「소년시언－『소년』의 기왕(旣往)과 및 장래」, 『소년』 제3년 6권, 1910.6, 18면.

13 최남선, 「우리의 운동장」, 『소년』 제1년 2권, 1908.12, 32면.

으로 끊임없이 팽창하길 바라며, 이와 연관된 지식 담론들을 공들여 지속적으로 제공하는 것이다.[14]

그러나 이런 욕망은 상상을 넘어 그것을 실현할 근대성과 그 제도를 완미하게 갖출 때야 현실화될 수 있다. 더군다나 이미 일제의 보호국이었던 당시 조선을 생각한다면, 팽창의 상상은 식민지로의 전락을 피하기 위한 역설적 자유의 감각이랄 수 있다. 과연 『소년』에는 팽창의 욕망만큼이나 국민의 자강과 국가의 독립, 자유의 확보 등을 주창하는 시와 산문이 다수 게재된다. 특이한 것은 이런 담론이 주로 미국의 독립과, 미국을 신흥강국으로 부상하는데 기여한 근대적 가치, 이를테면 독립과 자유, 평등, 공명심, 인류애, 지식 등과 아울러 워싱턴, 링컨과 같은 지도자들에 대한 소개나 칭송으로 이루어진다는 사실이다.[15] 여기서 우리는 영국의 식민지에서 독립해 현재는 신흥 문명국으로 부상한 미국을 모방함으로써 반개(半開)의 조선을 고도의 문명개화국 '신대한'으로 세우겠다는 낙관적인 정치적 상상력을 엿본다.

그것이 '신대한'의 외부로의 팽창이든 내적인 자강의 도모든 간에, 좀 더 완미한 근대적 주체, 즉 문명국의 국민이 되기 위해서는 외적 표

---

14 「우리의 운동장」에는 다음 구절이 시의 앞뒤에 병기되어 있다. "우리 삼면환해국 소년아 너의는 순시(瞬時)라도 몽침(夢寐)에라도 너의 천혜편후(天惠偏厚)한 세계적 처지를 잇디 말디어라." "목금(目今) 세계문운(文運)의 대중심은 태평대양과 태동대륙에 잇난데 우리 대한은 좌우로 이 양처(兩處)를 공제(控制)함을 생각하라." 최남선은 창간호부터 공들여 연재한 「해상대한사(海上大韓史)」에서 반도의 처지를 근대문명국으로 올라서는 천혜의 조건으로 줄곧 규정짓고 있기도 하다.

15 미국 국가를 번역한 「아메리카」(『소년』 제1년 2권), 번역시 「대국민의 기백」(『소년』 제2년 2권), 「청년의 소원」(『소년』 제2년 3권), 링컨을 찬양하는 창작시 「아브라함 린컨」(『소년』 제3년 1권) 등이 대표적이다. 미국이 근대국가 및 국민이 지녀야할 표준과 덕목을 제공하고 있는 셈인데, 이는 실재하지 않는 경험을 공유하려는, 그래서 국가의 독립과 문명을 정당화하려는 계몽적 사유의 소산으로 보인다.

상으로서 '쾌남아'를 보지하고 성숙시킬 만한 보편적 덕목의 내면화가 더욱 절실해진다. 그렇지 않고서는 '활동적 진취적 발명적 대국민'이란 '소년'의 미래상은 허상이며, 그것에 대한 간절한 욕망 역시 공염불에 그칠 수밖에 없다.

가령 『소년』이 창간된 지 2년 반가량이 지난 즈음 씌어진 ②에 나타난 『소년』의 창간 목적과 기대되는 '소년'의 표준을 보라. '신대한'의 국민주체를 예비한다는 목적은 같지만, '소년'의 표준이 창간 당시에 비해 보편적이면서도 내면적인 인간형으로 정립되어 있다는 점에서 ①의 '쾌남아' 이미지와 꽤 다르다. "깨달은 사람이 되고 생각하난 사람이 되고 아난 사람이 되야 하난 사람이 되"라. ①의 '소년'이 현실을 뛰어넘어 미래로 돌진하는 모험가적 면모를 다분히 띠고 있다면, ②의 '소년'에서는 자아의 끊임없는 수련과 수양을 통해 자신의 직분과 처지에 충실한, 완전한 인격체를 갖춘 교양인-실천가의 면모가 두드러진다. 이런 변화는 식민지로의 전락이 거의 뚜렷해진 형편에서 '소년'의 임무와 역할을 재설정하고 재배치함으로써 '소년'의 또 다른 가능성을 살려내려는 의도의 산물일 수 있다.

그러나 너무 일반적이어서 추상적으로 느껴지는 이 소년상은 최남선이 보편타당하며 참조할 만한 것으로 여겨지는 가치와 윤리, 덕목 따위를 전근대와 근대, 동서양을 막론하고 접합함으로써 탄생한 듯 보인다. 이를테면 최남선은 「소년훈」과 「소년시언」, 「현대소년의 신호흡」(두 번째 연재부터 '신시대 청년의 신호흡'으로 개제) 등을 통해, '소년'이 갖추어야할 보편적 윤리와 덕목들을 지속적으로 설파한다.

그가 사회진화론으로 무장한 근대적 인간형을 넘어, 시대와 장소를 막론하고 통용 가능한 교양형 인간형의 추구로 점차 기울어졌다는 사실은, 『산수격몽요결』의 편찬과 선전에서 잘 드러난다. 이 책은 율곡 이이의 『격몽요결』을 번역하면서 그 원문에 적합한 서양의 경구나 격언을 첨부함으로써 『격몽요결』을 보편화·현대화했다. 또한 조선에 근대인의 수신 방법과 태도를 미리 일러준 후쿠자와 유키치[福澤諭吉]의 『수신요령』을 부록으로 첨부했다.[16] 이런 편집 전략은 『산수격몽요결』을 언제 어디서나 통용되는 "신시대 소년의 덕육(德育)상 보감(寶鑑)을 작(作)하"기 위해 취해졌다.

그러나 이는 '문명'에 대한 최남선의 인식 변화가 일정하게 반영된 결과물이기도 하다. 가령 최남선은 『산수격몽요결』의 광고에서 "문명이란 하(何)오 전등만도 아니오 철도만도 아니오 화학의 응용만도 아니오 물성(物性)의 구명만도 아니라 개인에도 재(在)하야던지 사회에 재하야던지 덕·체·지 삼건사(三件事)가 평균하게 발달됨을 위함이라"고 말한다.[17] 근대의 물질문명에 대한 일정한 비판에 더해, '덕·체·지'를 고루 발전시키는 전인적 교육의 필요성을 강조하는 대목이 아닐 수 없다.

여기서 『논어』와 『시경』, 그리고 『격몽요결』을 버리는 행위가 진흙탕에 옥돌(璞玉)을 버리는 것과 다를 바 없다는 시각의 변동이 싹트는

16 이이의 『격몽요결』은 「신시대 청년의 신호흡(6)—율곡 이이선생 자경문(自警文) 십칠칙」(『소년』 제2년 8권, 1909.9)에서, 후쿠자와 유키치의 『수신요령』은 「현대소년의 신호흡(1)—수신(修身)요령」(『소년』 제2년 2권, 1909.2)에서 번역·소개되고 있다. 『산수격몽요결』은 이런 작업의 결과물이다.

17 이상의 인용은, 『산수격몽요결』 광고, 『소년』 제3년 1권, 1910.1 참조. "덕·체·지 삼건사(三件事)가 평균하게 발달됨을 위함"이란 모토는 최남선이 깊숙하게 관여했던 '청년학우회'의 그것이기도 했다. "본회는 대한의 무실(楙實)·역행(力行)으로 생명을 작(作)하난 청년학우를 단합하야 정의(情誼)를 돈수(敦修)하며 아울너 덕·체·지 삼육(三育)을 연구코 또 그 호미(好美)한 자를 천복(踐履)하야 건전한 인물을 작성하기로 목적함."(「청년학우회보」, 『소년』 제2년 8권, 1909.9, 15면)

것이다. 물질문명에 대한 정신문화의 우위를 강조한다는 느낌이 자연스레 전해지는 발언이다. 이것이 우승열패를 합리화하는 근대문명의 야만성을 전인적 교양으로 무장된 정신문화를 통해 극복하고 치유하겠다는 문화주의의 한 발로이자 양상임은 비교적 분명해 보인다. 따라서 민족의 기원과 영광을 기억하고 재현함으로써 현재의 위기를 넘어서는 동시에 바람직한 '상상의 공동체'를 미리 설정하는 『소년』지 후기의 문화민족주의 담론은 이로부터 그 근거와 자양분을 획득한다고 보아도 좋을 것이다.

2) 정의의 수호자, 지선의 노력자, 그리고 대황조의 후예

1_ 이제 이런 흐름이 『소년』 지 시(가)에서는 어떤 주장과 표현을 얻고 있는지 살펴볼 차례이다. 물론 흐름을 주목하다 보면 서술의 중심은 계몽성의 변주에 놓일 것이다. 그러나 『소년』에 표현된 문명과 문화의 대립은 그것이 완연해지는 1920년대만큼 확실하지도 심각하지도 않다. 그 둘은 오히려 뒤섞여 있는 경우가 많은데, 후기로 갈수록 대립의 경계선이 점차 가시화된다. '민족'이 '국가'를 서서히 대체해 가는 시대현실이 반영된 현상이라 하겠다.

全部의誠心 다드려힘기르고

全部의精神 다써智識느려서

우리는 將次누를爲해무삼일

하라하나냐

弱한놈 어린놈을 도올양으로

强한놈 넘어쩌려 『最後勝捷은

正義로 도러간다』ㄴ밝은理致를

보이려함이아니냐

올타올타果然그러타

新大韓의少年은

이러하니라.

—「新大韓少年」 부분(『소년』 제2년 1권, 1909.1)

"우리의흉우(胸宇)에 그득한것은 한업난 동력으로 거칠것업시 나가난 기차와 갓흔 전진심이로다."[18] 『소년』은 '기차와 같은 전진심'으로 '소년'이 '신대한'을 건설하고 근대문명을 성취하길 바랐다. '기차'는 단순히 힘을 상징하지 않는다. 어디에도 비할 바 없는 근대의 우월성과 발전 가능성을 함축하고 있다. '성신(星辰)'을 관찰하면서 "하난수만잇스면 전화도매고 / 공중으로철도도 길게노아서 / 네곳까지이르러 친히보리라"[19]고 진술하는 장면은 근대라는 '멋진 신세계'에의 매혹을 숨김없이 드러낸다. 이것은 낭만적 관념이 아니라 진보와 과학의 합리성을 구현하는 근대문명에 대한 학습과 경험에서 획득한, 발전 가능성에 대한 믿음의 구현체이다. '신대한 소년'은 이 '믿음'을 내면화할 때만이

18 최남선, 「쓰거운 피」, 『소년』 제3년 3권, 1910.3, 2면.

19 최남선, 「성신(星辰)」, 『소년』 창간호, 1908.11, 58면. 이 시는 「봉길이(鳳吉伊)지리공부」를 여는 역할을 하고 있다.

'활동적 진취적 발명적 대국민'으로 성숙할 수 있으며, 「신대한소년」이 제시하는 바의 국민적 표준과 덕목을 실현할 수 있을 터이다.

'신대한 소년'의 진취성과 품성은, 바다에의 도전이나 극지의 탐험 등을 이야기할 때는 '용기'를 향하지만, 보통은 「신대한소년」에서처럼 근면과 성실, 지식 함양, 정의, 사해동포주의, 진보에의 전력을 향해 나아간다. 이런 덕목들은 개인의 완미한 품성, 이를테면 "성실한 심지와 각고(刻苦)하난 공부와 영혜(穎慧)한 천품"[20]을 계발, 고양시키는데 먼저 필요하다고 보아 무방하다. 하지만 이런 자질을 구비한 '소년'의 성장과 국민, 곧 정치적 주체로의 진입은 근대국가의 발전과 안정에 직접적으로 기여한다는 점에서 그것은 이미 국민의 기획을 내장하고 있다.[21] 미국의 건국에 혁혁한 공헌을 세운 벤자민 플랭크린의 좌우명이 「신대한소년」에 제시된 덕목을 거의 가지고 있으며, 또한 그 좌우명이 오로지 정의와 공명심으로 현실을 극복하고 미래를 개척하는 소년상을 조형하는 「구작삼편」에 바로 이어져 있음을 무심히 지나칠 수 없는 까닭이 여기 있다.

> 우리는아모것도가진것업소,
>
> 칼이나륙혈포나——
>
> 그러나 무서움업네,

---

20 「신시대 청년의 신호흡(3)—아메리카 명인 프랭클닌 좌우명」, 『소년』 제2년 4권, 1909.4, 5면. 여기서 제시된 프랭클린의 13덕은 "절제 · 침묵 · 규율 · 과감 · 검약 · 근면 · 성실 · 정의 · 중용 · 정결 · 평정 · 정조 · 겸손"이다.

21 이런 입론의 타당성은 이전 호인 『소년』 제2년 3권, 1909.3이 국민을 호명하는 소년의 규범으로서 루스벨트 대통령의 8가지 좌우명과 몽고메리의 시 「청년의 소원」, 그리고 워싱턴 대통령의 좌우명을 잡지의 첫머리부터 잇달아 게재하고 있는 사실에서도 얼마간 확인된다.

鐵杖갓흔形勢라도

우리는 읏지못하네.

우리는올흔것짐을지고

큰길을거러가난者ㅣ일세.

—「舊作三篇」 부분(『소년』 제2년 4권, 1909.4)

「구작삼편」은 계몽의 내용을 짐작케 하는 제목을 지닌 여타의 신시와 달리 제목이 없다. 1907년(정미년) 무렵 지어 보관 중이던 최초의 시이자 신시였던 세 작품을 이제야 발표한 탓이리라.[22] 2년 전 최남선이 보던 '우리'는 무력과 재물로 대표되는 권력이 없는 지극히 평범한 청년들이다. 그렇다고 '우리'는 무기력하지만은 않아서, "철장(鐵杖)갓흔 형세" "면류관의 힘" "세사(細砂)갓흔 재물"로도 얻을 수 없는 올곧은 주체들이다. 이것은 '우리'가 오로지 "올흔것짐을지고" '큰길'을 걷고 다스리고 지켜보는 공명정대한 자이기 때문에 가능하다.

이처럼 『소년』에서 각성된 자의 본분은 '정의의 옹호자'로 흔히 표상된다. 그것은 물론 개아(個我)보다는 국가의 성립과 발전에 기여하는 덕목으로 신뢰된다. 가령 몽고메리 원작 「청년의 소원」은 각성된 정치주체 '청년'의 덕목으로 공명심과 지식, 인류애를 제시하는데, 이것은 "부정불의를 토멸"하는 '대한소년'의 제일 임무에 반드시 필요한 정신적 토대일 터이다.[23]

---

22 「구자삼편」의 후기에 따르면, 이 시는 최남선이 처음 지은 시인 동시에 "우리 국어로 신시의 형식을 시험하던 시초"라고 한다.

23 최남선, 「대한소년행」, 『소년』 제2년 9권, 1909.10, 2면. 3연에는 '대한소년 의용대'가 승전 후 천사의 환영을 받으며 '하나님'께 직접 훈장을 받는다는 내용이 나온다. 성서 모티프가 가

쾌남아로서의 '소년', 그는 모험심으로 충만한 '용소년(勇少年)'이자 불요불굴의 '정의의 옹호자'로 호명되었다. '소년'이 그렇게 지속적으로 가치화된다는 것은 '신대한'에의 욕망이 그만큼 집요함을 의미한다. 그러나 욕망 자체가 실현가능성을 선뜻 보장하지는 않는다. 오히려 그것이 현실에서는 불가능하며 바람직한 미래상으로 지연됨을 뜻하는 경우가 더 많은데, 당시 '신대한'의 기획은 그런 운명에 처해 있었다. 그것의 정당성에 대한 지원을 특히 미국의 독립과 근대국가로의 모범적 성장을 다룬 시와 산문에서 얻는다는 것은 그만큼 현실의 '신대한'이 공허하다는 경험적 진실을 반영한다. 그런 점에서 근대문명의 일방적 강조와 찬양은 근대로부터 자꾸 뒤처지는 현실을 암암리에 인정하는 것이라 할 수 있는데, 식민지로의 전락은 근대에의 상상적 욕망조차도 제한하는 현실원리가 된다.

2_ 이로부터 근대성 또는 근대국가로 협착되지 않는 보편적 덕목의 습득과 내면화가 한결 중요해진다. 시공간을 초월하여 어디서나 통용되는 인간형의 창조는 그것이 가장 구체화된 형식이다. '지선(至善)의 노력자'는 이 인간형을 대표한다. 그에게는 무엇보다 자기 직분에 충실할 것과 쉼 없이 무실역행의 태도를 취할 것이 강조되었다. 가령 『소년』 제2년 6권은 이전의 "대국민 육성 ……"을 대신하여 "향상정진(向上精進)은 신대한 소년의 인문 개발에 종사하난 정신이오 노동역작은 신대한 소년의 천명(天命) 복종에 노력하난 도리니라"를 표제글로 내세운다.[24] '향상정진'과 '노동역작'은 이전처럼 나라 만들기와 국민 되기의

장 뚜렷한 시에 해당한다.

원리로 크게 강조되지 않는다. 집단주체를 사상한 개아의 원리가 설파되는 것도 물론 아니다.

그렇지만 계몽의 주안점은 국가를 향한 문명의 진보에서 그것의 폐해와 한계를 초극하거나 비껴갈 수 있는 자수자양(自修自養)적 인간의 창조로 서서히 선회해 간다.[25] 개인을 훈육하고 규율하는 내면 원리에 강조점을 두는 이런 인간형의 창조는 근대 국가의 자명성과 그 좌절로서 식민지 전락이라는 현실의 어긋난 짝패를 견디면서, 그것을 대체할 새로운 원리를 찾아가는 데 유력한 원군이 된다.

"정의의 옹호자가 되랴하고 지선의 노력자가 되랴할진댄"[26]라는 구절에서 보듯이, 두 덕목은 순차적으로 추구된 가치가 아니다. 그보다는 새 시대의 주체이자 일꾼인 '소년'이 올바르게 진군하기 위해 갖추어야 할 좌우의 날개라 할 수 있다. 그러나 양 날개는 항상 균등하게 펼쳐진 것이 아니라 시대의 파고와 격랑에 따라 그 펼침의 각도와 비중이 달라졌다. 가령 『소년』 초기의 '지선의 노력자' 상(像)은 보편적 · 긍정적 덕목보다는 무사안일과 게으름 같은 부정성에 대한 경계와 질책을 통해 견인된다. 부지런한 '벌'을 통해 게으른 사람의 무용성을 비판하는 신시 「벌(蜂)」[27]은 그나마 얌전한 편이다. 다음에 오는 「밥버레」

24 같은 호에는 「신시대 청년의 신호흡(4)—톨스토이 선생의 교시(노동역작의 복음)」도 실려 있다. 표제글은 그런 점에서 최남선이 『소년』에서 가장 존경을 표시했던 '노동역작'의 전도사 톨스토이와 '무실역행'의 설파자 안창호의 사상을 동시에 합친 것이자, 그들에 대한 헌사(獻辭)이기도 하다.

25 소영현은 이 시기 '청년' 담론의 중층성과 전개 과정을 '신대한 건설'을 목표로 구성된 영웅적 인간형이 개인의 내면을 규율하는 원리를 통해 인격완성을 도모하는 '새로운 인간형'으로 전환되는 것으로 정리한다(소영현, 「미적 청년의 탄생」, 연세대 박사논문, 2005, 58~64면 참조).

26 「소년시언—국민사행의 표준」, 『소년』 제3년 5권, 1910.5, 15면.

27 최남선, 「벌(蜂)」, 『소년』 제1년 2권, 1908.12, 153~154면.

에서는 게으른 자에 대한 비판이 아주 호된 데, 이를 통해 최남선의 게으름에 대한 혐오감과 죄악시 하는 태도가 적나라하게 표방된다.

> 너의는 개剃匠은 되야도
> 『밥버레』는 되려하지마러라
> 너의는 거름장산 되야도
> 『鸚鵡쇠』는 되려하지마러라
> (…중략…)
> 먹기도 적게하고 말까지
> 만히하지 아니할것이로대
> 할수가 잇난대로 손과발
> 놀니기는 쉬지아니하야서
> 주먹힘 튼튼하게 만커던
> 地球라도 빠려부서바리고
> 발ㅅ길질 뻣뻣하게 잘커던
> 月中桂도 보기조케것어차
> 앗가운 一平生을 空然히
> 옷밥씨름 하난데쓰지마라
>
> —「밥버레」 부분(『소년』 제2년 1권, 1909.1)

하늘이 인간에게 "입한아 주시면서 / 손발은 둘식주신이치"는 입은 과묵히 하고 손발을 부지런히 놀리라는 데 있다. 이를 어기는 게으름군은 '밥버레' '앵무쇠' '옷밥씨름꾼'에 지나지 않으며, 그럴 바에는 '거름장사'나 '개박장(剝匠)'이 되는 편이 낫다는 것이다. 게으름은 그 무용성과 부도덕성 탓만으로 타매되지 않는다. 신세계 개척과 국가 건설로 대표되는, 근대로의 진보에 역행하기 때문에 문제인 것이다. 자연을 정복하거나 신비 세계를 개발하는 대신 젊은 예기와 어린 열혈로 담배씨에 뒤웅을 파는 자는 '신대한 소년'이 아니다. 그는 이미 미래를 박탈당한 가련한 '심리적 노인'에 불과하며, 그래서 '구대한'의 이름과 함께 역사란 광중(壙中)에 매몰되어야 할 퇴물인 것이다.[28] 말하자면 '게으름'은 그 자체보다는 진보에의 의지를 무력화하는 '공공의 적'이기 때문에 시급히 청산되어야할 악덕이다. 따라서 이즈음 '게으름'에 반대되는 덕목을 세우라면, 근면과 성실의 연관체보다는 진보의 열정을 추동하는 모험심과 용기, 진취성 등을 들어야할 지도 모른다.

그렇다면 진보와 굳게 결부되지 않더라도 '지선의 노력자'라면 응당 그러해야 할 부지런함의 덕목으로 『소년』은 무엇을 제시하는가. 번역시 「노작(勞作)」[29]에서 "하날노서주신바 사람권리중, / 가장 고귀한것"으로 표현된 그것은 '일', 구체적으로 말해 자기의 직분에 따라 '노동역작'과 '무실역행'을 실천하는 것이다. 그런데 『소년』에는 「노작」을 제외하고는 두 덕목을 계몽하거나 찬양하는 창작시(가)가 없다. 그래도 가까운 「흑구자(黑軀子)의 노리(2)」의 경우도 "노역쓧헨 / 큰갑흠이 잇난게라" 정도로 노동에의 근면·성실함을 권면하는 정도다. 이런 의도된 창작의 빈곤은 아무래도 최남선이 존경해마지 않던 톨스토이와 안창호의 문학과 산문에 두 덕목의 계몽을 의탁한 때문이 아닐까 한다.

28 「쾌남아의 소견법－최신남극탐험가」, 『소년』 제2권 6권, 1909.7, 56～57면.

29 C. Orne, 최남선 역, 「노작」, 『소년』 제2년 6권, 1909.7, 19～20면.

톨스토이는 『소년』에서 두 차례의 특집과 후기 단편 6편의 번역 소개, 일상생활의 계율 소개 등을 통해 꼭 따라야할 스승으로 추앙되었다. 그는 근대문학의 모범이기도 했지만, 당대의 척박한 현실에서 인류를 구원할 메시지를 전하는 '대도사(大導師)'로 먼저 인식되었다. 최남선은 톨스토이의 '노동역작'과 '선' 사상에 깊은 감화를 받고, 이를 '신대한 소년'이 반드시 갖추어야할 덕목으로 강조한다.[30] 톨스토이에 따르면, 인류 본연의 이성과 양심의 권위가 선(善)이며, 이것은 노동역작에 의해 만들어진다. '노동역작'이 도덕적 자기완성의 길일 수 있는 까닭은 자본주의 문명의 폐해, 즉 분업과 사회적・정신적・기능적 불평등, 불의와 착취를 조장하는 '문명'을 극복하고 하느님의 법이 지배하는 공동체 사회를 이루게 하기 때문이다. 이와 같은 혁명성 때문에 톨스토이의 후기 사상은 흔히 기독교적 아나키즘으로 불리며, 짜르 정권에 의해 지속적인 견제와 탄압을 받게 된다.

하지만 최남선은 톨스토이의 반문명・반국가주의는 접어둔 채,[31] 오로지 '노동역작'만을 강조하고 있다. '노동'이 곧 '선'이란 논리는 그것이 인간의 거역할 수 없는 윤리적 직분이라는 말과 다르지 않다. 따라서 그것은 문명한 '신대한의 소년'이 갖추어야 할 최고의 덕목이 된다. 그들 개개인의 근면한 노동은 곧 '신대한' 건설의 견인차가 되며, 그들이 통합된 전체를 이룰 때 위기에 처한 '민족'은 '갱생의 도(道)'를 찾게 되는 것이다.[32] 톨스토이의 '노동역작'이 인류의 자유와 평등을

---

30 「신시대청년의 신호흡(4)－톨스토이 선생의 교시」, 『소년』 제2년 6권, 1909.7 참조.

31 "선생의 현대문명의 비평과 국가사회의 논단은 아직 소년에게 필요치 아니할 듯하기로 다 그만두고 ……", 위의 글, 10면.

32 이에 대해서는 이 책 제2부 제5장 「1910년대 번역・번안 서사물과 국민국가의 상상력－『소

위해 제출된 보편적 계몽의 덕목이기는 하지만, 최남선이 그것을 국가와 민족의 범주로 굴절시켜 전유한 까닭이 여기에 있다.[33]

거론되는 정도를 따진다면 안창호의 비중은 톨스토이에 비해 약한 편이다. 안창호가 모란봉에서 취재한 평양 풍경을 통해 우국지정을 토로하는 「평양모란봉(牡丹峯)가」가 실리고, 최남선이 도쿄에서 안창호를 사모하고 염려하던 정을 담아 지은 「태백산시집」(총 5편)이 게재되고 있을 뿐이다. 이 시들에서는 안창호의 '무실역행'에 대한 강조와 계몽을 엿보기 힘들다. 그렇다면 일종의 사제지간이라 불러도 좋을 정도로 연과 친분이 두터운 두 사람의 관계와 '무실역행'의 계몽은 어디서 엿볼 수 있는가.

잘 알려진 대로, 두 사람의 인연은 실력양성과 국민의 새로운 창조를 목적하는 '신민회' 활동에서 본격화된다. '신민회'의 주요한 사업 가운데 하나가 언론과 출판을 통해 계몽운동을 수행하는 것이었는바, 문화계몽을 담당한 것이 『소년』이었다. 이런 관계는 『소년』에 '신민회'의 외곽단체인 '청년학우회'의 「청년학우회보」가 연재되었으며, 최남선

년』과 『청춘』을 중심으로」 몇몇 곳 참조. 『소년』에 실린 톨스토이의 문학과 사상을 검토한 다른 글로는 권보드래, 「최남선의 톨스토이 취향」, 한국근대문학회 편, 『최남선, 전통의 발명』, 한국근대문학회 제12회 학술대회 자료집, 2005와 정선태, 「번역과 근대소설 문체의 발견」, 『근대의 어둠을 응시하는 고양이의 시선』, 소명출판, 2006 참조.

33 톨스토이의 죽음을 추모하기 위해 마련된 「톨쓰토이선생하세(下世)기념」(『소년』 제3년 9권, 1910.12)에서는 '노동역작'이 특권적으로 강조되지 않는다. 여기서는 그의 생애와 문학, 사회사상에 대한 전반적인 서술이 이루어지며, 톨스토이 후기사상의 핵심으로서 반국가・반문명론도 얼마간 소개된다. 이와 같은 변화는, 무엇보다 추모의 정이 반영된 결과이겠지만, 이미 식민지로 전락된 상황에서 '신대한' 건설의 수상이나 '조선정신'의 실파가 취해지기 어렵다는 현실논리가 작용된 결과일 것이다. 실제로 톨스토이 하세 기념호는 『소년』이 제3년 8권(1910.8)의 문제(국풍 「대조선정신」과 단군을 시조로 하여 민족사를 기술한 금협산인(신채호)의 「국사사론(國史私論)」 등 일제를 자극할만한 글들이 수 편 게재되어 있다)로 정간당한 후 넉 달 만에 복간된 것이다.

이 '청년학우회'의 발기인이었고 「청년학우회보」의 기사와 논설 등을 집필했다는 사실에서 대개 증명된다.[34] 이것은 '무실역행'의 계몽을 위해 시(가)와 산문 등의 창작 및 게재를 굳이 따로 하지 않아도 되었음을 뜻한다. 「청년학우회보」가 그것을 수행하고 있기 때문이다.

시(가)에 한정해서 본다면, 「청년학우회보」에는 세 차례에 걸쳐 '청년'의 임무와 역할을 설파하는 가곡(歌曲)이 실린다.[35] '청년학우회'는 "무실·역행으로 생명을 작(作)하난 청년학우를 단합하야 (…중략…) 건전한 인물을 작성하"는 것을 목표로 했다. 그 가곡들은 이를 효과적으로 요약하여 '청년'이 '지선의 노력자'이자 문화계몽의 주체로 거듭나도록 고무했다.[36] 가령 〈청년학우회가〉는 "무실역행 등쌀밝고"로 시작하여 "지선(至善)으로 일으랴고 노력하난정신은 / 자강, 충실, 근면 정제(整齊) 용감이로세"로 끝난다. 최남선이 「청년학우회보」의 논설로 집필한 '청년학우회의 주지'는 창가에 담긴 학우회의 목적을 구체화한 글이라 할 수 있다. 그는 청년이 무실역행의 실천을 통해 '신대한 건설의 용사-대황조의 이상을 실현하는 역군'으로 성숙하라는 것을 거듭 역설한다. 여기서 특이한 점이 있다면, 청년이 대황조의 이상을 계승, 실현하는 주체로 설정된다는 점이다. 이것은 '청년학우회' 결성 당시 존재하지 않던 모토였다. 거기서는 무실역행이 신대한 문명의 기초라

34 박정선, 「『소년』지 시와 새로움의 의식」, 고려대 석사논문, 1999, 13~14면.

35 〈청년학우회가〉, 〈청년학우회행보가〉, 〈청년학우회하기휴학가〉가 그것이다. 이것들이 세 차례에 걸쳐 한 곡씩 소개되는 동안 최남선의 논설 「청년학우회의 주지」 역시 세 번으로 나뉘어 분재되고 있다(『소년』 제3년 4권~6권, 1910.4~6 참조).

36 청년학우회가 바라는 청년상은 「우리님」(『소년』 제2년 7권, 1909.8)에서도 엿볼 수 있다. 이 시는 '우리님'의 외양과 지혜, 그리고 재물 사용의 긍·부정성을 대조함으로써 바람직한 청년의 삶을 계몽한다. '우리님'은 찬양할 가치가 있는 특정 대상을 지시하는 말이 아니라 미래가 기대되는 '청년' 일반을 높여 부르는 호칭이라 하겠다.

는 명제가 오로지 강조되고 있다.

그렇다면 '대황조의 이상'을 필두로 하는 민족사의 전유가 왜 '청년학우회'의 중요한 과제 가운데 하나로 떠오른 것일까. 최남선에 따르면, 그것은 청년이 처한 내・외적 현실 때문이다. 청년은 준비기에 있는, 미완성의 존재이며, 또한 가치 있는 가까운 과거와 현재가 거의 전무하기 때문에 미래밖에 가진 것이 없는 존재이다. 이런 지적만을 본다면, 오히려 강조되어야할 것은 문명의 진보에의 욕망이다. 하지만 식민지로 전락함으로써 진보와 근대국가의 타자가 되어버린 현실에서 그것이 또 다른 완미한 세계를 향한 최고의 동력장치가 될 수는 없다. 근대의 보편타당한 지점을 짚어내는 동시에, 그것을 민족 고유의 시상과 연계하는 상상력은 그래서 필요하다.

'대황조 이래의 국민적 이상을 가슴에 품은 자'라는 말이 지시하듯이, '국민적 이상'은 더 이상 서구에서 들여온 박래품이 아니라 조선 민족이 먼 과거로부터 추구해온 보편적 가치이다. 최남선은 그러나 '국민적 이상'의 본질과 내용을 따로 언급하지 않는데, 이는 그것이 설명이 필요 없을 정도로 자명한 명제임을 뜻할 수 있다. 대황조가 단군의 별칭임을 감안할 때, 그것은 '널리 인간을 이롭게 한다'는 홍익인간 사상으로 이해되어 무방하다. 당시의 현실을 생각한다면, 이것만큼 보편타당한 삶의 미학과 미래의 정치학은 달리 없었을 것이다.

이제 과거는 한낱 흘러간 무용한 시공간이 아니라 현재를 위무하고 미래를 기획하는 가장 유력한 참조항으로 끊임없이 빌려들기 시작한다. 그런 점에서 「청년학우회 주지」는 최남선의 '국가'에서 '민족'으로의 대치가 특수를 보편으로, 과거를 미래로 일거에 전유하는 민족적 주관

화를 통해 실행되고 있음을 보여주는 유력한 물증 가운데 하나이다.[37]

일개 회원 자격으로 「청년학우회 주지」에 대황조의 이상을 계승할 권리와 의무를 적시한 최남선이고 보면, 자신이 주재하는 『소년』에 다음처럼 적는 것은 하등 이상할 것 없다.

> 정의의 옹호자가 되랴하고 지선(至善)의 노력자가 되랴할진댄 순결하여야 하며 광명하여야 하며 강건하여야 하며 화락(和樂)하여야 하며 진실하여야 하며 성충(誠忠)하여야 하며 근면하여야 하며 정의로와야 하며 미려(美麗)로와야 하며 정제(整齊)로와야 하나니 곳 선미(善美)를 조와하고 활동을 일삼아 항상 위를 향하야 힘써 올으며 압흘 향하야 힘써 나아가야 하난지라 참으로 조상에 대하야 효(孝)하고 그리하야 섭리에게 대하야 충(忠)코자 할진댄 이를 직히기에 나를 극제(克制)하며 이를 위하야 나를 발전할지어다.[38]

열 가지 덕목은 '정의의 수호자'와 '지선의 노력자'가 되기 위한 자수자양(自修自養)의 항목, 다시 말해 국민의 사유와 행동의 표준 가치들이다. 우리는 이 덕목들에서 문명 진보에의 욕망보다는 자기 수양을 통해 현실을 초극하고 미래의 발전을 도모하는 전인적 주체에의 이상을 본다. 사실 이 덕목들은 근대 특유의 소산이라기보다는, 예전부터 완전한 인격체에 다다르기 위해 제시된 보편적 가치들이라 할 수 있다.

---

37 한기형은 이런 양상을 민족적 주관화를 객관적 외피로 포장하는 근대 내셔널리즘의 극단화된 형태로 설명한다. 그러면서 최남선이 「해상대한사(11)」(『소년』 제3년 3권, 1910.3)에서 단군신화와 백제 역사 속에서 국민과 입헌제, 공화제를 읽어내는 것을 대표적인 사례로 꼽는다(한기형, 「근대잡지와 근대문학 형성의 제도적 연관」, 『대동문화연구』 48, 대동문화연구원, 2004, 46~48면 참조).

38 「소년시언-국민사행의 표준」, 『소년』 제3년 5권, 1910.5, 15면.

『소년』 초기의 계몽의 덕목들은, 정의, 자유, 지식 함양, 인류애 등에서 보듯이 근대국가의 비전 제시에 보다 가까웠다. 그러나 그것의 좌절은 우승열패의 세계 질서를 넘어서는 한편, 미래를 위한 향상전진을 견인하는 보편적 덕목의 출현을 서둘러 이끌게 된다. 여기서의 경쟁은 오직 승리만을 미덕으로 여기는 힘의 원리가 더 이상 아니다. 자수자양을 수행하는 개인의 됨됨이와 그것을 보좌하고 수용할 수 있는 문화적 장(場)의 존재 여부가 그 야만의 원리를 대치한다.

이 덕목들이 시공을 초월한 보편적 가치로 제시되는 대신, 민족적 주관화를 통해 보편성을 획득한다는 사실은 그래서 중요하다. 즉 저 덕목의 실현자로서 '정의의 수호자'와 '지선의 노력자'는 조선국민의 사(思)와 행(行)의 표준인바, 그것은 "거룩하신 대황조끠오서 처음 나라를 세우시던 그 정신과 그 포부"에서 성립된 것이다. 향상전진의 노력이 조상에 대한 효이고, 섭리에 대한 충인 까닭이 여기에 있다. 따라서 청년에게 필요한 것은 대황조의 이상을 현재화・현실화하는 일이자, 그것이 실현된 섭리들을 찾아 배우는 일이다.[39]

---

39 『소년』에서 민족사의 시원이자 영광된 과거로서 '대황조'의 세계가 본격적으로 전유되는 시점은 「태백산시집」이 발표되는 제3년 2권(1910.2) 무렵부터이다. 번역시를 제외하고는 '바다'를 소재로 한 창작시(가)는 더 이상 게재되지 않으며, '태백' 예찬과, 자연의 섭리를 통해 대황조의 은혜 및 청년의 도리를 설파하는 시(가)가 중심을 이루게 된다. 민족 주체의 자각을 '대황조'로부터 불러들이는 사고는 이광수의 "조선에 나고 자라고 흰옷닙은 젊은 사람이라고 다 '조선ㅅ사람인 청년'일 것은 아니라 (…중략…) 대황조로부터의 큰 포부를 바다지고, 이를 성취하려난이에게야 비로소 '조선ㅅ사람인 청년'이라난 귀중한 칭호를 슐 수 잇나니라"는 발언에서도 엿볼 수 있다. 이광수는 이 말을 하면서 '육신의 혈통'보다 '정신의 혈통'이 더욱 중요하다고 덧붙이는데, 이로부터 식민지로 전락하는 현실에서 민속이 어떻게 발견되고 구성되고 있는가를 엿볼 수 있다(고주(孤舟), 「조선ㅅ사람인 청년들에게」, 『소년』 제3년 8권, 1910.8, 32면 참조).

3_ 이즈음의 「해상대한사」에서 단군신화를 실재로 규정하고 단군 체제의 성립이 예비된 국민에 의해 가능했다는 주장은 근대 역사학이 자랑하는 실증의 담론을 통해 대황조를 사실화하고 보편화하려는 욕망의 소산이다. 시(가)는 사실의 차원보다는 당위적인 섭리를 자연의 비유를 통해 예찬하는 한편, 그것을 대황조의 은총 및 이상과 동일화하는 방법을 취한다. 시공을 초월한 자연의 순환성과 동일성은 대황조의 정체성 역시 그렇게 함으로써 대황조의 영원성과 보편성을 단숨에 획득하게 한다.

기대고 배울 '아비'와 보호받을 처소가 존재하지 않던 '소년'들에게 근대 체제의 투사와 자연의 동일화를 통해 대과거의 영웅적 '아비'는 이처럼 실체화되며, '소년'을 단련하고 수양시키는 훈육교사로 우뚝 솟아오른다. 적어도 시(가)의 경우, '십덕'의 설파에서 '소년'이 직접적인 청자로 등장하는 경우가 현격히 줄어들고, 또한 자연이 '십덕'의 구현체로 이상화되는 것도 '대황조' 세계에의 서사시적 충동 때문에 그러한 것이다.

① 公平도 좃타, 밋븜도 좃타, 참스럼도 좃타, 가장 貴하고 놉흔 道德的生命을 우리손에 거치게하니 이것만으로도 우리는 너를 讚頌하지 아니치못할지로다.

하믈며 너의는 우리의 몸과 마음이 生活의 疲勞와 迷惑의 苦惱와 밋 自我實現에서 생긴 몸살을 알을때에 金剛石보담 고읍고 「라듸윰」보담 貴한 힘의 敎訓을 줌이에리오.

너는 어엿부다, 外貌에와 갓히 內心도. 그러하면 願하건댄 너의 公平으로써 너의 가진 참 힘을 우리사람에게 골고로 빌녀주렴으나.

—「花神을 贊頌하노라고」 부분(『소년』 제3년 5권, 1910.5)

② 쏫픠엿다 닙픠엿다 압山뒷들에

나무가지 가지마다 철자랑이다

열매맷고 씨품겨서 職分다하랴

그의活動 하난모양 눈이띄우네

아아우리 少年들아 가서親하라

그는우리 益友로다 본뜰지로다

—「들구경」 부분(『소년』 제3년 5권, 1910.5)

③ 太白에 쏫이픠니 富貴가 雙全이라,

大國民의 저런歷史 永遠토록 한갈갓다,

太皇祖 三신힘은 萬年無量이로다.

—「太白에」 부분(『소년』 제3년 5권, 1910.5)

세 편의 시(가)는 「소년시언—국민사행의 표준」과 같은 호에 실려 있다. 잠시 일별해도 시(가)와 산문 사이의 농도 짙은 상호텍스트성을 엿볼 수 있다. 시(가)의 형식은 차례로 산문시, 창가, 시조(국풍)인데, 장르적 속성에 맞게 주제가 배분되고 계몽의 언설이 구사되고 있다.[40] '꽃'은 '십덕'이 피워내는 도덕적 생명과 직분을 다하는 활동 때문에 '소년'의 역할 모델로 자리매김된다. 그간 『소년』에서 '꽃'은, 「쏫두고」나 「봄

40 최남선은 『소년』 제3년 5권~제3년 8권(1910.5~1910.8)에서 시, 창가, 국풍으로 장르를 삼분하여 시를 수록하고 있다. 권오만은 이를 두고 '시'와 '가'의 미분 상태를 극복하려는 의지로 파악한다. 그러나 삼분법 체계는 4개월만 존속한 뒤 갑자기 사라지는데, 이와 같은 실패는 특히 산문시에 두드러지는 근대적 포에지의 결여 때문으로 파악된다. 보다 자세한 내용은 권오만, 『개화기시가연구』, 새문사, 1989, 215~232면 참조.

마지」에서 보듯이, 아름다움보다는 열매 맺음 때문에 찬양과 모방의 대상이 되었다. 「들구경」이 그 맥에 직접 닿아 있는 셈이다. 이 시(가)들에서 '열매'는 정해진 목표를 성실히 완수하는 것 이외에, 풀과 나무 같은 자기 집단의 "튼튼무궁"을 영속화하기 때문에 가치를 부여받는다.

직분의 완수는 이처럼 개인과 집단을 조화롭게 통합하고 그것을 미래의 힘으로 선취한다는 데 무엇보다 의미가 있다. 개인의 자수자양이 자아의 완성보다는 여전히 '국가 만들기'와 '민족 지키기'에 공헌되기를 요구받던 현실에서 이런 통합성만큼 개인을 집단주체로 이끌어갈 명분은 흔치 않았을 것이다. '꽃'의 '도덕적 생명'으로의 성화는 어쩌면 그것이 발산하는 보편적 미덕 자체보다는 척박한 오늘을 견디고 풍성한 내일을 예비하는 통합과 미래에의 의지에서 발원된 것일지도 모른다.[41] 이것은 '꽃'의 찬양이 결국은 대황조의 절대화로 수렴되는 이유이기도 하다. 대황조의 세계는 꽃의 미덕이 삶과 시대의 원리로 작동하는 이미 완결된 서사시적 대과거에 해당한다. 말하자면, '꽃'의 미덕이 상징하는 전인적 인격체에의 의지는 외부에서 주입된 것이 아니라, 만세의 혈통을 이어 내려오면서 겨울 지나 봄이 오듯이 "「타임」(때)",[42] 곧 섭리에 맞춰 발현된 것이다.

자연의 보편성은 삶을 구속하고 타자화하는 원리, 즉 시대와 장소,

---

41 '꽃'이 주는 힘의 교훈은 무엇보다 다음과 같은 삶의 의지에 있다. "짜가난 열을 알므로 미리 스물을 준비하며 썩거가난 한아를 알므로 애초에 열을 준비함을 내가 봄일세라. / 살아야 한다! 늘어야한다! 어려운중 고로운중 이리하랴면 필요도 업지 못할 만흔 희생을 앗기지 아니하난 너의 용기를 사랑하노라"(「화신(花神)을 찬송하노라고」). 이 구절은 식민지로 전락해가는 당대 현실에 대한 알레고리로 읽힌다. 공평과 신뢰, 진리, 도덕적 생명 등은 '꽃'이 보여주는 삶과 견인의 의지에서 추상화한 덕목들이다. 이것의 수신자는 당연히도 '우리사람', 곧 조선의 청년들이다.

42 최남선, 「봄마지」, 『소년』 제3년 4권, 1910.4, 45면.

국가와 인종, 힘의 유무에 따라 인간을 서열화하는 야만성을 초월한다. 최남선은 유추의 상상력을 통해 자연의 보편성을 전유하는 동시에, 그것을 향토화, 다시 말해 민족화함으로써 보편적 인류애의 감각을 놓치지 않으면서 민족의 우월성을 틀어쥐게 된다.[43] 물론 역사 기행물의 성격을 지닌 몇몇 '국풍'에는 역사와 현실의 차이가 제공하는 무상감과 한탄이 적잖이 묻어나온다. 그러나 자연과의 동일성을 추구하는 시들은 줄곧 낙관적이고 긍정적인 미래상을 유지하며 '조선남아'의 건강성을 자연의 힘에 비유해 드러낸다. 이런 감각이 보편적 자연의 민족화와 긴밀히 연관되어 있음은 거의 확실해 보이는데, 이를테면 다음 시를 보라.

天動ㅅ소리압뒷山에 들들울니고
一瞬千里번갯불이 눈에 지나며
큰소낙이한줄기가 쏘다져오면
山에는沙汰나고 물은넘쳐서
모든것이弱하게도 敗해쓸어져
간곳마다自然力의 威勢表로다
오래길은朝鮮少年 精力쏟치면
그의압헤이世界가 저러리로다

—「녀름의 自然」 부분(『소년』 제3년 7권, 1910.7)

---

43 「화신을 찬송하노라고」 뒤에는 E. Elliot의 「정말 건설자」가 번역되어 실려 있다. 이 시는 순환하는 자연의 미덕을 노래하면서, 동시에 인간 역사의 긍정성과 부정성을 함께 진술한다. 허위와 폭력은 부정성을 대표하며, 진리와 자비, 지식, 정의는 영원히 전복되지 않고 인류를 구원해 왔고 또 구원할 진정한 가치이다.

'여름'은 자연의 완전성과 힘이 온전히 구현되는 때인데, 그래서 본받아 마땅한 계절을 대표하게 된다. 하위 범주로서 '여름 구름'은 자유자재하며, '젊은아희'들이 현실을 견디고 미래를 꿈꿀 수 있도록 "다정스런 지심지우(知心之友)"의 역할을 한다는 점에서 의미롭다.[44] 여름의 긍정적 전유는 물론 그것이 "오래길은 조선소년 정력"과 "만히싸흔 조선남아 예기(銳氣)"처럼 세계를 좌우하는 힘을 가지고 있다고 상상되었기 때문이다. '꽃'과 비교할 때, '여름'에서는 힘의 가치가 훨씬 강조되고 있으나, 현실에 대한 위기의식은 그리 심화되어 있지 않다. '조선남아'의 꾸준하고도 오랜 수양과 수련을 통해 힘의 우위를 재탈환할 수 있다는 주관적 · 낭만적 상상력이 압도하고 있기 때문이다.

당시의 매서운 검열 체제를 감안하더라도, 나라와 민족에 대한 구체적인 인식과 기획이 미미한 상황 속에서 주장되는 힘의 열망은 별다른 성과 없는 무모한 열정이 되기 쉽다. 자아의 자존을 확보함으로써 현실의 역경을 낙관적으로 견딜 것을 재차 강조하거나[45] 어떠한 자연 상황에서도 '대조선 정신'을 읽어내려는 의지는, 그런 맹점을 막고, 나아가 민족 구성원들에게 고유한 정체성과 '우리'라는 공동감각을 부여하기 위한 문학적 책략이라 하겠다.

火鏡갓흔 저눈보라 뫼를등진 범이로다,

---

44 최남선, 「녀름ㅅ구름」, 『소년』 제3년 7권, 1910.7, 2~10면. 소년들의 여름은 "호장(豪壯)한 남아긔운 발양"하는 장이자, "남아지간경역(境域)도 탐험"하며 몸과 마음을 수련하고 지식을 넓히는 무대이다(「소년의 녀름」, 『소년』 제3년 6권, 1910.6, 25면). 진취성과 용기를 독려하는 시편이지만, 신대한 건설과 문명 진보를 중심에 놓던 『소년』의 초기에서와는 달리 개인의 자수자양에 초점이 가 있다.

45 최남선, 「꺽긴솔나무」, 『소년』 제3년 6권, 1910.6, 2~4면.

안연듯 배를나려 제갈길가는 저行人아,

보리라 大朝鮮精神 이中에도.

개아미 적다마라 苦생이라 안避터라,

바람비의 얼음(威脅)에도 맛흔職分 다코마니,

보리라 大朝鮮精神 이中에도.

—「大朝鮮精神」 부분(『소년』 제3년 8권, 1910.8)

이 시는 『소년』 제3년 8권(1910.8)에 게재되고 있다. 『소년』이 정기 간행물임을 감안한다면, 이번 호는 사실상의 종간, 아니 폐간호나 다름없었다. 앞서 얘기한대로, 조선 복속이 거리의 진실로 빠르게 유포되는 상황에서 일제를 자극할만한 '조선주의' 담론이 이번 호에 다수 게재되었으며, 이로 인해 『소년』은 4개월을 정간 당한다. 같은 해 12월 제3년 9권을 내지만 또 다섯 달을 내지 못한 끝에 1911년 5월 제4년 2권을 내고 『소년』은 영원히 종지부를 찍는다.

이번 호에서 '조선남아'의 길은, 산문에서 이광수가, 시(가)에서 최남선이 나누어 제시한다. 이광수의 표현을 빌린다면, '조선ㅅ사람인 청년이 되난 조건'이 계몽의 핵심이랄 수 있겠다. 이광수는 애국주의와 지식의 함양 및 천재(장기)의 발휘, 생(生)의 보지·발전을 위한 윤리의 설정을 조선 청년의 주요 임무로 내세운다. '신대한 건설'은 이것들과 연계되어 있기는 하지만, 제일의 목표는 아니다. 그보다는 "대황조 단군"의 이상과 포부가 담긴 '조선민족'을 현재화하며, 윤리의 표준이자 절대가치로서 '생'을 자아 완성, 즉 '조선 청년됨'의 제일조건으로 자각하는 일이 먼저이다.

이로써 '신대한'과 '소년'은 미래 발(發) 상상의 공동체를 지시하는 대체표상이기를 거의 그쳤다. "조선민족이란 사자(四字)는 정의를 표상하고, 자유를 표상하고, 강의(剛毅)를 표상하고, 희망을 표상하고, 광명을 표상"한다는 말에서 보듯이, '조선'이 그간 『소년』이 열심히 전파해온 보편적 덕목의 시발체이자 수렴체로 뚜렷이 부각된다. 생을 유지·발전시키는 윤리 감각 역시 전적으로 개인의 완성을 지향한다기보다, '조선민족'의 서사시적 과거를 재현하고 오늘날의 쇠락을 갱신하는 일로 그 무게가 쏠렸을 것이란 짐작은 그래서 가능하다.[46]

최남선의 시(가)는 이런 경향의 운문적 구체화라고 할 수 있다. 시(가)는 홍명희가 번역한 「사랑」을 포함해서 총 7편이 게재되는데, 이것들은 애국주의 또는 조선주의에 대한 뚜렷한 지향을 보인다는 공통점을 지니고 있다. 가령 유일한 산문시 「천주당의 층층대」를 보자. 이 시는 한 시골노인이 종현(鍾峴) 성당을 유람하면서 서구적 근대의 위풍에 제압당하기는커녕 오히려 이물감 때문에 불쾌감을 일으키고, 종국에는 "앗가는 보지 못하던" "장안성내 서편 북편의 광경이 「파노라마」처럼 안계(眼界)에 들어"오는 에피파니(epiphany) 체험을 그리고 있다. '천주당'으로 상징되는 서구의 정신문화와 물질문명이 찬탄과 경이는커녕 불쾌감의 진원지가 되고, 그로 인해 전근대와 구질서의 상징 북촌(北村)이 새로운 가치를 얻게 되는 시각의 전도와 역전은 『소년』에서 거의 처음 등장하는 것이다. 중인 계급 출신으로서 조선의 구태와 타락을 앞장서 비판

46 이상의 인용과 설명은 고주(孤舟), 「소년논단」(『소년』 제3년 8권)의 '여(余)의 자각한 인생' '천재' '조선ㅅ사람인 청년들에게'를 따른 것이다.

하던 최남선이고 보면, 저와 같은 '북촌'의 느닷없는 발견과 가치 체험은 체제의 시효가 만료된 당대 조선을 향한 것은 분명 아닐 터이다.

실제로 「조상을 위해」(창가), 「대조선정신」, 「때의불의지짐」, 「더위치기」(이상 국풍)는 조선주의의 진작과 미래의 예비를 소리 높여 설파하고 있다. 조선의 식민지 전락과 그에 따른 신대한 건설의 파국이 서구적 근대의 휘황찬란한 휘장을 걷어내기도 했지만, 근대문명에 가려 있던 대황조의 이상과 조선민족의 완결성을 재발견, 아니 재구성하게끔 추동했던 것이다.

위에 제시한 「대조선정신」은 그런 전이된 감각이 자연을 대상으로 수행되는 면모를 집약하여 보여준다. 자연은 보편적 덕목의 담지체이기도 하지만, '대조선 정신'의 편재처이기도 하다. 그런 까닭에 '자연'은 일반적인 심신수련과 배움의 장을 훌쩍 뛰어넘어 자아와 민족의 정신적 기원으로 가치화된다. 그럼으로써 '자연'은 객관적인 물자체이기를 그치고, 민족의 성스런 시원과 영원성을 이야기하고 그것의 재탈환을 끊임없이 욕망케 하는 민족 신화의 이미지를 덧입게 된다. 물론 객관적 논리의 외피까지는 못 입었지만, 이것은 '자연'이 국가가 소멸되는 상황에서 민족성을 유지하고 활성화하는 데 도움이 되는 상징체계로 적극 고안되고 가치화되기 시작했음을 뜻한다.[47] 이후 민족의 역사와

47 최남선은 1920년대 들어 문학과 역사를 민족의 시원 탐구 및 민족성 유지와 발현을 위한 최고의 자리에 위치시킨다. 그 주요항목으로 민족사의 기원과 문화 형성원리를 탐구하는 불함문화론, 단군을 신화에서 역사적 실재로 끌어올리는 단군론, 그리고 대황조의 이상이 펼쳐진 성스러운 강역으로서 국토의 순례와 그것의 심미화, 마지막으로 '조선정신'을 배경으로 '조선적인 것'을 형상화하는 장르로서 시조부활운동을 들 수 있다. 특히 이때 시조는 조선시대의 그것이 아니라, "조선국토, 조선인, 조선심, 조선음률을 통하야 표현한 필연적 일 양식"(최남선, 「조선 국민문학으로서의 시조」, 『조선문단』, 1926.5, 4면)이란 말에서 보듯이, 조선민족 고유의 국민문학으로 가치화된 양식이다. 이를 위해 최남선은 시조의 연원을 고

정신이 담긴 땅이란 의미의 '국토' 관념이 탄생되고, 국토 순례와 국토의 심미화가 유행을 뛰어넘어 하나의 의무처럼 행해지게 되는 사태는 자연에 대한 이런 민족적 징발과 전유에서 비롯된 것일 터이다.

그런 의미에서 '대조선 정신'이 휘황하게 굽이치는 『소년』 제3년 8권은 더 이상 종간호의 성격을 띠지 않는다. 오히려 '대황조 세계'를 더욱 신화화하는 동시에 현재화함으로써 민족의 미래를 선취하고 '조선 남아'의 완성을 기도하는 '조선주의'가 본격적으로 가동되기 시작하는 문화민족주의의 창간호에 해당한다. 『소년』은 보통 근대문명과 지식 담론의 수신처이자 선전체로서 그 가치를 인정받는다. 하지만 발행인 최남선의 이후 행보와 변모를 염두에 둔다면, 그 특유의 '조선주의'의 시발점이란 점에 『소년』의 또 다른 가치가 존재할 것이다.

3. 민족 보편성에 과잉 투자된 『소년』 발 덕목들의 운명

『소년』지 시(가)의 계몽성은 '신대한 건설'에서 점차 '대조선 정신'의 발현과 함양으로 나아갔다. 이것은 최초에 추구되던 국가와 민족의 일

조선의 '노랫가락'에서 찾는다. 시조의 출현과 향유의 고대로의 소급은 그것을 원래부터 존재하던 국민문학으로 자연화하며, 고유한 민족성을 발현하는 유일한 조선문학으로 전통화한다(국민문학으로서 시조의 보편성과 특수성에 대한 자세한 논의로는 차승기, 「근대문학에서의 전통 형식 재생의 문제」, 『상허학보』 17, 상허학회, 2006 참조). 『소년』이 재발견, 재구성하기 시작한 대황조의 세계(고조선)는 이렇게 하여 민족사 및 문화의 유일한 기원으로 매끄럽게 완성된다.

치가 불가능해지는 현실에 대한 맞대응, 다시 말해 국가가 부재한 상황에서 민족성을 유지하기 위해 취해진 문학적 전략이랄 수 있다. 이 과정에서 국가와 민족의 주체로 기대된 '소년'과 '조선 남아'에게는 '정의의 수호자'이자 '지선의 노력자'로 성장하기 위한 보편적 덕목들이 끊임없이 요구되었다.

'신대한 건설'이 주창되던 초기 시(가)에서는 정의의 수호와 관련된 덕목들이 많이 등장하는데, 대개는 근대적 가치와 윤리들이 강조되었다. 한편으로는 근대문명에의 진취적 도전을 위한 모험심과 용기를, 다른 한편으로는 근대국가의 국민으로서 필요한 자유와 평등, 인류애, 정의감, 지식 함양, 공명심 등을 고취하였다. 그러나 근대국가와 관련된 이런 덕목들은 점차 식민지의 나락으로 빠져들던 조선에서 실현되기 어려웠다. 그래서인지 그것은 미국 등과 같은 선진제국에 대한 담론 속에서 주로 채취되었고, 종국에는 그들을 모범 삼아 국가의 팽창을 욕망하는 허위의식의 지지대가 되는 아이러니가 연출되기도 한다.

'소년'의 당위적 목표로서 '지선의 노력자'는, '신대한 건설'과 연계되어 있기는 했지만, 근본적으로는 개인의 자수자양을 통한 전인적 인격체로의 성숙을 지향했다. 이를 위해 '노동역작'과 '무실역행'이 무엇보다 강조되었고, 순결, 광명, 화락, 진실 등의 열 가지 덕목이 국민의 사유와 행위의 표준으로 제시되었다. 이것들은 당시 세계를 지배하던 우승열패의 논리를 무력화하는 원리, 즉 인간이라면 누구나 갖추어야할 보편적 덕목으로 제기되었으며, 그럼으로써 물질문명을 초극하는 정신문화로 일거에 가치화된다. 그런데 더욱 중요로운 것은 그것이 『소년』의 목표를 근대문명에 긴박된 '국가 만들기'보다 시공을 초월한 질

대체계로 상상되는 '민족 지키기'로 전환해가는 윤리적 · 심리적 토대가 되어갔다는 사실이다.

이런 전환은 이른바 보편적 덕목의 민족화에 의해 수행되는데, 대표적인 사례로 '십덕'을 대황조의 이상에 결부시키고 그것의 현재화에 필요한 전통 사상으로 전유하는 태도를 들 수 있다. 결국 『소년』에서 민족의 시원이자 영광으로서 대황조 세계의 보편화와 신성화는 보편적 덕목을 자연의 미덕으로 투사하는 자연과의 동일화 전략을 통해 수행되고 완성된다. 이때 이제 '신대한 소년'에서 '조선남아'로 그 호명이 변경된 청년들에게 가장 요구되는 일은 심상한 자연에서 '대조선 정신'을 읽고 배우라는 것이다. 『소년』은 그럼으로써 조선의 미래는 근대문명의 모방보다는 대황조 세계라는 '오래된 미래'의 상상과 현실화에 달려 있음을 널리 표명했던 것이다.

이를 통해 본다면, 『소년』지 시(가)의 근대성은 단순히 자유시와 계몽성의 성취와 한계 차원에서만 논해질 성질의 것이 아님이 분명해진다. 우리는 『소년』지에서 시(가)만으로도 근대문명과 근대국가의 타자가 되어가는 시점에서 민족성 유지와 발현의 전략으로서 '조선주의'를 어떻게 호명하고 내면화해 갔는가를 큰 어려움 없이 읽어낸다. 말하자면 『소년』의 시(가)는, 불가능한 근대국가를 초극하는 '민족'이 어떻게 발견되고 재구성되는가, 그리고 '우리'라는 공동감각과 동일성을 보장하는 민족성의 불어넣음이 어떻게 가능한가를 자명한 세계의 전유를 통해 모범적으로 제시했던 것이다.

'대황조의 이상'과 '대조선 정신'의 내면화를 통해 건축되는 '조선주의'는 그러나 문명과 문화의 가치 역전을 통해 자민족의 우월성과 영원함을 조형하는 문화민족주의의 전형에 해당한다. 이때의 문제는 민족의 신성화와 이상화에 있지 않다. 이것은 민족공동체를 유지하고 앙양하기 위한 심리적 기저물이라 할 수 있다. 오히려 그보다는 민족주의를 유일성의 체계로 절대화하고, 그것을 보편타당한 것으로 만들어가는 가운데 발생하는 허위적 가상과 의식이 무섭다.

이를테면 최남선의 '조선주의'는 대황조 시대를 신화에서 역사적 실재로 끌어올리기 위해 단군론과 불함문화론에 의거해 기원의 서사를 획정하는 한편, 그것에 세계적 보편성을 부여하는 데 전력을 기울였다.[48] 그는 이 작업이 국권을 빼앗긴 민족에게 새로운 정체성을 부여함과 동시에, 조선민족의 당위적 존재감을 세계에 알리는 것이 되기를 소망했을 터이다. 그러나 신화와 역사를 낭만적으로 역전시키며 모든 대상을 민족화하고 그럼으로써 민족을 보편화하는 동일성의 논리는 대황조의 세계와 이상을 조선의 것에서 조선의 것을 넘어서는 것으로 일반화하는 이상한 사태를 불러온다. 이 속에서 현실역사와 세계 속에 내재한 모든 차이나 불연속성은 그것의 고유한 의미를 거세당한 채, 민족을 구성하고 가치화하는 하위범주로 재편된다. 우리는 『소년』지 시(가)가 추구한 덕목과 그것의 지향성 변화에서 벌써 그것을 체험했던 것이다.

---

48 이에 대한 자세한 논의는 최남선의 『백두산근참기』를 중심으로 그의 '조선주의'가 지닌 이네올로기성과 비논리성을 비판적으로 검토한 서영채의 「기원의 신화를 향해 가는 길」(서울시립대 인문과학연구소 편, 『한국 근대문학과 민족-국가 담론, 소명출판, 2005)을 참조할 것.

／제4장／

'신대한'과 '대조선'의 사이(2)

『소년』지 시(가)의 근대성

1. 『소년』의 시(가)를 다시 읽다

대개의 경우 『소년』지 시(가)에 대한 관심은 창가→신체시→자유시로 진행되는 근대시의 발견 및 이행 과정에 초점이 맞추어졌다. 자유시를 정점에 놓은 이런 관심은 궁극적으로 『소년』지 시(가)가 근대적 서정 및 자유율의 성취와는 거리가 먼 계몽과 집단적 자아의 과잉에 긴박된 채 정체되고 말았다는 한계의 지적에 가 닿았다. 이는 1910년 이후 『소년』지 시(가)의 주요 장르로 부상하는 국풍(시조)을 장르의 퇴행 현상으로 간주하는 근거이기도 했다.

그러나 『소년』지 시(가)의 근대성을 자유시의 성취 여부로만 가늠할 수 있을까? 『소년』지에 대한 정밀한 독해는 시(가)가 독자적으로 존재하는 것이 아니라 『소년』에서 제기하는 각종 계몽 및 문명 담론, 근대지(知), 민족지(知)와 상호 텍스트의 관계를 형성하고 있음을 알게 한다. 어쩌면 『소년』을 주재한 최남선은 근대 서정시, 곧 자유시의 완성보다는 저런 공적 담론의 설파와 확장을 위해 신시(新詩)를 주목했는지도 모른다.[1] 말하자면 『소년』에서 '신시'는 당위와 필연이기보다는 담론 확장의 차원에서 기획된 '선택'일 수 있다.

이런 관점은 시조에도 마찬가지로 적용될 수 있다. 『소년』에서 '시조'는 거의 '국풍(國風)'으로 지칭된다. '국풍'은 『시경』 1편의 제목인데, 그것은 덕화(德化)가 미치고 올바른 질서가 유지되는 시대의 노래를 뜻하는 정풍(正風)을 주요 내용으로 삼는다. 『소년』의 시조가 저 이상적 세계를 되돌아보고 현재화・미래화하는 것을 목적했음은 대황조(단군)와 태백, 대조선 정신의 찬양과 심미화에 초지일관하고 있다는 점에서 확연하다.

이런 사실은 『소년』의 시조가 조선시대의 것을 그대로 계승한 것이 아니라, 1920년대 들어 최남선이 규정한 시조의 기원과 본질, 즉 고조선의 '노랫가락'에서 비롯되어 "조선국토, 조선인, 조선심, 조선음률을 통하야 표현한 일 양식"[2]을 재현하려는 의도에서 추구된 것일 수 있다는 암시를 준다.[3] 그러니까 『소년』의 시조는 국민국가 또는 민족 공동

---

1 이와 관련해 서영채의 최남선의 신체시에 대한 논의는 자못 종요롭다. 그는 최남선의 계몽 담론의 모순과 한계를 "체제의 긴박을 지향하는 집단 주체의 정신과 체제 안에서 체제와는 무관하게 존재하는 개인 주체의 정신의 공서"에서 찾았다. 신체시 역시 이런 이중성에 긴박되어 있는데, 그것은 결국 계몽적인 지평 내에 머물러 있음으로써 역사적 현실 인식의 표현과 미적 자율성의 성취 모두에 실패했다는 것이다. 보다 자세한 논의는 서영채, 「최남선 시가의 근대성에 관한 연구」, 『민족문학사연구』 13, 민족문학사연구소, 1998 참조.

2 최남선, 「조선 국민문학으로서의 시조」, 『조선문단』, 1926.5, 4면.

3 『소년』의 시조 분석과 1920년대 시조론의 참조를 통해 최남선에게 "시조는 어떤 소재를 사

체의 정체성과 우월성을 확보하기 위해 마련한 문화민족주의가 머나먼 과거로부터 불러내거나 창조한 전통이요 발명품인 것이다. 법고창신(法古創新)의 이미지가 농후한 '국풍'이란 명칭의 부여는 그래서 필요했던 것이리라.

나는 『소년』지 시(가)의 변화에 주목하면서, 그것의 근대성을 논의할 수 있는 주요 의제로 『소년』의 핵심 가치인 '신대한'과 '대조선'을 설정하였다. 두 개념의 동일성과 차이성을 논하는 일은 바다에서 산으로, '신시'에서 '시조'로, '국민국가'에서 '민족'으로 점차 진로를 수정하는 『소년』 시(가)의 변화를 꿰뚫는 동시에, 그 변화 속에서 『소년』의 계몽 및 지식 담론들이 어떻게 서로를 전유하고 습합하는지를 통합적으로 사유하는 데 꽤 유효하다.

이와 같은 관심 아래 이 글은 다음 사항들의 검토에 중점을 둔다. 첫째, 근대 국민국가 '신대한'에 대한 열망과 그것을 구성하고 상상하는 표지들을 살펴봄으로써 『소년』지 시(가)에 아로새겨진 계몽적 열정의 실체와 실질성을 밝힌다. 둘째, '신대한'의 원망(願望)을 대체하고 전유한 '대조선'과, 그것의 핵심을 이루는 '태백' '대황조'란 표상의 본질과 성격, 그리고 문화적 민족주의로서 그것의 역할과 효과를 짚어본다.

물론 이런 논의는 '신대한'과 '대조선'의 거리나 이질성 규명에 중점을 두기 위한 것이 아니다. '신대한'에서 '대조선'으로의 변화는 전자의 폐기와 후자로의 자연스런 이행이라는 직선적 이월 관계를 형성하지

용하든지에 상관없이, 완전한 자기 충족성을 가진 형식으로 존재했다"고 말하는 한수영의 견해 역시 이와 상통한다. 한수영, 「육당의 신시 의식과 형식 개념에 대한 고찰」, 『한국문학이론과비평』 30, 한국문학이론과비평학회, 2006, 332~340면.

않는다. 문화민족주의의 원형질에 해당하는 '대조선'은 '신대한'에 요구되고 설정된 가치와 덕목들을 수렴하면서 『소년』 최후의 이상적 세계로 정위된다. 이것은 『소년』의 계몽기획이 주로 현실보다는 가치체계 중심으로 추진되며, 시(가) 역시 이를 반영하여 『소년』이 추구하는 가치의 심미화와 절대화에 우선권을 행사한다. 이런 동일성의 해명 역시 『소년』 시(가)의 복잡한 성격과 근대성 이해에 긴요한 영역이라 하겠다.

2. 국민국가 '신대한'의 욕망과 '소년'의 호출

『소년』의 제일 목적은 '신대한 소년'을 '활동적 진취적 발명적 대국민'으로 육성하는 데 있었다. 이를 통해 대한 역사에 큰 광채를 더하고 세계문화에 크게 공헌하기를 바랐다. 이 선언적 포부는 다분히 추상적이고 낭만적이지만, 이것을 현실화하기 위한 실천 윤리와 덕목들은 꾸준히 제안되었다. 『소년』지 시(가)는 무엇보다 '신대한'과 '국민'의 형성에 필요한 윤리와 덕목들을 소개하고 권면하는 장이었다. 이때 시(가)가 설파하는 주장의 실질성과 효용성은 자기와 연계 배치된 사종 세통 및 지식 담론들을 통해 강화된다. 말하자면 시(가)는 『소년』이 추구하는 가치를 압축적으로 제시하는 일종의 선언문이라면, 이와 연계된 다른 글쓰기들은 그것을 보장하고 구체화하는 실용문의 역할을 담당한

다는 것이다.[4]

따라서 『소년』이 욕망하는 국민국가 '신대한'과 예비 국민 '소년'의 실체와 이상을 검토하기 위해서는 거기에 연계된 담론들은 물론 그것이 지향하는 표상체계들을 동시에 살펴볼 필요가 있다. 이런 점을 고려하면, '신대한'과 '소년'의 주요 매개물로는 무엇보다 '바다'와 '아메리카'를 꼽아야 할 것이다. 이들은 '신대한'과 '소년'이 완미한 근대의 구성물로 나아가기 위해 필요한 원심력과 구심력, 외향성과 내실성을 충실히 지시하는 방향등이었다.

1) '신대한'과 '소년'의 '바다'에 대한 매혹 또는 미혹

'소년'에게 '바다'는 어떤 존재인가. '바다'는 '소년'의 '운동장'인 동시에 개척지이고, 세계 및 자기 경영에 필요한 덕목을 배우는 장소이다. '바다'를 대함에 있어 '용기'와 모험심이 강조되고 게으름[5]이 특히 타매되며, 바다를 늘 '신대한' 건설과 연계하여 사유하는 '직분'의 논리와 '공명심'이 적극 요청되는 것[6]은 이런 이유에서이다. 가령 시(가)만 보더

4 『소년』 창간호의 핵심어는 '바다'라 할만하다. 권두시 「해(海)에게서 소년에게」는 '소년'이 세계의 절대 권력으로서 '바다'와 동일화되기를 염원하는 신체시다. 이런 동일성의 타당성과 합리성은 대한의 해상사(海上史)를 자국 및 세계의 경험을 접합, 비교하는 「해상대한사」나 바다의 지배자가 세계의 제패자였음을 역설하는 「바다란것은이런것이오」 등을 통해 한층 강화된다. 이처럼 특히 초기 『소년』에서는 근대지(知)와 세계지(知), 민족지(知)가 배타적이고 대립적이기보다는 '신대한'의 건축을 위해 상호보족적인 관계를 형성한다.

5 『소년』에서 게으름군은 '밥버레' '앵무쇠' '옷밥씨름꾼' 등으로 비하되며, 게으름에 물든 자는 미래를 박탈당한 '심리적 노인'으로, 그래서 '구대한'의 이름과 함께 역사란 광중(壙中)에 매몰되어야 할 퇴물로 간주된다.

6 '바다'와의 친화, 바다의 정복과 경영을 '대한반도'를 건설하는 제일 조건으로 보고, '대한반

라도, 세계의 제패자로 상상되는 '바다'는 '담크고 순정한 소년'을 '유일한 나의 짝'이자 '사랑'의 대상[7]으로 삼으며, 여기에 응답이라도 하듯이, 삼면환해국, 즉 '신대한'의 '소년'은 "태동(泰東)의 더 대륙 넓은 벌판"과 "태평의 더 대양 크나큰물", 그리고 "볏발이 곳쏘난 적도(赤道) 아래"[8]를 운동장 삼아 뛰노는 자로 이미지화된다.

『소년』은 이런 거침없는 비약과 진보를 삶의 원리로 삼는 '소년'을 '쾌남아' 또는 '용소년(勇少年)'으로 명명한다. '소년'을 근대 세계에 무리없이 탑승시키기 위한 이런 진작(振作)의 프로젝트는 창작 시(가) 뿐만 아니라, 번역시와 번역소설, 남・북극과 같은 무인지경의 별세계 탐험기를 통해서도 이루어진다. 가령 바이런(Byron) 원작의 「해적가(海賊歌)」의 경우, 제목의 부정적 함의를 생각한다면 게재가 용이치 않은 작품일 수 있다. 하지만 「해적가」에는 불령한 전투나 노획 장면 따위는 전혀 없다. 시의 중심은 바다를 "우리의帝國으로 알고지내며" 바다에서의 자유와 쾌락을 위해 몸과 마음을 단련하는 수병(水兵)들의 긍정적 자세를 표현하는 데에 있다.[9]

또한 『소년』 최초의 번역소설인 「거인국표류기」와 「로빈손무인절도표류기」는 어떤가. 『소년』의 근대소설 소개의 핵심은 무엇보다 톨

도' 건설을 '소년'의 제일 직분으로 강조하는 시는, 작은 배를 탄 세 소년이 거친 파도 및 암초와 맞서 싸우는 삽화가 인상적인 「바다위의용소년(勇少年)」(『소년』 제2년 10권, 1909.11)이나. 이 시를 끝으로 『소년』에는 '바다'와 관련된 창작시가 더 이상 게재되지 않는다. 그 역할은 바이런(Byron) 원작인 「해적가」(공육(公六) 역)와 「대양」(인랑(麟浪) 역)에게 맡겨진다

7 최남선, 「해(海)에게서 소년에게」, 『소년』 창간호, 1908.11, 4면.

8 최남선, 「우리의 운동장」, 『소년』 제1년 2권, 1908.12, 32면.

9 Byron, 공육(公六) 역, 「해적가」, 『소년』 제3년 3권, 1910.3 참조. 또 다른 바이런 원작 「대양」(『소년』 제3년 6권, 1910.6)은 '바다'를 인간이 마땅히 존숭하고 따라야 할 '영원의 형상'이자 '신의 보좌'로 가치화하고 있다.

스토이 소설 번역에 두어지지만, 두 소설의 번역도 만만찮은 의미를 지닌다.[10] 물론 이것들은 원작에 비해 내용도 소략하고 번역자의 목적에 따른 서사의 선택과 배제도 심한 편이다. 그러나 두 작품은 근대문명의 선두를 점하던 영국 부르주아지들의 모험과 수난, 궁극적인 승리를 주요 테마로 한다. 이들의 영국으로의 최후의 귀환은 모국에 대한 자긍심과 외부 세계에 대한 모험심 및 개척 욕망, 그리고 근대문물 제도의 맞춤한 운용에 크게 빚진 것이다. '소년'이 무엇보다 예비국민으로 상정되었다는 사실, 이것은 이들 모험서사가 여타의 서구소설에 앞서 번역·소개될 수밖에 없는 주요한 까닭 가운데 하나이다. 그러니까 근대의 적자 걸리버나 로빈손 크루소는 그 정신이나 행위에 있어 '소년'이 참조하고 모방해야할 일종의 역할 모델인 것이다.

'바다'를 빌린 '소년'의 훈육과 계도는 그러나 칸트가 말한바 자율 이성을 공적으로, 그리고 자유롭게 사용할 수 있는 근대적 주체를 양육하기 위함이 아니었다. 그것은 어디까지나 '신대한' 건설에 소용되는 집단 주체, 즉 '국민'을 육성하기 위한 공적 기획이다. 따라서 '소년'은 오로지 '국민'의 윤리와 직분을 수행할 때야 비로소 존재 의의와 가치를 인정받는다.

그런 점에서 '바다'의 최후 수렴지는 '신대한'일 수밖에 없다. 이를테면 『소년』의 야심찬 연재물인 「해상대한사」는 겉으로는 우리의 해상사 재고(再考)를 목표하는 것처럼 보인다. 하지만 이 글은 궁극적으로 삼면환해(三面環海)인 '대한반도'의 지리적·문화적·경제적 가치를 문

10 이들을 중심으로 『소년』지 번역소설의 의미와 성격을 논한 글로는, 이 책 제2부 제5장 「1910년대 번역·번안 서사물과 국민국가의 상상력―『소년』과 『청춘』을 중심으로」 참조.

명의 선편을 쥐었거나 쥐고 있는 고금의 반도국들에 비추어 봄으로써 극대화하는 데 열심이다.[11] '바다'는 '신대한'의 외연 확장과 내실을 기하기 위한 사용재이자 상징물이란 이해는 그래서 가능하다.[12] 과연 최남선은 「로빈손무인절도표류기」의 결말에서 로빈손의 목소리를 빌려 다음과 같이 말한다

> 한 가지 원하난 것은 가장 광명스럽고 영예잇슬 전도(前途)를 가진 신대한 소년 여러분은 여러분의 나라 형편이 삼면으로 자미(滋味)의 주머니오 보배의 고(庫)ㅅ집인 바다에 둘닌 것을 심상(尋常)한 일노 알지 말어 항상 그를 벗하고 그를 스승하고 또 거긔를 노리터로 알고 거긔를 일터로 알어 그를 부리고 그의 비위를 마추기에 마음 두시기를 바라옵나니 엇접지 아니한 말삼이나 깁히 드러주시오 그런데 한마듸 부쳐 말할 것은 우리 모양으로 사리(私利)와 작난으로 바다를 쓰실 생각 말고 좀 크게 놉게 인문을 위하야 국익을 위하야 진실한 마음과 정성스러운 뜻으로 학리(學理)연구・부원(富源)개발 등 조흔 소견을 잡으시기를 바람이외다.[13]

이 발언은 기실 『소년』 창간호의 "「로빈손 크루소」는 해사(海事)에 관한 한 소전기(小傳奇)라 그러나 세계의 해왕(海王)이라는 영국의 해군

11 최남선은 「해상대한사」에서 반도의 일반적 특징을 "해륙문화의 융화와 및 집대성자됨과 해륙문화의 전파와 및 소개자됨과 해륙문화의 장성처됨"으로 규정한다. 그가 생각하는 반도의 현재적 가치가 무엇인지는 "세계통일의 사상, 곳 제국주의는 실노 반도국인에게 이러난 사상"이란 말에 잘 투영되어 있다.

12 『소년』에 '바다'의 제한성을 말하는 시(가)가 전혀 없지는 않다. 제목 없는 국풍 한 수는 '바다'의 한계를 '우주'의 무한성에 비추어 진술한다. 『소년』 제2년 8권, 1909.9, 66면 참조.

13 「로빈손무인절도표류기(완)」, 『소년』 제2년 8권, 1909.9, 43~44면.

은 차(此)로 인(因)하야 성취하얏다 하나니 오인(吾人)은 차(此)에 관감(觀感)하야 흥기티 아니티 못하리로다"를 다시 쓴 것에 지나지 않는다.[14] 이 말을 참조하면, '인문'과 '국익' 가운데 어디에 방점이 찍힐지는 비교적 분명하다. 『소년』에서 '신대한'은 단순한 국민국가가 아니라 '바다'와 '반도'를 모태로 외부로 무한 팽창하는 힘센 국가로 욕망된다. 다시 말해 당혹스러울 정도의 팽창주의적 성향을 노출하고 있는 것이다. 하지만 이것은 최남선이나 『소년』지 논객 고유의 사상이나 근대국가관으로 간주하기에는 무리가 있다. '반개(半開)'에서 바삐 벗어나 문명국으로 올라서며, 나아가 서구 제국주의와 동등한 지위를 확보하려는 욕망은 당시를 풍미하던 사회진화론과 우승열패의 질서관이 반영된 결과물이다.

당시 동아시아 상황을 둘러보면, 일본은 이런 근대 기획에 이미 성공했고, 중국에서는 '민족제국주의를 대적하려면 우리가 민족제국주의를 행하는 방책 밖에 없으며, 이를 위해서는 신민(新民)이 반드시 필요하다'는 량치차오[梁啓超]의 『신민설』이 널리 퍼져 있었다.[15] 후쿠자와 유키치[福澤諭吉][16]나 량치차오의 근대 기획론이 당시 조선에서 큰 영향력을 발휘하고 있었음은 주지의 사실인바, 『소년』의 제국주의적

14 『소년』은 영국의 경우 해상왕국=경제왕국이란 제국주의적 지위를 주로 소개하는 데 반해, 미국의 경우 정치의 선진성 및 국민국가와 국민성의 내실을 집중적으로 알린다.

15 당시 량치차오의 『신민설』이 수용된 양상에 대해서는 박노자, 「개화기 국민 담론과 그 속의 타자들」, 이화여대 한국문화연구원 편, 『근대계몽기 지식개념의 수용과 그 변용』, 소명출판, 2004, 243~244면 참조.

16 『소년』은 후쿠자와 유기치의 『수신요령』을 '소년'의 자기 수양과 성찰의 주요 교재로 삼았다. 일례로 『수신요령』은 「현대소년의 신호흡(1)－수신요령」(『소년』 제2년 2권, 1909.2)에 번역·소개된 후, 『소년』의 간행처 신문관의 야심찬 기획물인 『산수격몽요결』의 부록으로 실렸다. 결국 신문관은 『수신요령』을 단독 저서로 번역·출간하여 신시대의 자녀 교육에 널리 사용하기를 적극 권장하기에 이른다.

팽창주의 성향 역시 여기에 맞닿아 있는 것으로 보인다.

그러나 국민국가의 성립보다는 식민지로의 전락이 점차 가시화되던 당대의 여건을 생각하면, '신대한'의 팽창은 현실과 거의 무연한 상징적 욕망에 불과한 것이었다. 따라서 낭만성이 유감없이 발휘된 「삼면환해국」은 계몽적 사유의 관념성이나 추상성 자체보다는, 그것들과 현실을 괄호 친 세계관・문명관의 얼크러짐 속에서 출현하는 것으로 이해된다.

부글부글 ᄭᅳᆯ난듯한 東녁하날 보아라,
祥瑞긔운 籠罩하야 쌕쌕히찬 안에서
온갖勢力 根源되신 太陽이 오르네,
하날은 붉은빗헤 휩싸힌바 되얏고
바다는 더운힘에 降服하야 잇도다,
어두움에 가쳐잇던 億千萬의 사람이
눈을ᄯᅳ고 삷혀보난 自由엇으며
몸을일혀 움작이난 氣運생기네,
깃버하고 조와하난 아참人事 소리는
어늬말이 太陽功德 頌祝함이 아니냐,
이러하게 萬衆이다 우러보난 太陽은
碧海水를 사이하야 먼저우리 비취네,
그러타 우리나라는
동방도 바다이니라.

—「三面環海國」 부분(『소년』 제2년 8권, 1909.9)

『소년』지 시(가)의 특징 가운데 하나는 그것이 절대화하는 세계나 대상을 이상적 자연을 통해 숭고화·심미화한다는 점이다. '삼면환해국' 역시 그러하다. 동, 남, 서 삼해의 찬연함은 '신대한'의 이상적 상황, 그러니까 자유와 평등이 넘치고 재화가 풍성한 땅으로 전유된다.[17] 이런 상상력은 그 상황이 인간의 힘과 노력보다는 신의 은택에 따라 이뤄진 것이란 믿음에 기초하고 있다. 각 연에 등장하는 '태양 공덕(功德)' '태양 정기(精氣)' '태양 택화(澤化)'는 그것을 충실히 보여준다. 현실을 의도적으로 배제한 이런 이상화는 '신대한' 및 그것이 취할 미래에 대한 낙관적 전망과 신뢰를 더욱 높이기 위한 전략일 터이다.

이것은 그러나 '바다'를 빨리 갉아먹고 소진시켜버리는 독(毒)이기도 했다. 현실화될 여지없는 욕망이나 상상력은 기대의 부풀림 이상으로 허망함을 신속하고도 널리 퍼트린다. 어쩌면 '바다', 그리고 그것에 연계된 '삼면환해국'이야말로 『소년』 최고의 상상의(=허구의) 공동체일지도 모른다. 왜냐하면 지금까지 보아왔듯이, '바다'는 이후 『소년』이 집중한 '태백' '대황조'의 세계와 달리 '실감'의 영역과 거의 차단된 채 오로지 가치화의 대상으로 추구된 담론 체계였기 때문이다. 하지만 그 담론을 즐겨 들으며 "깃버하고 조와하난 아참인사 소리"를 나누기에는 은폐되고 배제됐던 현실 '바다'의 전면 노출과 폭력 행사가 더 빨랐다. 만약 『소년』의 '태백'으로의 재빠른 옮겨 타기가 약육강식을 오로지 신봉하는 현실 '바다'에 대한 하릴없는 굴복으로 먼저 해석된다면 이런

---

17 최남선은 같은 호에 쓴 「교남홍조(嶠南鴻爪)」에서 '바다'에게서 '위인되는 법'과 '성인의 도'를 배우기를 적극 권면한다. 그 까닭은 무엇보다 '바다'가 가장 완비(完備)한 형식을 가진 백과사전이고 가장 진실한 재료로 이룬 수양(修養) 비결(秘訣)이기 때문이다. 이 글은 가히 '바다'에 대한 최고의 찬양과 매혹을 담고 있다 할만하다.

사정과 무관치 않을 것이다.

물론 엄격하게 말한다면, '바다'는 흔적 없이 소진되었다기보다는 모습을 바꿔 어딘가로, 그러니까 '태백'의 세계로 스며들었다고 보는 편이 보다 타당하다. 시 · 공간만 달라졌을 뿐, '바다'를 대체한 '태백' 역시 정치적 · 문화적 영웅 '대황조'와 이미 완성된 문명국 '대조선'을 상정하고 있기는 마찬가지였다. 명칭이 다른 동일자 '소년'과 '조선 남아'는 문명의 적자로 상상되고 육성되었다는 점에서 전혀 동일했던 것이다. 『소년』의 이상적 '바다'와 '신대한'이 아무런 갈등과 무리 없이 그것을 대체할 신세계 '대황조'와 '대조선'으로 재빨리 옮겨갈 수 있었던 것도 이 때문이다.[18] 그런 의미에서 '바다'와 '태백'은, '신대한'과 '대조선'은 서로가 상호 접속된, 하지만 궁극적으로 전자에서 후자로 수렴되는 그런 형식으로 동전의 양면 관계를 형성한다.

2) '신대한', '아메리카'에서 내일을 보고 배우다.

'바다'가 '신대한'의 외연 확장을 대변하는 가치 체계라면, '아메리카'는 근대 국민국가로서 '신대한'의 내적 성숙을 계도하는 방향타이다. '아메리카'에 대한 『소년』의 호감은 미국에서 귀국한 안창호 등이 결성

18 「삼면환해국(三面環海國)」 이후 『소년』지 시(가)는 그 성격과 내용, 장르의 선택에서 급속한 변화를 맞는다. 두 달 후 『소년』(제2년 10권)은, '바다'에 관한 마지막 창작시 「바다위의용소년(勇少年)」과 이후 『소년』의 방향을 예고하는 「단군절」(창가), 「태백범」을 함께 싣는다. 『소년』은 또 두 달 뒤 「태백산시십」을 세새힘으로써 이 방향 전환을 명확히 하는데, 이때부터 구풍(시조)은 『소년』지 시(가)의 주요 장르로 부상된다.

한 '신민회'의 문화계몽을 『소년』이 담당했다는 논의를 통해서도 얼마간 짐작할 수 있다.[19] 실제로 『소년』은 '신민회'의 외곽 단체인 '청년학우회'의 기관지 「청년학우회보」를 연재했고, 최남선은 이 회지의 '논설'을 집필하는 등 주요 역할을 담당했다. 그러나 이런 외적 상황을 굳이 염두에 두지 않더라도 '아메리카'가 『소년』의 관심을 끌 이유는 충분했다. 무엇보다 '신대한'은 독립과 문명개화를 기초로 설립되고, 또 강력한 힘을 지닌 신흥 부국으로 성장하는 국민국가로 욕망되었다. '아메리카'는 영국으로부터의 독립과 남북전쟁 등을 통해 이런 '나라 만들기'에 성공한 거의 유일한 국가였다. 또한 조선을 두고 경쟁하던 일본을 위시한 제국주의 열강의 부정적 면모로부터 한 걸음 떨어져 있었다.

『소년』은 미합중국 국가인 「아메리카」를 필두로 「대국민의 기백」, 「청년의 소원」, 「노작(勞作)」[20] 등을 번역 게재하며, 최남선은 「아브라함 린커언」을 지어 그의 위대성에 대한 간곡한 존경을 표한다. 그 뿐 아니라 아메리카의 독립과 국민국가 건설에 혁혁한 공을 세운 워싱턴, 프랭클린, 루즈벨트 등의 사적(事蹟)과 어록 등을 정성껏 소개한다. 이런 시(가)와 담론의 중심은, 제목과 소재 등이 시사하듯이, 국민국가 건설 자체보다는 거기에 요구되는 국민성과 덕목의 소개와 내면화에 있다. 이것들과 창작 시(가) 사이의 내용상의 밀접한 유사성은 이런 계몽의 기획으로부터 산출된 것이리라. 가령 다음 시를 보라.

---

19 보다 자세한 내용은 박정선, 「『소년』지 시와 새로움의 의식」, 고려대 석사논문, 1999, 13~14면 참조. 『소년』이 강조해 마지않던 '무실역행'은 '청년학우회'의 모토이기도 했으며, 최남선은 도쿄에서 「태백산시집」을 지어 안창호에게 헌사함으로써 그에 대한 신뢰와 존경을 각별하게 표현했다.

20 물론 이 세 작품의 지은이는 영국인(김병철, 『한국 근대번역문학사 연구』, 을유문화사, 1975, 285면 참조)이지만, '아메리카' 담론과의 밀접한 연관성을 고려하여 소개해 둔다.

크고도 넓으고도 永遠한太極
自由의 少年大韓 이런德으로
빗나고 쓰거웁고 剛健한太陽
자유의 大韓少年 이런힘으로
어두운 이세상에 밝은光彩를
빠디난 구석업시 더뎌듀어서
하날의 부린職分 힘써다하네
바위틈 산ㅅ골中 나무숫싸디
自由의 큰소래가 부르딧도록
소매안 듀머니속 가래싸디도
自由의 맑은긔운 쏙쏙탸도록.

—「少年大韓」 부분(『소년』 제1년 2권, 1908.12)

'신대한'의 미래는 "자유의 소년대한"의 건설과 성취에 있다.[21] 그것은 '신대한'의 영원성과 국민의 대동행복을 구현하기 위한 일종의 전제 조건이다. 이런 이유로 최남선은 3연에서 신대한 건설을 장애자와 병자의 치료에 비유하며, '소년'의 '쌕틔즘'(희생)을 무엇보다 강조한다. 희생과 그에 대한 보상으로서 자유와 번영의 성취는 국민국가 '신대한'으로 '소년'들을 이끌어 들이는 주요원리이다. 최남선은 아메리카와 영국의 시 가운데 이런 내용의 시들 선택, 번역함으로써 그 기획에 성공

21 이 시에서 보듯이, 『소년』지 시(가)에서 '소년대한'과 '대한소년'은 서로를 넘나드는 개념이다. 이를테면 「소년대한」과 「신대한소년」, 「대한소년행」이 그러한데, 모두 '신대한' 건설에 필요한 국민의 덕목 및 직분 수행을 강조하고 있다.

한 모범적 사례를 제시하고 있는 것이다. 실제로 「소년대한」은 미국가 「아메리카」와 「아메리카는 이리 독립하였소」(산문)와 같이 실려 있다. 이것들은 무엇보다 자유와 자강불식을 통한 대동 행복의 달성을 테마로 하고 있다는 점에서 「소년대한」에 비견된다.

이런 동일화의 욕망은 초기 『소년』지 시(가)의 한 특징으로 보아도 좋다. 가령 「신대한소년」에서 '소년'의 덕목으로 제시되는 근면, 성실, 사해동포주의, 식산, 지식함양 등은 뒤이어 게재되는 「대국민의 기백」과 「청년의 소원」의 내용이기도 하다. 물론 『소년』이 아메리카를 자기의 논리와 정당성 없이 참조하고 내면화한 것으로 낮게 평가할 필요는 없다. 그보다 『소년』은 아메리카를 지렛대 삼아 자신이 설파하는 계몽 담론과 덕목들을 보편화하고 가치화했다는 게 적절한 이해일 듯싶다.

> 正義칼ᄂᆞ不義를 베혀바리고
> 自由홰로壓制를 살나업실ᄯᅢ
> 그옯흠과그쓰림 생각하야서
> 祖上님의精神을 직혀서가면
> 밤낫으로求하난 나의樂園은
> 아모것도아니라 實ᄂᆞ그라고
> 公私大小事務에 아모것이고
> 純直하게富하되 間斷업시해
> 國民으로린컨이 職分다하야
> 務實力行그歷史 넘겨가도다.

—「아브라함 린커언」 부분(『소년』 제3년 1권, 1910.1)

이 시는 조금 늦었지만 링컨 탄생(1909) 백 주년을 기념할 목적으로 육당이 지었다. 링컨은 "세계상에서 새로운 국민역사"를 건설한 위인으로 추앙된다. 그의 최대 장처와 업적은 무실역행의 실천을 통해 가인(家人), 국민, 인류로서의 직분을 다했다는 데 있다.[22] 『소년』에서 무실역행과 직분 완수는 '소년'을 '지선(至善)의 노력자'로 이끌어 가는 최대 덕목으로, 1909년 중반부터 『소년』의 핵심어로 자리 잡는다. 육당이 탁월한 소설가에 앞서 인류의 대도사(大導師)로 톨스토이를 주목한 것도 직분 완수와 깊이 관련된 '노작(勞作)' 사상 때문이었다.

초기 『소년』을 생각한다면, 국민국가의 모범 아메리카와 관련된 덕목들은 자유와 평등, 자강불식 등으로 모아질 듯하다. 그러나 육당은 무실역행과 직분 완수를 그것의 전제 조건으로 제시하며, 모범적 실천자로 '링컨'을 내세운다. 그럼으로써 링컨은 성공한 대통령에서 "길모르난 후인들을 인도"하는 위대한 인격자로 숭고화된다. 이처럼 『소년』은 대상의 단순 모방에 그치지 않고, 계몽의 기획에 맞춰 대상을 재구성하고 조율하는 전략을 능숙하게 구사한다. 초기에 집중된 '신대한'의 호명은 비록 미약해졌으나, '소년'을 '국민'을 넘어선 인격의 완성자로 끌어올리려는 노력은 이와 같은 보편화 전략을 통해 이루어지는 것이다.

'아메리카'는 '신대한'과 '소년'에게 요구되는 각종 가치와 윤리를 이미 구현하고 있는 모범적 국가였다. 경험이 선무하거나 일천한 주체가 탁월한 타자를 뒤따르고 배우는 것은 권장될 만한 일이다. 하지만 자

22 링컨의 인물됨과 구체적 업적은 같은 호에 실린 J. Choate, 「린커언의 인물과 밋 그 사업」에 자세히 소개되어 있다.

아의 기획에 맞춰 욕망하는 모델의 한 측면만을 바라볼 때가 문제다. 이것은 『소년』의 일반적 경향으로, '아메리카' 담론에서도 그대로 답습된다. 후발 제국주의로서 아메리카의 그림자는 전혀 통찰되지 못하며, 인디언과 흑인 등 타자의 배제와 지배를 딛고 세워진 문명의 허구성은 끝내 읽히지 않는다.

이런 백색의 선택지를 뽑을수록 심화되어간 것은 '신대한'의 불가능성과 허구성이었다. 그 결과 '소년'은 정치적 주체로 서보지도 못한 채 보편적 인격의 수행자로 호출되며, 끝내는 '대조선'의 적자이자 재현자인 '조선남아'로 서둘러 변신한다.[23] 이런 『소년』의 변화를 폭풍우에 휘둘린 당대 현실을 넘어서기 위한 불가피한 선택으로 보기만은 어렵다. 『소년』은 계몽적 가치의 당위성에는 민감했으나 그것의 현실성과 가능성 여부에는 대체로 무감했다. 『소년』이 최후의 보루이자 미래로 선택한 '대조선'이 시(가)에서는 '신대한'처럼 처음부터 절대화와 심미화의 틀을 통해 상상되고 구성되는 현상 역시 이와 무관치 않겠다.

23 이런 현상을 두고 '신대한'의 급속한 탈락과 포기, 나아가 아메리카의 부정으로 해석할 필요는 없다. 사실 아메리카에 대한 긍정적 시선과 그 국민성의 전폭적 수용 의지는 당대를 풍미하던 문명론 또는 사회진화론의 영향, 다시 말해 아메리카에 대한 강렬한 동일화의 욕망이 작동한 결과물이다. '신대한'에서 동일화의 욕망이 불가능해지자, 육당은 대서사시적 과거 '대조선'을 불러냄으로써 이미 문명화된 국가・민족으로 일거에 올라서고자 했다. 이후 보겠지만, 아메리카의 문명화된 국민성은 이미 '대조선'의 것이었다. '아메리카'든 '신대한'이든 '대조선'이든 문명 세계로 상상되고 추구되었다는 점에서는 전혀 동일한 것이다. 근대계몽기에 아메리카가 문명국을 넘어, 반개(半開)나 야만 국가의 해방자로 인식되던 사정에 대해서는 정선태, 「『독립신문』의 조선・조선인론」, 이화여대 한국문화연구원 편, 앞의 책, 176~183면 참조.

3. 서사시적 과거 '대조선'의 현재화와 미래화

1910년 8월 대한제국의 일본으로의 병합은 식민지 근대의 공식적 출발을 알리는 비극적 사건이었다. 이 사건과 더불어 『소년』이 완미한 근대 체제로 기획했던 '신대한'은 마침내 종말을 고했고, 예비 국민 '소년'은 졸지에 메이지 천황의 '신민(臣民)'으로 등기되었다. 이런 시대의 급물살은 『소년』의 가치체계 선택과 담론의 변화에 적잖은 영향을 미친 것으로 판단된다. 1909년 11월 『소년』지 시(가)는 그간 설파해온 '신대한'과 '무실역행'을 내려놓고, 『소년』 후기의 최대 관심사인 '단군'과 '내백'을 화두로 올린다. '대조선'을 구성하는 두 축인 이들의 등장은 육당이 「지리학 연구의 목적」을 번역하면서 덧붙인 글을 보건대, 혼돈스런 현실에서 새로운 좌표를 설정하고 길을 찾기 위한 선택으로 생각된다. 그러니까 "천의(天意) 소재를 모르고 세운(世運) 추이를 짐작치못하고 제나라 제고향의 웃지되여 갈지를 모르"는[24] 담천하(曇天下)의 상황은 현실에 구애되지 않는 영원한 가치체계의 수립을 시급히 요청했을 터이다.

이를 증명이라도 하듯이, 육당은 '각방(各方)사람'이 위대한 성조(聖祖)의 큰 빛 아래 모여 "영원히 큰 참복락이 보편하던" 세계를 건설하고 "처

---

24 우치무라[內村], 공육 역, 「지리학 연구의 목적」, 『소년』 제2년 10권, 1909.11, 97면. 암울한 시대 선망은 같은 호의 창간 일주년 기념사에 쓴 "신대한이란 것을 가르치려 하고 또 그 일을 만드난 우리 소년의 정신과 그 일을 담임(擔任)한 우리 소년의 행복을 말하려 할 때에는 나는 힘쓰지 아님이 아니나 힘쓴 만큼 드러난 공과(功果)는 잇슬것갓지 아니한지라"(「제1기 기념시」, 6면)에도 깊이 스며 있다.

음으로 하날길을 개척하던" 날을 송축하기 위해 악보까지 첨부한 창가 「단군절」을 권두시로 싣는다. 「태백범」은 호랑이를 빌려 저 이상적 세계 '대조선'의 위용과 기상, 가치를 기린 것이다.[25] 육당은 「태백범」 좌우에 호랑이 형상의 한반도를 배치하고, 호랑이를 오로지 진·선·미를 추구하며 그를 위해 진취와 향상에 매진하는 의미 있는 존재로 그린다.

호랑이 형상의 한반도는 육당이 『소년』 창간호에서 일본 지리학자 고토[小藤]가 설정한 토끼 모양의 한반도를 물리치기 위해 고안한 것이다. 근대 지리학에서 지도는 무엇보다 지리에 대한 객관적 정보와 실리를 얻기 위해 제작되는 것으로 이해된다. 지도는 그러나 과학적 실측으로 생산되는 단순한 결과물이 아니다. 지도는 어떤 식으로든 특정 사회의 사실을 표상하고 가시화한다. 대중들은 지도에 대한 교육과 접촉을 통해 자국 및 외부 세계에 대한 정보를 획득하며, 이를 통해 동일성과 타자성의 감각을 심화시킨다. 근대 지도가 도상(圖上)의 공유를 통해 국민 의식을 양성하는 데 크게 기여했다는 주장은 그래서 가능하다.[26]

물론 최남선은 한반도에 실제 지리와 사실을 표현하는 대신 호랑이 형상을 덧씌웠다. 하지만 이것이 국민 의식을 고양하고 대한반도, 곧 '신대한'의 갈 길을 제시하는 근대 기획의 산물이었음에는 전혀 변함이 없다.[27] '태백범'의 출현 역시 이런 사회성과 정치성의 산물인바, 신대

---

25 다음 2연을 보라. "사천년간길너나온 호연(浩然)한긔온 / 시원토록뿜어보니 우주가적고 / 대륙모에움크렷던 웅대한몸이 / 웃둑하게이러나니 지구가좁의." 이런 '태백범'의 면모는 이후 '소년'이 숭상하고 배워야 할 절대가치로 군림하게 된다.

26 지도의 제작이 국민의 창조에 어떻게 관여하는가에 대한 자세한 논의는 와카바야시 미키오[若林翰夫], 정선태 역, 『지도의 상상력』(산처럼, 2002)의 제4부 '국토의 제작과 국민의 창조'를 참조할 것.

27 "이것(호랑이 형상—인용자)은 최남선의 안출인데 우리 대한반도로써 맹호가 발을 들고 허위덕거리면서 동아대륙을 향하야 나르난듯 뛰난듯 생기잇게 할퀴며 달녀드난 모양을 보엿

한의 호랑이는 '대조선'과 그 주체 '조선남아'의 본성을 표상하고 그 위용과 기상을 자랑하는 상징물로 거듭 태어난 것이다.

안창호에게 헌사된 「태백산시집」(『소년』 제3년 2권, 1910.2)은 '대조선'으로의 회귀와 그것의 현재화 · 미래화를 본격적으로 수행하는 장이라 할 만하다. 여기에는 총 5편의 시(가), 곧 「태백산가(太白山歌)」(1)과 (2), 「태백산부(太白山賦)」, 「태백산의 사시(四時)」, 「태백산과 우리」가 실려 있다. 이 중 「태백산부」와 「태백산의 사시」는 육당의 신시 가운데 탈자수율적 지향의 극점에 놓은 작품, 즉 자유로운 리듬을 지향하는 본격적 시편으로 주목된 바 있다. 육당은 이를 계기로 특히 『소년』 제3년 5권~제8권 사이에서 시(詩)와 가(歌)를 구분하고, 그것들의 장르를 자유시 · 산문시, 창기, 국풍(시조)로 3분하여 게재하는 율격 실험에 몰두했다는 것이다.[28]

「태백산시집」은 형식(율격) 실험의 선편을 쥔만큼이나 내용의 치밀한 편제에서도 주목할 만하다. 「태백산가(1)」은 '대황조'가 "질거움과 太平의 크나큰빗홀" 세상에 베풀라는 하늘의 명을 받고 '태백산'에 내려 왔음과 함께, '태백산'의 "순결하고 영원한 마음과 정성", 그것을 따라 배우는 '우리사람'의 노력을 밝힌다. 나머지 4편은, 과감히 말해, 「태백산가(1)」을 상술함과 동시에 '태백산'에 가치를 증여하는 시편들이라 할만하다.

스니." 최남선, 「봉길이(鳳吉伊) 지리공부」, 『소년』 창간호, 1908.11, 67면.

28 권오민, 『개화기시가연구』, 새문사, 1989, 215~232면 참조. 권오만은 이 삼분법의 급속한 붕괴를 근대적 포에지가 결여된 산문시의 실패와 밀접하게 연관된 것으로 판단한다. 이후 상술하겠지만, 이런 현상은 장르 의식이 퇴행한 결과로만 출현한 것이 아니다. 그가 추구한 세계와 그에 적합한 장르(시조)의 선택과도 밀접하게 연관되어 있다.

내압헤노힌 옷半島는 왼큰것의 點이니,

모든빗나고 고은일이 네게로서 始初라,

네한나라를 爲해서나, 왼世界를 爲해나,

제일하기엔 勇敢하고 남爲하얀 慈悲해,

적고큰너의 모든所望 내압헤서 이루라,

壯하고大하고 富하라 眞코善코 美하라.

—「太白山歌(其二)」 부분(『소년』 제3년 2권, 1910.2)[29]

'태백산'의 가치는 무엇보다 "모든빗나고 고은일"의 시초라는 점과 그것을 만인에게 골고루 펼친다는 데 있다. 그래서 태백산의 '바람'은 "문명한긔운, 온화한빗"(2연)으로 비유된다. 이런 본원적 세계는 진·선·미가 조화를 이루며 상생하는 장(場)이라 하겠다. 이 때문에 '태백'은 용감과 정의 같은 인간의 본원적 가치를 수렴하고 기록하는 "독립-자립-특립"(「태백산부」)의 세계로 가치화된다. '신대한'이 그랬듯이, '태백' 역시 자기충족적이며 완전무결한 절대세계로 상상된다. 그렇다면 '태백'은 유유자적하는 자연 공간이 아니라 자아의 수양과 완성, 더 나아가 '조선심'의 계승과 함양에 필수불가결한 도량이라 할 만하다. 「태백산과 우리」는 이런 관점에서 '태백산'과 '소년'의 관계를 설정하며, 궁극적으로 '태백산'으로의 회귀가 태백산의 본원적 가치를 현재화하는 일임을 힘주어 강조한다.

---

29 최남선의 시가에서 태백산, 곧 백두산이 민족의 성산(聖山)으로 가장 가치화된 사례로는 『조선유람가』(한성도서, 1928)의 '백두산' 묘사 및 서술을 들어야할 것이다. 이에 대해서는 이 책 제1부 제4장 「도래하는 '대조선', 귀환하는 '영지(靈地)'—최남선 『조선유람가』의 문화정치학」의 '3. 조선 '유람', 숭고 대 폭력 관전기(觀戰記)' ① 부분 참조.

『소년』 시(가)의 특징 가운데 하나가 가치체계를 이상적 자연에 비겨 심미화·절대화하는 것이라 이미 말했지만, 이것은 '태백산'에도 여지없이 적용된다. 「태백산의 사시」는 사계절의 인상적인 장면을 빌려 '태백'의 강건함과 성품을 역동적으로 그려낸다. 일반적 진술에 의존했다면 전언의 추상성이 한층 강화되었을 테지만, 자연과 자유율의 효과적 운용은 '태백'의 가치에 사실성을 더함과 동시에 '태백'을 숭고화하는 데 크게 기여한다.

그러나 「태백산시집」이 '대조선'의 가치 구성에 제공하는 품목과 효과는 제한적일 수밖에 없다. '태백'의 본원적 형상은 '대조선'의 이상성과 영원성을 환기하는 데 유효하지만, 그것의 실질성과 정치적·문화적 수월성(秀越性)을 고지하기에는 여러모로 역부족이다. 이것이 보충되지 않는 한, '대조선'은 현실성 없는 상상체계로 머무를 수밖에 없다. 이 빈 자리는 「나라를 떠나난 슯흠」과 「태백의 님을 이별함」을 통해 메워지는데, 의미심장하게도 그 현실성은 '나라'와 '태백', 그러니까 가장 중요한 목표체계와의 이별 또는 상실의 위기감 속에서 견인된다.[30]

최남선은 두 시에서 '나라' 및 '태백'과의 어쩔 수 없는 이별을 애달파하면서도, 결국은 '동군(東君)'의 회복이 '우리'의 궁극적 과제임을 호소한다. '동군'과 태백, 대조선이 동일한 가치체계임은 물론이다. 따라서 '태백'을 표상하는 '대동국면(大東局面)의 감시자' '세계평화의 옹호자' '우리 강토의 정수' '우리 민족 이상의 결정(結晶)' '모든 운동의 활동력

30 최남선은 이 시들이 실린 『소년』 제3년 4권(1910.4)의 창작 후기에서 모송의 사유로 인해 다른 글 대신 「대한지리」의 원고 일부로 본권을 채운다고 말한다. 모종의 사유란 검열일 가능성이 크다.

의 근원' 등은 자연스레 '동군'과 '대조선'의 본질이 된다. 이 면모들은 그 상징성을 감안한다면 '소년' 곧 '조선남아'가 지향하고 성취해야 할 본원적 가치라고 해도 좋다. 그래서 '태백'은 "나의 가슴에 품긴 이상의 광명"으로 내면화되는 것이다.

'태백'은, 그것의 실체로서 '대조선'은 모든 면에서 완결된 절대세계, 다시 말해 "하나의 사실, 하나의 개념, 하나의 가치로서 이미 완성되고 완결된"[31] 서사시적 세계가 아닐 수 없다. 그것은 모든 가치의 시초이면서 가치평가 기준이고 최후의 가치이다. '대조선'을 뒤돌아보는 일은 그래서 현재를 성찰함과 아울러 '대조선'을 미래의 모범으로 획정짓는 시간 기획이다. 복고주의에 노출되어 있음에도 불구하고 '대조선'이 오로지 '근대'에만 의탁했던 '신대한'을 초월하고 수렴하는 가치체계와 상상의 공동체로 등장할 수 있었던 것은 어쩌면 시간 기획의 저런 안전성과 보수성 때문이었는지도 모른다.

> 太白에 달비최니 四海가 光明이라,
> 人間의 그믐밤이 이제부터 것쳣도다,
> 太皇祖 밝으신빗은 萬方普照이로다.
>
> —「太白에」 부분(『소년』 제3년 5권, 1910.5)

> 史記를 들어보니 두눈이 恍惚하다,
> 거룩한 일과사람 만흔들 저리만하,
> 그러틋 光榮하옴도 丕皇靈이삿다.
>
> —「丕皇靈」 부분(『소년』 제3년 5권, 1910.5)

---

31 미하일 바흐찐, 전승희 외역, 『장편소설과 민중언어』, 창작과비평사, 1988, 34면.

바흐찐에 따르면, 서사시적 세계는 민족의 영웅적 과거를 근간으로 구성된다. "그것은 민족의 역사에 있어 '시초'와 '절정기'의 세계이며, 선조들과 가문의 설립자들의 세계이며, '제일인자들과'과 '최상의 것들'의 세계이다."[32] 「태백산시집」에서와 마찬가지로, 이 두 편의 '국풍'도 자연(사계)과 인간사(역사, 강토, 인물)의 풍요로움을 근거 삼아 '대조선'의 절대화와 그것의 영광 재현에 몰두한다. 이런 가치화의 과정은 '대조선'을 만인에 의해 똑같은 식으로 가치평가되고 그에 대한 경건한 태도를 요구하는, '신성불가침의 전통'으로 확립하는 작업인 것이다.

그런데 이때 중요한 것은, '대조선'을 완결된 서사시적 세계로 창조하고 그것을 신성불가침한 전통으로 영원화하는 주체로 오로지 '대황조'(단군)민이 제시된다는 사실이다. 시(가)를 중심으로 본다면, '대황조'는 단순한 인격체가 아니라 하늘의 뜻을 널리 전하고 펴는 신인(神人)적 존재이다. 그가 이상적 자연과 인사(人事)의 주체자로 심미화되고, 심지어 인류에게 권면되는 보편적 가치와 덕목의 주요 원류로 숭앙되는 것은 이 때문일 것이다.

가령 최남선은 '청년학우회' 소속 '청년'들을 '대황조 이래의 국민적 이상을 가슴에 품은 자'[33]로, 이광수는 "대황조로부터의 큰 포부를 바다지고, 이를 성취하려 하난 이"[34]로 규정한다. 물론 이들은 '대황조'의 구체적 업적을 바탕으로 '대조선'을 조명하거나 계승할 것을 주장하지는 않는다. 『소년』에서 '단군'이나 '대조선'이 역사적·성지석 실세도

32 위의 책, 30면.

33 최남선, 「청년학우회의 주지(主旨)」(『청년학우회보』 소재), 『소년』 제3년 6권, 1910.6, 75면.

34 고주(孤舟), 「조선사람인 청년들에게」, 『소년』 제3년 8권, 1910.8, 32면.

조명되는 경우는 『해상대한사』에 보이는 몇 차례뿐이다. 단군조선의 건설은 당시 조선반도의 문명 정도가 '국가-제도-군장(君長)'을 필요로 할 만큼 진보했고, 또한 그것을 가능케 하는 "본토 민족의 건국적 천재와 국민적 특장"이 발휘되었기 때문이라는 진술은 이를 대표한다.[35] 하지만 이것은 사실에 즉하기보다는 '문명'의 강조가 시사하듯이, 사회진화론에 의거한 근대국가의 형성 과정을 투사하여 서술한 것이란 혐의가 짙다.

그러나 문명국가 '대조선'에 대한 자부심이야말로, 조선 민족의 특성을 "정의를 옹호하고 도선(至善)을 노력"함과 "그러케 할 만한 힘과 덕을 기"름에 있다고 보는 근거가 된다. 따라서 국민의 사유와 행동의 표준을 "오즉 거룩하신 대황조끠오서 처음 나라를 세우시던 그 정신과 그 포부"에서 찾는 것은 일종의 필연이다.[36] 그러나 표준으로 제시되는 십덕(十德) 역시 조선 고유의 것이기보다는 동서고금을 막론한 인간의 본연적 덕목을 전유한 것으로 보는 편이 타당할 듯싶다.[37] 이런 점에서 '대황조'와 '대조선'은 그 자체의 특장과 수월성보다는 '문명'의 시선을 통과함으로써 재구성되고 보편화되는 가치체계에 해당한다.[38]

---

35 이상의 내용은 공육(公六), 「해상대한사(11)」, 『소년』 제3년 3권, 1910.3 참조.

36 이상의 인용은 최남선, 「소년시언」 중 '국민사행의 표준', 『소년』 제3년 5권, 1910.5, 13~15면.

37 십덕(十德)은 순결, 광명, 강건, 화락(和樂), 진실, 성충(誠忠), 근면, 정의, 미려(美麗), 정제(整齊)이다. 이것은 『소년』이 소개한 아메리카의 프랭클린의 좌우명 13덕 "절제・침묵・규율・과감・검약・근면・성실・정의・중용・정결・평정・정조・겸손"과 크게 구분되지 않는다.

38 시(가)의 '대황조' 형상과 『해상대한사』의 '대황조' 형상은 『소년』이 단군의 탈신화화와 재신화화를 넘나들고 있음을 잘 보여준다. 『해상대한사』의 단군은 계몽군주의 이미지가 강하지만, 시(가)의 단군은 최고로 숭고화된 신격체(神格體)의 이미지를 띤다. 조현설은 「근대계몽기 단군 신화의 탈신화화와 재신화화」(『민족문학사연구』 32, 민족문학사연구소, 2006)에서 1895~1910년 무렵의 역사 교과서를 바탕으로 단군의 탈신화화와 재신화화의 과정 및 양상을 심도 깊게 파헤치고 있다.

한편 「태백에」와 「ᄯᅩ황령(皇靈)」은 '국풍', 곧 시조이다. 『소년』에서 시조는 대략 다음 두 가지 경우에 선택되는 경향을 보인다. 첫째, '태백'과 '대황조'를 찬양하고 심미화할 때이다. 둘째, 개성, 평양, 압록강 등을 탐방하면서 느끼는, 약소민족의 비애와 울분, 그리고 역사의 무상함 등을 표출할 때이다.[39] 그간 이들에 대한 비판은, 전자의 경우, 이념적 허약성과 현실과 무관한 관념의 유희성에, 후자의 경우, 관조적 무상감과 회고조의 한탄을 주로 하는 퇴행적 복고주의에 초점이 맞춰졌다.[40] 그리고 자유시를 염두에 둘 때, 이것들은 무엇보다 내면정서의 자유로운 표출을 목표하는 근대적 포에지를 결여하고 있다는 점에서 비판되었다. 이런 지적은 진보적 시의식과 자유율 성취에 기준을 둘 때 매우 타당하다.

하지만 이 기준은 시의식과 장르의 퇴행성이란 꼬리표는 쉽사리 만들 수 있어도, 육당이 왜 시조를 선택했는가에 대한 친절한 해석은 제공하지 못한다. 물론 육당은 『소년』에 이런 의문을 해소할 수 있는 내용이나 실마리를 뚜렷이 밝혀 놓지 않았다. 그러나 분명한 것은 육당에게 시(가)는 그 자체가 목적이라기보다는 계몽 의식과 가치를 전달하는 일종의 도구였다는 사실이다.[41] 이런 시의식은, 서영채가 지적했

---

39 제3년 6권(1910.6)의 「대동강」, 제3년 7권(1910.7)의 「압록강」, 제3년 9권(1910.12)의 「청천강」 등이 특히 그렇다.

40 고미숙, 「애국계몽기 시조의 제특질과 그 역사적 의의」, 『18세기에서 20세기 초 한국 시가사의 구도』, 소명출판, 1998, 338~340면.

41 가령 다음 발언을 보라. "우리는 문필만으로써 의식(衣食)을 엇어하난 자를 미워하나니 하믈며 문필노써 영총(榮寵)을 사려하난 자야 다시 무슨 말을 하리오. 그럼으로 우리가 문사 중에서도 존호(尊號)와 익호(謚號)를 선술(選述)하난 자와 시인 중에서도 응제(應製)와 첩련(帖聯)을 제진(製進)하난 자는 더욱 더럽게 알고 천하게 녁이더니 이제 나의 붓끗흐로 근세 프랑쓰의 문학을 진술(陳述)할 새 참 구역(嘔逆)남을 금할 수 업도다."(최남선, 「나폴레온 대제전(傳)」, 『소년』 제2년 2권, 1909.2, 16면)

듯이, "정치적 망명과 제도적 문학, 이 둘을 양자택일적인 것으로 상정" 하지 못한 채 동시에 끌고 가게 하는 자기모순의 기원이었다.[42] 그런데 시조는 이 모순이 파탄난 결과 선택된 귀향지라기보다는, 어쩌면 그 모순을 견디면서 최상의 효과를 산출하기 위해 의도적으로 선택한 새로운 출발지일 수 있다.

'태백'과 '대황조', '대조선'의 심미화는 무엇보다 민족의식과 애국주의의 고양을 위한 것이었다. 육당에게 이런 본원적 가치의 형상화에 어떤 장르가 가장 적합하고 또 효과적인가에 대한 고민은 응당 제기되었을 것이다. 시조의 간결한 정형성과 교술적 효과에 대한 신뢰가 선택의 외부를 이루겠으나, 그보다 중요한 것은 선택의 내면이겠다.

현재로서는 이 내면은 1920년대 육당의 시조부흥론을 통해 가늠해 보는 편이 보다 적절할 듯싶다. 서론에서 말했듯이, 그는 '시조'를 조선시대의 그것이 아닌, "조선국토, 조선인, 조선심, 조선음률을 통하야 표현한 필연적 일 양식", 즉 고조선의 노랫가락에서 기원한 조선민족 고유의 국민문학으로 규정했다. 봉건 조선에 매우 비판적이었던 최남선을 고려하면, 그의 '시조' 선택을 퇴행적 복고취로 단정할 필요는 없을 듯하다. '시조부흥론'이 시사하듯이, 어쩌면 거기에는 조선민족의 기원이자 절정인 '대조선'의 안정성과 규범성을 가장 안정적인 형식미를 갖춘 '시조'를 빌려 모범화하고 재현하려는 의도가 벌써 숨 쉬고 있는지도 모른다. 이런 가설을 승인한다면, 육당의 시조는 '대조선' 정신에 의해 새롭게 발견되고 가치화되며, 궁극적으로는 민족 고유의 유일한 국민문학으로 기원화되는 '만들어진 전통'이라 할 수 있다.[43]

42 서영채, 앞의 글, 275~276면.

그(대황조－인용자)의뒤를니어그의理想現實케

애쓸者가우리임을생각하건댄

脈搏은자조치고억개읏슥해

어려움을아난그때限업시깃븨

—「祖上을爲해」 부분(『소년』 제3년 8권, 1910.8)

개아미 적다마라 苦생이라 안避터라,

바람비의 얼음(威脅)에도 맛흔職分 다코 마니,

보리라 大朝鮮精神 이中에도.

—「大朝鮮精神」 부분(『소년』 제3년 8권, 1910.8)

각각 창가와 국풍에 속하는 이 시편들은 한일병합이 공식화된 1910년 8월에 발표되었다. 이런 현실이 반영된 결과라고 단정할 수는 없지만, 이번 『소년』에는 시(가)와 산문을 막론하고 민족의식과 애국주의를 앙양하는 글들이 다수 실렸다.[44] 가령 이광수는 크리스찬으로, 대동주

---

43 문화민족주의에서 민족 정신은 민족의 문화와 역사를 하나의 공통 근원으로 묶어주는 핵심 개념이다. 이들은 과거의 부활을 통해 현재의 재생과 미래의 선취가 가능하다고 여겼다. 이에 따라 과거에 존재했다고 생각되는 순수하고 조화로우며 유기적인 민족 공동체를 이상화시키고, 이것의 담지체로서 시와 이야기, 동화, 민속 음악 등의 발굴과 연구, 재현에 힘을 쏟았다(요시노 고사쿠[吉野耕作], 김태영 역, 『현대 일본의 문화 내셔날리즘』, 일본어뱅크, 2001, 87~90면 참조). 이런 점에서 『소년』 중기 이후 돌연 출현하여 『소년』의 주요 담론이 되는 대조선과 대황조(단군), 대백두, 이들의 절대성을 찬양하고 내면화하는 시조(국풍)는 민족 정신과 정체성을 앙양하고 구조화하기 위해 선택된, 다시 말해 현재의 목적에 맞게 만들어진 '전통'에 해당한다. 이를 염두에 둘 때, 우리는 조선의 그것과 구별되는 『소년』발 시조(국풍)의 정체성과 이데올로기를 준별할 수 있으며, 또한 1920년대 육당이 시조를 '대조선'에서 연원한 민족문화의 주요 형식이자 내용, 다시 말해 유일한 국민문학으로 가치화하는 까닭을 비교적 용이하게 이해하게 된다.

44 이런 '조선주의'의 제창은 『소년』이 이후 4개월간 정간을 당하게 되는 주요 원인이었다. 육

의자로, 허무주의자로, 본능만족주의자로 헤매다가 '애국주의'에 정박하게 된 과정과 이유를 감격스럽게 논한다.[45] 그리고 최남선은 단군의 영웅적 모습을 기술한 금협산인(신채호)의 「독사신론(讀史新論)」(『대한매일신보』, 1918.8~12)을 「국사사론(國史私論)」으로 개제하여 전재(全載)한다.[46]

이 글들에 함축된 '조선주의'는, 위의 시(가)에서 보듯이, 위대한 조상과 그들이 세운 이상적 세계에 대한 기억과 찬양, 미래화를 통해 접근되고 설파된다. 르낭이 말했듯이, 조상숭배, 즉 위대한 인물들과 영광스런 과거의 찬양과 공유는 인민을 하나의 민족으로 결집하고 그들 사이에 공통감각을 형성시키는 주요 자산이다.[47] 그런 점에서 태백과 대황조, 이를 온전히 수렴하는 '대조선'은 현실의 좌절을 위안하고 보상하기 위한, 감상적 회고와 경배의 대상이 아니다. 물론 그것들은 '신대한'이 그랬듯이 이념의 추상성과 허구성, 미약한 현실성 등의 한계를 적잖이 안고 있다. 하지만 그것들이 식민화의 위기에 빠진 공동체에 새로운 정당성의 토대를 제공하고 절망과 분열에 빠진 사회를 추스르고 통합하기 위해 제출된 문화민족 기획[48]임은 부인할 수 없다.

당은 복간호 제3년 9권(1910.12) 목차에 조선총독부의 정간 판결문을 게재한다. 여기에는 치안 방해를 이유로 신문지법에 의거 『소년』 제3년 8권의 발매 및 유포를 금하며, 제작분을 압수하고 이후 발행을 금지한다는 내용이 담겨 있다.

45 고주(孤舟), 「여(余)의 자각한 인생」, 『소년』 제3년 8권, 1910.8, 23면.

46 자주독립을 삭제한 문명개화에 대해 몹시 비판적이었던 신채호의 글을 『소년』이 취한 것은 꽤나 의외롭다. 그러나 신채호는 『대한매일신보』를 통해 '단군'과 '대조선'을 민족의 영웅적 과거와 이상적 미래로 절대화하는 데 전력을 기울였다. 이런 민족의식과 역사관의 결정체가 「독사신론」인 셈이다. 신채호의 '민족'이 모든 것을 주관하고 판단하는 초월적 기호로 진화해 가는 사정에 대해서는 고미숙, 『한국의 근대성, 그 기원을 찾아서』, 책세상, 2001, 49~61면 참조.

47 에른스트 르낭, 신행선 역, 『민족주의란 무엇인가』, 책세상, 80면 참조.

48 후발 자본주의국인 독일은 '문화민족' 기획을 통해 '국가민족'으로 이행해간 대표적인 사례인데, 이를 참조하면 『소년』발 국가-민족 담론의 성과와 한계는 훨씬 또렷해질 것이다. 고

그러나 이 휘황한 '대조선 정신'의 정열적 표현과 고취는 이후 더 이상 『소년』의 권리이자 의무가 되지 못했다. 이후 발행된 두 권의 『소년』에서 '우리님태백'은 백두산 정상의 분화구를 노래하는 「달문담(闥門潭)」(『소년』 제3년 9권)에 한 차례 등장할 따름이다. 이런 패배는 무엇보다 식민지 현실에 의해 초래된 것이었다. 이것은 "나는 참안바라오 원수엣 자유 / 구함은 한씃 몹쓸 결박이로세"라고 절규하는 최남선 개인의 위기이기도 했지만, '족수(族粹)', 즉 '오천년 왕성선철(往聖先哲)의 혁혁한 공열(功烈)'과 '황황(皇皇)한 술작(述作)', 그리고 '억만대 후손래예(後孫來裔)의 영원한 영능(靈能)'의 절멸을 앞당기는 공황의 내습이기도 했다.[49]

하지만 이런 위기 감각은 식민지 아래서 민족정체성을 유지하고 보존할 수 있는, 보다 현실적인 문화기획의 원천이 되었다는 점에서 불행한 것만은 아니었다. 가령 육당이 『소년』 폐간을 즈음하여 '조선광문회'를 조직, 조선어 연구와 고전 간행에 매진하기 시작하고, 1910년대 들어 '단군' 연구에 가속을 더하는 광경(「계고차존(稽古箚存)」(『청춘』 14, 1918.6)은 첫 성과물이다)을 떠올려보라.[50] 절대화와 심미화의 대상으로 거의 존재했던 '대조선' 세계는 이제 현실적으로 인정 가능한 사실의 옷을 필요로 하게 된 것이다. 1920년대 육당의 '단군학'은 이로부터 출발된 학문적 제도화의 산물일 터이다.[51] 『소년』지 시(가) 최후의 효력

유경, 「'문화민족'과 '국가민족' 사이에서」, 이화여대 한국문화연구원 편, 앞의 책 참조

49 앞은 최남선, 「시삼편(詩三篇)」, 『소년』 종간호(1911.5)에서, 뒤는 「조선광문회(朝鮮光文會) 광고」, 『소년』 제3년 9권(1910.12)에서 인용함.

50 정우택은 그 결과로서 최남선에 대해 근대적 주체로서 정체성이 더 이상 동요하거나 분열되지 않았고, 도덕적 규율과 율격적 통제에 더욱 충실해졌다는 평가를 내린다. 정우택, 『한국 근대 자유시의 이념과 형성』, 소명출판, 2004, 109면.

51 육당의 '단군학'의 학문적 성격 및 특질, 전개 과정에 대해서는 김현주, 「문화, 문화과학, 문화공동체로서의 '민족'」, 『대동문화연구』 47, 성균관대 대동문화연구원, 2004 참조. 그리고

은 어쩌면 그것의 폐간을 대가로 주어진 저와 같은 반면교사의 역할에 있었는지도 모른다.

4. 『소년』지 시(가)를 덮으며

『소년』은 정형률과 자유율을 지향하는 시(가)들의 단순한 경연장이 아니었다. 이 율격들은 『소년』이 추구하는 계몽의식과 가치체계를 극대화하기 위해 필요에 따라 선택되고 배제되었다. 이와 같은 효과의 원칙은 『소년』발 상상의 공동체 '신대한'과 '대조선'을 대비시킬 때 보다 뚜렷이 드러난다. 신체시의 몰락과 시조의 부상으로 대변되는 『소년』지 시(가)의 흐름은 따라서 미래의 기획을 서구적 현재에서 참조할 것인가 아니면 조선의 절대적 과거에서 가져올 것인가라는 첨예한 고민에서 생겨난 것이다. 말하자면, 자유율과 정형율이 '신대한'과 '대조선'을 선택한 것이 아니라, 두 가치체계가 자기 몸에 맞는 율격을 지목한 형국인 것이다. 이처럼 『소년』지 시(가)의 외면에 주목한다면, 국민국가 '신대한'과 민족공동체 '대조선'은 배타적인 대립체계로 정위될 소지가 충분하다.

육당의 『백두산근참기』를 중심으로 '단군론'이 지닌 민족주의의 본질과 아이러니를 논한 글로는 서영채, 「기원의 신화를 향해 가는 길」, 서울시립대 인문과학연구소 편, 『한국 근대문학과 민족-국가 담론』, 소명출판, 2005 참조.

그러나 '신대한'과 '대조선'의 내면은 그리 대립적이지 않으며, 전자에서 후자로의 일직선적인 이월 관계를 형성하지도 않는다. 두 체계는 식민화의 엄습에 맞서, 당대 인민들을 통합하고 그들의 정체성을 보존, 진작할 수 있는 이상 세계로 공히 욕망되었다. 따라서 그 둘은 참조하는 시·공간은 크게 달랐지만, 지향하는 가치와 윤리 면에서는 그리 다르지 않았다. 이것은 『소년』이 무엇보다 '문명'의 달성을 가장 중요하고 시급한 과제로 여긴 결과물이기도 하다. 이 때문에 '신대한'과 '대조선'을 노래한 시(가)들은 낭만적이고 관념적인 대상 인식과 '바다'와 '산'으로 대표되는 자연을 통한 대상의 심미화라는 미적 특성을 적잖이 공유한다.

하지만 더 중요한 것은 '대조선'이 상상되고 보편화되는 방식이다. 『소년』에서 '대조선'은 구체적인 역사, 다시 말해 과거 사실의 정확하고 다양한 실증을 통해 그 가치와 의미를 부여받는다고 보기 어렵다. '대조선'은 차라리 근대적 구성물에 가깝다. 본문에서 보았듯이, '대조선'은 국민국가 '신대한'에 요구되는 가치와 제도들, 이를테면 국민의 윤리와 문화 등의 습용과 전유를 통해 상상되고 재구성되며, 또한 보편화된다. 이런 의미에서 '대조선'은 이광수의 말을 빌린다면, "육신의 혈통보담 정신의 혈통의 더 중한 것인 줄 아는"[52] '청년'들에 의해 구성되고 건축되는, 근대적 의미의 민족(nation)에 훨씬 가깝다. 이것은 이 땅에서 진행된 민족의 형성 과정과, 거기에 필요했던 이념과 방법 가운데 하나인 문화민족주의의 원형질을 엿보게 한다는 점에서 의미 깊다. 이 지점 역시 『소년』지 시(가)의 근대성을 구성하는 주요한 맥락 가운데 하나일 것이다.

52 고주(孤舟), 「조선ㅅ사람인 청년들에게」, 『소년』 제3년 8권, 1910.8, 32면.

／제5장／

1910년대 번역·번안 서사물과 국민국가의 상상력

『소년』과 『청춘』을 중심으로

1. 『소년』과 『청춘』을 다시 읽는다는 것

문학연구자의 관점에서 조숙한 소년 최남선이 주재한 최초의 근대 잡지 『소년』과 그 후신 『청춘』을 생각하면 무엇이 먼저 떠오를까? 대개는 최남선의 신체시 「해(海)에게서 소년(少年)에게」, 이광수 번역의 「어린 희생」과 그가 창작한 「소년의 비애」, 톨스토이(L. Tolstoi), 빅토르 위고(V. Hugo) 등의 소설 초역(抄譯) 등을 먼저 떠올릴 것이다. 이를테면 임화는 『신문학사』를 서술하면서 최남선을 신문화의 기초를 닦은 선각자로 높이 평가한다. 이는 무엇보다 출판사 신문관(新文館)을 통해 고서 및 번역문학서 등을 간행하고 『소년』, 『청춘』을 통해 다양한 문예물을 게재함으로써 근대적 의미의 순문에 보급과 확산에 크게 기여한

점을 높이 샀기 때문이다.[1]

그러나 『소년』, 『청춘』은 '순정치'나 '순문예'에 편향되기보다는 "모든 방면으로 새로 발생하난 싹에 대하야 모다 동배(同輩)의 의견을 토로"[2]함을 목적하는 종합 '잡지'였다. 이때 '모든 방면으로 새로 발생하난 싹'이란 대개 중세의 지식과는 구별되는 근대적 지식을 의미하겠다. 실제로 『소년』 창간호만 보더라도 근대학문 체계의 주요한 내용들이 거의 망라되어 있다. 문학, 역사, 지리와 물리, 천문, 지질, 생물학, 해양학 등을 포함한 자연과학, 일반상식, 교훈담 등이 그 실례이다. 언뜻 보면, 이 담론들은 그다지 밀접한 연관성을 지니지 않은 것처럼 보인다.

하지만 과연 그럴까. 최남선은 『소년』의 창간을 회고하면서 "장차 이르켜야만 할 사상계 건설을 위하야 그 한 방법으로 거긔 관한 잡지를 내이자고" 했다고 적었다. 그러면서 "자기지위에 대한 대자각을 환기함과 및 일반지식의 정도를 향상식히난 데 필요한 것"[3]으로 『소년』의 역할을 규정했다. 이것은 『소년』이 행할 앎의 역할과 배치를 소상하고 정확하게 규정한다는 점에서 매우 중요하다.

'자기 지위에 대한 자각'은 자아와 자신이 속한 민족(국가)의 과거와 현재에 대한 앎, 곧 '민족적 지식'의 확충이며, '일반지식의 향상'은 자기(민족) 외부세계(근대)에 대한 앎, 곧 '근대적 지식'(도구적 지식)의 확충이다.[4] 말하자면 최남선은 새로운 국민국가 '신대한'을 짊어질 '소년'들

---

1 임규찬·한진일 편, 『임화 신문학사』, 한길사, 1993, 105~108·148~149면 참조.

2 「소년시언(時言)－『소년』의 기왕과 및 장래」, 『소년』 제3년 6권, 1910.6, 17면.

3 위의 글.

4 한기형은 최남선의 『소년』, 『청춘』 발간을 계기로 도구적 지식과 민족적 지식의 결합이 본격화하지만 식민지 지배에 의해 그것이 쇠퇴하면서 심미적 지식에 대한 관심이 고조되며, 이는 초기 근대문학 재편의 주요한 계기를 이룬다고 본다. 보다 자세한 내용은 한기형, 「최

을 계도 육성할 목적으로 『소년』을 창간했으며, 그들에게 '나(우리)'임과 동시에 '세계인'이란 공동감각을 심어주기 위해 근대적 지식과 민족적 지식을 동시에 제공하는 잡지 시스템을 채택했던 것이다. 그런 의미에서 『소년』의 진정한 주어(주체)는 '신대한'이라는 '국민국가'인지도 모른다.

이런 사정은 『소년』과 『청춘』에 실린 번역・번안 서사물에 대해서도 새로운 접근을 요구하게 한다. 『소년』과 『청춘』에는 우화와 전기, 수필, 동화, 모험담 등을 제외한 순수소설만 따져도 16편이 번역되어 실린다. 이중 인생과 소설의 교사로서 톨스토이에 대한 높은 존경과 관심은 단연 이채롭거니와, 빅토르 위고의 『레미제라블』에 대한 관심도 범상치 않다. 한편 『소년』 초창기에는 모험서사인 『걸리버 여행기』와 『로빈손 크루소』가 집중 번역되어 게재된다. 미리 말해, 어쩌면 이 소설들은 재미 자체보다는 '신대한'을 건설할 '소년'들의 '용기'와 외부세계에 대한 '지식'을 길러주기 위한 교양물로 세심하게 선택되어 번역된 것인지도 모른다. 이는 이 작품들과 함께 배치된 다른 지식 담론들과 교차적 읽기를 수행할 때 확인될 수 있는 사항이므로 본론의 몫으로 남겨둔다.

하여 이 글은 『소년』과 『청춘』에 실린 번역소설들이 고유한 심미적 기능에 앞서 '신대한'이란 '국민국가' 건설을 위한 '우리들', 즉 '소년=국민'이란 공동성의 창출에 제일의 목적을 두고 있음을 그 번역의 태도와 실제를 통해 밝히는 데에 제일의 목적을 둔다.

남선의 잡지 발간과 초기 근대문학의 재편」, 『대동문화연구』 45, 성균관대 대동문화연구원, 2004.3 및 「근대잡지와 근대문학 형성의 제도적 연관」, 『대동문화연구』 48, 성균관대 대동문화연구원, 2004.12 참조.

2. '소년'과 '신대한', '우리들' 혹은 '국민'이라는 감각

근대계몽기 초기 서구문명을 소개하고 이식하려는 계몽의 프로젝트에서 선편을 장악한 미디어는 신문이었다. 이들은 인쇄술과 기차에 의한 보급기술의 발달을 밑거름 삼아 전근대의 불균질한 시공간 경험을 제거하고 근대적 시공간의 동시성을 구현함으로써 '신민' 아닌 '국민'들의 집합체인 새로운 '국민국가(nation)'의 탄생을 고무하는 데 열심이었다. 그러나 '독립'을 강조했든 '문명'을 강조했든, 1905년 을사보호조약을 계기로 계몽의 프로젝트에서 신문이 담당했던 역할은 현저히 위축되기 시작했다. '동도시기'를 통한 근대화 프로젝트와 조선 독립의 당위성을 열렬히 주장했던 『대한매일신보』가 끝내는 '대한'이란 문자를 빼앗기고 일제 총독부 기관지 『매일신보』로 전락해간 사정은 그 비감한 예로 모자람이 없다.

그러나 외형상으로 '국민국가' 건설 가능성이 위축되었다고 해서 문명과 개화, 궁극적인 독립국가 건설을 위한 계몽의 프로젝트가 중단될 수는 없었다. 그럴수록 이를 위한 근대적 지식과 민족적 지식의 습득 및 보급은 한결 중요한 사업이 되었다. 이를테면 1910년대를 전후하여 유학생 단체 학회지가 급증하는 현상을 보라. 물론 이들 학회지는 소수의 지식인을 독자로 설정했고 여전히 국한문 혼용을 주요 문체로 삼았다는 점에서 신문의 대중성에 비해 많은 제약을 가진다.

하지만 근대미디어가 목적하는바 '국민정신의 통일'이란 측면에서 봤을 때 잡지는, 신문에 비해 '체계화된 근대지식의 구축과 그것의 사회적 보편화'에 훨씬 유리했다. 또한 당시의 잡지 편집인들 역시 이를 분명히 의식하면서 잡지를 만들었다.[5] 우리는 최남선 역시 이와 다르지 않음을 다음 두 글에서 읽어낼 수 있을 것이다. 동시에 『소년』과 『청춘』의 궁극적인 발간 목적 역시 뚜렷이 확인하게 될 것이다.

① 금(今)에 아(我) 제국은 우리 소년의 지력을 자(資)하야 아국 역사에 대광채를 첨(添)하고 세계문화에 대공헌을 위코뎌 하나니 그 임(任)은 중(重)하고 그 책(責)은 대(大)한디라 본지는 차(此) 책임을 극당할만한 활동적 진취적 발명적 대국민을 육성하기 위하야 출래(出來)한 명성(明星)이라 신대한의 소년은 수유(須臾)라도 가리(可離)티 못할디라[6]

② 내가 동경(東京)에 잇슴애 외우(畏友) 모군(某君)과 ᄭᅬ하야 장차 이릐켜야만 할 사상계 건설을 위하야 그 한 방법으로 거긔 관한 잡지를 내이자고 계획한 것이 잇스니 모론(母論) 순정치에 편(偏)하게도 아니오 ᄯᅩ 순문예에 편(偏) 하게도 아니라 모든 방면으로 새로 발생하난 싹에 대하야 모다 동배(同輩)의 의견을 토로하야 우리나라 캄캄한 벌판에 성(城) 위 등ㅅ불을 삼고, ᄯᅩ 참말의 경종이 되야서 혼야(昏夜)의 심몽(深夢)을 ᄭᅢ치자 하얏더니 (…중략…) 대저 우리 생각에는 오늘날 우리나라에 잇서서는 한 학교 한 사회에 고정한 지위를 가지고서 지도자의 일을 행하난 것보담 더욱 불편불국(不偏不局)한 지위에 안자서 보편히 지도하난 일을 행함이 긴(緊)한 줄 알고, ᄯᅩ 일의 형식을 힘써 보이난 것 보담도 일의 정신을 힘써 가르침이 급한 줄 알고, ᄯᅩ 무엇에던지 될 수 잇난 데 ᄶᅡ

---

5 한기형, 「근대잡지와 근대문학 형성의 제도적 연관」, 앞의 책, 36면.

6 『소년』 창간호, 1908.11. 띄어쓰기는 현대어법에 맞게 고쳤음. 이하 마찬가지임.

지지는 갓흔 정신으로 갓흔 보조를 취하도록함이 매우 중한 줄 아노니 이 정신으로 우리가 하난 일은 외형상에는 자기지위에 대한 대자각을 환기함과 밋 일반지식의 정도를 향상식히난데 필요한 것이라, 지금 우리가 무슨 일에던지 임사(臨事)하난 정신과 태도는 이런지라, 붓을 빨아가지고 이 잡지를 당할 새 또한 이러할 뿐이니, 『소년』의 목적을 간단히 말하자면 신대한의 소년으로 깨달은 사람 되고 생각하난 사람 되고 아난 사람 되야 하난 사람이 되야서 혼자 억개에 진 무거운 짐을 감당케 하도록 교도하쟈 함이라.[7] (방점 강조—인용자)

①은 1908년 11월 창간 후 상당 기간 『소년』의 표지를 장식하던 글로, 지금 읽어도 『소년』의 당찬 포부와 사명감이 선명히 손에 잡힐 듯하다. ②는 한일병합을 넉 달여 앞둔 시점에서 육당이 『소년』의 창간 당시를 회고하며 쓴 글이다. 두 글에서 공통되는 단어들을 꼽으라면 무엇보다 '신대한의 소년'과 '활동적 진취적 발명적 대국민 육성'을 들어야 할 것이다. 『소년』은 이를 위해 '자기에 대한 앎'과 '일반지식', 곧 '외부세계에 대한 앎'의 균형적이며 종합적인 습득과 향상을 강조한다. 민족적 지식과 근대적 지식의 통합적 획득을 근대적 국민 양성의 전제조건으로 설정한 것이다.

하지만 현재는 지식의 수혈 대상이지만 궁극적으로는 그것의 주체일 '신대한'의 예비국민 '소년'의 육성이란 관점에서 지식의 문제를 고찰한다면, 우리는 '소년'을 소년'답게' 하는 앎의 문제에 관해 신시하세

7 「소년시인 『소년』의 기왕과 밋 장래」, 『소년』 제3년 6권, 1910.6, 17~18면. 이는 창간호의 다음 말과도 일치한다. "나는 이 잡지의 간행하난 취지에 대하야 길게 말삼하디 아니호리라. 그러나 한마듸 간단하게 할 것은 「우리 대한으로 하야곰 소년의 나라로 하라 그리하랴 하면 능히 이 책임을 감당하도록 그를 교도하여라」" 『소년』 창간호 취지문.

고민할 필요가 있다. 문학은 정서의 발흥과 순화 등 심미적·교화적 기능을 동시에 담당한다는 점에서 특히 그러하다. 과연 최남선은 『소년』 창간호의 '편집실 통기'에서 게재할 문자(담론)의 기준을 밝힘으로써 '우리들', 즉 '신대한의 소년들'이란 공동성의 창출을 기약하는 주도면밀함을 보여주고 있다. 요지를 말한다면, 연약·나타·의지·허위의 마음을 자극하는 문자는 결코 내지 않지만, 미적 사상과 심정 훈도에 도움이 되는 것이면 경연(輕軟)한 것이라도 조금씩 게재하겠다는 것이다.[8]

이를 기준 삼아서 『소년』과 『청춘』이 '우리들'의 창출을 위해 끌어들인 주요 '문자' 체계를 개략적으로 구분해 보자. 자연과학 담론은 정서적 공동성의 창출보다는 실용성에 더 소용되는 지식체계로 판단되므로 여기서는 일단 제외한다. 이럴 때 강조되어 마땅한 지식체계는 역사와 지리, 문학, 그리고 각종 덕목론(德目論)이다. '소년'은 이들 인문학을 통해 집단적 또는 개인적 정체성 확보에 필요한 지식과 방법을 비교적 용이하게 습득한다. 이 과정은 곧 무정형의 소년이 준비된 국민으로 성숙해가는 과정이기도 하다. 물론 이것들은 '신대한 소년'을 육성하기 위해 치밀하게 선택된 서사들이라는 점에서 철저하게 편집자의 시선과 형식에 포섭되어 있다. 한기형이 적절히 지적했듯이, 지식

8 최남선이 「나폴레온 대제전」을 연재하면서 '근세 프랑쓰 문학의 기원'이라는 항목에 적어 넣은 다음과 같은 구절은 그의 공리적 문학관을 충실히 대변한다. "우리는 문필만으로써 의식(衣食)을 엇어하난 자를 미워하노니 하믈며 문필노써 영총(榮寵)을 사려하난 자야 다시 무슨 말을 하리오. 그럼으로 우리가 문사(文士) 중에서도 존호(尊號)와 익호(謚號)를 선술(選述)하난 자와 시인 중에서도 응제(應製)와 첩연(帖聯)을 제진(製進)하난 자는 더욱 더럽게 알고 천하게 녁이더니 이제 나의 붓끗흐로 근세 프랑쓰의 문학을 진술할 새 참 구역(嘔逆)남을 금할 수 업도다"(『소년』 제2년 2권, 1909.2, 16면)

의 민족화라는 관점이 일관되게 작동하고 있는 것이다.

가령 역사의 경우, 전쟁 영웅담(국난극복 : 을지문덕, 이순신 등, 근대 국민국가의 건설 : 나폴레옹, 워싱턴, 페터 대제 등)과 근대 위인담(톨스토이, 에디슨, 링컨)을 중심으로 하면서, 한반도의 지정학적 위치와 과거사를 미래의 가능성으로 전유하는 글들인 「해상대한사」(최남선)와 「국사사론(國史私論)」(신채호)[9]을 엇갈려 배치하기도 한다. 과거, 특히 전쟁이라는 민족의 위기와 그것을 구한 영웅에 대한 기억의 공유는 '우리들'이란 공동성을 만들어내는 강력한 기제 가운데 하나이다.[10] 국난을 극복한 민족 영웅은 우리 역사에도 있었지만, 그것을 근대 국민국가의 창출로 연결시킨 영웅은 없었다. 아마도 이런 사정 때문에 최남선은 『청춘』에서조차 '특별기사' 형식으로 「나폴레온 격언집」[11]을 실었던 것이리라. 물론 이즈음은 이미 '대조선'이 그의 화두를 차지하고 있던 때였다. 하지만 『소년』 후기에서 '대조선'이 '신대한'의 영웅적 과거이자 이상적 미래

9 신채호의 「독사신론(讀史新論)」(『대한매일신보』, 1918.8~12)을 개제한 「국사사론(國史私論)」이 실린 『소년』 제3년 8권은 1910년 8월 15일에 발간되었으니, 한일병합을 눈앞에 둔 시점이었다. 그랬기 때문일까. 「대조선정신」 등 조선정신을 강조하는 글들이 유난히 눈에 많이 띤다. 「국사사론」은 신채호 대신 금협산인(錦頰山人)이라는 필명으로 발표되고 있다. 검열을 의식한 조치였을 것이다.

10 成田龍一, 「『少年世界』と讀書する少年たち」, 『思想』, 岩波書店, 1994.11, 195~199면. 최남선은 『소년』을 창간하기 위해 참조한 일본 잡지로 『太陽(태양)』과 『早稻田文學(와세다문학)』(「소년시언－『소년』의 기왕과 및 장래」)만을 거론하고 있으나 이는 심히 의문스럽다. 왜냐하면 잡지의 왕국이라 불리며 『태양』 등을 발행하던 박문관(博文館)에서 간행한 『少年世界(소년세계)』 역시 존재했기 때문이다. 『소년세계』는 1895년 1월 창간되어 1934년 1월 종간 되었으며, 매월 1일과 15일 두 차례 간행되었다. 말 그대로 '소년'들을 주요 대상으로 삼았으며, 지면은 '논설' '소설' '사전' '과학' '문학' '기서'로 구성되었고 이후 '유년'과 '소년' '소년부'가 덧붙여진다. 이들 지면을 통해 '전쟁'과 '역사' '문장과 시' '비문명으로서의 암흑에 대한 기술'이 광범위하게 이루어지며, '우리들', 곧 '문명국=일본국 소년'이란 공동성의 창출이 이루어진다. 이런 점에서 『소년』과 『소년세계』의 유사성과 차이점에 대한 섬세한 고찰도 반드시 필요한 과제 가운데 하나로 여겨진다.

11 「나폴레온 격언집」, 『청춘』 8, 1917.6, 94~105면.

로 설정되는 점을 감안하면, 나폴레옹에 대한 최남선의 애착은 전혀 모순되지 않는다.

『소년』과 『청춘』이 취급한 지식 담론 중 가장 확연한 차이를 드러내는 것은 '지리' 영역이다. 한일병합 4년 뒤에 창간된 『청춘』(1914)에는 『소년』에 곧잘 보이는 지리적 앎과 팽창 욕망에 근거한 '신대한' 건설을 고무하는 지리 담론이 거의 보이지 않는다. 식민화와 동시에 민족 또는 국가의 외형체로서 '국토'에 대한 욕망 역시 억압되었던 것이다. 이에 비한다면, 『소년』이 지리 지식의 수집과 보급에 쏟은 열정은 대단했다. 거의 매호에 걸쳐 선진 문물과 유명 인물, 유명 사적, 오지(奧地) 등을 소개하는 화보를 실었으며, 「봉길이지리공부」, 「쾌소년세계주유시보」를 연재함으로써 인문지리에 대한 소양을 갖추도록 했다. 또한 '대한의 외위형체'[12]을 통해 민족의 지리적 정체성을 수정, 확립하고, 독자들이 고유한 언어와 풍속 등을 수집하고 그 의미를 알아내어 투고하도록 유도함으로써, 민족지에 대한 관심을 제고함과 동시에 '문명한 우리들'을 자임토록 배려하였다.

하지만 이런 지리 담론은 『소년』의 독자들이 문명과 야만의 구획을 자연스럽게 설정하며 제국주의의 시선을 무의식중에 내면화하는 기제로 작동한다는 점에서 문제적이었다. 이것은 서구와 티베트, 아프리카 등을 사실에 즉해 소개하는 코너에서도 용이하게 드러나지만, 그 세계들에 관한 일이 서사화될 때, 이를테면 모험담이나 기담(奇談)으로

12 최남선은 『소년』 창간호에서 대한반도의 형체를 일본 지리학자 고토[小藤]가 주장한 토끼 모양설에 맞서 호랑이로 고쳐 묘사해 보인다(「봉길이지리공부」, 78~79면). 한편, 그는 독자들로 하여금 그들의 고향의 지명의 유래나 민담 등을 수집해 『소년』 편집실로 보낼 것을 요청함으로써 '민족지'에 대한 관심을 독려한다.

변형되어 제시될 때 가장 극대화된다.[13]

모험담과 기담을 주목할 때 우리는 무엇보다 최남선의 '바다'에 대한 관심에 새삼 놀라게 된다. 하긴 『소년』은 창간호 첫머리에서 「해(海)에게서 소년에게」로 그 목적과 기개를 벌써 웅변하고 있다. 하지만 『소년』 창간호는 '바다' 특집호라 해도 좋을 정도로 '바다'나 '물'과 관련된 이야기가 많다. 「해상대한사」의 연재가 시작되고 을지문덕을 다룬 「살수전기」가 실리며, 「거인국표류기」 역시 연재된다. 심지어 목차에 「왜 우리는 해상 모험심을 감튜어 두엇나」라는 기사도 보인다. 실로 중요한 대목이다. 왜냐하면 이후 '모험'에 얽힌 '신대한 소년'의 상상력과 호기심, 용기와 기개 등을 자극하고, 나아가 그것을 문명, 아니 제국주의적 시선에 기초한 개척과 정복의 욕망으로 들끓게 할 '정복과 모험의 서사'를 적극적으로 내겠다는 선언이기 때문이다.

『소년』에는 바다, 그것도 세상에 알려지지 않은 미개척지이자 극지인 북극과 남극 탐험기가 모두 실리고 있다. 그러나 비지(秘地)의 탐험과 개척이란 내용을 담고 있지만 그 사적(事蹟)의 보고 내용은 썩 다르다. 가령 「북극탐색사적—육삭일망간탑빙표류담」(제2년 1권~4권)은 북극탐험을 하던 중 빙산과의 충돌로 인해 조난을 당한 미국의 폴나리쓰호가 선장과 선원들의 일치단결과 용기에 힘입어 극적으로 구조된 사건을 역술(譯述)한다. 그에 반해 「쾌남아의 소견법—최신 남극탐색가」(제2년 6권)은 1909년 남극 탐험에 성공한 영국의 섀클턴(shackleton)이 공

---

13 근대 지식, 그중에서도 지리 지식은 최남선에게서 문학, 특히 시가(詩歌) 형식을 통해 대중에게 전달되는 특징을 보인다. 『소년』에 연재된 「쾌소년세계주유시보」, 『소년』에 일부가 게재되고 신문관에서 발간된 『경부텰도노래』, 『한양노래』, 『청춘』 창간호(1914.10) 부록으로 실린 「세계일주가」 등은 대표적인 예이다.

적을 자세히 소개하고 있다.

그런데 정작 중요한 것은 두 사적에 대한 편집자의 논평이다. 최남선은 공통적으로 '게으름'으로 소일하는 '소년들', 즉 "가련한 심리적 노인"들을 계고하는 한편, "허다한 비밀계는 신대한의 소년의 손으로 개발되기를 축원하"는 마음에서 탐험기사들을 적극 번역하여 소개하고 있다.[14] 이 번역 작업은 부국강병의 차원을 넘어 '신대한'의 제국주의적 확장을 도모하기 위해 이루어진 것으로 이해되어 무방하다.

이런 사실은 이어지는 기사가 「세계적 지식—현세계상에 속지(屬地) 갑부는 쭈릿탠국」(제2년 6권)이라는 점에서 거의 확정 가능하다. 육당은 이 글에서 세계에 가장 많은 식민지를 가진 나라로 영국을 소개하면서, "장래에 위대한 국민이 되려하난 제자(諸子)는 맛당히 기왕과 방금에 위대한 국민에게 배우시오 그리하되 다만 그네의 위대한 정신을 잘 배우시오"라며 훈도하고 있다. 외부로 자기 국가를 확장하는 일은 겉으로는 미지의 개척이란 표찰을 달지만, 실상 그것은 아직 야만이나 반개(半開) 상태에 있는 나라들의 식민화하는 제국주의적 침략이었다. 당시에는 이 길만이 문명한 근대국가로 살아남고 대접받는 유일한 방법이었으며, 최남선은 이런 세계사적 담론을 적극적으로 활용했던 것이다.[15]

14 이 기사와 관련하여 대단히 인상적인 신체시가 있으니, 『소년』 제2년 10권에 실린 「바다 위의 용소년(勇少年)」이 그것이다. 이 시는 먼저 거센 파도가 몰아치고 또 앞에는 암초가 가로놓인 바다에서 "외상앗대 겨오 달린 「뽀오트」"에 매달려 세 소년이 겁도 없이 항해하는 모습을 삽화로 제시한다. 그 후 그 자세한 내용을 4·4·5조의 음수율로 노래하면서 그 소년들의 존재를 대한반도의 축복이자 광명이라고 찬양한다. 한편, 이 기사의 후속편으로 『소년』 제3년 6권에는 1908년 북극점 도달에 성공한 쿡(cooke)과 1909년에 성공한 피어리(peary)의 사적을 소개한 「북극 탐색 사적(事蹟)」이 게재된다.

15 지나친 억측일 수 있지만, 실제적이든 아니면 과거사나 서사에 의한 상상을 통한 것이든 최

그렇다면 『소년』 초창기에 『걸리버 여행기』의 일부인 「거인국표류기」와 『로빈손 크루소』를 초역(抄譯)한 「로빈손무인절도표류기」가 집중 게재되는 사정도 이와 무연치만은 않을 테다.[16] 두 소설은 영국의 앤(Ann) 여왕이 다스리던 어거스틴 시대의 가장 대표적인 소설이다. 이 소설들이 출간된 18세기 초는 '현세계상에 속지(屬地) 갑부는 쑈릿탠국'이란 말이 전혀 어색하지 않을 정도로, 영국은 산업혁명과 제해권 장악을 바탕으로 제국주의의 절정, 다시 말해 자본주의 문명의 첨단을 달리고 있었다. 제국주의 시대의 사회진화론과 만국공법의 논리 앞에서 문명은 절대선이요 야만은 계도되고 퇴치되어야 할 악이었다.

당시 조선은 문명과 야만의 경계에 위태롭게 걸쳐 있었다. 그런 점에서 두 소설은 저 두 탐험기사, 즉 '사실'에 '허구', 즉 '상상력'을 가미하여 사실성과 흥미를 동시에 돋움으로써 '신대한 소년'들에게 "만일 마음을 크게 먹고 뜻을 굿게 가지면 공중의 정복도 제자(諸子)의 공명(功名)을 이룰 일이오 해저의 사구(査究)도 제자(諸子)의 한적(閑寂)을 깨

남선의 대외적 팽창 욕망을 통한 국민국가 혹은 민족의 정체성 확립 노력은 『청춘』 시기에도 지속된 것으로 보인다. 「고조선인의 지나 연해 식민지」(6호)는 대표적인 경우이다.

16 『로빈손 크루소』는 김찬(金欑)에 의해 1908년 『絶世奇談羅賓孫漂流記』로 처음 번역되었다. 의외로운 것은 모험·과학소설 장르에서 세계적인 인기를 끌었던 프랑스 쥘 베른(J. Verne)의 소설에 대한 번역이 거의 눈에 띠지 않는다는 점이다. 1908년 『과학소설 텰세계』가 이해조에 의해 처음 번역한 후, 대표작 『15소년 표류기』는 1912년 동양서원에서 『冒險小說十五小豪傑』이란 제목으로 뒤늦게 번역되었다(이상은 김병철, 『한국 근대번역문학사 연구』, 을유문화사, 1974). 이것은 일본에 처음 번역된 프랑스 소설이 쥘 베른의 『80일간의 세계일주』였다는 사실과 크게 대비된다. 그의 소설들은 일본인에게 서구의 문명을 배우고 과학기술을 받아들이는 데 유용한 창구로서 인기가 높았다고 한다(西永良成, 「フランス文學」, 西永良成 外, 『飜譯百年』, 大修館書店, 2000, 52~53면). 쥘 베른의 『15소년 표류기』나 『해저 2만리』, 여타의 과학소설에 대한 최남선의 무관심은 잡지 『소년』에 대한 관심이 생물학적 연령층 '소년'만으로 한정되는 것을 경계했다는 것과 함께, 지나치게 '사실'과 동떨어진 '공상과학'류의 서사물에는 별다른 흥미를 보이지 않았음을 반증하는 사례일지도 모른다.

칠 일이라"[17]는 교훈을 전달하고 고취하기 위한 효용론적 문자라 해도 크게 틀리지 않다. 하지만 흥미롭게도 『소년』 후반부와 『청춘』에는 이런 모험담 소설은 전혀 실리지 않는다.

이와 맞물려 주목되는 현상은 '신대한' 소년(청년)이 건전한 국민-전인적 인간으로 자라는 데 필요한 각종 덕목론이 다양한 형태로 게재된다는 점이다. 간단히 말해 성정의 수양과 내면의 성찰을 위한 일종의 훈육 지침인 것이다. 『소년』에서 이를 담당한 가장 중요한 기사는 창간호부터 연재된 「소년시언(少年時言)」과 제2년 2권부터 연재된 「신시대청년의 신호흡」[18]이다. 전자는 주로 최남선 개인이 '소년'들을 계몽하는 말을 연설문 형식을 빌려 전하는 방식을 취했다. 이에 반해 후자는 마치 영웅담처럼 '소년'의 모범이 될 만한 인물들, 이를테면, 후쿠자와 유키치, 벤자민 프랭클린, 워싱톤, 톨스토이, 페스탈로찌, 율곡 이이 등의 좌우명, 처세술, 교시 등 개인의 삶과 국가 및 사회 경영에 도움이 될 만한 덕목들을 집중적으로 소개했다. '신대한 소년'이 갖추어야 성정 혹은 덕목에 대한 최남선(및 이광수)의 관심은 『청춘』에서도 지속되는 것으로 보인다. 왜냐하면 「동정(同情)」(3호), 「고상한 쾌락」(6호), 「용기론」(11호), 「자조(自助)론」(13호) 등이 지속적으로 실리기 때문이다.

주로 근대의 위인들이 선택되고 있다는 점에서 이들의 덕목론은 분명 근대 국민국가의 건설과 연동되어 있다. 근대국가에 걸맞은 성숙한

---

17 「쾌남아의 소유법(消遣法)-최신 남극탐색가」, 『소년』 제2년 6권, 1909.7, 52면. 한편 『소년』 제3년 3권(1910.3)에는 영국 시인 바이런(Byron)의 「해적가(海賊歌)」가 최남선의 번역으로 실린다. '바다'를 "우리의 제국으로 알고 지내며 / 우리 사난 집으로 넉여보"는 해적의 기개와 용기를 노래한 시란 점에서 최남선의 「바다 위의 용소년(勇少年)」과 상당히 통한다.

18 제2년 2권(1909.2)의 제목은 「현대소년의 신호흡」이었으나, 제2년 3권(1909.3)부터 「신시대청년의 신호흡」으로 변경, 고정되었다.

국민(시민)의식, 곧 건전하고 자율적인 자기규율과 타자에의 배려는 삶의 합리성의 척도이자 보편적 인류애의 보증수표였기 때문이다. 그러나 사정은 그리 간단하지만은 않았던 듯하다. 이들 덕목론은 확실히 『소년』 후기로 올수록 증가하는 양상을 보인다. 제일의 원인은 당시의 엄중했던 시대현실 때문일 것이다.[19] 이즈음이 문명론의 계몽을 통한 자강론의 주창도 그리 쉽지 않았음은 대체로 인정되는 역사적 사실이다.

이와 더불어 눈여겨볼 대목은 『소년』과 도산 안창호의 직·간접적인 영향 아래 있던 '청년학우회'와의 관계다. 『소년』은 제2년 4권(1909.4)에서 안창호가 지은 창가 「평양 모란봉가」를 "아협(牙頰)에 향이 생(生)하지는 아니하나, 강건한 사구(辭句)와 웅장한 의미가, 강대하게 또 심대하게, 우리의 신경을 흥분하게 하난 자— 잇난지라"면서 소개하고 있다. 이것이 하나의 예고였던지 『소년』은 제2년 8권(1909.9) '청년학우회' 창립 취지문을 시작으로 그 회보를 거의 매호 싣는다. '청년학우회' 창립 취지문의 첫대목은 "『무실·역행으로 생명을 작(作)하난 청년학우회를 단합하야 (…중략…) 건전한 인물을 작성하기로 목적함』이라더라"이다. '무실역행'은, 첫째, 안창호의 수양론(및 준비론)의 핵심이며, 둘째, 『소년』이 경외해마지 않던 톨스토이의 '노동역작(勞動力作)'의 또 다른 표현에 가까우며, 셋째, 『소년』이 목적하는 '활동적 진취적 발명적 대국민'을 육성하기 위한 최소한의 필요조건에 해당하는 덕목이다.[20]

---

19 가령 1910년 8월 15일 『소년』은 제3년 8권을 낸 후 4개월 정간을 당한다. 바로 이 호에 신채호의 「국사사론」이 실렸다. 같은 해 12월 정간이 풀려 제3년 9권을 다시 내니 「톨스토이 선생 하세 기념」호가 그것이었다. 하지만 연호는 융희(隆熙) 4년에서 메이지[明治] 43년으로 바뀌어 인쇄되었다.

20 부지런함에 근거한 '노동역작'과 '무실역행'이 '신대한 소년'에게 찬양, 권고되는 대표적 덕목이라면, 게으름은 가장 타매되고 뿌리뽑혀야할 악덕이다. 최남선은 『소년』 곳곳에서 게

『소년』은 이런 덕목들을 '신대한 소년'이란 공동성을 창출하고, 이들을 청교도적 감각으로 무장한 일종의 성직자 혹은 교사형 국민으로 훈육하기 위한 지침으로 적극 계발하고 활용했다. 이를테면 『소년』은 '순결, 광명, 강건, 화락, 진실, 성충, 근면, 정의, 미려, 정제'[21]를 '신대한' 소년의 십대 덕목으로 정하고, 다음과 같이 '국민 사행의 표준'으로 널리 알린다.

> 정의의 옹호자가 되랴하고 지선(至善)의 노력자가 되랴할진댄 순결하여야 하며 광명하여야 하며 강건하여야 하며 화락(和樂)하여야 하며 진실하여야 하며 성충(誠忠)하여야 하며 근면하여야 하며 정의로와야 하며 미려(美麗)로와야 하며 정제(整齊)로와야 하나니 곳 선미(善美)를 조와하고 활동을 일삼아 항상 위를 향하야 힘써 올으며 압흘 向하야 힘써 나아가야 하난지라 참으로 조상에 대하야 효하고 그리하야 섭리에게 대하야 충(忠)코자 할진댄 이를 직히기에 나를 극제(克制)하며 이를 위하야 나를 발전할지어다.[22](방점 강조—인용자)

허위와 실질이 결여된, 발전과 미래 없는 '국민'이 되지 않기 위해 내실 있게 '나를 극제하고 나를 발전하는' 일은 실로 중요하다. 그렇게 해서 '신대한'이 건설된다면 아무런 문제가 없다. 제국주의의 시선에 포획된 '바다'의 모험심으로 들끓던 국민국가 건설의 시대에는 뒤돌아보

으름뱅이를 '옷밥씨름군' '밥벌레' '담배구덕이' '담배씨에 뒤웅을 파던 가련한 심리적 노인' 등으로 매우 경멸할 뿐더러, 지옥불에 떨어져야 할 존재로까지 저주한다. 그런 점에서 『소년』에서 '우리'와 '타자'를 가르는 포섭과 배제의 정치학의 한 핵심으로 '무실역생'과 '노동역작'을 들어도 좋으리라.

21 「신대한 국민의 십덕(十德)」, 『소년』 제3년 5권, 1910.5, 1면.

22 「소년시언—국민사행(思行)의 표준」, 『소년』 제3년 5권, 1910.5, 15면.

지 않고 앞만 보고 내달리는 소년의 불굴의 용기와 결단이 촉구되고 칭송되었다. 점차 그 가능성이 사라져가면서 정신의 문명에 강조점을 두는 개인의 품성 및 인격의 수양과 같은 추상적인 덕목론에 대한 강조가 증가하는 것이다.

물론 이것은 대단히 전략적인 것이다. 왜냐하면 '신대한'이란 국민국가에의 열망이 내면화하면서 발생한 굴절의 일부도 되기 때문이다. 따라서 그것은 '소년'들의 '양심적 지도자' 내지 '지식인'으로의 성장에 대한 기대로 더욱 이어졌을 테고, 다른 한편으로는 '국민국가'를 대신할 '문화민족주의' 프로젝트[23]의 실질적 출발점도 되었을 테다. 하지만, 동시에 이 '덕목론'은 양날의 칼도 되었다. 최남선의 '게으름'에 대한 지주는 앞에서 이미 거론하였거니와, 『청춘』에서 이를 주로 담당한 것은 이광수였다. 그가 「동정(同情)」(3호), 「소년의 비애」(8호), 「어린 벗에게」(9~11호), 「자녀중심론」(12호), 「윤광호」(13호) 등의 논설과 단편소설을 통해 저런 덕목과 성정의 자연스런 발현을 억압하는 조선의 악습과 민족성을 비판하는 데 그치지 않고 끝내는 「민족개조론」(1922)의 열렬한 주창으로까지 나아갔음은 주지의 사실이다.[24]

---

23 문화민족주의의 출발점을 어느 하나로 단정하기는 힘들 것이다. 그러나 최남선 또는 이광수에 초점을 맞춘다면, '대황조'(단군)와 '태백'으로 대표되는 민족혼과 국토의 심미화에 관심을 기울이기 시작하는 시점 정도로 본다면 큰 무리는 없을 것이다. 『소년』에서 그즈음은 제2년 10권(1909.11) 정도인데, 여기에는 창가 「단군절」의 가사와 악보, 그리고 한반도 모양의 호랑이 두 마리가 그 내용을 감싸 안고 있는 8·5조의 신체시 「태백범」이 게재된다. 그 외에 대표적인 경우를 들자면, 육당이 홍명희에게 올리는 소시집 「태백산시집」(제3년 2권, 1910.2)과 단군 이래 조선민족에 부여된 사명을 강조하는 춘원의 「조선ㅅ사람인 청년들에게」(제3년 8권, 1910.8)가 있다. 흥미로운 점은 '국풍(國風)'이라는 일종의 장르명을 '바다'나 다른 소재에 관련된 초기의 시가(詩歌)에는 사용하지 않았으나, '태백' 및 국토 기행과 관련된 시가를 쓰기 시작한 뒤로부터 줄곧 사용하고 있다는 사실이다.

24 1910년대 중반 이후 이광수가 대중 및 지식인의 계몽을 위해 적극적으로 선택했던 지면은

'바다' 및 '지리' 담론과 모험의 서사가 밀접한 관련을 맺고 있듯이, 일련의 덕목—성정론과 『소년』, 『청춘』의 창작 및 번역 소설 역시 밀접한 연관을 맺고 있다. 단적인 예로 톨스토이는 작품을 통해서 『소년』의 독자들과 먼저 만나지 않는다. 그는 '노동역작의 복음'을 전하는 '현시대의 최대 위인'으로, 다시 말해 '신대한 소년'들이 마땅히 본받아야할 '그리스도 이후의 최대 인격'으로 그 모습을 드러낸다.[25] 그 뒤에야 비로소 종교적 인도주의와 공동체의 평화 등을 역설하는 후기 단편들과 대표작 『부활』(『청춘』에서는 『갱생』)이 번역, 게재된다.

톨스토이의 문명비판에 근거한 박애주의와는 거리가 멀지만, 빅토르 위고의 『레미제라블』의 일부를 번역한 「ABC계(契)」(제3년 7권)나 전체를 초역(抄譯)한 「너 참 불쌍타」(『청춘』 1호, 1914.10) 역시 궁극적으로는 자아와 타자 상호간의 사랑과 희생과 구원이라는 주제로 수렴된다고 한다면, 『소년』이 권장하던 '십대덕목' 및 그것의 실천으로서 '국민사행의 표준'과 먼 거리에 있지 않다.[26] 왜냐하면 사랑과 희생과 구원

『학지광』도 『청춘』도 아닌 총독부 기관지 『매일신보』였다. 그는 「대구에서」, 「농촌계발」, 「조혼의 악습」 등의 논설을 발표한 후 한국 근대문학에 획을 그은 『무정』을 연재하게 된다. 따라서 비록 그것이 일제 식민지라는 형태로 왜곡됐지만, '국민국가'의 계몽이라는 관점에서 봤을 때 『무정』이 한국 근대소설의 확립과정에서 행한 가장 중요한 역할 가운데 하나는 "한글로 본격적인 지식인 문학의 길을 열었다는 점"이며, 그렇기에 "근대 자국어를 사용해 독자 계층의 통합을 이룬 최초의 소설"이라는 점에서 그 문학사적 가치를 새로이 찾아야 한다는 김영민의 지적은 매우 설득력 있다. 김영민, 「1910년대 신문의 역할과 근대소설의 정착 과정」, 『현대문학의 연구』 25, 한국문학연구학회, 2005, 282~292면 참조.

25 「신시대 청년의 신호흡(4)—톨스토이 선생의 교시(노동역작의 복음)」, 『소년』 제2년 6권, 1909.7. 해당호 표지에는 이전의 "대국민 육성…" 운운을 대신하여 "향상정진은 신대한 소년의 인문 개발에 종사하난 정신이오 노동역작(勞動力作)은 신대한 소년의 천명(天命) 복종에 노력하난 도리니라"는 글귀가 적혀 있다. 톨스토이에 대한 무한 존경과 신뢰를 짐작케 하는 대목이다.

26 이광수는 고주(孤舟)라는 필명으로 「어린 희생」을 『소년』 제3년 2권, 3권, 5권(1910.2~5)에 번역하여 연재하였으며, 학교광・교육광 김광호(金光浩)를 다룬 사실소설 「헌신자」(제3년

은 십대덕목을 갖춘 자에게만 허락되는 권리요 영광이기 때문이다. 이 땅의 초기 근대문학에서 이것을 소설의 재미와 대중 교화의 방식으로 가장 탁월하게 조직한 이가 춘원이었음은 『무정』과 『재생』의 예로 충분하다.

이처럼 『소년』과 『청춘』의 지식 담론들은 고유한 체계로 분화되어 있는 듯하지만, 이른바 '신대한 소년'의 육성과 '국민정신의 통일'을 통한 '국민국가'의 건설 또는 그 대체물로서 서사시적 과거 '대조선'의 창안이란 꼭짓점을 향해 한 치의 흐트러짐도 없이 수렴되고 있다. 적어도 『소년』과 『청춘』의 독자층에게는 이전에는 거의 존재하지 않았거나 불분명했을 '우리들'이란 공동성 혹은 공동감각이 그로 인해 한층 선명해지는 계기가 되었을 테다.

문학은 그것이 창작이든 번역이든 '우리들'이란 공동성과 연속성을 개인의 내면에 직접 전달 가능한 것으로 만듦으로써 '우리들'에 관련된 '감정'을 서로 간에 양해할 수 있는 '감정'이게끔 전환시킨다.[27] 말하자면 문학, 곧 심미적 지식은 단순히 근대 특유의 취미로서의 예술이 아니라, 근대세계(문명)와 관련된 새로운 지식과 가치와 관점, 그리고 세계사 및 민족사적 현실에 대한 진실을 보는 감각과 안목을 길러주는 매우 유용한 기제인 것이다. '신대한'을 꿈꾸는 '우리들'에게는 개인의 내밀한 사적 감정이 아니라 함께 공유할 수 있는 지식과 기억이 아직까지는 훨씬 중요한 것이다. 적어도 최남선과 이광수가 중심이 된 『소년』과 『청춘』에서는 말이다. 이제는 이런 사실들을 스위프트(J. Swift),

---

8권, 1910.8)를 발표한다. 제목들에 벌써 '멸사봉공'의 계몽주의적 태도가 물씬 풍긴다.

27 成田龍一, 「『少年世界』と讀書する少年たち」, 『思想』, 岩波書店, 1994.11, 199면.

디포(D. Defoe), 톨스토이의 번역소설을 통해서도 확인해본다. 이들이 다른 어떤 번역소설보다 '우리들'이란 '공동성'을 계몽하고 고취하기 위해 선택된 예외적 작품들이란 느낌이 강하게 들기 때문이다.[28]

3. 번역이 창출하는 '우리들'(1)

—'용소년(勇少年)'들의 바다와 국가

『소년』 창간호에 「바다란 것은 이런 것이오」란 기사가 있다. 바다의 중요성과 쓸모에 관한 세 사람의 말을 소개하고 있다. 첫째, 바다를 제패하는 하는 자가 세계를 제패한다(랄늬). 둘째, 바다가 환기하는 상상력의 장쾌함과 활달함이다(아듸손). 셋째는 집필인, 곧 최남선 자신의 말이니, 그가 왜 어떤 소설보다도 먼저 「거인국표류기」와 「로빈손무인절도표류기」를 번역·연재하게 되었는가를 설명하는 단서가 된다.

28 이들의 소설만 해도 9편이며, 빅토르 위고의 『레미제라블』 관련 2편과 이광수 번역의 「어린 희생」을 더하면 12편이다. 나머지 4편의 번역소설은 『청춘』의 '세계문학개관' 코너에 초역(抄譯) 소개된 밀턴의 『실락원(失樂園)』(3호), 세르반테스의 『돈기호전기(頓基浩傳奇)』(4호), 초서의 『캔터베리기(記)』(8호)에 더해, 진학문이 번역한 모파상의 「더러운 면포(麵包)」(8호)이다. 자못 의아한 것은 '세계문학개관'이라고 하면서도 어떤 편향을 면치 못하고 있다는 점이다. 가령 『청춘』의 작품 선택은 근대 초기와 영국에 편향된 모습을 보이고 있어 선정 기준이 얼른 납득되지 않는다. 이는 최남선이 톨스토이를 처음 소개하는 글(「신시대 청년의 신호흡(4)—톨스토이 선생의 교시」)에서 단테의 『신곡』, 세익스피어의 4대 비극, 괴테의 『파우스트』가 톨스토이의 『부활』 등과 마찬가지로 만세불후의 대작으로 불린다고 말했던 사실을 상기할 때 더욱 그렇다. 작품 선정의 기준을 오로지 '문명'과 '비문명'에 두었기 때문일까.

"「로빈손 크루소」는 해사(海事)에 관한 한 소전기(小傳奇)라. 그러나 세계의 해왕(海王)이라는 영국의 해군은 차(此)로 인하여 성취하얏다 하나니 오인(吾人)은 차(此)에 관감(觀感)하야 흥기(興起)티 아니티 못하리로다."[29] 두 소설 공히 '해가 지지 않는 제국' '쑈릿탠국'의 부르조아 계급에 속하는 바다 모험을 즐기는 남성이 주인공이다. 이들은 바다에서 겪는 조난에 의한 절체절명의 위기를 온갖 지혜와 용기로 극복하고 무사 귀환하는 근대의 오디세우스들이기도 하다. 게다가 매우 근면하고 성실하며, 자국(自國)에 대한 자부심과 애국심 또한 대단하다(걸리버는 양면적이지만). 말하자면 이들은 '신대한 소년들'이 세계를 제패하는 문명 '국민'으로 성장하기 위해 따름직한 역할모델인 것이다.

그러나 이후 번역의 태도와 실제를 검토하는 과정에서 드러나겠지만, 두 작품은 저런 공통점을 뛰어넘을 만큼의 차이점 역시 가지고 있다. 하지만 『소년』의 두 작품에는 거의 '용소년(勇少年)'의 '바다'와 '국가'만이 표상되고 있다. 만약 바다로 대표되는 미지세계의 탐험과 개척의 격려라는 그 문학적 상상을 제국주의적 국민국가 건설과 확장의 메타포로 전유하는 것만을 목표로 삼았다면, 매우 섬뜩한 번역의 정치학이 아닐 수 없다.

여기에는 두 가지 이유가 존재할 수 있다. 두 작품 모두 이미 일본에서 번역한 것을 다시 번역한 이른바 '이중역(二重譯)'이다. 이미 일그러진 거울을 그대로 들여오는 경우가 하나다. 다른 하나는 중역하는 과정에서 우리 쪽 번역자가 필요에 따라 내용과 표현을 추가·첨삭·번

29 「바다란 것은 이런 것이오」, 『소년』 창간호, 37면. 한편 『소년』과 『청춘』에서 『걸리버 여행기』, 『로빈손 크루소』, 『돈키호테』는 근대적 의미의 소설(novel)보다는 '사실'과 거리가 먼 기이한 이야기란 의미가 강한 기담(奇談) 혹은 전기(專奇)로 취급되어 그 제목 역시 그렇게 번역되고 있다. 작품명 「거인국표류기」, 「로빈손 무인절도 표류기」, 『돈기호전기』를 보라.

형하거나 자의적인 논평을 삽입하는 경우이다. 후자의 경우는, 이후 보겠지만 빈번히 확인할 수 있으니 별다른 첨언을 필요치 않는다. 지식과 제국의 이동으로서의 번역은 단순히 한 언어의 의미를 다른 언어로 전환하는 것을 넘어선다. 차라리 번역은 권력적으로 우월한 언어를 지배와 통제의 일차적 기술이자 사회의 형성과 교화를 위한 강력한 채널로 자리 잡게 한다는 데 더 큰 의미가 있다.[30] 바로 이 점이야말로 서구 문학의 모방 및 이식에 바빴던 일본과 또 더 바빴던 조선의 '따라가는 자'로서의 뼈아픈 위치였다.

가령 일본의 서구문학 번역 태도에는 두 가지 방식이 있었으니, '호걸역(豪傑譯)'과 '조밀역(稠密譯)'이 그것이다. 전자는 원문을 적당히 취사선택해서 번역하는 방법을 일컫는다. 그러다보면 아무래도 줄거리, 독자의 흥미 중심이 되기 쉽고, 번역자의 취향이나 정치적 성향 등이 번역 태도에 영향을 적잖이 미칠 것이다. 후자는 그와 반대로 원어 작품을 가능한 한 원문에 충실하게 번역하는 방법을 말한다. 일본 근대문학 문체의 완성은 '조밀역'의 영향이 컸다고 한다.[31] 그나마 이 당시 조선의 서구문학 작품의 번역은 적어도 『소년』과 『청춘』의 경우(다른 경우도 거의 예외는 없었지만) 그 '호걸역'을 중역하거나 초역(抄譯)하는 데 거의 그치고 있다. 일본과 조선의 문명한 '우리들'의 공동성 창출을 향한 번역의 정치학은 그 저변에 이처럼 '슬픈 오리엔트'를 깔고 있다.

따라서 우리가 「거인국 표류기」와 「로빈손무인절도표류기」를 검토함에 있어 중심을 삼아야할 점은 원문 혹은 일문(日文)에 대한 충실성

30 더글라스 로빈슨, 정혜욱 역, 『번역과 제국』, 동문선, 2002, 124면.

31 西永良成, 「フランス文學」, 西永良成 外, 『飜譯百年』, 大修館書店, 2000, 54면.

비교나 인명, 지명의 변형 혹은 토속화 확인 등과 같은 구태의연한 비교문학적 작업이 아니다.[32] 그보다는 번역의 정치학 혹은 번역자의 이데올로기가 드러날 수 있는 부분, 예컨대 편집자적 논평과 주석적 개입 부분의 확인, 원저자가 강조했지만 번역자가 의도적으로 삭제한 부분에 대한 탐구, 번역자의 독자에 대한 요구 등을 세밀히 고찰하는 편이 보다 유익할 줄 믿는다. 물론 상당 부분은 일역본을 그대로 옮긴 것일 수도 있겠지만, 『소년』의 사정에 맞게 재편집되었을 사정은 얼마든지 존재하며, 실제로 두 작품에서도 그런 사정은 역력하다.

먼저 『소년』에 일부가 번역된 「거인국표류기」와 『걸리버 여행기』에 대해 논의해 본다. 「거인국표류기(巨人國漂流記)」는 창간호와 제1년 2권(1908.12, 여기서는 「巨人國漂遊記」) 단 2회 연재된다. 첫 연재물에 '「썰늬버 여행기」 하권'이란 부제를 달아놓은 것을 보면, 상권이 따로 존재함을 알 수 있다. 상권은 물론 『소인국표류기(小人國漂遊記)』이다. "이 책은 순국문으로 「썰리버여행기」의 상권을 번역한 것"으로 신문관(新文館)에서 '금월말 출간' 예정이라는 광고가 『소년』 겉표지 내지(內紙)에 실려 있다.[33] 이를 통해 본다면, 이 당시 번역된 『걸리버 여행기』는 '3부 하늘을 나는 섬의 나라—라퓨타, 일본 등의 나라 기행'과 '4부 말들의 나라—휴이넘 기행'을 제외한 축약본인 셈이다.[34]

---

32 이런 작업은 김병철의 탁월한 업적 『한국 근대번역문학사 연구』(을유문화사, 1974)에 의해 많은 도움을 얻을 수 있다.

33 하지만 『소인국표유기(小人國漂游記)』는 제2년 2권(1909.2)까지도 '근간' 광고에 실려 있다. 그런데도 같은 책 27면 하단에는 『거인국표류기』와 『소인국표유기』를 합쳐 십선총서(十錢叢書) 1권으로 『썰늬버유람기』를 이미 발간했다는 광고성 기사가 삽입되어 있다. 그러나 신문관이 『썰늬버유람기』를 본격적으로 발간하고 판매에 나서는 것은 1909년 10월 이후인 듯하다. 왜냐하면 『소년』 제2년 10권(1909.11) 책표지 내지에 반면(半面) 분량의 광고가 처음으로 실리면서 독자들의 일독을 적극 권장하고 있기 때문이다.

「거인국표류기」는 걸리버가 '소인국'에서의 참담한 고난에도 불구하고 또 다시 "남아의 장한 기운을 펴"기 위해 나섰다가 또 배가 난파되어 '브롭딩낵'이란 거인국에 표류하면서 겪게 된 기이한 경험과 고통 따위를 주로 서술한다.[35] 이야기의 초점은 대개 체격 조건의 차이에 따른 의식주와 문화의 차이 및 이질감, 걸리버와 또 다른 '알사람' 사이의 갈등 등에 맞추어져 있어, 특별히 새로운 문명의 계몽이나 모험심을 자극할 만한 요소는 눈에 띠지 않는다. 다만, "아모리 하얏든 댝뎡하고 대됴를 부려 쑈릿탠 사람의 대됴 만흔 것을 왕사람에게 보이이라"(『소년』 제1년 2권, 22면) 등에서 보듯이, 영국인으로서의 자긍심에 대한 서술이 간혹 눈에 띌 뿐이다. 말하자면 현실 세계에서 경험할 수 없는 '신기성(新奇性)'이 두드러지는 정도, 곧 상상력의 자극이란 측면에서 일정한 가치를 둘 수 있을 듯하다.

최남선 역시 그 점을 얼마간 인식했는지 「썰늬버여행기」 상·하권을 『썰늬버유람기』로 새로이 간행하면서 다음과 같은 판매 광고를 『소년』에 싣고 있다.

---

34 일본에서도 서구 문학작품 번역은 잡지 등을 통해 먼저 번역된 후 단행본으로 출판되는 경우가 많았다. 최남선이 옮긴 「ABC契」(『소년』 제3년 7권, 1910.7)의 일역본인 『ABC組合』(抱一庵主人 譯, 1902) 역시 『少年園』이란 아동잡지에 1895년 4월 두 차례에 걸쳐 같은 역자의 이름으로 연재된 후 합본 출간된 것이다. 『少年園』은 1888년 11월에서 1895년 4월까지 매월 2회 발간되었는데, 『ABC組合』은 마지막 두 호(155호, 156호)에 실렸다(『少年園』 목차 참조). 이 잡지는 비슷한 시기에 창간된 『小國民』(1889~1902) 및 1895년 창간된 『소년세계』와 더불어 일본 아동잡지사의 신기원을 이룩했음은 물론, '아동' '소년'이란 집단 정체성의 확립과 근대문명의 성취에 발 빨랐던 일본의 예비국민 창출에 혁혁한 공헌을 한 것으로 평가된다. 이상은, 上田信道, 「大衆少年雜誌の成立と展開」, 『國文學』, 2001年 5月号, 學燈社. 여기서는 http://nob.internet.ne.jp/note/note-19.html 참조.

35 내가 도움을 받은 원전과 작품 해설은 조나단 스위프트, 신현철 역, 『걸리버 여행기』(문학수첩, 1992)이다.

차서(『썰늬버遊覽記』 – 인용자)는 영국 유명한 문학가 스위프트씨의 명저를 적역(適譯)한 것이니 「로빈손 표류기」와 공히 세계에 저명한 해사(海事)소설이라. (…중략…) 원저는 「쪼오지」 제1세 시절의 습속을 풍자한 것이나 이런 정치 우의(寓意)는 고사하고 다만 그 소설적 취미로만 보아도 쏘한 절대한 묘미가 잇난 것이라 고로 영미 제국에서는 차(此書)를 학교 교과로 용(用)하야 써 소년의 해사(海事) 사상을 고발(鼓發)하나니 우리 소년은 일독(一讀)을 쾌시(快試)하야 그 묘미를 상(嘗)할지니라.[36]

육당은 『걸리버 여행기』가 남성적 기개를 펼치거나 식민지 개척을 고무하고 찬양하기 위한 '해사소설'이 아니라 일종의 정치 풍자소설임을 이미 간파하고 있다. 스위프트는 성직자이자 애국자였다고 한다. 그는 기독교도이자 아일랜드 출신이었고 또한 왕당파였으며 지성적 보수주의자였다. 이런 복잡하지만 보수주의에 가까운 성격은 그로 하여금 인간들의 허위적 성향과 무지, 거짓 신앙, 정치적 무질서 등에 대한 혹독한 풍자를 가하게 함은 물론, 근대 과학이 산출하는 새로운 개념과 지식, 언어 등에 대해서도 심각한 회의를 표하게 한다. 이런 날카로운 풍자와 회의의 언어들은 대개 저런 흥미로운 이야기들 사이에 끼어 있거나, 각 장이나 부의 말미에 제시되는 경우가 많다.

영국과 근대문명에 대한 풍자와 비판의 진수라 할 3, 4부는 논외로 치더라도, '2부 큰 사람들의 나라'에서도 스위프트는 걸리버가 '브롭딩낵'국을 벗어나기 전에 비록 그곳 왕의 목소리를 빌려서나마 최고의 문명국을 자부하던 '쁘릿탠국'의 야만성과 후진성을 가차 없이 드러낸다.

---

36 십전총서(十錢叢書) 『썰늬버유람기』 광고, 『소년』 제2년 10권, 1909.10. 표지의 내지(內紙).

이를테면 걸리버가 왕과 대화하면서 정작 알려준 것은 영국 민주주의의 위대함이 아니라 "하원의원의 자격을 정하는 데 있어서 무지와 태만, 사악이 많은 내용을 이루고 있음"이었으며, "만들었을 당시에는 아주 좋았을 제도들이 그대의 나라에서 조금씩 허물어지기 시작하다가 이제는 부패되어 완전히 희미해지거나 제멋대로 변모되었다는" 사실이다.[37]

그러나 최남선은 '신대한'이 열심히 배워야할 문명국 '영국'과 근대문명에 대한 스위프트의 신랄한 풍자와 비판은 일괄 삭제하였다. 이것은 일본 번역본과 아무런 관련 없는 최남선 고유의 번역 이데올로기이다. 그는 『걸리버 여행기』가 고도의 정치 풍자소설이란 사실을 알았음에도, 오로지 '신대한 소년'들의 "해사(海事) 사상을 고발(鼓發)"하기 위해, 다시 말해 그들을 문명과 진보, 개척의 욕망으로 들끓는 '우리들'로 훈육하고 계도하기 위해 정치적으로 거세된 '걸리버'를 이 땅에 호출했던 것이다. "그 소설적 취미로만 보아도 또한 절대한 묘미가 잇난 것" 운운의 진정한 의미와 의도가 여기 어디 있을 것이다.

우리는 관례상 다니엘 디포의 『로빈손 크루소』를 흔히 동화로 분류하며 또한 독서경험 역시 그것으로 끝인 경우가 대부분이다. 하지만 이 작품은 1719년 4월에 1부(『로빈손 크루소』)가, 8월에 2부(『로빈손 크루소의 또 다른 모험』)가 출간된 방대한 분량의 장편 모험소설이다.[38] 우리가

---

37 조나단 스위프트, 앞의 책, 162~163면.

38 『소년』에는 제2년 2권(1909.2)부터 총 6회에 걸쳐 1부와 2부가 모두 초역(抄譯)되어 연재된다. 특히 2부는 모험의 범위가 중국과 러시아까지 확대되고 있으나 흥미를 끌만한 사건과 풍광 등은 거의 등장하지 않는다. 한편, 『그리스도 신문』(1902.5.8)의 '인물기사'란에 실린 「그루소의 흑인을 엇어 동모함」은 『로빈손 크루소』가 일부라도 번역되어 국내에 소개된 최초의 경우이다. 이것은 원작의 번역이라기보다는 각색에 가깝다. 이에 대해서는 김영민, 「근

흔히 접하는 작품은 문학적 명성이 자자한 1부 『로빈슨 크루소』이다. 디포는 무인도에서 4년간 생활하다 구조된 알렉산더 셀커크란 인물을 바탕으로, 28년간을 무인도에서 생활하면서 자연, 곧 어둠과 야만의 공간을 인공, 곧 빛과 문명의 공간으로 탈바꿈시킨 크루소의 위대한 모험과 업적을 창조해냈던 것이다.

이런 연유로, 이 소설은 첫째, 기본적으로 18세기 신흥 부르주아지 세력의 성장과 함께 태동하기 시작한 '소설'의 기원을 이루는 작품의 하나로, 둘째, 당시부터 본격적으로 태동하기 시작한 부르주아지 계급의 세계관, 문명관, 경제관 등을 극명하게 보여주는 것으로 흔히 평가된다.[39] 로빈슨 크루소가 '근대의 신화' 혹은 '계몽주의적 인간형의 화신'으로 불릴 수 있다면, 특히 후자의 관점과 관련해서이다. 더군다나 그는 '크루소'라는 개인 자체가 아니라, 집합체 '크루소', 즉 최고의 문명국으로 야만의 세계를 계몽하는 '브리튼국'의 제유이기도 했다.[40]

이를 '소설의 발생' 및 '근대 개인주의의 신화'와 연관시켜 정치하고

대계몽기 기독교 신문과 한국 근대 서사문학」, 『동방학지』 127, 연세대 국학연구원, 2004, 279~280면 참조.

39 최인자, 「『로빈슨 크루소』 상・하편 최초의 완역」, 다니엘 디포, 최인자 역, 『로빈슨 크루소』(하), 문학세계사, 1993, 302면.

40 김행숙, 「로빈슨 크루소의 바다와 국가」, 『현대시학』, 2004.10, 227면. 그는 「로빈손무인절도표류기」와 문학세계사판 『로빈슨 크루소』를 같이 읽으면서 섬 생활에서의 몇몇 인상적인 국면을 꼼꼼하게 살피고 있다. 게다가 미셸 투르니에가 『로빈슨 크루소』를 새롭게 쓴 『방드르디, 태평양의 끝』(민음사, 1995)까지도 살펴봄으로써 작품 이해의 의미의 폭을 넓히고 있다. 하지만 결정적인 오류를 범한 곳이 있다. 로빈슨 크루소의 모델이 된 알렉산더 셀커크의 이야기를 『청춘』 9(1917.7)의 「近世로빈손奇談」에서 읽을 수 있다고 했는데, 이는 잘못이다. 『청춘』에 실린 이야기의 주인공은 영국 국적의 '윌리앰 매키쎈'이다. 이 기사는 첫머리에 셀커크가 로빈손 표류담의 모델이었다는 사실이 잠시 나올 뿐, '윌리앰 매키쎈'이라는 사람이 매쿼리라는 무인도에서 배를 살 돈을 모으기 위해 혼자 생활하고 있음을 중심 화제로 삼고 있다(광축실주인(廣蓄室主人), 「근세 로빈손 기담」, 『청춘』 9, 1917.7 참조).

풍부하게 해석한 학자가 있으니, 『소설의 발생』의 저자 이언 와트(I. Watt)이다.[41] 그에 따르면, 무인도의 노동하는 제작자 '로빈슨 크루소'는 애덤 스미스, 마르크스 등에게는 자본주의의 생산성과 노동가치의 이론에 대한 모델로, 루소에게는 '모든 것의 유용성을 가장 온전하게 판단하는 판관, 곧 자연에 파묻힌 고독한 인간'의 본보기로 표상되었다고 한다.

이언 와트는 이들과는 다르게 '근대적 개인주의'의 탄생이란 관점에서 『로빈손 크루소』를 보는데, '경제적 개인주의'와 '종교적 개인주의'가 그 핵심이다. 전자에서는 직분과 의무로서의 노동에 대한 끊임없는 강조가 특히 중요한데, 진취적인 개척 정신과 합리적인 사업방식은 그 효율성을 배가하는 요인이 된다. 한편, '종교적 개인주의'라는 말이 시사하듯이, 이언 와트는 크루소의 종교를 위기의 순간마다 그를 향한 신의 의지는 무엇일까를 혼자 고민하고 발견하려는 전형적인 개인주의적 신교도(청교도)의 태도로 본다. 이런 점을 종합할 때, "『로빈손 크루소』는 지칠 줄 모르는 노동이 구원을 가져다준다는 생각을 우리의 상상적 삶에 단단히 심어준다는 결론을 내릴 수 있다. 심지어 크루소 신화의 인기의 일부는 그것이 노동의 신성함이라는 개념을 지지한 데 근거한다고도 주장할 수 있을 것이다."[42]

어쨌든 우리의 입장에서 봤을 때, 최남선의 『로빈손 크루소』 번역은

41 이언 와트, 전철민 역, 『소설의 발생』, 열린책들, 1988. '제3장 『로빈손 크루소우』: 개인주의와 소설'; 이언 와트, 이시연 외역, 『근대 개인주의 신화』, 문학동네, 2004. '6. 『로빈손 크루소』' 및 '7. 크루소, 이데올로기, 이론'

42 이상의 내용은 이언 와트, 이시연 외역, 『근대 개인주의 신화』, 문학동네, 2004, 219~260면 참조. 직접 인용은 239~240면.

당연히도 '신대한 건설'에 대한 계몽과 비전을 고취하는 데에 제일의 목적이 있었다. 연재가 시작되기 두 달 전인 『소년』 제1년 2권(1908.12)에는 「로빈손무인절도표류기담(無人絶島漂遊奇談)」이란 제목으로 다음과 같은 연재 예고가 실린다.

> 우리는 쾌장한 것을 됴와하니 그럼으로 해천(海天)을 사랑하며 우리는 영특한 것을 됴와하니 그럼으로 모험적 항해를 딜겨하며 해천을 됴와하고 항해를 딜겨함으로 표류담・탐색기적 문학을 탐독하난디라 금(今)에 이 성미(性味)는 나로 하야곰 이 불세출의 『로빈손 크루서』를 번역하야 우리 사랑하난 소년 제자(諸子)로 더브러 한가디로 해상생활의 흥치(興致)와 항해모험의 취미를 맏보게 하도다.(42면)

여기서는 일면 해상생활의 흥치와 항해모험의 취미만이 강조되고 있다. 그러나 이런 흥취와 취미의 조장을 통한 상상력과 호기심의 확장은 '해사(海事)' 일반 및 "삼면 환해(環海)한 우리 대한의 세계적 지위"(「해상대한사 (2)」의 부제)에 대한 관심과 자각으로 이어지기 마련이다. 그리고 『로빈손 크루소』가 가진 제국 담론적 성격에 대한 자기화 욕망은 이미 「바다란 것은 이런 것이오」(창간호)에서 피력되었기에 다시 부언될 필요가 없었을 것이다.

앞서 말했듯이, 최남선은 『소년』 제2년 2권(1909.2)을 시작으로 총 6회에 걸쳐 「로빈손무인절도표류기」를 초역(抄譯) 연재한다. 이는 1부와 2부를 모두 포함하는 것으로 6회(제2년 8권)가 2부에 해당한다. 6회에 걸쳐 연재되었다고 하지만, 내용이 세밀하거나 분량이 썩 많은 편은 아니다. 어떤 경우는 4~5면에 그치는 경우도 있으니 말이다. 그러나 물론 번역의 저본이 된 일역본의 영향도 무시할 수 없겠지만, 독자의 계몽과 흥미를 위해 필요한 서사 및 배경에 대한 선택과 집중, 배제를 수행하는 육당의 안목은 분명 놀라운 데가 있다.

『로빈손 크루소』의 주제는 신성한 노동의 수행과 삶의 합리화에 의한 자본주의 문명의 성취 및 제국주의의 확장이라는 '근대의 신화'와 특히 연관된다. 육당은 거의 이런 내용들을 놓치지 않고 번역하고 있는데, 그것은 각 회별로 주도면밀하게 나뉘어 배치되고 있어 독자의 흥미와 기대를 자극하는 편집자의 예리한 감각을 엿보게 한다. 핵심적인 횟수를 들라면, 연재 1~2회와 4회, 5회, 그리고 6회가 될 것이다.

1~2회는 무인도로 표류하기 전의 '로빈손 크루소'가 소개되는 부분이라 그냥 지나치기 쉽다. 그러나 이곳에는 그가 '근대의 신화'의 모델로 우뚝 설 수밖에 없는 자초지종이 벌써 엿보인다. '중등사회'(부르주아지)의 일원인 그는 법률가가 되기를 희망하는 부모의 기대를 배반하고 '소년 모험자'[43]로 살기를 꿈꾸며, 결국 그것을 실행에 옮긴다. 그러나 이 당시에도 순수 모험이란 존재하지 않았다. 그것은 어디까지나 무역 또는 식민지 개척, 다시 말해 재화(財貨)와 이익의 획득과 연동되거나 그것에 부수된 행위였을 따름이다. 크루소 역시 그러했음은 "그런 일

---

43 「로빈손무인절도표류기(1)」, 『소년』 제2년 2권, 1909.2, 23면. 여기서도 보듯이, '소년' 혹은 '청년'은 적어도 1920년대 이전까지는 연령상의 개념이라기보다는 미래의 시공간을 향해 기투하는 정신을 지닌, 다시 말해 '근대'의 창조와 '전근대'의 파괴 열정으로 충만한 사람 모두를 지칭하는 일종의 상징적 주체 개념으로 이해하는 편이 타당하다. 이에 대해서는 소영현, 「근대 / 문학과 청년 담론」, 『한국 근대문학과 국(가)의 형성과 분화』(2004년 하반기 심포지엄 발표문), 한국근대문학학회, 2004 및 조은숙, 「근대계몽담론과 '소년'의 표상」, 『어문론집』 46, 민족어문학회, 2003 참조.

(이득을 많이 남긴 일—인용자)이 잇기 때문으로 자미(滋味)가 나서 나의 모험심이 점점 더 치성(熾盛)하"였고 그 때문에 결국 무인도에 표류하는 재앙을 겪게 되었다는 고백에 잘 드러나 있다.[44] 말하자면 그는 모험심과 공명심에만 불타는 돈키호테형 인간형이 아니라, 거기에 개척정신과 합리적 사업 방식을 갖추고 이익 실현에까지 재능을 보인 전형적인 자본주의적 인간형이었던 것이다. 하지만 크루소의 무인도의 계몽, 다시 말해 문명화는 이런 항해의 전사(前史)가 없었다면 불가능했을지도 모른다.

실제로 그가 28년간 절대군주로 군림할 '제국'의 건설, 곧 식민지의 개척은 실은 난파한 배에서 옮겨간 '문명', 이를테면, 곡식, 의복, 목공기구, 총과 화약, 성경에 그 기원을 두고 있기 때문이다. 가령 4회는 그가 무인도에 정착하는 과정이 서술되는데, 그 과정은 마치 인류 초기 문명사를 보는 듯하다. (재)문명화는 이미 그렇게 예정되어 있다는 듯이 수렵과 채집(이동)에서 농경과 사육(정착)으로 나아가며, 자신의 시간과 공간에 대한 배타적인 점유권을 기록하기 시작하는 한편, 자아의 구원자이자 성찰의 매개체로서 '하나님'을 다시 섬기게 되는 일로 순차적으로 진행된다.

5회는 익히 잘 아는 '금요일'(프라이데이)의 구원과 계몽, 요즘 말로 하면 문명화 / 식민화 이야기를 다루고 있다. 사실 4회와 5회는 동일한 서사 구조를 갖춘 이야기라 할 수 있다. 다만 대상이 다를 뿐이다. 가

---

44 「로빈손무인절도표류기(2)」, 『소년』 제2년 3권, 1909.3, 34면. 사공 노릇을 하던 그는 신징의 권유로 수학과 행선법(行船法)을 배우는데, 이는 물론 무역에서 보다 많은 이익을 얻기 위해서였다.

각 자연이라는 야만과 토인(土人)이라는 야만을 로빈손 크루소라는 청교도적 인간이 '노동'과 '총'과 '성경'을 통해 문명화(구원)하는 이야기인바, 여기서 근대자본주의의 제국주의적 팽창, 곧 문명의 전파를 빙자한 식민지 획득과 분할 경쟁을 유비하기란 그리 어렵지 않다.[45] 2부의 아주 간략한 축약 소개 정도에 해당하는 6회는 이런 내용에 많은 지면을 할애하는 야만적 오리엔탈리즘의 내음이 역력하거니와, 실제 원본 역시 거기서 크게 벗어나지 못한다는 게 2부를 접해본 나의 대체적 소감이다.

6회의 중요성은 그러나 전혀 다른 곳에 있다. 아래와 같이 로빈손 크루소로 변한 최남선의 목소리가 작품의 대미를 장식하기 때문이다. 어쩌면 이야말로 『소년』판 「로빈손무인절도표류기」의 진정한 주제일지도 모른다.

> 그러나 한 가지 원하난 것은 가장 광명스럽고 영예잇슬 전도(前途)를 가진 신대한 소년 여러분은 **여러분의 나라 형편이 삼면으로 자미(滋味)의 주머니오 보배의 고(庫)ㅅ집인 바다에 둘닌 것을 심상한 일노 알지 말어** 항상 그를 벗하고 그를 스승하고 또 거긔를 노리터로 알고 거긔를 일터로 알어 그를 부리고 그의 비위를 마

45 『로빈손 크루소』에는 말과 관련해 대단히 시사적인 두 장면이 존재한다. 로빈손 크루소는 두 대상에게 자신의 말(영어)을 가르친다. 하나는 자연-앵무새이다. 앵무새의 발화는 로빈손 크루소의 말에 대한 단순한 흉내'소리'라는 점에서 진짜가 아니다. 따라서 그 말의 주체는 로빈손 크루소이다. 둘은 인간-프라이데이이다. 그의 발화는 일단 말에는 속한다. 그러나 그들의 대화는 결코 대등한 상호소통의 관계를 형성하지 못한다. 왜냐하면 일방적인 지시와 복종의 관계, 곧 주인과 노예의 관계이기 때문이다. 김행숙의 지적처럼, "이들 사이에는 이질적인 문화와 언어가 부딪치고 찢기고 섞이면서 빚어내는 어떤 소음과 갈등도, 혁명과 분열과 생산의 에너지도 없다."(김행숙, 앞의 글, 238면) 그런 의미에서 프라이데이의 말의 주체도 어떤 의미에서는 로빈손 크루소이다.

초기에 마음 두시기를 바라옵나니 엇접지 아니한 말삼이나 깁히 드러주시오 그런데 한마듸 부쳐 말할 것은 우리 모양으로 사리(私利)와 작난으로 바다를 쓰실 생각 말고 좀 크게 높게 인문을 위하야 국익을 위하야 진실한 마음과 정성스러운 뜻으로 학리(學理) 연구・부원(富源)개발 등 조흔 소견을 잡으시기를 바람이외다.[46] (강조—원문)

'삼면 환해(三面環海)'라는 대한반도의 지정학적 위치는 육당이 『해상대한사』에서 기회 있을 때마다 강조하던 민족의 제국주의적 팽창 및 민족문화의 융성을 가능케 할 핵심적 장처(長處)였다. 그는 이 글에서 반도의 일반적 특징을 "해륙문화의 융화와 및 집대성자됨과 해륙문화의 전초와 및 소개자됨과 해륙문화의 장성처됨" "세계통일의 사상, 곳 제국주의는 실노 반도국인에게 이러난 사상"[47]으로 들면서, 바야흐로 이제 그 사명이 우리에게 맡겨지고 있음을 끊임없이 환기하고 고무한다. 걸리버호가 그랬듯이, 로빈손 크루소호 역시 다른 무엇보다 그들의 조국 '쭈릿탠국'과 같은 '신대한'을 열망하는 팽창주의적 내셔날리즘에 몸을 실은 '소년들'을 실어 나르기 위해 머나먼 영국에서 일본을 거쳐 '반개(半開)' 상태의 조선으로 급히 초빙되었던 것이다.

하지만 최남선이 로빈손 크루소에게 불만이 전혀 없던 것은 아니다. 우리 모양으로 바다를 사리와 작난으로 쓰지 말고 인문・자연 연구, 자원 남사 등 국익을 위해 쓰라는 충고가 그것이다. 이언 와트가 『로빈손

46 「로빈손무인절도표류기(완)」, 『소년』 제2년 8권, 1909.9, 43~44면.

47 차례로 최남선, 「해상대한사 (6)」, 『소년』 제2년 6권, 1909.7, 25면; 「해상대한사(10)」, 『소년』 제2년 10권, 1909.11, 42면.

크루소』에서 경제적 개인주의의 발생을 읽었듯이, 실제로 이 소설에는 국익과 관련된 경제 행위가 대부분 발견되지 않는다. 무인도도 크루소 개인의 나라이지 결코 쑤릿탠국 소유가 아니며, 내가 읽은 한, 하나님에의 회개는 있어도 국가 또는 국왕에의 그것은 등장하지 않는다.[48] '신대한'이라는 국민국가와 '우리들'이라는 공동성의 창출이 무엇보다 긴요했던 육당에게는 결정적인 결락으로 비쳤을 요소였으리라.

어쩌면 『청춘』 9호에, 비록 별 다른 이야기 없이 사실만을 전하는 기사이긴 하지만, 오로지 배를 살 목적으로 스스로 무인도에 들어가 살고 있는 영국인 '윌리앰 매키쓴'의 이야기를 담은 「근세로빈손기담」을 실은 이유도 이와 관련이 있을지도 모른다. 남들이 사용하지 않는 자원의 합리적 이용을 통해서 돈을 빨리 그리고 많이 모은다면 그만큼 배를 빨리 살 수 있다는 점에서 매키쓴의 행위는 오히려 합목적적일 수 있다. 그런데 번역자는 그 이야기를 '기담'으로 장르를 규정함으로써 비현실적이고 비상식적인 일로 이미 못박고 있다. 말하자면 그 역시 '사리(私利)'로 바다를 이용하는 대표적인 존재 가운데 하나인 셈이다. 『소년』과 『청춘』의 연속성은 여기서도 확인된다.

『소년』에 제일 먼저 번역 소개된 순문예물인 「거인국표류기」와 「로빈손무인절도표류기」는 이후 본격소설보다는 동화로 수용되고 정착되었으며, 지금도 사정은 엇비슷하다. 가장 큰 이유는 두 소설의 지나

48 이언 와트의 다음 말은 그래서 꽤 의미심장하다: "결론적으로 『로빈손 크루소』는 좋든 나쁘든 불요불굴에 대한 서사시이다. 그것은 집단의 불굴성이 아니다. 그것은 대체로 무비판적 자기중심애이다. 그리고 그것은 무인도에서 특별히 위력을 발휘한다."(이언 와트, 이시연 외역, 『근대 개인주의 신화』, 문학동네, 2004, 247면) 이는 무인도를 떠나 여러 사람과 함께 러시아나 중국 등 개방된 공간을 탐험하면서 겪는 사건과 모험을 다룬 2부의 흥미와 긴장감이 현저히 떨어지는 이유에 대한 설명도 될 터이다.

친 허구성 때문일 것이다. 그러나 이 같은 장르 관습의 형성은 좀 더 다른 이유가 있는 듯하다. 두 이야기보다 훨씬 허구적인 이야기는 얼마든지 많기 때문이다.

이를 고려한다면, 두 작품의 선택은 번역의 이데올로기가 큰 원인의 하나가 아닐까 한다. 두 작품의 원전은 근대 자본주의, 곧 제국주의 시대가 본격적으로 열리던 18세기 영국의 '해사(海事)'의 긍정적 · 부정적 양면을 사실과 허구의 버무림을 통해 비교적 객관적으로 제시한다. 하지만 그들을 '신대한'의 모델로 삼아 번역하고 이식하는 일에 제일의 목표를 두고 있던 최남선에게 중요한 것은 무엇보다 그들의 모험심과 용기, 개척정신과 미래를 향한 투기였다.[49]

말하자면 실패로부터 배우는 교훈이나 뒤돌아보는 성찰보다는 성공과 앞만 보고 달리는 계몽과 훈육의 규율이 더 긴요하고 시급했던

49 『소년』에서 '바다'의 모험 및 개척과 관련된 지리, 역사, 문학 담론 등에서 강조되는 덕목은 아무래도 '용기'와 '불굴'이겠다. 이것은 대체로 사회진화론에 근거한 민족 팽창주의(제국주의)와 긴밀히 연관되는 경우가 많다. 따라서 식민 지배를 안 당하기 위해서는 근대를 신속히 창출함으로써 국가의 독립을 유지하거나 오히려 타자를 제압하는 것이 급선무였다. 그러나 이런 논리는 또 한편으로 제국주의의 침략과 지배를 세운(世運)에 적응치 못한 '비진보 집단'이 맞을 수밖에 없는 자연적 이치로 용인케 한다는 점에서 문제적이다. 『소년』의 '용기'론은 대체로 '바다' 등 외부세계에의 팽창을 통한 '신대한'의 건설이나 민족자존의 회복을 주창하는 것과 관련이 있지만, 독자적 근대문명의 창출이 의심되는 상황이 오면 그것이 급격히 '단군' '태백' 등 허구적인 문화민족 이데올로기의 창안을 통한 현실 초극의 논리로 전환되는 양상을 보이는 것도 이와 무관치 않다(보다 자세한 내용은 한기형, 「최남선의 잡지 발간과 초기 근대문학의 재편」, 앞의 책, 234~238면 참조). 그러나 『청춘』 시기에도 그의 '용기론'은 『소년』 시대의 근대문명의 성취에 의한 역사의 진보라는 계몽적 사유의 틀에 여전히 긴박되어 있다. 필자가 정확히 누구인지는 알 수 없지만, 최남선으로 추정되는 '여(余)'가 도쿄의 아오야마[青山]에서 미국인 아트 스미드가 벌인 에어쇼(airshow)를 보면서 적은 감상기인 「용기론(勇氣論)」에서 다음과 같이 적고 있기 때문이다. "제일은 용기오 제이는 강력(剛力)이오 제삼은 그 강용(剛勇) 함양의 공부이라 개차(蓋此) 삼자(三者)는 스미드 비행상의 수요한 소건이 될 쁜 아니라 실로 고금래 문명개척가의 필비(必備)한 자격이오 편시(便時) 근대문명의 산모로다"(「용기론」, 『청춘』 11, 1917.11, 11면)

것이다. 성공담의 신화, 혹은 계몽의 서사에서는 풍부한 사건과 배경 인물의 입체적 성격은 점차 약화되며 그에 따라 주제의 명료성과 단순성은 더욱 강화되기 마련이다. 이를 통해 동화적 상상력과 계몽의 비전이 한층 풍부해진다면 과장일까? 과연 육당은 「로빈손무인절도표류기」를 이렇게 맺고 있다 : "여러분은 응당 이 늙은 사람보담 더욱 자미잇난 해상 경력이 잇슬터이라 좀 들녀주시구려."[50]

둘째, 보다 근원적인 번역의 이데올로기와 관계되는 것으로, 제국과 식민지의 위계질서와 관련된 문제이다. 다시 말하건대, 제국과 지식의 이동으로서의 번역은 권력적으로 우월한 언어를 지배와 통제의 일차적 기술이자 사회의 형성과 교화를 위한 강력한 채널로 활용하기 위한 통로이자 잠금장치이다. 따라서 제국(지배자)의 입장에서는 식민지(피지배자)에게 번역은 허락하되, 그가 완전히 자신과 동일한 / 동등한 언어게임에 참여할 수 있는 가능성과 기회를 되도록 봉쇄해야 한다. 말하자면, 로빈손 크루소와 프라이데이는 언제까지나 주인과 노예, 조금 양보해도 선생과 제자의 관계여야지, 동등한 동반자의 관계여서는 안된다. 동등한 관계가 되는 순간, 프라이데이의 말은 언제든지 '친밀한 적'의 불길하고도 불온한 언어로 돌변할 수 있다.

따라서 이런 탈식민의 가능성을 각성시키는 불온한 상상력과 비판의 언어를 미리 미리 제거하는 것이야말로 지배자의 입장에서는 가장 효율적으로 번역의 기술을 전수, 관리하는 일이 될 것이다. 물론 최남선 개인이 제국주의의 요구에 충실한 그런 번역의 기술자이자 실천자였다는 말은 아니다. 그러나 문명한 '신대한'의 건설이 최상의 선(善)으

50 「로빈손무인절도표류기(완)」, 『소년』 제2년 8권, 1909.9, 44면.

로 추구되던 그 시대에, 바로 '신대한'이라는 공동성의 명분 아래 그 번역의 이데올로기는 한 치의 의심도 받지 않고 자기를 관철해 갔던 것이다. 그리고 조선이 일본의 식민지로 전락하면서 조선과 일본의 상징적 관계는 크루소와 프라이데이의 그것으로 고착되었다. 그에 따라 그 번역의 이데올로기는 정당한 성찰의 기회를 일체 박탈당했으며, 『로빈손 크루소』는 모험심과 환타지 과잉의 '동화'로 더욱 관습화되어 갔다고 해도 크게 틀리지 않는다. 번역의 이데올로기가 무서운 것은 이처럼 개인의 윤리보다는 시대정신을 틈타 자기를 관철해 감으로써 미처 되돌아볼 여유조차 주지 않고 대상을 식민화한다는 데 있다.

4. 번역이 창출하는 '우리들'(2)

—자기와 국민 구원술로서의 '노동역작'

신문관에서 출간한 단행본 가운데 『소년』에 가장 빈번하게 광고가 게재된 책은 무엇이었을까? 『일문역법』 따위의 실용서를 제외한다면, 우리의 기대와는 달리 가장 윗자리는 문학서가 아니라 일종의 훈육서인 『수신요령(修身要領)』과 『산수격몽요결(刪修擊蒙要訣)』이 차지하고 있다.[51] 특정 서적의 지속적인 광고는, 해당 서적이 꾸준한 수요를 창출

51 문학서는 신문관이 자랑하는 세 종류의 창가집 『경부철도가』(단행본 『경부텰도노래』), 『한양가』(단행본 『한양노래』), 「세계일주가」와 『쎨늬버유람기』였다.

하고 있다는 전제가 없다면, 출판(편집)인이 그것을 독자의 필독서로 간주하여 후원할 때만이 가능할 터이다. 물론 정확히 확인할 길은 없지만, 나는 '신대한' 건설을 위한 문명의 전도사이자 훈육 교사임을 기꺼이 자임했던 최남선의 열정과 의지가 저 서적들의 지속적 광고를 가능케 했으리라 믿는다.

그러나 정작 흥미로운 것은 다음과 같은 사실이다. 『수신요령』의 저자는 『문명론개략』 등을 저술하여 일본의 문명개화에 혁혁한 공헌을 끼친 후쿠자와 유키치[福澤諭吉]이다. 유길준의 『서유견문』이 그의 『서양사정』의 체제를 참조한 저술이란 사실은 익히 알려져 있다. 말하자면 후쿠자와는 조선이 지향해야할 바의 문명의 형식과 내용을 앞서 보여준 텍스트였다. 『수신요령』 역시 이와 동일한 관점에서 기획 출간된 훈육서였다. 하지만 이 책의 일부는 출간되기 훨씬 전에 『소년』의 야심찬 연재물 「현대소년의 신호흡 (1)」의 첫 내용으로 『소년』 제2년 2권(1909.2)에 게재되었다. 이 글의 핵심은 '근대'라는 '일신하난 사회'에 걸맞은 "수신처세의 법"을 갖추자는 것인데, '나'의 '독립자존', 즉 개인성의 확보와 국민된 자의 의무의 강조가 가장 눈에 띤다. 문명한 '신대한'의 국민 역시 마땅히 갖추어야할 덕목이라는 점에서 육당의 지속적 관심은 지당해 보인다.

그런데 문제는 『수신격몽요결』이다. 『격몽요결』은 율곡 이이가 유교적 가르침에 충실한 아동들을 육성하기 위해 지은 훈육서이다. 언뜻 보면 시대의 흐름에 역행하는 그야말로 시대착오적인 기획물인 셈이다. 하지만 역시 육당은 「신시대 청년의 신호흡 (6)–율곡 이이 선생의 자경문(自警文十七則)」[52]이라는 제목 아래 율곡이 남긴 언행록 가운데

몇 구절을 뽑아 "가장 절실하고 가장 중요한 수양법"이며 "이와 같은 처세리학(處世理學)이 태서(泰西)에도 잇슬난지 몰나"라고 극찬하면서, 그 가치의 현대화를 적극 시도한다. '자경(自警)'이라는 말이 시사하듯이, 이 글은 자아 성찰에 관련된 17가지의 내용을 담고 있다. 여기서 최남선은 율곡의 말을 번역하는 한편, 원문과 함께 그와 연관이 있는 서구의 경구나 격언을 대비하거나 스스로 해설을 덧붙이고 있다.

이런 체제를 율곡의 『격몽요결』에 적용하여 출간한 서적이 바로 『산수격몽요결』인데, 부록으로 후쿠자와 유키치의 『수신요령』을 첨부하였다. 그렇다면 『산수격몽요결』은 동서고금을 가로지르면서 보편적으로 통용 가능한 "신시대 소년의 덕육(德育)상 보감(寶鑑)을 작(作)하러 한 것"[53]이라는 출간 목적을 어느 정도는 그 지면의 배치와 편집의 묘를 통해 달성하고 있다 해도 되겠다. 『격몽요결』의 '신호흡', 다시 말해 '근대성'은 이와 같은 편집인으로서 최남선의 비상한 감각과 근대적 인쇄술이 낳은 합작물인 셈이다.

그러나 최남선이 『산수격몽요결』을 펴낸 참된 까닭은 따로 있었다. 여기에 『소년』과 『청춘』에서 각종 '덕목론'이 그토록 강조되는 진정한 이유와 함께, 우리가 읽게 될 톨스토이의 대사상과 그의 후기 단편 및 『부활』에 대한 각별한 애정과 존경의 실마리가 숨어 있다.

> 문명이란 하(何)오 전등만도 아니오 철도만도 아니오 화학의 응용만도 아니오 물성의 구명만도 아니라 개인에도 재(在)하야던지 사회에 재(在)하야던지

52 『소년』 제2년 8권, 1909.9 수록.

53 『산수격몽요결』 광고, 『소년』 제3년 1권, 1910.1.

덕 · 체 · 지 삼건사(三件事)가 평균하게 발달됨을 위(謂)함이라 그러나 시대의 추세는 시(是)를 망각하고 문명을 전선상에 구하며 철궤간에 구하니 우(吁)라 또한 우(愚)ᄒᆞ도다. 이의 말폐(末弊)가 자(滋)하난 바에 논맹(論孟)도 폐리(弊履)와 여(如)히 엽(棄)하고 시서(詩書)도 온포(縕布)와 여(如)히 투((投)하야 무식한 견(見)에 기다(幾多)의 박옥(璞玉)은 오지(汚池)에 투입하난 욕을 면치 못하도다.

금에 책간(刪刊)하난 격몽요결도 또한 이 시대 희생의 일(一)이러라 책정자(刪定者)-이를 개(慨)하야 다소 책수(刪修)를 가(加)한 후세에 공(公)하니 신대한 소년의 정심(正心) 공부 상(上)에 대(大)한 공헌이 잇슬 것을 신(信)하난 고(故)라.[54]

정신적으로 문명한 '신대한 소년', 즉 개인과 사회 양면에서 '덕 · 체 · 지'를 고루 함양하고 발달시키는 일이야말로 '활동적 진취적 발명적 대국민'이 되는 또 하나의 필요조건이었다. 문명과 역사의 진보를 물질에서만 구하는 것은 박옥(璞玉)의 진가도 알아차리지 못한 채 진창에 버리는 어리석은 행위나 마찬가지다. 따라서 매일 새롭게 변하는 사회에 걸맞은 정신의 문명과 그를 위한 자아의 성찰 행위는 결코 빼놓을 수 없는 윤리적 책무이자 생활의 규율로 요청된다. 그것을 구체적으로 항목화한 것이 앞서 거론한 '십대덕목'이며, 실천지침으로 명문화한 것이 '국민사행의 표준'일 테다.[55]

---

54 위의 글.

55 이에 비한다면, 이광수가 「조선ㅅ사람인 청년들에게」에서 제시한 '조선ㅅ사람인 청년이 되난 조건'은 오히려 윤리주의적이며 학문 중심주의적인 데가 있다. 그가 제시한 조건은 "1. 생의 보지(保持) 발전으로 윤리(혹 법교)의 절대표준을 삼음. 2. 윤리에 적합한 량심의 명령은

그런데 여기서 곧잘 쓰이는 '수신처세(修身處世)'라는 말은 현재의 관점에서는 묘한 뉘앙스를 불러일으킬 법도 하다. 하지만 당시에는 성공의 책략보다는 대체로 자기수양과 성찰의 의미로 통용되었다고 보는 게 옳다. 어쩌면 우리는 정신의 문명을 위한 '수신처세'의 덕목들에서 자아정체성 확보와 유지를 위한 성찰적 근대성의 경험들을 읽고 싶을지도 모른다.[56] 그러나 적어도 『소년』, 『청춘』의 시대는 '아직 아닌' 시대인 듯하다. 물론 그 덕목들의 실천자들로서 윤리적이며 성찰적인 개별 주체들이 강조되지만, 결국 그들은 '개인'이 아닌 '우리들', 다시 말해, '신대한 소년' 또는 '조선 청년'이라는 집단주체로 호출되며 또 그렇게 발화하기를 요청받기 때문이다.

초기의 모험서사를 제외한다면, 이후 『소년』과 『청춘』에 자본주의 시대의 개인의 갈등과 고뇌에 초점을 맞춘 소설보다는 종교 및 특정 제도와 관련된 희생과 구원, 보편적 애정의 문제에 초점을 맞춘 소설들이 집중 번역되는 것도 공동운명체로서의 '우리들'을 창출하고 요청하기 위한 계몽의 전략과 무관치만은 않을 것이다. 그럴 때, 톨스토이는 육당이나 춘원 개인의 기호의 문제가 아니라 시대의 필연적인 요청일 수밖에 없었다.

용감히, 정성스러히, 또 근기잇게 행호대 노력으로써 함. 3. 주의(主義)는 견확(堅確), 학식은 가급적 해박, 사상은 항구하고 또 주밀함."(『소년』 제3년 8권, 1910.8, 39면)

56 근대적 자아 성찰성에서의 핵심은 무엇보다 자아발전의 노선이 내부 준거적이어야 한다는 점이다. 이를 위해서는 자기 삶에 대한 시간의 통제를 통해 자기 삶의 역사를 구축 / 재구축할 수 있어야 하며, 스스로에게 진실해진다는 '진정성'의 눈을 통해 능동적으로 자기를 창조할 수 있어야 한다(앤소니 기든스, 권기돈 역, 『현대성과 자아정체성』, 새물결, 1997, 142~151면 참조). 이런 기준으로 본다면, '신대한 소년들'이라는 공동성의 창출에 제일의 목표를 두었던 『소년』과 그 연장인 『청춘』에서 근대적 의미의 자아성찰 기획의 안정적 정착이나 완성을 논하기는 매우 어렵다고 본다.

『소년』과 『청춘』뿐 아니라 이광수에게도 절대적 존숭을 한 몸에 받음으로써 한국 근대문학사의 영혼과 형식에 크나큰 그림자를 드리운 톨스토이는, 최남선이 보기에는 근대문학의 모범이기 전에 '신대한 소년들'이, 아니 당대의 전 인류가 추앙하고 따라야할 '대도사(大導師)'였다.[57] 일례로 그는 『소년』 제3년 9권 '톨쓰토이 선생 하세(下世) 특집'에서 톨스토이의 대표작을 "우리 조선어는 붓그럽게 그 한아토 옴겨내지 못하"고 단편 몇을 번역하는 데 그쳤음을 한탄하는 동시에 위안삼고 있으나,[58] 이는 오히려 육당이 '사상가'로서 톨스토이에 경도되어 있음을 반증하는 사례라 하겠다.

잘 알려진 대로, 『소년』은 위에서 거론한 톨스토이 특집을 두 차례 꾸민 것을 비롯하여, 「톨쓰토이 선생의 일상생활 십계」[59]와 후기 단편

---

57 「신시대 청년의 신호흡(4)－톨스토이 선생의 교시」, 『소년』 제2년 6권, 1909.7, 5면. 이미 『소년』은 창간호의 「러시아는 읏더한 나라인가」 말미(56면)에 "러시아에는 톨쓰토이라는 유명한 어딘 사람이 잇나니 그의 사적(事蹟)을 쉬이 내일 터이오"라고 예고함으로써 톨스토이에 대한 관심을 일찌감치 드러내고 있다.

58 「톨쓰토이 선생 하세 기념」, 『소년』 제3년 9권, 1910.12, 1면. 그 부끄러움을 그나마 던 일이 『청춘』 2호(1914.10)에 『갱생』(『부활』)을 초역・게재한 것일 테고, 1918년 4월 신문관에서 『부활』을 박현환 초역(抄譯)으로 『갓쥬샤 哀話 海棠花』로 출간한 것이겠다. 그러나 부제를 보면, 『부활』의 대주제라 할 수 있는 사랑과 희생과 구원보다는 남녀간의 통속적인 사랑과 이별이 강조되고 있는 듯한 느낌을 준다. 실제로 아래쪽 광고 문안은 "갓쥬샤, 이 리별을 어이해"로 시작해 "알뜰훈 님을 두고(라라) 써나겟고나"로 끝나는 5연의 대중가요가 장식하고 있다(『청춘』 13, 1917.4, '『해당화』 광고' 참조). 한편 일본의 경우, 『부활』은 메이지[明治] 34년(1901) 우치다 로안[內田魯庵]에 의해 동일한 제목으로 번역되었다. 그는 이미 1892년에 도스토예프스키의 『죄와 벌』을, 1893년에 톨스토이의 『가정의 행복』 등을 번역했던 경험을 갖고 있었다. 작품명은 직접 거론하지 않지만, 톨스토이 작품을 번역한 일본 근대문학 초기의 쟁쟁한 작가들로는 모리 오가이[森鷗外], 고다 로한[幸田露伴], 오자키 코요[尾崎紅葉], 다야마 가타이[田山花袋] 등을 들 수 있다. 자세한 내용은 原卓也, 「ロシア文學」, 西永良成 外, 『飜譯百年』, 大修館書店, 2000, 132～144면 참조.

59 내용은 다음과 같다. "(1)일야(日夜)로 신선한 대기 내에 거할 사(事) (2)매일 실외에 운동할 사 (3)음식을 절(節)할 사 (4)냉수욕을 행할 사 (5)넓고 가븨야운 의복을 착(着)할 사 (6)청결을 무(務)할 사 (7)법률에 맞추어 노역할 사 (8)밤에는 반다시 수면할 사 (9)선심(善心)을 쓸 사 (10)볏 잘 드난 넓은 가택에 거처할 사" (『소년』 제3년 3권, 1910.3, 56면)

6편을 번역 소개하였으며, 『청춘』(2호)은 '세계문학개관' 2차분으로 『갱생』(『부활』)을 초역 소개했다. 특징이라면 사상과 작품 모두에서 톨스토이 후기에 집중되어 있다는 사실이다. 이는 그만큼 육당이나 춘원의 사상적 · 문학적 관심 또는 그들이 지향하는 '우리들'이라는 공동성의 상(像)이 톨스토이 후기에 강하게 근접되어 있다는 의미가 될 수 있다.

톨스토이의 인생 전반과 사상적 · 문학적 여정의 핵심은 '톨쓰토이 선생 하세 특집'의 「소전(小傳)」에 잘 기술되어 있다. 따라서 여기서는 이른바 '기독교적 아나키즘'으로 불리는, '노동역작'과 '선'을 핵심으로 하는 톨스토이의 후기 사상 및 그것과 문학예술론의 관계에 초점을 맞추어 본다.

四, 선이란 무엇이뇨

인류 본연의 「이성」과 「양심」과의 권위가 이 善이니라

五, 노동역작은 작선(作善)이라

읏더케 선을 할고.

최대의 선이란 무엇이뇨.

노동역작은 최대최초의 선이라.

노동역작이 업스면 인생이 업나니라.

무엇을 하여야 조흘지 몰라서 번민(煩悶)하(애쓰)난 사람은 모름직이 이 한 말을 침삼사역(沈憯思繹)할 지니라 우리들이 번민하고 사고할 여유가 잇난 까닭은 우리들이 살님사리를 하야가난 연고가 아니냐 또 말하사면 우리들노 하야곰 번민하고 사고케 할 시간을 공급하기 위하야 누구던지 우리 대신으로 노동역작하고 잇난 덕혜(德惠)가 아니냐. (…중략…) 노동역작과 떠러진 안립(安立)

과 오해(悟解)란 것은 그 근저로부터 허위오 고식(姑息)이오 오류일지니라.[60] (강조－원문)

톨스토이에 의하면, 삶이란 인류본연의 이성과 양심이 실현되는 도적적 자기완성의 과정이다. 이것은 인류 사이의 불평등, 불의, 반목과 갈등, 투쟁 등이 없을 때 가능하다는 점에서 '선'의 구현이며, 이런 하느님의 법이 지배하는 공동체 사회를 이루기 위해서는 분업과 사회적·정신적·기능적 불평등, 불의와 착취를 조장하는 '문명' 자체를 없애야 한다.[61] 말하자면, 톨스토이의 '기독교적 아나키즘'은 러시아에서는 매우 급진적인 반문명론이자 반국가주의이며, 동양에서는 전원(田園)에서 "인생에 필요한 의식주를 스스로 생산하고 소비하는" '동양적 사회주의'로 비칠만한 요소를 가진 사상이다. 그래서 러시아에서는 그와 그를 신봉하는 제자들은 짜르 정부와 러시아 정교의 탄압을 받는 한편, 투르게네프 등과 같은 동료작가들에게는 '신비주의자'란 오명(汚名)을 듣기도 했으며, 일본에서는 '근대를 부정하는 느낌'으로서의 '톨스토이 신앙'이 메이지 말기~다이쇼 시대를 휩쓸게 되기도 한다.[62]

하지만 최남선은 톨스토이 후기사상의 핵심인 반문명·반국가주의

60 「신시대 청년의 신호흡(4)－톨스토이 선생의 교시」, 『소년』 제2년 6권, 1909.7, 10~11면.

61 이는 러시아 인민들의 저항과 투쟁을 고양하는 효과를 낳기도 했지만, 저항의 방법으로서의 '비폭력주의'는 짜르 정부가 인민을 탄압하는 또 다른 빌미가 되었다고 한다.

62 이상은 얀코 라브린, 이영 역, 『톨스토이』, 한길사, 1997, 126~141면 및 가라타니 고진[柄谷行人] 외, 송태욱 역, 『근대 일본의 비평』, 소명출판, 2002, 299~301면 이곳저곳 참조. 육당의 번역·소개 중에서 '사회주의' 내지 유토피아적 공동체로 받아들일 수 있는 부분은 "인류는 반일만 노력하면 용이하게 골고로 의식주를 얻으리라. 그리고 남저지 반일은 심령의 위안과 수양에 씀을 엇으리라"이다. 최남선, 「신시대청년의 신호흡(4)－톨스토이 선생의 교시」, 『소년』 제2년 6권, 1909.7, 16면.

는 접어둔 채,[63] 오로지 '노동역작'만을 강조하고 있다. '노동'이 곧 '선'이란 논리는 그것이 인간의 거역할 수 없는 윤리적 직분이라는 말과 다르지 않다. 따라서 그것은 문명한 '신대한의 소년들'이 갖추어야 할 최고의 덕목이 된다. 그들 개개인의 근면한 노동은 곧 '신대한' 건설의 견인차가 되며, 그들이 통합된 전체를 이룰 때 위기에 처한 '민족'은 '갱생의 도(道)'를 찾게 되는 것이다. '문명'만이 '국가'와 '민족'의 발전과 수호라는 신성한 목적을 달성케 하는 유일한 방법인 시대에서, 아무리 육당이 '톨스토이즘'의 신봉자였을지라도 '문명비판'의 기치를 결코 높일 수가 없었던 진정한 이유가 여기에 있었다.

톨스토이가 『안나 카레니나』 이후의 후기문학을 저런 '기독교적 아나키즘'의 선전과 보급을 위하여 바쳤음은 대체로 인정되는 사실이다. 그런 입장에서 문학예술의 본질과 역할을 논한 저서가 『예술이란 무엇인가』인바, 우리는 그 내용을 직접 언급하기보다 이광수의 다음 고백을 참고함으로써 톨스토이의 절대적 영향력을 확인하고자 한다.

> 나의 예술관에 가장 큰 영향을 준 것은 톨스토이 선생이었습니다. 지금 와서도 종교적 인생관에 있어서는 나는 톨스토이와 길이 달라졌지마는 그의 예수교의 해석과 실천적 인생관에 있어서는 전과 같이 톨스토이를 선생으로 모시고 있습니다.[64]

---

63 "선생의 현대문명의 비평과 국가사회의 논단은 아직 소년에게 필요치 아니할 듯하기로 다 그만두고 ……", 위의 글, 10면. '톨쓰토이 선생 하세 특집'에서는 그 배경이 조금은 상세히 다루어지는 편이나, 역시 '문명비판'에 큰 초점이 가 있지는 않다.

64 이광수, 「두옹(杜翁)과 나」, 『조선일보』, 1935.11.20.

춘원은 톨스토이를 도쿄 유학 중이던 18세 무렵 『나의 종교(我が宗教)』를 통해 처음 접했으며, 이를 통해 그의 '무저항 무폭력주의 박애주의'와 그것의 기초로서의 '노동역작'과 '선'의 사상을 평생의 인생관으로 삼게 되었다고 한다. 위의 고백은 바로 이를 진술한 것이다. 톨스토이가 『예술이란 무엇인가』에서 펼친 '예술론'은, 흔히 '감염론'이라 불리는 데서 알 수 있듯이, 미학적 가치와 윤리적 가치가 분리될 수도 없고 또 분리되어서도 안 되며, 되도록 많은 사람들이 쉽게 이해할 수 있도록 단순명료하게 써야한다는 효용론의 관점을 취한다. 톨스토이의 '예술론'에 육당과 춘원이 크게 빚지고 있다는 것은 별다른 논증이 필요 없을 정도로 널리 알려진 사실이다. 그러므로 여기서는 같은 대목을 반복하기보다 선행 연구 한 편을 주석으로 제시하는 것으로 그친다.[65]

이에 바탕을 두고, 『소년』에 소개된 단편 6편과 『청춘』에 소개된 『갱생』의 번역 양상 및 그 이데올로기를 간단히 짚어본다. 「신시대 청년의 신호흡 (4)—톨스토이 선생의 교시」 다음에는 '나는 이따위 소설이 편기(偏嗜)'란 제목 아래 「사랑(愛)의 승전」이 실리는데, 이것이 그의 첫 번째 소설이다. 내용은 악마가 주인과 충성스런 노비를 이간시키려 하나, 오히려 주인이 그 노비를 해방시킨다는 내용으로 '사랑'의 위대함을 다뤘다. 「조손삼대(祖孫三代)」(『소년』 제2년 7권, 1909.8)는 달걀만한 쌀알을 둘러싼 분분한 논쟁을 통해 '하나님의 정한 법률'대로 사는 것이 삶의 지혜임을 강조하는 내용을 담고 있다. 「어룬과 아해」(제2년 10권, 1909.11)는 번안의 성격이 가장 짙은 작품으로, 아이들 싸움을 어른 싸움으로 키운 어른들의 어리석음과 벌써 화해한 아이들의 지혜를 강

65 이선영, 「개화·식민지 시대의 문학가」, 『상황의 문학』, 민음사, 1976, 42~47면.

조함으로써 그것이 천국으로 가는 지름길임을 계도하는 종교 우화소설이다.[66]

나머지 세 편은 '톨쓰토이 선생 하세 특집'에 실렸다. 「한 사람이 얼마나 짱이 잇어야 하나」는 땅에 눈이 멀어 욕심을 부리지만 결국 자신이 묻힐 땅 '육척(六尺)'밖에 갖지 못하고 죽은 자의 이야기를 다룬 것이다. 「너의 니웃」은 이반이란 착한 사람과 못된 이웃 가브리엘 사이의 다툼을 통해 용서와 화해의 문제를 다룬 작품이다. 그리고 「다관(茶館)」은 인도의 어느 찻집에 모인 여러 사람이 격론 끝에 종교의 다양성을 인정하기에 이른다는 이야기이다.[67]

이들 작품들은, 겉으로 보기에는 '노동역작'과 '선'보다는, 종교적이며 인도주의에 기반한 보편적 휴머니즘과 박애주의 사상에 오히려 밀착되어 있는 것처럼 보인다. 그러나 톨스토이에게 '노동'과 '선'은 '기독교적 아나키즘'을 가능케 하는 기본 덕목이었다. 톨스토이는 저런 후기 단편들을 오로지 자신의 상상력에 의존해 창작하지만은 않았다. 오히려 러시아에 전해오는 민간설화나 성경, 우화 등의 모티프를 변형하고 그것을 간결하고 힘찬 민중언어로 써나감으로써 대중적 감염력과

66 다른 작품과 달리, 톨스토이 원저(原著)로 적혀 있으며, 주인공 이름도 순녀(順女)와 복녀(福女)로, 배경 역시 당시 조선의 농촌 마을로 변형되어 있다.

67 정선태의 지적처럼, 이들 세 작품은 종교적 메시지를 전달하고 있다는 점에서는 비슷하지만 길이나 내용의 측면에서는 앞의 세 작품에 비해 본격적인 단편 번역이라 할 수 있다. 이런 내용과 함께 톨스토이의 번역이 한국 근대소설 문체의 발견과 형성에 끼친 영향을 탐구한 글로는 정선태, 「번역과 근대 소설 문체의 발견」, 『대동문화연구』 48, 성균관대 대동문화연구원, 2004.12. 한편, 「다관」을 제외한 5편의 작품이 박형규가 옮긴 『톨스토이 단편선』 1권(인디북, 2001)과 2권(인디북, 2003)에 수록되어 있다. 목록을 밝히면, 1권 : 「불을 놓아두면 끄지 못한다」(「너의 니웃」), 「달걀만한 씨앗」(「조손삼대」), 「사람에겐 얼마만큼의 땅이 필요한가」(「한 사람이 얼마나 짱이 잇서야 하나」), 2권 : 「악마적인 것은 차지지만 신적인 것은 단단하다」(「사랑의 승전」), 「소녀들은 노인들보다 지혜롭다」(「어룬과 아해」).

함께 교육적 효과를 충분히 높이고자 했다.[68]

육당과 춘원은 정신과 물질문명을 동시에 성취함으로써 반개(半開)의 상황에 머물러 있던, 아니 식민지로 전락한 민족을 구원하고 갱생할 수 있다고 믿었다. 따라서 그들은 톨스토이의 휴머니즘과 박애주의를 제국주의에 대한 방패막이로 삼는 한편, '신대한 소년' 및 '문명한 조선민족'을 하나로 묶는 삶의 내발적 지표이자 공동체의 이념으로 삼는 데 주저함이 없었던 것이다. 사실 그들이 의식했는지 모르겠지만, 「한 사람이 얼마나 짱이 잇어야 하나」나 「다관」에는 그저 탐욕의 경계나 종교적 다양성의 인정이라는 주제로만 한정짓기 어려운 어떤 의미 맥락이 고동치는 것처럼 느껴진다.

전자에서는 제국주의의 끊임없는 식민지 침략과 확장을, 의미심장하게도 그 공간이 영국의 식민지였던 인도의 한 찻집인 후자에서는 종교적 다양성을 역설함으로써 서구문명을 등에 업은 기독교의 선교 전쟁을, 요컨대 자본주의와 기독교를 두 축으로 하는 근대문명에 대한 비판적 성찰을 읽어낼 수밖에 없다. 물론 이들이 서구문명에 항(抗)한 격한 '반근대주의'를 적극적으로 주창하는 날이 미구에 다가오기는 하나, 그것은 '황국신민'의 예를 갖추는 민족정체성의 자발적 포기를 통해서였음은 주지의 사실이다.

『소년』과 『청춘』의 편집자들이 톨스토이의 장편 가운데 가장 관심을 기울였고 고평한 작품은 단연 『부활』이었다. 그것은 어디서나 '도미(掉尾)의 대작', '불후의 걸작', 『전쟁과 평화』, 『안나 카레리나』와 더불어 삼대 걸작, '19세기의 양심에 더한 일대 통봉(痛棒)' 등의 극찬을 받는다

68 「조손삼대」와 「한 사람이 얼마나 짱이 잇서야 하나」는 러시아 민화를 소재로 한 것이다.

고 소개하고 있다. 그 까닭으로, 첫째, 선생의 경험과 후기 사상을 가장 명백히 볼 수 있고, 둘째, 19세기에 현출한 사회, 정치, 종교 문제가 가장 흥미 많은 형식을 통해 독자 앞에 제시되었다는 점을 들고 있다.[69]

그런데 이런 관심에 비하면, 비록 '세계문학개관'이라고는 해도 『청춘』 2호(1914.11)에 소개된 『부활』, 즉 『갱생(更生)』은 매우 빈약하고 초라하기 짝이 없다. 작품은 기껏 6면 분량이며, 물론 독자를 배려한 조치겠지만 인명, 지명 등을 제외한 부분에서 상당히 번안의 냄새가 난다.('톨쓰토이 원저'로 되어 있다) 그럼에도 『부활』의 핵심 주제는 정확히 파악하고 있다는 느낌이다. 「소전(小傳)」(15면)에서 편집자가 적었듯이, 『부활』의 주인공 네플류토프는 톨스토이의 이상을 대변하는 인물이다. 보다 정확히는 진정한 도덕적 정열을 통해서라기보다는, 그 자신이 기반하고 있는 것과 동일한 기독교의 도덕적 계율을 통해 움직이는 일종의 모조적 인물이다. 그것을 상징적으로 드러내는 곳이, 카츄샤로부터 결혼을 거절당한 뒤 기독교의 유명한 산상수훈 5조를 '일평생의 무'로 삼게 됨으로써 진정한 자기완성과 도덕적 부활에 이르는 마지막 장면이다.[70]

기독교의 산상수훈 5조를 '무저항 무폭력주의 박애주의'로 정의할 수 있다면, 『부활』의 소개 역시 단편을 분석하면서 말한 바의 목표를

69 「소전(小傳)」, 『소년』 제3년 9권, 1910.12, 15~16면 및 『청춘』 2, 1914.11, 122면 참조.

70 그 순간은 "『그러치 이것은 내 일평생의무라』고 크게 부르지즈니 얼골에 일종 이상한 광채가 번쩍번쩍 비치더라"로 표현되고 있다(「갱생」, 『청춘』 2, 1914.11, 128면). 참고로, 톨스토이는 『내가 믿는 것』(1883)에서 기독교의 산상수훈 5조를 자신의 관점을 밝히는 방식으로 변화시킨 뒤 다음과 같이 체계화했다. "1. 너는 화를 내지 말 것이며 2. 간음하지 말 것이며 3. 거짓 맹세하지 말 것이며 4. 악에 대해 폭력으로 대응하지 말 것이며 5. 누구에게도 적이 되지 말라." 그의 '기독교적 아나키즘'도 이 5가지 계율에 근거하고 있다고 한다(얀코 라브린, 앞의 책, 136~137면).

노린 번역의 정치학이라고 할 수 있다. 더군다나 이것은 가장 고급한 자아, 아니 그것의 확장으로서 민족적 영혼의 완성과 구원술로 얼마든지 확장될 수 있다는 있다는 점에서 『청춘』의 번역소설에서 하나의 획기이다. 그런 점에서 『청춘』 3호(1914.12)에 이광수의 「동정(同情)」이 실리는 것은 매우 의미심장하다. 나에게 「동정」은 『갱생』에 대한 이광수 나름의 부연설명이자 '조선청년'에게 주는 민족 선각자로서의 메시지로 느껴진다. 이를테면 그는 '동정'을 다음과 같이 정의하고 있다.

> 동정(同情)이란 나의 몸과 맘을 그 사람의 처세(處世)와 경우에 두어 그 사람의 심사와 행위를 생각하야 줌이니 실로 인류의 영귀한 특질 중에 가장 영귀한 자(者)라 인도(人道)에 가장 아름다온 행위—자선 헌신 관노(寬怒) 공익 등 모든 사상과 행위가 이에서 나오나니 과연 인류가 다른 만물에 향하야 소리쳐 자랑할 극귀(極貴) 극중(極重)한 보물이로다[71]

'선(善)'을 인간 본연의 '이성'과 '양심'이라 했던 톨스토이의 말이 떠오르는 대목이다. '선'이 톨스토이의 박애주의의 기초라 할 때 '동정'과의 차이점은 거의 없다고 해도 좋다. 과연 춘원은 '동정'을 정신의 발달과 정비례 관계로 보는바, 즉 문명과 야만을 가르는 절대적 기준으로 설정한다(58면). 이런 관점에서 그는 나폴레옹이나 진시황 등은 자기 개인의 욕망에 만족하여 동포를 희생시킨 야심적 위인에, 예수나 석가 등은 개인을 희생하여 전 인류가 인도(人道)를 발휘케 한 박애적 위인에 위치시킨다(59면). 여기에 톨스토이의 이름이 살짝 덧붙여져도 하등

71 외배(이광수), 「동정(同情)」, 『청춘』 3, 1914.12, 57면.

이상할 것 없으리라. 그리고 '국민국가'의 가능성이 사라진 뒤여서 그럴까. '동정'의 함양과 같은 '정신적 문명'이 강조되면서, 적어도 춘원에게서는 나폴레옹이 비판의 대상으로 적시되는 변화가 생기기 시작한다. 이 시기 춘원과 육당의 사이에 이런 미세한 균열과 입장 차이가 존재했다는 사실은 꽤나 흥미로운 일이다.

그렇다면, 비록 범인(凡人)에 처지에 있지만, '우리들'이 할 일은 명백하다.

> 인도(人道)의 기초는 동정(同情)이니 동정 없는 인도는 상상키 불능할 바—라 인도의 발달이 인류의 이상이라 할진댄 인류의 전심력(全心力)을 다하야 할 일은 동정의 함양이라 할지로다
>
> 애경(愛敬)하는 청년 제자(諸子)—여 제자(諸子)는 장차 건전한 중류계급—즉 사회의 주인이 되어 부패 타락한 낡은 공기를 불어내고 청량 신선한 새 정신을 건설하야 장차 우리 주장할 이 사회에게 선한 의미의 진화를 주어야 할 우리 청년이니 조차전패(造次顚沛)에 대양(大洋) 가튼 넓고 기픈 동정(同情)을 가질지어다[72]

(조선) '청년'들이 할 일은 인도의 기초로서 동정을 함양하는 일이다.[73] 그럼으로써 '청년'들의 가장 시급한 과제인 '건전한 중류계급', 다시 말해 정신적으로 물질적으로 완미한 문명(진화)세계를 건설하는 일이다.

---

72 위의 글, 64면.

73 「동정」에서는 '신대한' '조선'과 같은 말이 일체 안 나온다. '동정'의 인류적 보편성을 강조하기 위함인지, 아니면 무슨 특별한 사정이 있는지 『소년』에서와는 사뭇 다른 태도이다.

이를 성취할 때 자기와 민족, 더 나아가 인류의 도덕적 구원과 완성은 또 하나의 선한 의미의 진화로 청년들 앞에 가로 놓일 터이다. 그런 의미에서 '동정'은 『소년』의 '국민사행의 표준'에 맞먹는 훈육지침이랄 수 있다. 그러나 후자가 일상생활의 정신적・실천적 태도를 구체적으로 지시했다면, '동정'론은 영혼 교화를 위한 일종 도덕 감정이라는 점에서 추상적이다. 이는 『소년』 시기에는 '국민국가'에의 실낱같은 희망이 아직은 존재했지만, 『청춘』 시기에는 그것이 '이미 아닌' 것으로 결판났기 때문에 빚어진 문제일 가능성이 크다. 대상의 구체성이 소거된 자리를 당위적 관념의 추상성이 꿰찬 형국이랄까.

그러나 약자가 강자가 되는 유력한 방법 중의 하나는 윤리적으로 우위에 서도록 끊임없이 자기를 수양하고 성찰하는 일이다. 이미 말했지만, 『청춘』에는 「동정」 이외에도 「활발」, 「고상한 쾌락」, 「용기론」, 「자조론」 등 다양한 덕목론과, 조선현실에 대한 강한 비판을 담은 「어린 벗에게」, 「자녀중심론」 등이 게재된다. 가장 많은 창작소설을 발표한 춘원과 소성 현상윤, 편집자로서 최남선의 절대적 위치가 과연 이들 지식 담론을 떼어놓고 확보될 수 있었을까? 번역의 정치학과 마찬가지로, 저들 역시 『청춘』을 장식한 담론들로의 개입 및 대화를 통해 자신들의 담론(창작과 논설)의 권위를 한층 강화시켜 나갔고, 그럼으로써 문학과 사상면 모두에서 민족에 대한 교사적 위치에 일찌감치 올랐던 것은 아닐까. 물론 춘원과 육당의 경우, 반면교사로서의 면모가 더욱 크게 느껴지기는 하지만 말이다.

앞서 『부활』이 기념비적인 소설임에도 불구하고 결국은 네플류토프의 자기완성과 도덕적 부활은 어딘지 아쉬움을 준다고 말한바 있다.

늘 지적하는 바지만, 우리는 춘원과 육당에게서 비슷한 불만을 느낀다. 그들에게는 '나'는 없고 언제나 '우리들', 즉 '신대한'과 '조선'이라는 집단 정체성이 앞에 서 있었는지도 모른다. 『소년』과 『청춘』을 새롭게 읽으면서 이것은 그들에게 '의무'이기 이전에 '권리'라는 생각이 들 정도였으니 말이다.

그러나 특히 『무정』(1917)과 『재생』(1925)의 독서 경험을 되짚으며, 어쩌면 춘원은 타자와 동포를 위한 '동정'의 전도사이자 실천자이기보다는, 기실은 자기구원과 만족을 훌쩍 뛰어넘지 못하는 '네플류토프'의 아류라는 생각을 떨칠 수 없었다. 특히 『재생』에서 영적 순결의 실천자가 되어 살아가는 봉구의 타락한 신여성 순영에 대한 냉담한 시선과 그녀를 죽음으로 이끄는 결말 처리는 춘원 자신이 말한 '동정'과 얼마나 먼 거리에 있는가. 여기에 그들이 그토록 이 땅 위에 세우고자 했던 '문명한 신대한'과 '정신적 문명론', 그리고 그것들의 주체로서 '우리들'의 허위성의 한 단면이 숨어 있는 것은 아닐까.

5. 번역과 내면화의 길-결론을 대신하여

『소년』과 『청춘』 시대에 번역은 선택의 문제가 아니었다. 그것은 야만에 처하지 않고 문명으로 가기 위한 필수적인 시공간의 이동술이었다. 그러나 텍스트와 그것의 내면화 문제만큼은 전혀 번역자의 선택에 달려 있었다. 우리는 지금까지 『소년』과 『청춘』의 서구 번역 · 번안소설들을 대상으로 그것들이 '국민국가'나 '우리들', '국민' '민족'이란 공동성의 창출과 보급에 어떻게 관여해왔는가를 살펴본 셈이다. 그 과정에서 가장 뚜렷이 확인한 것은 이른바 번역의 정치학, 즉 번역자의 필요에 따라 원작을 왜곡하고 굴절하는 이데올로기적 글쓰기였다. 그것은 특히 원작의 '문명비판' 부분에서 그러했는데, 그러나 당시에 '문명'은 추구되어야할 선(善) 자체였다는 점에서 어쩔 수 없는 배제의 정치학을 형성했다. 말하자면, 당시는 번역의 윤리학 자체가 불가능한 시대였는지도 모른다.

그렇다 하더라도 어쩌면 이런 배제의 정치학이야말로 『소년』과 『청춘』의 결정적 한계였는지 모른다. 『소년』은 '신대한'과 새로운 '사상계'의 건설을 외쳤지만, 그러면서 나폴레옹과 워싱턴을 소개했지만, 정작 어떤 근대 국민국가를 건설할 것인가를 스스로 진지하게 고민한 적은 단 한 번도 없었다. 중요한 것은 문명의 번역이 아니라 그것을 어떻게 내면화할 것인가이다. 이는 제도든 정신이든 문학이든 마찬가지이다. 그들은 열심히 본받으라고 모방하라고 소리 높여 '신대한 소년들'에게 '조선청년'에게 계고했지만, 그들이 궁극적으로 성취하고자 했던 물질적 · 정신적 문명의 균형적 발전이 무엇인지 그것의 구체상을 제시하지 못했다.

자기성찰과 내면화 없는 번역어들은 그들에게 그 번역의 텍스트에 의지해 절대적 권위를 구가토록 했다. 하지만 동시에 그것들의 기원 혹은 중간 기착지에의 끊임없는 종속과 복종을 강요당하는 뼈아픈 대가를 요구했다. 그런데 그 권위와 종속 모두는 언제나 '국가 / 민족'이란 이름으로였다. 그렇게 잘못 끼워진 번역의 첫 단추는 현재에도 여전히 그 위력을 발휘하고 있다. 그래서 『소년』과 『청춘』은 또 다시 읽어도 일그러진 번역(의 정치학)의 기원과 그것의 지속을 어쩌면 또 다른 방식으로 보여주고 성찰케 할 살아 숨 쉬는 텍스트로 오랫동안, 아니 한국 근대문학이 존속하는 한 존재하게 될 것이다.

마지막으로 글을 쓰면서 아쉬웠던 점을 밝히면서 글을 맺도록 한다. 특히 '바다'의 상상력과 관련된 번역소설들에 관해서이다. '우리들'이라는 공동성의 창출에 초점을 맞추다 보니, 아무리 번역자의 의도가 강하게 개입되었어도 두 작품에는 원작 고유의 개인에 관한 관심이 적잖이 묻어 있었을 텐데, 그것을 미처 돌아보지 못하고 지나쳤다. 당시에도 예외적인 명민한 독자는 '걸리버'나 '크루소'를 통해 서구 개인주의와 자유주의 사상을 예리하게 간파하여 부족한대로나마 근대적 자아의 자양분으로 삼았을지도 모른다.

/ 제6장 /

유학생 문예잡지에서 비평 담론의 형성과 분화

『창조』를 중심으로

1. 근대 문학비평의 성립과 분화를 바라보는 관점

1910년대 문학 장(場)[1]은 위기와 기회의 양 단면을 동시에 생산하고 소비한 시공간으로 이해되어 마땅하다. 일제 식민지로의 전락은 계몽문학의 급속한 후퇴와 함께, 문학 실천의 공공영역으로 단숨에 떠올랐던 신문매체의 강제 퇴거를 현실화 했다. 하지만 이런 패배가 겨우 생소함을 면해 가던 근대문학의 주춤거림 또는 뒷걸음질로 환원되지는

1 문학 장(場)의 개념은 근대적 자율성의 확보 원리를 감안하여 선택한 용어이다. 부르디외에 따르면, 문학이 포함된 '예술 장'은 다원화된 사회 속에서 다른 근대적인 '장'(정치의 장, 종교의 장, 학문의 장)들과 교섭·길항하며 자신의 자율성을 더욱 확보하기 위해 지속적인 투쟁과 진화를 수행한다(피에르 부르디외, 하태환 역, 「장의 세 상태」, 『예술의 규칙－문학 장의 기원과 구조』, 동문선, 1999). 조선 '문학 장'의 형성은 근대문학이 본격적으로 실험, 수용되는 1910년대부터 점차 가시화되었다 하겠다.

않았다. 비록 강제로 주어진 자유의 성격이 역연(歷然)하지만, 미적 근대성 역시 식민지 근대의 경로를 충실히 반영하며 난만한 개화를 예비하는 원시적 축적을 서서히 이뤄갔다. 문학적 사유와 상상력의 포인트는 문명과 국가, 민족에서 개아(個我)와 심미성으로 옮겨졌으며, 문예잡지가 그 실천의 장을 주로 제공했다. 이 과정을 통해 이른바 '미학적-표현적 합리성'이 그 자체의 내적 논리에 따라 발전해가는 모습이 한층 확연해졌던 것이다.[2]

실제로 1910년대 중반 이후 문학 담론은 단순히 근대문학의 가치와 성격, 그것이 인간 또는 개아(個我)의 삶에 미치는 영향을 설파하는 국면을 지나, 각 장르의 근대성과 장르 고유의 글쓰기에 대한 논의들을 생산하고 소비하는 단계에 이르고 있었다. 가령, 근대소설(창작 및 번역)과 '조선심'의 확충에 심혈을 기울인 『청춘』(1914.10~1918.10), 다양한 지식 담론과 경쟁, 길항하며 문학의 자율성과 독자성을 확보해가는 『학지광(學之光)』(1914.4~1930.4)의 문학 담론,[3] 서양의 시와 소설 번역을 중심으로 근대문학의 소개와 특히 자유시의 제도화에 집중했던 『태서문예신보』(1918.9~1919.2)를 떠올려 보라.

물론 표면의 얼개 맞춤과 심미적 지식의 활성화가 문학적 근대성의

2 이와 관련된 몇몇 국면, 이를테면 매체와 언어, 문체의 선택과 교섭의 의미를 근대 유학제도 및 1910년대까지의 유학생 잡지 소재 서사물을 분석하여 해명한 글로는 김영민, 「근대 유학제도의 확립과 해외 유학생의 문학・문화 활동 연구」, 『한국 근대문학 및 문화지형도와 해외유학』(심포지엄 자료집), 연세대 근대한국학연구소 기초학문연구팀, 2007 참조. 같은 사료집에 실린 양문규의 「1910년대 유학생 잡지와 한국 근대소설의 형성」은 『학지광』 소재 문학 담론과 근대소설의 의미를 도쿄 유학과 관련시켜 집중 분석하고 있다.

3 『청춘』이 문화민족주의에 기댄 '조선심'의 구조화에 주력했다면, 도쿄 유학생회 기관지 『학지광』은 조선문학을 학문적 연구 대상으로 객관화・제도화하는 데 앞장섰다. 제1세대 국학자 안확과 이병도가 주요 담당자였는바, 조선을 학문적 영역으로 끌어들인 이들의 태도와 입장은 조선의 심미화와 신비화로 나아간 이광수, 최남선과 크게 대비된다.

실질과 내면화를 보증하는 수표일 수는 없다. 근대적 문학 장이 스스로를 전개하고 수정하며 보충할 수 있는 기본 토대가 마련되었다는 정도에서 그 의미가 찾아질 것이다. 왜냐하면 근대시와 소설은 여전히 실험과 모색을 근간으로 한 열정적 추구의 영역이었지, 완미한 성과물을 느긋하게 즐기고 소비하는 완숙한 향유의 영역과 거리가 멀었던 탓이다.

이런 미숙성은 '비평'의 경우 더욱 확연했다. '비평'의 미분화성은 그것을 지칭하는 장르명과 그것의 혼용에서부터 그대로 드러난다. 가령 근대 초기의 '비평'은 감상과 론(論), 평(評), 평론(評論) 등으로 다양하게 불렸다. 이것은 글쓰기의 형식과 내용에 대한 뚜렷한 자의식보다는 글쓴이의 편의나 시대적 관행에 의존한 명칭이었을 공산이 크다. 이런 성격은 한국 근대문학론의 효시이기도 했던 이광수의 「문학이란 하(何)오」(1916.11)[4]에서 '비평'이 글쓰기의 본질과 형식을 벌써 부여받고 있었음을 감안해도 크게 달라지지 않는다.

춘원은 "비평문 또(又)는 평론문"을 논문의 하위 범주로 설정하며 다음과 같이 설명한다. 근대에 새롭게 성립한 글쓰기 양식으로, "인(人)이 문학적 작품, 즉 논문이나 소설, 시, 극 등에 표현된 주지(主旨)를 자가(自家)의 두뇌 중에 일단 용입(溶入)하였다가 편히 자가(自家)의 논문으로 발표함을 위함이니, 현대 문학계의 일반(一半)을 점하니라."[5] 작품의

4 황종연은 「문학이라는 역어(譯語)」(『동악어문논집』 32, 동악어문학회, 1997)에서 『매일신보』에 연재된 이 글을 이광수가 근대문학의 본질과 의미를 단순히 개괄한 글이 아니라 근대 특유의 문학의 심미화와 민족문학의 필연성에 대한 당위를 설파한 글로 보았다.

5 춘원은 '논문'을 자신의 문학적 주장과 표현을 시나 소설의 기교적 형식 대신 '말하듯이' 발표하는 글쓰기로 정의하면서, 고래의 동양 문장(도연명의 「귀거래사」, 소식의 「적벽부」 등)과 서양의 칼라일, 에머슨 등의 저서를 예로 들었다. '비평' 역시 '논문'의 일종이지만 이와는 구

이해와 평가를 전제한다는 점에서 이론비평보다는 실제비평에 대한 정의에 가깝다. 비평은, 윌리엄즈의 말을 빌린다면, 위대하고 중요한 작품을 가려내고 더불어 나쁘거나 무시해도 좋을 작품을 배제하며, 중요한 가치들의 실질적인 현실화와 전달을 목적하는 가치선택의 행위이다.[6] 이것이 가능하려면, 당연히 가치의 우열을 겨룰만한 작품이 우선 풍족해야 하며, 자신의 선택에 정당성을 부여할만한 뛰어난 감식안과 이데올로기를 지닌 비평가가 존재해야 한다.

그러나 1910년대 문학 현실에서 두 가지 요건은 어디까지나 필요와 기대 사항이었다. '비평'에 한정해 본다면, 『소년』 이래 본격화된 서구 문학작품의 소개와 그에 덧붙여지는 짧은 작가론, 근대문예의 본질을 해설하는 문학론, 근대문학의 생활화를 통한 근대적 자아의 수립을 강조하는 산문들이 비평의 담장을 기웃거릴 뿐이었다. 의미 있는 작품과 작가의 부재 또는 미숙성은 그대로 '비평'의 그것으로 이월되었던 것이다. '비평의 시대'는 이런 악조건을 극복한 이후에나 찾아올 지난한 미래였다.

그렇다면 '비평'의 요청과 작성이 시(시인)와 소설(소설가)을 욕망하는 일본 유학생 문인에 의해 선점되는 현상은 정해진 수순일 수 있다. 이 '청년'들은 창작과 번역, 문학교육 등에서 이미 튼실하게 제도화된 일본 근대문학의 세례를 충실하게 받으면서, 그것을 자아와 조선문학의 성숙에 적극적으로 활용하고자 했다. 이 번역의 의지는, 비록 작가일지라도 윌리엄즈가 말한 비평 행위에 대한 의식적 혹은 무의식적 자각

분되는 근대적 양식인 것이다.

6 레이먼드 윌리엄즈, 이일환 역, 『이념과 문학』, 문학과지성사, 1982, 66면.

없이는 성립되지 않는다. 그들이 작가인 동시에 번역가이자 비평가인 경우가 많았다는 사실은 따라서 문학의 미분화나 글쓰기의 비전문화를 나타내는 징표일 수만은 없다. 그들은 번역과 비평을 통해 작품 선택과 가치 전달의 중요성과 효과를 습득하는 한편, 그것을 창작의 힘과 가능성으로 전유하려 했던 것이다.

이런 행위의 가장 적극적인 표현이 동인 결성과 동인지 발행일 것이다. 도쿄 유학생 문인은 식민지의 적자이자 제국의 서자라는 '슬픈 모순'의 결합체였다. 그들은 이 모순을 그들 고유의 리그, 다시 말해 여타의 근대적 예술과 함께 자율적인 미적 기호, 취향, 신념, 가치관, 구체화된 작품과 특화된 활동 공간을 생성하고 진화시켜 나감으로써[7] 초극하고자 했던 것이다. 이런 욕망은 '근대의 학습'이라는 소극적 행위를 뛰어넘어, 근대에 대한 특권적 경험과 구체적 감각의 내면화를 바탕으로 새로운 주체를 창조하는 사업과 직결되어 있었다.

요컨대 동인(지)은 조선에 존재하지 않던 문학적 신인류가 탄생하고 숙성하는, 그리고 스스로를 표현하는 강력한 문학 장이었다. 따라서 문학을 홀대한다는 이유로 자신들의 글이 처음 실렸던 자국어 잡지 『학지광』을 타박하는 한편, 일본 문예운동의 주요 통로 『신쵸(新潮)』와 휴머니즘 및 개인의 존엄성을 주창했던 동인지 『시라카바(白樺)』를 조선 첫 동인지의 모델로 세워가는 어느 밤의 풍경[8]은 분명 심미적 주체의 정립과 밀접하게 연관되어 있을 것이다.

---

7 김춘식, 『미적 근대성과 동인지 문단』, 소명출판, 2003, 53면.

8 전영택이 『창조』의 창간 과정을 회고하며 밝힌 이야기이다. 전영택, 「문단의 그 시절을 회고함」, 『조선일보』, 1933.9.20. 여기서는 전영택, 『늘봄 전영택 전집』 3, 목원대 출판부, 1994, 483면에서 인용.

이처럼 유학생 문인과 창작, 그리고 비평의 깊숙한 연동을 고려할 때, 『창조』(1919.2~1921.5)는 단연 주목의 대상이 된다.[9] 『청춘』, 『학지광』 등의 종합잡지와 달리 『창조』는 문학이념을 공유하는 동인들이 만든 문학예술 전문잡지였다. 『창조』에게 중요한 것은 이광수류의 근엄한 계몽의 문학이 아니라, 근대적 자아의 내면화와 그것의 자유로운 표출을 가능하게 하는 자율성의 문학이었다. 더군다나 그것은 조선어로 조선 현실과 내면성을 다룬 문학을 지향함으로써 춘원 문학을 넘어서고자 한다.

이때 주목할 만한 사실은 『창조』(1919)의 비평 분야에서 이와 같은 도약이 벌어지고 있다는 것이다. 비록 '비평'(평론)이란 뚜렷한 명칭을 얻고 있지는 못하지만, 론(論), 평(評), 평론(評論) 따위의 글들은 몇몇을 제외하고는 조선 작품에 대한 읽기와 해석, 비판을 가하는 실천비평임을 드러내고 있다. 또한 비평의 형식에서도 월평, 작품평, 논쟁적 비평이 등장함으로써 이 시기에 비로소 근대비평이 본격적으로 착근, 분화되기 시작했음을 알려준다.

하지만 『창조』가 선점한 비평의 외형을 살피는 일은 크게 중요하지 않다. 그보다는 『창조』가 성취한 비평의 근대성과 질적 수준을 헤아려 보는 게 보다 바람직하다. 이를 위해서는 일본 유학 체험이 있거나 여전히 유학중인 20세 전후의 동인들의 연관성과 함께 그것이 『창조』의 문학에 개입하는 양상을 검토해야 한다. 또한 『창조』와 그에 관련된

9 『태서문예신보』와 『폐허』의 역할 역시 무시할 수 없다. 그러나 작품에 대한, 작품을 위한 비평의 출발과 확립, 다시 말해 비평의 제도화 과정에서 벌어지는 다양한 글쓰기와 이데올로기의 길항과 경합, 작품의 선택과 가치 부여 행위는 『창조』에서 유난히 두드러진다.

다양한 비평 담론을 김동인과 염상섭의 비평 논쟁으로 축소시켜 연구하는 태도를 지양할 필요가 있다. 오히려 그런 논쟁적 비평에 여타의 비평 담론이 어떤 영향을 받고 끼치는가 하는 문제를 새롭게 주목해야 한다. 이 과정이야말로 비평의 근대성이 확보되는 길이며, 직업과 학문으로서의 비평에 대한 요구가 형성되는 주요한 계기라고 판단되기 때문이다.

2. 『창조』 비평의 기원과 전개의 저변

『창조』를 결성한 김동인과 주요한, 전영택[10]은 다같이 『창조』의 창간 목적을 다음 두 가지에서 찾고 있다. 첫째, 유학생 사이에 만연했던 문예에 대한 무시와 조선 내의 문예운동의 부진을 넘어서기 위해, 둘째, 연애로 포장한 계몽문학가 이광수를 넘어서 자연과 인생의 예술화를 목적하는 새로운 문학을 개척하기 위해. 이런 발언에서 두드러진 것은 현실 문학 장(場)의 비판과 부정을 통한 새로운 문학계의 창출 의지와 자기 세대를 위한 인정투쟁이라 하겠다.

의미심장하게도, 그들이 문학을 홀대한 잡지로 손꼽았던 『학지광』은

10 이들은 최승환과 김환을 문필 활동에 대한 가능성(최승환)과 『창조』에 대한 열의(김환)를 이유로 『창조』의 발기 멤버로 끌어들였다. 김동인, 「문단회고」, 『매일신보』, 1931.8.23~9.2. 여기서는 김동인, 『김동인전집』 16, 조선일보사, 1988, 309~310면 참조.

저 세 사람이 최초의 문필을 적시기 시작한 곳이었고, 또 『창조』가 동인으로 그토록 갈망했던 이광수가 한때 편집위원을 담당하며 예의 계몽 담론을 설파하던 곳이었다.[11] 따라서 『창조』의 기원과 그것 특유의 문학 의식 내지 비평 이데올로기는 그들에게 변방인의 자각을 심어준 동시에 그들이 학습한 근대문학에 대한 지식을 펼치게 해준 『학지광』에서의 글쓰기를 통해 얼마간 해명될 수 있다.

1910년대 후반 전영택의 활약은 6살 연하의 김동인 등에 비해 두드러지는 바가 있다. 그는 각종 기독청년지의 핵심 멤버로 일하는 한편, 『학지광』의 편집부원을 역임하면서[12] 「전적 생활론」(12호), 「구습의 파괴와 신도덕의 건설」(13호) 등 주목할 만한 논문을 발표한다. 이 글들은 일본 다이쇼기의 생명주의 담론을 한국적 맥락에 맞게 전유하기 위해 쓰인 것으로 이해된다. 기독교 사상과 범신론적 신비주의에 심취했던 에머슨의 영향이 농후한 이 글들의 키워드는 영(靈), 대령(大靈), 생명 등이었다. 전영택이 흡입한 두 사상은 종교 논리 상 모순되어 보인다. 그러나 거기서 공통으로 추출한 영과 생명은 근대적 개아의 각성과 성취, 즉 '양심의 자유'와 '심령의 생명'을 온전히 구가하기 위해 없어서는 안 될 절대조건이었다.

이 '생명'에 대한 열정과 개성적 자아의 창조 열망은, 사회진화론과 우승열패의 세계관에 반대하며 인간의 '영성' 옹호와 자연의 생명력을

11 『청춘』지 소설의 담당자 이광수와 현상윤은 『학지광』에서는 한두 편을 제외하고는 피상적 문명과 전근대적 전통을 벗어던지고 조선의 신문명을 하루빨리 개척하자는 투의 계몽적 언설을 상당 분량 발표한다. 문예가 우세했던 『청춘』과 학술이 우세했던 『학지광』의 성격에 맞게 글을 배분한 듯한 느낌을 준다.

12 전영택은 최팔용이 『학지광』의 편집부장일 당시 편집부원이었는데, 나중 『창조』의 동인이 되는 이광수와 최승만도 같은 직책에 있었다(「소식」, 『학지광』 14, 1917.12, 76면 참조).

존중하는 태도가 널리 퍼져 있던 일본 다이쇼[大正] 시대의 지적 분위기와 긴밀히 연계되어 있다. 이런 분위기가 당시 유학생의 사상과 내면을 장악하고 있었음은 『학지광』 13호에 같이 실린 최팔용(「사람과 생명」) 등의 글을 보건대 별로 의심할 바 없다. 단지 차이라면, 그들이 '생명'의 지향을 개아의 창조에 두는가 아니면 민족의 구성에 두는가에 있었는데, 전영택은 철저하게 개아의 각성과 창조에 방점을 찍었다. 이런 점에서 그를 비롯한 『창조』 동인들이 일본 '시라카바[白樺]'파를 열심히 추종했던 것은 매우 자연스럽다. 왜냐하면 그들은 웅대한 자연이나 예술의 배후에서 움직이는 생명의 무한한 힘을 예찬하고 그 생명력의 원천이 되는 자아와 개성을 무엇보다 중시했기 때문이다.[13]

이것이 『창조』를 지배한 창작과 비평의 주요 이념이자 주제였음은 물론이다. 가령 전영택은 창간호에 자신의 첫 소설 「혜선의 사(死)」를 시작으로 「천치? 천재?」(2호), 「생명의 봄」(5호) 등을 통해 넓게는 휴머니즘 정신의 천착에, 좁게는 개아의 각성과 자아의 창조, 현실과 예술의 일치 등 근대적 주체와 심미적 삶의 조형에 관심을 집중한다. 전영택에게 『학지광』이 이념의 건축 및 단련 장소였다면, 『창조』는 이념의 실천 및 미적 실현의 장소였다는 말은 그래서 가능하다. 『창조』의 결성은 표면적 욕구, 즉 문학적 기갈의 해소를 압도하는 저런 내적 욕망, 즉 미적 주체와 삶의 요구가 절실했기에 필연적이었을 것이다.

전영택의 경험은 김동인에서도 크게 다르지 않았다. 물론 근대문학,

13 이상에서 논한 전영택의 '영'과 '생명' 사상, 다이쇼기의 지적 분위기 등에 대한 이해는 이철호, 「한국 근대문학의 형성과 종교적 자아 담론」, 동국대 박사논문, 2006, 46~66면의 도움을 많이 받았다.

특히 소설에의 욕망과 학습은 신학부에 적을 두었던 전영택에 비해 끊임없이 소설과 미술 주위를 배회했던 김동인이 앞섰을지 모른다. 하지만 그 역시 소설에 앞서 「소설에 대한 조선 사람의 사상을 …」[14]이라는 평문을 최초의 글로 활자화했기는 마찬가지였다. 제목이 암시하듯이, 이 글은 연애담 위주의 통속소설이 난무하고 또 '소설은 타락의 원동력'이란 반소설 담론이 횡행하는 조선 현실에 맞서, '참 예술적 작품'으로서 '참문학적 소설'의 가치를 옹호하고 선전하기 위해 씌어졌다. 그는 개아의 "참 자기, 참 사랑, 참 인생, 참 생활"을 이해하고 성취하기 위해서는 반드시 "참 예술을 이해하"고 통과해야 한다고 본다. 이렇듯 예술과 삶, 주체의 삼위일체를 궁극의 가치로 삼는 도저한 심미주의 속에서야 '문명'과 '행복'은 가능하다는 김동인의 주장은 처음부터 뚜렷했으며 『창조』를 짙게 물들이는 미학 이념으로 진화해갔다.[15]

이와 더불어 '도쿄 중심주의' 역시 『창조』의 저변과 비평적 자의식의 이해를 위해 세밀한 검토를 요구한다. 『창조』 동인들은 미학 이념의 문학적 실천을 위해 『학지광』을 타고 넘어 자기 고유의 영역을 구축했듯이, 도쿄를 근대 흡입의 장이자 잡지 권위의 확보와 확산의 장으로 적극 활용했다. 도쿄는 그들에게 문학적 자의식과 근대적 감각을 제공하고 단련하는 원점에 해당한다는 점에서 매우 중요하다. 따라서 도쿄는

---

14 김동인, 『학지광』 17, 1919.1. 물론 이 글이 갖는 기원성의 의미는 그리 크지 않다. 같은 해 2월 『창조』 창간호에 그의 첫 소설 「약한 자의 슬픔」이 실리기 때문이다. 하지만 『학지광』은 그에게 소설가라는 칭호를 먼저 달아주는 데 인색했기 때문에 두고두고 원성과 폄하의 대상이 된다.

15 주요한은 창작시나 번역시를 싣는 대신 「밤」이란 러시아 소설을 『학지광』 18~19호에 나누어 번역하고 있다. 그가 16~17세의 메이지 중학 시절에 벌써 일본 시단의 가와지 류코[川路柳虹]에게 시재를 인정받았던 사실을 고려하면(「『아름다운 새벽』 광고문」, 『조선문단』 3, 1924.12), 이런 모습은 어딘가 의외의 느낌을 준다.

단순히 『창조』의 산출 장소가 아니라 그것의 형식과 내용이 배태되고 숙성되는 배양장이라 할 만하다. 그들에게는 왜 오로지 도쿄였는가.

『창조』는 종간호에 이르기까지 잡지의 간행과 관련된 이런저런 시비를 몇 차례 겪는데, 그때마다 그들은 『창조』의 본사가 도쿄의 아오야마[青山]에 있다는 사실을 힘주어 강조한다.[16] 어쩌면 이 말은 어떤 측면에서는 곧혹일 그들의 글쓰기 원리, '일본어로 사유하고 조선어로 쓴다'(김동인)는 보편적 내면의 출판적 변용인지도 모른다. 따라서 도쿄에 대한 집착은 양호한 인쇄·출판 기술의 안정적 구축과 확보 문제[17]를 훨씬 초월하는 근대성과 문학의 번역, 그리고 내면화 욕망과 밀접히 연관된다. 이것은 타자를 압도하고 제압하는 언어적 권위 및 권력의 획득 욕망과 어우러져 있기도 하다.

먼저 글쓰기의 자유와 관련된 검열의 문제. 도쿄는 제국의 수도이며 또 당시 제국을 지배하던 다이쇼 데모크라시의 본산이었다는 점에서 식민지 조선에 비해 검열 문제에서 비교적 자유로울 것이란 판단이 존재할 수 있다. 그러나 식민지 지식인들은 언제나 요시찰의 대상이었으며, 그들의 글쓰기 역시 사상에서 풍속에 이르기까지 검열을 피해갈 수 없었다. 예컨대 김동인의 경우, 『창조』 창간호에 실은 「약한 자의 슬픔」이 노골적인 표현 문제로 '풍속괴란'에 걸려들고 1919년 2월 말

16 대표적인 경우로 「창조 잡기」, 『창조』 8, 1921.1, 115면. 가령 인쇄와 간행 모두 경성에서 이루어진 『창조』 9호(폐간호)조차 "一九二一・東京・創造社"라는 표찰을 이전과 동일하게 책 표지에 달고 있다.

17 『창조』 창간호~7호가 인쇄・제본된 요코하마[横濱] 복음(福音)인쇄소는 조선 성경의 간행처이기도 했다. 정기간행을 목표했던 『창조』에게 이런 기술적 우위는 매력적이다 못해 절실했을 것이다. 실제로 『창조』 6호의 「남은 말」은 『창조』가 비싸다는 지적에 대해 요코하마에서의 인쇄 문제를 거론하면서 "서울서 인쇄를 하지 못하는 이유는 설명을 안이 하여도 짐작하실 줄 압니다"라고 적고 있다.

유학생 집회에 참가했다가 구속까지 당한다.[18] 전영택의 「K와 그 어머니의 죽음」(『창조』 9호) 역시 검열에 의해 15행이 삭제되는 아픔을 겪었다. 이런 사정을 감안하면, 도쿄는 결코 글쓰기의 안전지대도, 이런저런 검열의 무풍지대도 아니었다.

그러나 도쿄는 글쓰기가 제약되는 세계이기 이전에 근대를 학습하고 내면화하며 근대적 영혼과 개아를 각성하고 체현하는 말 그대로의 '별건곤(別乾坤)'이었다. 그러니까 근대와 관련되는 한 유학생들에게 도쿄는 께름칙한 타지가 아니라 늘 뒤돌아보아 마땅한 고향이었던 것이다. 따라서 그들의 역사현실과 세계에 대한 시좌(視座)와 감각, 미적 주체와 삶의 기획은 '낯익은 타지' 도쿄의 이중성에 의해 견인되거나 간섭받을 여지가 충분했다.

가령 김동인이 『창조』를 채 100부도 구매하지 않는 조선의 대도회 '평양'에 대해 퍼부은 막말을 떠올려 보라. "너는 죽어서 썩어지고 내음새 나는 도회이다."[19] 과연 이런 비난은 몰지각하고 저열한 조선문화를 대책 없이 야유하고 추궁하는 신경질적인 객설(客說)에 불과한가. '대도회 평양'은 그것의 실체를 추인하는 말이기보다는 도쿄에 비추어 평양의 허상과 불구성을 더욱 확대하는 풍자어로 보는 편이 보다 타당할 것이다.

이들의 유학 시대 다이쇼기는 사회진화론에 근거한 물질문명의 추구보다는 정신과 물질 양면에서의 창조적 활동을 지향하는 '문화'의 시

18 전영택, 「『창조』를 중심한 그 전후」, 『문학춘추』, 1964.4. 여기서는 『늘봄 전영택 선집』 3, 목원대 출판부, 1994, 516면 참조.

19 김동인, 「글동산의 거둠」, 『창조』 7, 1920.7, 67면.

대로 지칭된다. 다이쇼 데모크라시라는 말이 명시하듯이, 정치적 · 사상적 · 미학적 측면에서 근대의 기획과 관련된 다양한 담론들이 쟁론과 각축을 벌였다. 예컨대 천황기관설과 민본주의, 보편의 가치에 대한 신앙과 관련된 인류애나 문화주의, 미학적 사상 내지 이념으로서의 생명과 자연, 미, 주객합일, 프롤레타리아 문학의 출현 등은 다이쇼기를 대표하는 주제들이었다. 이런 지적 분위기 속에서 조선문학에 벌써 엄청난 영향을 끼치고 있었던 톨스토이 신화가 구축되었고, 자연주의와 '시라카바'파 문학은 독자적 개성과 취향, 세계 해석을 바탕으로 고유의 영역을 확보해 갔다. 여기서 일본 특유의 '사소설'이 탄생, 성숙되어 갔음은 잘 알려진 일이다.[20]

『창조』의 동인들은 이 다이쇼의 지적 분위기를 통과해가며, 근대적 감각과 사유를 내면화했을 뿐더러 그것의 조선화를 의욕했던 것이다. 문학의 모험과 개조를 통해 생명과 영이 충만한 '전적인 생활'을 개척하는 것, 이것이 근대를 살아가는 그들의 이유이자 방식이었다.[21] 그들의 비평적 자의식 역시 이를 토대로 형성되었을 것임은 거의 분명하다. 도쿄는 이런 욕망을 앞뒤로 비추는 거울이었다. 그러니까 도쿄는 그들에게 주어진 근대적 시좌의 영점이었고, 쉽사리 내줄 수 없는 근대적 영혼의 안방이었다. 만약 이들의 도쿄 중심주의를 '도쿄 따라잡기'로 흔히 비하되는 소극적 모방 행위가 아니라 현실의 수정과 미래의

20 다이쇼 시대의 지적 · 문학적 분위기에 대한 총괄적 이해는 가라타니 고진[柄谷行人] 외, 송태욱 역, 『근대 일본의 비평』, 소명출판, 2002 및 우스이 요시미[臼井吉見], 고재석 외역, 『일본 다이쇼문학사』, 동국대 출판부, 2001 참조.

21 『창조』 동인들의 다이쇼기 사상 및 미학 담론과의 교섭 양상을 살필 때는 김윤식, 『김동인 연구』(민음사, 2000)와 김춘미, 「김동인과 일본 대정문학」(권영민 편, 『김동인전집』 17, 조선일보사, 1988), 이철호, 앞의 글이 유익하다.

기획을 염두에 둔 도쿄의 내면화로 볼 수 있다면 이런 이유 때문이다.

물론 『창조』의 동인들은 이 '낯익은 타지'의 권위와 새로움을 좁게는 『창조』의 생산과 소비를 위해, 넓게는 문학적 권위 및 권력의 강화를 위해 적극적으로 활용할 줄도 알았다. 그들은 자신들의 문학에 충실한 순수 동인지로 일관하는 대신, 점차 대중적 · 상업적 문예지의 성격을 강화시켜 갔다. 시종일관 도쿄를 『창조』의 본산으로 지정하는 태도도 그렇거니와, 연애담 쓰는 도학자로 비아냥거리며 문학적 극복의 대상으로 점찍었던 이광수에 대한 끊임없는 집착, 그리고 비록 서책과 잡지에 국한되어 있기는 해도 적극적인 상업 광고의 게재 또한 그렇다.[22] 그러나 『창조』의 안정적 간행을 위한 경성 출판 대리부의 교체, 주식회사 창조사의 발기와 실패, 그에 이은 폐간 사태 등은 이런 노력이 그다지 성공적이지 못했음을 알려준다. 조선 사회는 미학적 모험은 물론 상업적 투기(投企)에 대해서까지도, 김동인의 말을 빌린다면, '박해보다 더한 수모와 완전한 무시로 응답'[23]했던 모양이다.

지금까지의 논의들을 참조하건대, 『창조』의 비전문 문인 동인들이 도쿄에서 발행되는 유학생 잡지에 대부분 관여하고 있었다는 사실 역시 주목된다. 열거해 보면, 최승만, 김환, 박석윤은 『학지광』에, 최승만은 『기독청년』(이후 『현대』)에 관여하고 있다. 또한 이들을 비롯한 여타 동인들은 『삼광』, 『여자계』, 『학생계』 같은 잡지의 주요 필진이기도 했다.[24] 이런 종합지에서의 글쓰기 양상은 이들이 『창조』에서 '예외적 개

22 김영민, 「문학 동인지의 탄생과 근대소설의 변모―『창조』를 중심으로」, 『한국 근대소설의 형성 과정』, 소명출판, 2005, 202~204면 참조.

23 김동인, 「조선근대소설고」, 『조선일보』, 1929.7.28~8.16. 여기서는 김동인, 『김동인전집』 16, 조선일보사, 1988, 28면.

성'이 요구되는 문학(창작)의 길보다는, 일상의 마디를 갈무리하는 감상이나 주의 주장을 담은 논문류의 필자로 흘러간 이유를 얼마간 설명한다. 동인들은 풍요롭고 화려했으되 문학에 순교할 수 있는 미적 주체는 드물었던 것이 『창조』, 더 나아가 조선문학의 현실이었던 것이다. 김동인 등의 비평 겸업에는 이런 현실의 하중이 충실히 실려 있는 것이다.

그럼에도 동인의 면면은 『창조』가 잡지와 필진의 권위 확보에 상당한 노력을 기울였음을 보여주는 증빙자료임을 부인할 수 없다. 그리고 이런 잡지와 동인의 지형도는 김동인과 염상섭의 '비평의 공정성과 범주·역할 논쟁'이 왜 『현대』를 거쳐 『창조』 및 『동아일보』에까지 별다른 장애물 없이 확산되는가를 가늠케 하는 주요 요소이기도 하다.[25]

이런 일련의 상황은 유학생 문인과 잡지들이 이른바 문자의 권위와 권력을 촘촘하게 장악하고 있었음을 의미한다. 하지만 아이러니하게도 그들은 해당 잡지들에의 글쓰기와 논쟁 등을 통해 비평의 근대성을 내면화하고 그것을 '인정받기 투쟁'의 일부로 정착시켰다. 이런 『창조』를 둘러싼 외면 풍경의 복잡성을 잘 헤아리지 않을 때는 근대비평의 내면적 성숙이나 형식 분화는 잘 보이지 않는다. 이에 대한 섬세한

---

24 이 잡지들에서 박석윤, 최승만, 김환, 이일, 김찬영, 오천석 등의 이름은 쉽게 발견된다. 『창조』는 매호마다 거의 빠짐없이 당시 발행되던 잡지와 신문의 이런저런 동향과 소식을 실음으로써 당시의 문예·출판 경향을 엿보는 데 많은 도움을 준다.

25 『창조』(6호)는 『동아일보』가 창간(1920.4.1)되었을 때, "『동아일보』는 가장 진보한 현대적 문화운동의 선봉장이 되어라"고 응원했다. 잘 알려진 대로, 김동인과 일합을 겨룬 염상섭은 『동아일보』 창간 멤버였다. 그들의 비평 논쟁이 『동아일보』에서 벌어진 까닭을 얼마간 엿보게 한다. 사실 이 논쟁은 『동아일보』에 등장함으로써 한층 공론화되었을 것이다. 논쟁 보고의 신속성과 독자의 수, 대중적 관심의 열도에서 『창조』는 『동아일보』를 결코 넘어설 수 없다. 식민지 시대 진행된 비평 논쟁의 지면이 잡지보다 신문 쪽에 더 몰려 있는 것도 이와 무관치 않을 것이다.

접근과 검토 위에서야 비로소 『창조』 소재의 비평 담론에 대한 문학사적 가치와 의미 부여가 가능할 것이다.

3. 『창조』 비평의 성격과 근대성의 문제

『창조』의 동인들은 시, 소설, 희곡 3장르를 중심으로 『창조』를 출범시켰다. 다만 예외라면, 「일본근대시초」(주요한)를 통해 일본 근대시와 시인들을 소개했다는 점과 여언(餘言)을 통해 자신 혹은 동인들의 글에 대한 간단한 설명을 붙였다는 점이다. 그리나 제한된 동인 수와 그에 따른 작품의 빈곤, 그리고 현실 또는 문예적 사상의 미흡은 『창조』에 적잖은 부담감으로 작용했던 듯하다. 과연 창간호에서 "우리는 결코 도덕을 파괴하고 멸시하는 것은 아니올시다, 마는, 우리는 귀한 예술의 장기를 가지고 저 언제든 얼굴을 찌푸리고 계신 도학선생의 대언자(代言者)가 될 수는 없습니다"라고 했던 그들이고 보면, 『창조』의 도약과 발전을 결코 도외시 할 수 없었을 것이다.

이런 분위기에서 『창조』의 비평의 필요성과 요구는 3호에 이르러서야 공식화된다. 현대 사회의 요구에 응하기 위하여 "사상 방면(론, 평론)의 글도 약간 기재"한나는 선언이 그것이다. 이 사상 방면의 글들은 그러니 사회 및 현실 비평과는 비교적 무연했다. 그보다는 근대문예론이외에 문학의 역할과 가치를 논하는 글과 논쟁적 비평으로 점차 확대되었다는 점에서 문학비평의 생산과 소비로 응집되었다. 최초의 담당자들이었던 최승만, 김환이 서서히 물러나고, 김동인을 정점으로 전영택, 주요한 등이 이런저런 비평 담론의 새로운 담당자로 등장하는 것도 이 때문이었다.[26] 이런 비평 작업이 그들에게는 단순히 문학관이나 세계관뿐만 아니라 유학을 통해 그동안 내면화해온 미적 근대성을 확인하고 다시 재구조화하는 일이었음은 물론이다.

『창조』의 비평 선언 이후 문인과 비전문 문인의 분리가 점차 가시화되고 다양한 비평 형식이 등장한다는 사실은 매우 중요하다. 왜냐하면 이것들이 이후 비평의 모범이자 넘어서야할 한계로 작용한다는 점 외에, 당시 비평의 수준과 내면화 정도를 드러내는 근대성의 지표가 되기 때문이다.

1) 비평의 형식적 다양성과 비평의 공공화

『창조』에는 비평과 관련된 글쓰기 명칭으로 '론' '평' '평론' '감상' 등이 뒤섞여 출현하고 있다. 이런 다양한 장르명은 미분화된 비평의 상황을 알려주는 표지이거나 그 반대이다. 현대의 관점으로는 미분화성을 먼저 읽게 되겠지만, 이광수의 「문학이란 하오」에 따른다면 이것들은 엄연히 비평의 한 장르이다. 재차 언급하거니와, 이광수는 시, 소설

26 김동인은 자신의 활발한 비평 활동과는 별개로 『창조』 비평의 약세를 늘 염두에 두었다. 맞수 『폐허』의 창간 이후 더욱 그랬던 듯한데, 이를 빌미로 김동인은 노월 임장화를 동인으로 끌어들였지만, 노월이 이름을 올린 『창조』 9호는 폐간호였다. 김동인, 「문단회고」, 『김동인전집』 16, 조선일보사, 1988, 316면.

과는 다르게 "기교적 형식을 취하지 아니하고" "말하듯이 발표"하는 여타의 문학적 산문을 '논문'으로 불렀으며, 비평 역시 이런 글쓰기의 종류로 정리했다. 그의 글이 서양 또는 일본의 선행업적에 대한 넓은 탐독에서 나온 것이라면, 그리고 『창조』 동인 역시 그 후예라면, 이런 분류는 당시 상당한 영향력을 발휘했을 듯하다.

그런데 『창조』의 비평 분류는 입말의 권위를 빌려 정립된다는 인상보다는 주체가 비평하고 글쓰는 태도에 따라 결정된다는 느낌이 강하다. 이 때문에 우리는 다양한 명칭을 통해서 전근대 문학비평과 근대비평의 갈등과 단절, 교섭 등의 문학사적 흐름도 읽지만, 비평이 글쓰기 내용을 스스로 제시하면서 자기 영역을 통합해 가는 모습도 볼 수 있다.[27] 이런 경향은 다양한 명칭들이 포괄하고 있는 비평의 범주와 역할을 지금 현재 사용하는 것들에 비교하거나 대조해 보면 보다 분명히 드러난다. 그것은 일반 문예론이나 외국작품을 소개하는 글보다 조선작품을 대상으로 한 실천비평에서 더욱 그렇다.

'평', '평론', '감상' 등을 비평 담론으로 전제할 때, 현재의 용법으로 그것을 분류하는 방법은 여러 가지일 것이다. 작품에 대한 짧은 소개와 감상을 드러내는 월평이나 촌평, 적절한 문예이론을 바탕으로 텍스

27 이 당시 '비평'에 대한 장르명의 선택과 사용은 비평적 자의식의 확보와 관련해 꽤 흥미롭다. 가령 『창조』는 8호에 이르면, '론' '평' '평론' '감상' 등을 혼용하던 관행에서 벗어나 오직 '평론'만을 사용하는데, '평론'이란 큰 분류 아래 4편의 글을 모아 놓고 있다. 그러나 9호에서는 다시 혼용된다. 비평이 우세한 동인지로 간주되는 『폐허』는 2호에 이르러 일괄적으로 '평론'을 사용한다. 종합지임에도 불구하고, 『조선문단』 이전의 비평 활동과 프로문학 비평의 성립에 주요한 역할을 맡았던 『개벽』은 따로 장르명을 붙이지 않았다. 이광수 주재를 전면에 내세웠던 『조선문단』은 이광수의 비평 분류에 따라 '논문'(이광수의 「문학강화」나 주요한의 「노래를 지으시려는 이에게」 등)과 '평론'(김억의 「타고아의 시」, 「민요소고」 등)을 함께 사용한다. '평론'이 점차 '비평'을 대표 / 대체하는 장르 명칭으로 자리 잡아 가는 경향이 엿보인다.

트나 작가에 대한 본격적 해부와 비평을 감행하는 작품론과 작가론, 그리고 문학에 대한 입장과 해석의 차이를 둘러싸고 타자와 벌이는 논쟁 비평 등은 익숙한 예이다. 『창조』 비평의 중요성은 이런 실천비평이 잠재돼 있는 것이 아니라 적극적으로 개척되고 있다는 사실이다. 이를테면 김동인은 다양한 필명(금동인, 동인, 시어딤 등)으로 당시 여러 잡지들에 실린 소설에 대한 짧은 비평(「글동산의 거둠」)과, 톨스토이와 도스토예프스키의 비교를 통해 자신의 문학관을 설파하는 작품론(「자기의 창조한 세계」) 등을 집필함은 물론, 김환의 「자연의 자각」으로 촉발된 염상섭과의 비평 논쟁까지 수행하고 있다. 『창조』에서 근대비평이 본격적으로 형성, 분화되고 있음을 드러내는 징후적 행위인 것이다.

조선 문단에서 거의 첫 선을 뵈는 세 형식의 실천비평은 물론 다양한 문학잡지와 동인지들이 산출되던 일본의 문학현실에 직간접적으로 맞닿아 있을 것이다. 그러나 이런 영향과 학습의 측면보다 더 중요한 사실은 『창조』가 다양한 비평적 글쓰기를 통해 소박한대로나마 비평의 공공화 과정을 밟아가고 있다는 점이다. 작품이 그렇듯이, '비평' 역시 생산과 소비의 시스템을 갖추지 못한다면, 그것은 철저히 모놀로그적인 글쓰기에 불과하게 된다.

근대비평의 신장은 바로 대화 관계의 획득, 다시 말해 "정기 간행물의 발달, 특히 책이 출판될 때마다 즉각적으로 검토되고 판단되는 문학지"나 신문의 발달과 밀접한 관계를 맺고 있다. 비평의 언어와 소통 방식에 대한 정의, "비평은 사실상 구어보다 문어에 특권을 부여하고, 국가적이며 일률적인 배포 회로들에 의지하는 넓은 문화적 소비를 전제로 한다"는 말은 그래서 가능하다. 이런 시스템의 발달은 필연적으로 비평가를 위시한 전문 독서가들을, 에밀 졸라의 말을 빌린다면, 누구보다 먼저 "잉크칠한 종이 더미에서 문학적 진주를 찾아내"어 독자들에게 제공하는 '공공 독서가'로 거듭나게 한다.[28] 오늘날의 신문과 잡지에서 이런 역할을 가장 빠르게 수행하는 공간을 찾으라면, 신간의 소개와 안내, 간단한 해석과 비판을 위주로 하는 서평란이나 총평과 월평, 계간평 등을 들어야 할 것이다.

물론 신문의 신속성에 비할 바는 못 되지만, 『창조』에서 대중에게 '흥미롭고 자극적인 세부들'(졸라)을 지닌 '문학적 진주'를 발견, 안내하는 역할은 「남은 말」과 「글동산의 거둠」이 맡고 있다.[29] 「남은 말」은 편집 후기의 성격이 강한데, 『창조』와 관련된 여러 사항 및 문제의 보고와, 수록 작품에 대한 자평(自評) 또는 여타 동인들의 간단한 독후감이 주된 내용이다. 자작 해설의 경우, 작품의 미흡성에 대한 변명이 주를 이룬다는 점에서 때로는 객쩍지만, 자신의 창작 방향이나 문학적 지향을 함께 밝히는 경우가 많아 자기 독려의 성격이 강하다.

이에 비해, 김동인이 주로 담당했던 「글동산의 거둠」은 보다 본격적이며 전향적이다. 가령 김동인은 조선 및 유학생 집단에서 생산되는 모든 잡지에 실린 소설 가운데 주목할 만한 대상을 선정, 신랄한 비평을 전개한다.[30] 그의 평가는 오로지 소설적 완성도에 중심을 두었기

28 이 과정을 통해 성립된 저널리즘 비평은 근대 비평에 사회적 지위를 부여하고 직업으로서의 비평을 구조화하는 데 큰 기여를 한 것으로 평가된다. 그러나 저널리즘 비평에는 비평을 학문의 수준으로 끌어올릴 이론적 성찰이 결여되어 있다는 한계가 자리 잡고 있다. 비평의 기저 이념은 대학 제도 내에서의 '강단 비평'을 통해 확립되게 된다. 이상의 인용 및 설명은 제라르 델포 외, 심민화 역, 『비평의 역사와 역사적 비평』, 문학과지성사, 1993, 15~58면 여기저기 참조.

29 이 난(欄)들에 부가된 동인(지)의 성격에 대한 검토는 이상준, 「『창조』의 동인지적 특성」, 『현대문학의연구』 30, 한국문학연구학회, 2006, 417~428면 참조.

때문에 비평의 객관성과 전문성 확보에 어느 정도 성공한다. 이를 통해 조선 소설의 현실과 지향될 미래가 선명하게 부조됨은 물론이다.

이 글들의 대화적 성과를 따진다면, 『창조』나 작가 집단의 경우에는 타자와의 미학적 연대감 확보와 동인들과의 집단의식의 강화에,[31] 독자의 경우에는 작품(작가) 선택에 필요한 심미안과 읽기 능력의 제고에 주어질 것이다. 신문과 잡지의 활성화에 따른 이런 성과의 중첩은 문학 장(場)의 확장과 심화, 문학적 삶에 대한 독자의 감응, 그리고 출판 시장의 확장에 깊숙이 관여되는 '비평의 공공화'로 현상할 것인바, 이는 1920년대 문학부터 점차 가시화되기 시작한다.[32]

2) 비평 논쟁의 위상과 문학 장(場)의 확대

『창조』 비평에서 가장 주목되는 지점은 예나 지금이나 김동인과 염상섭 사이에서 벌어진 논쟁일 것이다. 그런 만큼 『창조』의 비평은 둘

30 가령 그는 첫 월평에서 전영택의 「운명」에 대해 가작(佳作)임을 인정하면서도 "소설이란 자미잇는 사실이 이스니 써보자 하여서는 안 된다"는 충고를, 김환의 「자연의 자각」에 대해서는 "だめ"(아니다)라는 가차없는 평가를 내린다. 이에 비해 비동인인 새빗(?)의 「장미화」(『서광』, 1920.1)에 대해서는 18·19세기 낭만파의 일 경향이 엿보인다며 호의를 표시한다. 금동인, 「글동산의 거둠」, 『창조』 5, 1920.3, 97면 참조.

31 조선 최초의 총평 형식에 해당하는 「글동산의 거둠」은 동인 상호간의 비평을 매개했다는 점에 또 다른 의미가 있다. 물론 총평류의 비평은 동인들이 교대로 담당한다는 의견에 따른 것이기는 하지만 말이다. 주요한의 「장강 어구에서」(7호)와 「성격파산」(8호), 김찬영의 「쏫 피려 홀 째」(9호)가 그 예이며, 전영택은 김동인 소설에 대한 총평을 예고했지만(「남은 말」, 『창조』 6), 결국 불발에 그쳤다.

32 1920년대 이후 본격화되는 조선 근대독자의 성립과 성장이 학교 교육과 매체 및 문자 문화, 대중문화공간과의 긴밀한 접속 속에서 진행되었다는 보고(천정환, 『근대의 책 읽기』, 푸른역사, 2003, 271~314면)는 이런 현상을 적으나마 보충하는 증거일 것이다.

의 논쟁을 보는 시각과 그것의 의미화 정도에 따라 그 성격과 가치가 획정되었다. 가령 어떤 논자는 그들 사이의 문학관과 비평 태도의 차이에 중점을 두어 이 논쟁을 "'활동사진 변사냐 판사냐'의 논쟁"으로 명명하며, 최종적으로는 『창조』파와 『폐허』파의 대립으로 그 위상을 확장한다.[33] 또 다른 논자는, 그들의 비평 내용에 주안점을 두어, "공정한 문학비평을 하기 위해서 비평가가 해야 할 일이 무엇이며, 그들이 다루어야 할 범주는 어디까지인가 하는 문제"를 다룬 논쟁으로 규정한다.[34] 우리의 관심이 조선 비평의 보편성과 특수성의 확장과 심화에 있다면, 이 논쟁을 비평가 대 작가의 우위성 확보 논쟁이나 작가에 대한 비평가의 지도성 논쟁 등 이른바 권력 쟁투의 혐의를 풍기는 쟁론보다는, '비평의 공정성과 범주 · 역할 논쟁'으로 객관화하여 이해하는 편이 보다 생산적일 듯싶다.

두 사람의 논쟁은 『창조』 동인 백악 김환의 「자연의 자각」(『현대』, 1920.1)을 둘러싼 문학관 및 비평 태도의 차이에서 촉발, 확장되었다. 김동인과 염상섭이 미술학도 김환의 이 소설에 대해 실패작이라는 평가를 내리기는 마찬가지였다.[35] 물론 작품의 성취 여부가 비평의 그것을 결정짓지는 않겠으나, 비평의 확장과 심화에 상당한 영향을 미치는

33 이들의 비평 논쟁을 『창조』와 『폐허』 사이의 논쟁으로 의미화한 연구자는 김윤식이 대표적이다(김윤식, 『김동인 연구』, 민음사, 2000, 194~200면 참조). 그러나 엄밀하게 말해, 이 논쟁은 두 동인지의 미학과 이데올로기를 걸고 김동인과 염상섭이 대표로 벌인 미학 쟁론은 아니었다. 논쟁이 점화될 당시 『폐허』가 아직 결성 및 창간(1920.7)되기 이전이었다는 사실을 차치하고라도, 그들의 논쟁이 동인들의 문학 이념과 지향, 미적 성향과 창작방법의 진화나 개선에 거의 반영되지 않았다는 사실을 고려하면 더욱 그렇다.

34 김영민, 『한국문학비평논쟁사』(한길사, 1992)의 제1장 '비평의 공정성과 범주 · 역할 논쟁' 참조.

35 김동인, 「글동산의 거둠」, 『창조』 5, 1920.3 및 제월(염상섭), 「백악씨의 '자연의 자각'을 보고서」, 『현대』, 1920.3.

것만큼은 부인할 수 없다. 그런 의미에서 이들의 '비평' 논쟁은 전략적 기획의 산물이 아니라 작품의 저열성이 빚어낸 우연, 다시 말해 의도되지 않은 부산물이다. 더군다나 동인과 횡보는 여전히 '학습' 중인 청년들로, 상대방의 자연스런 동의를 이끌어낼 권위도 실력도 아직 확보하지 못한 상태였다. 이것은 이들의 논쟁이 서로의 사유와 언어를 지양, 통합하는 대화적 언술로 성숙하기보다 서로를 제압, 비방하는 부정의 언어로 거의 일관하는 부정적 사태를 낳은 주요 원인 가운데 하나일 것이다.[36]

하지만 이런 한계가 '비평'의 생산과 유통, 비평가의 공적 역할에 제기될법한 문제를 조선문학 최초로 공론화한 논쟁의 가치를 삭감하지는 않는다. 이 논쟁의 핵심적 의제는 '변사론'과 '판사론'으로 대변되는 작품에 대한 비평가의 권리와 한계 설정의 문제였다.

동인은 비평가는 선입주견을 배제한 채 '작품의 조화된 정도'만을 객관적으로 설명해야 한다며 비평가를 '활동사진 변사'에 비유했다. 이 '변사론'은 비평의 효용성과 권위를 제한한다는 점에서 비평을 언제나 작품의 언저리에 위치시키는 단일성의 입론이다. 가령 비평은 작가에게 어떤 영향도 줄 수 없으며, 무지한 독자의 이해력을 돕는 언술이라는 동인의 일관된 주장을 떠올려 보라. 비평적 대화성의 의도적 축소는 작품의 초월적 권위를 보장하기 위한 작가적 욕망의 변형일 것이다.[37] 작품에 대한 복합적 사유와 가치판단 없는 비평은 대체로 동의

---

36 이런 현상은 황석우와 현철의 '시의 정의' 논쟁(『개벽』, 1920.5~1921.5), 김억과 박종화의 '월평' 논쟁(『개벽』, 1923.1~6)에도 공히 적용된다. 이 논쟁들의 의미에 대해서는 황호덕, 「1920년대 초 동인지 문학의 성격과 미적 주체 담론」, 성균관대 석사논문, 1997, 189~201면 참조.

가능한 공준(公準)을 만들 수 없으며, 독자의 문학적 성숙에도 악영향을 끼칠 가능성이 크다. 심미안의 성숙은 취사선택의 능력 신장과 밀접하게 연관될진대, '변사론'은 이를 유인할 수 있는 독자의 동기 상정에 지극히 안이한 것이다. 현실과 괴리된 '참인생' '참소설'에 집중했던 김동인이 점차 빠져든 문학과 삶의 파탄은 타자와의 교섭이자 길항인 대화적 비평의 거부에 그 원인이 얼마간 있는지도 모른다.[38]

비평의 책무를 작품의 조화성 여부의 판단에 긴박했던 김동인과 달리, 제월 염상섭은 작품의 이해와 가치판단에 필요한 제 요소들, 이를테면 작가의 인격이나 작품이 집필될 당시의 작가적 상황 등까지도 비평의 대상으로 포괄한다. 이른바 '판사론'인데, 작품에 대한 다면적 이해와 공정한 평가를 목적하는 형식인 것이다. 김동인은 작가에 대한 비평을 위험한 월권행위로 간주했지만, 염상섭은 오히려 작가의 '예술가적 양심'을 검토하는 유용한 방법으로 보았다. 여기에는 전아(全我)의 발로와 표현은 인생과 자연, 사회와 진리 등을 이야기하는 가운데서 이루어진다는 자아관이 반영되어 있다.[39] 작가와 작품의 일치라는

37 논쟁 최후의 글인 「비평에 대하여」(『창조』 9, 1921.5)에서 동인은 예의 주장을 되풀이하면서, 작품의 조화 정도만 판단할 것을 요구한 끝에, "곳, 비평가는 작가의게 대ᄒᆞ여는 아모 권리도 업습니다"라고 서슴없이 단언한다.

38 김동인은 지금・여기의 현실에 구애받지 않고 자기가 지배하는 '참인생' '참소설'의 창조를 위해 '인형조종술'에 매달렸다. 사실 비평가에게 오로지 작품의 내적 구조만 보라고 요구하는 것은 작가의 사상과 목소리에 화합하라는 요구와 다를 바 없다. 좀 과장한다면, 비평가는 작가의 인형인 것이다. 한편 김윤식은 1930년대 김동인에게 몰아닥친 실패의 근원을 리얼리즘으로부터의 도피, 다시 말해 역사현실에 인형조종술을 감행한 데서 찾는다. 김윤식, 앞의 책, 334~338면 참조.

39 염상섭, 「어의 평지적 가치를 논함에 답함」, 『동아일보』, 1920.5.31~6.2. 여기서는 염상섭, 『염상섭전집』 12, 민음사, 1987, 16면. 이 글에 사용된 '전아(全我)의 발로'라는 표현은 이후 "개성인의 품부(稟賦)한 독이적(獨異的) 생명이, 곳 그 각자의 개성이다. 함으로 그 거룩한 독이적 생명의 유로(流露)가 곳 개성의 표현이다"(「개성과 예술」, 『개벽』 22, 1922.4)로 진화

그의 비평관은 이 자아관의 미학적 번안이며, 이후 이것은 생활현실과의 교섭 및 길항을 통해 자아의 각성과 성숙을 도모하는 창작론으로 이월될 것이었다. 따라서 염상섭의 '비평가 만세적 비평론'을 소설가로 출세할 자기를 예상치 못해 생겨난 산물로 회고한 김동인의 발언은 일면적 진실에 지나지 않는다.[40]

기원은 영광과 상처를 동시에 거느리기 마련이다. 그것의 정도는 기원 자체의 함량보다는 후대에 미칠 '영향에의 불안'에 의해 결정된다고 해도 크게 틀리지 않는다. 기원의 영향을 초극하려는 후대의 열렬한 관심과 냉정한 비평을 통해 '기원'은 오히려 그 내실과 가치를 확장, 심화시켜 나간다. 대화는 이처럼 시공간을 뛰어넘어 과거와 현재를 동시에 살찌우고 갱신한다. 김동인과 염상섭의 논쟁은 비평사 최초의 사건이었지만, 그것의 실질적 의미는 비평의 공론화를 통해 비평이 갖추어야 할 공준(公準)과 대(對) 작가적 · 작품적 태도 등의 공공성에 대한 관심을 제고했다는 사실에 두어져야 할 것이다.

그러나 이 논쟁은 조선문단의 실제비평의 성숙이나 문학 장(場)의 지평 확대로 연결되지 못한 탓에 '영향에의 불안'을 극대화시키지는 못했다. 이런 한계는 그들이 여전히 근대와 근대문학을 학습 중인 청년이었다는 사실에서 비롯된 것은 아니다. 여전히 여명기에 놓여 있던

한다.

40 김동인, 「조선근대소설고」, 『조선일보』, 1929.7.28~8.16. 여기서는 『김동인전집』 16, 조선일보사, 1988, 34면. 염상섭의 첫 소설 「표본실의 청개고리」는 1921년 5월 탈고되어 3개월 뒤 『개벽』 14호(1921.8)에 발표되었다. 우연찮게도 탈고 시점이 『창조』 폐간호(9호)의 발행과 겹친다. 하지만 횡보는 이미 『삼광』(1919.2~1920.4, 총3호 발간)에 시와 우화소설 형식의 단편, 평론 등을 발표한 전력이 있다(김윤식, 『염상섭연구』, 서울대 출판부, 1986, 124~125면 참조). 그의 비평 역시 김동인과 마찬가지로 창작 욕망과 밀접히 연동되어 있는 것이다.

조선문학의 제 현실이 강제한 운명이기도 한 것이다. 가령 동인지 문단을 탈피한 1920년대 중반 이후, 사상과 창작 경향에 따라 비평의 집단성과 전문성이 확연히 강화되는 현상을 떠올려보라.

이것은 그들의 문학적 원점인 다이쇼기의 문학비평을 살펴볼 때 보다 확연하다. '비평가다운 비평가'의 부재가 주요 한계 가운데 하나로 지적되는 다이쇼기 비평은 그러나 자연주의 논쟁, 내용가치 및 소설기법론 논의, 프롤레타리아 문학비평의 활성화 등을 거쳐 가며 문학 장(場)의 확대와 심화에 충실히 기여한다.[41] 이 비평적 저류에 인간과 사회에 대한 강렬한 관심과 그에 대한 문학적 통찰의 열망이 자리 잡고 있음은 물론이며, 그 기대치는 수월한 작품의 지속적인 보급과 확충 속에서 더욱 상승되었을 것이다. 동인도 횡보도 이 현장을 부러움 반 시샘 반으로 목격했을 테지만, 그들이나 조선이나 이 현장을 충실히 학습하고 통찰해야 될 젊은 청년이기는 마찬가지였다. 비평 논쟁의 단순성과 일회성 속에는 이런 개인적·사회적 미숙성이 동시에 반영되어 있는 것이다.

3) 비평 논쟁의 문학 장(場) 간섭과 잔여적 효과

비평 논쟁은 동인과 횡보에게만 의미 있는 사건은 아니었다. 가령 횡보의 "장조사 동인이 총공격을 하리라는 소문도 듯고"[42] 같은 말은

41 자세한 내용은 長谷川泉, 『近代日本文學評論史』, 有精堂, 1977, 37~56면 및 하스미 시게히코[蓮實重彦], 「'다이쇼적' 비평과 담론」, 가라타니 고진 외, 앞의 책, 161~187면 참조.

비평 논쟁이 문인들의 일대 관심사였음을 착실히 증거한다. 물론 비평 논쟁을 계기로 비평의 본원적 의미나 작품 현실에 대해 나름의 진지한 고민과 문제를 제기한 동료들이 극히 적었다는 점에서 저 관심은 생산적 대화와는 거의 무연했다. 하지만 몇몇 반응은 조선 문학 장(場)에 대한 새로운 요구와 학문으로서의 비평 문제와 관련해 꽤 흥미롭다. 이것을 『창조』의 영역 내에서 말해 본다면 다음 두 가지 지점이 먼저 떠오른다. 어쩌면 여기에 근대성을 확장해가는 조선 문학비평의 또 다른 활로와 제한이 숨어 있었는지도 모른다.

우선 『창조』의 세 주역 가운데 하나인 주요한의 비평에 대한 견해다. 요한의 김동인에 대한 비평이라면 「마음이 여튼 자여」를 비판한 「성격파산」(8호)[43]이 먼저 떠오를 것이다. 이 글은 그러나 비평 논쟁에 연동된 평론보다는 동인들이 즐겼던 상호비평의 일환으로 보아야 될 듯하다. 그런 점에서 당시 『창조』에 강력히 요구된 '문예에 대한 지도적 평론'에 대해 비판적 입장을 개진한 「장강(長江) 어구에서」(7호)가 오히려 주목된다.[44] 요한은 '국민적 문학의 출현'과 '생명 있는 작품'의 출현을

---

42 염상섭, 「여의 평자적 가치를 논함에 답함」, 『염상섭전집』 12, 13면.

43 한 논자는 이 글이 이광수의 「문사와 수양」과 함께 실린 사실에 착안하여, 동인과 요한의 거리 생성과 요한과 춘원의 밀착, 그리고 『창조』의 이광수에 대한 사도(師道)적 권위 인정 등을 짚어낸다. 이경훈, 「춘원과 『창조』」, 『대합실의 추억』, 문학동네, 2007, 64~71면 참조.

44 상해로 건너간 요한은 동인들에게 보내는 이 편지글을 통해 일상과 세계현실, 『창조』, 문학 등에 대한 견해를 세 차례에 걸쳐 피력했다. 수신자는 4호 백악(김환), 5호 동인, 7호 늘봄(전영택)이었다. 우리가 주목하는 7호의 경우, 『창조』 5호에 대한 소감과 '지도적 작품'에 대한 강렬한 소망을 함께 적고 있다. 비평 논쟁이 6호의 「제월씨의 평자적 가치를 논함」에서 비롯된 것을 생각하면, 이 글은 비평 논쟁과 직접적인 연관은 없어 보인다. 그러나 문학 장(場)의 강화와, 창작과 비평의 동반 상승을 위해서는 무엇이 필요한가를 요령 있게 말하고 있다는 점에서, 『창조』 7호 간행 당시 한창 진행 중이던 비평 논쟁에 진지한 성찰의 기회를 제공한 것으로 판단된다.

위해서는 지도적 평론 이전에 '문예에 대한 지도적 작품'이 필요함을 역설한다.

그렇다면 작가와 작품이 모두 졸렬한 상황에서 '지도적 작품'은 어떻게 산출될 수 있는가. 요한이 제시한 방법은 의외롭게도 외국작품의 번역이었다. 이것은 모방적 열정과는 무관한 체험적 진실의 산물이다. 예컨대, 일본 근대문학의 성립과 발전이 외국작품의 번역과 충동에 크게 빚지고 있으며,[45] 조선의 일급 작가로 지목한 이광수의 『무정』, 『개척자』 등 역시 거기에 잇대어 있음을 은밀히 고백하는 장면을 보라. 그 자신이 출중한 번역가이기도 했던 요한은, 번역이 단순히 문자적 의미의 옮겨 쓰기가 아니라 이질적인 존재(세계)의 영혼과 육체에 스며들어 대화를 나누는 일임을 절감했을 것이다.[46] 이 대화에 학습된 근대의 자연스런 내면화가 포함될 것은 물론이겠다. 한 사회의 문예 배척을 진정한 진리의 순교자 배척에 견주는 대담한 문학 절대주의는 내면화의 욕망에서 비롯되었을 것이다. 작품은 비평의 전후이자 궁극에 해당한다는 사실, 따라서 위대한 작품의 생산이 무엇보다 절실한 과제라는

---

45 주요한이 거명한 메이지[明治]기 작가 후타바테이 시메이[二葉亭四迷]는 『余が飜譯の標準(나의 번역의 표준)』을 저술할 정도로 번역의 역할과 가치를 중시했다. 조선 작가들이 크게 영향 받은 톨스토이와 도스토예프스키의 작품이 일본 근대문학의 거장들 모리 오가이[森鷗外], 고다 로한[幸田露伴], 오자키 코요[尾崎紅葉], 다야마 가타이[田山花袋] 등에 의해 주로 번역되었다는 사실은 시사하는 바가 적잖다. 자세한 내용은 原卓也, 「ロシア文學」, 西永良成 外, 『飜譯百年』, 大修館書店, 2000, 132~144면 참조.

46 김동인은 창작의 본질을 "자기가 지배할 자기의 세계"이 창조로 본다. 그는 이것을 조선 삼아 톨스토이와 도스토예프스키를 비교한 후, 후자가 자기가 지은 인생에게 패배한 데 반해 선사는 그 인생을 인형 놀리 듯 마음내로 소중했다는 점에서 전자를 더 위대한 예술가로 본다(김동인, 「자긔의 창조한 세계」, 『창조』 7, 1920.7). 작가 지상주의와 인형조종설의 내적 원리를 이루는 주장인데, 이 밀의 권위는 자기 논리보다는 위대한 두 작가의 참조 때문에 성립, 보존되었을 것이다.

점, 요한은 비평 논쟁이 느슨하게 넘어간 이 지점을 명민하게 짚어냈던 것이다.

다음으로 유방 김찬영이 제3자의 입장에서 비평 논쟁을 종합하고 결산하는 의미에서 작성한 「작품에 대한 평자적 가치」(9호)를 일별해 본다. 그는 김억이 그랬듯이 『폐허』와 『창조』의 동시적 동인이었다. 이런 입장 때문이었는지 그는 김동인과 염상섭의 입장을 절충하는 한편, 비평가는 창작가의 소질을 가져야 한다는 점과 비평은 작품에 대한 감정의 고백이라는 점 때문에 '감상비평'의 열렬한 주창자로 나선다. 하지만 이 입론들은 때로 충돌하며 또 논리의 혼돈을 겪고 있어, 피상적이기 짝이 없다. 따라서 김찬영 비평의 가치는 간접적으로나마 강단비평에 관련된 몇 가지 문제를 짚어보게 한다는 점에서 찾아져야 할지도 모른다.

그는 대학에서, 또는 비평론 개설 책자에서 습득한 것일 비평의 방법 5가지를 처음으로 소개하고 있다. 의고비평, 과학비평, 인상비평, 감상비평, 설리비평이 그것이다. 이것들은 김억과 논쟁을 벌인 박종화의 글에 다시 등장하고 있는데, 따라서 당시 상당히 보편화된 비평유형론으로 이해된다.[47] 하지만 여기서 정작 중요한 것은 이 유형론의 최초 등장이 아니라 이것과 강단비평의 연관성 여부이다.

서구 비평사가 보여주듯이, 비평은 대학 제도에 안착함으로써 지적 위엄과 함께 역사화와 교육화의 권위를 구가하게 된다. 대학은 무엇보

47 박종화, 「항의자 같지 않은 항의자에게」, 『개벽』, 1923.5 참조. 문제는 김찬영과 박종화 모두에게 이것들이 작품 이해와 가치평가를 수행하는 실제적 방법이 아니라 단지 자신의 비평적 입장을 설명하고 옹호하는 편의적 도구로 쓰이고 있다는 점이다.

다 비평을 포함한 문학 전반을 학문의 수준으로 끌어올릴 이론적 성찰을 조직하고 승인하는 '학문의 장'이기 때문이다.[48] 일본 역시 강단비평, 또는 대학 제도 내의 비평 작업이 근대문학의 형성과 진화에 큰 영향을 끼쳤음은, 일찍이 최남선이 『소년』의 모델 가운데 하나로 삼았던, 자연주의의 아성 『와세다분가쿠[早稲田文學]』나 그에 자극받아 창간된 『미타분가쿠[三田文學]』의 활약을 참조하는 것으로 충분하다.[49] 아무리 『시라카바』와 『신초』 등에 매혹되었던 『창조』 동인들이었을 지라도, 유학생이던 그들이 자국문학의 근대적 진화와 학문적 인증에 매진했던 강단비평, 바꿔 말해 학문으로서의 비평의 세례를 결코 피해갈 수는 없었을 것이다.

그러나 강단비평은 적어도 1920년대에는 조선에서 생산, 소비가 불가능한 '이국종(異國種)'이었다. 그것은 두 가지 차원에서 그러했다. 무엇보다 조선 근대문학이 지적 위엄을 승인받기에는 너무 어렸다는 것, 그리고 일제 점령기 내내 조선 유일의 대학으로 군림했던 경성제대의 학문적 대상에 근대문학은 포함되지 않았다는 것.[50] 식민지 시대 비평

---

48 보다 자세한 설명은 제라르 델포 외, 앞의 책, 49~58면 참조.

49 가령 김재영은 이광수의 초기 문학론을 그가 유학할 당시의 와세다 대학의 '미사학(美辭學)' 논의와 연관지어 해명하고자 한다. 그때의 성과들은 『와세다분카쿠』 및 와세다대학 출판부에서 간행된 단독 저서에 주로 수록되었다. 이광수의 독서 범위가 여기까지 미쳤음은 거의 확실하다. 보다 자세한 내용은 김재영, 「이광수 초기 문학론의 구조와 와세다 미사학」, 문학과사상연구회, 『이광수 문학의 재인식』, 소명출판, 2009 참조.

50 '조선어문학과'는 경성제대 법문학부(1926년 5월 설치) 문학과의 한 전공으로 개설되었다. 조선어와 조선문학(고전문학)이 주요 연구대상이었다. 식민 지배에 기여하는 '조선문화와 동양문화'의 연구라는 목적에 걸맞게 오구라 신페이[小倉進平]와 다카하시 도오루[高橋亨]가 각 분야의 주임교수로 임명되었다. 조선인은 강사와 조수 같은 부차적 역할을 담당하는 데 그쳤다. 이준식, 「일제 강점기의 대학 제도와 학문 체계－경성제대의 '조선어문학과'를 중심으로」, 『사회와역사』 61, 한국사회사학회, 2002, 197~201면 참조.

이 자립의 서사를 써나가기보다 현해탄 건너의 사상과 문학을 수입하는 데 더 열심이었다는 혐의는 이 때문에 더 커진 것일 수 있다. 김찬영은, 비평을 창작(작품)의 문제와 깊이 연동시킨 김동인·염상섭과는 달리, 학습한 비평원론의 충실한 정리에 머무름으로써 스스로를 패배 속으로 서둘러 밀어 넣었다는 평가는 그래서 가능하다.

어쨌든 비평은, 아니 근대문학은 저런 이중적 한계와 제약 속에서 '학문의 장'에 편입될 수 없는 자격미달자로 등기되었다. 그에 따라 이들은 오로지 '예술의 장'에서 자기 존재와 지적 위엄을 모색해야 하는 위험한 생존의 장에 전면적으로 노출되었다. 따라서 1920년대 중반 이후 확연해지는 비평과 저널리즘(비평가가 기자직을 호구지책 삼는 경우는 아주 흔했다)의 긴밀한 결합은 소외와 패배에 휘말리지 않기 위한 자기보존의 기술로 간주될 수 있다. 타자와 선명히 구별되는 자기 미학의 창조에 주력하는 동인지와는 선뜻 어울리지 않게 조선의 문자적 지형에 누구보다 민감했던 『창조』표 비평의 생산과 유통, 소비 과정은 이것을 징후적으로 보여주었던 것이다. 다만 비평의 제작자들이 아직 학생이거나 비직업인, 초보 문인이었다는 저자의 지위가 막 생성 중인 저널리즘과의 연관성을 가려놓았을 뿐이다.

4. '비평'의 학습과 내면화의 길

유학생은 타지에 머물며 타자의 온갖 세계를 '배우는 자'다. 따라서 그들은 현실 사회에 일정한 영향력을 행사할 수 있는 성숙한 지식인이기보다는 "높은 예지, 새 시대의 총명"에 더 목말라 하는 '젊은 청년'일 수밖에 없다. 그러니, 물론 도쿄 일색이기는 했지만, 나라 잃은 조선 유학생들은 일본이 발하는 근대의 환등기에 때로는 열광하고 때로는 침묵하며 "—정녕 이곳에 고향으로 가지고 갈 보배가 있는가? / —나는 학생으로부터 무엇이 되어 돌아갈 것인가?"를 끊임없이 숙고했을 것이다. 그들은 근대의 매혹을 만끽하기에 앞서, "반도의 새 지도"를 그리는 "젊은 화공의 한 사람"으로 스스로를 다잡고 거기서 삶의 이유를 찾아야 하는 숙명적 청년들이었다. 물론 앞으로는 "첫번 항로에 담배를 배우고, / 둘잿번 항로에 연애를 배우고, 그 다음 항로에 돈맛을 익"히는 몰염치한 '청춘'도 다수 출현할 것이었다.[51]

동인 및 동인지 『창조』의 결성과 발간이 근대문학의 새 지도 작성에 주요한 공헌을 했다는 사실은 『창조』를 빛내던 몇몇 기원성이 의심돼도 크게 달라지지 않는다. 단적인 예로 최초의 자유시 지위가 주요한의 「불노리」(『창조』 1호)에서 『학지광』 소재 최승구의 「뻴지엄의 용사」(4호)나 김여제의 「만만파파식적을 울음」(11호)[52]로 옮겨진다고 해서, 그

51 여기서 인용한 시 구절들은 임화, 『현해탄』(동광당서점, 1938) 소재의 여러 시에서 취했다. 식민지 조선 유학생들의 일반적 내면을 비추어본 것일 뿐, 임화 시 고유의 사상성과 계급성을 염두에 두고 인용하지는 않았다.

52 「만만파파식적을 울음」을 품격 높은 자유시로 고평한 최초의 논자는 주요한이었다. "지금

산문시형에 빼곡한 근대적 우울의 밀도는 결코 감해지지도 훼손되지도 않는다. 비록 감상성이 얼룩덜룩 배어 있어도, 삶의 문학화와 문학의 일상화를 갈망하던 『창조』의 주조음을 선명하게 드러냈기 때문이다. 물론 이것은 개아와 전적인 삶의 표지로 먼저 요구되었지만, 궁극적으로는 조선의 심미화와 무관할 수 없었다. 이 새 지도에 대한 욕망과 책임이 『창조』의 동인들을 무언가를 학습하는 자에서 무언가를 창조하는 '화공'의 위치로 급속히 이끌어 갔을 것이다.

이런 성격은 『창조』의 비평적 글쓰기에도 선명히 드러난다. 『창조』의 비평은 엄밀히 말해 『창조』의 주조음에 자기 논리를 부여하고 그것을 공론화하기 위해 조직된 글쓰기였다. 비평의 주체들은 비평의 자기화나 표현적 합리성, 다시 말해 비평의 문학적 가능성과 독자성에 대한 진지한 고민과 추구를 따로 시도하지 않았다. 비평은 단순히 작품의 해설과 가치평가에 집중하는 언설이 아니다. 누구나 공감할만한 의제(agenda)의 제시와 방향 설정을 동시에 수행함으로써 작품과 삶, 세계의 풍부화에 두루 기여하는 성찰적 언어이다.

『창조』의 비평이 이런 성숙한 비평에 눈뜨는 것은 조선의 열악한 작품현실을 통해서였다. 작품의 빈곤에 대한 문제제기는 「글동산의 거둠」이나 「남은 말」 같은 총평 속에서 공식화된다. 하지만 이런 글의 성격 상 조선문학의 현재와 장래를 둘러싼 비평적 의제의 산출은 기대하

인용할 수 없음이 유감이나 그때 본 인상으로 말하면 그 내용(정조, 사상, 감정)이 새로운 형식에 이르러서도 고래(古來)의 격(格)을 파(破)한 자유시이엇습니다." 주요한, 「노래를 지으시려는 이에게(1)」, 『조선문단』 창간호, 1924.10, 48~49면. 김여제의 「세계의 처음」과 「만만파파식적을 울음」은 2003년 『학지광』 8호와 11호가 발굴되면서 시의 전모를 처음 드러냈다. 두 시의 시사적 의미와 가치에 대해서는 심원섭, 「김여제의 미발굴 작품 「萬萬波波息笛을 울음」 기타에 대하여」, 『현대문학의연구』 21, 한국문학연구학회, 2003 참조.

기 어렵다. 이 글들은 엄밀히 말해 동인들이 학습한 문학 지식을 조선 문학에 적용해 보는 정도를 크게 벗어나지 않는다. 김동인–염상섭의 논쟁과 그 주변에 직간접적으로 배치된 비평은 이 점에서 종요롭다. 그들은 논쟁을 통해서 비평이 성숙한 문학 장의 형성에서 빠질 수 없는 글쓰기 형식임을 암묵적으로 인정한다. 비평의 범주와 역할에 대한 입장은 달랐지만, 비평이 작품의 공적 판단과 가치 설정, 그리고 원활한 소통은 물론 작가의 존재 형식에 의미 있는 역할을 한다는 인식에 거의 도달하고 있다.

이 논쟁은 그러나 비평의 범주와 비평가의 역할에 대한 자기주장에 매달림으로써, 작품과 비평 현실의 개선에 요구되는 의제의 제출로까지는 연결되지 못했다. 하지만 이런 한계는 오히려 위대한 국민문학에 대한 절실한 요구와 직업으로서의 비평에 대한 진지한 고민을 유인하는 계기가 된다. 후반으로 갈수록 문예동인지 『창조』가 문예와 비교적 무연한 유학생을 동인으로 받는 경우가 늘어난다거나 김동인이 역량 있는 비평가의 물색에 고심했던 사정 등은 점차 독자성을 확보해가는 비평의 위상을 어렴풋하게나마 드러낸다. 하지만 이것은 어디까지나 『창조』의 주관적 욕망이었지 조선의 문학현실은 이를 수행할 처지가 못 되었다. 여기에 『창조』 비평, 아니 당시 조선 문학비평의 결정적 좌절이 존재한다. 잘 알다시피, 이런 현실은 특정한 사상과 이데올로기로 무장한 비평가 집단이 본격적으로 출현하는 1920년대 중반 이후에나 서서히 극복되어 간다.

그런 점에서 『창조』의 비평은 학습과 내면화의 사이를 끊임없이 진동했던 존재라 할 수 있다. 이런 현상은 대상을 처음 수용할 때 누구나 겪는 떨림이라는 점에서 크게 문제될 수 없다. 따라서 『창조』의 비평에 따라붙을 수 있는 '아마추어리즘'은 대상과의 유희에 몰두하는 '딜레탕티즘(dilettanism)'과는 전혀 무관하다. 그들은 비평을 통해 조선문학의 현재를 진단했고 또 그 한계에 대한 나름의 처방전을 작성했다. '작품에 몰두하라.' 이것은 그들에게 가장 자신 있지만 또 가장 어려운 과제였다. 이 말의 끊임없는 되새김 속에서 그들은 학습에 열중하는 '학생'이기를 그치고 새 지도를 작성하는 자신만만한 '화공'으로 성큼 자라갔다.

초출일람

제1부 최남선 · 근대시가 · 네이션의 상상력

「철도창가와 문명의 항방—그 계몽성과 심미성 교육의 한 관점」, 『민족문학사연구』 43, 민족문학사연구소, 2010.

「조선 철도창가의 기억과 향유를 위하여—6편의 철도창가 소개와 개관」, 『현대문학의연구』 57, 한국문학연구학회, 2015.

「일제 창가와 군가에 표상된 만주 제패의 의미—러일전쟁을 중심으로」, 『만주연구』 16, 만주학회, 2013.

「근대계몽기 '한양-경성'의 이중 표상과 시적 번역」, 『상허학보』 26, 상허학회, 2009.

「세국 · 문명 · 투어리즘—최남선의 「세계일주가」(1914)를 읽는 한 방법」, 『시인수첩』, 2013 겨울.

「도래하는 '대조선', 귀환하는 '영지(靈地)'—최남선 『조선유람가』의 문화정치학」, 『한국시가연구』 37, 한국시가학회, 2014.

「노래하는 민족, 읽는 서정—최남선과 이병기의 시조론 재고(再考)」, 『한국학연구』 28, 인하대 한국학연구소, 2012.

제2부 청년 최남선 시대의 근대 매체와 문학적 글쓰기

「『대한매일신보』의 이중판본 정책과 근대어 형성—계몽가사(歌辭)를 중심으로」, 『현대문학의연구』 35, 한국문학연구학회, 2008.

「근대매체의 탄생과 시 언어의 분화—『대한매일신보』 독자투고시의 경우」, 『현대문학의연구』 39, 한국문학연구학회, 2009.

「'신대한'과 '대조선'의 사이(1)—『소년』지 시(가)의 근대성」, 『현대문학의 연구』 30, 한국문학연구학회, 2006.

「'신대한'과 '대조선'의 사이(2)－『소년』지 시(가)의 근대성」, 『민족문학사연구』 33, 민족문학사연구소, 2007.
「1910년대 번역・번안 서사물과 국민국가의 상상력－『소년』과 『청춘』을 중심으로」, 김영민 외, 『한국 근대서사양식의 발생 및 전개와 매체의 역할』, 소명출판, 2005.
「유학생 문예잡지에서 비평 담론의 형성과 분화－『창조』를 중심으로」, 『현대문학의 연구』 33, 한국문학연구학회, 2007.

간행사 _ 근대 한국학총서를 내면서

새 천 년이 시작된 지도 벌써 몇 해가 지났다. 식민지와 분단국가로 지낸 20세기 한국 역사의 와중에서 근대 민족국가 수립과 민족 문화 정립에 애써온 우리 한국학계는 세계사 속의 근대 한국을 학술적으로 미처 정리하지 못한 채 세계화와 지방화라는 또 다른 과제를 안게 되었다. 국가보다 개인, 지방, 동아시아가 새로운 한국학의 주요 대상이 된 작금의 현실에서 우리가 겪어온 근대성을 다시 한번 정리하고 21세기에 맞는 새로운 모습으로 탈바꿈시키는 것은 어느 과제보다 앞서 우리 학계가 정리해야 할 숙제이다. 20세기 초 전근대 한국학을 재구성하지 못한 채 맞은 지난 세기 조선학・한국학이 겪은 어려움을 상기해 보면, 새로운 세기를 맞아 한국 역사의 근대성을 정리하는 일의 시급성은 아무리 강조해도 지나치지 않다.

우리 근대한국학연구소는 오랜 전통이 있는 연세대학교 조선학・한국학 연구 전통을 원주에서 창조적으로 계승하고자 하는 목표에서 설립되었다. 1928년 위당・동암・용재가 조선 유학과 마르크스주의, 그리고 서학이라는 상이한 학문적 기반에도 불구하고 조선학・한국학 성립을 목표로 힘을 합친 전통은 매우 중요한 경험이었다. 이에 외솔과 한결이 힘을 더함으로써 그 내포가 풍부해졌음은 두말할 나위가 없다. 연세대학교 원주캠퍼스에서 20년의 역사를 지닌 매지학술연구소를 모체로 삼아, 여러 학자들이 힘을 합쳐 근대한국학연구소를 탄생시킨 것은 이러한 선배학자들의 노력을 교훈으로 삼은 것이다.

이에 우리 연구소는 한국의 근대성을 밝히는 것을 주 과제로 삼고자 한다. 문학 부문에서는 개항을 전후로 한 근대 계몽기 문학의 특성을 밝히는 데 주력할 것이다. 역사 부문에서는 새로운 사회경제사를 재확립하고 지역학 활성화를 위한 원주학 연구에 경진할 것이다. 철학 부문에서는 근대 학문의 체계화를 이끌고 사회과학 분야에서는 학제 간 연구를 활성화시키며 근대성 연구에 역량을 축적해 온 국내외 학자들과 학술 교류를 추진할 것이다. 이러한 연구들은 일방성보다는 상호이해와 소통을 중시하는 통합적인 결과물의 산출로 이어질 것이다.

근대한국학총서는 이런 연구 결과물을 집약적으로 정리하기 위해 마련한 총서이다. 여러 한국학 연구 분야 가운데 우리 연구소가 맡아야 할 특성화된 분야의 기초자료를 수집·출판하고 연구성과를 기획·발간할 수 있다면, 우리 시대 연구자들뿐만 아니라 학문 후속세대들에게도 편리함과 유용함을 줄 수 있을 것이다. 새롭게 시작한 근대한국학총서가 맡은 바 역할을 충분히 할 수 있도록 주변의 관심과 협조를 기대하는 바이다.

2003년 12월 3일

연세대학교 원주캠퍼스 근대한국학연구소